Cláusulas Contratuais

Volume 3

Cláusulas Contratuais

Volume 3

Coordenadores:
Francisco Paulo De Crescenzo Marino
Marcelo Vieira von Adamek
Osny da Silva Filho

Bruna Duarte Leite
Camila Bovolato Rodrigues
Daniel Sampaio de Souza Duarte
Danielle Tavares Peçanha
Lucas Víspico
Luis Renato Ferreira da Silva
Luiz Felipe Ramos
Manuella Santos de Castro
Marcelo Lucon
Marcelo Matos Amaro da Silveira
Marcelo Vieira von Adamek
Marco Fábio Morsello
Maria Beatriz Fidalgo
Maria Beatriz Rizzo Delamuta
Mariana Azevedo César
Mario Engler Pinto Junior
Mário Gamaliel Guazzeli de Freitas
Milena Donato Oliva
Milton Barossi Filho
Nichollas de Miranda Alem
Osny da Silva Filho
Paulo Guilherme de Mendonça Lopes
Pedro Perez Meirelles
Pietro Benedetti Teixeira Webber
Priscila M. P. Corrêa da Fonseca
Rachel Letícia Curcio Ximenes
Rachel Sztajn
Rafael Branco Xavier
Rafael Setoguti Julio Pereira
Renata C. Steiner
Ricardo Busana Galvão Bueno
Rodrigo da Guia Silva
Rodrigo Fernandes Rebouças
Rodrigo Fialho Borges
Rodrigo Salton Rotunno Saydelles
Ruy Pereira Camilo Junior
Sarah M. Matos Marinho
Sergio Lima Dias Junior
Sergio Mittlaender
Sergio Tuthill Stanicia
Thais Schiavoni Guarnieri Silva Reynol
Vera Maria Jacob de Fradera
Vitor Fernandes de Araujo

ALMEDINA
BRASIL

Cláusulas Contratuais – Volume 3

ALMEDINA é uma empresa do Grupo Editorial Alta Books (Starlin Alta Editora e Consultoria LTDA).

ISBN: 978-85-8493-885-8

Impresso no Brasil – 1ª Edição, 2025 – Edição revisada conforme o Acordo Ortográfico da Língua Portuguesa de 2009.

Dados Internacionais de Catalogação na Publicação (CIP)
(Câmara Brasileira do Livro, SP, Brasil)

C584c v.3

Cláusulas Contratuais – Volume 3: Coordenação: Francisco Paulo De Crescenzo Marino, Marcelo Vieira von Adamek, Osny da Silva Filho. 1.ed. Rio de Janeiro: Almedina Brasil, 2025.

640 p; 16 x 23 cm.

ISBN 978-85-8493-885-8

1. Contratos – Negociação. 2. Contratos – Redação. 3. Prática contratual. 4. Direito contratual brasileiro. 5. Cláusulas contratuais. I. Marino, Francisco Paulo De Crescenzo. II. Adamek, Marcelo Vieira von. III. Silva Filho, Osny da. IV. Título.

CDU 347.44(81)

Índices para catálogo sistemático:
1. Brasil : Direito civil : Direito contratual : Cláusulas contratuais : Estudos jurídicos

Grupo Editorial Alta Books

Produção Editorial: Grupo Editorial Alta Books
Diretor Editorial: Anderson Vieira
Editora-Chefe: Manuella Santos de Castro
Assistente Editorial: Francielle Regina
Vendas Governamentais: Cristiane Mutüs
Diagramação: Cumbuca Studio

ALTA BOOKS
GRUPO EDITORIAL

Rua Viúva Cláudio, 291 — Bairro Industrial do Jacaré
CEP: 20.970-031 — Rio de Janeiro (RJ)
Tels.: (21) 3278-8069 / 3278-8419
www.altabooks.com.br — altabooks@altabooks.com.br
Ouvidoria: ouvidoria@altabooks.com.br

Editora
afiliada à:
ASSOCIADO

NOTA DOS COORDENADORES

Cláusulas contratuais obscuras, ambíguas, omissas ou inválidas tendem a acarretar "prejuízos de muita consideração".[1] É com essa constatação trivial, mas não raro negligenciada, que José Homem Correa Telles (1780-1849) inicia seu *Manual do tabellião ou ensaio de jurisprudencia eurematica*, texto-chave do direito notarial luso-brasileiro, publicado pela primeira vez em Lisboa, em 1819. Na obra, o jurista apresenta uma série de "cautelas, que podem ser úteis a quantos tiverem contratos [...] a fazer", reconhecendo que sobre tal empreitada não pode haver pretensão exauriente.[2]

Esse é, também, o ponto de partida desta coletânea.

Os artigos aqui reunidos, fruto da inestimável colaboração de mais de 100 autoras e autores, propõem-se a fornecer a estudantes e a profissionais do direito um panorama da prática contratual brasileira a partir da exploração doutrinária de cláusulas contratuais típicas e atípicas. Busca-se, assim, obter um retrato mais aproximado ou ampliado da prática,[3] um retrato que contemple demandas de abertura do direito dos contratos para a realidade das operações econômicas sem perder de vista o caráter inescapavelmente geral

---

1 José Homem Correa Telles, Manual do tabelião ou ensaios de jurisprudência euremática: contendo a coleção de minutas dos contratos e instrumentos mais usuais, e das cautelas mais precisas nos contratos e testamentos, [4. ed.], Lisboa: Imprensa Nacional, 1842 (1919), p. 3.

2 José Homem Correa Telles, Manual do tabelião ou ensaios de jurisprudência euremática: contendo a coleção de minutas dos contratos e instrumentos mais usuais, e das cautelas mais precisas nos contratos e testamentos, [4. ed.], Lisboa: Imprensa Nacional, 1842, p. 3. Correa Telles acrescenta: "mas nem por isso deixem de consultar os sábios, cuidando que as acham [às cautelas] aqui todas."

3 Osny da Silva Filho, Doctrinal Methods in Civil Law Jurisdictions, in Yuliya Chernykh e Joshua Karton (ed.), *Research Methods for Contract Law and Scholarship*, Cheltenham: Elgar, 2025, p. 33: "*zooming in from contracts to clauses*".

e contínuo da disciplina contratual.[4] Os trabalhos mencionados nas próximas páginas enfrentam problemas que não costumam ser considerados em manuais e em tratados,[5] recorrem a métodos, a técnicas e a procedimentos de investigação distintos daqueles usualmente empregados pela doutrina[6] e desenvolvem raciocínios que vão além da sistematização e da crítica da legislação e da jurisprudência.[7] Em última análise, seu propósito comum é restabelecer conexões produtivas entre a reflexão acadêmica e a prática profissional, e especialmente a prática profissional consultiva.[8]

Há obras similares na literatura estrangeira. Na Itália, encontramos dois alentados volumes organizados por Massimo Confortini em 2017 e em 2019.[9] Na França, o interessante dicionário de cláusulas de William Dross, publicado desde 2010,[10] bem como o esforço de sistematização de Geneviève Halleringer, de 2012,[11] e a obra coletiva dirigida por Frédéric Buy, Marie Lamoureux, Jacques Mestre e Jean-Christophe Roda alguns anos depois.[12] Na Alemanha,

---

4 A "percepção da necessidade de adaptação e combinação dos tipos contratuais à realidade das operações econômicas" esteve, de fato, na base de inúmeras inovações na disciplina contratual, a exemplo dos contratos coligados, como reporta Francisco Paulo De Crescenzo Marino, *Contratos coligados no direito brasileiro*, São Paulo: Saraiva, 2009, xiii.

5 No mesmo sentido, Massimo Confortini (ed.), *Clausole negoziali*: Profili teorici e applicativi di clausole tipiche e atipiche, vol. I, Torino: UTET, 2017, s. p. [introdução]: "*Nell'aspirazione, per questa via, di sollecitare l'interesse dello studente verso temi e problemi che raramente penetrano nell'architettura dei tradizionali manuali o dei trattati*". Tradução: "Na aspiração, por esta via, de estimular o interesse do estudante em direção a temas e problemas que raramente penetram na arquitetura dos tradicionais manuais ou dos tratados".

6 Como, por exemplo, os de natureza empírica. A esse respeito, Christian Starck, *Empirie in der Rechtsdogmatik*, in *JuristenZeitung* 27 (1972), p. 614; Osny da Silva Filho, Interdisciplinaridade na pesquisa em direito, in Ariel Engel Pesso, Luiz Felipe Roque e Rafael Mafei Rabelo Queiroz (coord.), *Reflexões sobre Teoria e História do Direito*: estudos em homenagem a José Reinaldo de Lima Lopes, São Paulo: Almedina, 2023, pp. 389–408.

7 Quanto a essas importantes funções, remetemos a Otavio Luiz Rodrigues Junior, Dogmática e crítica da jurisprudência (ou da vocação da doutrina em nosso tempo), in *Revista dos Tribunais* 891 (2010), pp. 86–93; e Judith Martins-Costa, Autoridade e utilidade da doutrina: a construção dos modelos doutrinários, in Judith Martins-Costa *et al.*, *Modelos de Direito Privado*, São Paulo: Marcial Pons, 2014, pp. 18–26.

8 Catherine Mitchell, *Contract Law and Contract Practice:* Bridging the Gap Between Legal Reasoning and Commercial Expectation, Oxford: Hart, 2013; e Osny da Silva Filho, *Fundamentos do direito contratual:* doutrina, teoria e empiria, São Paulo: Almedina, 2022, pp. 215–237.

9 Massimo Confortini (ed.), *Clausole negoziali*: profili teorici e applicativi di clausole tipiche e atipiche, vol. I, Torino: UTET, Torino, 2017, e Massimo Confortini (ed.), *Clausole negoziali*: profili teorici e applicativi di clausole tipiche e atipiche, vol. II, Torino: UTET, 2019.

10 William Dross, *Clausier*: dictionnaire des clauses ordinaires et extraordinaires des contrats de droit privé interne, 4. ed., Paris: Lexis Nexis, 2020 (o título original é *Clausier:* les clauses essentielles des contrats de droit privé).

11 Geneviève Helleringer, *Les clauses du contrat:* essai de typologie, Paris: L.G.D.J., 2012.

12 Frédéric Buy, Marie Lamoureux, Jacques Mestre e Jean-Christophe Roda (dir.), *Les principales clauses des contrats d'affaires*, 2. ed., Paris: LGDJ, 2018.

merece destaque o livro de Christoph Schmitt e Sebastian Herrmann, que oferece modelos de cláusulas comentados,[13] a exemplo de volumes organizados a partir de diferentes tipos contratuais.[14] Obras dedicadas a aspectos práticos da composição contratual também têm sido publicadas já há vários anos na Inglaterra e nos Estados Unidos.[15] No Brasil, trabalhos importantes enfocam segmentos específicos do direito dos contratos, a exemplo de recente coletânea sobre fusões e aquisições publicada em 2022.[16]

Uma das particularidades desta coletânea, em relação aos trabalhos citados acima, reside em seu caráter englobante. Cláusulas contratuais estruturalmente similares podem cumprir funções distintas em diferentes contextos. É o caso das cláusulas de confidencialidade (Vera Maria Jacob de Fradera e Rodrigo Salton Rotunno Saydelles), de fixação de juros (Sergio Tuthill Stanicia), de melhores esforços (Fernando Gemelli Eick), de entendimento integral ou de acordo integral (Guilherme Carneiro Monteiro Nitschke) e de interpretação (André Nunes Conti), assim como ocorre com cláusulas contidas em preâmbulos contratuais (Luis Renato Ferreira da Silva), cláusulas de irrevogabilidade da proposta (Alice Pereira Santos Rodrigues), cláusulas resolutivas "de estilo" (Maria Beatriz Rizzo Delamuta e Renata C. Steiner), cláusulas marcianas (Carlos Edison do Rêgo Monteiro Filho), cláusulas de opção de venda (Mário Gamaliel Guazzeli de Freitas), e, de modo ainda mais abrangente, com as assinaturas eletrônicas (Clarisse Frechiani Lara Leite). A abertura funcional também pode ser identificada em artigos dedicados a cláusulas de renegociação (Anderson Schreiber), cláusulas *solve et repete* (Gustavo Tepedino, Paula Greco Bandeira e Danielle Tavares Peçanha), cláusulas-dólar (Bruno Meyerhof Salama), cláusulas de *hardship* (Gerson Luiz Carlos Branco e Lenine Munari Mariano da Rocha) e cláusulas de não-modificação do contrato (Ruy Pereira Camilo Junior).

O encerramento de relações contratuais é objeto de capítulos sobre cláusulas de denúncia ou resilição unilateral (Rafael Setoguti Julio Pereira) e sobre cláusulas estipulativas de compensações, seja em contextos abrangentes (João Vitor de Souza Lima Pacheco), seja em contextos específicos (João Felipe

---

13 Christoph Schmitt e Sebastian Herrmann, *Vertragsklauseln im Wirtschaftsrecht*: Musterformulierungen und Erläuterungen, München: Beck, 2019.

14 Por todos, VVAA, *Münchener Vertragshandbuch* (6 vols.), München: Beck, 2020.

15 Richard Christou, *Drafting Commercial Agreements*, 2. ed., London, Sweet & Maxwell, 1998; Andrew Burrows e Edwin Peel (ed.), *Contract Terms*, Oxford: Oxford University Press, 2017; A-Z Mark Anderson e Victor Woroner, *Guide to Boilerplate and Commercial Clauses*, 4. ed. London: Bloomsbury, 2020; Deborah Fosbrook e Adrian Charles Laing, *The A-Z of Contract Clauses*, 7. ed., London: Bloomsbury, 2022; e de modo menos abrangente, Nancy S. Kim, *The Fundamentals of Contract Law and Clauses*, Cheltenham: Elgar, 2016.

16 Marcelo Vieira von Adamek e Rafael Setoguti J. Pereira (coord.), *Fusões e aquisições (M&A)*, São Paulo: Quartier Latin, 2022.

Martins de Almeida e Conrado Van Erven), a exemplo da compensação recíproca ou *netting* (Jairo Saddi).

A solução de controvérsias é coberta por textos dedicados a cláusulas de mediação (Rachel Letícia Curcio Ximenes), cláusulas de eleição do direito aplicável (Fabio Queiroz Pereira e Henry Colombi) e do foro competente (Amanda Souza Barbosa), cláusulas arbitrais patológicas (Thais Schiavoni Guarnieri Silva Reynol), cláusulas compromissórias em estatuto de sociedade anônima que estabeleçam agente fiduciário para a tutela dos interesses dos minoritários em arbitragens coletivas (Alfredo de Assis Gonçalves Neto e Mariana Hofmann Fuckner), cláusulas de desconexão (Carlos Nelson Konder e Naomi Fiszon Zagarodny) e convenções processuais probatórias (Flávio Luiz Yarshell e Rafael Stefanini Auilo), bem como disposições relativas a medidas de autotutela, a exemplo das cláusulas de retenção pecuniária (Ana Alice Queiroz).

Questões tradicionais de direito civil estão contempladas por capítulos sobre cláusulas de solidariedade (André Yukio I. Lacerda), condições suspensivas (Giovana Benetti), cláusulas abusivas (José Roberto de Castro Neves), cláusulas de fiança (Rodrigo Fernandes Rebouças), cláusulas penais (Sergio Mittlaender e Lucas Víspico), cláusulas de inalienabilidade, impenhorabilidade e incomunicabilidade (Hamid Bdine), modalidades estabelecidas em contratos de doação (George Ibrahim Farath), cláusulas de renúncia do cônjuge à concorrência sucessória (Priscila M. P. Corrêa da Fonseca), cláusulas atinentes à remissão total ou parcial de créditos (Francisco Paulo De Crescenzo Marino), cláusulas de vigência nos contratos de locação de imóveis (Fernanda Pereira Bento e Guilherme Neves Rodrigues Fernandes) e cláusulas de autorização creditícia (João Carlos Mettlach-Pinter).

No âmbito das garantias em sentido amplo, encontramos os trabalhos dedicados a cláusulas de cessão fiduciária de recebíveis de cartão de crédito (Gabriela Lotufo Cintra Ferreira e Eduardo Bruzzi) e a cláusulas de garantia à primeira demanda (Amanda Lemos Dill).

Pela sua relevância prática, certos assuntos são examinados em diferentes modalidades e sob múltiplas perspectivas. É o caso das cláusulas de limitação de responsabilidade, consideradas em suas formulações clássicas (André de Albuquerque Cavalcanti Abbud e Carla Wainer Chalréo Lgow), e em hipóteses específicas, como a das cláusulas de afastamento de *consequential damages* (Rafael Branco Xavier), a das cláusulas de remédio único (Deborah Slattery-Pereira e Marília Carneiro da Cunha Lopes Ribeiro) e a das cláusulas de exclusão de responsabilidade por vícios redibitórios (Giulia Ferrigno). A multiplicidade de perspectivas também está presente na análise de cláusulas *back-to-back pay-if-paid* e *pay-when-paid* (Gabriel Seijo Leal de Figueiredo e Matheus Carneiro

Lima), figuras comumente pactuadas em contratos celebrados no setor de infraestrutura e construção civil (Adriana Regina Sarra de Deus).

Diferentes contextos de aplicação também podem ser cotejados nos capítulos sobre arras confirmatórias (Gilberto Azevedo de Moraes Costa) e penitenciais (Marcelo Matos Amaro da Silveira e Bruna Duarte Leite), cláusulas-mandato pactuadas em escrituras translativas imobiliárias (Alexandre Gonçalves Kassama) e na emissão de títulos de crédito em arranjos de pagamento com cartões (Fernando Mirandez Del Nero Gomes e Diego Ramos Abrantes Teixeira) e cláusulas de *washout*, exploradas em contextos abrangentes (Hugo Tubone Yamashita e Marina Junqueira de Moraes Lima) e no âmbito do agronegócio (Antonio Carlos de Oliveira Freitas e Jose Roberto Camasmie Assad). Cláusulas de opção de venda, figura ainda controvertida na prática jurídica brasileira, são examinadas a partir de um mesmo caso referencial (Mario Engler Pinto Junior; Lara Britto de Almeida Domingues Neves Calmon Borges e Ruy Amaral Andrade). Cláusulas *negative pledge* também são discutidas em dois capítulos (Fábio Roberto Barros Mello e André Rodrigues Corrêa; Milena Donato Oliva e Danielle Tavares Peçanha).

Alguns dos capítulos examinam cláusulas empregadas em situações particulares. É o caso das *hardship clauses* em contratos internacionais de transporte de coisas (Marco Fábio Morsello), dos *Incoterms* nos contratos de compra e venda internacional de mercadorias (Lauro Gama Jr.), das cláusulas de interferência na gestão da contraparte em operações de *project finance* (Marcelo Lucon, Vitor Fernandes de Araujo e Pedro Perez Meirelles), das cláusulas de *cross-default* e de *cross-acceleration* em operações de concessão de crédito junto a instituições financeiras (Rodrigo da Guia Silva), das cláusulas de garantia em contratos de construção (Antonio Carlos Nachif Correia Filho), das cláusulas de alocação do risco de obtenção de licenças ambientais em contratos de concessão (Arnoldo Wald e Mariana Tavares Antunes) e das cláusulas de cessão de direitos patrimoniais de autor no setor audiovisual (Nichollas de Miranda Alem e Daniel Sampaio de Souza Duarte). Vale destacar, ainda, os textos relativos a cláusulas sobre segurança de informações compartilhadas (Daniele Verza Marcon e Luis Alberto Salton Peretti) e proteção de dados (Fernanda Foizer Canevari e Bruno Ricardo Bioni), e ainda a cláusulas empregadas na contratação de projetos arquitetônicos (Manuella Santos de Castro).

Aspectos de direito empresarial e concorrencial são contemplados pela análise de cláusulas de paridade (Leonor Cordovil e Fernanda Martino), de cláusulas de não solicitação pactuadas no contexto do mercado de trabalho (Luiz Felipe Ramos, Mariana Azevedo César e Maria Beatriz Fidalgo), de cláusulas de exclusividade (Gabriel Schulman e Pedro Marcos Nunes Barbosa), de cláusulas de não-concorrência (Ivo Bari Ferreira) e da relação entre atividade econômica e clausulado contratual (Rachel Sztajn e Milton Barossi Filho).

Aspectos do dia-a-dia societário são cobertos por capítulos dedicados a cláusulas limitativas da transferência de ações (Erasmo Valladão Azevedo e Novaes França e Marco La Rosa de Almeida), cláusulas de ajuste de bônus de subscrição (Daniella Neves Reali Fragoso), cláusulas de *standstill* em operações de reestruturação de dívida (Paulo Guilherme de Mendonça Lopes), cláusulas envolvendo conversão de dívida em participação societária (Sarah M. Matos Marinho), cláusulas estatutárias sobre participação de acionistas em ação de impugnação de deliberação assemblear (Heitor Vitor Mendonça Sica e Bruno Almeida Ruggiero) e cláusulas de continuação da sociedade em caso de morte do sócio (Marcelo Vieira von Adamek e Camila Bovolato Rodrigues).

Ainda em segmento delimitado, o leitor encontrará trabalhos dedicados a disposições usuais em contratos de compra e venda de participação societária: cláusulas de *sandbagging* (Rodrigo Fialho Borges), de *earn-out* (Antônio Pedro Garcia de Souza e Mário Pimenta Camargo Neto), de *material adverse change* e *material adverse effect* (Crisleine Yamaji), de *break-up fee* (Antonio Alberto Rondina Cury; Gustavo Santos Kulesza e Luiz Eduardo de Avila Guimarães) e de indenização, seja em relação a suas limitações (Ricardo Busana Galvão Bueno), seja em relação a aspectos procedimentais (Pietro Benedetti Teixeira Webber).

Operações de M&A também são contempladas em artigos sobre condições precedentes (Osny da Silva Filho e Sergio Lima Dias Junior), cláusulas de qualificação de conhecimento (Guilherme Setoguti J. Pereira e Carolina Mota da Silva Telles), qualificadoras de materialidade em relação a declarações e garantias (Giacomo Grezzana) e declarações e garantias (Gustavo Birenbaum).

Os coordenadores reiteram o agradecimento a todas as autoras e a todos os autores citados acima, bem como a Kedna Rodrigues, Yasmin Bewiahn Saba Relvas e Sergio Lima Dias Junior, sem cuja dedicação a obra não teria sido possível. Registramos, por derradeiro, o agradecimento à nossa editora, Manuella Santos de Castro, por ter apoiado a iniciativa desde os seus primórdios, no início de 2022.

São Paulo, dezembro de 2024

Francisco Paulo De Crescenzo Marino
Marcelo Vieira von Adamek
Osny da Silva Filho

SOBRE OS COORDENADORES

Francisco Paulo De Crescenzo Marino

Professor de Direito Civil na Faculdade de Direito da Universidade de São Paulo. Mestre, Doutor e Livre Docente pela Faculdade de Direito da Universidade de São Paulo. MacCormick Fellow (University of Edinburgh).

Marcelo Vieira von Adamek

Professor de Direito Comercial na Faculdade de Direito da Universidade de São Paulo. Mestre e Doutor pela Faculdade de Direito da Universidade de São Paulo. Advogado em São Paulo.

Osny da Silva Filho

Professor da FGV Direito SP. Mestre e Doutor pela Faculdade de Direito da Universidade de São Paulo. Pesquisador visitante na Faculdade de Direito de Harvard e no Instituto Max Planck de Hamburgo. Advogado.

SOBRE OS AUTORES

Bruna Duarte Leite

Mestre em Direito Civil pela Faculdade de Direito da Universidade de São Paulo. Graduada pela Faculdade de Direito da Universidade de São Paulo. Advogada, sócia de Kairalla e Leite Advogados.

Camila Bovolato Rodrigues

Mestranda em Direito Comercial na Faculdade de Direito da Universidade de São Paulo (USP). Bacharel em Direito pela Faculdade de Direito da USP (com dupla graduação pela Faculdade de Direito da Universidade Jean Monnet Saint-Étienne). Advogada em São Paulo.

Daniel Sampaio de Souza Duarte

Graduado em Direito pela Universidade de São Paulo (USP).

Danielle Tavares Peçanha

Mestre em Direito Civil pela Faculdade de Direito da Universidade do Estado do Rio de Janeiro (UERJ). Professora de cursos de Pós-Graduação em Direito Civil. Membro efetivo da Comissão de Direito Civil do Conselho Seccional do Rio de Janeiro da Ordem dos Advogados do Brasil (OAB/RJ). Advogada e pesquisadora.

Lucas Víspico

Graduado em Direito pela Universidade de São Paulo (USP). Doutorando em Direito Comercial pela USP. Pesquisador no Núcleo de Direito, Economia e Governança da Escola de Direito da Fundação Getulio Vargas (FGV Direito SP). Coordenador do Grupo de Estudos de Direito, Terceiro Setor e Empreendedorismo Social (G3S) da USP.

Luis Renato Ferreira da Silva

Mestre em Direito pela UFRGS. Doutor em Direito pela USP. Professor Associado do Departamento de Direito Privado e Processo Civil da Faculdade de Direito da UFRGS. Sócio de TozziniFreire Advogados com atuação na área de contratos, contencioso e arbitragem.

Luiz Felipe Ramos

Advogado em São Paulo. Doutor em Direito pela Universidade de São Paulo, tendo realizado doutorado-sanduíche na Universidade de Bielefeld (Alemanha). Fox International Fellow na Universidade Yale. Mestre (com louvor) em Direito pela Universidade de São Paulo, com período cumprido na Universidade de Salento (Itália). Graduado em Direito pela Universidade de São Paulo (USP).

Manuella Santos de Castro

Doutora em Direito pela Faculdade de Direito da USP - Largo São Francisco. Mestre e Bacharel em Direito pela PUC-SP. Historiadora formada pela FFLCH - USP. Professora da Faculdade de Direito da PUC-SP. Advogada. Editora Jurídica.

Marcelo Lucon

Sócio da prática de Infraestrutura e Financiamento de Projetos do escritório Machado, Meyer, Sendacz e Ópice em São Paulo. Atua na estruturação de negócios, com experiência jurídica e executiva em conselhos de administração, comitês e cargos executivos em grupos internacionais e nacionais da área de infraestrutura. Atua na implementação de operações de fusão e aquisição, financiamento, investimentos diretos e joint-ventures. Bacharel (1999) e mestre (2006) em Direito pela Universidade de São Paulo. Mestre em Direito Comercial e Financeiro pela King's College London da University of London (2006).

Marcelo Matos Amaro da Silveira

Advogado. Professor Universitário. Doutorando em Direito Civil pela Faculdade de Direito da USP (FDUSP). Mestre em Direito Civil pela Faculdade de Direito da Universidade de Lisboa (FDUL). Graduado em Direito pela Faculdade Milton Campos/MG. Membro fundador do Instituto Brasileiro de Direito Contratual - IBDCont. Membro Titular do Instituto de Estudos em Responsabilidade Civil - IBERC.

Marcelo Vieira von Adamek

Professor de Direito Comercial na Faculdade de Direito da Universidade de São Paulo. Mestre e Doutor em Direito pela Universidade de São Paulo. Advogado em São Paulo. Membro do Conselho editorial da Revista de Direito das

Sociedades e dos Valores Mobiliários (RDSVM – Almedina) e do Conselho de orientação editorial da Revista de Direito Civil Contemporâneo (RDCC – RT).

Marco Fábio Morsello

Professor Associado do Departamento de Direito Civil da Faculdade de Direito da Universidade de São Paulo (FDUSP). Bacharel em Direito, Doutor e Livre-Docente em Direito Civil pela FDUSP. Desembargador no Tribunal de Justiça do Estado de São Paulo (TJSP). Professor da Escola Paulista da Magistratura (EPM). Membro Associado Titular do Instituto Brasileiro de Estudos de Responsabilidade Civil (IBERC). Membro Associado do Instituto de Direito Privado (IDIP). Miembro Plenario e Correspondente no Brasil da Asociación Latino Americana de Derecho Aeronáutico y Espacial (ALADA). Membro do Comitato Scientifico da Rivista del Diritto della Navigazione, Roma, Aracne.

Maria Beatriz Fidalgo

Advogada. Bacharela em Direito pela Universidade Presbiteriana Mackenzie.

Maria Beatriz Rizzo Delamuta

Professora convidada da Pós-Graduação em Direito Civil da Universidade Presbiteriana Mackenize. Mestre em Direito Civil pela USP. LL.M pela Queen Mary University of London (International Dispute Resolution). Advogada nas áreas de contencioso cível e arbitragem.

Mariana Azevedo César

Advogada. Graduada em Direito pela Universidade de São Paulo (USP).

Mario Engler Pinto Junior

Doutor em Direito Comercial pela Universidade de São Paulo. Professor e Coordenador do Mestrado e Doutorado Profissional da FGV Direito SP. Procurador do Estado de São Paulo (aposentado). Consultor jurídico, conselheiro de administração e árbitro.

Mário Gamaliel Guazzeli de Freitas

Mestre em Direito Civil e bacharel pela Faculdade de Direito da Universidade de São Paulo (USP). Membro do Instituto Brasileiro de Direito Contratual (IBDCONT) e da Comissão Especial de Direito Civil da OAB/SP. Professor universitário e advogado em São Paulo.

Milena Donato Oliva

Doutora e Mestre em Direito Civil pela Faculdade de Direito da Universidade do Estado do Rio de Janeiro (UERJ). Professora Associada ao

Departamento de Direito Civil da Universidade do Estado do Rio de Janeiro (UERJ). Sócia-fundadora do escritório Gustavo Tepedino Advogados.

Milton Barossi Filho

Professor Associado do Departamento de Economia da FEARP/USP. Graduação em Economia pela FEA/USP e graduação em Direito pela FD/USP. Mestre e Doutor em Economia pela FEA/USP e Livre Docente pela FEARP/USP.

Nichollas de Miranda Alem

Mestre e Doutor em Direito Econômico pela Universidade de São Paulo. Bacharel pela mesma universidade. Fundador e Presidente do Instituto de Direito, Economia Criativa e Artes. Advogado especialista nas áreas da cultura e economia criativa e sócio do escritório Borges Sales & Alem. Foi consultor da UNESCO em equipamentos culturais e atuou na construção do Programa Municipal de Economia Criativa de São Bernardo do Campo. Membro da Associação Brasileira de Propriedade Intelectual (ABPI). Certificado pelo CopyrightX de Harvard.

Osny da Silva Filho

Professor da FGV Direito SP. Doutor em Direito pela USP.

Paulo Guilherme de Mendonça Lopes

Bacharel em Direito pela Faculdade de Direito da Universidade Presbiteriana Mackenzie. Advogado. Ex-Presidente da Comissão Especial de Mediação e Arbitragem da Ordem dos Advogados do Brasil – Seção de São Paulo, no triênio 2016/2018. Palestrante e coautor de livros e trabalhos doutrinários.

Pedro Perez Meirelles

Advogado da prática de Infraestrutura e Financiamento de Projetos do escritório Machado, Meyer, Sendacz e Opice em São Paulo. Atua em operações de project finance, financiamento estruturado e de capital de giro, financiamento de ativos, leveraged buyouts e operações de dívida em geral, inclusive reestruturações e renegociações de dívidas, operações societárias, fusões e aquisições. Bacharel (2018) e especialista em direito societário (2021) pela Escola de Direito de São Paulo da Fundação Getúlio Vargas.

Pietro Benedetti Teixeira Webber

Sócio de Judith Martins-Costa Advogados. Mestrando em Direito Civil (USP) e Bacharel em Ciências Jurídicas e Sociais (UFRGS). Secretário-Geral da Presidência do Instituto de Estudos Culturalistas (IEC) e orientador da Equipe de Arbitragem da UFRGS. Ex-Presidente da Associação Brasileira de Estudantes de Arbitragem (ABEArb).

Priscila M. P. Corrêa da Fonseca

Doutora em Direito pela Faculdade de Direito da USP. Professora Doutora do Departamento de Direito Comercial da Faculdade de Direito da USP. Advogada em São Paulo.

Rachel Letícia Curcio Ximenes

Advogada. Bacharel em Direito pela PUC-SP. Mestre e Doutora em Direito Constitucional pela PUC-SP. Pós-graduada em Direito Notarial e Registral pela Escola Paulista da Magistratura (EPM-SP). Especialista em Proteção de Dados pelo INSPER, PUC/SP e pelo Mackenzie. Professora de Proteção de Dados e de Direito Notarial e Registral. Pós-graduanda em Direito Legislativo pelo IDP. Presidente da Comissão de Direito Notarial e de Registros Públicos da OAB-SP Gestão 2019-2021 e Gestão 2022 – 2024. Membra da Comissão do 13º concurso de outorga das delegações extrajudiciais de notas e registros de São Paulo. Sócia do CM Advogados.

Rachel Sztajn

Graduação em Direito pela Universidade de São Paulo (1971), especialização em Administração de Empresas pelo Fundação Getulio Vargas – SP (1975) e Doutorado em Direito pela Universidade de São Paulo (1982). Professora Associada e Docente Colaboradora da Universidade de São Paulo.

Rafael Branco Xavier

Doutorando em Direito Civil pela Universidade de São Paulo. Mestre em Direito Civil pela Universidade de São Paulo. Graduado em Direito pela Universidade Federal do Rio Grande do Sul. Membro do Instituto de Estudos Culturalistas e do Instituto de Direito Privado. Advogado, sócio de Judith Martins-Costa Advogados.

Rafael Setoguti Julio Pereira

Mestre e Doutorando pela Faculdade de Direito da Universidade de São Paulo (USP). Professor do Insper (SP). Advogado em São Paulo. Membro do Instituto de Direito Privado (IDiP) e do Comitê de Contencioso Societário e Disputas de M&A do Ibrademp.

Renata C. Steiner

Professora de Direito Civil na Escola de Direito da FGV-SP e na FGV Law. Doutora em Direito Civil pela USP. Mestre em Direito das Relações Sociais pela UFPR. Fundadora da AGIRE | Direito Privado em Ação. Árbitra independente (FCIARb).

Ricardo Busana Galvão Bueno

Graduado em Direito pela Universidade Federal do Paraná – UFPR. Mestre em Direito pela Universidade de São Paulo – USP. Coautor do artigo "O Papel e a Responsabilidade do Conselho de Administração no Contexto de uma Operação de M&A" e autor do livro "Comportamento das Partes nos Contratos de Duração", publicado pela Editora Almedina. Associado sênior no escritório Pinheiro Neto Advogados em São Paulo. Concentra sua prática na área de fusões e aquisições, acumulando mais de uma década de experiência.

Rodrigo da Guia Silva

Doutor e Mestre em Direito Civil pela Universidade do Estado do Rio de Janeiro (UERJ). Professor Adjunto de Direito Civil da Faculdade de Direito da UERJ. Coordenador do Laboratório de Direito Contratual da Faculdade de Direito da UERJ. Pesquisador visitante do Max-Planck-Institut für ausländisches und internationales Privatrecht (Hamburgo – Alemanha). Advogado.

Rodrigo Fernandes Rebouças

Mestre e Doutor em Direito Civil pela Pontifícia Universidade Católica de São Paulo. Professor na FGV LAW e Faculdade GAIA. Advogado e Árbitro com ênfase em direito contratual, empresarial e digital.

Rodrigo Fialho Borges

Professor da Graduação e do Mestrado Profissional da FGV Direito SP. Doutor em Direito Comercial e bacharel pela Faculdade de Direito da Universidade de São Paulo. Pesquisador visitante na University of Pennsylvania Law School (2018-2019). Coordenador do Grupo de Estudos em Fusões e Aquisições (GEM&A) da FGV Direito SP. Sócio no PGLaw.

Rodrigo Salton Rotujnno Saydelles

Mestrando em Direito Civil (UERJ). LLM em Advocacia Corporativa (FMP). Especialista em Direito Civil e Processo Civil (FMP). Bacharel em direito (UFRGS). Advogado. Sócio de Fichtner Advogados.

Ruy Pereira Camilo Junior

Professor Doutor do Departamento de Direito Comercial da Faculdade de Direito da USP. Coordenador do Setor de Estágios e membro das comissões de graduação e de extensão da Faculdade de Direito da USP. Mestre e Doutor em direito comercial pela mesma faculdade. Pós-graduado em análise econômica pela FIPE, com extensão na Universidade de Grenoble II. Autor do Livro Regulação Econômica e Direito Societário. Membro do Conselho Diretor da AASP – Associação dos Advogados de São Paulo. Fundador e diretor do escritório Camilo Advogados.

Sarah M. Matos Marinho

Doutora em Direito Comercial pela Universidade de São Paulo, LL.M. em pesquisa jurídica avançada pela University of Wisconsin Law School, Mestre em Direito e Desenvolvimento pela FGV Direito SP e Bacharel em Direito pela Universidade Federal do Ceará. Professora de direito empresarial e regulação financeira e do mercado de capitais na FGV Direito SP e Pesquisadora Associada do FGV Cidades, onde aplica essa expertise em pesquisas acadêmicas e projetos para o setor público na área de mobilidade. Tem experiência em consultoria independente para organizações internacionais e investidores estrangeiros.

Sergio Lima Dias Junior

Doutorando em Direito Civil pela USP. Bacharel em Direito pela USP. Assistente de pesquisa.

Sergio Mittlaender

Professor de direito na FGV Direito SP e pesquisador sênior no Instituto Max Planck para o Direito Social e Políticas Sociais de Munique. Doutor em Direito e Economia pelas Universidades de Bolonha, Hamburgo e Roterdã, mestre em Direito Econômico Internacional e Europeu e mestre em Economia pela Universidade Ludwig-Maximilian de Munique, bacharel em Direito pela Universidade de São Paulo e bacharel em Economia pela Pontifícia Universidade Católica de São Paulo. Sua pesquisa se concentra no direito privado, especialmente em contratos e responsabilidade civil, bem como no direito social e em políticas públicas contra a corrupção e discriminação.

Sergio Tuthill Stanicia

Doutor em Direito pela USP. Período de pesquisa na Universidade de Roma II – Tor Vergata. Foi Professor da Faculdade de Direito de São Bernardo do Campo. Servidor público do Estado de São Paulo. Recebeu o Prêmio Melhor Tese de Doutorado (2016) do Departamento de Direito Civil (USP).

Thais Schiavoni Guarnieri Silva Reynol

Graduada em Direito pela Faculdade de Direito da Universidade de São Paulo. Titulada mestre em Direito pela Escola de Direito de São Paulo da Fundação Getulio Vargas, com a dissertação "Cláusulas arbitrais patológicas e cuidados na redação de cláusulas compromissórias", premiada dentre os melhores trabalhos de conclusão apresentados no período de 2015 a 2017 no curso de Mestrado Profissional daquela instituição. Atua como advogada nas áreas de Contencioso Cível e Arbitragem no escritório Ulhôa Canto, Rezende e Guerra Advogados, em São Paulo.

Vera Maria Jacob de Fradera

Mestre e Doutora pela Univ. de Paris II; advogada; árbitra; parecerista.

Vitor Fernandes de Araujo

Atua em operações estruturadas, fusões e aquisições, financiamento de projetos, direito bancário, fundos de investimento, investimentos internacionais e securitizações no Brasil. Sócio da prática de Infraestrutura e Financiamento de Projetos do escritório Machado, Meyer, Sendacz e Ópice em São Paulo, Bacharel em Direito pelo Instituto Presbiteriano Mackenzie (2008). Especialização em Direito dos Contratos pelo INSPER (2014) em São Paulo. Mestre em Direito Comercial pela Universidade de Chicago (2015).

SUMÁRIO

62. CLÁUSULAS CONTIDAS NO PREÂMBULO DO CONTRATO, EM ESPECIAL, OS CONSIDERANDOS CONTRATUAIS E SUAS FUNÇÕES[1]

Luis Renato Ferreira da Silva

Considerando que[2]:

1. **As partes ora contratantes vêm realizando negócios de fornecimento há 15 (quinze) anos sempre com qualidade nos produtos e pontualidade nas prestações.**
2. **Querendo incrementar essa relação para que a mesma possa durar por outro período de 15 (quinze) anos e com isso permitir um melhor ganho de escala e preço para ambas as partes.**
3. **As partes pretendem que nos vindouros 15 (quinze) anos haja um fornecimento em maior quantidade para Parte A, justificando o aumento da capacidade produtiva da Parte B.**
4. **Os Vendedores são os únicos titulares da totalidade das ações nominativas representando 100% do capital social da Sociedade.**
5. **Entre o Vendedor A e a Vendedora B surgiram litígios que dificultam a administração no dia-a-dia da Sociedade.**
6. **É do interesse da Parte A explorar em parceria com a parte B o setor X para incrementar a sua participação no mercado alvo.**

---

1 Agradeço à mestranda Rafaela Magalhães Beck o auxílio com a pesquisa doutrinária.

2 São exemplos de considerandos e de definições retirados de contratos reais e que serão usados ao longo deste trabalho.

7. **As partes iniciaram as tratativas do presente contrato após envio de uma oferta não vinculante de parte da Compradora que vigorava até a data de XX/XX/XXXX.**
8. **Tendo chegada a data sem uma primeira evolução, houve uma prorrogação da proposta até a data de XX/XX/XXX, quando, então, houve a assinatura de um Memorando de Entendimentos.**
9. **Após o dito Memorando, deu-se a realização de auditoria legal, contábil e de procedimentos.**
10. **As Partes firmam, na mesma data do presente contrato de compra e venda, os seguintes outros contratos: contrato de transporte da mercadoria, contrato de seguro da mercadoria, contrato de armazenamento da mercadoria no local do destino, cada um com regramento próprios, mas referentes ao objeto do presente contrato de compra e venda.**
    Das Definições.
    Neste Contrato, sempre que iniciados por letra maiúscula, os seguintes termos e expressões, no singular ou no plural, no masculino ou feminino, terão os significados que lhes são atribuídos abaixo, sem prejuízo dos demais termos e expressões definidos em outras cláusulas deste Contrato:

1. **IPCA – significa o Índice de Preços ao Consumidor Amplo, divulgado pela Fundação Instituto Brasileiro de Geografia e Estatística – IBGE.**
2. **Lei: significa a Constituição Federal do Brasil e todas as Constituições estaduais, qualquer lei, decreto federal, estadual ou municipal em vigência no Brasil, incluindo o Código Civil Brasileiro e todas as regras, resoluções, regulamentos, portarias, decretos, instruções normativas, deliberações, atos, ordens ou normas de caráter geral e abstrato emitidas por Autoridades Governamentais oriundas dos poderes executivo, legislativo ou judiciário do Brasil.**
3. **Produtos: aqueles bens fabricados pela Vendedora que componham as linhas A e B, modelos a' e a", b'e b", com fins de utilização nos bens produzidos pela Compradora nos seus modelos c' e c""**

1. A GUISA DE INTRODUÇÃO E PLANO DO TRABALHO

1. A sexta regra de Pothier[3] sobre a interpretação dos contratos dita que as cláusulas contratuais devem ser interpretadas umas pelas outras.

3 "Tratado de las obligaciones", Helianda, Buenos Aires, 1993, p. 63.

O exemplo que citado autor traz é o de uma cláusula estabelecendo que a venda de um imóvel havia sido feita *uti optimus maximus*, ou seja, livre de ônus, seguida de outra em que se afirmava que o vendedor só garantia os seus próprios atos. A interpretação da primeira, viria, segundo Pothier, limitada pela segunda, na medida em que o vendedor assegurava não ter criado ônus sobre o imóvel, mas não assegurava os que, porventura, existissem e ele não os tivesse criado e dos quais não tivesse conhecimento.

2. A regra se materializara no direito brasileiro no nº 2 do artigo 131 do Código Comercial de 1850, de forma mais detalhada, com a seguinte redação: "*2 – as cláusulas duvidosas serão entendidas pelas que o não forem, e que as partes tiverem admitido; e as antecedentes e subseqüentes, que estiverem em harmonia, explicarão as ambíguas*".
3. Isso gerou o que a doutrina chama de interpretação sistemática ou, nos termos da doutrina italiana, interpretação *complessiva*[4]. Entre nós, Pontes de Miranda considerava esse proceder uma obediência ao princípio da integração, o primeiro a ser observado quando da interpretação contratual[5].
4. Para além da norma interpretativa, o que se pode perceber é a ideia de que o contrato é um conjunto de disposições que narram um negócio articulado e que, ao se transformar em um documento revestido de juridicidade, não pode perder esse sentido de totalidade que o reveste.
5. Surge aqui, então, uma primeira dúvida: o conteúdo contratual se resume aos dispositivos clausulados ou há outros itens do texto contratual que servem à configuração do todo contratual? Se sim, qual o seu papel? Essas partes são meramente enunciativas de modo a ajudar a interpretar ou podem ter função preceptiva, ou seja, criarem obrigações para as partes, cumprindo assim a função precípua do contrato enquanto fonte de obrigações?
6. Dentre essas outras narrativas contidas no contrato, muitas delas importadas de contratos internacionais (especialmente os advindos da prática estadounidense, inserida na tradição da *common law*) e que, atualmente, se disseminam nas relações negociais no Brasil,

4 Contida no texto do artigo 1363: "*Le clausole del contrato si interpretano le une per mezzo delle altre, attribuendo a ciascuna il senso che resulta dai complesso dell'atto*".

5 "*O primeiro requisito para a interpretação dos atos jurídicos é o de tomar-se ao ato como todo, se bilateral, o todo de cada ato e o todo do ato que de dois ou mais exsurgiu (princípio da integração)*" e exemplifica justamente com item 2 do artigo 131 do Código Comercial de 1850. Pontes de Miranda, F. C., "Tratado de Direito Privado", RT, SP, 2012, T. III, § 327, 1, pp. 418/421.

pode-se pensar nas definições contratuais, verdadeiro glossário que tem antecedido as cláusulas em sentido estrito. Pode-se também cogitar das cláusulas de estilo que acabam sendo inseridas sob o título de cláusulas em um capítulo final, espécie de miscelânea de declarações, como por exemplo, a cláusula de entendimento integral ou a cláusula de tolerância.

7. Neste trabalho, entretanto, vai-se focar no conteúdo do preâmbulo e no papel dos considerandos, para, a partir dessa parcela do texto contratual, tentar responder as perguntas acima, que estarão endereçadas nas duas partes que se seguem. Na primeira parte, busca-se entender o que são e como se integram no conteúdo contratual, o que estiver no preâmbulo, em especial os considerandos. A segunda, tenta examinar a função que desempenham e como a jurisprudência os enfrenta.

2. CONTEÚDO CONTRATUAL E O PREÂMBULO DO CONTRATO

8. O tema do conteúdo contratual não tem sido endereçado de forma mais aprofundada pela doutrina nacional que, na maioria das vezes, resume-o como sendo fonte de obrigações e destina suas análises para o objeto do contrato. Este método privilegia a relação contratual concreta, na medida em que o objeto do contrato, ainda que este seja típico, pode ser examinado tanto do ponto de vista geral (na compra e venda, a coisa e o preço) quando do ponto de vista particular (a casa vendida pelo valor certo do pagamento). Fala-se, em tese, que o objeto do contrato de compra e venda é preço por coisa/coisa por preço (dada sua natureza sinalagmática) e que, no caso concreto, o conteúdo é a casa registrada sob o nº X na matrícula Y do registro de imóveis da Comarca Z. A sua contrapartida é a quantia de R$ X pagáveis em X vezes.

9. Quando a indagação se desloca para a forma contratual segue-se uma análise diversa voltada para os elementos que se contêm na dita forma. Para este trabalho, uma primeira redução se faz necessária. Aqui só se tratará da forma escrita.[6]

6 Ainda que o princípio da liberdade das formas do artigo 108 seja o regente das relações contratuais, a prática de contratos mais complexos – seja sob a ótica jurídica, seja sob a ótica econômica – acaba por adotar a forma escrita e, não à toa, o livro a que se agrega essa pequena contribuição trata das varias cláusulas que aparecem escritas nos diversos contratos.

A) O conteúdo contratual

10. Um exame das redações contratuais mostra que no texto encontram-se (i) dispositivos claramente criadores de obrigações e que as atribuem às partes (aqui chamados de **disposições preceptivas**; (ii) dispositivos que descrevem aspectos da relação contratual e que tem natureza enunciativa (aqui chamados de **disposições enunciativas**) e (iii) dispositivos que nem criam obrigações diretamente, nem narram o negócio, mas determinam comportamentos genéricos das partes, condutas esperadas e que podem contribuir, em maior ou menor grau, para se ter o conteúdo mais claro (aqui chamados **disposições esclarecedoras**).

11. Exemplificativamente, o dispositivo que estabeleça numa compra e venda de coisa determinada o preço ou o prazo de entrega, trata da obrigação principal do comprador e da principal do vendedor[7]. Tem-se uma **disposição preceptiva**.

12. Já um dispositivo que diga, em um contrato de compra e venda de participações societárias, que foi feita uma auditoria legal e que por conta dela, houve a constatação de determinadas contingências, narram a situação da empresa sobre determinado ponto, mas não criam obrigações próprias eis que elas estarão cominadas na cláusula de indenização, que fixará se o vendedor responde ou não pelas contingências e em que medida[8]. Trata-se de **disposição enunciativa**.

13. Um exemplo do último tipo encontra-se naquelas cláusulas em que as partes esclarecem pontos hermenêuticos, como, por exemplo, a cláusula estabelece que toda a matéria discutida e negociada entre as partes é a constante do contrato, a chamada cláusula de eleição de foro ou a cláusula de escolha de língua. Trata-se de **disposição esclarecedora**.

14. Todas essas disposições aparecem no corpo do contrato e, normalmente, estão identificadas por cláusulas e parágrafos numerados. Se, porventura, algum desses dispositivos constar do preâmbulo do contrato, não haverá, evidentemente perda da sua natureza. Quer-se dizer, com isto, que a posição no contrato, não modifica o regulamento que ele traduz pelo simples motivo de uma determinada

7 Exemplo: "O comprador deverá pagar o valor de R$ X, em X vezes, sendo a primeira no ato da assinatura do presente contrato e as subsequentes nos próximos X dias"; "O vendedor deverá entregar a coisa no prazo máximo de X dias, na sede do comprador, em horário comercial".

8 Exemplo: "A Compradora declara que tomou conhecimento sobre os procedimentos administrativos, de pessoal, sistema de informática, proteção de dados pessoais, contábil das Sociedades, na forma como apresentados pelos Vendedores".

disposição preceptiva constar dos considerandos, ao invés de uma cláusula, ainda que possa contrariar a melhor técnica redacional.

15. Não é a localização (baixo a denominação de cláusula ou de considerando; no corpo do contrato ou no preâmbulo) que dará o conteúdo. E esse é um risco redacional importante. Ao se fazer a leitura de um contrato, dada a disposição de cláusulas e parágrafos, o intérprete tende à compreensão de geral para especial. A cláusula cria a disposição genérica sobre o ponto regulado, o parágrafo a delimita ou excepciona.

16. O princípio da ultraliteralidade contido no artigo 112, segunda parte, do Código Civil também se aplica aqui, *mutatis mutandis*. O intérprete não deve se prender mais à forma (adaptando-se a ideia de letra) do contrato do que a intenção das partes (postulado normativo do mesmo artigo 112, primeira parte).

17. Neste sentido, a lição de Antonio Cautadella, *"[n]ella fondamentale partizione del contenuto (inteso in senso ampio) in enunciative e disposizioni, è dato dunque riscontrare sia disposizioni con valore enunciativo, sia enunciative con valore dispositivo. Riguardo a quest'ultime, il valore dispositivo può essere ricavato attraverso un'interpretazione che mostri come, malgrado la formulazione i contraenti hanno attribuito ad esse tale significato, ovvero (....) ponendole in relazione con la funzione in concreto svolta dal contrato"*[9].

18. Dito isso, tem-se um primeiro ponto: no preâmbulo, ainda que excepcionalmente e não com a melhor técnica redacional, podem estar contidos disposições preceptivas, disposições enunciativas e disposições esclarecedoras.

B) O conteúdo do preâmbulo

19. Esse primeiro apontamento é excepcional porque a função primeira do preâmbulo é a de narrar a história do contrato, estabelecendo a finalidade buscada pelas partes. Nas palavras de Bertrand Fages, o preâmbulo *"...est le réceptacle de toutes ces considérations d'ordre particulier qui individualisent et personnalisent le contrat"*[10].

9 Cataudella, Antonio. "Sul contenuto del contratto", Giuffrè, Milão, 1966, p. 178.

10 *Apud*, Suire, Charles, "L'interprétation des contrats – Études comparative France – Royame-Uni", dissertação de mestrado no Mestrado de Direito Europeu Comparado, Université Paris II (Panthéon Assas), 2017, p. 31, acesso obtido por consulta ao banco de teses.

20. Assim no preâmbulo costuma-se ter uma primeira parte constituída dos *considerandos*[11] e outra parte, que também o integra, que são as *definições.*

21. Em ambas as partes, pode-se ter uma série de dispositivos esclarecedores que tenham como escopo deixar clara, como acima dito, a intenção das partes ou do próprio contrato nos considerandos; bem como evitar repetições, firmando-se, nas definições, um acordo semântico que ponha as partes na mesma linguagem.

22. Normalmente, o que vai se encontrar nos considerandos pode ser basicamente subdividido em alguns tópicos mais comuns:
    (i) Mais detalhes sobre as partes (como por exemplo menção a relacionamentos anteriores)[12];
    (ii) Motivos de fato e de direito que levaram às partes a contratar[13];
    (iii) A intenção do que se propõem a realizar[14];
    (iv) Reconstrução das tratativas e do procedimento de formação do contrato[15];
    (v) A menção a contratos coligados[16]-[17].

---

11 Que na *common law* chama *recitals*; no direito italiano *premesse.*

12 Exemplo: "As partes ora contratantes vêm realizando negócios de fornecimento há 15 (quinze) anos sempre com qualidade nos produtos e pontualidade nas prestações" ou "Os Vendedores são os únicos titulares da totalidade das ações nominativas representando 100% do capital social da Sociedade".

13 Exemplo: "Querendo incrementar essa relação para que a mesma possa durar por outro período de 15 (quinze) anos e com isso permitir um melhor ganho de escala e preço para ambas as partes" ou "Entre o Vendedor A e a Vendedora B surgiram litígios que dificultam a administração no dia-a-dia da Sociedade".

14 Exemplo: "As partes pretendem que nos vindouros 15 (quinze) anos haja um fornecimento em maior quantidade para Parte A, justificando o aumento da capacidade produtiva da Parte B" ou "É do interesse da Parte A explorar em parceria com a parte B o setor X para incrementar a sua participação no mercado alvo".

15 Exemplo: "As partes iniciaram as tratativas do presente contrato após envio de uma oferta não vinculante de parte da Compradora que se vigorava até a data de XX/XX/XXXX;
"que tendo chegada a data sem uma primeira evolução, houve uma prorrogação da proposta até a data de XX/XX/XXX, quando, então, houve a assinatura de um Memorando de Entendimentos "que, após o dito Memorando, deu-se a realização de auditoria legal, contábil e de procedimentos".

16 Exemplo: "As Partes firmam, na mesma data do presente contrato de compra e venda, os seguintes outros contratos: contrato de transporte da mercadoria, contrato de seguro da mercadoria, contrato de armazenamento da mercadoria no local do destino, cada um com regramento próprios, mas referentes ao objeto do presente contrato de compra e venda".

17 Essa lista, pode ser encontrada (sem o exemplos) em Capobianco, Ernesto, "La determinazione del regolamento" *in* Trattato del Contratto, v. II – Regolamento a cura de Giuseppe Vettori, Giuffrè, Milão, 2006, p. 225.
Uma lista muitio semelhante, mas um pouco mais extensa, pode ser encontrada em Fontaine, Marcel; De Ly, Filip. "Drafting international contracts: analysis of contract clauses". Transnational

23. Também, por forte influência dos modelos contratuais vindos da *common law*, o preâmbulo acaba também incluindo definições. Nessas aparecem mais claramente as modalidades de dispositivos contratuais acima referidas.

24. É que algumas das definições limitam-se a alinhar termos que se quer evitar de repetir ou, ainda, pretendem esgotar o conteúdo de alguma referência, como por exemplo, definições do que seja Lei[18] ou índices predeterminados[19]. Essas perfazem o que se chamou de dispositivos enunciativos ou esclarecedores e muitas delas são importadas do direito estrangeiro sem uma análise da sua real utilidade no direito brasileiro ou, o que é pior, da sua efetiva imponibilidade, tornando-se por vezes desnecessárias ou, por outras, inócuas.

25. Outras, entretanto, podem gerar disposições preceptivas, criando limitações ao longo das obrigações contratuais. Pense-se na definição de Produto que conste nas definições[20]. Ter-se-á uma limitação do objeto contratual se se tratar de compra e venda ou fornecimento justamente desses produtos definidos. Aqui, há uma composição das cláusulas contratuais por referência e nos limites das definições contidas no preâmbulo contratual. Produz-se regra complementadora do objeto do contrato e, portanto, disposição preceptiva, ainda que constante do preâmbulo.

Publisher Inc. , NY, 2006. Pp. 63-78 nas quais elencam pontos assim denominados e que se assemelham, ainda que no melhor estilo de contratos da *common law,* mais extensos: Attibutes *of the parties; the parties'objectives in entering into contract; the spirit in which parties have entered into the contract; circumstances preceding and surrounding the contract; link with other contracts; stages of the negotiation leading up to the contract; aknowledgements and statements by the parties; statements of parties'undertakings; definitions of terms.*

18 Exemplo: "Lei: significa a Constituição Federal do Brasil e todas as Constituições estaduais, qualquer lei, decreto federal, estadual ou municipal em vigência no Brasil, incluindo o Código Civil Brasileiro e todas as regras, resoluções, regulamentos, portarias, decretos, instruções normativas, deliberações, atos, ordens ou normas de caráter geral e abstrato emitidas por Autoridades Governamentais oriundas dos poderes executivo, legislativo ou judiciário do Brasil". Típica definição importada e que, apesar de costumeira, acaba por ser um tanto inócua dada a cogência da legislação. No exemplo citado, retirado, como os demais, de contrato real, note-se que não se mencionam medidas provisórias. Isso certamente não terá o condão de afastar o sentido legislativos dessas medidas.

19 Exemplo: "IPCA – significa o Índice de Preços ao Consumidor Amplo, divulgado pela Fundação Instituto Brasileiro de Geografia e Estatística – IBGE".

20 Exemplo: "Produtos: aqueles bens fabricado pela Vendedora que componham as linhas A e B, modelos a' e a", b'e b", com fins de utilização nos bens produzidos pela Compradora nos seus modelos c' e c"".

3. OS CONSIDERANDOS E SUAS FUNÇÕES

26. Dentro do preâmbulo, a parte que está mais consolidada nos contratos nacionais, mesmo os que não se espelham em modelos da common law, é a que se decompõe em considerandos.
27. Como dito acima, nos considerandos tem-se uma estrutura descritiva (enunciadora e esclarecedora) de aspectos que foram relevantes para o contrato e que ainda o são ou que venham a ser.
28. Fundamentalmente, os considerandos acabam servindo de explicação com quem o contrato foi feito, do porquê ele foi feito e para que ele foi feito. Ali aparecem as motivações e as mesmas passam a vencer a barreira de mera reserva mental ou de motivo íntimo para ser verdadeira declaração que as partes manifestam. Essa característica importa um papel que é próprio dos considerandos: o de instrumento de interpretação do contrato construído pelas partes.
29. O que se pretende nessa segunda parte, é justamente ver como esse papel se justifica no sistema hermenêutico do código civil brasileiro e, a seguir, como a jurisprudência vem encarando esse fato.

A) O papel dentro do sistema hermenêutico e outras regras codificadas

30. Iniciou-se esse trabalho falando sobre a ideia de sistematicidade da interpretação, na medida em que o contrato é visto como um todo integrado, não podendo, simplesmente ignorar-se parcela do texto contratual. Embora deslocados da parte onde normalmente se encontram as obrigações criadas pelas partes (nas cláusulas que se seguem), os considerandos fazem parte do texto contratual. E se se considera de forma bastante intensa o contexto contratual, o que dizer-se do texto?
31. O que se vê, normalmente, é que nas suas diversas formas os considerandos acabam por ajudar na percepção da intenção das partes ao elaborarem aquele contrato. Por vezes, consistem na única parte em que, em linguagem mais coloquial, a intenção das partes (e não dos redatores dos contratos, geralmente advogados) está mais escancarada.
32. Nesse sentido, afirma Capobianco que os considerandos são *"...strumente preziosi per ricostruire in sede interpretativa la comune intenzione delle parte"*[21].

---

21 Op. cit., p. 226.

33. O Código Civil, no artigo 112, estabelece a intenção das partes como o postulado normativo para o sistema de interpretação[22]. Com isto os princípios e normas que estão dispostos no próprio 112, segunda parte (princípio da ultraliteralidade) e no 113 (no caput, o princípio da boa-fé e as regras dos incisos do §1º) deve ser lidas como meios para que se alcance a intenção comum.

34. As críticas feitas à intenção comum como parâmetro para as normas hermenêuticas centram-se na suposta subjetividade que contaminaria o contrato. Entretanto, não só pela nova redação tornar mais clara que a intenção é a que consta da declaração, a objetividade resulta do fato de que, em sede contratual, a declaração é bilateral e a intenção vira intenção comum.

35. Este é uma das funções que a doutrina da *common law* atribui aos considerandos onde se afirma que *"[a]lthough their proper role in the interpretation of the main body of the contract has sometimes been nuclear, it is plain that they are frequently intended to, and often do, shed light on the circumstances the parties wished to have considered in the interpretation of the contract"*[23].

36. Ao redigir o contrato e debutar as disposições com os considerandos, as partes estão voluntariamente declarando seus motivos. Como refere José Cretella Neto[24], em um dos raros artigos sobre o tema na doutrina nacional, o preâmbulo raramente constitui uma necessidade. Se isto é verdade, porque então escrevê-lo? Aparentemente porque sua função é a de personalizar o contrato, retirando uma objetividade absoluta que o mercado possa atribuir a todos do mesmo tipo[25].

---

22 Nesse sentido, expus esse pensamento em A Interpretação contratual e sua sistemática no código civil de 2002 após o advento da lei 13.874/2019 *in* Henrique Barbosa; Jorge Cesa Ferreira da Silva. (Org.). A evolução do direito empresarial e obrigacional – 18 anos do Código Civil. 1ed. São Paulo: Quartier Latin, 2021, v. 2, p. 397-415.

23 Farnsworth, Allan. "Contracts". Aspen Publishers, NY, 4ª ed., 2004, p. 455.

24 Cretella Neto, José. "Da importância do preâmbulo nos contratos internacionais" *in* Revista da Faculdade de Direito da UFMG, BH, n. 57, pp. 211-240 (jul/dez/2010). No mesmo sentido Kurth, Andrews. "A drafting reminder: remembe the recitals" *in* The National Law Review, v. XIII, n. 166, 2014: *"However, where there is ambiguity in the contract, a coutr may look to the recitals for evidence of the true intention of the parties, as well as for guidance as to how a disputed provision should de construed"*.

25 Bem o diz Maggiolo, Marcello, invocando decisão da Corte de Cassação. "Presupposizione e premesse del contratto" *in* Giustizia Civile, n. 3, 2014: " *[il] preambolo che é stato efficacemente definito come la 'reazione delle parti a un tentativo di oggettivazione del negozio rispetto agli intendimenti individuali"* (p. 876).

37. Note-se que esta intenção comum, dessumida dos considerandos, poderá ajudar outras regras nas quais o Código Civil a invoca para permitir a sua incidência. Pense-se, de pronto, na conversão substancial do negócio jurídico do artigo 170. Aqui, sob nomenclatura um pouco diferente, a intenção comum aparece quando se assegura que a subsistência do negócio se dará se o fim visado pelas partes puder supor que tenham querido o novo negócio. Ou seja, um exame dos considerandos pode guiar para o "fim visado" (*rectius*, intenção comum[26]).

38. Outro exemplo reside da regra da nulidade parcial. A aplicação do *utile per inutile non vitiatur*, só ocorre se, como inicia o texto do artigo 184, "*Respeitada a intenção das partes...*". Onde pode estar de forma mais clara a intenção comum das partes, norte da interpretação, pressuposto para a conversão e para a nulidade parcial, é nos considerandos.

39. O direito civil brasileiro não chegou tão longe quanto o direito italiano ao vincular a ideia de intenção comum com a pressuposição[27]. Naquele ordenamento jurídico os autores que tratam do tema dos considerandos acabam por vincular ambos os temas. A doutrina italiana, tal qual a brasileira não se dedica muito a esse tema, mas quando o faz "*non mancano di rilevare la connessione e la interferenza tra premesse del contratto e figura della presupposizione*"[28].

40. Ao tratar das nulidades, o artigo 166, III, do Código Civil, acaba por acolher a noção de causa ilícita e o parâmetro é o motivo comum determinante ser ilícito. Aqui também se percebe o papel dos considerandos para identificar a determinabilidade do motivo comum.

41. Também o regime do erro pode ser baseado no motivo que venha declinado nos considerandos. Imagine-se a doação por merecimento que, nos considerandos indique suas razões determinantes como sendo o fato do donatário ter feito tal ou qual ato meritório que enseja a liberalidade remuneratória. A constatação de que o

---

26 Cristiano de Sousa Zanetti ("A Conservação dos contratos nulos por defeito de forma", Quartier Latin, SP, 2013, pp. 77/81), critica a visão puramente subjetiva da vontade e afirma que não é ela puramente que determinará a conversão, mas a vinculatividade social que se dê a ela. Essa a visão defendida nesse trabalho, apena entendendo que fim e intenção se objetivam em dois momentos (i) quando se bilateralizam e (ii) tornam-se a razão jurídica da vinculatividade (uma noção de causa-fim).

27 Neste sentido, há vários autores que versam desta maneira servindo, por todos, Sconamiglio, Claudio. "Interpretazione del contratto e interessi dei contraenti". CEDAM, Milão, 1992 e Bessone, Mario. "Adempimento e rischio contrattuale". Giuffrè, Milão, 1969.

28 Maggiolo, Marcello, op. cit., p. 876.

praticante do ato meritório seja outro pode levar à anulabilidade e a razão determinante está nos considerandos.

42. Esses exemplos fazem as vezes, entre nós, de pressuposições declaradas e que podem incidir pela sua demonstração via considerandos.

B) A jurisprudência sobre o papel dos considerandos

43. Dada a escassez de trabalhos sobre o ponto, como vem se referindo, as decisões judiciais sobre o tema também não abundam. Se a isto somar-se o fato de que muitos contratos mais complexos, com muitos considerandos e estrutura mais desenvolvida incluem cláusulas arbitrais, os casos publicizados rareiam ainda mais. Nada obstante, quatro casos chamam a atenção e merecem ser comentados.

44. O primeiro é o *caso das subempreiteiras em atraso*. A ementa já é bastante clara: *"INTERPRETAÇÃO DE CLÁUSULAS CONTRATUAIS. Interpreta-se o aditivo contratual de acordo com a intenção das partes, especialmente se essa se encontra expressa nos considerandos do termo contratual"*[29].

45. Tratava-se de um contrato de empreitada, pelo qual a dona da obra contratou a empreiteira para uma empreitada mista. Fixou-se que todos os pagamentos, mesmo que devendo ser repassados a subempreiteiras, cuja subcontratação era permitida, deveriam ser feitos pela dona da obra à empreiteira e que esta, por sua vez, faria os repasses às subcontratadas. No curso da obra, a empreiteira acaba enfrentando dificuldades financeiras que a levam, primeiro à concordata e, posteriormente, à falência. Alguns dos repasses devidos às subempreiteiras não foram feitos e estas ingressam em juízo contra à dona da obra.

46. Em primeiro grau, a dona da obra é condenada a pagar porque, sabedoura da situação de risco da empreiteira, deveria ter diligenciado que o pagamento fosse feito diretamente às subempreiteiras. Ademais, havia um aditivo prorrogando o prazo da obra, já vencido feito, após a empreiteira estar em concordata, permitindo o uso da parcela retida a título de caução para pagar inclusive subempreiteiras. A dona da obra apela e sustenta que (i) não tinha relação jurídica com as subempreiteiras e que teria pago mal se não o fizesse para a legítima credora ainda que a mesma se encontrasse em dificuldades financeiras e (ii) o aditivo permitia que o uso fosse feito para pagar

29 Apelação Cível nº 70004680328, julgado pela 2ª Câmara Especial Cível, relatora Des. Ana Beatriz Iser, julgado em 08/04/2003.

os subempreiteiros que terminariam a obra, tanto que firmado após o término do prazo e justamente porque, não tendo sido concluída a obra, e estando a empreiteira em concordata, seria necessário subcontratar.

47. O Tribunal de Justiça do Rio Grande do Sul julga que realmente o pagamento originalmente não poderia ser feito às subempreiteiras visto que estas tinham contrato verbal com a empreiteira e do mesmo não havia participado a dona da obra, não havendo solidariedade.

48. Entretanto, ao enfrentar qual a finalidade do aditivo e o destino da caução entendeu de forma a confirmar a sentença. Isto porque a cláusula que fixava o uso da caução referia a possibilidade de pagar sub-contratados mas não delimitava quais. A dona da obra sustentava que o momento do aditivo, já findo o prazo da obra e faltando parcelas a serem edificadas, justificaria o uso da caução para o futuro. O acórdão valeu-se para interpretar a finalidade do aditivo dos considerandos e assim julgou:

49. *"Nos considerandos do contrato restou manifestado pelas partes que havia atrasos no pagamento, pela empreiteira, com fornecedores e subempreiteiros, o que leva a afirmar-se que o valor retido a título de caução seria utilizado, também, para pagamento de tais dívidas, já em atraso. Pretendessem, as partes, estipular o uso da caução para pagamentos de compromissos futuros, certamente haveria expressa disposição a respeito (....) e não fariam constar, as partes, nos considerandos a menção aos débitos já existentes, impagos...".*

50. O segundo caso *(caso da coligação voluntária implícita)* mostra uma divergência quanto ao uso dos considerandos e é um bom exemplo de como os mesmos podem ser definidores de um determinado caso concreto. Tratava-se de uma ação de execução na qual os cedentes de quotas de uma SPE buscavam os valores referentes à cessão das quotas impagas pelo cessionário. A referida SPE fora criada para explorar uma área de terras de um clube e nele montar um "hotel com piscina de ondas surfáveis". O contrato de arrendamento da área frustrou-se por impossibilidade ante um desvio de finalidade da associação clubística. Com base nisso (e alguns outros argumentos que foram rejeitados à unanimidade como a falta de perfeição formal do título executivo e a suposta inexistência de titularidade das quotas), o cessionário recusou o pagamento por impossibilidade do arrendamento, com consequente frustração da SPE. Os cessionários sustentavam que a cessão era negócio autônomo em relação ao

contrato de arrendamento e que, portanto, não poderia ser alegado para o não pagamento do valor das quotas.

51. No julgamento da apelação, por unanimidade, a 17ª Câmara Cível do Tribunal de Justiça do Rio Grande do Sul entendeu que havia irregularidade formal no título e, por unanimidade, extinguiu a execução. Em sede de embargos declaratórios, com efeitos infringentes, à unanimidade reconheceu-se a regularidade formal, e passou-se ao exame do mérito dos embargos à execução, onde o cerne da discussão era saber se (i) havia coligação entre os contratos de modo que a (ii) impossibilidade de um, gerasse a ineficácia de outro. Impossível o arrendamento, ineficaz a cessão.

52. Para a relatora, a coligação se impunha porque havia considerando que referia a intenção comum de explorar o imóvel arrendado, mormente sendo uma sociedade de propósito específico. Já a maioria entendeu, sem uma fundamentação maior, que se tratava de contratos autônomos.

53. O considerando específico dizia, no contrato de cessão de quotas: *"1 – CONSIDERANDO que: a) Foi firmado contrato de arrendamento de fração ideal de imóvel e de prédio, construção de benfeitorias e exploração de área de edificação de hotel, firmado entre MAPA Consultoria Ltda (doravante simplesmente denominada MAPA) e Clube Farrapos na data de 31/08/2012 (Anexo I, que passa a fazer parte integrante deste), visando construção e exploração de um complexo turístico, compreendido por um hotel e uma piscina com ondas surfáveis;"*[30].

54. Dito considerando, a juízo do que se vem dizendo neste trabalho, certamente não era disposição meramente esclarecedora, visto que a sociedade MAPA era a que estava tendo suas quotas cedidas, era uma SPE e, mais ainda, o referido contrato de arrendamento era parte integrante (de forma explícita) como Anexo I do contrato de cessão de quotas. Uma definição desta natureza certamente traduz a intenção comum das partes e se vê frustrada por conta da impossibilidade do principal (se não único) ativo da sociedade. Note-se que a divergência sobre o papel do considerando resultou em decisão diametralmente oposta.

55. Era um caso de coligação voluntária implícita, para valer-se da expressão de Francisco Marino e que impõe interpretação com "grau

30 Trecho transcrito do acórdão que julgou os embargos de declaração 70075324970, julgado em 20/04/2018, relatora vencida, Desa. Liége Puricelli Pires, relator para o acórdão Des. Gelson Rolim Stocker.

máximo de profundidade", quando afirma: *"Na coligação voluntária, por sua vez, o processo atingirá grau máximo de profundidade. Nesta, o vínculo intercontratual poderá advir de cláusulas contratuais que expressamente o disciplinem (coligação voluntária expressa) ou poderá ser deduzida a partir do fim contratual concreto e das circunstâncias interpretativas relevantes (coligação voluntária implícita)"*[31].

56. Há um terceiro caso (*caso da Renault*), desta feita confirmado pelo STJ, a partir de uma decisão do Tribunal de Justiça do Paraná. Tratava-se de um contrato pelo qual uma parte comprara um automóvel que fora adaptado para fins de participar de uma competição de veículos da marca Renault que organizava um campeonato para tal modalidade automotiva. A compradora adquiriu o veículo para o fim de participar na competição. No contrato de compra e venda, entre a vendedora (concessionária Renault) e o comprador (da qual a fabricante não foi parte), havia um considerando assim redigido: *"2. Considerando que a VENDEDORA foi contratada pela RENAULT DO BRASIL S/A pelo prazo de 5 anos para realizar o projeto, construção e comercialização do veículo abaixo citado"*.

57. Ocorreu que, após o primeiro ano de competição, em que o comprador participou, a dita competição foi cancelada. O comprador, que adquirira o carro para a referida competição, ingressa com ação buscando reparação pelos danos causados, visto que a utilidade do automóvel era participar do certame que foi cancelado após o primeiro ano. A vendedora do automóvel sustentou que a competição não era organizada por ela e que a Renault não fora parte do contrato de venda do veículo. Mais ainda, afirmou que não havia obrigação de prazo de cinco anos de realização da competição.

58. O órgão de origem julgou o caso com base no considerando que instigara no adquirente a confiança de que o certame se realizaria, tanto que a vendedora fora contratada por cinco anos para organizá-lo. Afirmou a decisão confirmada no STJ[32]: *"Com efeito, mostra-se evidente que tal disposição* (o considerando 2) *visava indicar ao contratante que ao menos pelos próximos 5 anos o campeonato ocorreria. Não fosse assim, inexistiria qualquer necessidade de tal informação (....)* ***E conquanto negue ter sido responsável pelo cancelamento,***

31 Marino, Francisco Paulo De Crescenzo. "Interpretação do Negócio Jurídico". Saraiva, SP, 2011, p. 298.

32 Agravo de Instrumento em Recurso Especial 1559298 – PR, relator Min. Marco Aurélio Belize, julgado em 04/04/2023.

ao induzir os autores a firmarem o contrato com base na informação de que efetuara parceria com a cone** (sic) **Renault por cinco anos, atraiu para si a responsabilidade por conta daquele" (grifo original).

59. Aqui, o considerando foi tido como disposição preceptiva. Criou obrigação decorrente da boa-fé por conta da informação que induziu o outro contratante. Razão pela qual obteve o consentimento (formador da intenção comum).

60. Derradeira decisão (*caso do built to suit*), ainda que mais antiga, é a da lavra do Ministro Nilson Naves, tratava-se de uma ação revisional para adequar (para menos) o valor de um locativo. Ao examinar o tema na origem, o Tribunal de Justiça do Rio Grande do Norte entendeu que, embora adotasse a forma de um contrato de locação, a intenção declarada das partes nos considerandos era de fosse um contrato *built to suit*. À época ainda não vigorava o artigo 54-A da lei 8.245/91 que acabou por reconhecer a inaplicabilidade das normas cogentes da lei de locações ao contrato de *built to suit*.

61. Consta da decisão: "*...conforme se vê dos termos do contrato firmado entre os litigantes ou sucessores, trata-se, em princípio, de avença complexa que abrangeu, além da locação em si, outros fatores, no denominado conceito built to suit, **tal como se vê primeiramente do item a dos considerandos** contidos no instrumento (fls. 77) onde se disse que se cuida de empreendimento construído de acordo com a necessidade específica do locatário, e sob sua encomenda, para o desenvolvimento de suas atividades e, mais adiante, no item 18.1 (fls 93), quando se afirmou que a presente locação é ajustada em caráter 'intuito personae'...*" (grifou-se).

62. Outra vez, os considerandos serviram para a qualificação do contrato, com isto arrastando-o para regulamentação diversa da que a leitura de um simples contrato de locação geraria.

4. CONCLUSÃO

63. O preâmbulo do contrato, em que pese não esteja primitivamente destinado à introdução de obrigações às partes contratantes serve, inegavelmente, como elemento de interpretação das demais disposições contratuais.

64. Isso se dá, não só porque o contrato é um sistema integrado que, segundo a regra de Pothier invocada nesse trabalho, deve servir à

interpretação completiva ou sistemática do contrato, mas também porque não é o *locus* da norma contratual que afetará sua função.

65. O preâmbulo, seja nos considerandos que o integram, sejam nas definições que dele constam, por boa técnica deveria ter disposições enunciativas e disposições esclarecedoras, mas não raro pode conter disposições preceptivas, como se viu no *caso das subempreiteiras em atraso* e no *caso Renault*. Já no *caso da coligação implícita*, o papel desempenhado parece ser de uma disposição enunciativa. Já no *caso do built to suit*, ajudando na interpretação do escopo contratual, o papel desempenhado é o próprio dele, com disposição meramente esclarecedora.

66. De qualquer maneira, não se pode ignorar a existência jurídica e, consequentemente, a eficácia da presença de um preâmbulo com considerandos e definições como parte do contrato. A totalidade contratual dar-lhe-á relevância na ora da execução contratual.

63. CLÁUSULA DE NÃO-SOLICITAÇÃO E MERCADO DE TRABALHO: A EXPERIÊNCIA NACIONAL E ESTRANGEIRA

Luiz Felipe Ramos
Mariana Azevedo César
Maria Beatriz Fidalgo

1. INTRODUÇÃO

Já se foi o tempo em que o mercado de trabalho era objeto de atenção escassa do direito concorrencial. Diversos estudos têm sido publicados analisando a dinâmica específica da concorrência pela contratação de trabalhadores, bem como seus impactos nos mercados de oferta de produtos e serviços[1]. Esses trabalhos têm sido produzidos na esteira de uma percepção,

1 Para trabalhos recentes envolvendo a interface entre os temas, ver, entre outros, HOVENKAMP, Herbert J. . Worker Welfare and Antitrust. University of Chicago Law Review, v. 90, n. 2, p. 511-543. Disponível em: https://chicagounbound.uchicago.edu/cgi/viewcontent.cgi?article=6332&context=uclrev. Acesso em: 31 jul. 2023; GUIMARÃES, Olavo Severo ; COUTO, Victor Cavalcanti ; MUNHOZ, João Ricardo Oliveira. Os Fundamentos Do Antitruste Para Mercados De Trabalho. Revista do Ibrac, São Paulo, v. 1, p. 110-132, 2022. Disponível em: https://www.ibrac.org.br/UPLOADS/PDF/RevistadoIBRAC/Revista_IBRAC_1_2022.pdf. Acesso em: 30 jul. 2023; POSNER, Eric A.; MARINESCU, Ioana E. Why Has Antitrust Law Failed Workers? Cornell Law Review, Chicago, v. 105, p. 1343-1394, 2020. Disponível em: https://chicagounbound.uchicago.edu/cgi/viewcontent.cgi?article=13995&context=journal_articles. Acesso em: 30 jul. 2023; EPSTEIN, Richard A. . The Application of Antitrust Law to Labor Markets -Then and Now. New York University Journal of Law and Liberty, v. 15, n. 2, p. 327-388, 2021. Disponível em: https://chicagounbound.uchicago.edu/cgi/viewcontent.cgi?article=14281&context=journal_articles. Acesso em: 30 jul. 2023; MAIA, Maurício Oscar Bandeira; JARDIM, Isabel. Novos rumos para o mercado

por vezes respaldada em dados empíricos, de que os esforços de promoção da concorrência nas últimas décadas não resultaram em benefícios apropriáveis pelos trabalhadores.

A cláusula de não-solicitação, objeto do presente capítulo, se insere de maneira central nesse debate. Ela pode assumir a forma de um acordo entre empresas para que não haja abordagem dos empregados ou prestadores de serviço umas das outras. Também pode se referir ao acordo celebrado entre empresa e indivíduo limitando a capacidade deste, após o encerramento do contrato, de abordar funcionários do ex-empregador[2]. Em ambas as modalidades, cláusulas de não-solicitação lidam diretamente com a restrição à mobilidade da força de trabalho.

Nesse sentido, uma cláusula de não-solicitação poderia ter, exemplificativamente, o seguinte teor: *"O Contratado se obriga a não contratar, ou indicar a contratação para empresas concorrentes, de quaisquer administradores ou empregados de nível de gerência da Sociedade. A obrigação permanecerá em vigor por 1 (um) ano contado (a) da data de término de vigência deste Contrato, ou (b) do rompimento de qualquer outra relação que mantenha diretamente com a Sociedade, o que ocorrer por último"* Tal redação pode ser adaptada tanto para casos de acordo entre empresa e pessoa física quanto (nos casos permitidos em lei) para acordos celebrados entre empresas.

Por vezes, esse tipo de acordo assume contornos vistos como problemáticos por autoridades antitruste. Entre 2005 e 2007, grandes empresas de tecnologia dos Estados Unidos celebraram acordos bilaterais, similares entre si, sem informar aos seus trabalhadores[3]. Tais acordos proibiam a comunicação das respectivas empresas, por qualquer maneira (oral, escrita, eletrônica, etc.), com trabalhadores da outra empresa que não houvessem aplicado por uma vaga de emprego. Apenas executivos sêniores das empresas participaram da negociação e celebração do acordo, que impactava outros trabalhadores das respectivas empresas.

O Departamento de Justiça (DoJ) norte-americano entendeu que tais acordos alteraram as forças competitivas de mercado por talentos. Tais acordos

---

de trabalho e a concorrência no Brasil. ConJur. 2021. Disponível em: https://www.conjur.com.br/2021-out-25/defesa-concorrencia-novos-rumos-mercado-trabalho-concorrencia-brasil. Acesso em: 30 jul. 2023.

2 A cláusula *non-solicitation* também pode se referir à proibição de o vendedor, em uma operação societária, solicitar ofertas de compra a outras partes durante um determinado período de tempo, manter entendimentos sobre transações com terceiros, de buscar transações similares, salvo propostas não solicitadas, de solicitar propostas por um período de tempo, entre outras (*no-shop, no talk, window shop* e *go shop*). Tais significados fogem ao escopo do presente artigo, que se concentra na cláusula de não-solicitação da força de trabalho.

3 Vide Antitrust Division | Competitive Impact Statement | United States Department of Justice

teriam eliminado uma forma significativa de concorrência para atração de trabalhadores no ramo de alta tecnologia. Com isso, os trabalhadores teriam sido privados de informações importantes para acesso a melhores oportunidades de emprego.

Diversos outros casos envolvendo cláusulas de não-solicitação foram investigados em diferentes países. Por outro lado, acordos similares podem se inserir, legitimamente, como um componente essencial para viabilizar operações de aquisições de empresas, nas quais os funcionários detenham *know-how* e *expertise* que integram o valor do negócio em questão. Da mesma forma, acordos entre empresas e trabalhadores podem ser necessários para evitar a utilização oportunista de informações sensíveis acessadas por profissionais de alto escalão, em virtude do cargo ocupado, na migração para empresas concorrentes.

O presente capítulo pretende abordar as nuances e limites para cláusulas de "não-solicitação", tendo em vista a interface entre o direito concorrencial, principalmente, e o mercado de trabalho. Para tanto, está dividido em três seções, além dessa introdução. A seção II analisa a experiência estrangeira e nacional sobre acordos entre empresas para não-solicitação de funcionários. A seção III trata de acordos de não-solicitação celebrados entre empresas e indivíduos. A seção IV conclui este capítulo com algumas considerações finais.

2. CELEBRAÇÃO DE ACORDOS DE NÃO-SOLICITAÇÃO DE FUNCIONÁRIO ENTRE EMPRESAS

2.1. Precedentes: a experiência estrangeira e nacional

Cláusulas de não-solicitação entre concorrentes se referem a acordos nos quais as empresas concordam em se abster de solicitar, abordar, recrutarem e/ou contratar funcionários umas das outras. Sua adoção tem sido objeto de análise em diversas jurisdições nos últimos anos, acompanhando o crescente escrutínio ao mercado de trabalho realizado por autoridades concorrenciais ao redor do mundo[4].

A autoridade concorrencial norte-americana foi uma das autoridades pioneiras na análise de práticas anticompetitivas entre empresas na contratação de funcionários. Algumas investigações sobre o tema foram instauradas ainda

4 Conforme https://www.pinsentmasons.com/out-law/analysis/european-scrutiny-non-compete-no-poach-clauses-grows; https://www.employmentlawworldview.com/no-poach-agreements-eu-catching-up-with-the-us-on-anti-competitive-recruitment-practices/.

na década de 90[5]. Desde então, a divisão antitruste do Departamento de Justiça norte-americano (*Department of Justice* – "DOJ") teve a oportunidade de analisar alguns de acordos de não-solicitação. Dentre tais casos, a já mencionada análise da celebração de acordos de não-solicitação de funcionários entre as empresas Adobe Systems Inc, Apple Inc., Google Inc., Intel Corporation, Intuit Inc. e Pixar, em 2010, se tornou paradigmática e ensejou importantes entendimentos sobre o assunto[6].

No caso, as empresas representadas combinaram entre si de não abordar diretamente, solicitar ou recrutar, por qualquer meio, incluindo oral, escrito, telefônico ou eletrônico, trabalhadores das concorrentes que não haviam aplicado por uma posição ou vaga na empresa. Segundo o DOJ, tais empresas concorriam pela contratação de funcionários de tecnologia, como engenheiros e cientistas da computação, caracterizados por sua *expertise* e especialização. Embora as empresas contassem com diversos métodos de recrutamento, a abordagem direta de engenheiros e cientistas da computação de empresas concorrentes, que não tinham aplicado por uma posição ou vaga, constituía método eficiente de concorrer pelos funcionários.

A autoridade americana considerou que, em um mercado com funcionamento adequado, empresas empregadoras concorrem para a contratação e atração dos talentos mais valiosos e que melhor respondem às suas necessidades. No entanto, o comportamento concertado das representadas teria reduzido sua capacidade em concorrer por funcionários e interferido nos mecanismos normais de definição de preços que se aplicam ao mercado de trabalho. Os acordos de não-solicitação teriam eliminado uma forma significativa de concorrência na atração de funcionários especializados de tecnologia e, de forma geral, diminuído substancialmente a concorrência em detrimento dos funcionários afetados, que provavelmente foram privados de informações concorrencialmente importantes e acesso a melhores oportunidades de emprego.

O DOJ também entendeu que a análise concorrencial realizada no mercado a jusante, ou seja, relacionada a restrições causadas aos clientes, seria igualmente aplicável às restrições de monopsônio no mercado a montante,

5 United States v. Ass'n of Family Practice Residency Doctors, No. 96-575-CV-W-2, Complaint at 6 (W.D.Mo. May 28, 1996). Disponível em: https://www.justice.gov/atr/case-document/competitive-impact-statement-0; Competitive Impact Statement, 61 Federal Register 28891, 28894 (W.D.Mo. May 28, 1996). Disponível em: https://www.justice.gov/atr/case-document/competitive-impact-statement-141 e U.S. v. Cooperative Theaters of Ohio, Inc., 845 F.2d 1367 (6th Cir. 1988). Disponível em: https://casetext.com/case/us-v-cooperative-theatres-of-ohio-inc.

6 United States v. Adobe Systems, Inc., Apple Inc., Google Inc., Intel Corporation, Intuit, Inc., and Pixar, 2010. Disponível em https://www.justice.gov/atr/case-document/competitive-impact-statement-0 e https://www.justice.gov/atr/case/us-v-adobe-systems-inc-et-al.

relacionadas à contratação de funcionários e oportunidades de trabalho. Não haveria, segundo o órgão, distinção na análise de acordos de alocação com base no fato de envolverem mercados de insumos (como de mão-de-obra) ou de produtos. Isso porque tanto acordos anticompetitivos nos mercados de insumos como no de produtos criariam ineficiências alocativas. Assim, considerou o DOJ que restrições de não-solicitação envolvendo clientes, fornecedores ou funcionários seriam igualmente ilegais "per se" – isto é, práticas que, em razão de seus efeitos deletérios à concorrência e da ausência de qualquer eficiência econômica que pudesse justificá-las, são presumidas como não razoáveis e, portanto, ilegais, sem a necessidade de realizar uma investigação detalhada sobre danos ou justificativas econômicas.

O DOJ ainda ressaltou que os acordos de não-solicitação não seriam considerados uma prática ilegal "per se" caso constituíssem uma restrição acessória (*ancillary restraints*) a uma iniciativa pró-competitiva e/ou razoavelmente necessária para alcançar benefícios pró-competitivos. Nesse caso, deveriam ser avaliados sob a regra da razão, a qual pode sopesar os eventuais ganhos competitivos decorrentes da prática e seus possíveis efeitos anticompetitivos[7]. Assim, para serem consideradas acessórias, as restrições devem ser parte necessária ou intrínseca a uma colaboração pró-competitiva. Restrições mais amplas que o necessário para alcançar as eficiências de uma colaboração comercial não são consideradas acessórias, e devem ser tratadas como ilegais "per se".

No caso, a análise do DOJ concluiu que os acordos de não-solicitação entre as representadas não eram acessórios a qualquer tipo de colaboração legítima entre as empresas representadas, bem como os acordos não eram limitados por área geográfica, cargo ou função dos funcionários, produto desenvolvido ou período. Desse modo, os acordos foram considerados muito mais amplos que o razoavelmente necessário para implementação de qualquer esforço colaborativo entre as empresas.

Corroborou esse entendimento o fato de que as empresas representadas já haviam empreendido colaborações significativas que não incluíram acordos de não-solicitação desse tipo. Embora possuíssem projetos colaborativos legítimos umas com as outras, os acordos de não-solicitação de funcionários não foram considerados acessórios ou relacionadas a tais colaborações, bem como não haviam sido customizados especificamente ao escopo de tais colaborações.

7 A rigor, o estágio do sopesamento raramente é alcançado em análises sob a regra da razão. Ver Herbert Hovenkamp, *Is Antitrust's Consumer Welfare Principle Imperiled*? (2018) Faculty Scholarship at Penn Law 1985, 35. Sobre a regra da razão, ver René Joliet, *The rule of reason in antitrust law: American, German and Common Market laws in comparative perspective* (1967), Liège, Faculté de Droit, 189-190. Também American Bar Association, *The rule of reason* (1999), Section of Antitrust Law, Monograph 23, 23.

Sendo assim, os acordos executados pelas empresas foram considerados restrições puras à concorrência – isto é, com efeitos perniciosos à concorrência sem eficiências que a justifiquem –, e, portanto, ilegais "per se". As representadas ficaram proibidas de tentar celebrar, celebrar, manter ou reforçar qualquer tipo de acordo com outras empresas que, de qualquer modo, as impedisse de solicitar ou recrutar ou adotar qualquer forma de concorrência pelos funcionários de outras empresas. A decisão também deixou claro que não estavam proibidos acordos de não-solicitação que fossem razoavelmente necessários para (e assim acessórios a) colaborações pró-competitivas legítimas.

Desde esse julgado em 2010, o DOJ analisou outros casos similares[8]. O histórico de investigações sobre práticas desse tipo ensejou a publicação de Guia, em 2016, pela Divisão Antitruste do Departamento de Justiça dos Estados Unidos (*Department of Justice* – "DOJ") em conjunto com a *Federal Trade Commission* ("FTC"). O Guia "*Antitrust Guidance for Human Resource Professionals*" ("Guia") contém orientações para os profissionais de recursos humanos ("RH") sobre os riscos concorrenciais que podem surgir no processo de recrutamento de funcionários.[9] O documento consolida os entendimentos proferidos pela autoridade americana nos casos envolvendo, entre outros temas, acordos de não-solicitação de funcionários, oferecendo princípios gerais para possibilitar que profissionais de RH, e as empresas que eles representam, possam cumprir as regras antitruste.

Em primeiro lugar, o Guia estabelece que, de uma perspectiva concorrencial, empresas que concorrem para contratar ou manter funcionários são concorrentes no mercado de trabalho, independentemente se tais empresas fabricam os mesmos produtos ou concorrem pelos mesmos serviços. Por exemplo, uma empresa de *delivery* de alimentos pode concorrer com uma farmacêutica pela contratação de profissionais de tecnologia. Sendo assim, o Guia conclui ser ilegal que concorrentes – seja no mercado de trabalho ou do produto –, expressa ou implicitamente, acordem em não concorrer uns com os outros, mesmo que motivados pela intenção de reduzir custos.

Nesse sentido, acordos "puros" (isto é, não acessórios) de não-solicitação de funcionários, entre empregadores, independentemente se celebrados diretamente ou via um terceiro intermediário, foram considerados ilegais "per se" sob a lei antitruste americana. Segundo o Guia, se os acordos não estão relacionados ou não são razoavelmente necessários para uma colaboração legítima

8 Por exemplo, U.S. v. Lucasfilm Ltd., 2011. Disponível em https://www.justice.gov/atr/case/us-v-lucasfilm-ltd; e U.S. v. eBay, Inc., 2014. Disponível em https://www.justice.gov/atr/case/us-v-ebay-inc.

9 EUA. FEDERAL TRADE COMISSION. Department of Justice Antitrust Division. *Antitrust Guidance for Human Resource Professionals.* 2016. Disponível em: https://www.justice.gov/atr/file/903511/download.

mais ampla entre os empregadores, serão considerados ilegais, sendo desnecessárias investigações mais aprofundadas sobre seus impactos à concorrência. *Joint ventures* legítimas, segundo o guia, não seriam consideradas ilegais "per se" sob a lei antitruste.

Por fim, o Guia norte-americano também indicou que o DOJ pretendia começar a processar criminalmente os acordos de não-solicitação e de fixação de salários, considerando que esses eliminam a concorrência tal como acordos para fixar preços de produtos ou alocar clientes (os quais têm sido tradicionalmente investigados criminalmente e processados como cartel).

De fato, historicamente, os acordos de não-solicitação vinham sendo tratados pela autoridade norte-americana como violações antitruste civis. Após o anúncio do DOJ no Guia de 2016, processos criminais para análise de acordos de não-solicitação entre empresas concorrentes foram instaurados. Em 2020, o DOJ apresentou a primeira acusação criminal envolvendo acordo de fixação de salários[10] e, em, 2021, o primeiro caso envolvendo acordo de não-solicitação entre concorrentes.[11]

Desde então, quatro casos envolvendo o mercado de trabalho chegaram a ser levados a julgamento no âmbito criminal: dois casos de acordos de não-solicitação e dois envolvendo fixação de salários entre empresas empregadoras concorrentes.[12] As ações criminais envolvendo a adoção de acordos de não-solicitação entre concorrentes referiram-se i) à acusação de que as empresas de diálise DaVita e Surgical Care Affiliates LLC teriam acordado em não contratar os funcionários umas das outras[13]; e ii) à acusação de que uma empresa fabricante de motores aeroespaciais e algumas de suas empresas fornecedoras teriam acordado em não recrutar engenheiros aeroespaciais uma das outras[14].

---

10 United States of America v. Neeraj Jindal. Case 4:20-cr-00358, 2020. Disponível em https://www.justice.gov/opa/press-release/file/1344191/download.

11 United States of America v. Surgical Care Affiliates, LLC and Scai Holdings, LLC. Case Case 3:21-cr-00011-L, 2021. Disponível em https://www.justice.gov/opa/pr/health-care-company-indicted-labor-market-collusion e https://www.justice.gov/d9/press-releases/attachments/2021/03/04/2021.01.05_us_v_sca_indictment_0.pdf.

12 Conforme https://www.forbes.com/sites/insider/2023/05/10/are-dojs-no-poach-prosecutions-getting-poached/?sh=ad9f4d01646e.

13 United States of America v. Surgical Care Affiliates, LLC and Scai Holdings, LLC. Case Case 3:21-cr-00011-L, 2021. Disponível em https://www.justice.gov/opa/pr/health-care-company-indicted-labor-market-collusion e https://www.justice.gov/d9/press-releases/attachments/2021/03/04/2021.01.05_us_v_sca_indictment_0.pdf e https://www.reuters.com/business/healthcare-pharmaceuticals/davita-its-former-ceo-acquitted-antitrust-charges-2022-04-15/.

14 USA v. Patel et al. Case 3:21-cr-00220-VAB, 2022. Disponível em https://www.govinfo.gov/content/pkg/USCOURTS-ctd-3_21-cr-00220/pdf/USCOURTS-ctd-3_21-cr-00220-0.pdf e https://casetext.com/case/united-states-v-patel-201.

A autoridade americana não foi bem-sucedida em garantir condenações criminais até o momento, dado que, nos quatro casos levados a julgamento, os representados foram inocentados ao final[15].

Em outubro de 2022, contudo, foram celebrados acordos, com admissão de culpa, entre o DOJ e a empresa investigada VDA OC LLC e seu representante pessoa física, em um caso no qual se investigava a adoção de cláusula de não-solicitação com empresas concorrentes, bem como prática de fixação de salários de funcionários[16]. A empresa de profissionais de saúde VDA OC LLC foi compelida, no âmbito criminal e em decorrência do acordo firmado, ao pagamento de multa no valor de 62 mil dólares e restituições no valor de 72 mil dólares, por conspirar com empresa concorrente para alocar profissionais entre as empresas, por meio de acordos de não-solicitação, bem como por fixar valores de salário. O valor representou montante significativo para uma empresa de seu porte, dado que o DOJ calculou a penalidade com base nos salários pagos aos funcionários afetados durante o período investigado[17].

Além dos Estado Unidos, outros países também vêm analisando casos envolvendo a adoção de cláusula de não-solicitação entre empresas concorrentes[18]. Com relação à União Europeia, embora casos desse tipo ainda não tenham sido analisados no nível da Comissão Europeia, diversos Estados Membros já se debruçaram sobre o tema ao longo dos anos. A autoridade concorrencial da Espanha, por exemplo, condenou as empresas ABX, BWS, B&A, DHL, Raminter, Rhenus, Salvat, SPT e TN, atuantes no mercado de transporte de mercadorias, por combinarem entre si, no âmbito de um cartel em que as empresas acordavam outras variáveis competitivas, condições gerais de contratação de funcionários, incluindo a não contratação de trabalhadores de outras empresas sem o consentimento prévio da empresa em que o trabalhador prestava os seus

15 Conforme https://www.forbes.com/sites/insider/2023/05/10/are-dojs-no-poach-prosecutions-getting-poached/?sh=ad9f4d01646e.

16 United States v. VDA OC, LLC, No. 2:21-cr-00098. Disponível em https://casetext.com/case/united-states-v-hee-9 e https://storage.courtlistener.com/recap/gov.uscourts.nvd.149302/gov.uscourts.nvd.149302.103.0.pdf.

17 United States v. VDA OC, LLC, No. 2:21-cr-00098. Disponível em https://www.justice.gov/d9/press-releases/attachments/2021/03/30/21-03-30_hee_indictment_0.pdf; https://www.justice.gov/opa/pr/health-care-staffing-company-and-executive-indicted-colluding-suppress-wages-school-nurses e https://www.justice.gov/d9/press-releases/attachments/2021/03/30/21-03-30_hee_indictment_0.pdf.

18 Conforme https://www.pinsentmasons.com/out-law/analysis/european-scrutiny-non-compete-no-poach-clauses-grows; https://www.employmentlawworldview.com/no-poach-agreements-eu-catching-up-with-the-us-on-anti-competitive-recruitment-practices/; https://www.cooley.com/news/insight/2022/2022-11-15-no-poach-approach-continues-doj-secures-first-criminal-conviction.

serviços[19]. A autoridade espanhola entendeu que mão-de-obra seria insumo para a realização da atividade empresarial. Assim, o acordo de não-solicitação de funcionários reduziria a concorrência entre as empresas na aquisição desse insumo, além de afetar de forma prejudicial os trabalhadores.

A autoridade concorrencial espanhola considerou, por fim, que as condutas investigadas consistiam em infração por objeto (aproximadamente, a infração "per se" da experiência norte-americana), as quais possuíam potencial para distorcer a concorrência a ponto de dispensar a autoridade de provar que as condutas efetivamente causaram o dano. Não haveria necessidade sequer de investigar a existência de uma explicação alternativa plausível para a conduta das empresas. Desse modo, as empresas foram condenadas ao pagamento de multas que variaram de 317 mil euros a 5,76 milhões de euros.[20]

Também no ano 2010, o Tribunal de Apelação da Holanda Gerechtshof' s-Hertogenbosch analisou caso em que quinze hospitais celebraram acordo de não-solicitação de funcionários, que envolvia proibição de contratar funcionários por um período de 12 meses após deixarem o hospital concorrente, além de definições sobre variáveis salariais. O Tribunal holandês entendeu que a prática poderia afetar negativamente a concorrência e determinou que os hospitais se abstivessem de adotar tais acordos de não-solicitação, sob pena de multa diária em caso de descumprimento[21].

Em 2017, a autoridade da concorrência francesa também condenou três empresas fabricantes de revestimentos de pisos de PVC por formação de cartel para fixação de preço, entre outras práticas colusivas que envolveram acordo de não-solicitação de funcionários. As multas nesse caso totalizaram 302 milhões de euros.[22] Mais recentemente, o presidente da autoridade concorrencial francesa, em conferência realizada em março de 2023, afirmou que a autoridade está analisando outros casos de adoção de acordos de não-solicitação.[23]

---

19 RESOLUCIÓN (EXPTE. S/0120/08, Transitarios), 2010. Disponível em https://www.cnmc.es/expedientes/s012008?overridden_route_name=entity.node.canonical&base_route_name=entity.node.canonical&page_manager_page=node_view&page_manager_page_variant=node_view-panels_variant-27&page_manager_page_variant_weight=10.

20 Idem acima.

21 Instantie Gerechtshof 's-Hertogenbosch, HD 200.056.331, 2010. Disponível em https://uitspraken.rechtspraak.nl/#!/details?id=ECLI:NL:GHSHE:2010:BM3366 e https://www.steptoeantitrustblog.com/2019/01/new-year-resolution-eu-antitrust-compliance-teams-putting-hr-practices-radar-screen/.

22 Décision n° 17-D-20, 2017. Disponível em https://www.autoritedelaconcurrence.fr/en/communiques-de-presse/19-october-2017-cartel-floor-coverings-sector e https://www.autoritedelaconcurrence.fr/fr/decision/relative-des-pratiques-mises-en-oeuvre-dans-le-secteur-des-revetements-de-sols-resilients.

23 Conforme https://content.mlex.com/#/content/1453132/no-poach-probes-in-the-pipeline-of-french-portuguese-watchdogs?referrer=search_linkclick.

Em abril de 2022, a Autoridade da Concorrência ("AdC") portuguesa condenou 31 sociedades esportivas por terem celebrado um acordo que impedia a contratação, pelos clubes da Primeira e Segunda Ligas, de jogadores de futebol que rescindissem unilateralmente o contrato de trabalho, evocando questões provocadas pela pandemia Covid-19. A AdC considerou que, por meio do acordo de não-solicitação, as empresas estariam renunciando à concorrência pela aquisição de recursos humanos, para além de privarem os trabalhadores de mobilidade laboral[24].

A AdC também considerou que o acordo entre as empresas, ao reduzir a concorrência entre elas, alterava o resultado que seria obtido através do livre jogo concorrencial, substituindo-o por outro que seria influenciado, ou mesmo determinado, pelo comportamento coordenado na contratação de jogares profissionais. Além disso, entendeu que o acordo seria apto a diminuir a qualidade dos jogos de futebol e, nessa medida, prejudicar os consumidores, por reduzir o ambiente competitivo entre os clubes, impedir a contratação de jogadores que poderiam preencher lacunas das equipes de futebol e forçar jogadores talentosos a sair do país para continuarem a exercer a sua atividade profissional.

No Brasil, a autoridade concorrencial, o Conselho Administrativo de Defesa Econômica ("CADE"), instaurou investigação, em março de 2021, para apurar condutas anticompetitivas no mercado brasileiro de trabalhadores da indústria de produtos, equipamentos e serviços correlatos para cuidados com a saúde (*healthcare*). Dentre as práticas investigadas, o CADE entendeu que haveria indícios da adoção de acordos de não-solicitação de funcionários entre empresas que atuavam no segmento de cuidados com a saúde[25].

Segundo o CADE, acordos de não contratação de trabalhadores seriam "um tipo de conduta colusiva na qual empresas concordam em se abster de solicitar, contratar ou recrutar trabalhadores umas das outras, essencialmente renunciando à competição por este insumo (a força de trabalho)". O CADE também considerou, preliminarmente, que os empregadores que pactuaram o acordo de não-solicitação de funcionários atuavam no mesmo mercado relevante na dimensão trabalho, mesmo que estes não fossem concorrentes na dimensão produto.

---

24 PRC/2020/1, 2022. Disponível em https://www.concorrencia.pt/sites/default/files/processos/prc/AdC-PRC_2020_01-Decisao-VNC-final-net.pdf e https://extranet.concorrencia.pt/PesquisAdC/PRC_OR_INC_OR_PCC_Page.aspx?IsEnglish=False&Ref=PRC_2020_1.

25 BRASIL. CADE. Processo Administrativo nº 08700.004548/2019-61. Nota Técnica nº 36/2021/CGAA8/SGA2/SG/CADE. Disponível em https://sei.cade.gov.br/sei/modulos/pesquisa/md_pesq_processo_exibir.php?0c62g277GvPsZDAxAO1tMiVcL9FcFMR5UuJ6rL-qPEJuTUu08mg6wxLt0JzWxCor9mNcMYP8UAjTVP9dxRfPBcbNWPzZPeCksB1NHq0njZaq-DyuZ-RXFk_z9bmZJlDnEL.

Além disso, ao instaurar a investigação, o CADE sinalizou o entendimento de que acordos de não-solicitação seriam equivalentes a acordos de divisão de mercado no âmbito dos produtos, demandando adequada persecução pelo direito concorrencial. Os acordos de não contratação de trabalhadores possuiriam poucas ou nenhuma justificativa pró-competitiva, e grande impacto na mobilidade dos trabalhadores, e, desse modo, seriam ilícitos por objeto.

Por fim, o CADE ressaltou que tais cláusulas poderiam ser úteis em algumas situações, como em casos de operações de alienação de empresas, ativos ou fundos de comércio, quando necessárias à implementação da operação, e cuja razoabilidade dependeria de seu prazo e de seu escopo de abrangência. A investigação instaurada pelo CADE está em fase instrutória e ainda não foi proferida decisão sobre o caso.

2.2. Acordos de não-solicitação entre empresas concorrentes têm sido vistos como restrições graves à concorrência

Conforme visto acima, as diversas autoridades de defesa da concorrência ao redor do mundo têm, nos últimos anos, se mostrado mais preocupadas com práticas restritivas que possam interferir no mercado de trabalho. A adoção de acordos de não-solicitação entre empresas, que restringem a livre contratação de funcionários entre elas, tem sido vista por autoridades concorrenciais, recentemente, como práticas graves restritivas à concorrência.

Historicamente, as leis antitruste foram majoritariamente aplicadas em práticas relacionados ao mercado de vendas de produtos e raramente invocadas com foco nas restrições do empregador com base nos efeitos anticompetitivos do mercado de trabalho[26]. Parte da doutrina defende, inclusive, que políticas trabalhistas e antitruste deveriam ser mantidas separadas, porque seriam conceitualmente distintas e representariam uma escolha entre valores concorrentes[27].

No entanto, alguns autores, em conformidade com os precedentes internacionais sobre o tema, têm ressaltado que a legislação antitruste deve abordar, de forma mais incisiva, as preocupações com o poder de monopsônio no mercado de trabalho[28]. Nessa visão, as empresas podem exercer poder de mer-

---

26 Stutz, Randy. *The Evolving Antitrust Treatment of Labor-Market Restraints: From Theory to Practice.* 2018. Disponível em: https://papers.ssrn.com/sol3/papers.cfm?abstract_id=3332642.

27 Idem acima.

28 Posner, Eric A.; Marinescu, Ioana E.. *Why Has Antitrust Law Failed Workers?.* Cornell Law Review, Chicago, v. 105, p. 1343-1394, 2020. Disponível em: https://chicagounbound.uchicago.edu/cgi/viewcontent.cgi?article=13995&context=journal_articles

cado tanto do lado da compra quanto do lado da venda. Assim, uma empresa detentora de poder de mercado, ou um cartel, pode tanto restringir o comércio reduzindo a produção e aumentando o preço no mercado de venda, como reduzindo suas aquisições em um mercado de insumos, incluindo o preço do trabalho (isto é, aquisição de mão-de-obra)[29].

Os acordos de não-solicitação têm sido vistos como equivalentes a acordos de divisão de mercado no mercado do produto.[30] Nesse sentido, tem-se considerado que, se duas empresas independentes concordam em não contratar os funcionários umas das outras, o acordo é ilícito, uma vez que limita a capacidade dos funcionários em aproveitar as vantagens advindas da mobilidade para negociar salários mais altos[31], restringindo artificialmente as condições profissionais e remuneratórias dos trabalhadores.

Acordos de não-solicitação também podem ensejar a má alocação de funcionários, em razão de distorcer a adequada correspondência entre empregado e empregador. Um mercado competitivo permitiria a alocação mais eficiente de funcionários entre as empresas disponíveis a contratá-los, enquanto acordos de não-solicitação distorceriam a correspondência entre quais empresas combinam com quais trabalhadores.

Além dos efeitos negativos aos trabalhadores, que podem enfrentar reduções de salários e oportunidades, e das ineficiências alocativas, os acordos de não-solicitação podem causar efeitos deletérios aos consumidores no mercado do produto. Nesse sentido, a prática pode acarretar redução da produção e/ou oferta do produto no mercado de venda, o que, por sua vez, gerará preços de varejo mais altos aos consumidores.[32]

Ao contrário do que se possa pensar, a supressão dos salários dos trabalhadores nem sempre é repassada aos consumidores na forma de preços menores dos produtos no mercado da venda. O comportamento coordenado na contratação de funcionários pode ensejar o aumento dos preços para os consumidores, dado que as empresas empregam menos trabalhadores e, por conseguinte, produzem menos, bem como repassam o custo marginal total de um trabalhador adicional nos preços dos produtos[33].

---

29 HOVENKAMP, Herbert J.. *Competition Policy for Labour Markets.* U of Penn, Inst for Law & Econ Research Paper, p. 19-29. 2019. Disponível em: https://one.oecd.org/document/DAF/COMP/WD(2019)67/en/pdf

30 Idem acima.

31 Idem acima.

32 Idem acima.

33 Posner, Eric A.; Naidu, Suresh; Weyl, Glen. *Antitrust Remedies for Labor Market Power.* Harvard Law Review, v. 132, n. 2, p. 536-601, 2018. Disponível em: https://harvardlawreview.org/print/vol-132/antitrust-remedies-for-labor-market-power/.

Naidu, Posner e Weyl explicam que empresas que contratam menos trabalhadores produzem menos, o que resulta em preços mais altos. Quando uma empresa reduz salários de empregados, há o aumento do custo para contratação de trabalhadores, uma vez que a empresa passa a considerar o fato de que, ao contratar um trabalhador adicional, ela também pagará mais aos demais trabalhadores. Dessa forma, é esse custo marginal total de um trabalhador adicional, e não apenas os salários, que a empresa contabiliza e repassa aos consumidores como preços mais altos, não mais baixos[34].

A identificação de graves efeitos à concorrência na adoção de acordos de não-solicitação entre empresas concorrentes não se restringe à produção acadêmica mais recente. Nos termos dos precedentes acima mencionados, as autoridades antitruste em várias jurisdições têm demonstrado crescente preocupação com práticas que podem afetar o mercado de trabalho e a aquisição de mão-de-obra. Essa preocupação é corroborada pelo fato de que diversas jurisdições têm tratado os acordos de não-solicitação de funcionários como violações "per se" ou ilícitos pelo objeto – isto é, práticas que, em razão de seus efeitos deletérios à concorrência, são presumidas como não razoáveis e, portanto, ilegais.

Doutrina e jurisprudência também têm entendido que as empresas que competem na contratação ou retenção de funcionários são concorrentes no mercado de trabalho, independentemente de fabricarem os mesmos produtos ou competirem para fornecer os mesmos serviços[35]. Desse modo, a celebração de acordos de não-solicitação de funcionários, mesmo entre empresas que não concorrem para a comercialização dos mesmos produtos, está sendo, reiteradamente, equiparada a acordos horizontais entre concorrentes restritivos à concorrência.

Por outro lado, cláusulas de não-solicitação horizontais têm sido permitidas, excepcionalmente, no âmbito de operações de alienação de empresas e fundos de comércio, quando necessárias à implementação bem-sucedida da operação. E, ainda assim, tais obrigações de não-solicitação devem obedecer a limitações geográficas, de duração e conteúdo e devem ser consideradas como razoavelmente necessárias para atingir os objetivos da operação. A celebração de acordos de não-solicitação em operações, em geral firmadas entre adquirente e vendedor da empresa, ativo ou fundo de comércio, seria justificável na medida em que necessária para proteger o valor do negócio adquirido, que incluiu os funcionários vinculados à iniciativa empresarial. Caso o vendedor

34 Idem acima.

35 EUA. FEDERAL TRADE COMISSION. Department of Justice Antitrust Division. *Antitrust Guidance for Human Resource Professionals.* 2016. Disponível em: https://www.justice.gov/atr/file/903511/download.

possa concorrer pelos funcionários do empreendimento vendido, isso poderia significar esvaziar o valor do negócio[36-37].

O CADE já teve oportunidade de analisar, em diversas oportunidades, a adoção de cláusulas de não-solicitação de funcionários e de não-concorrência entre adquirentes e vendedores no âmbito de atos de concentração e, da prática do CADE sobre o assunto, decorreu a súmula 05/2009: "*É lícita a estipulação de cláusula de não-concorrência com prazo de até cinco anos da alienação de estabelecimento, desde que vinculada à proteção do fundo de comércio*".

Desse modo, a prática do CADE, em conformidade com outras jurisdições[38], é no sentido de apenas permitir a adoção de cláusulas restritivas à contratação de funcionários quando sejam relacionadas e estritamente necessárias à implementação de uma operação[39] – por exemplo, quando os funcionários detêm *know-how* e *expertise* que integram o valor do negócio em questão. Os acordos de não-solicitação (ou não-concorrência) devem ser material, temporal e geograficamente proporcionais e limitados ao negócio alienado.

Por outro lado, fora do contexto de operações desse tipo, a abordagem de cláusulas de não-solicitação entre concorrentes tem sido bastante restritiva. Ainda que as empresas possam ter interesse legítimo em proteger o investimento realizado na educação dos funcionários ou alguns direitos de propriedade intelectual, como segredos comerciais, o entendimento prevalecente tem sido o de que os empregadores não precisam de acordos entre si para alcançar esses resultados. Nesse sentido, existiriam outros tipos de acordos, como acordos verticais (por exemplo, acordos de confidencialidade firmados entre empregado e empregador), que são suficientes para os legítimos fins de proteção dos investimentos em aprendizado e propriedade intelectual[40].

---

36 Vide Processo Administrativo nº 08700.004548/2019-61. Nota Técnica nº 36/2021/CGAA8/SGA2/SG/CADE. https://sei.cade.gov.br/sei/modulos/pesquisa/md_pesq_processo_exibir.php?0c62g277GvPsZDAxAO1tMiVcL9FcFMR5UuJ6rLqPEJuTUu08mg6wxLt0JzWxCor9mN-cMYP8UAjTVP9dxRfPBcbNWPzZPeCksB1NHq0njZaqDyuZ-RXFk_z9bmZJlDnEL.

37 Há relação com o quanto previsto no Código Civil, em seu art. 1.147: "Não havendo autorização expressa, o alienante do estabelecimento não pode fazer concorrência ao adquirente, nos cinco anos subsequentes à transferência".

38 EUA. FEDERAL TRADE COMISSION. Department of Justice Antitrust Division. *Antitrust Guidance for Human Resource Professionals*. 2016. Disponível em: https://www.justice.gov/atr/file/903511/download.

39 Vide, por exemplo, Ato de Concentração nº 08012.009679/2007-50 (Requerentes: Amil e Clinihauer); Ato de Concentração nº 08012.002397/2008-11 (Requerentes: Camargo Corrêa e CIMEC); Ato de Concentração nº 08012.014599/2007-16 (Requerentes: Braskem e Petrobras); e Ato de Concentração nº 08012.002609/2007-71 (Requerentes: Medial e AMESP).

40 Hovenkamp, Herbert J..
Competition Policy for Labour Markets. U of Penn, Inst for Law & Econ Research Paper, p. 19-29. 2019. Disponível em https://one.oecd.org/document/DAF/COMP/WD(2019)67/en/pdf.

3. CELEBRAÇÃO DE ACORDOS DE NÃO-SOLICITAÇÃO ENTRE EMPRESA E TRABALHADOR

3.1. A experiência nacional e estrangeira

As cláusulas de não-solicitação impostas por empresas empregadoras aos seus empregados ou prestadores de serviços restringem a capacidade do empregado e/ou contratado em trabalhar para outro empregador após o término do vínculo empregatício[41]. Tais cláusulas também podem vedar que funcionários concorram com o ex-empregador ou abordem e/ou atendam clientes do ex-empregador por determinado período após deixar o emprego.

As cláusulas de não-solicitação entre empregador e empregado são, em geral, justificadas como forma de evitar o efeito carona (*free-riding*), principalmente, nos casos em que os funcionários recebem treinamentos e *know-how* da empresa empregadora. Alega-se que os investimentos em tais funcionários poderiam ser transferidos para outros empregadores caso o funcionário deixe o emprego. Além disso, os funcionários podem aprender segredos comerciais aptos a serem compartilhados com o novo empregador ou utilizá-los em negócio concorrente, em detrimento do empregador anterior[42]. Assim, as empresas têm justificado a celebração de acordos desse tipo para proteger investimentos realizados no aprendizado de funcionários ou quando funcionários têm acesso a segredos de negócios ou informações confidenciais que poderiam ser compartilhadas com empresas rivais quando o funcionário deixa o emprego[43].

No Brasil, cláusulas de não-solicitação ou não-concorrência entre empregador e empregado também já foram justificadas como forma de evitar a prática de concorrência desleal, tipificada na Lei nº 9.279/96 ("Lei de Propriedade Intelectual"). Argumenta-se que a adoção destas cláusulas poderia evitar que o funcionário receba dinheiro, utilidade ou recompensa para proporcionar vantagem a concorrente do empregador. A cláusula preservaria, assim,

---

41 Nesse sentido, incluímos entre os significados de "não solicitação", para os fins da presente seção, também a cláusula de "não concorrência", em vez de nos restringirmos apenas ao "não aliciamento" de funcionários. Essa abordagem permite uma análise mais completa dos precedentes e trabalhos acadêmicos publicados sobre a interface do direito concorrencial com o mercado de trabalho. Além disso, uma cláusula de "não aliciamento" costuma, na prática, ser acompanhada da obrigação de "não concorrência" com a empresa.

42 MARINESCU, Ioana; HOVENKAMP, Herbert J. *Anticompetitive Mergers in Labor Markets*. Indiana Law Journal, v. 94, n. 3, 2019. Disponível em: https://www.repository.law.indiana.edu/cgi/viewcontent.cgi?article=11340&context=ilj.

43 HOVENKAMP, Herbert J. *Competition Policy for Labour Markets*. U of Penn, Inst for Law & Econ Research Paper, p. 19-29. 2019. Disponível em https://one.oecd.org/document/DAF/COMP/WD(2019)67/en/pdf.

o dever do emprego, bem como evitaria a divulgação, exploração ou uso de conhecimento, informações ou dados confidenciais aos quais o funcionário teve acesso mediante relação contratual ou empregatícia, mesmo após o término do contrato.[44]

Não obstante existam justificativas possíveis para tais cláusulas, sua adoção encontra limitações de ordem trabalhista e civil em diversas jurisdições. Essas cláusulas estão tradicionalmente sujeitas a limitações sob a legislação trabalhista e/ou cível parcialmente em razão do poder de barganha desigual entre as partes e do reconhecimento da liberdade contratual que permitiria a rescisão contratual e a mudança de empregador/contratante. Recentemente, a exemplo dos acordos firmados entre concorrentes, tais cláusulas ditas verticais (entre empresa e indivíduo) têm sido objeto de preocupações de ordem concorrencial.

Autoridades da concorrência têm indicado que cláusulas de não-solicitação entre empregador e empregado podem causar efeitos anticompetitivos principalmente quando adotadas com funcionários que não possuem qualquer das características acima citadas. Ou seja, seriam especialmente problemáticas cláusulas firmadas com funcionários que não receberam treinamentos ou *know-how* e/ou que não tenha acessado segredos de negócio ou informações confidenciais. Nesses casos, dificilmente haveria justificativas legítimas para a adoção de cláusulas desse tipo[45].

Pesquisa recente realizada pelo FTC norte-americano sugere que o uso de cláusulas de não-solicitação entre empregadores e empregados poderia afetar negativamente a concorrência nos mercados de trabalho, resultando em salários reduzidos para trabalhadores em geral, incluindo trabalhadores não vinculados por cláusulas de não concorrência. Além disso, tais cláusulas, ao suprimirem a mobilidade da mão de obra, podem afetar negativamente a concorrência nos mercados de produtos e serviços.[46]

44 Lei nº 9.279/96. Art. 195. Comete crime de concorrência desleal quem: (...) IX – dá ou promete dinheiro ou outra utilidade a empregado de concorrente, para que o empregado, faltando ao dever do emprego, lhe proporcione vantagem; X – recebe dinheiro ou outra utilidade, ou aceita promessa de paga ou recompensa, para, faltando ao dever de empregado, proporcionar vantagem a concorrente do empregador; XI – divulga, explora ou utiliza-se, sem autorização, de conhecimentos, informações ou dados confidenciais, utilizáveis na indústria, comércio ou prestação de serviços, excluídos aqueles que sejam de conhecimento público ou que sejam evidentes para um técnico no assunto, a que teve acesso mediante relação contratual ou empregatícia, mesmo após o término do contrato;

45 MARINESCU, Ioana; HOVENKAMP, Herbert J.. *Anticompetitive Mergers in Labor Markets.* Indiana Law Journal, v. 94, n. 3, 2019. Disponível em: https://www.repository.law.indiana.edu/cgi/viewcontent.cgi?article=11340&context=ilj.

46 EUA. FEDERAL TRADE COMISSION. *Non-Compete Clause Rulemaking*, Matter No. P201200, FTC, 2023. Disponível em: https://www.federalregister.gov/documents/2023/01/19/2023-00414/non-compete-clause-rule#footnote-3-p3482.

A pesquisa do FTC aponta que a cláusula de não-solicitação, ao tornar mais difícil para trabalhadores mudarem de emprego, inibiria a correspondência ideal entre empregadores e empregados, tornando mais provável, em mercados nos quais é amplamente utilizada, que os trabalhadores permaneçam em empregos não tão ideais em relação à maximização de sua capacidade produtiva. Isto é, empregados ficariam em empregos nos quais não produzem tanto quanto poderiam. Além disso, ao suprimir a mobilidade de funcionários entre posições de emprego disponíveis, tais cláusulas podem inibir correspondências ótimas de toda a força de trabalho, e não apenas dos funcionários sujeitos à cláusula, podendo reduzir os salários dos funcionários do segmento no qual é adotada.[47]

O estudo do FTC também indicou que haveria evidências de que as cláusulas de não-solicitação podem aumentar os preços ao consumidor e a concentração no mercado, uma vez que inibiriam a formação de empreendimento empresariais e dificultariam o acesso de empresas rivais a trabalhadores talentosos. Trabalhadores sujeitos a cláusulas de não-solicitação, muitas vezes, ficariam impedidos de iniciar seus próprios negócios e/ou de migrarem para empresas entrantes, as quais nem sempre encontram funcionários disponíveis com as habilidades que procuram ou precisam desembolsar altos valores para captar funcionários sujeitos a tais cláusulas.

Por fim, a pesquisa elaborada pela autoridade norte-americana também apontou que, de acordo com notícias recentes, cláusulas de não-solicitação têm sido impostas por empregadores até mesmo com trabalhadores de baixa renda, alterando a presunção até então vigente de que que apenas trabalhadores altamente qualificados estavam sujeitos a cláusulas de não-solicitação[48]. Também foram realizadas pesquisas nos Estados Unidos evidenciando que cerca de 18% dos trabalhadores do país estão atualmente sujeitos a acordos de não-solicitação com seus empregadores, incluindo cerca de 14% de trabalhadores que recebem salários abaixo da média nacional[49]. Tal realidade colidiria com as justificativas de eficiência da cláusula, visto que, em relação a funcionários não qualificados e de baixos salários, dificilmente se verificaria o efeito carona e/ou o acesso a segredos de negócios e informações confidenciais por outros empregadores.

Além da mencionada pesquisa, o FTC realizou investigações relacionadas ao tema. Principalmente a partir de 2020, o FTC tem iniciado uma série

---

47 Idem acima.

48 Idem acima.

49 Rothstein, Donna S.; Starr, Evan. *Mobility Restrictions, Bargaining, and Wages: Evidence from the National Longitudinal Survey of Youth 1997.*, 2021. Disponível em: https://papers.ssrn.com/sol3/papers.cfm?abstract_id=3974897

de investigações para apurar a adoção de cláusulas de não-solicitação[50] e firmado acordos com empresas que se comprometeram a não celebrar acordos desse tipo[51].

Em 2021, o FTC instaurou investigação contra as duas maiores empresas norte-americanas de embalagens de vidro para alimentos e bebidas, a O-I Glass Inc. e a Ardagh Group S.A., para apurar a adoção de cláusulas de não-solicitação, por tais empresas, com seus funcionários. A autoridade norte-americana apontou que a indústria de embalagens de vidro para alimentos e bebidas nos Estados Unidos seria altamente concentrada e seria difícil para novos concorrentes entrarem no mercado, em parte devido à necessidade de encontrarem e contratarem pessoas qualificadas e experientes na fabricação de embalagens de vidro. Segundo a autoridade, o uso de tais cláusulas de não-solicitação pelas duas empresas provavelmente impediria a entrada e a expansão de rivais.[52]

No caso da O-I Glass, o FTC concluiu que a empresa impôs obrigações de não-solicitação por mais de uma década com funcionários que ocupavam diversos cargos. Tais cláusulas proibiam tais funcionários, por um ano após deixarem O-I Glass, de trabalharem, constituírem empresa ou estarem de qualquer forma envolvidos em negócios, nos Estados Unidos, que comercializassem produtos e/ou serviços similares, sem o consentimento prévio por escrito

---

50 In the Matter of O-I Glass, Inc., FTC Matter/File Number 2110182. Disponível em https://www.ftc.gov/legal-library/browse/cases-proceedings/2110182-o-i-glass-inc-matter e https://www.ftc.gov/news-events/news/press-releases/2023/01/ftc-cracks-down-companies-impose-harmful-noncompete-restrictions-thousands-workers; e In the Matter of Ardagh Group, S.A., a corporation; Ardagh Glass, Inc., a corporation; and Ardagh Glass Packaging, Inc., FTC Matter/File Number 2110182. Disponível em https://www.ftc.gov/legal-library/browse/cases-proceedings/2110182-ardagh-group-et-al-matter e https://www.ftc.gov/news-events/news/press-releases/2023/01/ftc-cracks-down-companies-impose-harmful-noncompete-restrictions-thousands-workers.

51 In the Matter of Aaron's Inc., a corporation, FTC Matter/File Number 191 0074. Disponível em https://www.ftc.gov/legal-library/browse/cases-proceedings/191-0074-aarons-inc-matter; In the Matter of Buddy's Newco, LLC, FTC Matter/File Number 191 0074. Disponível em https://www.ftc.gov/legal-library/browse/cases-proceedings/191-0074-buddys-newco-llc-matter; In the Matter of Rent-A-Center, Inc., FTC Matter/File Number 191 0074. Disponível em https://www.ftc.gov/legal-library/browse/cases-proceedings/191-0074-rent-center-inc-matter.

52 In the Matter of O-I Glass, Inc., FTC Matter/File Number 2110182. Disponível em https://www.ftc.gov/legal-library/browse/cases-proceedings/2110182-o-i-glass-inc-matter e https://www.ftc.gov/news-events/news/press-releases/2023/01/ftc-cracks-down-companies-impose-harmful-noncompete-restrictions-thousands-workers; e In the Matter of Ardagh Group, S.A., a corporation; Ardagh Glass, Inc., a corporation; and Ardagh Glass Packaging, Inc., FTC Matter/File Number 2110182. Disponível em https://www.ftc.gov/legal-library/browse/cases-proceedings/2110182-ardagh-group-et-al-matter e https://www.ftc.gov/news-events/news/press-releases/2023/01/ftc-cracks-down-companies-impose-harmful-noncompete-restrictions-thousands-workers.

da empresa. No início da investigação, mais de mil funcionários da empresa estavam sujeitos a tal restrição, incluindo funcionários assalariados que trabalhavam com os fornos e equipamentos de conformação das fábricas de vidro e em outras funções de produção, engenharia e garantia de qualidade de vidro[53].

Já a empresa Ardagh Group S.A. impôs aos seus funcionários restrições que os proibia, por um período de dois anos após deixar a empresa, de realizar, direta ou indiretamente, os mesmos serviços ou serviços substancialmente semelhantes aos que o funcionário executava para a Ardagh. A proibição abrangia a prestação de serviços para qualquer empresa nos Estados Unidos, Canadá ou México que estivesse envolvida ou realizasse venda, *design*, desenvolvimento ou fabricação de recipientes de vidro em concorrência com a Ardagh. A empresa adotava tais restrições com mais de 700 funcionários nos Estados Unidos, envolvendo funcionários assalariados que executavam as mais diversas funções[54].

O FTC considerou que adoção de tais cláusulas pelas empresas O-I Glass e Ardagh tinha o potencial de privar entrantes do acesso a um "*pool* crítico" de talentos, impedindo novas entradas em um setor relativamente consolidado. Ademais, a prática seria ainda mais preocupante no caso, tendo em vista que, quando um pequeno número de agentes dominantes se envolvem nas mesmas práticas restritivas, os efeitos negativos poderiam se agravar.[55] Desse modo, o FTC determinou que as empresas estavam proibidas de impor, tentar impor, executar ou ameaçar executar acordos de não-solicitação com seus funcionários, bem como deveriam enviar comunicações escritas informando que os acordos de não-solicitação firmados até então eram nulos.

Também em 2021, o FTC iniciou investigação contra a empresa de segurança Prudential Security, Inc. e sua subsidiária Prudential Command Inc., em razão de as empresas celebrarem contratos de não-solicitação com seus

53 In the Matter of O-I Glass, Inc., FTC Matter/File Number 2110182. Disponível em https://www.ftc.gov/legal-library/browse/cases-proceedings/2110182-o-i--glass-inc-matter e https://www.ftc.gov/news-events/news/press-releases/2023/01/ftc-cracks-down-companies-impose-harmful-noncompete-restrictions-thousands-workers.

54 In the Matter of Ardagh Group, S.A., a corporation; Ardagh Glass, Inc., a corporation; and Ardagh Glass Packaging, Inc., FTC Matter/File Number 2110182. Disponível em https://www.ftc.gov/legal-library/browse/cases-proceedings/2110182-ardagh-group-et-al-matter e https://www.ftc.gov/news-events/news/press-releases/2023/01/ftc-cracks-down-companies-impose-harmful-noncompete-restrictions-thousands-workers.

55 Idem acima. Isso levanta a discussão sobre qual a metodologia de análise em casos nos quais mais de uma empresa, em dado mercado, adota o mesmo conjunto de restrições à mobilidade do trabalho. Até aqui, a conclusão tem sido pela adoção da regra da razão. Ver Epstein, Richard A. *The Application of Antitrust Law to Labor Markets -Then and Now*. New York University Journal of Law and Liberty, v. 15, n. 2, p. 327-388, 2021. Disponível em: https://chicagounbound.uchicago.edu/cgi/viewcontent.cgi?article=14281&context=journal_articles.

funcionários. Tais cláusulas abrangiam todos os agentes de segurança da empresa, que constituíam a maioria de sua mão-de-obra, impedindo-os de trabalhar para empresas concorrentes em um raio de 100 milhas do seu local de trabalho por um período de dois anos após deixarem a Prudential. Segundo o FTC, embora os seguranças normalmente recebessem por hora, em valores próximos ao salário-mínimo, havia uma previsão de multa de $100.000,00 em caso de descumprimento do acordo e não havia qualquer compensação adicional pela celebração do acordo[56].

O FTC entendeu que a adoção de tais cláusulas pelas empresas reduzia a mobilidade da mão-de-obra, limitando a concorrência de empresas rivais pelos funcionários e, desse modo, privando os funcionários de maiores salários e melhores condições de trabalho. As empresas, que possuíam poder de barganha superior em relação aos seus funcionários, teriam reiteradamente impedido que os funcionários aceitassem empregos alternativos, com salários substancialmente mais altos, bem como haviam processado funcionários e empresas rivais quando estas contratavam seus ex-funcionários[57].

Por fim, o FTC considerou que não havia treinamento ou conhecimento repassados aos funcionários que justificassem a adoção de uma cláusula de não-solicitação. Quaisquer possíveis objetivos legítimos perseguidos pelas empresas poderiam ser alcançados por meios significativamente menos restritivos, tal como a celebração de acordos de confidencialidade que proibissem a divulgação de informações da empresa após o fim do contrato de trabalho. Desta forma, determinou que os acordos de não-solicitação firmados pela Prudential Security eram nulos e que a empresa não poderia mais firmar acordos desse tipo nem executar os acordos já celebrados[58].

Vale destacar que, enquanto as cláusulas de não-solicitação entre empresas concorrentes, vistas no tópico anterior, foram consideradas práticas horizontais (e ilícitos "per se"), as cláusulas de não-solicitação entre empregador e empregado têm sido consideradas práticas puramente verticais[59]. Mesmo que

56 In the Matter of Prudential Security, Inc., Prudential Command Inc., Greg Wier and Matthew Keywell, FTC Matter/File Number 2210026. Disponível em https://www.ftc.gov/legal-library/browse/cases-proceedings/2210026-prudential-security-et-al-matter, https://www.ftc.gov/system/files/ftc_gov/pdf/2210026prudentialsecuritycomplaint.pdf e https://www.ftc.gov/system/files/ftc_gov/pdf/2110026prudentialsecurityaapc.pdf.

57 Idem acima.

58 Idem acima.

59 Aqui, vale mencionar precedente norte-americano envolvendo a celebração de acordos de franquia do restaurante McDonald's, em que a empresa franqueadora McDonald's Corporation e sua subsidiária McDonald's USA, LLC, exigiam que as franqueadas se abstivessem de contratar funcionários das lojas detidas diretamente pelo franqueador e de outras franquias. A despeito de a celebração de contrato entre franqueado e franqueador se tratar de prática vertical,

celebradas entre um empregador e vários de seus funcionários, essas práticas têm sido analisadas sob a regra da razão[60], com o sopesamento de eventuais ganhos competitivos decorrentes da prática e seus possíveis efeitos anticompetitivos. De qualquer maneira, no início de 2023, o FTC propôs alteração no atual direito concorrencial norte-americano para proibir as cláusulas de não-solicitação em contratos de trabalho.[61]

Diferentemente dos Estados Unidos, cláusulas de não-solicitação ainda não foram objeto de análise específica por autoridades da concorrência na maioria das jurisdições. Isso ocorre, em parte, porque tais cláusulas, em diversos países, encontram outras limitações regulatórias. Na Europa, por exemplo, tais cláusulas já são proibidas ou estritamente regulamentadas em diversos países. Na Bélgica, por exemplo, a adoção de cláusula de não-solicitação só é permitida com funcionários que recebem salários relativamente altos e se o funcionário for compensado por aceitar a cláusula, entre outras condições[62]. Já na Alemanha, normalmente, cláusulas pós-contratuais entre empregador e empregado só são válidas se o empregador pagar uma compensação ao empregado e, sem tal compensação, a cláusula é considerada nula[63].

Na Inglaterra, há previsão de nulidade das cláusulas que restrinjam a atividade de um empregado após sua rescisão, a menos que o empregador demonstre que a restrição foi adotada para proteger seus interesses comerciais legítimos e não vai além do que é razoavelmente necessário para proteger tais interesses[64]. Além disso, em 2020, o governo do Reino Unido realizou consulta sobre uma proposta para reformar a regulação referente a cláusulas

---

o FTC, como *amicus curiae* da ação, considerou que acordos de não-solicitação que envolvem franquias consistiam em práticas horizontais, uma vez que franquias concorriam pelos funcionários. Assim, considerou que o caso envolvia acordos horizontais de alocação de funcionários, que são "per se" ilegais. Conforme Leinani Deslandes, Stephanie Turner, et al. v. McDonald's USA, LLC, et al. Brief for the United States of America and the Federal Trade Commission as Amici Curiae in Support of Neither Party (November 18, 2022). Disponível em https://www.justice.gov/atr/case/deslandes-and-turner-et-al-v-mcdonalds-usa-llc-et-al e https://www.justice.gov/media/1260196/dl?inline.

60 MARINESCU, Ioana; HOVENKAMP, Herbert J. *Anticompetitive Mergers in Labor Markets.* Indiana Law Journal, v. 94, n. 3, 2019. Disponível em: https://www.repository.law.indiana.edu/cgi/viewcontent.cgi?article=11340&context=ilj.

61 Conforme https://www.ftc.gov/legal-library/browse/federal-register-notices/non-compete-clause-rulemaking.

62 Conforme https://www.euractiv.com/section/competition/news/non-compete-clauses-for-workers-will-the-eu-follow-the-us-lead/.

63 Conforme https://www.pinsentmasons.com/out-law/analysis/european-scrutiny-non-compete-no-poach-clauses-grows.

64 Conforme https://www.pinsentmasons.com/out-law/analysis/european-scrutiny-non-compete-no-poach-clauses-grows.

de não-concorrência pós-rescisão de contratos de trabalho. A consulta previa, como opções possíveis, desde a proibição total do uso de tais cláusulas até a imposição de limites à sua duração e a exigência de que o empregador compensasse seu ex-funcionário durante a vigência da cláusula[65]. Em maio de 2023, a Consulta resultou em uma determinação governamental[66] para introduzir um limite legal de três meses para a adoção de cláusulas de não-concorrência.

Em Portugal, o Código do Trabalho prevê que as cláusulas de não-solicitação devem cumprir uma série de condições, sob pena de nulidade, sendo válidas apenas se (i) não excederem um período de dois anos (ou três anos caso o trabalhador possua relação de confiança ou tenha acesso a informação comercialmente estratégica e sensível), (ii) forem estabelecidas por escrito, e (iii) haja previsão de compensação ou critérios para a sua determinação. Não obstante tais previsões, a autoridade da concorrência portuguesa publicou, em 2021, um Relatório[67] e um Guia de boas práticas sobre acordos anticoncorrenciais no mercado de trabalho[68] indicando que, embora existam justificativas para a cláusula em algumas situações, sua adoção pode causar dificuldades à contratação de trabalhadores por novos entrantes.

No Brasil, a adoção de cláusulas de não-solicitação entre empregadores e empregados e/ou prestadores de serviços é, tradicionalmente, objeto de análise sob o viés da legislação trabalhista ou cível. Apenas recentemente passou a ser objeto de análise mais detida sob a perspectiva concorrencial.

Sob o viés trabalhista, cláusulas de não-solicitação entre empregadores e empregados são permitidas, desde que respeitados determinados limites. A despeito de não haver disposição específica sobre o tema no Decreto-Lei nº 5.452/1943 ("Consolidação das Leis do Trabalho – CLT"), a matéria é disciplinada pela jurisprudência[69]. Nesse sentido, o Supremo Tribunal Federal já

65 Conforme https://www.pinsentmasons.com/out-law/news/us-non-compete-clause-review-could-influence-uk-reform.

66 Disponível em https://www.gov.uk/government/consultations/measures-to-reform-post-termination-non-compete-clauses-in-contracts-of-employment

67 Disponível em https://www.concorrencia.pt/sites/default/files/Relat%C3%B3rio_Acordos%20no%20Mercado%20de%20Trabalho%20e%20Pol%C3%ADtica%20de%20Concorr%C3%AAncia.pdf.

68 Disponível em https://www.concorrencia.pt/sites/default/files/documentos/guias-promocao-da-concorrencia/Guia%20de%20Boas%20Praticas%20de%20Preven%C3%A7%C3%A3o%20de%20Acordos%20Anticoncorrenciais%20no%20Mercado%20de%20Trabalho.pdf.

69 TRT 2ª Turma, Proc. 1002437-53.2015.5.02.0466, Rel. Min José Roberto Freire Pimenta, DJe 11.06.2021; TRT 02ª R. – Proc. 0153600-92.2009.5.02.0083 – (20120835180) – Relª Desª Jane Granzoto Torres da Silva – DJe 03.08.2012; TRT 07ª R. – RO 146000-04.2009.5.07.0011 – 2ª T. – Rel. Manoel Arízio Eduardo de Castro – DJe 01.10.2010; TRT 09ª R. – RO 18154/2009-002-09-00.8 – 1ª T. – Rel. Edmilson Antonio de Lima – DJe 17.08.2010; RT 02ª R. – RO 01344-2002-078-02-00-7 – 4ª

reconheceu a validade da cláusula[70], que depende do cumprimento de certos pressupostos que visam compatibilizar o pacto de não-solicitação e/ou não-concorrência com o princípio constitucional da liberdade de trabalho. Tais requisitos são: (i) tratar-se de ajuste expresso por escrito, (ii) haver limite temporal na restrição, sendo razoável o prazo máximo de dois anos (analogia com o limite dos contratos por prazo determinado, nos termos do art. 445 da CLT), (iii) previsão de especificação dos ramos de atividade aos quais se aplica a proibição (não se admite cláusula genérica), (iv) delimitação territorial, e (v) contraprestação, geralmente sob a forma de indenização[71].

Em relações não regidas pelo Direito do Trabalho, que envolvem, normalmente, prestadores de serviços terceirizados ou de sociedades simples, cuja atividade muitas vezes é desenvolvida pelos sócios pessoas físicas, as cláusulas de não-solicitação são normalmente discutidas sob o âmbito da legislação cível. Nesse sentido, os empregadores interessados em adotar cláusulas de não-solicitação argumentam que o Código Civil, em seu art. 608, vedaria a abordagem e/ou aliciamento de pessoas obrigadas em contratados escrito a prestar serviço a outrem[72], o que autorizaria a adoção de cláusulas de não-solicitação com funcionários e/ou contratados.

Além disso, argumenta-se que tais cláusulas são necessárias para evitar práticas de concorrência desleal (art. 195, IX, X e XI da Lei de Propriedade Industrial), na medida em que evitariam que funcionários ou contratados recebam recompensa, dinheiro ou utilidade para proporcionar vantagem a concorrentes, faltando ao dever ao seu empregador. Tais cláusulas visariam evitar, ainda, a divulgação, exploração ou uso de conhecimento, informações ou dados confidenciais aos quais tiveram acesso mediante relação contratual ou empregatícia, mesmo após o término do contrato.

Por outro lado, os empregados e contratados argumentam que a resilição contratual e prestação de serviço para empresa rival constituem exercício regular de direito, conforme previsão do próprio Código Civil.[73] A adoção de cláu-

---

T. – Rel. Juiz Sergio Winnik – DOE/SP 14.12.2007; e TRT 2ª R., 3ª Turma, Ac. 20040281579, Proc. 02243-2000-381-02-00, Rel. Des. Sergio Pinto Martins, DOESP 08/06/2004.

70 STF, RE 67.653, Rel. Min. Aliomar Baleeiro, DJ 3 11.70, p. 5.294, RTJ 55, 1971.

71 Ver Peres, Antonio Galvão; Robortella, Luiz Carlos Amorim. *Cláusula de não-concorrência e confidencialidade no contrato de trabalho*. 2021. Disponível em: https://www.migalhas.com.br/coluna/direito-trabalhista-nos-negocios/355683/clausula-de-nao-concorrencia-confidencialidade-no-contrato-de-trabalho.

72 Lei Nº 10.406/2002. Art. 608. Aquele que aliciar pessoas obrigadas em contrato escrito a prestar serviço a outrem pagará a este a importância que ao prestador de serviço, pelo ajuste desfeito, houvesse de caber durante dois anos.

73 Lei Nº 10.406/2002. Art. 473. A resilição unilateral, nos casos em que a lei expressa ou implicitamente o permita, opera mediante denúncia notificada à outra parte. Parágrafo único. Se,

sula de não-solicitação atentaria, assim, contra os princípios do livre exercício do trabalho, da livre iniciativa, da liberdade econômica e da livre concorrência, previstos no art. 5º, XIII, e no art. 170 da Constituição Federal.

Embora a jurisprudência reconheça a possibilidade de responsabilização quando há a resilição contratual para prestação de serviço a rival, a simples oferta e/ou aceite de proposta mais vantajosa não implica, por si só, prática ilícita, sendo exigida a demonstração da intenção de alcançar concorrência desleal ou violação dos deveres anexos à boa-fé objetiva[74]. Assim, práticas usuais de concorrência por funcionários e/ou contratados de rivais no mercado não seriam vistas como violações contratuais ou práticas de concorrência desleal. Nesse sentido, menciona-se decisão proferida pelo STJ no REsp 2.023.942, que entendeu que os particulares possuem liberdade de contratar e de se manter, ou não, com vínculo contratual, de sorte que a interpretação do art. 608 do Código Civil deve levar em consideração o comportamento dos agentes econômicos, não podendo presumir a prática de aliciamento ou de concorrência desleal[75].

Já sob o viés concorrencial, em 2022, o CADE instaurou inquérito administrativo para apurar, entre outras práticas, a utilização, pela XP Investimentos Corretora de Câmbio, Títulos e Valores Mobiliários S/A ("XP Investimentos"), de cláusulas de não-solicitação e não-concorrência que, alegadamente, visavam impedir ou dificultar que seus agentes autônomos de investimentos ("AAI") migrassem para outras plataformas de investimento rivais.[76] Os AAIs são entidades responsáveis por captar novos consumidores (investidores) para as plataformas distribuidoras, sem possuir, contudo, vínculo societário, associativo e/ou trabalhista com a plataforma com a qual firmam contrato. São vistos como importante canal de distribuição e capilaridade para participantes do mercado de distribuição de produtos de investimento. O CADE entendeu que as possíveis infrações concorrenciais imputadas à XP Investimentos mereciam maiores aprofundamentos e o Inquérito Administrativo encontra-se, atualmente, em fase de instrução[77].

---

porém, dada a natureza do contrato, uma das partes houver feito investimentos consideráveis para a sua execução, a denúncia unilateral só produzirá efeito depois de transcorrido prazo compatível com a natureza e o vulto dos investimentos.

74 Ver Oliveira, Gleydson K. L. *Rompimento do contrato de prestação de serviços por aliciamento*. ConJur. 2022. Disponível em: https://www.conjur.com.br/2022-dez-09/gleydson-oliveira-rompimento-contrato-aliciamento.

75 STJ. 3ª Turma. REsp 2.023.942-SP, Rel. Min. Ricardo Villas Bôas Cueva, julgado em 25/10/2022.

76 Inquérito Administrativo nº 08700.006476/2022-92 (Representada: XP Investi mentos Corretora de Câmbio, Títulos e Valores Mobiliários S/A). Atualmente, o Inquérito Administrativo encontra-se como de acesso restrito.

77 Vale esclarecer que as condutas adotadas pela XP Investimentos também ensejaram processos judiciais, nos quais os agentes autônomos de investimentos questionam, entre outras coisas, a validade das cláusulas de não-concorrência e não-solicitação firmadas entre as partes.

3.2. Acordos de não-solicitação entre empregado e empregador têm sido objeto de análise crescente sob a perspectiva concorrencial

Como se vê do acima exposto, as autoridades da concorrência de algumas jurisdições têm demonstrado crescente preocupação com a adoção de tais cláusulas, principalmente quando adotadas de maneira ampla e injustificada com seus funcionários. A análise da prática sob a perspectiva concorrencial tem considerado que cláusulas de não-solicitação entre empregadores e empregados ou prestadores de serviços são práticas verticais que podem, a depender das circunstâncias, ensejar preocupações concorrenciais. Desse modo, tais práticas têm sido analisadas sob a regra da razão, que verifica a existência de alternativas menos restritivas, e pode chegar ao sopesamento de eventuais ganhos competitivos decorrentes da prática e de seus possíveis efeitos anticompetitivos.

De modo geral, tais práticas são aceitas quando justificadas e adotadas com funcionários e/ou prestadores de serviços que tenham recebidos treinamentos e/ou *know-how*, fruto de investimentos feitos pela empresa empregadora, e/ou quando os funcionários têm acesso a segredos de negócios ou informações sensíveis da empresa em decorrência de sua posição. Em geral, funcionários nessas situações não constituem parte ampla da força de trabalho das empresas, nem funcionários que recebem baixas remunerações.

CONCLUSÕES

Este capítulo procurou recuperar a análise jurídica da cláusula de não-solicitação, no Brasil e em outros países, a partir de seus eventuais impactos ao mercado de trabalho. No que se refere aos acordos firmados entre empresas concorrentes, verificou-se que a tendência internacional, assim como no Brasil, é a de considerar esses acordos ilícitos "por objeto" ou "per se". Ou seja, são acordos considerados ilegais independentemente de uma análise detalhada sobre efeitos ou justificativas econômicas. Investigações desse tipo já alcançaram grandes empresas de tecnologia nos Estados Unidos, multas de centenas de milhões de euros na Europa, e recentemente chegaram ao Brasil por meio de investigação instaurada pelo CADE. Por outro lado, acordos de não-solicitação entre empresas têm sido admitidos no contexto de operações de alienação de empresas e fundos de comércio, desde que nos limites necessários à realização da operação.

Já no que diz respeito a cláusulas de não-solicitação firmadas entre empresas e trabalhadores, a prática e a teoria têm se mostrado mais sensíveis aos argumentos de eficiência para a sua adoção. Reconhece-se que tais cláusulas podem ser necessárias para evitar a utilização oportunista de informações ou dos investimentos realizados pelas empresas em seus trabalhadores em razão da posição que ocupem. Por outro lado, essas cláusulas podem restringir a liberdade de trabalho, a livre iniciativa e a concorrência no mercado de trabalho. Por isso, além de limitações estabelecidas na jurisprudência cível e trabalhista, têm sido objeto de análises da autoridade antitruste, a partir da regra da razão, quanto a eventuais impactos negativos à concorrência. De modo geral, recomenda-se a sua limitação razoável no tempo, condizente com a natureza dos investimentos e das informações protegidas, além da sua restrição a cargos mais elevados e às atividades diretamente relacionadas à função exercida na empresa.

64. CONTRATO DE PRESTAÇÃO DE SERVIÇOS DE PROJETO ARQUITETÔNICO: PROTEÇÃO DO DIREITO AUTORAL DO ARQUITETO

Manuella Santos de Castro

INTRODUÇÃO

O contrato de prestação de serviços de projeto arquitetônico é o instrumento jurídico que estipula os termos e condições acordados entre um arquiteto e seu cliente. Em linhas gerais, esse contrato inclui cláusulas que abordam o escopo do trabalho, os prazos, os honorários, as penalidades, assim como os direitos, deveres e obrigações de ambas as partes envolvidas.

Na rotina dos profissionais que atuam na área do direito imobiliário e propriedade intelectual, não raro nos deparamos com a modificação de projetos arquitetônicos sem a prévia autorização do autor do projeto – o arquiteto contratado.

Este artigo se propõe a realizar uma análise abrangente sobre o tema, examinando o arcabouço legal composto pelos seguintes diplomas: Constituição Federal, Lei de Direitos Autorais, Código Civil, Lei n. 12.378/2010, que regulamenta o exercício da arquitetura, e resoluções do CAU – Conselho de Arquitetura e Urbanismo. Além disso, serão investigadas as decisões proferidas pelo Tribunal de Justiça de São Paulo que tangenciam essas questões, com o intuito de fornecer uma compreensão ampla desta cláusula.

1. PROPRIEDADE INTELECTUAL E DESENVOLVIMENTO ECONÔMICO

A todo momento, a mente humana concebe ideias. Enquanto lava o arroz, a dona de casa vislumbra formas de simplificar essa tarefa e cria o lavador de arroz. O arquiteto esboça uma cadeira feita inteiramente de garrafas de plástico, promovendo a sustentabilidade. A artista plástica molda uma escultura magnífica. O professor do curso pré-vestibular compõe uma música para facilitar o aprendizado dos alunos.

A criação intelectual é intrínseca ao ser humano; todos possuem um potencial criativo capaz de resultar em bens práticos ou expressões estéticas, suscetíveis de aproveitamento econômico. Essas criações, que podem ser consideradas arte ou técnica, são reconhecidas como bens intelectuais, desfrutando da proteção das normas de propriedade intelectual.

A propriedade intelectual abarca as criações humanas em todas as suas manifestações e se desdobra em dois ramos principais: o direito industrial e o direito autoral. O projeto arquitetônico, objeto de análise neste artigo, enquadra-se sob a alçada do direito autoral.

O direito autoral surge com a materialização da criação intelectual. Assim que o objeto autoral adquire expressão no mundo, mesmo que por meio de uma execução simples, uma recitação ou um esboço, aquele que deu origem a essa manifestação será considerado o autor, conferindo à sua obra toda a proteção da legislação pertinente[1].

A proteção à inovação tem sido o motor do desenvolvimento econômico em muitas nações. Estratégias e modelos que fomentam a criatividade humana e geram novas tecnologias são estimulados pela proteção à inovação. Conforme destacado por Antônio Chaves, os governos mais progressistas reconhecem que, no mundo altamente competitivo, o progresso está intrinsecamente ligado ao amparo à cultura e à técnica[2].

Em geral, os países com economias avançadas são aqueles que possuem sistemas de proteção à propriedade nos quais os indivíduos depositam certo grau de confiança. Não se propõe uma proteção absoluta e inflexível ao direito autoral, mas sim um equilíbrio entre este e o direito da sociedade em ter acesso às criações.

2. PROTEÇÃO AO AUTOR DE PROJETO ARQUITETÔNICO

A seguir destacamos as cláusulas mais importantes em termos de proteção autoral: do objeto, da especificação do objeto, da autorização prévia e do direito autoral do arquiteto.

---

1 MENEZES, Elisângela Dias. **Curso de direito autoral.** Belo Horizonte: Del Rey, 2007, p. 46.

2 SHERWOOD, Robert M. **Propriedade intelectual e desenvolvimento econômico**. Trad. Heloisa de Arruda Villela. São Paulo: Edusp, 1992, p. 11.

Do objeto

O presente contrato tem como objeto a elaboração pelo CONTRATADO de um projeto arquitetônico consubstanciado em uma residência de dois pavimentos com 400 metros quadrados de área construída, em terreno de propriedade do CONTRATANTE, situado à rua X, bairro Y, cidade W.

Da especificação do objeto

O projeto de arquitetura deverá ser desenvolvido em estilo neoclássico e deve considerar os seguintes parâmetros: a) no pavimento térreo: living, 4 salas (de jantar, de estar, de TV e de lareira), lavabo, escritório, cozinha integrada à área social, lavanderia e dependências de serviço; b) no pavimento superior: 4 quartos com suíte e closet e corredor de circulação; c) na área externa: jardim na entrada, garagem coberta para 6 carros, corredor lateral e área gourmet composta por piscina aquecida, churrasqueira, forno de pizza e forno a lenha.

Da autorização prévia

Caso o projeto não seja executado pelo CONTRATADO, isso não confere ao CONTRATANTE e/ou executante o direito de alterá-lo sem a prévia autorização do profissional autor do projeto.

Do direito autoral do arquiteto

Qualquer matéria de publicidade ou propaganda, incluindo posts em rede social, que tenha imagem do projeto arquitetônico, deverá mencionar em destaque o nome do CONTRATADO/autor do projeto arquitetônico.

Parágrafo único – Como titular dos direitos autorais, o CONTRATADO tem a prerrogativa de usar seu projeto arquitetônico para promoção própria, conforme sua conveniência.

3. LEGISLAÇÃO APLICÁVEL

a) Constituição Federal

Partindo dos preceitos constitucionais, o direito de autor encontra respaldo nos artigos 5º, incisos XXVII e XXVIII da Constituição Federal de 1988.

> Art. 5º (...)
>
> XXVII – Aos autores pertence o direito exclusivo de utilização, publicação ou reprodução de suas obras, transmissível aos herdeiros pelo tempo que a lei fixar

> XXVIII – São assegurados, nos termos da lei:
> a) a proteção às participações individuais em obras coletivas e à reprodução da imagem e voz humanas, inclusive nas atividades desportivas;
> b) o direito de fiscalização do aproveitamento econômico das obras que criarem ou de que participarem aos criadores, aos intérpretes e às respectivas representações sindicais e associativas.

A Constituição de 1988 avançou ao ampliar o rol de proteção e incluir como prerrogativa a exclusividade na "publicação" da obra. Como consequência disso, o legislador assegurou aos autores o direito de controlar o acesso do público à sua obra, naturalmente sujeito a condições pré-determinadas. Isso, em minha perspectiva, representa o reconhecimento constitucional do aspecto moral dos direitos de autor.

Ao inserir o direito de autor no Título II da Constituição Federal, que trata dos direitos e garantias fundamentais, mais precisamente no capítulo referente aos direitos e deveres individuais e coletivos, o constituinte elevou esse instituto à categoria de especial proteção em nossa Carta Magna, conferindo-lhe status de garantia institucional.

Conforme pontuado por José de Oliveira Ascensão, em virtude dessa previsão constitucional, o direito de autor deve ser entendido como um direito exclusivo e hereditário, porém limitado temporalmente, o que justifica a existência do domínio público[3].

Dessa forma, o direito de autor transcende seu caráter meramente privado para integrar o conjunto de normas respaldadas pela própria Constituição Federal.

b) Lei n. 9.610/1998 – Lei de Direitos Autorais

Conforme estabelece o art. 7º da Lei de Direitos Autorais (LDA), são consideradas obras intelectuais protegidas as criações do espírito, manifestadas por qualquer meio ou fixadas em qualquer suporte, seja tangível ou intangível, conhecido ou a ser inventado no futuro. O inciso X deste dispositivo legislativo faz menção expressa ao projeto de arquitetura: "os projetos, esboços e obras plásticas concernentes à geografia, engenharia, topografia, arquitetura, paisagismo, cenografia e ciência".

O art. 24, por sua vez, trata do direito moral de autor. No caso específico do autor de um projeto arquitetônico, os direitos previstos nos incisos I, II, IV e V destacam-se como de suma importância.

> Art. 24. São direitos morais do autor:
> I – o de reivindicar, a qualquer tempo, a autoria da obra;

3 ASCENSÃO, José de Oliveira. **Direito autoral**. 2. ed. Rio de Janeiro: Renovar, 1997, p. 13.

> II – o de ter seu nome, pseudônimo ou sinal convencional indicado ou anunciado, como sendo o do autor, na utilização de sua obra;
> (...)
> IV – o de assegurar a integridade da obra, opondo-se a quaisquer modificações ou à prática de atos que, de qualquer forma, possam prejudicá-la ou atingi-lo, como autor, em sua reputação ou honra;
> V – o de modificar a obra, antes ou depois de utilizada;

O art. 26 amplia essa proteção ao tratar especificamente do direito de repúdio do projeto arquitetônico alterado sem consentimento. Ainda, temos a previsão de responsabilidade civil contratual em decorrência de danos ocasionados ao autor do projeto.

> Art. 26. O autor poderá repudiar a autoria de projeto arquitetônico alterado sem o seu consentimento durante a execução ou após a conclusão da construção.
> Parágrafo único. O proprietário da construção responde pelos danos que causar ao autor sempre que, após o repúdio, der como sendo daquele a autoria do projeto repudiado.

Em síntese, a lei confere proteção aos projetos arquitetônicos como obras intelectuais, sujeitas às regras de direitos autorais. O autor do projeto detém os direitos morais e patrimoniais sobre a obra, com destaque ao direito moral de ter sua obra respeitada na integridade, o que inclui o direito de opor-se a quaisquer modificações não autorizadas.

c) Código Civil

No capítulo do contrato de empreitada, o art. 621 do Código Civil traz uma menção expressa à alteração do projeto de arquitetura, *in verbis*:

> Art. 621. Sem anuência de seu autor, não pode o proprietário da obra introduzir modificações no projeto por ele aprovado, ainda que a execução seja confiada a terceiros, a não ser que, por motivos supervenientes ou razões de ordem técnica, fique comprovada a inconveniência ou a excessiva onerosidade de execução do projeto em sua forma originária.
> Parágrafo único. A proibição deste artigo não abrange alterações de pouca monta, ressalvada sempre a unidade estética da obra projetada.

Com essa previsão, tem-se consagrada a proteção ao titular do projeto de obra, conferindo-lhe o direito de não ter sua criação modificada sem sua expressa autorização. Este dispositivo visa salvaguardar a integridade da obra e reconhecer o valor do trabalho intelectual do autor.

Convém lembrar, no entanto, que a parte final do art. 621, *caput*, traz duas exceções à regra, permitindo a modificação do projeto sem autorização do autor nas seguintes situações: se por motivos supervenientes ou razões de ordem técnica, for comprovada: I) a inconveniência ou II) ou a excessiva onerosidade da execução do projeto em sua forma originária.

Essa exceção deve ser interpretada de forma restritiva, visando evitar abusos e assegurar a devida proteção aos direitos do autor.

A circunstância retratada é relativamente frequente. Muitos empreendimentos imobiliários são comercializados com base em projetos arquitetônicos de renomados arquitetos, frequentemente premiados e reconhecidos. No entanto, após a conclusão do condomínio, é comum que, em assembleias, sejam deliberadas modificações na fachada ou na estrutura do imóvel sem consultar o autor do projeto original.

Reitero que, em situações que demandam ajustes específicos e necessários, os quais não comprometem a integridade estética da obra, é viável proceder com tais alterações.

d) Lei n. 12.378/2010 – Código de Ética e Disciplina

Essa lei regulamenta o exercício da arquitetura e urbanismo, cria o CAU – Conselho de Arquitetura e Urbanismo do Brasil e os Conselhos de Arquitetura e Urbanismo dos Estados e do Distrito Federal. Além disso, estabelece diretrizes éticas essenciais para o exercício da profissão.

O respeito aos direitos autorais e às normas éticas é crucial para uma atuação responsável no campo da arquitetura e urbanismo. Abaixo, serão abordados alguns dos principais dispositivos que versam sobre a proteção dos direitos autorais e a ética na prática profissional.

> Art. 13. Para fins de comprovação de autoria ou de participação e de formação de acervo técnico, o arquiteto e urbanista deverá registrar seus projetos e demais trabalhos técnicos ou de criação no CAU do ente da Federação onde atue.

Note que o registro dos projetos e trabalhos técnicos é essencial para a garantia dos direitos autorais e para a constituição do acervo técnico do arquiteto e urbanista. Tal medida facilita a comprovação de autoria e participação em obras, além de contribuir para a transparência e a organização na área profissional.

Art. 15. Aquele que implantar ou executar projeto ou qualquer trabalho técnico de criação ou de autoria de arquiteto e urbanista deve fazê-lo de acordo com as especificações e o detalhamento constantes do trabalho, salvo autorização em contrário, por escrito, do autor.
Parágrafo único. Ao arquiteto e urbanista é facultado acompanhar a implantação ou execução de projeto ou trabalho de sua autoria, pessoalmente ou por meio de preposto especialmente designado com a finalidade de averiguar a adequação da execução ao projeto ou concepção original.

Este artigo visa garantir que a execução dos projetos seja realizada conforme as especificações e detalhamentos estabelecidos pelo arquiteto e urbanista autor. A permissão para acompanhar a implantação ou execução é um direito concedido ao autor para assegurar a fidelidade à concepção original.

Art. 16. Alterações em trabalho de autoria de arquiteto e urbanista, tanto em projeto como em obra dele resultante, somente poderão ser feitas mediante consentimento por escrito da pessoa natural titular dos direitos autorais, salvo pactuação em contrário.

Tal dispositivo estabelece a necessidade de autorização por escrito do autor para qualquer alteração nos trabalhos de sua autoria, garantindo assim o respeito aos direitos autorais. Essa regra visa proteger a integridade da obra e a autoria do arquiteto e urbanista.

Art. 18. Constituem infrações disciplinares, além de outras definidas pelo Código de Ética e Disciplina:
I – registrar projeto ou trabalho técnico ou de criação no CAU, para fins de comprovação de direitos autorais e formação de acervo técnico, que não haja sido efetivamente concebido, desenvolvido ou elaborado por quem requerer o registro;
II – reproduzir projeto ou trabalho técnico ou de criação, de autoria de terceiros, sem a devida autorização do detentor dos direitos autorais;

Os dispositivos do art. 18 visam coibir condutas que violem os direitos autorais e a ética profissional dos arquitetos e urbanistas. A reprodução de projetos ou trabalhos técnicos sem autorização ou o registro de projetos não efetivamente desenvolvidos pelo requerente configuram infrações disciplinares, sujeitas às sanções previstas pelo Código de Ética e Disciplina.

e) Resoluções do CAU – Conselho de Arquitetura e Urbanismo

O CAU estabelece normas e diretrizes éticas para a prática da arquitetura e urbanismo no Brasil. Suas resoluções podem estabelecer regras específicas sobre a proteção dos projetos arquitetônicos e os deveres dos profissionais em relação a eles.

I) Resolução n. 21, de 5 de abril de 2012[4]

Dispõe que projeto é criação do espírito, documentada através de representação gráfica ou escrita de modo a permitir sua materialização, podendo referir-se a uma obra ou instalação, a ser realizada através de princípios técnicos e científicos, visando à consecução de um objetivo ou meta e adequando-se aos recursos disponíveis e às alternativas que conduzem à viabilidade de sua execução.

Além disso, a normativa define a orientação técnica como a atividade de proceder ao acompanhamento do desenvolvimento de uma obra ou serviço, segundo normas específicas, visando fazer cumprir o respectivo projeto ou planejamento.

II) Resolução 67, de 5 de dezembro de 2013[5]

Dispõe sobre os direitos autorais na área da arquitetura e urbanismo, estabelecendo regras e condições para o registro de obras intelectuais no Conselho de Arquitetura e Urbanismo.

Conforme estipulado pelo art. 4º, todos os profissionais envolvidos na criação da obra intelectual protegida devem ser considerados coautores, excetuando-se aqueles que apenas auxiliaram na representação da mesma, como desenhistas, digitadores e maquetistas.

O art. 5º determina que qualquer reprodução de projeto ou trabalho técnico de criação só pode ser realizada com a autorização do detentor do direito autoral, respeitando os direitos morais do autor.

No que diz respeito ao registro, o art. 7º estabelece que é facultado ao arquiteto e urbanista registrar seu trabalho no CAU. Salvo prova em contrário, será considerado autor aquele em cujo nome a obra intelectual for registrada.

O art. 15 versa sobre a obrigatoriedade de indicação do autor e de outros coautores em documentos em documentos, peças publicitárias, placas ou outro elemento de comunicação dirigido a cliente, ao público em geral e ao CAU, sempre que for utilizado qualquer projeto ou outro trabalho técnico de criação no âmbito da Arquitetura e Urbanismo, devem ser indicados: nome

---

4 Disponível em: https://transparencia.caubr.gov.br/resolucao21/

5 Disponível em: https://transparencia.caubr.gov.br/resolucao67/

do autor, eventuais coautores, número de registro no CAU e atividade técnica desenvolvida.

Quanto às alterações em trabalho de autoria de arquiteto e urbanista, tanto em projeto como em obra dele resultante, dispõe o art. 16 que somente poderão ser feitas mediante comprovação do consentimento por escrito do autor original ou, se existirem, de todos os coautores originais.

Tais informações deverão ser expostas em caracteres claramente legíveis ao público destinatário do elemento de comunicação. Em caso de desobediência, caberá ao CAU regional notificar o responsável pela veiculação do documento, peça publicitária, placa ou outro elemento de comunicação.

Cabe ao autor da alteração a obrigação de obter o consentimento do autor original. Além disso, a alteração deve ser precedida do RRT – Registro de Responsabilidade Técnica, que, quando for cabível, deve vincular-se ao Registro de Responsabilidade Técnica ou à ART – Anotação de Responsabilidade Técnica do projeto da obra original.

Estabelece o art. 18 que na hipótese de a alteração não ter sido concebida pelo autor original, o resultado final terá como coautores aquele e o autor da alteração. A autoria da obra passará a ser apenas do autor da alteração se esta for a decisão expressa do autor original.

Ainda, o art. 19 dispõe que ao arquiteto e urbanista que não participar de alteração em projeto, obra ou outro trabalho técnico de criação de sua autoria, é permitido o registro de laudo no CAU regional, com o objetivo de registrar a autoria original e determinar os limites de sua responsabilidade.

Por fim, a resolução inova ao trazer um capítulo inteiramente dedicado às indenizações, intitulado "das indenizações mínimas recomendadas". De plano, o art. 25 ressalta que as disposições são de caráter exclusivamente recomendatório.

As modificações em trabalhos de autoria de arquitetos e urbanistas, tanto em projetos quanto em obras resultantes destes, sem o consentimento prévio e por escrito do autor, acarretarão, ao responsável pela infração, a obrigação de pagamento de indenização ao detentor dos direitos autorais correspondentes.

> Art. 29 (...):
>
> I – violação do direito autoral moral: de, no mínimo, 2 (duas) vezes o valor dos honorários profissionais referentes à elaboração da alteração da obra intelectual; e
>
> II – violação do direito autoral patrimonial: de, no mínimo, 1 (uma) vez o valor dos honorários profissionais referentes à elaboração da alteração da obra intelectual.

De acordo com o art. 30, a omissão do nome, pseudônimo ou sinal convencional na utilização da obra ou em anúncios publicitários configura violação do direito moral do autor, sujeitando o responsável pela infração ao pagamento de indenização, que será, no mínimo, de 20% (vinte por cento) do valor dos honorários profissionais referentes à elaboração da obra intelectual, em favor do autor.

Por fim, o art. 31 estipula que em casos de cópia, repetição indevida, plágio ou alteração de obra intelectual sem consentimento, com o objetivo de reduzir o dano à imagem do autor, o infrator será obrigado a publicar, com destaque, por três vezes consecutivas, em jornal de grande circulação da região onde ocorreu a infração, a informação de que o autor original não foi o responsável pelo ocorrido.

4) Posicionamento da jurisprudência

Por ocasião do julgamento do Resp. 1562617-SP, com acórdão da lavra do Ministro Marco Aurélio Bellizze (e voto convergente da Ministra Nancy Andrighi), o STJ decidiu, em 30 de novembro de 2016, que é ilícita a reprodução da fachada de residência em loja de tintas, com autorização do proprietário do imóvel e não do criador do projeto.

Foram rejeitadas as teses de que a autorização do proprietário da casa bastaria, porque não é titular do direito autoral e de que a situação em logradouro público permitiria a utilização para todos os fins, inclusive publicitários de tintas para finalizar construções.

Em outro caso, no julgamento da Apelação Cível n. 1082978-13.2020.8.26.0100, de 18 de agosto de 2022, o Tribunal de Justiça de São Paulo decidiu que não havia originalidade, e esse predicado é elementar em obras artísticas e literárias, alcançando, igualmente, os projetos de arquitetura. Assim, não existe proteção para o que é comum ou já praticado no mercado.

Não se pode desconsiderar que dificilmente um artista não consegue desvencilhar, no momento de uma criação original, de detalhes ou pontos de obras anteriores e que estão no domínio público. Em outras palavras, é difícil imaginar a hipótese de um autor totalmente liberto de qualquer inspiração ou influência de trabalhos anteriores. O fato é que não há novidade absoluta, porque a criação ocorre sempre no contexto histórico e cultural em que o criador está imerso.

CONCLUSÕES

O contrato de prestação de serviços de projeto arquitetônico é essencial não apenas para formalizar os termos entre as partes, mas também para assegurar os direitos autorais do arquiteto, garantindo a integridade e a valorização de suas criações. A legislação brasileira, ao longo de diversos dispositivos legais e regulamentações, protege esses direitos, reafirmando a importância da propriedade intelectual no estímulo à criatividade e ao desenvolvimento econômico.

A análise apresentada demonstra que o respeito aos direitos autorais transcende o âmbito privado, sendo uma questão de relevância social e cultural. Assim, é imprescindível que arquitetos, contratantes e demais profissionais da área compreendam as implicações legais e éticas envolvidas, promovendo práticas que respeitem a originalidade e o trabalho intelectual.

Por fim, o fortalecimento de mecanismos de fiscalização e de conscientização é um passo fundamental para garantir que os direitos autorais no campo da arquitetura sejam efetivamente protegidos, contribuindo para a valorização da profissão e o avanço sustentável do setor.

65. CLÁUSULAS DE INTERFERÊNCIA NA GESTÃO DA CONTRAPARTE EM OPERAÇÕES DE *PROJECT FINANCE*

Marcelo Lucon
Vitor Fernandes de Araujo
Pedro Perez Meirelles

1. INTRODUÇÃO

Antes de nos debruçarmos especificamente nas cláusulas de interferência na gestão de contrapartes em operações de financiamento de projetos ("Project Finance"), cabe-nos realizar breve introdução e contextualização das operações de Project Finance e do seu notável desenvolvimento nos últimos anos.

As operações de Project Finance têm sido amplamente utilizadas como modalidade de financiamento de projetos (notadamente de infraestrutura) em todo o mundo. Referidas operações envolvem complexa gama de contratos coligados que visam distribuir os riscos inerentes à operação entre as diversas partes envolvidas, com o objetivo de permitir que o patrocinador, ou sociedade específica por ele constituída, capte recursos de terceiros para o desenvolvimento e exploração de um determinado projeto. As receitas e os bens do próprio projeto financiado são oferecidos como garantia aos respectivos credores, de forma exclusiva ou preponderante.

Essa modalidade de financiamento tem sido utilizada em todo o mundo há muitos anos como uma forma de impulsionar o desenvolvimento econômico de países por meio de projetos em diversas áreas, incluindo saneamento, energia e transporte. A estrutura do Project Finance, apoiada na formação de uma sociedade específica para o empreendimento e na garantia dos ativos e recebíveis do projeto, oferece abordagem financeira eficiente e segura para viabilizar investimentos de grande porte em projetos de longo prazo.

Adicionalmente, uma das principais vantagens do Project Finance reside na transferência do risco e na possibilidade de não se impactar o endividamento do patrocinador do projeto financiado. Por meio da criação de uma subsidiária, geralmente uma sociedade de propósito específico ("SPE"), a dívida é mantida fora do balanço patrimonial da empresa desenvolvedora do projeto e de seus acionistas. Referida estrutura visa à diminuição do nível de endividamento da empresa, o que a permite que utilizar capacidade financeira para outros investimentos e novos empreendimentos.

Em resumo, o Project Finance oferece a transferência de risco, a redução do endividamento e a possibilidade de uso de garantias de desempenho, o que induz melhor gestão financeira do projeto e proporciona maior flexibilidade à empresa responsável, liberando recursos para outros investimentos. Vale dizer, ainda, que mencionamos aqui Project Finance de maneira ampla e não específica, uma vez que as operações ditas de Project Finance podem ser estruturadas e implementadas de diversas formas – seja mediante financiamentos tomados junto a instituições financeiras, operações de mercados de capitais, com a emissão de títulos de dívidas nos mercados locais ou internacionais, securitizações, dentre outras.

Após referida contextualização dessa modalidade de financiamento, passamos à análise específica ora pretendida. Neste capítulo, nos propomos a abordar uma perspectiva jurídica das cláusulas de interferência na gestão da contraparte em operações de Project Finance, trazendo, para fins de referida análise, exemplos de cláusulas e redações usualmente utilizadas em Project Finance.

Partindo-se de uma análise das características fundamentais do financiamento de projetos, buscaremos compreender como referidas cláusulas são utilizadas na prática, com o objetivo de proteger os interesses dos financiadores e garantir o cumprimento das obrigações contratuais estabelecidas com base em limitado levantamento da literatura jurídica e de exemplos, com foco em três tipos distintos de cláusulas utilizadas em operações de Project Finance a serem devidamente detalhadas ao longo deste capítulo: (a) cláusulas específicas de destinação dos recursos (corriqueiramente chamadas de *use of proceeds*) e obrigações de fazer e não fazer, (b) cláusulas de direito de veto em instrumentos de garantia, e, por fim, (c) *step-in rights* – assim entendido como o direito contratual de credores ou terceiros de assumir, de maneira temporária ou definitiva, a gestão da companhia responsável pelo projeto financiado.

2. CONCEITO DE CONTROLE NO FINANCIAMENTO DE PROJETOS

Antes de adentrarmos especificamente na análise das cláusulas que garantem o poder de ingerência na administração de contrapartes em operações de Project Finance, mostra-se importante darmos um passo anterior para a análise da configuração do chamado poder de "controle externo" no âmbito de operações de financiamento de projetos. Esse controle externo é geralmente exercido pelo financiador externo, seja este representado por uma única instituição financeira, por diversas instituições unidas em grupo (chamado de *sindicato* no jargão), ou, até mesmo, por múltiplos investidores "pulverizados", sem uma figura preponderante ou mesmo uma organização, em relação a determinada sociedade responsável pela construção, exploração, operação e/ou manutenção do projeto financiado.

O poder externo permite aos não-acionistas impor à sociedade sua vontade para modelar as decisões tomadas pelos acionistas em assembleia, sendo poderoso instrumento de restrição das atividades da sociedade e de sua administração, em contraposição ao cenário base, posto pela própria lei, em que os acionistas são os legítimos detentores de seu direito de voto em sede de assembleia geral da sociedade por eles investida.

É a partir de tal panorama que autores classificam o poder de controle como "interno", quando exercido por indivíduos ligados à sociedade e integrantes de seus respectivos órgãos sociais, ou como "externo", em situações que o controle é exercido por não-acionistas.

a. Controle Interno

Em contraposição ao controle externo, que buscaremos descrever com maior detalhamento abaixo, o chamado controle interno consiste, principalmente, no controle exercido pelo acionista da sociedade, seja este advindo da detenção da maioria do capital social votante ou através da reunião de diversos acionistas em um determinado bloco de controle capaz de controlar a sociedade e impor seus determinados objetivos.

Referido poder de controle interno advém, justamente, do costumeiro enquadramento da assembleia geral da sociedade como o órgão social máximo e titular absoluto do poder de controle interno da sociedade, a quem compete, nos termos do artigo 121 da Lei nº 6.404 de 15 de dezembro de 1976 ("Lei das S.A.")[6], decidir os negócios relativos ao objeto social da companhia e,

6 "*Artigo 121. A assembleia-geral, convocada e instalada de acordo com a lei e o estatuto, tem poderes para decidir todos os negócios relativos ao objeto da companhia e tomar as resoluções que julgar convenientes à sua defesa e desenvolvimento*".

adicionalmente, tomar as resoluções que julgar convenientes à defesa e desenvolvimento da companhia.

b. Controle Externo

Já na segunda categoria de controle societário, especialmente relevante para o presente estudo, denominada controle externo, incluem-se as mais diversas formas de controle, por diferentes agentes regulados por relação não-acionista, sendo exemplos: (a) fornecedor, (b) poder concedente, (c) licenciador da tecnologia, (d) governo, (e) dominação imposta por lei, como processos de intervenção administrativa ou liquidação extrajudicial, ou, como veremos em maiores detalhes no presente estudo do (f) financiador externo.

Parte da doutrina defende que podemos segregar o controle externo de origem contratual em três categorias distintas: (a) controle técnico, (b) controle comercial e (c) controle financeiro.

O controle externo técnico, como o próprio nome sugere, refere-se ao controle pautado em motivos de técnica, como o domínio de know-how, processos de fabricação e a escolha de materiais, matérias-primas ou fornecimento de mão-de-obra especializada ou seu treinamento. Esse controle pode se dar, por exemplo, por meio de uma relação de dependência entre fornecedor e empresa, ou empresa e cliente, na qual a parte em posição dominante tem o poder de exigir determinadas condutas da empresa envolvida, efetivamente interferindo em sua gestão e negócios ordinários.

Já o controle externo comercial seria a categoria referente ao relacionamento contratual ligado à comercialização da mercadoria dos produtos fabricados pela respectiva sociedade, como, por exemplo, os contratos de franchising, concessão de venda com exclusividade etc. Nessa modalidade, a própria empresa submete-se ao controle externo na medida em que opta por ele como meio de seu negócio.

Por fim, o controle externo financeiro, de maior relevância ao presente estudo, refere-se ao controle obtido por meio da contratação de empréstimos pela sociedade, como, por exemplo, a contratação de dívidas bancárias, financiamentos diretos ou operações realizadas no mercado de capitais local, como emissão de debêntures, notas comerciais etc. A imposição do controle externo financeiro visa diminuir custos de transação ao implementar determinados controles e restrições objetivando a diminuição, pela companhia devedora, de riscos relacionados à sua operação financeira.

Conforme exposto por Orcesi da Costa[7], o controle externo financeiro origina-se da dependência de determinada sociedade em relação ao(s) seu(s)

7 COSTA, Carlos Orcesi. Controle externo nas companhias. RDM, v. 44, p. 73 e 74, out/dez. 1981.

financiador(es), sejam estes bancos financiadores, debenturistas ou quaisquer outros agentes responsáveis pela disponibilização de crédito à sociedade empresarial, tendo, como objetivo, o adimplemento, pela sociedade financiada, do crédito original que foi concedido pelo financiador.

Em operações de Project Finance, a figura do financiador externo possui relevância ainda maior, responsável por contribuir com a maior parte dos recursos necessários à execução do projeto, já que a sociedade desenvolvedora do empreendimento se apoia, majoritariamente, no crédito concedido pelo financiador para a construção e desenvolvimento do seu empreendimento, evitando, por diversas razões, expor suas demais atividades e ativos aos riscos do projeto financiado. Dessa forma, considerando a relevante alavancagem (endividamento) financeira do projeto, pode-se concluir que o risco assumido em referidas operações de Project Finance é fator preponderante ao financiador externo que, por consequência, também é levado em consideração na fase de discussão negocial e contratual junto à sociedade financiada.

Tendo em vista o risco assumido pelo financiador externo em operações de Project Finance, pode-se, muitas vezes, aproximar-se a exposição econômica do financiador externo àquela dos acionistas da sociedade financiada, uma vez que assume parte relevante do risco financeiro que será pago e remunerado por meio da geração de receitas pela sociedade e pelo sucesso do empreendimento desenvolvido. Essa exposição justifica a preocupação do financiador externo em relação ao monitoramento da administração da sociedade do projeto – ou seja, circunscrevendo às atividades da sociedade, e limitando seus ativos, aos objetivos precípuos do projeto financiado, vedando de maneira significativa quaisquer outros negócios -, caracterizando, desta forma, o poder de controle externo do financiador na sociedade financiada.

De modo a trazer análises e conclusões empíricas a respeito da constatação do aumento de ingerência dos financiadores externos em sociedades com grau de endividamento elevado ou em situação de crise financeira, Stuart C. Gilson e Michael R. Vetsuypens, respectivamente professores de Harvard University e Southern Methodist University, trataram especificamente sobre o tema em seu artigo "*Creditor Control in Financially Distressed Firms: Empirical Evidence*"[8]. Em referido estudo, por meio de uma análise empírica de 77 sociedades anônimas abertas em situação de recuperação judicial ou em vias de negociação extrajudicial para fins de reorganização de seus débitos, no período compreendido entre 1981 e 1987, os autores constataram: (a) em 17 sociedades, manifestações claras de controle externo, através da imposição, por credores,

---

8 GILSON, Stuart e VETSUYPENS, Michael, *Creditor Control in Financially Distressed Firms: Empirical Evidence*, Washington, University Law Quarterly, v. 72, p. 1005-1025, 1994.

de alterações na administração da sociedade ou alteração da política de remuneração utilizada, e (b) nas 60 sociedades restantes, manifestações menos evidentes (não públicas) de controle externo, por meio da existência de obrigações de fazer e não fazer incluídas nos contratos de financiamento celebrados pelas sociedades.

Referido estudo demonstra, de maneira prática, o papel significativo na gestão e governança de sociedades em crise financeira desempenhado por credores. Seja por meio do exercício de controle externo mais evidente (com a imposição de alterações na administração ou na política de remuneração das sociedades), ou, mais usualmente, por meio de controle externo menos evidente (através da imposição de diversas obrigações restritivas às sociedades), destacamos a relevância dos financiadores justamente por sua capacidade de influenciar (direta ou indiretamente) as sociedades em crise ou em processo de reorganização financeira.

A partir da análise empírica nota-se que o aumento do endividamento de uma sociedade acarreta um aumento do poder de controle dos agentes financiadores, que acabam por participar de maneira (ainda) mais direta em comparação ao mero financiamento de uma sociedade em situação financeira saudável, no risco da sociedade. Adicionalmente, a outra conclusão possível é que o referido poder de controle tende, de qualquer forma, a ser exercido de maneira indireta e não pública por meio da aplicação de cláusulas e arranjos contratuais que vinculam e restringem a atuação da sociedade financiada.

Em operações de Project Finance esse controle externo é ainda mais relevante mesmo quando comparadas a empresas em situações de *stress* financeiro. Como se sabe, é elemento essencial do Project Finance limitar a habilidade das empresas de projeto para contratar novas dívidas para vincular de maneira efetiva o financiamento objeto do Project Finance ao objeto social da companhia, consequentemente, impossibilitando formas de desvio de recursos ou propósito da companhia do projeto.

3. CLÁUSULAS DE DESTINAÇÃO DE RECURSOS E OBRIGAÇÕES DE FAZER E NÃO FAZER

a. Cláusulas de destinação de recursos ("*Use of Proceeds*")

Em operações de Project Finance, as cláusulas de destinação dos recursos funcionam como um dos principais instrumentos de controle, por parte do financiador, e visam justamente direcionar a utilização dos recursos, impondo limitações à atividade empresarial da sociedade financiada de modo a evitar o desvio dos recursos do respectivo projeto a ser desenvolvido. A limitação da gestão da sociedade financiada, por meio da disciplina de destinação de recursos, visa também possibilitar ao financiador monitorar a destinação dos recursos concedidos.

Podemos destacar um amplo leque de possibilidades distintas de destinação de recursos captados em operações de financiamento (seja por financiamento direto ou via mercado de capitais). Entre os diferentes direcionamentos possíveis, para fins do presente estudo, entendemos válido destacar, primeiramente, as sociedades que, buscando menor restrição de movimentação para emprego dos recursos captados, buscam se utilizar de redações mais amplas em seus contratos, com uma maior amplitude, discricionariedade e espaço de manobra para direcionarem seus recursos, destinando-os às mais diversas atividades empresariais[9]. Tais redações são mais frequentemente utilizadas em operações de financiamento gerais, não destinadas especificamente a projetos.

Em adição, cabe discorrer sobre as operações de Project Finance que, por sua natureza de desenvolvimento de determinado projeto, vinculam a destinação dos recursos captados ao respectivo projeto a ser desenvolvido, hipótese em que buscam limitar mais intensamente a aplicação dos recursos pela sociedade financiada sob pena de descumprimento de obrigação e, eventualmente, de declaração de vencimento antecipado do instrumento contratual. Nessa categoria, de modo a ilustrarmos a interferência na gestão de sociedades financiadas, nos propomos a discorrer, no item (i) abaixo, sobre como as cláusulas de destinação de recursos são construídas e utilizadas em operações de financiamento incentivadas nos termos da Lei nº 12.431, de 24 de junho de 2011 ("Lei nº 12.431/2011")[10].

b. Cláusulas de destinação de recursos em operações de financiamento incentivadas

Antes de adentrarmos diretamente na análise das cláusulas específicas de vinculação da destinação de recursos em operações de debêntures incentivadas, mostra-se relevante uma breve exposição sobre o regime jurídico aplicável a referidas emissões de debêntures de infraestrutura e os requisitos para o aproveitamento do benefício fiscal previsto pela Lei nº 12.431/2011.

A Lei nº 12.431, resultado da conversão da Medida Provisória nº 517/2010, logrou introduzir no ordenamento jurídico brasileiro tratamento tributário diferenciado para os rendimentos produzidos por determinados títulos e

9 Exemplos de cláusulas: *"A totalidade dos recursos líquidos captados pela Emissora por meio da Emissão será utilizada para reforço do capital de giro da Emissora."*; e *"Os recursos líquidos captados por meio da Oferta Restrita serão destinados para a realização de investimentos e/ou reforço de caixa."*

10 Lei nº 12.431 de 24 de junho de 2011. Dispõe sobre a incidência do imposto sobre a renda nas operações que específica.

valores mobiliários ofertados no mercado de capitais, o qual vem, até os dias atuais, previsto em seus artigos 1º e 2º[11].

Conforme previsto na Exposição de Motivos da MP nº 517/2010, o objetivo do legislador, ao introduzir o referido tratamento tributário diferenciado – que tem natureza de benefício fiscal –, foi o de promover a obtenção de recursos de terceiros de longo prazo no país, possibilitando o acesso de investidores privados interessados em desenvolver projetos que exigem tempo maior de amadurecimento e desenvolvimento.

Quando da edição de referida norma, a maioria dos financiamentos concedidos para desenvolvimento dos projetos no País era estruturada por meio de operações e arranjos contratuais de curto prazo oriunda majoritariamente da abertura de linhas de crédito por bancos públicos, principalmente pelo BNDES.

Assim, de modo a buscar atingir os objetivos de fomento de novas formas de financiamento pelo engajamento de novos investidores privados, o Governo Federal, por meio da Lei nº 12.431, instituiu um conjunto de regras tributárias que possuem forte caráter indutor e são aplicáveis aos rendimentos oriundos de títulos e valores mobiliários subscritos por investidores privados visando aumentar a atratividade desses instrumentos e fomentar a participação do capital privado nos investimentos de longo prazo vinculados a determinados setores pré-determinados.

Dentre os benefícios fiscais introduzidos pela Lei nº 12.431, o artigo 2º estabelece a redução da alíquota do Imposto de Renda Retido na Fonte ("IRRF") aplicável aos rendimentos auferidos por residentes ou domiciliados

---

11 "*Art. 1º Fica reduzida a 0 (zero) a alíquota do imposto sobre a renda incidente sobre os rendimentos definidos nos termos da alínea a do § 2º do art. 81 da Lei nº 8.981, de 20 de janeiro de 1995, quando pagos, creditados, entregues ou remetidos a beneficiário residente ou domiciliado no exterior, exceto em país que não tribute a renda ou que a tribute à alíquota máxima inferior a 20% (vinte por cento), produzidos por: I. títulos ou valores mobiliários adquiridos a partir de 1º de janeiro de 2011, objeto de distribuição pública, de emissão de pessoas jurídicas de direito privado não classificadas como instituições financeiras. II. fundos de investimento em direitos creditórios constituídos sob a forma de condomínio fechado, regulamentados pela Comissão de Valores Mobiliários – CVM, cujo originador ou cedente da carteira de direitos creditórios não seja instituição financeira.*"

"*Art. 2º No caso de debêntures emitidas por sociedade de propósito específico, constituída sob a forma de sociedade por ações, dos certificados de recebíveis imobiliários e de cotas de emissão de fundo de investimento em direitos creditórios, constituídos sob a forma de condomínio fechado, relacionados à captação de recursos com vistas em implementar projetos de investimento na área de infraestrutura, ou de produção econômica intensiva em pesquisa, desenvolvimento e inovação, considerados como prioritários na forma regulamentada pelo Poder Executivo federal, os rendimentos auferidos por pessoas físicas ou jurídicas residentes ou domiciliadas no País sujeitam-se à incidência do imposto sobre a renda, exclusivamente na fonte, às seguintes alíquotas: I. 0% (zero por cento), quando auferidos por pessoa física. II. 15% (quinze por cento), quando auferidos por pessoa jurídica tributada com base no lucro real, presumido ou arbitrado, pessoa jurídica isenta ou optante pelo Regime Especial Unificado de Arrecadação de Tributos e Contribuições devidos pelas Microempresas e Empresas de Pequeno Porte (Simples Nacional).*"

no Brasil decorrentes de debêntures de infraestrutura emitidas por SPEs constituídas sob a forma de sociedades por ações – ou suas sociedades controladoras, desde que também constituídas sob a forma de sociedade por ações[12] – os quais ficam sujeitos (i) à alíquota de 0% (zero por cento) em relação aos debenturistas pessoas físicas e (ii) à alíquota de 15% (quinze por cento) em relação aos debenturistas pessoas jurídicas.

O IRRF sobre os rendimentos auferidos pelos subscritores das debêntures de infraestrutura na forma indicada acima incide exclusivamente na fonte, de modo que os ganhos subjacentes a tais títulos não integram a parcela dos rendimentos tributáveis das pessoas físicas em suas declarações de ajuste anual para fins do Imposto de Renda das Pessoas Físicas nem compõem o lucro tributável das pessoas jurídicas para fins do Imposto de Renda das Pessoas Jurídicas. Cabe à entidade emissora das debêntures de infraestrutura a responsabilidade integral pela retenção do tributo quando da distribuição dos rendimentos delas decorrentes.

Não obstante e sem prejuízo dos demais requisitos legais estipulados pela Lei n° 12.431 que não se relacionam diretamente aos tópicos ora estudados, para que estejam sujeitas ao regime jurídico em questão, as debêntures de infraestrutura devem, necessariamente, destinar-se à captação de recursos com vistas a implementar projetos considerados prioritários pelo Poder Executivo Federal. O tema é, atualmente, regulado pelo Decreto nº 8.874 de 11 de outubro de 2016 ("Decreto n° 8.874/2016")[13] que, em linhas gerais, estabelece o seguinte:

(i) São considerados prioritários os projetos de investimento que (a) sejam objeto de concessão, permissão, arrendamento, autorização ou parceria público privada e que integrem o Programa de Parcerias de Investimento da Presidência da República, (b) que proporcionem benefícios ambientais ou sociais relevantes, ou (c) que sejam aprovados pelo Ministério setorial responsável e realizados por concessionária, permissionária, autorizatária, arrendatária ou SPE, quando não alcançados pelas hipóteses (a) e (b).

(ii) Em quaisquer das hipóteses referidas acima, os projetos devem visar à implantação, ampliação, manutenção, recuperação, adequação ou modernização de empreendimentos em infraestrutura, entre outros, dos seguintes setores: (a) logística e transporte, (b) mobilidade urbana, (c) energia, (d) telecomunicações, (e) radiodifusão, (f)

12 Conforme expressamente autorizado pelo artigo 2º, §1º-B, da Lei nº 12.431.

13 Decreto nº 8.874 de 11 de outubro de 2016. Dispõe sobre as condições para aprovação dos projetos de investimento considerados como prioritários na área de infraestrutura ou de produção econômica intensiva em pesquisa, desenvolvimento e inovação.

saneamento básico, (g) irrigação, (h) educação, (i) saúde, (j) segurança pública e sistema prisional, (k) parques urbanos e unidades de conservação, (l) equipamentos culturais e esportivos, e (m) habitação social e requalificação urbana.

Uma vez atendidos os requisitos acima, cabe às pessoas jurídicas interessadas na implementação submeter os respectivos projetos aos Ministérios responsáveis mediante apresentação de formulário próprio, acompanhado da documentação relevante exigida para cada caso concreto, estando o aproveitamento do benefício tributário do artigo 2º da Lei nº 12.431 condicionado à publicação da portaria do Ministério responsável. Adicionalmente, de modo a observar o previsto na Lei n° 12.431, os instrumentos de financiamento para operações incentivadas devem conter tabela descritiva do projeto, indicando, entre outros pontos, (a) o objetivo do projeto, (b) a data de início do projeto, (c) a fase atual, (d) previsão de conclusão, (e) volume estimado de recursos financeiros necessários para realização do projeto e (f) valor a ser captado que será destinado ao projeto financiado.

Conforme mencionado anteriormente, tendo em vista o requisito legal – conforme estipulado no Decreto nº 8.874/2016 – de que as captações devem, obrigatoriamente, destinar-se ao financiamento e implantação de projetos de infraestrutura considerados prioritários, resta claro que o clausulado de destinação dos recursos em operações incentivadas obriga as sociedades tomadoras do respectivo financiamento a direcionar o montante captado exclusivamente à implantação e desenvolvimento do projeto específico que foi analisado e considerado como prioritário pelo respectivo Ministério, tais como: (a) projeto de infraestrutura de telecomunicações[14]; e (b) projeto de desenvolvimento de estrutura de saneamento[15].

---

14 Exemplo de cláusula em operação de financiamento de projeto de telecomunicações: "*Nos termos do artigo 2º, parágrafo 1º e 1º-A, da Lei 12.431 e do Decreto 8.874, os recursos líquidos obtidos pela Emissora com a Emissão das Debêntures serão utilizados para fins de: (a) implementação e desenvolvimento do Projeto (conforme definido abaixo), respeitando sempre o quanto previsto na Lei 12.431, no Decreto 8.874 e na Portaria; (b) o pagamento futuro de gastos, despesas e/ou dívidas, a serem incorridas a partir da Data de Emissão, da Oferta e relacionados ao Projeto (conforme definido abaixo), nos termos da Lei 12.431, do Decreto 8.874 e da Portaria; e (c) o pagamento e/ou reembolso de gastos, despesas ou dívidas passíveis de reembolso, relacionados ao Projeto (conforme definido abaixo), observado que tais gastos, despesas ou dívidas passíveis de reembolso tenham ocorrido em prazo igual ou inferior a 24 (vinte e quatro) meses contados do Anúncio de Encerramento da Oferta, conforme previsto no inciso IV e parágrafo 1º-C do artigo 1º da Lei 12.431, conforme abaixo definidos e detalhados no Anexo I da presente Escritura de Emissão, que é parte integrante e inseparável desta Escritura de Emissão ("Projeto").*"

15 Exemplo de cláusula em operação de financiamento de projeto de saneamento: "*Nos termos do artigo 2º, parágrafo 1º-B, da Lei 12.431, do Decreto 8.874, e da Resolução CMN 5.034, os recursos líquidos captados pela Emissora por meio da Emissão das Debêntures, serão utilizados*

Ainda, pode-se extrair a conclusão de que a sociedade responsável pelo desenvolvimento do projeto obriga-se, exclusivamente, a destinar a totalidade dos recursos obtidos com a operação de financiamento ao seu respectivo projeto objetivando, por exemplo: (a) a implantação e desenvolvimento do projeto, (b) pagamento futuro de gastos, despesas e/ou dívidas relacionadas ao projeto e (c) reembolso de despesas e/ou gastos incorridos no âmbito do projeto.

c. Obrigações de fazer e não fazer

Em operações de Project Finance, a forma mais comum de se estipular e de se exercer o poder de controle ocorre através da previsão de determinadas obrigações de fazer e de não fazer que são impostas pelo financiador externo do respectivo projeto no contrato principal de financiamento e nos contratos de garantia.

Referidas obrigações de fazer e de não fazer visam impor ou vedar determinados comportamentos à sociedade financiada e responsável pelo projeto. Em referido cenário, qualquer eventual descumprimento de tais obrigações geralmente seria capaz de ensejar, a exclusivo critério do financiador externo, a declaração do vencimento antecipado do saldo remanescente da dívida contraída, a execução das eventuais garantias reais outorgadas em benefício ao credor, bem como a adoção de diversos outros remédios contratuais usualmente estipulados no contrato. As obrigações são desenhadas e estipuladas de modo a garantir uma maior segurança – e menor risco – ao financiador externo através da imposição de parâmetros de conduta rigorosos à sociedade financiada e à sua administração.

Deve-se ressaltar que, em função da multiplicidade de obrigações de fazer e de não fazer que são estipuladas nos arranjos contratuais e do rigor exigido para seu cumprimento, as sociedades responsáveis pelo projeto podem incorrer em descumprimentos parciais dos dispositivos, muitas vezes por razões que acabam fugindo do seu controle interno. De forma invariável, a sociedade, na largada, assume até mesmo o risco de eventos de força maior e de caso fortuito advindos de sua operação e do desenvolvimento do empreendimento. Através dos arranjos contratuais negociados, as sociedades são impedidas de pleitear exclusão de responsabilidade junto ao financiador externo mediante a ocorrência dos eventos acima mencionados.

Em caso de ocorrência de qualquer descumprimento de uma obrigação de fazer ou não fazer, o financiador externo tem o direito contratual de optar

---

exclusivamente para (i) implantação do Projeto; e/ou (ii) pagamentos futuros ou reembolsos de gastos, despesas e/ou dívidas relacionados a implantação do Projeto, que tenham ocorrido em prazo igual ou inferior a 24 (vinte e quatro) meses contados da data de encerramento da Oferta, nos termos da Lei 12.431, conforme detalhado na tabela de descrição do Projeto."

pela decretação do vencimento antecipado do financiamento concedido e, em seguida, de iniciar a execução das garantias que porventura outorgadas, bem como, acionar outros recursos contratuais previstos visando ao ressarcimento do crédito concedido. A própria disposição contratual cria incentivos para que a sociedade financiada (e, em muitos casos, seus acionistas) não descumpra o quanto pactuado, sob pena de se pôr em risco o projeto financiado.

A decretação do vencimento antecipado do financiamento não representa necessariamente o melhor interesse do financiador, uma vez que referida decretação, e o consequente início do processo de execução do devedor, podem comprometer a continuidade do projeto e a sua geração de receita, que são essenciais para o pagamento e a remuneração do financiamento. A concessão de uma renúncia (*waiver*) por parte do financiador, ao seu direito de declarar o vencimento antecipado da operação em função de descumprimento contratual, pode conceder ao financiador um direito e vantagem comercial (*leverage*) para negociar contrapartidas junto à sociedade em descumprimento (*default*) de modo a obter condições comerciais ainda mais favoráveis ao financiador, como, por exemplo, reforços de garantias, preferências em relação a outros credores, previsão de um maior controle sobre as atividades comerciais da sociedade financiada, ingerência sobre a gestão e substituição dos administradores, entre outras medidas possíveis.

No dizer de Luiz Ferreira Xavier Borges, as obrigações de fazer e não fazer, os conhecidos *covenants*, constituem uma espécie de sistema de garantia indireta, característico de operações de financiamento, que é representado por esse conjunto de obrigações contratuais, positivas ou negativas, que visam, objetivamente, ao pagamento da dívida contraída. O autor defende que as obrigações positivas (*positive covenants*) são aquelas relativas à observância de determinadas práticas de gestão e governança que são consideradas como essenciais à eficiente administração da sociedade. As obrigações negativas (*negative covenants*) seriam, de maneira oposta, aquelas responsáveis pela imposição de limitações à gestão dos administradores de sociedade, obrigando-os a não praticar determinados atos ou celebrar determinados negócios[16].

O autor realça três principais modalidades de obrigações positivas e negativas, que visam, em linhas gerais: (a) limitar o grau de endividamento da sociedade responsável pelo projeto, (b) limitar ou impedir totalmente a contração de novas obrigações e endividamentos que possam a vir a afetar o crédito

16 BORGES, Luiz Ferreira Xavier. Covenants – instrumento de garantia em project finance. RDBMC, ano 2, n. 5, maio/ago. 1999, p. 123-135.

prestado pelo financiador externo em função de sua prioridade, e (c) exigir a manutenção de um determinado capital de giro mínimo pela sociedade[17].

Esse sistema de garantia indireta objetiva, precipuamente, a redução de riscos do projeto financiado – ou, dito de outra forma, sua alocação à parte que pode mais eficientemente geri-los (o desenvolvedor do projeto) – , mediante a imposição de restrições ou obrigações à sociedade devedora. A prática de mercado demonstra o impacto sobre os custos da transação. Em outras palavras, ainda que não sejam obrigatórios, e possam ser negociados de maneira mais ou menos abrangente, os *covenants* acabam por ser importante ferramenta de análise de crédito por parte dos financiadores, inclusive, na determinação de taxas de juros e demais encargos da operação.

i. Obrigações associadas à fiscalização e monitoramento pelo financiador

Em referida categoria, estão compreendidas diversas obrigações de fazer que visam permitir ao financiador externo a fiscalização e monitoramento, em caráter rigoroso, do desenvolvimento e da evolução do projeto financiado e da regularidade da sociedade responsável pelo projeto. Incluem-se na presente categoria as obrigações de exigir e disponibilizar, periodicamente ou sempre que solicitado, cópias de livros sociais[18], contratos celebrados, demonstrações financeiras, demais documentos contábeis e quaisquer outros materiais considerados como relevantes ao financiador[19]; de prestar esclarecimentos adicionais quanto ao projeto a ser desenvolvido; de garantir o acesso e vistoria do projeto pelo financiador[20]; e de notificar o financiador em caso de ocorrência de quaisquer eventos relevantes no âmbito do projeto e/ou da sociedade que poderiam causar efeitos adversos ao projeto e/ou à sociedade.

ii. Obrigações associadas à preservação do projeto e do arranjo contratual

Nessa categoria, incluem-se as obrigações e os dispositivos que visam impedir a sociedade financiada de alienar e/ou onerar seus bens, salvo, no caso da oneração, diante da manutenção do grau de prioridade das ou manutenção como único negócio jurídico as garantias já constituídas no âmbito

---

17 BORGES, Luiz Ferreira Xavier. Covenants – instrumento de garantia em project finance. RDBMC, ano 2, n. 5, maio/ago. 1999, p. 123-135.

18 Exemplo de cláusula: *"Manter os seus livros de registro contábeis atualizados, nos termos da legislação aplicável, e realizar registros completos e corretos, de acordo com os princípios gerais contábeis aplicáveis."*

19 Exemplo de cláusula: *"Manter, conservar e preservar, em boa ordem e condições de funcionamento, todos os bens necessários para a devida condução dos negócios da Financiada e do Projeto."*

20 Exemplo de cláusula: *"Manter na região do Projeto e à disposição do Financiador todos os elementos do Projeto sobre a sua administração e os necessários ao controle físico, contábil e financeiro da execução do Projeto."*

do projeto ao financiador (referidas obrigações são denominadas como *negative pledge*). Incluem-se também aqui as obrigações que restringem a celebração de quaisquer aditamentos e/ou a implementação de alterações relevantes aos contratos de longo prazo celebrados pela sociedade no âmbito do projeto[21]. Como exemplo, em projetos de infraestrutura de grande porte, é usual que se restrinja alterações aos principais contratos de natureza operacional do projeto – incluindo contratos de construção, contratos de operação e manutenção (O&M), contratos de fornecimento do produto do projeto (*off-take*) etc. Isto porque, na modelagem de operações de Project Finance, considera-se toda a plêiade de contratos e arranjos necessários à implementação e operação do projeto, sopesando-se seus custos e benefícios, bem como a alocação de riscos às diferentes partes envolvidas na determinação dos custos da operação.

Adicionalmente, é frequente encontrarmos, nessa categoria, obrigações que visam ao cumprimento tempestivo e rigoroso de todas as demais obrigações contratuais assumidas pela sociedade perante seus demais credores; obrigações de cunho fiscal e trabalhista, de modo a evitar possíveis descumprimentos relevantes[22]; obrigações que visam ao cumprimento de todas as leis e regulamentações aplicáveis à atividade da sociedade; a manutenção de todas as autorizações, licenças e aprovações (governamentais e não governamentais) que sejam necessárias às suas atividades e à execução do empreendimento pretendido[23]; o estrito cumprimento da legislação socioambiental, com a consequente adoção de padrões rigorosos para sua atividade e para seus

---

21 Exemplo de cláusula: *"Não alterar o Projeto sem prévia e expressa autorização do Financiador e manter em vigor a estrutura de contratos e demais acordos relevantes e necessários para a implantação e operação do Projeto."*

22 Exemplo de cláusula: *"Manter-se adimplente em relação ao cumprimento de todas as obrigações de natureza tributária, trabalhista, previdenciária e outras de caráter social, inclusive o recolhimento das contribuições sociais devidas, apresentando ao Financiador os respectivos comprovantes, sempre que exigidos, bem como apresentar, se assim exigida, prova idônea do cumprimento de obrigação de qualquer outra natureza a que esteja submetida por força de disposição legal ou regulamentar."*

23 Exemplo de cláusula: *"Manter válidas e regulares as autorizações, permissões, concessões, aprovações e/ou licenças das autoridades federais, estaduais e municipais necessárias para o exercício de suas atividades, exceto por aquelas: (a) para as quais sua atuação sem as referidas autorizações, permissões, concessões, aprovações e/ou licenças não cause um Efeito Adverso Relevante e/ou impacto adverso relevante na reputação da Emissora; (b) para as quais a Emissora possua provimento jurisdicional vigente autorizando sua atuação sem as referidas autorizações, permissões, concessões, aprovações e/ou licenças; ou (c) autorizações, permissões, concessões, aprovações e/ou licenças que estejam comprovadamente em processo tempestivo de obtenção e/ou renovação, de acordo com as legislações e/ou regulamentações aplicáveis."*

administradores[24], entre outras obrigações possíveis de serem negociadas e incluídas nos instrumentos contratuais celebrados junto ao financiador.

iii. Obrigações associadas à saúde financeira do projeto e da sociedade

Por fim, mostra-se relevante discorrermos sobre a categoria de obrigações relacionadas à saúde financeira do projeto ou da sociedade financiada – são elas as cláusulas de limitações financeiras ou, como usualmente denominadas, *covenants* financeiros.

Com referidas cláusulas visa-se à obtenção de segurança ao financiador para evitar a incidência de risco financeiro na sociedade financiada que, por sua vez, possa comprometer a saúde financeira a ponto de prejudicar o pagamento do financiamento em si. Referido clausulado busca também garantir maior previsibilidade ao financiador sobre o horizonte financeiro do projeto, de modo a possibilitar gestão mais eficaz e adequada visando à antecipação de quaisquer eventuais crises financeiras que poderão abalar o financiamento. Mediante o monitoramento desses *covenants* financeiros, o financiador pode acompanhar, matematicamente, o desenvolvimento do projeto, sua capacidade de geração de caixa, eventuais impactos sazonais ou de mercados e outros efeitos financeiros que possam impactar sua expectativa de repagamento por parte da sociedade financiada.

Essa categoria de obrigação e clausulado prevê uma imposição, pelo financiador ao financiado, de uma série de índices financeiros que devem ser observados pela sociedade do projeto ao longo do prazo do financiamento, como, por exemplo, a determinação de (a) índice máximo de endividamento, (b) índice mínimo de cobertura da dívida da sociedade ou (c) índice de liquidez, entre outros índices possíveis de serem estabelecidos, de modo a obrigar a sociedade a se manter em determinado patamar financeiro que vise preservar a capacidade de pagamento em benefício do financiador.

Observado o clausulado exemplificativo abaixo descrito[25], com o estabelecimento contratual de referidos índices financeiros que devem ser observados pela sociedade financiada, o financiador logra garantir que, em quaisquer

24 Exemplo de cláusula: *"Cumprir, a todo tempo durante a vigência das Debêntures, a Legislação Socioambiental, exceto se o descumprimento não resultar em um Efeito Adverso Relevante e/ou impacto adverso relevante na reputação da Emissora."*

25 Exemplo de cláusula: *"Descumprimento dos seguintes índices financeiros ("Índices Financeiros"), auferidos anualmente pela Emissora com base nas demonstrações financeiras anuais auditadas da Emissora, sendo que a primeira verificação deverá ocorrer com base nas demonstrações financeiras anuais auditadas da Emissora referentes ao exercício social encerrado em 31 de dezembro de 2021. Ao final de cada exercício social, a administração da Emissora deverá (a) apurar os Índices Financeiros e (b) incluir as apurações em notas explicativas nas demonstrações financeiras a serem auditadas por auditores independentes*

cenários de não-cumprimento dos índices previstos, a sociedade possa vir a sofrer penalidades estipuladas no contrato ou até mesmo ensejar no vencimento antecipado do contrato de financiamento, possibilitando ao financiador exigir o cumprimento integral da obrigação contratada. Outro exemplo de remédio contratual diante do descumprimento desses índices financeiros pode ser a restrição ou proibição à sociedade do projeto em distribuir dividendos e outros instrumentos de remuneração a seus acionistas.

Sob o ponto de vista prático, tais *covenants* seguem, na maioria das vezes, precedentes e clausulados bastante padronizados, mas é necessário se atentar, sempre, às peculiaridades de cada sociedade financiada e da indústria em que se insere, verificando-se, por exemplo, o prazo de maturação do projeto financiado, estado econômico e operacional de sua área de atuação, capacidade de geração de caixa, necessidade de contratação de endividamento adicional futuro, entre outros fatores. No que diz respeito à execução dessas cláusulas, notamos que geralmente seu descumprimento acarreta a negociação com os financiadores, buscando um entendimento dos motivos que levaram a tal descumprimento, antes da decretação de vencimento antecipado efetivo da dívida respectiva.

4. CLÁUSULAS DE DIREITO DE VETO EM INSTRUMENTOS DE GARANTIA

A forma pela qual o financiador externo adquire controle sobre a gestão da sociedade financiada por meio da obtenção, por vias contratuais, de poder de veto em determinadas deliberações societárias da sociedade financiada é bastante frequente.

Em contratos de financiamento de operações de Project Finance, em adição às usuais cláusulas de obrigação de fazer, não fazer e aos *covenants*, o financiador externo poderá contar com a outorga de penhor ou alienação fiduciária das ações de emissão da sociedade de propósito específico responsável pela exploração do projeto.

No âmbito dos instrumentos de garantia, surge a possibilidade de previsão de direito de veto concedido ao financiador externo. Referido mecanismo

---

"Dívida Líquida/EBITDA" menor ou igual a (a) [XX] no exercício social encerrado em 31 de dezembro de [ano], (b) [YY] no exercício social encerrado em 31 de dezembro de [ano], e (c) [ZZ] para os demais exercícios sociais até a Data de Vencimento.

"Liquidez Corrente" maior ou igual que (a) [XX] no exercício social encerrado em 31 de dezembro de [ano], (b) [YY] no exercício social encerrado em 31 de dezembro de [ano], e (c) [ZZ] para os demais exercícios sociais até a Data de Vencimento, sendo que o cálculo será feito pela divisão do ativo circulante pelo passivo circulante indicado nas demonstrações financeiras anuais auditadas da Emissora."

advém de previsão legal constante do artigo 113 e parágrafo único da Lei das S.A.[26] que autoriza a outorga, ao credor, do direito de veto em determinadas deliberações societárias. Neste sentido, o contrato de penhor ou alienação fiduciária de ações pode ser entendido como instrumento contratual de controle externo do financiador em relação à sociedade financiada.

Neste tipo de clausulado, conforme discorrido por Enei[27], constrói-se arranjo contratual para prever a necessidade de obtenção de aprovação prévia do financiador para que o acionista da sociedade financiada, detentor da maioria do seu capital votante, possa exercer o seu direito de voto em diversas matérias relevantes à administração, como as a seguir exemplificadas: (a) declaração de pagamento de dividendos; (b) operações de reorganização societária (i.e. incorporação, fusão, cisão); (c) assunção e contratação de novos endividamentos e (d) alienação ou oneração dos bens e direitos do respectivo projeto em adição àquela já prestada ao financiador externo.

A previsão contratual de direito de veto do financiador externo em relação às matérias mais relevantes da sociedade financiada responsável pelo projeto funciona como um interessante e relevante poder de influência obtido pelo financiador em relação às matérias e decisões que serão tomadas em sede de assembleia, garantindo, desta forma, ao financiador, o poder de controle e ingerência administrativa sobre o direcionamento da sociedade financiada[28].

Em uma situação de descumprimento da sociedade financiada em relação às obrigações contratuais contraídas que ensejaria a declaração de vencimento antecipado, os direitos de voto do acionista, referentes às matérias estabelecidas no contrato, somente poderão ser exercidos mediante o prévio e expresso consentimento do financiador externo[29].

---

26 *"Art. 113. O penhor da ação não impede o acionista de exercer o direito de voto; será lícito, todavia, estabelecer, no contrato, que o acionista não poderá, sem consentimento do credor pignoratício, votar em certas deliberações."*

27 ENEI, José Virgílio Lopes. Project Finance: financiamento com foco em empreendimentos (parceria público-privadas, *leveraged buy-outs* e outras figuras afins). São Paulo: Editora Saraiva, 2007. pg. 234.

28 Exemplo de cláusula: *"Enquanto não ocorrer um Evento de Excussão, as Empenhantes poderão exercer seu direito de voto livremente durante a vigência deste Contrato, observado que as Empenhantes não poderão exercer tal direito de maneira a causar um Evento de Excussão. Mediante a ocorrência de um Evento de Excussão, todos e quaisquer direitos de voto das Empenhantes referentes às quotas e ações da Companhia e das Intervenientes Anuentes só poderão ser exercidos mediante o prévio consentimento por escrito do Agente de Garantias."*

29 Exemplo de cláusula: *"Enquanto não ocorrer um Evento de Excussão, a Acionista poderá exercer seu direito de voto livremente durante a vigência deste Contrato. No entanto, as deliberações societárias concernentes à Acionista e/ou a Emissora, relativas às matérias a seguir relacionadas estarão sempre sujeitas à aprovação, prévia e por escrito, dos Debenturistas, representados pelo Agente Fiduciário, observados os quóruns de deliberação dos Debenturistas previstos na Escritura*

5. CLÁUSULAS DE *STEP-IN RIGHT* NA ADMINISTRAÇÃO

Primeiramente, buscando-se uma definição específica do mecanismo, pode-se entender o "*step-in right*" como um arranjo contratual, protetivo ao credor, utilizado em operações de Project Finance. Em termos gerais, "*step-in*" disciplina o direito do credor, conforme estabelecido em contrato, de assumir a gestão do projeto, com poderes semelhantes àqueles detidos pela sociedade detentora do projeto ou pelo acionista da sociedade detentora do projeto.

Referido mecanismo de assunção de controle já estava anteriormente previsto no ordenamento jurídico brasileiro por meio da Lei nº 8.987, de 13 de fevereiro de 1995 ("Lei de Concessões") e da Lei nº 11.079, de 30 de dezembro de 2004 ('Lei das PPPs"). A Lei nº 13.097/2015, que alterou a redação da Lei de Concessões ao incluir o artigo 27-A e, adicionalmente, a Lei de PPPs ao incluir o artigo 5º-A, também disciplinou mecanismos que estipulam a possibilidade dos financiadores e garantidores do projeto procederem com a assunção do controle ou da administração temporária da sociedade concessionária, de modo a possibilitar o a reestruturação financeira da sociedade, visando assegurar a continuidade da prestação dos serviços de maneira adequada.

Neste sentido, especificamente no tocante à perspectiva do financiamento de projetos, o mecanismo contratual de *step-in*, oriundo dos países de origem anglo-saxônica, tem como objetivo possibilitar que, em casos de inadimplência contratual relevante por parte da sociedade responsável por operar o projeto, o financiador tenha a possibilidade de assumir o controle direto da sociedade e exercer diretamente o direito de voto na assembleia geral em substituição ao acionista. Ao assumir o controle direto e imediato da sociedade, o financiador também pode ser incumbido da capacidade de substituir a administração da sociedade.

Referido mecanismo é usualmente reservado a situações de inadimplemento graves à sociedade financiada, já que, uma vez acionado, gera novas e importantes responsabilidades ao financiador externo, incluindo, em muitos casos, perante o poder concedente, os órgãos de controle, os fornecedores, os clientes etc. Por tal motivo, tal direito é raramente exercido por financiadores.

---

de Emissão: (i) emissão de novas ações representativas do capital social da Emissora a serem adquiridas por terceiros que não a Acionista, exceto conforme permitido no âmbito da Escritura de Emissão e desde que tais ações sejam objeto da Alienação Fiduciária; (ii) qualquer redução do capital social da Emissora, exceto para absorção de prejuízos acumulados conforme permitido pela Escritura de Emissão; (iii) qualquer alteração no controle acionário direto ou indireto e/ou venda parcial da Emissora, exceto conforme permitido nos termos da Escritura de Emissão (...)"

O objetivo do mecanismo de *step-in right* é a resolução da crise financeira e/ou do inadimplemento específico, através de uma atuação direta e incisiva, pelo financiador, na gestão da sociedade.

Em um cenário em que o projeto é o foco do negócio e, adicionalmente, em que as receitas do projeto geradas pela sociedade financiada figuram como a fonte primária de recursos para fazer frente ao financiamento concedido, é de interesse do financiador externo a inclusão, no contrato principal de financiamento, do mecanismo de *step-in*, em paralelo ao mecanismo de vencimento antecipado, em função do inadimplemento ou até mesmo em caso de evento de força maior, conforme cláusulas exemplificativas incluídas no presente estudo[30] [31]. Isto porque a decretação de vencimento antecipado, com sua provável consequência de paralisação do projeto, pode ser mais danosa ao financiador dependente da capacidade de geração de caixa do projeto. Sob a perspectiva do acionista, é imperioso evitar o acionamento do *step-in*, vez que usualmente resultaria em inadimplemento cruzado de suas outras obrigações financeiras, bem como piora na sua reputação operacional e de mercado levando a custos mais elevados em outras operações ou mesmo a impossibilidade de se contratar novos financiamentos.

Do ponto de vista estritamente contratual, o *step-in* costuma ser instrumentalizado mediante a outorga ao financiador externo de garantia sobre as

---

30 Exemplo de cláusula: *"Direito de Step-in. Durante a ocorrência e manutenção de qualquer Inadimplemento do Desenvolvedor, e além de quaisquer outros direitos que o Financiador possa ter neste Contrato ou na legislação, o Financiador terá o direito, mas nao a obrigação, de tomar todas as ações necessárias para executar ou fazer com que seja executado todo e qualquer trabalho e mão de obra que considere necessário para construir, completar, operar ou manter o Projeto de acordo com os termos deste Contrato, incluindo fazer com que o Desenvolvedor desocupe o Local e entregue a posse do Projeto e todas as informações proprietárias, Equipamentos, Materiais, pecas sobressalentes e outros suprimentos localizados no Local para o Financiador. Se o Financiador, a qualquer momento, exercer os seus direitos ao abrigo desta Cláusula 29.3 (a), o Financiador deverá ser dispensado das suas obrigações de pagamento durante o tempo em que estiver a exercer o seu direito ao abrigo desta Cláusula 29.3 (a) e terá direito de recuperar todos os custos incorridos pelo Financiador, acrescido de [XX]% a título de custos gerais e administrativos relacionados com o trabalho realizado durante esse tempo."*

31 Exemplo de cláusula: *"Direito de Step-in. Em caso de qualquer Evento de Inadimplemento ou de Emergência e o Vendedor for impedido de cumprir com as suas obrigações nos termos do presente Contrato, apesar dos seus melhores esforços, incluindo o restabelecimento do funcionamento do Projeto, o Patrocinador ou o Financiador (doravante designados como "Pessoa") podem optar por notificar todas as Partes, tal como previsto no presente Contrato, da sua intenção de assumir os direitos e obrigações do Vendedor e tentar remediar referido Evento de Inadimplemento ou Emergência (doravante designados por "Direito de Step-in"). A Pessoa somente exercerá referido Direito de Step-in nos termos da presente cláusula se tiver as competências e os meios para efetuar o trabalho necessário para remediar o Evento de Inadimplemento ou Emergência em conformidade com a legislação aplicável."*

ações da respectiva sociedade financiada, cumulado com o usufruto condicional sobre as mesmas ações empenhadas, sujeito a condição suspensiva consiste na constatação do inadimplemento da sociedade perante o financiador externo, seguido de uma notificação do financiador à sociedade formalizando a efetivação do mecanismo estipulado em contrato[32].

A adoção do mecanismo contratual de *step-in* em contratos de garantia regidos por lei brasileira é ponto controverso. Em discussões sobre o tema, a sua legalidade chegou a ser questionada como uma possível violação à vedação da lei nacional ao pacto comissório. A vedação advinda dos artigos 1.365 e 1.428 do Código Civil[33] atribui o efeito da nulidade a quaisquer dispositivos que impliquem em pacto comissório (manutenção do bem com o credor).

De modo a evitar a caracterização de um possível descumprimento à vedação ao pacto comissório, o mecanismo de *step-in*, quando estipulado em operações de Project Finance, deve ser construído prevendo que a possível assunção do controle direto, pelo financiador externo, sobre a sociedade financiada, deve se concretizar apenas em caráter temporário com objetivo claro, direto e limitado de se preparar a sociedade financiada para a alienação de suas ações. Adicionalmente, costuma-se prever que, caso o inadimplemento incorrido fosse devidamente sanado no momento de aplicação do mecanismo de *step-in*, o financiador externo se obrigaria a devolver as ações ao acionista original da sociedade.

De qualquer forma, em que pese a controvérsia, a cláusula de *step-in rights* vem sendo utilizada reiteradamente em contratos regidos por lei brasileira, sendo que não há registros relevantes que indiquem que referido mecanismo tenha sido discutido em juízo.

Não obstante as discussões específicas acerca do mecanismo de *step-in* e os possíveis entraves para a sua devida aplicação e operacionalização em contratos regidos por lei brasileira, o mecanismo se apresenta como clausulado que logra garantir, ao financiador externo, um poder de controle externo e de interferência na gestão da contraparte em instrumentos contratuais específicos, através da previsão de que, em caso de quaisquer descumprimentos, o financiador pode, contratualmente e temporariamente, tomar a frente da sociedade, de modo a garantir a viabilidade do projeto, a reestruturação financeira da sociedade e a continuidade da prestação dos serviços de maneira

---

32 ENEI, José Virgílio Lopes e VIEIRA, Antonio Paulo Kubli. *Step-in right* no direito brasileiro. Revista Tn Petróleo. Ano XV. set./out. 2013, Nº 91, pg. 180.

33 *"Art. 1.365. É nula a cláusula que autoriza o proprietário fiduciário a ficar com a coisa alienada em garantia, se a dívida não for paga no vencimento."*

"Art. 1.482. É nula a cláusula que autoriza o credor pignoratício, anticrético ou hipotecário a ficar com o objeto da garantia, se a dívida não for paga no vencimento."

adequada. Novamente, ainda que de difícil aplicação prática, nos parece que as cláusulas de *step-in* servem importante propósito de criar impeditivos a uma conduta perversa por parte dos patrocinadores do projeto, ao sujeitá-los ao risco de perderem o controle sobre a companhia do projeto.

CONCLUSÕES

A discussão e a análise de como as construções contratuais em operações de Project Finance proporcionam um maior poder de controle e ingerência ao financiador externo ganham tração na medida em que referida modalidade de financiamento é empregada para impulsionar o desenvolvimento e operação de projetos de infraestrutura. Com a expansão do Project Finance como uma forma de financiamento atraente às companhias, ganha destaque, por consequência, os instrumentos contratuais que garantem, ao financiador externo, poder de controle e/ou ingerência na sociedade financiada.

Nesse contexto, o conceito de controle externo do financiador no âmbito de financiamento de projetos ganha contornos mais práticos em operações de Project Finance.

Conforme pretendido pelo presente estudo, resta evidente que o financiador externo possui diversas ferramentas que possibilitam a ingerência ou controle no projeto e/ou na sociedade responsável por seu desenvolvimento e operação, seja por meio da definição e restrição de como os recursos podem ser destinados pela sociedade, seja pela inclusão de diversas obrigações de fazer e de não fazer que limitam e direcionam a sociedade financiada, seja pela previsão de direito de veto ao financiador para fins de determinadas matérias da sociedade ou pela possível assunção direta de sua administração.

Os referidos arranjos contratuais impõem à sociedade financiada responsável pelo desenvolvimento do projeto amarras significativas, visando à estruturas mais protetivas ao projeto e aos financiadores, diante da concentração, na figura do financiador externo, de poder de controle e ingerência de direcionar os rumos da sociedade através da sua gestão, com as liberdades e as limitações constantes dos mecanismos contratuais negociados junto às partes contratantes.

66. ARRAS PENITENCIAIS NO DIREITO BRASILEIRO: FUNCIONAMENTO E CONTROLE

Marcelo Matos Amaro da Silveira
Bruna Duarte Leite

INTRODUÇÃO

As obrigações nascem para serem cumpridas: *pacta sunt servanda*. Trata-se de princípio basilar do direito dos contratos e que confere às partes segurança de que o negócio por elas celebrado não será desfeito de maneira imotivada. É possível, no entanto, excepcionar o princípio e conceder aos contratantes, independentemente de descumprimento, o direito que eles se desvinculem do contrato validamente celebrado.

As arras penitenciais consistem em uma das hipóteses em que, excepcionalmente, permite-se tal desvinculação, por meio da concessão do exercício do direito de arrependimento. O presente trabalho busca contribuir para o estudo da figura, atentando-se à sua função específica, qual seja, de conceder às partes o direito de arrependimento.

Para isso, optou-se por estruturar este artigo iniciando-se pelo estudo do conceito de arras, diferenciação entre suas espécies, com especial atenção às arras penitenciais, objeto principal desta pesquisa. Serão apresentados modelos de arras confirmatórias e arras penitenciais, possibilitando, assim, uma compreensão do tema sob o ponto de vista prático. Em seguida, são apresentadas suas principais características e efeitos, notadamente a criação de um direito de arrependimento.

O direito de arrependimento, por sua vez, é abordado em tópico específico, para que seja possível, na sequência, analisar de forma crítica o controle das arras penitenciais, especialmente tomando-se em consideração sua diferença em relação ao controle de figura bastante próxima, mas que com elas não se confunde: a cláusula penal.

Trata-se de estudo que, embora parta de premissas teóricas, pretende também auxiliar a compreensão das arras penitenciais no dia a dia: como é sua redação, o que ela possibilita e, ainda, como se dá o seu controle. É o que se faz a seguir.

1. CONCEITO DE ARRAS

As arras, também popularmente conhecidas como sinal, de modo genérico, podem ser definidas como um valor ou objeto dado por uma das partes em um contrato ou obrigação à outra, de maneira antecipada, como forma de definir as consequências do incumprimento do contrato ou com o objetivo de criar um direito de arrependimento[34]. A parte que entrega o sinal é conhecida como *tradens,* enquanto a parte que o recebe é designada de *accipiens.* A figura é largamente utilizada no mundo dos negócios e na *praxis* contratual, possuindo particular importância no âmbito dos contratos preliminares[35], principalmente no mercado imobiliário. Trata-se de figura regulada no Código Civil brasileiro em seus artigos 417 a 420, inserido no título IV do Livro das Obrigações, o qual trata do inadimplemento das obrigações.

A partir da sua definição extraem-se as duas características fundamentais dessa figura. A primeira é o seu caráter real, ou seja, a necessidade de tradição do bem dado como arras[36]. A segunda é a sua qualificação como negócio jurídico, sendo a sua constituição dependente da vontade das partes. Assim as arras acabam sendo um negócio jurídico que possui certa dinâmica diversa da tradicional.

Por ter essa constituição que engloba a entrega de certo valor ou coisa, com uma declaração negocial emitida pelas partes, é possível dizer que as arras consistem em um negócio jurídico real *quoad constitutionem*[37], ou seja,

---

34 PEREIRA, Caio Mário da Silva. *Instituições de Direito Civil.* 10. ed. Rio de Janeiro: Forense, 2001. v. III, p. 57.

35 SILVA, Jorge Cesa Ferreira da. Inadimplemento das Obrigações: comentários aos arts. 389 a 420 do código civil. São Paulo: Revista dos Tribunais, 2007. (Coleção Biblioteca de Direito Civil, 7), p. 291.

36 SIMÃO, José Fernando. *Código Civil comentado.* Anderson Schreiber [et. al.]. 3. ed. Rio de Janeiro: Forense, 2021, p. 281.

37 OLIVEIRA, Nuno Manuel Pinto. *Ensaio sobre o sinal.* Coimbra: Coimbra Editora. 2008, pp. 10-13.

um negócio jurídico que necessita da prática de certo ato material para sua constituição, uma verdadeira "convenção acessória real"[38]. A constituição das arras de forma completa exige dois elementos. É necessária a declaração de vontade das partes, já que a figura é um negócio jurídico, mas ao mesmo tempo é preciso que haja o ato material de entrega do bem a título de sinal, devido a seu caráter real. É perfeitamente plausível que as partes acordem uma promessa de sinal com entrega futura de um bem, mas somente com a efetiva entrega dele é que esta constituição poderá produzir efeitos[39]. A tradição do bem, portanto, é elemento de existência das arras.

Além da declaração de vontade das partes, aspecto comum a qualquer negócio jurídico, existe uma forma típica para sua constituição, que é a prática de um ato material, qual seja, a entrega do objeto[40]. Interessante notar que Gilberto Azevedo de Moraes Costa[41], em trabalho recente sobre o assunto, aponta que a entrega pode ser efetiva, hipótese em que há de fato uma ação material, bem como de forma ficta. Sendo a entrega do bem necessária para a eficaz constituição da categoria jurídica, cumpre esclarecer que tipo de bem pode ser entregue. Normalmente a figura é constituída mediante a entrega de uma soma pecuniária, porém a lei autoriza a constituição do sinal por meio da entrega de dinheiro ou outro bem móvel, conforme estabelece o art. 417 do Código Civil.

Observa-se, portanto, que, embora as arras não se restrinjam apenas a soma em dinheiro, o ordenamento jurídico brasileiro não permite a constituição de arras por meio de imóvel. Tal aspecto, inclusive, é bastante destacado pela doutrina[42], sendo certo que se trata de uma limitação interessante, e de certa maneira lógica, já que contribui para o funcionamento mais natural da figura. A partir de tal conclusão é possível cogitar, por exemplo, a dação de sacas de grãos a título de arras sem que ocorra efetivamente a entrega material, ocorrendo apenas a transmissão simbólica das sacas.

Por outro lado, apesar de não constar expressamente no Código Civil, não se admite que o objeto dado tenha valor superior ao da prestação principal, já que isso significaria uma distorção total na sua estrutura e funcionamento. Caso se admitisse que o bem dado como sinal tivesse valor superior ao da obrigação assegurada, boa parte da dinâmica normal do sinal seria prejudicada,

---

38 TEPEDINO, Gustavo. *Código Civil Interpretado: conforme a Constituição da República*, vol. I, Parte Geral e Obrigações (arts. 1º a 420), Rio de Janeiro: Renovar, 2004, p. 764.

39 LOUREIRO, Francisco Eduardo. Arras. In: LOTUFO, Renan; NANNI, Giovanni Ettore (Coords.). Obrigações. São Paulo: Atlas, 2011, p. 762.

40 AZEVEDO, Antônio Junqueira de. Negócio Jurídico – Existência, Validade e Eficácia. 4. ed. São Paulo: Saraiva, 2002, pp. 21-22.

41 COSTA, Gilberto Azevedo de M. *Arras*. São Paulo: Almedina, 2022, p. 67.

42 TARTUCE, Flávio. Direito Civil. 11. ed. Rio de Janeiro: Forense, 2016. v. 2, p. 260.

com reflexos principalmente no efeito da figura verificado quando do cumprimento da obrigação, qual seja, o de antecipação de cumprimento, apontada por muitos autores[43].

Importante ressaltar que o Código Civil brasileiro determina que não se pode presumir a existência das arras, já que o artigo 417 é claro ao determinar que o valor ou objeto deve ser dado "a título de arras". Assim, não é suficiente a entrega de um valor antecipado, devendo haver a constituição de um negócio arral para que posteriormente os efeitos da figura sejam observados. Não há, assim, uma presunção de sua constituição. Na redação do contrato, as partes devem indicar que o objeto ou valor dado antecipadamente é um sinal, ou destacar que foi dado a título de arras.

A título de exemplo, é comum que os contratantes indiquem, na cláusula de pagamento do preço em um compromisso de compra e venda, que a primeira parcela consiste, na realidade, em sinal ou arras:

> *Cláusula X. O preço de R$ [...] (valor por extenso) será pago da seguinte forma:*
> a) *R$ [...] (valor por extenso), no ato de assinatura do presente contrato, **a título de arras.***
>
> *OU*
>
> *Cláusula X.1. Preço de Aquisição. O preço total de compra é de R$ [...] (valor por extenso), a ser pago em moeda corrente nacional, de acordo com a Cláusula X.2 deste Contrato ("Preço").*
> *X.2.O preço deverá ser pago da seguinte forma:*
> *a) **Como sinal e princípio de pagamento** o Comprador pagará nesta data R$ [...] (valor por extenso).*

Interessante também destacar que o ato jurídico de constituição do sinal não tem caráter autônomo ou principal, sendo na verdade ato acessório a uma obrigação principal[44]. A acessoriedade das arras é uma de suas principais características, pois seus efeitos e seu funcionamento estão intimamente ligados ao funcionamento do negócio ou obrigação que estiver assegurando. Por estar constantemente relacionado à prática contratual, essa categoria jurídica

43 SILVA, Jorge Cesa Ferreira da. Inadimplemento das Obrigações: comentários aos arts. 389 a 420 do código civil. São Paulo: Revista dos Tribunais, 2007. (Coleção Biblioteca de Direito Civil, 7), pp. 296-297.

44 SILVA, Jorge Cesa Ferreira da. Inadimplemento das Obrigações: comentários aos arts. 389 a 420 do código civil. São Paulo: Revista dos Tribunais, 2007. (Coleção Biblioteca de Direito Civil, 7), pp. 294-295.

acaba sendo uma verdadeira cláusula contratual acessória[45]. Assim, caso o contrato seja inválido, ela também será, já que o acessório sempre segue a sorte do principal.

Essa acessoriedade das arras, por outro lado, não significa que elas sempre tenham que ser constituídas no momento da celebração do negócio jurídico ou do contrato. É perfeitamente possível que as partes, após a celebração do negócio, decidam em momento posterior constituir as arras. Há, porém, um limite temporal para tal constituição, que deve sempre se dar antes do vencimento da prestação assegurada[46] ou da verificação do inadimplemento ou arrependimento. Ocorrendo, portanto, ou o incumprimento da obrigação ou o exercício do direito de arrependimento, não será possível constituir um sinal para determinar quais serão os efeitos verificados por conta de um desses dois atos, já que eles já terão acontecido.

Dessa acepção se retira, assim, a última percepção geral das arras, relacionada com sua função. A figura serve tanto para definir efeitos antecipados contra o inadimplemento da obrigação assegurada, quanto para estabelecer um direito de arrependimento, definindo o valor que deve ser pago pela parte que quiser exercê-lo. Trata-se de duas funções bastante antagônicas e que não podem ser exercidas ao mesmo tempo.

A partir de tais funções classificam-se as arras em duas espécies: as confirmatórias e as penitenciais. Conforme já apontado, o objeto do presente artigo é o estudo das arras penitenciais. No entanto, é proveitoso, antes, tecer algumas considerações sobre as arras confirmatórias, tendo em vista que a tarefa auxiliará na distinção entre elas e as arras penitenciais.

2. ESPÉCIES DE ARRAS

2.1. Arras confirmatórias

O direito brasileiro há muito tempo reconhece a existências de duas espécies de arras: as confirmatórias e as penitenciais[47]. A primeira característica que as diferencia é o reforço do vínculo obrigacional. As arras confirmatórias

---

45 OLIVEIRA, Nuno Manuel Pinto. *Ensaio Sobre o Sinal*, Coimbra: Coimbra Editora, 2008, pp. 18-21.

46 VENOSA, Silvio de Salvo. *Direito Civil*. São Paulo: Atlas, 2014. v. II, p. 392.

47 Neste sentido: RODRIGUES, Sílvio. *Das Arras*. São Paulo: Revista dos Tribunais, 1955, pp. 81-82. O autor reconhece que o Código Civil de 1916 estabelecia um regime de presunção legal de constituição de arras confirmatórias (artigo 1.094), não ignorando, porém, uma possível constituição de um excecional direito de arrependimento através de arras penitenciais (artigo 1.095).

confirmam o vínculo obrigacional, em reforço ao princípio *pacta sunt servanda*[48], enquanto as arras penitenciais levam ao seu enfraquecimento do vínculo obrigacional[49], concedendo aos contratantes o direito de se arrepender do contrato.

As arras confirmatórias servem para estabelecer uma sanção pelo inadimplemento culposo da obrigação. Sua função original era de confirmar/provar que o contrato havia sido celebrado, mas ela vem cada vez mais perdendo importância[50], sendo possível até dizer que não mais subsiste.

Atualmente, sua principal função é definir de forma antecipada as consequências do inadimplemento[51], não servindo mais como simples forma de confirmação do negócio, mas como verdadeiro reforço do vínculo obrigacional[52]. Essa característica pode ser bem evidenciada pela redação da cláusula que dispõe sobre as arras confirmatórias – ressaltando-se, no entanto, que a sua constituição, como já apontado, depende da entrega do bem móvel ou de determinado valor[53]. Vejamos:

> *Cláusula XX.Y – Na ocasião da celebração do presente contrato, AAAA entrega para BBBB a quantia de R$ [...] (valor por extenso) a título de sinal.*
>
> *XX.Y.1. Em caso de inexecução do contrato por parte de AAAA, BBBB poderá reter referida quantia dada como sinal em compensação dos seus prejuízos.*
>
> *XX.Y.2. Em caso de incumprimento do contrato por parte de BBBBB, AAAAAA poderá exigir que BBBB devolva a quantia dada como sinal em dobro, como compensação dos seus prejuízos.*

Como se verifica pelo exemplo acima e apoiando-se nas lições de MENEZES CORDEIRO[54], uma das grandes virtudes das arras confirmatórias é fixar um sistema rápido e eficiente de justiça contratual. Por esse motivo, trata-se da espécie de arras que mais se aproxima da cláusula penal, principalmente do

---

48 SIMÃO, José Fernando. *Código Civil comentado.* Anderson Schreiber [et. al.]. 3. ed. Rio de Janeiro: Forense, 2021, p. 281.

49 TEPEDINO, Gustavo. Código Civil Interpretado: conforme a Constituição da República, vol. I, Parte Geral e Obrigações (arts. 1º a 420), Rio de Janeiro: Renovar, 2004, p. 765.

50 RODRIGUES, Sílvio. *Das Arras.* São Paulo: Revista dos Tribunais, 1955, p. 9.

51 LEITÃO, Luis Manuel Teles de Menezes. Direito das Obrigações. 14. ed. Lisboa: Almedina, 2017. v. I, p. 224.

52 FARIAS, Cristiano Chaves de; ROSENVALD, Nelson. Obrigações. In: _____. Curso de Direito Civil. 10. ed. Salvador: Editora JusPodivm, 2016. v. II., p. 626-627.

53 Exemplo extraído de SILVEIRA, Marcelo Matos Amaro da. *Cláusula penal e sinal: as penas privadas convencionais na perspectiva do direito português e brasileiro.* 1. ed. Rio de Janeiro: GZ, 2019, p. 103.

54 CORDEIRO, António Menezes. *Tratado de Direito Civil.* Coimbra: Almedina, 2016. v. VII, p. 385.

ponto de vista funcional, aspecto que é costuma ser destacado pela doutrina[55]. Essa afinidade funcional entre as duas figuras permite que muitas reflexões sejam realizadas, mas faz com que, principalmente, não se possa aceitar que essa espécie de sinal seja vista de forma unitária[56].

Historicamente, assim como ocorreu com a cláusula penal, a espécie confirmatória foi vista de forma unitária e bifuncional, sendo identificada uma coexistência da função indenizatória com a função coercitiva em uma única figura, as arras confirmatórias. Essa visão bifuncional acaba por sempre destacar a função de liquidação antecipada dos danos, e mencionar uma função coercitiva, de pressão ao cumprimento, que pode ser secundariamente verificado. Segundo entendimento de PINTO OLIVEIRA[57], parece ser impossível que uma figura ao mesmo tempo exerça uma função coercitiva e indenizatória. Contudo, embora o presente artigo se filie à opinião de que a visão bifuncional das arras confirmatórias deve ser afastada, não se adentrará com detalhes sobre o tema suscitado, pois o que verdadeiramente interessa nesse momento é a análise das arras penitenciais.

Por fim, cabe apenas ressaltar que, presumidamente, as arras pactuadas pelas partes serão da espécie confirmatórias, conforme se extrai de uma leitura conjunta dos artigos 418 e 420 do Código Civil[58]. O legislador de 2002 resolveu vários dos problemas apontados pela doutrina relativos ao regime legal do sinal no Código de 1916[59], solucionando, inclusive, o problema da presunção de sua espécie, que nunca será penitencial[60], seja qual for o tipo de contrato ou obrigação. O sinal penitencial, segundo estabelece o artigo 420 do diploma civil brasileiro, somente pode ser verificado caso as partes estipulem expressamente o direito de arrependimento, através de manifestação inequívoca da vontade[61].

---

55 Por todos, cf. MARTINS-COSTA, Judith. Do adimplemento das obrigações. In: ______. *Comentários ao novo Código Civil*. Rio de Janeiro: Forense, 2009, v. 5. t. I, p. 511.

56 Para um desenvolvimento mais pormenorizado sobre o assunto v. SILVEIRA, Marcelo Matos Amaro da. Cláusula Penal e Sinal: as penas privadas convencionais na perspectiva do direito português e brasileiro. Rio de Janeiro: GZ, 2019, p. 100-105 e 118-133.

57 OLIVEIRA, Nuno Manuel Pinto. Conceito e regime(s) do sinal no direito civil português. In: *Estudos em homenagem ao Professor Doutor Carlos Ferreira de Almeida*. Coimbra: Almedina, 2011. v. 2, p. 537.

58 SIMÃO, José Fernando. *Código Civil comentado*. Anderson Schreiber [et. al.]. 3. ed. Rio de Janeiro: Forense, 2021, p. 281.

59 KONDER, Carlos Nelson. Arras e Cláusula Penal nos Contratos Imobiliários. *Revista dos Tribunais*, Rio de Janeiro, vol. 4, p. 83-104, mar-abr. 2014, p. 85.

60 LOUREIRO, Francisco Eduardo. Arras. In: LOTUFO, Renan; NANNI, Giovanni Ettore (Coords.). Obrigações. São Paulo: Atlas, 2011, p. 775.

61 FARIAS, Cristiano Chaves de; ROSENVALD, Nelson. Obrigações. In: ______. Curso de Direito Civil. 10. ed. Salvador: Editora JusPodivm, 2016. v. II, p. 629.

Esse regime de presunção adotado pelo atual código, conforme aponta CAIO MÁRIO[62], é o que mais valoriza as relações obrigacionais. Trata-se, em essência, de decorrência lógica da observância do princípio *pacta sunt servanda*: como as arras confirmatórias reforçam o princípio – e não o excepcionam, ao contrário das arras penitenciais –, faz sentido que as arras confirmatórias sejam aquelas presumidas pela lei.

De fato, o principal efeito verificado quando da inserção das arras confirmatórias na relação contratual é a proteção do direito ao cumprimento do contrato com reforço da vinculação obrigacional das partes e determinação antecipada das consequências do incumprimento. No direito brasileiro, segundo a redação do art. 419, elas estabelecem um patamar mínimo indenizatório, permitindo que a parte inocente busque eventual indenização suplementar.[63/64]

2.2. Arras penitenciais

2.2.1. Principais características e função das arras penitenciais

Como já brevemente apontado, diferentemente da outra espécie, as arras penitenciais têm como principal característica o enfraquecimento do vínculo obrigacional[65]. Sua principal função é criar um direito de arrependimento para as partes em um contrato ou obrigação, uma vez que a intenção das partes na constituição dessa espécie é a criação de um direito de retratação. A partir

62 PEREIRA, Caio Mário da Silva. *Instituições de Direito Civil*. 10. ed. Rio de Janeiro: Forense, 2001. v. III, p. 59.

63 NANNI, Giovanni Ettore *et all*. *Comentários ao Código Civil*: direito privado contemporâneo. São Paulo: Editora Saraiva, 2021, p. 402.

64 Como se afirmou, paralelamente às arras confirmatórias com índole indenizatória, cogita-se também a existência de outra subespécie com cariz coercitivo, com natureza de pena privada. Essa subespécie tem como função primordial pressionar as partes ao cumprimento do contrato. Nesse tipo de arras não há criação de uma sanção indenizatória, cuja função é compensar a parte inocente, mas sim a fixação de uma sanção verdadeiramente punitiva. As partes, ao constituírem um sinal confirmatório-coercitivo, reforçam ainda mais o vínculo obrigacional, criando uma sanção punitiva bilateral para prevenir/punir o incumprimento. O valor ou objeto entregue como sinal, nesse caso, atuará em duas frentes: em um primeiro momento, estabelecendo uma pressão para que as partes realizem a prestação e, em um segundo momento, caso ocorra a inexecução, sancionando punitivamente o contraente faltoso. Tal concepção foi apresentada em SILVEIRA, Marcelo Matos Amaro da. Cláusula penal e sinal: as penas privadas convencionais na perspectiva do direito português e brasileiro. 1. ed. Rio de Janeiro: GZ, 2019, p. 130-134.

65 OLIVEIRA, Nuno Manuel Pinto. *Ensaio Sobre o Sinal*, Coimbra: Coimbra Editora, p. 46; e COSTA, Gilberto Azevedo de M. Arras. São Paulo: Almedina, 2022, p. 57.

da sua constituição fica estabelecida a possibilidade de livre desvinculação da relação obrigacional, que será bilateral por causa da sua estrutura. Nunca é demais relembrar que as arras penitenciais devem ser expressamente constituídas pelas partes, não podendo ser presumidas.

O *tradens*, ao entregar o valor ou objeto a título de arras penitenciais ao *accipiens*, o faz como forma de definir o preço de seu arrependimento[66], aceitando que o sinal seja retido caso opte por se desvincular do contrato ou obrigação. Mais uma vez, é proveitoso demonstrar como poderia ser redigida a cláusula contratual que dispõe sobre essa espécie de arras:

> *Cláusula X – Na ocasião da celebração do presente contrato, A entrega para B a quantia de R$ [...] (valor por extenso) a título de sinal.*
> *Parágrafo 1º. Caso A, a qualquer tempo,* ***desista do presente contrato****, B poderá reter a referida quantia dada como sinal.*
> *Parágrafo 2º. Para que B, a qualquer tempo,* ***desista do contrato****, deverá devolver para A a quantia dada como sinal em dobro.*
>
> *OU*
>
> *Cláusula X.1. Preço de Aquisição. O preço total de compra é de R$ [...] (valor por extenso), a ser pago em moeda corrente nacional, de acordo com a Cláusula X.2 deste Contrato ("Preço").*
> *X.2. O preço deverá ser pago da seguinte forma:*
> *a) Como sinal e princípio de pagamento o Comprador pagará nesta data R$ [...] (valor por extenso).*
> *Cláusula Y.1. DA IRRETRATABILIDADE E IRREVOGABILIDADE*
> *Y.1 Em que pese o presente Contrato seja celebrado em caráter essencialmente irrevogável e irretratável, fica estabelecido que em até 15 (quinze) dias antes do prazo estabelecido na cláusula Z.1, qualquer das partes poderá exercer e o seu direito de arrependimento.*

Como se observa pelos exemplos acima, para que as arras penitenciais sejam constituídas é preciso que se estabeleça um direito de arrependimento. Nesses casos, fica definido que tanto o *accipiens* quanto o *tradens* podem se arrepender. Essa é a literalidade do art. 420 do CC, que prescreve que "(s)e no contrato for estipulado o direito de arrependimento para qualquer das partes (...)" será verificado o sinal penitencial. A possibilidade de manifestação de

66 MONTEIRO, António Pinto. *Cláusula Penal e Indemnização*, Coimbra: Almedina, 2014, p. 171.

uma "vontade de desvinculação" criada por essa categoria jurídica é sempre voltada para ambas as partes[67].

Sendo certo que o mencionado artigo utiliza a expressão indenização, entende-se que a noção de que o valor ou objeto dado a título de sinal de natureza penitencial é um verdadeiro preço do arrependimento das partes é fundamental para melhor entender as características dessa espécie. As arras penitenciais não servem para compensar ou indenizar uma das partes do contrato, mas sim para criar um verdadeiro direito de arrependimento para aquele que deseje se desvincular. Estabelecidas com essa finalidade, as arras penitenciais criam uma possibilidade de desvinculação por simples declaração de vontade[68], sendo a desvinculação um ato lícito[69].

Dessa forma, é pouco precisa a observação do Superior Tribunal de Justiça no sentido de que as arras penitenciais consistiriam em forma de prefixação de perdas e danos[70]. Sendo o arrependimento um direito estipulado pelos contratantes, a perda ou o pagamento do sinal consiste, na realidade, em contrapartida a seu exercício. A responsabilidade por perdas e danos é efeito geral e típico do inadimplemento[71], e não de um direito que forma licitamente previsto pelas partes e exercido por uma delas.

As arras penitenciais criam para as partes duas opções: cumprir o contrato ou livremente se arrepender[72]. Em última análise, a constituição da espécie penitencial é efetivamente a constituição de uma obrigação com faculdade

67 COSTA, Gilberto Azevedo de M. Arras. São Paulo: Almedina, 2022, p. 147.

68 KONDER, Carlos Nelson. Arras e Cláusula Penal nos Contratos Imobiliários. *Revista dos Tribunais*, Rio de Janeiro, vol. 4, p. 83-104, mar-abr. 2014, p. 85.

69 SIMÃO, José Fernando. *Código Civil comentado*. Anderson Schreiber [et. al.]. 3. ed. Rio de Janeiro: Forense, 2021, p. 283.

70 São vários os jugados do Superior Tribunal de Justiça apontando que "as arras confirmatórias não se confundem com a prefixação de perdas e danos, tal como ocorre com o instituto das arras penitenciais, visto que servem como garantia do negócio e possuem característica de início de pagamento, razão pela qual não podem ser objeto de retenção na resolução contratual por inadimplemento do comprador" (AgInt no REsp n. 1.893.412/SP, relatora Ministra Nancy Andrighi, Terceira Turma, julgado em 7/12/2020, DJe de 11/12/2020). Com base na mencionada decisão, a 4ª turma em julgados recentes vem apontando no mesmo sentido reconhecendo que se trata de "jurisprudência do STJ". (AgInt no REsp n. 1.985.686/RJ, relator Ministro Antonio Carlos Ferreira, Quarta Turma, julgado em 23/3/2023, DJe de 28/3/2023; e EDcl no AgInt no AREsp n. 1.860.381/RJ, relator Ministro Raul Araújo, Quarta Turma, julgado em 26/10/2022, DJe de 17/11/2022).

71 MARTINS-COSTA, Judith. Comentários ao novo Código Civil: do inadimplemento das obrigações. In: TEIXEIRA, Sálvio de Figueiredo (coordenador). *Comentários ao novo Código Civil*. v. V. t. II. Rio de Janeiro: Forense, 2003, p. 79.

72 LOUREIRO, Francisco Eduardo. Arras. In: LOTUFO, Renan; NANNI, Giovanni Ettore (Coords.). Obrigações. São Paulo: Atlas, 2011, p. 774; e SILVA, Jorge Cesa Ferreira da. Inadimplemento das Obrigações: comentários aos arts. 389 a 420 do código civil. São Paulo: Revista dos Tribunais, 2007. (Coleção Biblioteca de Direito Civil, 7), p. 312.

alternativa para o "devedor"[73]. Tal aspecto será mais bem evidenciado quando forem analisados os seus efeitos e funcionamento, mas desde já é importante destacar essa característica. Ao criar essa opção de cumprir ou desistir, as arras penitenciais acabam criando uma faculdade para a parte que quiser se arrepender, que poderá ou prestar a obrigação principal, cumprindo o contrato, ou prestar a obrigação alternativa, o sinal, extinguindo o contrato através da "dação em pagamento" do valor ou objeto constituído como sinal[74].

Trata-se de uma cláusula que serve não para reforçar, mas sim para enfraquecer a relação obrigacional, relativizando o princípio do *pacta sunt servanda*[75]. Diferentemente das arras confirmatórias, não se cria uma sanção pelo incumprimento da obrigação, mas é estabelecido pelas partes um preço que deve ser pago por aquela parte que desejar se desvincular da relação. Sai a função indenizatória/coercitiva/sancionatória e entra a função penitencial, que significa a criação de um verdadeiro direito de arrependimento. Não se busca uma compensação para aquele que não quis desfazer o contrato. Ao contrário, se estabelece qual será o preço que cada parte deverá pagar caso queira "desdizer o contrato"[76].

O direito não é mais do credor de exigir a sanção, mas sim do "devedor" de, pagando o "preço" acordado, arrepender-se da obrigação, desvinculando-se livremente da relação anteriormente estabelecida. Em vez de se criar uma faculdade de agir para o credor, é estabelecida uma faculdade de agir para qualquer uma das partes que não queria mais realizar a prestação acordada[77].

2.2.2. Efeitos das arras penitenciais

As arras penitenciais, como visto, enfraquecem a obrigação[78], tendo efeitos inversos à espécie confirmatória. Cria-se um direito potestativo

---

73 OLIVEIRA, Nuno Manuel Pinto. Conceito e regime(s) do sinal no direito civil português, In: *Estudos e homenagem ao Professor Doutor Carlos Ferreira de Almeida.* Coimbra: Almedina, 2011, v. 2, p. 538.

74 OLIVEIRA, Nuno Manuel Pinto. *Ensaio sobre o sinal.* Coimbra: Coimbra Editora. 2008, pp. 59-61.

75 SIMÃO, José Fernando. *Código Civil comentado.* Anderson Schreiber [et. al.]. 3. ed. Rio de Janeiro: Forense, 2021, p. 281.

76 Utilizando uma tradução da interessante noção francesa, que aponta o sinal penitencial como um "*prix de dédit*", conforme lição de MONTEIRO, António Pinto. *Cláusula Penal e Indemnização,* Coimbra: Almedina, 2014, p. 172.

77 MONTEIRO, António Pinto. *Cláusula Penal e Indemnização,* Coimbra: Almedina, 2014, p. 185.

78 OLIVEIRA, Nuno Manuel Pinto. *Ensaio sobre o sinal.* Coimbra: Coimbra Editora. 2008, p. 46; e ROSENVALD, Nelson. *Cláusula penal: A pena privada nas relações negociais.* Rio de Janeiro: Lumen Juris, 2007, p. 178.

dos contraentes se desvincularem[79], ao qual Giovanni Ettore Nanni[80] se refere como direito formativo extintivo. O estabelecimento desse tipo de arras permite que uma das partes, a qualquer momento, desde que antes do vencimento da obrigação ou do prazo por elas estabelecidos, se desvincule do contrato livre e imotivadamente[81]. No caso de constituição de um sinal penitencial, para os contratos em geral, será criada uma possibilidade de desvinculação do contrato até o momento de sua execução[82]. Já nos contratos preliminares haverá, por outro lado, a possibilidade de recusa da celebração do contrato definitivo até o momento em que este deveria ser celebrado.

Quando as arras penitenciais funcionam não ocorre uma extinção em sentido técnico da obrigação[83], mas uma extinção do dever de prestar. Não há que se falar em inadimplemento do contrato, que seria um ato ilícito, mas sim, uma possibilidade de desistência do contrato, que é um ato lícito[84].

Como apontado acima, a partir da constituição da espécie penitencial surge um direito de arrependimento e consequentemente a alternativa de desvinculação lícita do contrato para aquele que vai desistir. A parte interessada pode oferecer o sinal como um substituto dessa prestação[85]. A prestação continua sendo apenas uma, a principal, mas ao oferecer como alternativa o valor do sinal (em singelo ou em dobro), a parte se desvincula da obrigação.

A espécie penitencial inegavelmente, conforme o bom ensinamento de CALVÃO DA SILVA[86], possui feição anormal, com caraterísticas diversas das categorias jurídicas tradicionais do direito obrigacional. Esse direito de arrependimento que decorre dessa figura passará será estudado mais detidamente no tópico a seguir.

---

79 TEPEDINO, Gustavo. *Código Civil Interpretado: conforme a Constituição da República*, vol. I, Parte Geral e Obrigações (arts. 1º a 420), Rio de Janeiro: Renovar, 2004p. 765.

80 NANNI, Giovanni Ettore *et all. Comentários ao Código Civil*: direito privado contemporâneo. São Paulo: Editora Saraiva, 2021, p. 403.

81 MONTEIRO, António Pinto. *Cláusula Penal e Indemnização*, Coimbra: Almedina, 2014, pp. 164-165.

82 PEREIRA, Caio Mário da Silva. *Instituições de Direito Civil.* 10. ed. Rio de Janeiro: Forense, 2001. v. III p. 60; e VENOSA, Silvio de Salvo. *Direito Civil.* São Paulo: Atlas, 2014. v. II, p. 382.

83 RODRIGUES, Lia Palazzo. *Das Arras*, Porto Alegre: Livraria do Advogado, 1998, p. 56.

84 MIRAGEM, Bruno. Direito Civil – Direito das Obrigações. Rio de Janeiro: Forense, 2021, p. 347; e OLIVEIRA, Nuno Manuel Pinto. *Ensaio sobre o sinal.* Coimbra: Coimbra Editora. 2008, p. 50.

85 OLIVEIRA, Nuno Manuel Pinto. *Ensaio sobre o sinal.* Coimbra: Coimbra Editora. 2008, pp. 58-71.

86 SILVA, João Calvão da. *Sinal e Contrato Promessa.* 14. ed. Coimbra: Almedina, 2017, p. 83.

2.2.3. Arras penitenciais e exercício do arrependimento

a) Direito de arrependimento e *pacta sunt servanda*

O arrependimento no contexto do direito das obrigações brasileiro é algo necessariamente excepcional, não podendo ser tratado como regra. Como bem se sabe, no contexto do sistema romano-germânico, um dos princípios que regem o direito das obrigações é o *pacta sunt servanda*, dele decorrendo também o subprincípio do cumprimento[87]. As partes quando estabelecem entre si uma relação obrigacional se vinculam, sempre buscando a satisfação por meio da realização das prestações daí advindas, com a consequente extinção da relação por meio do adimplemento.

Como bem aponta COUTO E SILVA, a obrigação é um processo cujo fim é o cumprimento[88]. A vinculação, aliás, é um dos principais aspectos para garantir a força das relações obrigacionais, já que é ela que garante que o objetivo buscado pelos contratantes seja alcançado, através do cumprimento das obrigações. Não cabe no direito obrigacional a noção de alternatividade entre o cumprimento e a possibilidade de indenização[89], sendo certo que, a princípio, as obrigações sempre são constituídas para serem cumpridas.

Portanto, se vinculação entre as partes e o cumprimento da obrigação constituem a regra desses tipos de relação, a livre desvinculação somente pode ser encarada como algo extraordinário. O direito de arrependimento representa uma ruptura na realidade normal do direito das obrigações, já que rompe com a vinculação das partes e, consequentemente, significa uma quebra do *pacta sunt servanda*[90]. O direito de arrependimento, ou retratação não é a regra geral do direito obrigacional, somente podendo ser verificado quando haja autorização legal expressa ou quando seja pactuado pelas partes da relação[91].

Usualmente, na realidade do direito privado brasileiro, quando se fala de direito de arrependimento, imediatamente se lembra do art. 49 do Código de Defesa do consumidor, e da possibilidade desistência do contrato celebrado

---

87 SILVA, João Calvão da. *Cumprimento e sanção pecuniária compulsória*. Coimbra: Almedina, 1987, pp. 159-161.

88 Nas palavras do autor que "polariza para o adimplemento". SILVA, Clovis do Couto e. A obrigação como Processo. Rio de Janeiro: Editora FGV, 2006, p. 23.

89 SILVA, João Calvão da. *Cumprimento e sanção pecuniária compulsória*. Coimbra: Almedina, 1987, p. 176.

90 GOMIDE, Alexandre. *Direito de Arrependimento nos Contratos*. 217 f. Tese (Mestrado em Direito) – Faculdade de Direito da Universidade de Lisboa (FDUL), Lisboa, 2009, pp. 116-119.

91 AZEVEDO, Álvaro Vilaça. *Retratação (aspectos do direito civil)*. Revista Da Faculdade De Direito, Universidade De São Paulo, p. 329-369, v. 88, São Paulo, 1993, p. 334.

fora do estabelecimento comercial[92]. Essa noção na atualidade está ainda mais em evidência considerando-se o contexto das contratações virtuais e eletrônicas, cuja norma do diploma consumerista é ampliada pelo Decreto 7.962/2013, que confirma a possibilidade de arrependimento[93].

Além da hipótese legal de arrependimento previsto no Código de Defesa do consumidor, é possível apontar algumas outras normas legais que excetuam a vinculatividade nas relações contratuais. Por exemplo, é possível citar a possibilidade de revogação da doação[94], prevista nos artigos 555 e seguintes do Código Civil, e a revogação do mandato, prevista no art. 682, I, do Código Civil. Porém, as hipóteses não são muito numerosas, sendo certo que na maioria das vezes a possibilidade de arrependimento nas relações obrigacionais será criada por acordo expresso entre as partes.

No Código Civil de 1916, o artigo 1088 permitia o arrependimento nas hipóteses em que o instrumento público era exigido como prova do contrato. No entanto, apesar de a própria lei possibilitar o arrependimento, o mesmo dispositivo se referia a "ressarcimento" das "perdas e danos resultantes do arrependimento", revelando certa imprecisão em relação à natureza do pagamento em questão[95].

O direito de arrependimento previsto no artigo 1088 do Código Civil de 1916 mais se assemelha ao direito de arrependimento mediante o pagamento de multa penitencial. O direito de retratação, nesse caso, ao contrário do que ocorre em relação às arras, é constituído sem que haja a entrega antecipada de um bem[96]. Quando as partes estabelecem uma multa penitencial, fica constituída uma opção de desvinculação, pela promessa de uma prestação futura. A parte que quiser se desvincular da obrigação deve realizar essa "prestação prometida", pagando o preço do arrependimento no momento do exercício de seu direito, e não de forma antecipada.

Basicamente, a multa penitencial constitui a possibilidade de o devedor comprar sua saída do contrato[97]. Fica estabelecido um valor (ou uma pres-

---

92 GOMIDE, Alexandre. *Direito de Arrependimento nos Contratos.* 217 f. Tese (Mestrado em Direito) – Faculdade de Direito da Universidade de Lisboa (FDUL), Lisboa, 2009, p. 161-162.

93 SCHREIBER, Anderson. Contratos Eletrônicos e Consumo. *Revista Brasileira de Direito Civil,* vol. 1, p. 88-110, Rio de Janeiro, 2014, pp. 104-105.

94 Sendo a revogação uma espécie de arrependimento ou retração, como afirma AZEVEDO, Álvaro Vilaça. *Retratação (aspectos do direito civil).* Revista Da Faculdade De Direito, Universidade De São Paulo, p. 329-369, v. 88, São Paulo, 1993, pp. 349-349.

95 Essencialmente, aplicava-se tal dispositivo para os casos de promessa de compra e venda de imóvel. Porém, em razão das injustiças ocasionadas pela desistência das vendedoras para se beneficiarem da valorização dos imóveis à época, criou-se o Decreto-lei 58-37, que regulou o direito de adjudicação compulsória aos promissários compradores, nos compromissos de compra e venda sem cláusula de arrependimento.

96 MONTEIRO, António Pinto. *Cláusula Penal e Indemnização,* Coimbra: Almedina, 2014, p. 185.

97 OLIVEIRA, Nuno Manuel Pinto. *Ensaio sobre o sinal.* Coimbra: Coimbra Editora. 2008, p. 76.

tação) que deverá ser pago somente se o interessado efetivamente quiser se desvincular. Assim, de forma expressa as partes estipulam uma cláusula de retratabilidade, que permitirá o exercício do direito de retratação ou arrependimento pelos contratantes[98]. A outra cláusula típica que estabelece um direito de arrependimento, como bem evidenciado, é aquela que estipula as arras penitenciais, devendo agora ser analisado especificamente.

b) Direito de arrependimento decorrente das arras penitenciais

O exercício do direito de arrependimento está intimamente ligado ao funcionamento das arras penitenciais, motivo pelo qual sua análise deve ser realizada de forma simultânea. Uma primeira nota para esclarecer que o efeito claro e lógico caso a obrigação seja cumprida ou o contrato prometido seja celebrado é a imputação do valor na prestação ou devolução do objeto dado caso a imputação seja impossível, conforme estabelece o artigo 417, segunda parte, do Código Civil brasileiro. Nesse caso não haverá exercício do direito de arrependimento por nenhuma das partes, não cabendo se falar em funcionamento do sinal[99]. O problema surge quando há o efetivo exercício do direito de arrependimento, devendo ser analisado como ele se dá e quais são os seus efeitos.

Em primeiro lugar, importante sublinhar que o momento de exercer tal arrependimento deve ser necessariamente antes do cumprimento do contrato, sendo também correto afirmar que, caso haja prazo para o cumprimento estabelecido pelas partes, este será também o prazo fatal para o exercício do direito de arrependimento.[100] A desvinculação deve ser sempre verificada antes da data do vencimento da obrigação estabelecida pelas partes[101].

Além disso, com apoio na jurisprudência do STJ sobre o assunto, deve-se destacar que a não execução do contrato não se confunde com direito de arrependimento quando forem constituídas arras penitenciais.[102] A não execução

---

98 AZEVEDO, Álvaro Vilaça. *Retratação (aspectos do direito civil).* Revista Da Faculdade De Direito, Universidade De São Paulo, p. 329-369, v. 88, São Paulo, 1993, pp. 336-337.

99 LOUREIRO, Francisco Eduardo. Arras. In: LOTUFO, Renan; NANNI, Giovanni Ettore (Coords.). Obrigações. São Paulo: Atlas, 2011, p. 776.

100 COSTA, Gilberto Azevedo de M. *Arras.* São Paulo: Almedina, 2022, p. 152.

101 PONTES DE MIRANDA, Francisco Cavalcanti. *Tratado de Direito Privado.* 3. ed. Rio de Janeiro: Editor Borsoi, 1971. t. XXIV, p. 180.

102 Conforme se depreende de julgados recentes de ambas as turmas de direito privados, "(o) arrependimento do promitente comprador não importa perda das arras, se forem confirmatórias, admitindo-se, contudo, a retenção, pelo vendedor, de parte das prestações pagas, como forma de indenizá-lo pelos prejuízos suportados" (AgInt no REsp n. 2.008.289/DF, relatora Ministra Nancy Andrighi, Terceira Turma, julgado em 12/6/2023, DJe de 14/6/2023; e AgInt no AREsp n. 1.928.776/RJ, relatora Ministra Maria Isabel Gallotti, Quarta Turma, julgado em 10/10/2022, DJe de 17/10/2022).

equivale ao inadimplemento do contrato, reclamando a aplicação do regime da responsabilidade contratual, e não a aplicação do regime das arras.

Para que o regime das arras penitenciais funcione, a parte deve se desvincular do contrato, exercendo de forma expressa e eficaz o direito de arrependimento. As formas de exercício para o *accipiens* e para o *tradens* são formal e materialmente diferentes.

No caso do *tradens*, ou seja, aquele que entrega o valor ou objeto dado a título de sinal, o direito de arrependimento se torna eficaz a partir do momento em que o *accipiens* for notificado de sua desistência. É necessária, portanto, uma declaração de vontade válida produzida pelo *tradens* e recebida pelo *accipiens*[103], em que o primeiro demonstre ao segundo o desejo de se desvincular da obrigação. Nesse caso, ocorrerá o funcionamento do direito de arrependimento, e consequentemente o funcionamento do sinal penitencial. A *accipiens* poderá reter o valor ou objeto dado como sinal, conforme é a locução do artigo 420 do Código Civil, sendo consequentemente extinta a relação contratual.

Já no caso do *accipiens*, ou seja, aquele que recebe o valor ou objeto dado a título de sinal, a simples notificação ao *tradens* de sua vontade em desvincular-se do contrato não é suficiente para tornar o direito de arrependimento plenamente eficaz. Existe a necessidade da efetiva devolução do valor recebido em dobro ou objeto recebido mais o seu equivalente. A "desistência" do *accipiens* somente será eficaz com a entrega do sinal em dobro.

Diferentemente do que aponta JUDITH MARTINS-COSTA[104], não é a partir do arrependimento do *accipiens* que nasce a obrigação de devolução "em dobro" do valor ou objeto dado como sinal. Pelo contrário, a desvinculação do contrato somente irá operar quando houver o funcionamento do sinal, sendo que o arrependimento somente ocorrerá quando o *tradens* efetivamente receber o "sinal mais o equivalente".

Dessa forma, não há que se falar em devolução do valor em dobro com correção monetária ou incidência de juros de mora. Como o arrependimento somente será eficaz quando o *accipiens* efetivamente entregar o valor ou objeto "em dobro" para o *tradens*, em momento algum surgirá uma obrigação de entrega em decorrência do exercício do direito de arrependimento. Os dois efeitos, quais sejam, desvinculação do contrato e entrega "em dobro", estão interligados, não se vislumbrando a possibilidade de que haja mora por parte do *accipiens*, já que em momento algum existirá a constituição de uma

---

103 Nesse sentido: OLIVEIRA, Nuno Manuel Pinto. *Ensaio sobre o sinal.* Coimbra: Coimbra Editora. 2008, p. 47.

104 MARTINS-COSTA, Judith. Comentários ao novo Código Civil: do adimplemento das obrigações. In: TEIXEIRA, Sálvio de Figueiredo (coordenador). *Comentários ao novo Código Civil.* v. V. t. I, 2009, p. 768.

obrigação. Além disso, mais uma vez salienta-se que este valor não tem natureza indenizatória, sendo na verdade um preço, uma prestação alternativa à principal, não fazendo sentido exigir que esse "preço seja pago" com atualização monetária quando as partes assim não estabeleceram.

Caso o sinal seja constituído por um valor pecuniário, por exemplo R$10.000,00 (dez mil reis), para que haja o exercício do direito de arrependimento, o *accipiens* deve devolver para o *tradens* esse valor em dobro, ou seja, R$20.000,00 (vinte mil reais). A expressão "mais o equivalente" do Direito brasileiro ser interpretada como em dobro para esses casos[105]. Por outro lado, caso as arras sejam constituídas pela entrega de um objeto, por exemplo, um carro cujo valor é de R$10.000,00 (dez mil reais) na data da celebração do contrato, para que o direito de arrependimento seja exercido, o *accipiens* deverá devolver o objeto mais o seu equivalente em valor pecuniário ao *tradens*, ou seja, devolver o carro e pagar R$10.000,00 (dez mil reais), seguindo a interpretação literal do Código Civil brasileiro.

Um problema pode surgir quando o objeto dado a título de sinal for bem fungível, por exemplo, 5.000 (cinco mil) sacas de café que perfazem um valor total de R$10.000,00 (dez mil reais). Pergunta-se: nesse caso, a devolução do sinal deverá ser efetivamente "em dobro", devendo ser devolvidas 10.000 (dez mil) sacas de café, ou deverá ser pelo "seu equivalente", devolvendo-se as 5.000 (cinco mil) sacas de café e mais o pagamento de R$10.000,00 (dez mil reais)?

A solução mais correta deve ser a devolução do objeto entregue adicionado de seu equivalente pecuniário, ou seja, as sacas mais o valor "equivalente" delas em dinheiro, fazendo-se novamente uma interpretação literal da norma. O Código Civil brasileiro, diferentemente de outros, como o português (art. 442, 2, do CCP), optou pela locução "mais seu equivalente", e não a locução "em dobro". Neste sentido já julgou o Superior Tribunal de Justiça, que reconheceu expressamente a locução adotada pelo atual Código[106]. Desta forma, parece mais correto interpretar essa norma de forma literal, o que faria com que nos casos como o acima evidenciado, a opção defendida seja utilizada.

Seja como for, é importante finalizar demonstrando que a parte que desiste extingue a prestação principal. Ao optar pelo arrependimento, que é um direito

---

105 TARTUCE, Flávio. Direito Civil. 11. ed. Rio de Janeiro: Forense, 2016. v. 2, p. 261.

106 Extrai-se da ementa que "(t)anto na hipótese de direito de arrependimento quanto na de inexecução do contrato, à devolução das arras deverá ser somado o "equivalente", se aquele que se arrependeu ou inadimpliu foi quem as recebeu. (...) O Código Civil de 2002, em seu art. 418, não mais utiliza o termo "dobro" previsto no Código Civil de 1916 tendo em vista o fato de que pode ser dado a título de arras bens diferentes do dinheiro, sendo preferível a expressão "mais o equivalente" adotada pela novel legislação." REsp n. 1.927.986/DF, relatora Ministra Nancy Andrighi, Terceira Turma, julgado em 22/6/2021, DJe de 25/6/2021.

potestativo, ocorre a extinção do dever de prestar.[107] Assim, entende-se que há um cumprimento alternativo pela dação em pagamento do sinal[108], apesar de opinião em sentido contrário[109]. Não cabe nesse caso recusa por parte daquele que não desistiu do contrato, já que se trata de um direito potestativo do arrependido[110].

Igualmente como ocorre na dação em pagamento, no momento de funcionamento das arras penitenciais o cumprimento ocorre por meio da realização de uma prestação diversa[111]. Essa extinção da obrigação por cumprimento diverso deve ser entendida como dação em cumprimento, pois entendê-la como cumprimento normal da obrigação afronta a lógica do direito das obrigações e o princípio do cumprimento. Portanto, o efeito final do funcionamento dessa espécie da categoria das arras não deve ser encarado como uma resolução ou revogação do contrato, bem como não pode significar o simples cumprimento da obrigação. Há, assim, a extinção do dever de prestar o objeto principal, com cumprimento alternativo mediante a dação em pagamento (em singelo ou em "dobro") do valor ou objeto dado como sinal.

2.2.4. Controle das arras penitenciais

Por fim, indaga-se se as arras penitenciais – na verdade, as arras em geral – estariam submetidas a mecanismos de controle, seja do seu exercício ou do seu valor. Esse questionamento surge em razão da dicção do artigo 413 do Código Civil, que estabelece o controle equitativo da cláusula penal, que, é uma figura irmanada às arras, principalmente as confirmatórias.

Grande parte dos autores brasileiros se filiam à opinião de que é possível a aplicação analógica do artigo 413 do Código Civil para o controle do valor das

107 MIRAGEM, Bruno. Direito Civil – Direito das Obrigações. Rio de Janeiro: Forense, 2021, p. 348.

108 RODRIGUES, Lia Palazzo. *Das Arras*, Porto Alegre: Livraria do Advogado, 1998, p. 57.

109 A título de exemplo, HUGO RAMOS ALVES entende que a dinâmica da dação em pagamento é diversa daquela observada no sinal penitencial. Para o autor, enquanto a dação é constituída mediante o consentimento do credor quanto à possibilidade de o devedor realizar uma prestação diversa daquela originalmente estabelecida, o sinal penitencial estabelece um poder de substituição, uma alternativa para a parte que quiser desistir (*Dação em Cumprimento*. Coimbra: Almedina, 2017, pp. 501-502). O sinal penitencial estabelece uma obrigação com faculdade alternativa para o "arrependido" e não uma dação em pagamento, já que há um acordo prévio para essa substituição da prestação que não se adequaria, portanto, à estrutura da dação (*Dação em Cumprimento*. Coimbra: Almedina, 2017, pp. 236-237). Assim, para o autor, o consentimento prévio dado na hipótese de sinal seria um impeditivo para reconhecer sua estrutura como a de uma dação em pagamento.

110 SILVA, Jorge Cesa Ferreira da. *Inadimplemento das Obrigações*: comentários aos arts. 389 a 420 do Código Civil, cit., p. 313.

111 OLIVEIRA, Nuno Manuel Pinto. *Ensaio Sobre o Sinal*, Coimbra: Coimbra Editora. 2008, p. 71.

arras – sejam confirmatórias, sejam penitenciais –, sendo esse reconhecimento tendência na doutrina nacional, como aponta CARLOS NELSON KONDER[112]. É o posicionamento, por exemplo, de JOSÉ FERNANDO SIMÃO[113], NELSONS ROSENVALD[114] e JORGE CESA FERREIRA DA SILVA[115]. Todos esses autores apresentam argumentos interessantes para justificar a aplicação analógica da figura às arras. Como resumo, com apoio na lição de ANDERSON SCHREIBER, existe um certo entendimento de uma comunhão de *ratio* da regra contida no artigo 413 do Código Civil e a forma como as arras devem ser controladas[116].

A opinião acima exposta foi acolhida com a edição do Enunciado 165, aprovado na III Jornada de Direito Civil do Conselho da Justiça Federal, o qual dispõe que: "Em caso de penalidade, aplica-se a regra do art. 413 ao sinal, sejam as arras confirmatórias ou penitenciais". Embora não se trate de regra vinculante, o STJ tem aplicado o Enunciado para justificar a aplicação analógica do artigo 413 do Código Civil às arras[117].

No entanto, não se pode concordar com o entendimento acima exposto.

Em primeiro lugar, não se verifica verdadeira lacuna no ordenamento jurídico brasileiro a respeito do controle das arras. O que se verifica é a falta de regulação, pelo legislador, da redução das arras – que não pode ser, como bem aponta LARENZ, automaticamente entendido como lacuna[118]. Em certas hipóteses a falta de regulação indica efetiva ausência de interesse do legislador em regular determinada matéria, pois entende que ela não merece tratamento legal. Trata-se de situação denominada "silêncio eloquente".

É o que se verifica em relação às arras. O Código Civil brasileiro, ao regular a cláusula penal, prevê artigo expresso sobre o controle da penalidade. Nos artigos 417 a 420, imediatamente subsequentes aos artigos sobre cláusula penal, o Código dispõe sobre as arras, deixando de regular o controle de seu valor e sem

---

112 KONDER, Carlos Nelson. Arras e Cláusula Penal nos Contratos Imobiliários. *Revista dos Tribunais*, Rio de Janeiro, vol. 4, p. 83-104, mar-abr. 2014, p. 90.

113 SIMÃO, José Fernando. *Código Civil comentado*. Anderson Schreiber [et. al.]. 3. ed. Rio de Janeiro: Forense, 2021, pp. 281-283;

114 ROSENVALD, Nelson. *Cláusula Penal*: A pena privada nas relações negociais, Rio de Janeiro: Lumen Juris, 2007, p. 177.

115 SILVA, Jorge Cesa Ferreira da. Inadimplemento das Obrigações: comentários aos arts. 389 a 420 do Código Civil. São Paulo: Revista dos Tribunais, 2007. (Coleção Biblioteca de Direito Civil, 7). p. 309.

116 SCHREIBER, Anderson. *Manual de Direito Civil Contemporâneo*. São Paulo: Saraiva Educação, 2019, p. 398.

117 AgInt no AREsp n. 2.042.338/RJ, relator Ministro Raul Araújo, Quarta Turma, julgado em 15/8/2022, DJe de 26/8/2022; e REsp n. 1.669.002/RJ, relatora Ministra Nancy Andrighi, Terceira Turma, julgado em 21/9/2017, DJe de 2/10/2017.

118 LARENZ, Karl. *Metodologia da ciência do direito*. 4. ed. Lisboa: Fundação Calouste Gulbenkian, 2005, p. 525.

fazer qualquer referência ao artigo 413 ou à aplicação das regras sobre cláusula penal às hipóteses das arras. Salienta-se, inclusive, que o controle das arras em momento algum foi discutida durante todo o trâmite legislativo do projeto de lei que, posteriormente, materializou o Código Civil Brasileiro[119].

O Código trata da cláusula penal e das arras em capítulos diversos, sem referências entre si, deixando, por fim, de mencionar o controle de valor das arras e tratando expressamente do controle do valor da cláusula penal. Trata-se de estruturação da matéria que atesta a intenção do legislador em tratá-las em apartado, evidenciando suas estruturas diversas, o que leva, de maneira intencional, à aplicação de regras também diversas. E isso fica ainda mais nítido quando se está diante das arras penitenciais, objeto do presente artigo.

As arras penitenciais, ao contrário do que ocorre com a cláusula penal, não são voltadas a sancionar uma conduta ilícita[120], mas sim criar um direito de arrependimento para as partes. O direito de arrependimento, conforme já estudado, relativiza o princípio do *pacta sunt servanda*, permitindo a desvinculação legítima do contrato. O valor das arras penitenciais, portanto, não configura fixação prévia de danos. A cláusula penal, diferentemente, tem como objetivo justamente evitar o ato ilícito (inadimplemento), fixando previamente os danos causados por ele.

As diferenças entre as figuras, naturalmente, são refletidas no controle do valor das arras e no da cláusula penal. A cláusula penal indenizatória possui uma dinâmica de controle própria, inclusive com normais legais para regulamentar e embasar esse controle. O ordenamento jurídico brasileiro concede um verdadeiro poder do julgador de reduzir a "pena convencional" de forma equitativa quando ela for manifestamente excessiva, nos termos do art. 413 ora em análise. Como se trata de cláusula que estabelece uma prestação futura e uma determinação antecipada do valor da indenização, a possibilidade de abusos e valores excessivos é bastante grande, o que faz com que o controle seja mais comum.

Esse aspecto da cláusula penal justifica que haja uma norma específica de controle, que, diferentemente do que defende PINTO MONTEIRO[121], não é uma norma que desencadeia um princípio de alcance geral. Pelo contrário: é uma norma excepcional que absorve os ditames da boa-fé, sendo um exemplo de sua função corretiva do conteúdo contratual. Essa norma destina-se a regular um grupo de casos específico, o grupo das obrigações que possuam

119 Conforme é possível verificar em PASSOS, Edilenice; LIMA, João Alberto de Oliveira. *Memória Legislativa do Código Civil*, vol. I. Brasília: Senado Federal, 2012, p. 116-118. Disponível em http://www.senado.leg.br/publicacoes/MLCC/pdf/mlcc_v1_ed1.pdf

120 OLIVEIRA, Nuno Manuel Pinto. *Ensaio Sobre o Sinal*. Coimbra: Coimbra Editora. 2008, p. 258.

121 MONTEIRO, António Pinto. *Cláusula penal e indenização*. Coimbra: Almedina, pp. 195-224.

cláusula penal. Desta forma, não se deve utilizá-la para controlar outras categorias jurídicas.

Neste sentido, o controle do exercício das arras penitenciais não pode utilizar os mesmos parâmetros da cláusula penal. Defende-se tal posicionamento, em especial, pois não se está diante do controle de uma sanção.[122] Assim, propõe-se que o controle dessa espécie de arras seja baseado no exercício do direito de arrependimento. O controle das arras penitenciais ocorrerá a partir da análise da legitimidade do exercício de um poder, que é um direito potestativo de arrependimento a ser exercido por uma das partes. O parâmetro será o do abuso de direito (artigo 187 do CCB)[123].

Segundo aponta JUDITH MARTINS-COSTA, os parâmetros da boa-fé também devem ser verificados quando haja pedido de resolução (*lato sensu*) do contrato[124]. Ainda que não se considere a extinção da obrigação quando haja arrependimento em caso de resolução do ponto de vista técnico, tal acepção da autora vale também para o seu exercício. Ou seja, a boa-fé em sua função corretora também deve ser utilizada como parâmetro de controle da desvinculação exercida pelas partes por meio das arras penitenciais. A extinção da obrigação, seja por qualquer motivo, deve observar os parâmetros da boa-fé, devendo ser incluída nessa noção a extinção pela dação em cumprimento operada por essa espécie de arras.

Tomando por base essa noção, o primeiro parâmetro de controle será o momento do exercício do direito de arrependimento. Conforme verificado, a desvinculação não pode coincidir ou ultrapassar o momento da execução do contrato ou do cumprimento da obrigação. Não se pode olvidar que se está perante o campo de atuação da boa-fé, e qualquer comportamento que exceda os limites por ela impostos será considerado um comportamento abusivo, merecendo assim um controle. Dessa forma, se no momento do exercício do direito de arrependimento for verificado um comportamento que viole os ditames da boa-fé, o exercício deverá ser impedido[125]. Não há nesse caso, contudo, que se falar em controle do valor das arras penitenciais, uma vez que seu próprio exercício será obstado.

Mas esse parâmetro não é único. Pergunta-se, desta forma, se será possível, considerando que o momento de exercício do direito de arrependimento foi regular, controlar o valor estabelecido pelas partes, ou seja, o preço do

---

122 Como bem aponta COSTA, Gilberto Azevedo de M. Arras. São Paulo: Almedina, 2022, p. 168.

123 RODRIGUES, Lia Palazzo. *Das Arras.* Porto Alegre: Livraria do Advogado, 1998, pp. 58-64.

124 MARTINS-COSTA, Judith. *A Boa-fé no Direito Privado*: critérios para a sua aplicação. São Paulo: Marcial Pons, 2015, p. 677.

125 CORDEIRO, António Menezes. Do abuso do direito: estado das questões e perspectivas. *Revista da Ordem dos Advogdos.* Lisboa, ano 65, v. II, set. 2005.

arrependimento. PINTO OLIVEIRA[126] é enfático ao afastar a possibilidade de controle do valor pactuado pelas partes como preço pelo arrependimento. Ele argumenta que o bem/valor não serve para sancionar uma conduta ilícita, pelo contrário, serve para definir o preço de uma conduta lícita, qual seja, o preço para o exercício do direito do arrependimento. Dessa forma, possibilitar ao julgador moderar esse valor significaria autorizar a total ingerência dele no conteúdo da declaração da vontade das partes, uma vez que tal valor foi livremente decidido pelas partes.

A princípio, o argumento do referido autor parece ser incontestável, sendo que uma redução no valor das arras penitenciais livremente acordado pelas partes poderia realmente significar uma ingerência do julgador no conteúdo do contrato. Porém, bem se sabe que nos dias de hoje não há que se falar em autonomia da vontade, mas sim autonomia privada[127], e que, ao analisar o conteúdo de alguma cláusula contratual, o julgador deve considerar os limites da autonomia das partes de acordo com o sistema jurídico, e principalmente de acordo com os limites impostos pela boa-fé. Obviamente não é salutar ou recomendável que exista um sistema jurídico em que o julgador constantemente possa modificar ou exercer ingerência no conteúdo dos contratos e obrigações, porém isso não significa que o julgador nunca deva exercer seu poder de controle.

Nesse sentido, discorda-se desse posicionamento do autor. Mesmo que se considere que o exercício em si das arras penitenciais (o direito de arrependimento) foi regular, não se pode rejeitar que o valor seja excessivo. Tal situação também deve ser considerada como abuso de direito, não em relação ao exercício das arras, e sim em relação aos efeitos de seu exercício, que tampouco podem ser abusivos. Dessa forma, caso seja verificado abuso manifesto em relação ao valor a ser retido ou recebido em dobro, o julgador deverá utilizar o artigo 187 do CCB, reconhecendo o abuso e decotando o valor considerado abusivo[128].

---

126 OLIVEIRA, Nuno Manuel Pinto. *Ensaio Sobre o Sinal.* Coimbra: Coimbra Editora. 2008, pp. 260 e 257-266.

127 Que como bem aponta VICENTE, Dário Moura. A autonomia privada e seus diferentes significados à luz do Direito Comparado. *Revista de Direito Civil*, Lisboa, ano I, n. 2, 2016, pp. 280-286, nos países do sistema romano-germânico, apesar de se basear na vontade humana, deve ser sempre exercida dentro dos limites da lei e do sistema, e não pode significar uma força absoluta da vinculatividade das obrigações.

128 Um parâmetro possível de baliza para aferir a abusividade do valor das arras pode ser, no caso de arras em dinheiro, o que prevê o artigo 67-A da Lei da 4.591/64, que impõe o limite da retenção de 50% (cinquenta por cento) dos valores pagos pelo imóvel pelo promissário comprador. Não se trata, obviamente, de regra geral. Contudo, ela pode conceder balizas ao intérprete do que poderia ser considerado abusivo em determinado caso concreto.

Além disso o principal motivo para o eventual controle das arras, com redução de seu valor, passa pela possibilidade de alteração das circunstâncias ou onerosidade excessiva[129]. Um dos principais aspectos relacionados às arras é a necessidade de tradição do valor ou objeto, devendo essa entrega sempre ocorrer anteriormente à verificação de seus efeitos. Nesse sentido, não será incomum que no momento de uma das partes exercer o direito de arrependimento, haja alguma modificação na sua situação fático-jurídica que faça com que o bem/valor dado se torne excessivo. Essa verificação superveniente do exagero do valor, seja o retido, seja o que deve ser devolvido "em dobro", ensejará o pedido da redução do valor pelo "arrependido". Caso sejam verificados os pressupostos da onerosidade excessiva (artigos 478 a 480 ou 317 do Código Civil), o juiz deverá reduzir o valor, exercendo o controle nos moldes aqui defendidos.

Tais considerações não só demonstram que existe a possibilidade de controle do valor das arras penitenciais, como também evidenciam a desnecessidade de aplicar de forma forçosa o artigo 413 do Código Civil. O ordenamento jurídico brasileiro possui mecanismos suficientes para que esse controle seja exercido, cabendo ao julgador analisar em que contexto o pedido de redução do valor do "preço de arrependimento" está sendo formulado. Caso seja em um contexto de normalidade do exercício da espécie penitencial, mas que fique evidenciado que seu valor é abusivo, o julgador deverá utilizar as normas que determinam a proibição do abuso de direito e, reconhecendo o exercício abusivo, decotar a parte excessiva, reduzindo o valor.

CONCLUSÕES

As arras penitenciais são instrumento que permitem o arrependimento aos contratantes, excepcionando, como visto, o princípio *pacta sunt servanda*. Por isso, é possível compreendê-las como "preço do arrependimento", que não consiste em indenização, mas sim no valor para que os contratantes possam não seguir a palavra dada e não mais cumprir o que foi prometido. Cria-se, assim, um direito potestativo de desvinculação, que é lícito e pode ser exercido por qualquer uma das partes até o momento de vencimento da obrigação.

Seu funcionamento está intimamente ligado a esse direito, ou seja, só ocorre quando há efetiva declaração de vontade de uma das partes em

129 BERNARDO, Nelson Raposo. Sinal da sua irredutibilidade por equidade: um problema de aplicação do artigo 812.º do Código Civil ao sinal. *Revista da Ordem dos Advogados*, Lisboa, ano 56, pp. 367-425, 1996, p. 417.

desvincular-se da obrigação. Para o *tradens* essa vontade pode ser verificada com a simples declaração direcionada para o *accipiens*, que poderá assim reter o sinal. A vontade deste, contudo, somente é verificada quando há efetiva devolução do sinal em dobro.

Seu controle, assim, está ligado ao direito que dele surge: trata-se de controle de direito potestativo, e não apenas de seu valor, como ocorre em decorrência do art. 413 do Código Civil, aplicável, salvo melhor juízo, apenas à cláusula penal. O arrependido, quando decide se desvincular, está exercendo um poder, um direito. Ele deve respeitar as regras do ordenamento jurídico. Investiga-se se o exercício do direito de arrependimento, portanto, é realizado de maneira não abusiva. Para isso, devem ser observados os ditames da cláusula geral da boa-fé objetiva, em sua função de limitação de poderes.

67. A CLÁUSULA DE CONTINUAÇÃO DA SOCIEDADE EM CASO DE MORTE DO SÓCIO

Marcelo Vieira von Adamek
Camila Bovolato Rodrigues

1. INTRODUÇÃO

A morte do sócio é a primeira e mais intuitiva hipótese de ruptura do vínculo societário. No direito vigente, à falta de uma disciplina contratual diversa, a morte de sócio traz como consequências diretas, por via de regra, a dissolução parcial da sociedade e a liquidação da participação do falecido (CC, art. 1.028, *caput*)[1], com a obrigação de pagamento de haveres aos sucessores, que se tornam credores da sociedade. Mas solução diversa é aceita pela lei atual[2], que contempla distintas

---

1 Construção essa que se fundou na exata compreensão da teoria do contrato plurilateral e, portanto, no reconhecimento de que "a saída de um sujeito é compatível com a possibilidade de continuação do grupo" (TULLIO ASCARELLI, *O contrato plurilateral* 'in' *Problemas das sociedades anônimas e direito comparado*, SP: Saraiva, 1945, p. 304). A regra atual do direito brasileiro inspirou-se diretamente no direito italiano (CC it., art. 2284), apartando-se de outras boas soluções possíveis, como as contempladas no direito português (CSC, art. 225°).

2 Anteriormente (Ordenações Filipinas, Liv. 4, Tít. 44; CCom, art. 335, n° 4; e CC/1916, art. 1.399, IV), a regra era a dissolução *total* da sociedade no caso da morte de um de seus sócios, e era fundada em uma visão excessivamente personalista da atividade social. Diversamente, e alinhando-se às mais modernas legislações e à ideia de preservação da empresa, o vigente Código Civil consagrou solução oposta à do direito anterior, isto é, previu apenas a dissolução parcial. Para ALFREDO DE ASSIS GONÇALVES NETO, o instituto da dissolução parcial foi criado justamente como resposta ao problema da morte do sócio, como forma de manter a sociedade: "Foi assim [no conflito entre a dissolução total pela morte do sócio e o princípio da preservação da

consequências quando: (***i***) há acordo entre os sócios supérstites e os herdeiros do falecido para que o substituam (inc. III)[(3)]; (***ii***) os sócios supérstites decidem pela dissolução total da sociedade (inc. II); ou (***iii***) o contrato social traz solução diversa à dissolução parcial (inc. I)[(4)]. É precisamente quanto a essa última possibilidade que se coloca a chamada *cláusula de continuação* (ou cláusula *causa mortis*) a disciplinar as condições para o ingresso dos herdeiros – de todos ou de apenas alguns deles – como novos sócios da sociedade, se estes assim o desejarem[(5)].

Não obstante a aparente simplicidade do dispositivo legal, a dissolução do vínculo societário causada pela morte do sócio e a sua sucessão são eventos geradores de complexos conflitos envolvendo a sociedade, os sócios

---

empresa] que surgiu, no âmbito do direito comercial, o instituto da dissolução parcial, precisamente para conciliar o interesse do sócio (ou de seus herdeiros), em relação ao qual a lei franqueava ou previa a dissolução da sociedade, com o interesse do conjunto dos demais sócios na manutenção de seus vínculos societários, bem como com o dos empregados na continuidade de suas relações de trabalho, do próprio Estado no desenvolvimento econômico, dos fornecedores e clientes no prosseguimento dos negócios comuns" (*Direito de empresa*, 10ª ed. SP: RT, 2021, nº 256, p. 465). Cabe a ressalva de que, para as sociedades em comandita simples há regra especial: salvo disposição contratual diversa, prevê-se que, no caso de morte de sócio comanditário (= sócios de responsabilidade limitada que não participam da gestão social), a sociedade continuará com os seus sucessores, que designarão quem os represente (CC, art. 1.050). A regra não parece ser cogente e nada impede que os sócios disponham diversamente no contrato social (p. ex., determinando a liquidação da quota do falecido ou a dissolução total da sociedade).

3 O acordo para tanto, de regra, deve se dar por escrito; mas a jurisprudência registra casos em que o comportamento concludente foi reputado suficiente. Sobre o ponto, *cf.* ainda: Giorgio Cian e Alberto Trabucchi, *Commentario breve al Codice Civile*, 6ª ed. Milano: Cedam, 2002, art. 2284, p. 2.385; e Francesco Galgano, *Diritto commerciale*, vol. II: *Le società*, 18ª ed. Bologna: Zanichelli, 2013, nº 3.12, nota 95, p. 84.

4 Pouco importando qual seja a sua regência supletiva, o art. 1.028 do Código Civil é sempre aplicável às sociedades limitadas (*cf.* por todos: Cássio Cavalli, *Sociedades limitadas: regime de circulação das quotas*, SP: RT, 2011, nº 6.2, pp. 148-150). Ademais, as opções previstas no art. 1.028 do CC não são por lei impactadas pela maior ou menor participação titulada pelo falecido.

5 Em sentido oposto, é possível cláusula que restrinja a transmissão *mortis causa* da quota social, dentre as quais se destacam a (***i***) a cláusula de intransmissibilidade – a impedir a participação dos herdeiros do sócio falecido na sociedade; (***ii***) a cláusula que contemple o falecimento dos sócios, ou de um sócio em específico, como causa de dissolução total (CC, art. 1.035); (***iii***) a cláusula que preveja a aquisição das quotas do falecido pelos demais sócio ou por um terceiro ou, ainda, a reversão das mesmas aos remanescentes (cláusula de consolidação), em ambos os casos também obstando o ingresso dos herdeiros; e (***iv***) a cláusula de condicionamento, a exigir que o adquirente da quota tenha determinadas características. Conforme Ricardo Pereira Amaro, "a introdução de tais cláusulas restritivas no contrato de sociedade permite aos contraentes fechar o grémio social à entrada de sucessíveis do sócio falecido, realçando, desse modo, o caráter personalista da sociedade que constituíram" (*Sucessão familiar na empresa e transmissão mortis causa das quotas: as cláusulas restritivas da transmissão de quotas por morte* 'in' *Direito das Sociedades em Revista*, vol. 28, p. 158). Sobre o tema, *cf.* também Talita Evangelista Silvestre, *Morte de acionista: opção de compra de ações como impedimento ao ingresso de herdeiros e de meeiro nas sociedades anônimas intuitu personae*, Dissertação de Mestrado, Fundação Getúlio Vargas, 2023.

remanescentes e os herdeiros do sócio falecido[6]. A regulação contratual da destinação das quotas em caso de morte do sócio mostra-se, nesse cenário, essencial para garantir a continuidade da atividade social, a consecução do planejamento patrimonial e a redução de conflitos[7].

As linhas que seguem procuram delinear em seus aspectos gerais a cláusula de continuação como o principal instrumento negocial de que os sócios se podem valer para lidar com esses problemas.

2. A CLÁUSULA DE CONTINUAÇÃO

2.1. Criação de um novo vínculo societário

A qualidade de sócio (*Mitgliedschaft*), o direito à membridade ou *status socii* corresponde à situação jurídica que o indivíduo ocupa na relação jurídica societária e, por efeito, o conjunto de posições jurídicas subjetivas ativas e passivas por ele titulados enquanto membro de uma específica sociedade; é, por outras palavras, a situação jurídica complexa que cada sócio retém na sociedade. Abrange, enquanto tal, posições de natureza administrativa, quando têm por objeto a participação individual na atividade comum (por exemplo,

---

6 Como atesta KARSTEN SCHMIDT, "*às* questões mais difíceis e há muito controvertidas no direito das sociedades de pessoas pertence a liquidação [do vínculo societário] e sucessão em caso de morte. Quem olha apenas a lei, irá acerca disso se espantar, porque dali parece muito simples deduzir que uma sociedade pode ser dissolvida em caso de morte, que a morte pode levar à retirada de um sócio e que a continuação com herdeiros também é possível, dependendo da forma jurídica da sociedade. Do contrato de sociedade pode resultar uma solução diversa, de modo que estamos a lidar com regras legais claramente dispositivas. Apesar dessa aparente simplicidade da situação jurídica, avolumam-se dificuldades e a literatura é praticamente incontável. Clareza ganha-se apenas quando aqui se pensa a partir das consequências jurídicas *Gesellschaftsrecht*, 4ª ed. Köln: Carl Heymanns, 2002, § 45 IV, pp. 1.331-1.332; no original: "Zu den schwierigsten und lange umstrittenen Problemen im Recht der Personengesellschaft gehört die Abwicklung und Nachfolge im Todesfall. Wer nur in das Gesetz hineinsieht, wird hierüber staunen, denn daraus scheint sich ganz einfach zu ergeben, dass eine Gesellschaft im Todesfall aufgelöst sein kann, dass der Tod zum Ausscheiden eines Gesellschafters führen kann und dass auch die Fortsetzung mit den Erben möglich ist, je nachdem um welche Gesellschaftsrechtsform es sich handelt. Aus dem Gesellschaftsvertrag kann sich ‚ein anderes' ergeben, so dass wir es mit klaren dispositiven gesetzlichen Regeln zu tun haben. Trotz dieser vordergründigen Eindeutigkeit der Rechtslage türmen sich die Schwierigkeiten, und die Literatur ist kaum übersehbar. Klarheit gewinnt man nur, wenn man von den Rechtsfolgen herdenkt".

7 A extinção do sócio pessoa jurídica (CC, arts. 51, § 3º; e 1.109) pode ser equiparada à morte do sócio pessoa natural, para o fim de aplicar aos sucessores daquela a previsão que à morte se refira? Trata-se, sobretudo, de uma interessante questão de interpretação.

o direito de voto e o poder de administrar a sociedade e representá-la perante terceiros) e posições de natureza patrimonial, que se referem à participação individual nos resultados da atividade comum, durante a vida da sociedade e no momento da sua dissolução (por exemplo, direito aos lucros e à quota de liquidação e participação nos prejuízos)[(8)].

Esta qualidade de sócio possui uma dimensão eminentemente personalíssima e, portanto, não é passível enquanto tal de transmissão hereditária, extinguindo-se com o falecimento do sócio[(9)]. Desta forma, ela não se transmite hereditariamente, e o herdeiro do sócio é, respeitando-se as exceções do art. 1.028 do Código Civil, apenas credor da sociedade, detendo um potencial direito de crédito correspondente ao resultado da liquidação das quotas e correlata apuração de haveres (CC, art. 1.031; e CPC, art. 600, I e II)[(10)].

---

8 Gian Franco Campobasso, *Diritto commerciale*, vol. II: *Diritto delle società*, 6ª ed. Torino: Utet, 2008, nº 17, p. 54.

9 *Cf.* "Herdeiros não são sócios, não se investem nessa qualidade, senão quando, por assim contratarem, entrem a fazer parte da sociedade. Só nesse momento, e nessa hipótese, é que sócios se tornam. Como sucessores do falecido, não" (Waldemar Ferreira, *Compêndio das sociedades mercantis*, vol. I, 3ª ed. RJ: Freitas Bastos, 1949, p. 171). *Cf.* ainda: Alfredo de Assis Gonçalves Neto e Erasmo Valladão Azevedo e Novaes França, *Empresa individual de responsabilidade limitada e sociedade de pessoas* 'in' *Tratado de direito empresarial* – coord. Modesto Carvalhosa, vol. II, 2ª ed. SP: RT, 2018, p. 474; Alfredo de Assis Gonçalves Neto, *Direito de empresa*, cit., nº 227, p. 422; Josias Correia Barbosa, *Da intransmissibilidade do estado de sócio*, RDM 4/19, p. 20; Hernani Estrella, *Apuração de haveres*, RJ: J. Konfino, 1960, p. 70; Pontes de Miranda, *Tratado de direito privado*, tomo XLIX, 3ª ed. SP: RT, 1984, §5.189, p. 149; e Luiz da Cunha Gonçalves, *Tratado de direito civil*, Coimbra: Coimbra, 1933, nº 992, p. 320. *Cf.* nos tribunais: "A transmissão da herança não implica a transmissão do estado de sócio" (STJ, REsp 537.611-MA, 3ª Turma, Rel. Min. Nancy Andrighi, v.u., j. 05.08.2004). *Cf.* também: "A aquisição da quota, pela sua inclusão na meação da viúva, ou na legítima do herdeiro, não confere àquela nem a este, automaticamente, a condição de sócio" (RJTJRS 123/328). *Cf.* ainda sobre o tema: STJ, REsp 127.312-SP, 3ª Turma, Rel. Min. Ari Pargendler, v.u., j. 25.09.2000, DJ 30.10.2000, JSTJ 140/114; e STJ, REsp 248.269-RS, 3ª Turma, Rel. Min. Eduardo Ribeiro, v.u., j. 02.05.2000, DJ 19.06.2000, RSTJ 136/296 e JSTJ 135/231; e RJTJRS 93/367. Mas, em sentido contrário, havendo cláusula de continuação, *cf.*: "Uma vez existente cláusula de continuidade no contrato social, o herdeiro do sócio falecido passa a compor, automaticamente, o quadro societário" (TJSC, AC 2003.026997-5, 3ª Câm. de Dir. Com., Rel. Alcides Aguiar, j. 14.04.2005) *Cf.* ainda: TJSC, AC 2003.025170-7, 2ª Câm. de Dir. Com, Rel. Des. Nelson Schaefer Martins, v.u., j. 01.09.2005.

10 *Cf.*: "Em face da impossibilidade de ocupá-la, os herdeiros passaram a ter um verdadeiro e próprio direito de crédito contra a sociedade" (Orlando Gomes, *Sucessão na condição de socio*, 'in' *Questões mais recentes de direito Privado: Pareceres*, SP: Saraiva, 1988, § 37, p. 352). *Cf.* ainda no mesmo sentido: Alfredo de Assis Gonçalves Neto, *Direito de empresa*, cit., n° 227, p. 423; Spencer Vampré, *Tratado elementar de direito comercial*, vol. I, RJ: F. Briguiet & Cia, 1921, §134, III, p. 450; Raul Ventura, *Sociedades comerciais: dissolução e liquidação*, Lisboa: Ática, 1960, p. 400; e Priscila M. P. Corrêa da Fonseca, *Dissolução parcial, retirada e*

Essa é a regra geral, que não é alterada pela cláusula de continuação. Em sua essência, a cláusula de continuação é o acordo *inter vivos* que disciplina a transmissão *mortis causa* da participação societária aos herdeiros do sócio pré-morto e os direitos que a este assistem perante a sociedade e demais sócios[11].

A relevância da cláusula de continuação no contexto societário é, portanto, por demais evidente: ela evita, ou pode evitar, a necessidade de apuração dos haveres do falecido própria da dissolução parcial, permitindo aos herdeiros a sua admissão ao quadro social. Para a sociedade, ela evita a possível descapitalização, especialmente preocupante quando o sócio falecido detém uma participação significativa no capital social. Para os herdeiros, ela proporciona um meio facilitado para que ingressem na sociedade e, com isso, desfrutem dos resultados de suas atividades, sendo assim um eficiente mecanismo de planejamento sucessório[12].

Mas que se note: em termos técnicos, a despeito de sua denominação, a cláusula de continuação não implica propriamente uma "continuação" do vínculo societário do sócio pré-morto[13] – que é personalíssimo e, portanto, impossível de ser herdado –, mas sim a *constituição de uma nova relação societária* com seu herdeiro. O herdeiro, nesse contexto, adquire eventualmente uma posição jurídica na sociedade a título *originário*, como um novo sócio – com a peculiaridade de que seu ingresso se dá por ato de adesão em sociedade já constituída, não estando obrigado a contribuir novamente para a formação do capital social, caso seu predecessor já o tenha integralizado[14].

---

exclusão de sócio no novo Código Civil, 2ª ed. SP: Atlas, 2003, nº 2.2, p. 67. *Cf.* nos tribunais: "Os herdeiros não são sócios, mas credores" (STF, RE 29.331-BA, Tribunal Pleno, Rel. Min. VICTOR NUNES, v.u., j. 19.06.1961).

11 Entenda-se bem: "não se trata de disposição a causa de morte, mas sim de efeito de negócio jurídico entre vivos" (PONTES DE MIRANDA, *Tratado de direito privado*, tomo XXVI, RJ: Borsoi, 1959, § 3.158, nº 9, p. 241).

12 Por outro lado, os possíveis inconvenientes decorrentes da obrigação de admitir herdeiros ao convívio societário também devem ser levados em conta. Como bem anotava CESARE VIVANTE, o pacto de continuação "obriga os sócios sobreviventes a suportar a companhia dos herdeiros que, por seu número, por sua menoridade, por sua posição social e por seu valor moral e econômico, podem diminuir o vigor e o crédito da empresa social" (*Trattato di diritto commerciale*, vol. II, Milano: Francesco Vallardi, 1924, nºs 724-726). *Cf.* em sentido análogo: J. M. DE CARVALHO SANTOS, *Código civil brasileiro interpretado*, vol. XIX, 3ª ed. RJ: Freitas Bastos, 1946, p. 128.

13 Isto implica que o beneficiário de uma cláusula de continuação não pode exercer direitos próprios de sócio anteriormente detidos especificamente pelo sócio falecido, nem são imputadas a ele circunstâncias antes atribuídas ao sócio anterior, como situações de impedimentos ou exercícios de cargos que competiam ao predecessor.

14 *Cf.*: "A participação dos herdeiros na empresa, no lugar do sócio falecido, ocorre em virtude da adesão dos herdeiros ao contrato social: não *iure hereditatis*, mas *inter vivos*" (NICOLA FACCHIN, *Commentario delle società* – coord. Giovanni Grippo, tomo I, Torino: Utet, 2009, nota 2284-2, p. 127). *Cf.* ainda: FRANCESCO GALGANO, *Diritto commerciale*, vol. II: *Le società*, cit., nº 3.12, p. 84; e GIUSEPPE FERRI, *Delle società*, Bologna: Nicola Zanichelli, 1955, p. 227 – assentando que

2.2. Necessidade de aceitação do herdeiro beneficiário

Como expressão da autonomia privada e do princípio da relatividade dos contratos, a cláusula de continuação não gera automaticamente todos os seus efeitos após o falecimento de um determinado sócio. Sua plena eficácia está sujeita à manifestação de vontade do sucessor(15). O ingresso na sociedade é, para este, sempre uma faculdade, e não uma obrigação, e em hipótese alguma o herdeiro pode ser constrangido ou obrigado a assumir o *status socii*, sob pena de ter-se, em última análise, a infringência ao próprio princípio constitucional da liberdade de associação (CF, art. 5º, XX)(16).

De outro lado, e inversamente, os sócios remanescentes, enquanto partes do negócio jurídico consubstanciado no contrato social, não têm, de regra, o poder de impedir a entrada do herdeiro que assim deseje, se a tanto tiverem se obrigado (e, pois, dependendo da modelagem da cláusula de continuação, conforme adiante será explicado). De maneira geral, se sócios remanescentes tiverem prestado o seu prévio assentimento à admissão de herdeiros e restando apenas a estes optar pelo ingresso, não será dado aos remanescentes retroceder

---

"a qualidade de herdeiro é apenas um *pressuposto* para a aquisição de qualidade de sócio, porquanto esta se verifica apenas como consequência da *adesão* ao contrato social, e cada herdeiro assume uma posição autônoma e distinta do outro coerdeiro".

15 *Cf.* na doutrina clássica brasileira: "[N]ão parece duvidoso que a clausula é facultativa para o herdeiro. Se se trata de herdeiros legítimos, e claríssimo que o disposto no contrato não lhes pode modificar o direito, que procede de lei. Se o herdeiro é testamentário, e no testamento não se repetir a cláusula, como condição da herança, também o contrato será para ele *res iter alios acta*. Como bem diz Paul Pont, essa cláusula não é, absolutamente, obrigatória para o herdeiro, que foi estranho ao acordo, e a aceitação da herança não implica a aceitação da cláusula do contrato de sociedade, que lhe propõe a continuação dela com seu ingresso" (Clovis Bevilaqua, *Manual do Código Civil brasileiro*, vol. XIV, RJ: Jacintho Ribeiro dos Santos, 1918, nº 183, p. 174). *Cf.* ainda, p. ex.: José Waldecy Lucena, *Das sociedades limitadas*, 5ª ed. RJ: Renovar, 2003, p. 336. M. I. Carvalho de Mendonça, *Doutrina e prática das obrigações*, 4ª ed. RJ: Forense, 1956, vol. II, nº 684, p. 364; Orlando Gomes, *Contratos*, 27ª ed. RJ: Forense, 2019, nº 129, p. 196; e Josias Correia Barbosa, *Da intransmissibilidade do estado de sócio*, RDM 4/21. *Cf.* nos tribunais: TJSP, AI 21805485420218260000, 1ª Câm. Res. Dir. Emp., Rel. Des. Cesar Ciampolini, v.u., j. 25.10.2021. *Cf.* na doutrina estrangeira: Gian Franco Campobasso, *Diritto commerciale*, vol. II, cit., nº 26, p. 115; e Giuseppe Ferri, *Delle società*, cit., p. 235 – destacando que "a participação do herdeiro na sociedade, mesmo quando prevista no contrato social, é sempre um direito pessoal do herdeiro, e depende exclusivamente de sua vontade, ainda que a assunção de uma obrigação pelo sócio falecido possa influenciar essa vontade" (no original: "la partecipazione dell'erede alla società, anche quando sia prevista nell'atto costitutivo, è sempre una facoltà personale dell'erede, e dipende esclusivamente dalla volontà di questo, anche se su tale volontà possa avere una influenza l'assunzione di un obbligo da parte del socio defunto").

16 *Cf.* sobre o ponto: TJDF, EI 2001.01.1.060405-0, 3ª CC., Rel. Des. Mário Belmiro Rosa, m.v., j. 18.09.2006.

em seus compromissos[17]. Inclusive, não é de se excluir o cabimento de medidas de tutela específica da obrigação compreendida na cláusula de continuação quando impositiva para os sócios supérstites. Com a assunção da posição de herdeiro após o falecimento do sócio em sociedade que contenha cláusula de continuação pela qual os remanescentes tenham prestado o seu prévio assentimento à admissão do herdeiro, surge para este a pretensão de ser aceito como sócio[18].

2.3. Limites decorrentes do caráter *intuitu personae*?

Poder-se-ia questionar, no entanto, se a formação de novo vínculo societário com o herdeiro se amolda ao caráter *intuitu personae* típico das sociedades de pessoas. A resposta é, em qualquer cenário, positiva. Se a cláusula condicionar a aceitação dos herdeiros ao ulterior assentimento dos sócios remanescentes, *tollitur quaestio*. Mas, ainda quando a cláusula de continuação restrinja apenas ao herdeiro a opção pelo ingresso ou não, pouco resta a debater. Afinal, terá sido no momento da própria inclusão da cláusula de continuação no contrato social que os sócios terão prestado o seu prévio assentimento à futura entrada de herdeiros de sócio na sociedade e, se tal vir a suceder, o que se terá é precisamente o ingresso (consentido) de quem, juridicamente, foi previamente admitido à nela ingressar, sem que isso contrarie o seu eventual caráter *intuitu personae*. Por outras palavras, da mesma forma como a cessão consentida de quota a terceiro ingressante (CC, arts. 1.003 e 1.057) não abala a natureza pessoal da relação societária, a transmissão *causa mortis* a quem de antemão os remanescentes prestaram o seu assentimento não merece outra qualificação.

Em doutrina, há quem entenda que, apesar disso, de modo a preservar o caráter *intuitu personae* e evitar a entrada de terceiros estranhos à sociedade, a cláusula só seria eficaz em relação a herdeiros legítimos, excluídos assim os

---

17 É válida a provocação de EGBERTO LACERDA TEIXEIRA, quando indagou: "subordinar a continuação da sociedade com os herdeiros do sócio falecido à concordância recíproca destes e dos sócios sobreviventes não será, em grande parte, esvaziar o conteúdo da clausula contratual?" (*Da sociedade por quotas de responsabilidade limitada*, 2ª ed. SP: Quartier Latin, 2006, nº 114, p. 254). *Cf.* ainda: FRAN MARTINS, *Sociedade por quotas no direito estrangeiro e brasileiro*, vol. II, RJ: Forense, 1960, nº 295, p. 664; e JOSÉ WALDECY LUCENA, *Das sociedades limitadas*, cit., p. 357. Na jurisprudência, *cf.*: TJSC, AC 20110647912, 3ª Câm. de Dir. Civ., Rel. Des. MARIA DO ROCIO LUZ SANTA RITTA, v.u., j. 27.09.2011.

18 *Cf.*: NATÁLIA CRISTINA CHAVES, *O falecimento do sócio na sociedade limitada* 'in' *Civitas*, 4/2013, p. 13 – indicando "uma sentença substituiria a declaração de vontade do referido sócio, viabilizando a formalização e consequente registro da alteração contratual de direito". *Cf.* nos tribunais, com orientação restritiva: TJSP, Ap. 0143660-34.2009.8.26.0100, 4ª Câm. Dir. Priv., Rel. Des. FÁBIO QUADROS, v.u., j. 22.05.2014.

herdeiros apenas testamentários e os legatários(19). Outros, porém, não fazem distinção entre os herdeiros testamentários e os legítimos, argumentando simplesmente que "a lei não distingue entre as duas classes"(20). A nosso ver, a resposta a essa questão pressupõe, antes de tudo, a interpretação da própria cláusula (CC, art. 112), para definir em concreto a sua amplitude e, com isso, determinar se por meio dela se pretendeu restringir o assentimento à admissão de herdeiros necessários, e não outros; se só a herdeiros legais, mas não os testamentários; se só a herdeiros, e não legatários *etc.*

Em larga medida, todas as questões aqui levantadas exigem atenção e cautela do redator da cláusula para que obvie incertezas e evite – ou circunscreva – debates futuros.

3. MODELAGENS DA CLÁUSULA DE CONTINUAÇÃO

Dado o amplo campo de autonomia assegurada pelo ordenamento jurídico à livre modelagem negocial, uma enumeração exaustiva das possíveis conformações da cláusula de continuação seria inviável. Ainda assim, em grandes linhas, poder-se-ia classificá-la em grandes grupos, que abrangem as cláusulas de continuação (*i*) facultativa; (*ii*) obrigatória; e (*iii*) a cláusula de sucessão automática(21). Adicionalmente, poder-se-ia ainda pensar em uma (*iv*) cláusula de continuação de mera sugestão ou de dupla faculdade – que, como se verá, possui reduzida aplicação prática.

3.1. Cláusula de continuação 'facultativa'

Nesta modalidade, a cláusula confere aos herdeiros a faculdade de ingressar na sociedade; caso estes não manifestem o interesse em se tornar sócios,

19 *Cf.:* José Waldecy Lucena, *Das sociedades limitadas*, cit., p. 356, nota nº 99; e Egberto Lacerda Teixeira, *Da sociedade por quotas de responsabilidade limitada*, cit., nº 115, p. 255.

20 Clovis Bevilaqua, *Manual do Código Civil brasileiro*, vol. XIV, cit., nº 183, p. 173. *Cf.* também: J. M. de Carvalho Santos, *Código civil brasileiro interpretado*, vol. XIX, cit., p. 137; e Luiz da Cunha Gonçalves, *Tratado de direito civil*, cit., nº 992, p. 317.

21 Quanto à existência dessas três modelagens da cláusula, *cf.*: Gian Franco Campobasso, *Diritto Commerciale*, vol. II, cit., pp. 115-116; Luiz da Cunha Gonçalves, *Tratado de Direito civil: em comentário ao Código Civil Português*, cit., pp. 315-316; J.M. de Carvalho Santos, *Comentários ao art. 1.402 do CC/16 'in' Código civil Brasileiro Interpretado*, vol. XIX, cit., p. 137; Giuseppe Ferri, *Commentario del Codice civile* – a cura di Antonio Scialoja e Giuseppe Branca. Bologna: Nicola Zanichelli editore, 1955, 1955, pp. 230-231; e Franco di Sabato, *Società in generali – società di persone 'in' Tratatto di diritto civile del Consiglio Nazionale del Notariato*, Napoli: Edizione Scientifiche Italiane, 2004, p. 185.

opera-se a dissolução parcial da sociedade e a liquidação da quota, com o recebimento de seu correspondente pecuniário[22]. No caso de pluralidade de herdeiros, em que apenas alguns desejam fazer parte da sociedade, de regra a liquidação opera-se em relação apenas à parcela referente à participação daqueles que optaram por não se associar (CPC, art. 600, I), sendo em todo caso necessário, através de interpretação, verificar a extensão em que a substituição de sócios entre herdeiros se faz viável.

Essa forma de cláusula de continuação consubstancia autêntica estipulação em favor de terceiro, regida pelos arts. 436 a 438 do Código Civil. O estipulante (sócio) contrata em nome próprio, objetivando a criação de um direito para o terceiro beneficiário (determinado ou determinável – isto é, o herdeiro), que o adquire tão somente por vontade dos contratantes (os sócios), emanada quando da assinatura do contrato social que contém a cláusula. Assim, com o falecimento do *de cujus* e a aceitação da herança pelo herdeiro, uma posição ativa é atribuída a seu patrimônio: embora não seja parte do contrato, o herdeiro pode exigir o cumprimento da obrigação assumida pelos devedores, os sócios supérstites (CC, art. 436, parágrafo único). Em casos que tais, o cabimento da execução específica é, via de regra, indisputável: o herdeiro (terceiro beneficiário) pode exigir seu ingresso na sociedade[23].

3.2. Cláusula de continuação 'obrigatória'

Assim como no caso da cláusula facultativa, na hipótese de cláusula de continuação dita "obrigatória", a aceitação do ingresso do sócio herdeiro na sociedade continua a ser impositiva para os sócios remanescentes, se o herdeiro assim optar, cabendo também, como regra, a execução específica. O problema surge quando porventura o herdeiro não queria fazê-lo.

E o problema reside precisamente no fato de que, nessa modelagem, a cláusula de continuação configura-se como autêntica promessa de fato de terceiro (CC, arts. 439 e 440), em que o promitente (sócio falecido) assumiu perante a sociedade a promessa de que o terceiro herdeiro viria a participar da

---

22 A jurisprudência traz um exemplo dessa cláusula: "Em caso de falecimento, retirada, interdição ou inabilitação de qualquer dos sócios, a sociedade não se dissolverá, procedendo-se um balanço geral, no prazo de 30 (trinta) dias do evento, para apuração dos lucros e perdas. A parte correspondente ao sócio retirante, falecido ou tutor, será oferecida, em preferência, ao cônjuge e herdeiros do mesmo" (TJDF, AP 07218385620188070001, 7ª Turma Cível, Rel. Des. Leila Arlanch, v.u, j. 11.12.2019).

23 Sobre a possibilidade de execução específica movida pelo terceiro beneficiário em geral, *cf.*: Pontes de Miranda, *Tratado de direito privado*, vol. XXVI, cit., § 3.153, 3, p. 210; e Luciano de Camargo Penteado, *Efeitos contratuais perante terceiros*, SP: Quartier Latin, 2007, cit., p. 142.

sociedade quando da morte do promitente[24]. A simples promessa, por parte do promitente, de que quando do seu falecimento o seu herdeiro iria tornar-se sócio obviamente não obriga este a tanto, por não ser possível prescindir de sua declaração de vontade (CC, art. 440). O herdeiro apenas passa a fazer parte da relação societária se com a promessa anuir, situação em que passa a responder pessoalmente pelo adimplemento da obrigação.

Contudo, se o terceiro se recusar a executar o que fora prometido pelo promitente, ou seja, se não ingressar na sociedade como sócio, quando muito *o espólio* do promitente poderá, em tese, responder pelas perdas e danos (CC, art. 439, *caput*)[25]. O herdeiro, porém, não poderá ser obrigado a ingressar na sociedade contra a sua vontade[26].

3.3. Cláusula de continuação automática

Na hipótese de cláusula de continuação automática, ter-se-ia a situação em que os herdeiros supostamente passariam a fazer parte da sociedade automaticamente com a só abertura da sucessão e a ulterior aceitação da herança, sem que se exigisse um ulterior consentimento específico do herdeiro ou dos sócios remanescentes para o ingresso na sociedade. Como facilmente se nota, em semelhante cenário, para não ingressar na sociedade, o herdeiro precisaria recusar a herança. E mais: não haveria como enjeitar apenas a cláusula de continuação, e aceitar a herança[27].

---

24 Giuseppe Ferri é categórico quanto à caracterização dessa cláusula como promessa de fato de terceiro (*Delle società*, cit., p. 234).

25 A responsabilidade do promitente é de difícil caracterização na prática; será por demais difícil demonstrar perdas e danos (em tese, ademais, seria possível cogitar da previsão de cláusula penal). No plano teórico, porém, dado que essa responsabilidade vai recair sobre a herança e, com isso, os seus efeitos indiretos serão sentidos pelo herdeiro, uma força indutiva poderá aí se verificar.

26 Como explica Giuseppe Ferri, "como se trata de uma promessa de fato do terceiro, ele não é obrigado a participar da sociedade; ele é obrigado apenas como herdeiro, ilimitado ou *intra vires*" (*Delle società*, cit., pp. 234-235). *Cf.*, também, Franco di Sabato, *Società in generali – società di persone*, cit., pp. 185-186.

27 Tratando dos efeitos de uma tal estipulação, destacou-se que "se os herdeiros substituem o sócio a título hereditário (...) aos herdeiros não é dado rejeitar a cláusula que os obriga a suceder o 'de cujus' na sociedade. Não se pode aceitar ou renunciar a herança em arte, sob condição, ou a termo diz o art. 1.583, do Código Civil. Repudiando a cláusula, terão renunciado a herança" (Mário Moacyr Porto, *Da continuação da sociedade comercial com os herdeiros do sócio falecido* RT 228/36). Ou seja, diante desta cláusula, os herdeiros "não podem aceitar a sucessão sem entrarem *ipso facto*, na sociedade, pois esta não contém somente direitos e benefícios, a que seja facultativo renunciar, mas também obrigações entre as quais a de não provocar a dissolução, sem outro motivo poderoso, previsto na lei" (J. M. de Carvalho Santos, *Código civil brasileiro interpretado*, vol. XIX, cit., p. 137).

Uma cláusula de sucessão automática, porém, mal se amoldaria ao regime de circulação das participações societárias prevista no Código Civil e, antes e acima disso, conflitaria com o benefício de herança (CC, art. 1.792) e com o princípio da liberdade de associação. É, por isso, largamente repudiada pela doutrina[28].

3.4. Cláusula de continuação de mera sugestão (ou de dupla faculdade)

Para além dessas três modulações, uma quarta, menos discutida, ainda pode ser delineada com base no que se depreende dos escritos e julgados sobre a cláusula de continuação. Nesta, haveria a necessidade de concordância dos sócios e também dos herdeiros quando da morte do sócio – uma exceção à obrigatoriedade da cláusula aos sócios supérstites[29]. Esta modalidade pode ser denominada "cláusula de mera sugestão" ou "cláusula de dupla faculdade", dada a impossibilidade de execução específica.

Tal modalidade se coloca como proposta de conciliação dos diversos entendimentos sobre a necessidade de aceitação tanto dos herdeiros quanto dos sócios sobreviventes para a válida entrada dos primeiros à sociedade após a morte do *de cujus*, ponto mais polêmico das discussões sobre a cláusula.

Embora sua estipulação seja possível, a necessidade do duplo consentimento (especialmente o dos sócios sobreviventes) faz com que a cláusula sirva apenas como orientação, com reduzida eficácia prática. Para Lacerda Teixeira, ela "simplesmente acenaria com solução que os sócios sobreviventes e os herdeiros poderiam, sempre e em qualquer circunstância, adotar"[30]. Seria, pois, desprovida de reais efeitos.

---

28 Ao menos o fundamento calcado no benefício da herança poderia ser questionado quanto ao legatário e àquele que não seja herdeiro necessário. Apesar disso, e também pelos demais fundamentos, o entendimento prevalente é no sentido de que uma continuidade automática e obrigatória nãos seria viável de impor. Sobre o tema, *cf.*: Giorgio Cian e Alberto Trabucchi, *Commentario breve al Codice Civile*, cit., art. 2284, p. 2.385; e Barbara Petrazzini, *Lineamenti di diritto commerciale* – coord. Gastone Cottino, 3ª ed. Torino: Zanichelli editore, 2022, p. 250 – a indicar que, perante o direito italiano, a doutrina majoritária é contrária à cláusula de continuação automática, embora haja jurisprudência em sentido diverso; e Franco di Sabato, *Società in generali – società di persone*, cit., p. 185 – que ressalta que essa modelagem é contrária ao art. 458 do Codice Civile e, portanto, nula.

29 A jurisprudência traz um exemplo desse tipo de modulação: "Mediante o acordo com os sócios supérstites, os herdeiros poderão ingressar na sociedade, caso não haja impeditivo legal quanto a sua capacidade jurídica" (TJPR, AI 1726020-7, 11ª Câm. Cível, Rel. Des. Sigurd Roberto Bengtsson, v.u., j. 09.05.2018).

30 Egberto Lacerda Teixeira, *Das sociedades por quotas de responsabilidade limitada*, cit., nº 114, p. 254. Analogamente, *cf.*: José Waldecy Lucena. *Das sociedades limitadas*, cit., p. 362.

4. SITUAÇÃO JURÍDICA DOS SUCESSORES ENQUANTO NÃO ADMITIDOS À SOCIEDADE

Como mencionado, com o falecimento do sócio, o *status socii* não se transmite aos herdeiros. Em vez disso, o que passa como herança são exclusivamente os direitos patrimoniais do defunto – o direito sobre a quota social e eventuais direitos sobre lucros declarados e não distribuídos, por exemplo. Até que ocorra a partilha, judicial ou extrajudicial, os herdeiros são considerados condôminos na herança que, neste estágio inicial, é indivisível (CC, art. 1.791), constituindo-se como uma massa de ativos e passivos deixados pelo falecido, denominada espólio.

Sendo assim, na existência de cláusula de continuidade, no período entre o falecimento e aceitação pelo herdeiro a quota do falecido permanece indivisa, sob regime de copropriedade, enquanto pendente o inventário e, portanto, até que se ultime a partilha ou adjudicação(31). Durante esse período, cabe ao inventariante o exercício dos direitos da comunhão hereditária sobre a quota. Assim, quando da morte do sócio, "caberá ao espólio, representado pelo inventariante, administração transitória da quota enquanto se apuram os haveres e a divisão do espólio"(32).

Ao fazê-lo, porém, deve o inventariante sempre considerar os interesses dos sucessores, credores da participação social; e, no caso de pluralidade de sucessores, da maioria deles. Isso porque ao regime de copropriedade da herança aplicam-se as regras do condomínio (CC, arts. 1.056, § 1º, e 1791, parágrafo único) e, portanto, é de acordo com a vontade (legítima) da maioria(33). De toda forma, à vista da própria natureza transitória da sua posição, não cabe ao

---

31 Conforme explica ORLANDO GOMES, "quando, por morte de alguém, passa seu patrimônio a vários herdeiros, permanece ele indiviso até a partilha. Todos os sucessores a título universal, chamados a recolher a herança, tornam-se *contitulares* dos direitos e obrigações integrantes do '*universum jus*'. Constitui-se, em suma, a *comunhão hereditária.* (...) Formam a comunhão hereditária os direitos reais transmitidos pelo '*de cujus*', créditos e débitos de que era titular como sujeito ativo ou passivo" (*Sucessões*, 6ª ed. RJ: Forense, 1986, nº 246, pp. 310-311).

32 *Cf.*: STJ, REsp 1.422.934-RJ, 3ª Turma, Rel. Min. NANCY ANDRIGHI, m.v., j. 14.10.2014, ressaltando também que "o espólio não será sócio da empresa, mas cumprirá, até a conclusão da partilha, o papel social". Analogamente, *cf.*: STJ, REsp 274.607-SP, 3ª Turma, Rel. Min. HUMBERTO GOMES DE BARROS, v.u., j. 22.02.2005; e TJRS, AI 70073125692, 21ª Câm. Cív., rel. Des. ALMIR PORTO DA ROCHA FILHO, j. 26.04.2017. Na doutrina *cf.*: ALFREDO DE ASSIS GONÇALVES, *Direito de empresa*, cit., nº 207, p. 254

33 *Cf.* sobre o tema: NELSON EIZIRIK, *A Lei das S/A comentada*, vol. I, 2ª ed. SP: Quartier Latin, 2015, p. 221; EDUARDO DE OLIVEIRA LEITE, *Comentários ao novo Código Civil*, vol. XXI, RJ: Forense, 2003, p. 66; PAULO PENALVA SANTOS, *Comentários ao Código Civil brasileiro*, vol. IX, RJ: Forense, 2005, p. 326; e MARCO AURÉLIO S. VIANA, *Comentários ao novo Código Civil*, vol. XVI, RJ: Forense, 2004, p. 360.

inventariante tomar iniciativas arrojadas ou arriscadas no seio da sociedade(34), exceto quando expressamente autorizado pela maioria ou, quando o caso, pelo próprio juízo do inventário[35]; de regra, porém, deve tão somente garantir seu curso ordinário no interesse dos herdeiros, mantendo, portanto, os cuidados próprios daquele que administra (mesmo que transitoriamente) patrimônio de terceiros, perante os quais tem deveres fiduciários(36).

Com o fim da partilha os direitos próprios de sócio deixam de ser exercidos pelo espólio, passando àqueles herdeiros que tenham decidido por adquirir o *status socii.*

No entretempo, os herdeiros de sócios - que não são como um credor qualquer(37) - podem exercer os direitos próprios da sua condição de credores e, portanto (e na extensão em que a sua posição jurídica necessite), até mesmo exercer certos direitos de fiscalização sobre aqueles que exercem a gestão social(38).

---

34 *Cf.*: HAMILTON DE MORAES E BARROS, *Comentários ao Código de Processo Civil*, vol. IX, 4ª ed. RJ: Forense, 1993, nº 139, p. 13.

35 *Cf.*: GERSON FISCHMANN, *Comentários ao Código de Processo Civil*, vol. XIV, SP: RT, 2000, p. 66; e HAMILTON DE MORAES E BARROS, *Comentários ao Código de Processo Civil*, vol. IX, cit., p. 131.

36 Note-se que o inventariante, em qualquer caso, não é representante do sócio falecido; o espólio não é continuação do falecido, que deixa de existir enquanto sujeito de direito, e, sim, uma comunhão que se forma com a abertura da sucessão e que só se extingue com a partilha. Assim, o inventariante na realidade é um representante da comunhão dos herdeiros, titulares em comum da herança indivisa, a eles transferida como um todo à luz do art. 1.791 do Código Civil.

37 *Cf.*: GASTONE COTTINO, *Diritto commerciale*, vol. I – tomo 2°: *Le società*, 4ª ed. Padova: Cedam, 1997, nº 41.2, p. 136.

38 Sobre o tema, *cf.*: TJSP, AI 2205912-33.2018.8.26.0000, 2ª Câm. Dir. Emp., Rel. Des. MAURICIO PESSOA, v.u., j. 26.11.2018 (admitindo fiscalização em geral); e TJSP, Ap. 1000504-44.2014.8.26.0698, 2ª Câm. Dir. Emp., Rel. Des. FÁBIO TABOSA, v.u., j. 12.11.2018 (negando prestação de contas).

68. *FORCE MAJEURE* E *HARDSHIP CLAUSES* NOS CONTRATOS INTERNACIONAIS DE TRANSPORTE DE COISAS

Marco Fábio Morsello

INTRODUÇÃO

De proêmio, como é cediço, o tempo, no tempo, mudou com o tempo. Nesse contexto, a função preventiva da responsabilidade civil, aliada à teoria da alocação dos riscos, afiguram-se fundamentais, na medida em que, mesmo à luz de visão prospectiva, muito embora possamos gerir o risco e mitigar suas consequencias, não há como eliminá-los do devir humano.

Forte em tais premissas, as force majeure e hardship clauses denotam relevância inconcussa e crescente, com influência da common law e cuja força expansiva transcendeu para o transporte internacional de coisas.

Sobreleva acrescentar, por oportuno, que a globalização e internacionalização do transporte de coisas deu gênese à profícua uniformidade de usos e costumes do tráfego contratual, de modo a impingir segurança jurídica e mitigação de custos de transação. No entanto, os desafios que promanam de contingências incontroláveis, como, e.g, a pandemia, considerada fato social total e o conflito bélico entre Rússia e Ucrânia, impõem ao operador do direito efetivo conhecimento da estrutura e funcionalização das cláusulas contratuais correlatas.

1. CASO FORTUITO E FORÇA MAIOR NO SISTEMA DA *COMMON LAW*

1.1 Considerações iniciais e perspectivas evolutivas

Inicialmente, impende registrar que, no sistema da *common law*, o instituto jurídico da força maior desenvolveu-se paralelamente à incidência preponderante e à aplicação rigorosa do princípio *pacta sunt servanda*, tradição essa que impõe uma minudente análise dos requisitos para operação do referido instituto.

Com efeito, bem ilustra esse contexto o julgamento do conflito de interesses *Paradine vs. Jane*, pela *Court of King's Bench*, em 1647, cuja influência para a evolução da doutrina e dos precedentes posteriores é notória.

Nesse contexto, TREITEL relata que, no precedente mencionado, a impossibilidade superveniente não foi reconhecida, pois os riscos e deveres teriam sido assumidos contratualmente. Cuidava-se de ação em face de arrendatário de uma fazenda para que efetuasse o pagamento do aluguel estipulado no contrato. Em defesa, sustentou o réu que o aluguel seria inexigível em determinado período, devido a ato do Príncipe Rupert, estrangeiro inimigo do rei, que ocupou o terreno, impedindo-o de fruir dos benefícios do arrendamento[1].

Conforme observa McKENDRICK, reconheceu-se que:

> [...] quando a parte se compromete contratualmente ao implemento de uma obrigação, independentemente da ocorrência de acidente inevitável, há responsabilidade pelo cumprimento, uma vez que a tomada de providências contra eventos imprevisíveis é um dever contratual[2].

Deveras, tradicionalmente, no sistema da *common law*, configura-se, portanto, a responsabilidade de natureza objetiva – *strict liability* – daquele que, por contrato, obrigou-se a uma prestação, não adimplida por caso fortuito ou força maior.

Nesse diapasão, pondera BRUNNER que os compromissos contratuais são garantias, de modo que as partes, caso não queiram se vincular a um risco,

---

1 TREITEL, Guenter H. *Frustration and force majeure*. 3. ed. London. Thomson: Sweet & Maxwell, 2014. p. 19.

2 McKENDRICK, Ewan. *Force majeure and frustration*. 2. ed. London: Lloyd's of London Press (LLP), 1995. p. 3. Tradução livre da versão original, "*when the party by his own contract creates a duty or charge upon himself, he is bound to make it good, if he may, notwithstanding any accident by inevitable necessity, because he might have provided against it by his contract*". No mesmo sentido, BEATSON, Jack; FRIEDMANN, Daniel. *Good faith and fault in contract law*. Oxford: Clarendon Paperbacks, 2002. p. 357.

deverão especificamente excluir sua responsabilidade em cláusula contratual. Essa leitura, porém, não é incontornável, salienta o autor, pois a responsabilidade nem sempre é ilimitada, ainda que ausente cláusula nesse sentido[3].

Nessa mesma linha, CHARLES FRIED anota que a promessa é a base moral e evolutiva do contrato, que já se divisava na lealdade à palavra dada desde a Antiguidade[4], consubstanciando-se o núcleo duro da obrigação contratual em prol da circulação econômica da riqueza. Esta, entretanto, anota o autor, deve conviver com a cooperação e a consideração recíprocas[5].

Cuida-se de entendimento que se coaduna com a teoria da alocação dos riscos e paralelamente com os deveres proeminentes da boa-fé objetiva, de modo que renasce, no sistema da *common law*, a despeito da força obrigatória dos contratos, a importância das cláusulas e condições gerais para a avaliação dos limites da responsabilidade das partes contratantes diante de eventos de caso fortuito ou força maior[6].

Consoante o escólio de McKENDRICK, embora não haja um conceito doutrinário unívoco, os julgados que dizem respeito à força maior deixam clarividente que esta exsurge, no sistema da *common law*, principalmente como cláusula contratual correlacionada com eventos elencados em caráter meramente exemplificativo[7]. Nesse sentido, o autor anota que, de modo geral, a *force majeure* poderá ser reconhecida quando houver um impedimento físico ou legal ao cumprimento do contrato, imprevisto e irresistível[8].

Nesse contexto, paulatinamente, ganhou destaque a doutrina da *frustration*, a mitigar a aplicação irrestrita do princípio *pacta sunt servanda* e da concepção da "santidade do contrato" (*sanctity of contract*)[9], mormente em casos de fenômenos da natureza – *Acts of God*[10] – e nos denominados *Corona-*

---

3 BRUNNER, Christoph. *Force majeure and hardship under general contract principles*: exemption for non-performance in international arbitration. New York-The Netherlands: Kluwer Law International/Wolters Kluwer Law & Business, International Arbitration Law Library, 2009. p. 88.

4 FRIED, Charles. *Contract as promise*: a theory of contractual obligation. 2. ed. New York: Oxford University Press, 2015. p. 1-3.

5 FRIED, Charles. *Contract as promise*: a theory of contractual obligation, cit., p. 6 e 28-29.

6 McKENDRICK, Ewan. *Force majeure and frustration*, cit., p. 5.

7 McKENDRICK, Ewan. *Force majeure and frustration*, cit., p. 7.

8 McKENDRICK, Ewan. *Force majeure and frustration*, cit., p. 8. Registre-se, ademais, por oportuno, que, na nota 41, o autor reputa muito ampla a definição de força maior como qualquer evento que esteja além do controle das partes (p. 8).

9 TREITEL, Guenter H. *Frustration and force majeure*, cit., p. 1; BRUNNER, Christoph. *Force majeure and hardship under general contract principles*, cit., p. 88; BEATSON, Jack; FRIEDMANN, Daniel. *Good faith and fault in contract law*, cit., p. 357.

10 McKendrick define *Act of God*, em síntese, como uma ação das forças da natureza que não poderia ter sido prevista ou evitada, em um parâmetro de razoabilidade (McKENDRICK, Ewan. *Force majeure and frustration*, cit., p. 140-142).

tion Cases, que abriram espaço para o reconhecimento da frustração contratual devido a atos do Poder Público, a exemplo do que ocorreu no precedente *Krell vs. Henry*[11].

Sobreleva destacar, nessa perspectiva evolutiva, o julgamento do caso *Taylor vs. Caldwell*, no século XIX, precedente representativo da aceitação da teoria no sistema jurídico inglês, cuja importância torna oportuna e imprescindível a exposição de suas linhas fundamentais.

O contrato em apreço foi celebrado em maio de 1861, pactuando-se que os réus deveriam possibilitar aos autores[12] a utilização dos *Surrey Gardens* e do *Music Hall*, com o escopo de realizar quatro grandes concertos, que ocorreriam nos dias 17 de junho, 15 de julho, 5 de agosto e 19 de agosto de 1861, mediante a contraprestação de 100 libras por cada evento.

Sucede que, em 11 de junho, o *Music Hall* foi destruído por um incêndio e os concertos não puderam ser realizados conforme pactuado. Posteriormente, logrou-se apurar que a causa adviera da falta de diligência de um encanador, que não atentou a uma chama de fogo no teto do salão. Com isso, os autores ajuizaram demanda para reparação pelos gastos havidos, decidindo-se que:

> Nos contratos cujo cumprimento depender da existência de uma pessoa ou de um objeto, há condição implícita de que a impossibilidade de execução da prestação em razão do desaparecimento da pessoa ou do objeto torna inexigível o seu cumprimento[13].

Por conseguinte, ambas as partes tiveram reconhecida a extinção de suas obrigações, sendo incabível qualquer forma de reparação. Desse modo, o precedente afigura-se como marco evolutivo para a admissibilidade da resolução

---

11 BLUM, Brian A. *Contracts*. New York: Kluwer, 2017. p. 557. No mesmo sentido, ANDREWS, Neil. *Contract law*. 2. ed. Cambridge: Cambridge University Press, 2015. p. 427, que aponta *distinguishing* no caso Herne Bay Steam Boat Co vs. Hutton, pois, nesse, a base objetiva do contrato não havia sido extirpada. O caso envolvia a locação comercial de uma embarcação que seria oferecida pelo contratante ao público para contemplar o evento da revisão naval ("*The Great Naval Review at Spithead*"), bem como para um cruzeiro de um dia em torno dos navios, após a coroação de Edward VII. A corte reputou que a doença que lhe acometeu e o adiamento da cerimônia de coroação não implicaram a frustração do contrato, pois a ausência do Rei não teria excluído a oportunidade de visualizar o conjunto de navios de guerra ancorados.

12 TREITEL, Guenter H. *Frustration and force majeure*, cit., p. 42. O caso também foi analisado por FARNSWORTH, E. Allan; SANGER, Carol; YOUNG, William F. *Contracts*: cases and materials. 6. ed. Columbia: New York Foundation Press, 2001 (University Casebook Series). p. 801.

13 Tradução livre da versão original: "In contracts in which the performance depends on the continued existence of a given person or thing, a condition is implied that the impossibility of performance arising from the perishing of the person or thing shall excuse the performance" (TREITEL, Guenter H. *Frustration and force majeure*, cit., p. 42).

contratual advinda de impossibilidade superveniente não imputável a nenhum dos contratantes, malgrado ainda subsistam decisões que a negam, escudadas no precedente *Paradine vs. Jane*[14].

Assim, conquanto o sistema tenha evoluído para o reconhecimento da frustração do fim do propósito do contrato em determinados casos, manteve-se o rigorismo da análise da impossibilidade absoluta no sistema jurídico inglês. Exemplos disso são os precedentes que mantiveram a exigibilidade da obrigação nos contratos de transporte diante do fechamento do Canal de Suez, nas décadas de 1950 e 1960, impondo-se, por seu turno, o cumprimento por meio do Canal da Boa Esperança[15].

Outrossim, cabe considerar, conforme anota TREITEL, que, na *common law*, não existe um princípio proibitivo, como no direito civil continental, para a assunção de riscos correlatos a prestações de realização impossível. Nesse sentido, não vigora o princípio *impossibilium nulla obligatio est*, revelando-se factível a assunção de obrigações cujo cumprimento se torne impossível, o que implica reversão em perdas e danos[16].

Referida compreensão foi mantida até a realidade diuturna, a confirmar que o sistema jurídico inglês reconhece, sem dificuldades, a autonomia das partes para estabelecer, contratualmente, que uma ou outra assumirá obrigações insuscetíveis de cumprimento[17].

Entretanto, a despeito da autonomia privada reconhecida às partes contratantes, propugna-se pela interpretação das cláusulas contratuais à luz do contexto, das peculiaridades da relação jurídica firmada e da boa-fé objetiva. Para tanto, deve-se cotejar o texto da cláusula contratual excludente com as cláusulas anteriores e subsequentes, bem como ter em consideração a qualificação categorial do negócio jurídico em análise[18].

---

14 TREITEL, Guenter H. *Frustration and force majeure*, cit., p. 44.

15 McKENDRICK, Ewan. *Force majeure and frustration*, cit., p. 5; TREITEL, Guenter H. *Frustration and force majeure*, cit., p. 54. Em referidos casos, as conclusões divergem da adotada nos precedentes contextualizados na Primeira e Segunda Guerras Mundiais, nos quais foram reconhecidas, respectivamente, impossibilidade e ilegalidade supervenientes, como em Scottish Navigation Co Ltd vs. WA Souter & Co [1917] 1 K.B. 222 e Fibrosa Spolka Akcyjna vs. Fairbairn Lawson Combe Barbour Limited [1943] A.C. 32. Anote-se, por oportuno, que em 23 de março de 2021, a questão retomou atualidade manifesta, com incontáveis prejuízos à logística internacional, com fulcro no encalhe do navio Ever Given e consequente bloqueio superior a duzentos navios no indigitado Canal.

16 TREITEL, Guenter H. *Frustration and force majeure*, cit., p. 2, nota 4.

17 TREITEL, Guenter H. *Frustration and force majeure*, cit., p. 2.

18 McKENDRICK, Ewan. *Force majeure and frustration*, cit., p. 7 (cf. Judge Mc Cardie no precedente Lebeaupin vs. Richard Crispin & CO [1920] 2 K.B. 714).

Vislumbra-se, pois, que, também no sistema da *common law*, em que pese a proeminente força obrigatória dos contratos, a força maior comporta diferentes matizes a depender da relação jurídica contratual, do que se denota afinidade com a tese que se sustenta no sentido de ser imperiosa a avaliação do instituto sob os *standards* da exterioridade, inevitabilidade anterior, irresistibilidade durante e impossibilidade de cumprimento da prestação superveniente, no que diz respeito ao evento que desencadeia sua aplicação.

Tecidas essas considerações, nos próximos itens serão expostas as principais linhas em que se desenvolveu a doutrina da *frustration* no sistema jurídico da *common law*. Em sequência, dada a relevância das cláusulas de força maior inseridas nos contratos celebrados sob a regência desse sistema jurídico, serão expostos os contornos da teoria da alocação de riscos, bem como examinadas as principais características e consequências inerentes à operação de referidas cláusulas, tangenciando as diferenças e aproximações em relação à cláusula *hardship*, típica dos contratos internacionais.

Dedicar-se-á, ainda, espaço para análise do sistema norte-americano, no qual o instituto se manifesta preponderantemente por meio da teoria da impraticabilidade (*impracticability*), que possibilita a resolução contratual de forma mais flexível, incidindo quando o cumprimento da obrigação for impraticável, ainda que, em termos abstratos, seja possível[19].

1.2 A *frustration*

Conforme relatado nas considerações iniciais deste trabalho, o instituto da *frustration* visou mitigar o rigorismo absoluto na aplicação do princípio *pacta sunt servanda* pelas cortes britânicas, podendo ser definido, segundo a concepção formulada por *Lord* RADCLIFFE, anotada por McKENDRICK, como o evento que, assim reconhecido pela lei, sem que haja culpa de qualquer das partes, torna uma obrigação contratual inexigível, devido à alteração de circunstâncias que comprometem sobremaneira o objetivo almejado no momento da celebração do contrato[20].

No mesmo diapasão, segundo ensina TREITEL, a *frustration* diz respeito à doutrina que permite a extinção ou resolução do contrato com fulcro em eventos supervenientes, independentemente de sua natureza, que impliquem a extinção do objeto do contrato, temporária indisponibilidade, frustração

19 Nesse sentido: TREITEL, *Guenter H. Frustration and force majeure*, cit., p. 255; MURRAY, JR., John E.; MURRAY, Timoty. *Corbin on contracts desk edition*. New York: LexisNexis: Mathew Bender, 2017. cap. 74, p. 4.

20 McKENDRICK, Ewan. *Force majeure and frustration*, cit., p. 39.

do fim visado pelas partes[21] ou ilegalidade superveniente[22]. Observa, ademais, que a doutrina se aplica apenas para os casos de fatos supervenientes, enquanto sobre os fatos antecedentes incide a teoria do erro[23].

BRUNNER, por sua vez, traz definição semelhante, ao conceituar a *frustration* como a possível resolução do contrato quando, em decorrência de evento superveniente à sua formação, torna-se física ou comercialmente impossível o cumprimento da obrigação, ou ainda quando a obrigação se transforma substancialmente, a frustrar o fim do contrato[24].

No mesmo sentido, em síntese, para NEIL ANDREWS[25], *frustration* é instituto que diz respeito a mudanças subsequentes à formação do contrato, que permitem eximir as partes de suas futuras obrigações contratuais, verificadas circunstâncias extremas de ilegalidade superveniente, impossibilidade ou aniquilação do principal propósito do contrato[26].

O reconhecimento da *frustration*, contudo, é limitado, em prol da estabilidade, segurança e previsibilidade dos negócios jurídicos e riscos assumidos. Por essa razão, conforme pondera BRUNNER, a interpretação deve ser restritiva e a doutrina não pode ser invocada com o escopo de elidir as partes contratantes das consequências normais advindas de negociações arriscadas ou imprudentes[27].

Por via de consequência, eventos como greves[28], aumento de preços e problemas em equipamentos não foram reconhecidos como aptos à extinção da obrigação, conforme aponta McKENDRICK[29].

Nessa senda, acerca do mero aumento de preços, FARNSWORTH, YOUNG e SANGER apontam que uma verdadeira contingência deve ter ocorrido para

---

21 TREITEL, Guenter H. *Frustration and force majeure*, cit., p. 66.

22 TREITEL, Guenter H. *Frustration and force majeure*, cit., p. 64. No mesmo sentido, BRUNNER, Christoph. *Force majeure and hardship under general contract principles*, cit., p. 76.

23 TREITEL, Guenter H. *Frustration and force majeure*, cit., p. 14. Nos Estados Unidos da América, conforme será oportunamente exposto, aplica-se o mesmo instituto jurídico tanto aos fatos antecedentes quanto aos supervenientes, denominado impracticability, consoante os termos dos §§ 261, 265 e 266 do Restatement Second of the Law of Contracts.

24 BRUNNER, Christoph. *Force majeure and hardship under general contract principles*, cit., p. 88.

25 ANDREWS, Neil. *Contract law*, cit., p. 417.

26 ANDREWS, Neil. *Contract law*, cit., p. 417.

27 BRUNNER, Christoph. *Force majeure and hardship under general contract principles*, cit., p. 89.

28 McKendrick observa que, embora greves internas ou derivadas de reivindicações categoriais não excluam a responsabilidade civil, é possível que greves nacionais ou de terceiros configurem excludente, o que não elide o dever de empenhar os melhores esforços (*best efforts*) e de cumprir os deveres contratuais laterais (McKENDRICK, Ewan. *Force majeure and frustration*, cit., p. 88). No mesmo sentido, Treitel admite a excludente de responsabilidade no caso de greves de terceiros (TREITEL, Guenter H. *Frustration and force majeure*, cit., p. 5). Nesse sentido, BRUNNER, Christoph. *Force majeure and hardship under general contract principles*, cit., p. 185.

29 McKENDRICK, Ewan. *Force majeure and frustration*, cit., p. 8.

se configurar a impossibilidade superveniente, devendo o vendedor, e.g., em um contrato de compra e venda de madeira serrada, comprovar que o aumento decorre de inesperada nova regulamentação ambiental, vastos incêndios florestais, dentre outros eventos. A avaliação deve ser realizada à luz das cláusulas contratuais e, também, dos costumes, conforme sugerem os autores: "analisando-se os termos contratuais, ou, então, os usos e costumes, a quem é mais provável que o risco tenha sido alocado?"[30].

Por outro lado, alguns exemplos em que se admitiu a *frustration* são elencados por TREITEL, como atrasos escusáveis decorrentes de terremotos no local do transporte e requisições advindas de guerra, no contexto da Primeira Guerra Mundial[31].

Outro exemplo em que a frustração do contrato foi reconhecida é citado por ANDREWS, referente ao precedente *Société Cooperative Suisse des Céréales et Matières Fourragères vs. La Plata Cereal Company S.A.* No caso, houve embargo comercial, com bloqueio completo às transações comerciais com a única fonte estrangeira fornecedora das *commodities* objeto do contrato[32].

Por conseguinte, no sistema da *common law*, tem sido aceita a impossibilidade superveniente objetiva, isto é, que se configura do ponto de vista de qualquer pessoa, ao passo que tem sido repelida a denominada impossibilidade superveniente subjetiva, limitada à esfera do devedor da obrigação, devido a razões pessoais, não extensíveis a terceiros[33].

No que concerne aos requisitos para reconhecimento da *frustration*, inicialmente, há que se perquirir acerca das características dos contratos sob análise. Isso porque, em se tratando de contratos *intuitu personae*, por exemplo, a morte deve ser considerada hipótese de extinção da obrigação (*discharge*), conclusão que não se aplica a contratos que veiculam obrigações não personalíssimas.

O fator tempo, outrossim, é assaz relevante, conforme assinala TREITEL, de modo que, à luz da chamada impossibilidade parcial ou temporária, faz-se mister analisar a utilidade da consecução da prestação em momento

30 Tradução livre da versão original: "As to which is the risk most likely have been allocated – either by agreement or by custom to the seller?" (FARNSWORTH, E. Allan; SANGER, Carol; YOUNG, William F. *Contracts*, cit., p. 811). No mesmo diapasão, confira-se o entendimento de BURTON, Steven J. *Principles of contract law*. St. Paul, Minn.: West Publishing Corporation, 1995. p. 580-585.

31 TREITEL, Guenter H. *Frustration and force majeure*, cit., p. 5. Nesse sentido, acerca das "operações de guerra" (*warlike operations*), salienta McKendrick que as guerras, via de regra, configuram força maior, desde que se traga prova da impossibilidade de cumprimento da obrigação. Isso porque nem sempre a guerra é declarada, oficializada ou total (McKENDRICK, Ewan. *Force majeure and frustration*, cit., p. 153-161).

32 ANDREWS, Neil. *Contract law*, cit., p. 325. Cf. Société Cooperative Suisse des Céréales et Matières Fourragères vs. La Plata Cereal Company S.A (1946) 80 Lloyd's Rep 530, Morris J.

33 TREITEL, Guenter H. *Frustration and force majeure*, cit., p. 70.

superveniente, o que pode ensejar a *frustration of purpose*. Ilustração que se ajusta a tal fator são os atrasos nos contratos de transporte[34].

Além disso, TREITEL pondera que o sopesamento da viabilidade de consecução superveniente, à luz das expectativas concernentes aos *best efforts*, deverá coadunar-se com as regras da razoabilidade e da proporcionalidade[35].

Nessa senda, ANDREWS assinala que situações que envolvem atrasos no cumprimento da obrigação devem ser analisadas tendo em vista as circunstâncias do caso concreto. Desse modo, se, a despeito da possibilidade de ser cumprida a obrigação, premissas do contrato ou o modo de cumprimento sofrerem drásticas modificações, será possível o reconhecimento da *frustration*[36].

Ainda, à luz do importante precedente *Taylor vs. Caldwell*, narrado no bojo das considerações iniciais deste artigo, BRUNNER[37] sintetiza as características da *frustration* reconhecidas pela doutrina, quais sejam, a necessidade de um evento externo; a alteração radical nas circunstâncias, resultando em substancial modificação da obrigação ou de seus efeitos, em cotejo com a interpretação do escopo pretendido diante do novo cenário; e a ausência de ato, culpa[38] ou escolha da parte que procura a proteção do instituto.

O autor classifica, ainda, os tipos de *frustration* em três categorias, a seguir elencadas. Por proêmio, a *impossibilidade*, que inclui, dentre outras situações, a destruição da coisa, a morte ou a incapacidade nas hipóteses de contratos *intuitu personae*; a inviabilidade de utilização do objeto do contrato[39]; a indisponibilidade ou ausência de determinada fonte de fornecimento[40]; e a impossibilidade no método de execução do contrato[41]. A segunda categoria engloba, na classificação do autor, *modificações legais e ilegalidade superveniente*, que

34 TREITEL, Guenter H. *Frustration and force majeure*, cit., p. 231.

35 TREITEL, Guenter H. *Frustration and force majeure*, cit., p. 240. Para o aludido sopesamento, destaca-se o escólio de Brian A. Blum, que utiliza a expressão "*gap fillers to effectuate the parties reasonable intent*" (*Contracts*, cit., p. 321).

36 ANDREWS, Neil. *Contract law, cit.*, p. 425.

37 BRUNNER, Christoph. *Force majeure and hardship under general contract principles*, cit., p. 89.

38 A inexistência de culpa é necessária, mas não suficiente para o reconhecimento da *frustration*.

39 BRUNNER, Christoph. *Force majeure and hardship under general contract principles*, cit., p. 92. O autor cita os exemplos de navio que foi apreendido, detido ou requisitado e de carga que se tornou indisponível devido a uma greve no porto de carregamento.

40 E.g., quando os bens, de acordo com o contrato, deveriam ser importados de algum país e referida importação restou obstaculizada por guerras, desastres naturais ou proibição de exportação.

41 Nesse sentido, o autor cita o precedente Nicholl & Knight vs. Ashton Erdrige & Co, no qual um contrato foi celebrado para a venda de sementes de algodão, que seria transportado pelo navio Orlando desde Alexandria até o local de destino no Báltico, no mês de janeiro. Contudo, o navio encalhou e não houve possibilidade de entrega no mês avençado, reconhecendo-se o instituto, tendo em vista a data específica fixada.

consubstanciam impossibilidade legal. E, por fim, a terceira categoria corresponde à *frustração do fim do contrato*.

Nesse sentido, ANDREWS[42] também vislumbra as mesmas três categorias, quais sejam: ilegalidade superveniente; impossibilidade física superveniente; e frustração do fim do contrato, definindo a última nos seguintes termos: "Quando há um atraso catastrófico na execução de um empreendimento ou quando a base objetiva do contrato é extirpada, tornando-o inútil em relação ao intuito original das partes ao contratar"[43].

Relevante e digna de nota a consideração do autor, ademais, no tocante à aplicabilidade da *frustration*, que deve ser admitida apenas quando houver expressa ou implícita alocação relevante de riscos a uma das partes, sem descurar da possibilidade da inclusão das cláusulas de força maior.

1.3 A cláusula de força maior, a relevância da teoria da assunção dos riscos e aproximações com a cláusula *hardship*

Conforme observado acima, a doutrina da *frustration* tem sido aplicada com rigidez na Grã-Bretanha, fato que fundamenta a crítica de TREITEL ao reputar mais adequado e justo o sistema que prepondera nos Estados Unidos da América, que será abordado no próximo tópico[44].

Por conseguinte, devido à interpretação extremamente rígida e restritiva à luz da doutrina da *frustration*, o autor considera fundamental a inserção de cláusulas expressas nos contratos para regulamentação das hipóteses de força maior (*force majeure clauses*), restando sempre delineado seu caráter extrínseco (*beyond control*)[45].

Nessa senda, no bojo do precedente *Lauritzen As. vs. Wijsmuller Bv.*, apontam BEATSON e FRIEDMANN que não foi admitida a *frustration* do contrato pelo afundamento de um dos navios mercantes, mas se operou a cláusula de força maior, que permitia o cancelamento do contrato independentemente de se tratar de inundação completa ou parcial[46].

---

42 ANDREWS, Neil. *Contract law*, cit., p. 417.

43 Tradução livre da versão original, "*where there is either catastrophic delay in executing a venture or where the abstract basis of the contract disappears, rendering the contract pointless when compared with its original central purpose*".

44 TREITEL, Guenter H. *Frustration and force majeure*, cit., p. 616.

45 TREITEL, Guenter H. *Frustration and force majeure*, cit., p. 470-471. No mesmo diapasão, BORTOLOTTI, Fabio; UFOT, Dorothy. *Hardship and force majeure in international commercial contracts*: dealing with unforeseen events on a changing world. Paris: International Chamber of Commerce (ICC): The World Business Organization, 2018. p. 8-10.

46 BEATSON, Jack; FRIEDMANN, Daniel. *Good faith and fault in contract law*, cit., p. 324.

Importante destacar, a propósito, a crítica dos autores no sentido de que no sistema jurídico inglês já existem, na doutrina em geral, muitas contribuições para o estudo da teoria da *frustration*, mas poucos esforços foram dedicados à compreensão das cláusulas de força maior. Apontam os autores que, do ponto de vista prático, a aplicação da doutrina da *frustration* é rara no sistema da *common law*, ao passo que as cláusulas de força maior são encontradas com frequência e, por isso, mereceriam maior atenção da doutrina[47].

Com efeito, anota BRUNNER – cujo estudo incide mormente nos contratos internacionais – que, geralmente, as cláusulas de força maior são padronizadas (*boilerplate clauses*) e inseridas em diversos contratos comerciais, sem adaptações ou acréscimos[48]. Destaca, nesse sentido, que raramente são objeto de devida atenção das partes no momento da celebração do contrato, subestimando, desse modo, riscos de futuras contingências[49].

Assim, o estudo das cláusulas de força maior tornou-se imprescindível, porquanto se coadunam com a teoria da alocação de riscos, segundo a qual as partes determinam previamente quais infortúnios serão assumidos por cada qual no bojo da execução do contrato. Rememore-se que no sistema da *common law* não vigora o princípio proibitivo da assunção de obrigações de cumprimento impossível.

Interessante, a propósito, a anotação de BRIAN A. BLUM, abordando as cláusulas de força maior à luz da doutrina da impraticabilidade:

> O primeiro ponto a se observar para desvelar a alocação de riscos é o próprio contrato. Se as partes consideraram que determinado evento futuro poderia afetar o cumprimento contratual, o próprio contrato pode conter um termo expresso de assunção do risco correlacionado à eclosão de tal evento. [...] Mesmo que as partes não tenham possíveis contingências em mente, o contrato pode conter uma previsão genérica acerca da alocação de riscos em caso de interferências e calamidades. A isso se atribui a denominação de cláusula de força maior[50].

---

47 BEATSON, Jack; FRIEDMANN, Daniel. *Good faith and fault in contract law*, cit., p. 314.

48 BRUNNER, Christoph. *Force majeure and hardship under general contract principles*, cit., p. 383.

49 BRUNNER, Christoph. *Force majeure and hardship under general contract principles*, cit., p. 383-384, nota 1928.

50 BLUM, Brian A. *Contracts*, cit., p. 556. Tradução livre da versão original: "*The first place to look in determining risk allocation is the contract itself. If the parties realized that a particular future event could affect performance, the contract may have an express and specific term assigning risk. [...]. Even if the parties do not have a particular contingency in mind, the contract may have a more general provisional allocating the risk of disruptions and calamities. This is known as a force majeure clause. [...]*".

A inserção de referidas cláusulas, conforme aponta o autor, tem grande potencial para redução de controvérsias entre as partes e futuros litígios, porém reconhece que as cláusulas não são infalíveis, devendo ser cotejadas com as práticas comerciais correlatas ao contrato[51].

De todo modo, principalmente na seara dos contratos interempresariais, a especificação dos eventos caracterizadores de força maior extrínseca facilita a defesa do devedor, a quem basta invocar a aplicação da cláusula, presumindo-se, na ocorrência de um dos eventos, que a falha no cumprimento da obrigação decorreu de impedimento que excede, em juízo de razoabilidade, as possibilidades de atuação de sua esfera de controle[52].

BRUNNER assinala, nesse sentido, que as vantagens concernentes à prévia redação das mencionadas cláusulas coadunam-se com a inversão do ônus da prova em benefício do devedor[53]. Por outro lado, vislumbra a possibilidade de não se eximir o devedor do pagamento de indenização se, a despeito de comprovado o evento, faltar a prova de outros requisitos essenciais à configuração da força maior extrínseca[54].

Nesse diapasão, cumpre registrar a elucidativa lição de ANDREWS, segundo o qual a cláusula de força maior relaciona-se a eventos supervenientes que extrapolam o âmbito do risco razoável, ressalvando o autor, porém, que determinadas situações não poderão figurar no raio de abrangência da cláusula, como o mero aumento de preços, a exemplo do que ocorreu em *Thames Valley Power Ltda vs. Total Gas Et Power Ltd.*[55].

Tecidas essas considerações, cumpre analisar as possíveis características e consequências das cláusulas de força maior.

McKENDRICK expõe, em sua obra, três formas habituais de redação da cláusula excludente de responsabilidade por força maior[56], que contêm, em suma: (i) uma referência genérica à força maior; (ii) uma lista específica de eventos inseríveis na categoria de força maior, com ou sem cláusula de fechamento, denominada *wrap-up clause* ou *sweeper up clause*, que designa, ao final,

51 BLUM, Brian A. *Contracts*, cit., p. 556.

52 BRUNNER, Christoph. *Force majeure and hardship under general contract principles*, cit., p. 208.

53 BRUNNER, Christoph. *Force majeure and hardship under general contract principles*, cit., p. 208.

54 BRUNNER, Christoph. *Force majeure and hardship under general contract principles*, cit., p. 209.

55 Thames Valley Power Ltda vs. Total Gas et Power Ltd. 2005 EWHC 2208 (COMM); 2006 1 LLOYD'S REP. 411. No julgamento, compreendeu-se que a cláusula de força maior, inserida em contrato de longa duração, não teria o condão de exonerar a empresa fornecedora de energia em razão de significativo aumento do preço atacadista, pois, apesar de ter se tornado um negócio desvantajoso, o cumprimento da obrigação ainda era possível. No precedente Eastern vs. Gulf Oil também não se admitiu a aplicação da cláusula em razão do aumento do preço.

56 McKENDRICK, Ewan. *Force majeure and frustration*, cit., p. 59.

outros eventos inespecíficos, não previstos e incontroláveis; ou (iii) uma previsão genérica para eventos imprevisíveis e incontroláveis.

Nesse diapasão, BRUNNER enuncia cinco características comuns das cláusulas gerais correlacionadas com alteração das circunstâncias[57], na seara dos contratos de compra e venda internacional:

> Em primeiro lugar, as cláusulas geralmente não abordam sua relação com a lei aplicável; em segundo, os termos das cláusulas são dirigidos, ao menos em uma interpretação literal, apenas ao vendedor ou ao fornecedor, e não ao comprador ou outro beneficiário do contrato. Em terceiro, estabelece-se que a parte não será responsável por não cumprir sua prestação, devido a impedimento relacionado a algum evento [...]. Em quarto lugar, incluem uma lista de uma variedade de eventos específicos – greves, atos governamentais, [...]. Por fim, em quinto, concluem com uma cláusula genérica [*catch-all provision*] incluindo outros eventos, normalmente com a limitação expressa de que tais eventos extrapolem a esfera de controle da parte [*beyond his control*], e, por vezes, acrescendo ser prescindível a imprevisibilidade[58].

Como exemplos de situações que normalmente são previstas em referidas cláusulas, BRUNNER[59] cita: *Acts of God*; catástrofes e desastres naturais, como inundações, terremotos, maremotos, incêndios, secas e epidemias; desastres industriais ou causados por obra humana, como ocorreu na explosão de Chernobyl; guerras, ataques terroristas, roubos, explosão ou destruição de máquinas por terceiros (*tortious acts*); greves gerais e prolongadas nos meios de transporte ou setores de eletricidade; intervenções governamentais, como embargos, boicotes, restrições à importação ou exportação e restrições cambiais[60].

---

57 BRUNNER, Christoph. *Force majeure and hardship under general contract principles*, cit., p. 385.

58 Tradução livre da versão original: "*First, they say nothing about the relation of the clause to the law otherwise applicable. Second, they apply, at least by their terms, only to the seller, or other supplier of the performance characteristic of the contract, and not to the buyer, or other recipient of that performance that is to pay. Third, they provide that that party will not be liable for non-performance that is somehow causally related to some event-failure to perform is the result of or a party is rendered unable to perform by that event. Fourth, they list a variety of specific events – strikes, acts of governments, shortages or raw materials, and so on, that are to be included. Fifth, they conclude with a catch-all provision including other events, often with the limitation that they be beyond the control of the party to be excused, and perhaps with the addition that they need not to be unforesseable*". Cf. BRUNNER, *Force majeure and hardship under general contract principles*, cit., p. 385.

59 BRUNNER, Christoph. *Force majeure and hardship under general contract principles*, cit., p. 206.

60 BRUNNER, Christoph. *Force majeure and hardship under general contract principles*, cit., p. 207. Cf. a lista de eventos típicos elencados no modelo de cláusula de força maior proposto pela ICC (§ 3 da ICC force majeure clause 2003). No mesmo sentido, HILLMAN, Robert. *Principles of contract law*. 3. ed. Saint Paul, Minn.: West Academic Publishing, 2014. p. 355.

Evidencia-se, pois, a já mencionada relevância da elaboração precisa das cláusulas, uma vez que, advinda a impossibilidade superveniente de cumprimento da obrigação, a interpretação abrangerá todo o negócio jurídico e terá viés restritivo devido ao caráter excepcional.

Acerca da interpretação restritiva das cláusulas de força maior, HILLMAN anota que as Cortes não têm admitido o enquadramento de situações como aptas à operação da cláusula por recurso à analogia e que, portanto, na prática, normalmente apenas os eventos cujos riscos de ocorrência são alocados expressamente têm o condão de eximir as respectivas partes de sua responsabilidade pelo cumprimento da obrigação[61]. Sobreleva, por oportuno, registrar trecho elucidativo, à luz do precedente *Seitz vs. Mark – O Lite Sign Contractors, Inc.*:

> A expressão genérica de fechamento da cláusula de força maior não deve ser interpretada de forma extensiva; preferivelmente, o texto deve ser interpretado restritivamente, de modo a contemplar apenas acontecimentos do mesmo gênero ou classe daqueles especificamente enumerados[62].

Nesse sentido, assinala TREITEL[63], ao analisar precedentes acerca do tema, que a interpretação da expressão "*beyond his control*" não abrange, por exemplo, greve que poderia ter sido evitada com a tomada de medidas de precaução razoáveis, como o aumento de salário, segundo a conclusão do precedente *Channel Island Ferries Ltd. vs. Sealink Uk Ltd.*[64].

Desse modo, nas hipóteses de impedimentos parciais ou temporários de cumprimento da obrigação, é necessário analisar os meios alternativos à disposição, que poderão inviabilizar o acolhimento das escusas do devedor[65]. Outrossim, não se admite a resolução do contrato nas hipóteses de *self-induced frustration*, isto é, quando há participação causal inicial do próprio interessado[66].

61 HILLMAN, Robert. *Principles of contract law*, cit., p. 355, nota 47. O autor cita o precedente Kel Kim Corp vs. Central Mkts, Inc., 519, N.E, 2d 295, 296 (N.Y. 1987).

62 HILLMAN, Robert. *Principles of contract law*, cit., p. 355. Seitz vs. Mark – O Lite Sign Contractors, Inc., 510, A. 2d, 319, 321 (NJ SUPER. CT LAW DIV, 1986). Tradução livre da versão original, "*the catch all language of the force majeure clause is not to be construed to its widest extent; rather, such language is to be narrowly interpreted as contemplating only events or things of the same general nature or class as those specifically enumerated*".

63 TREITEL, Guenter H. *Frustration and force majeure*, cit., p. 478-481.

64 TREITEL, Guenter H. *Frustration and force majeure*, cit., p. 481.

65 TREITEL, Guenter H. *Frustration and force majeure*, cit., p. 483. Nesse sentido, Beatson e Friedmann citam Waringo Ag. vs. Fritz Mautner – 1978 1 LLOYD'S REP 151 (BEATSON, Jack; FRIEDMANN, Daniel. *Good faith and fault in contract law*, cit.), p. 378.

66 TREITEL, Guenter H. *Frustration and force majeure*, cit., p. 481.

A despeito da rigidez da interpretação acerca de referidas cláusulas, TREITEL pondera que a previsibilidade do evento não é essencial ou decisiva como pré-requisito da força maior[67], podendo, como preconiza ANTONMATTEI[68], ser o índice de eficácia da inevitabilidade, à luz dos degraus e da extensão correlatos, o que também se coaduna com o entendimento do autor deste trabalho.[69]

Nessa senda, os norte-americanos FARNSWORTH, YOUNG e SANGER também não vislumbram a imprevisibilidade como um requisito essencial em relação à assunção dos riscos. Sopesam que a previsibilidade ou mesmo o reconhecimento da existência de um risco não necessariamente comprovam sua alocação no bojo do contrato, em sintonia com o que preconizamos[70].

Também em análise mais flexível, HILLMAN anota, com espeque no precedente *Transatlantic Fin. Corp. vs. United States*, que a prova da alocação do risco da contingência pode advir de menção expressa ou implícita, acrescentando que também pode ser encontrada nos aspectos circunstanciais do caso, incluindo os costumes e usos do comércio[71].

BRIAN A. BLUM elucida que a alocação implícita de riscos pode ser inferida do próprio contrato, quando houver, por exemplo, cláusula que imponha à parte a obrigação de obter seguro para o objeto do contrato ou outro compromisso que permita aferir a assunção do risco[72].

Nesse diapasão, de modo geral, a assunção implícita de riscos coaduna-se com a força maior intrínseca, que pode ser definida, assim, como aquela que se insere na esfera de controle do devedor, cuja responsabilidade envolve a organização de sua atividade e a adoção de medidas para sua consecução.

Sob essa ótica, máxime na compra e venda de mercadorias, referidas cláusulas serão convalidadas em sede judicial na seara dos contratos interempresariais, restando robustecidas pelos usos e costumes, com destaque para o comércio internacional, por meio dos denominados *incoterms*, e a contratação de seguros no âmbito da autonomia privada[73].

Com essa premissa, assume o devedor os riscos oriundos dos atos de seu próprio pessoal – *préposé* –, de greves, gestão financeira – *financial ability*[74] –,

---

67 TREITEL, Guenter H. *Frustration and force majeure*, cit., p. 513.

68 Para mais detalhes, cf. ANTONMATTEI, Paul Henri. *Contribution à l'étude de la force majeure*. Préface de Bernard Teyssié. Paris: LGDJ, 1992 (Bibliothèque de Droit Privé, t. 220). p. 56-63.

69 Para maiores detalhes, vide MORSELLO, Marco Fábio, *Contratos de transporte: novos paradigmas do caso fortuito e força maior*. São Paulo: Thomson Reuters, 2021.

70 FARNSWORTH, E. Allan; SANGER, Carol; YOUNG, William F. *Contracts*, cit., p. 812.

71 HILLMAN, Robert. Principles of contract law, cit., p. 355, nota 49. O autor cita o precedente Transatlantic Fin. Corp vs. United States, 363, F. 2d, 312, 316 (D.C., Cir, 1966).

72 BLUM, Brian A. *Contracts*, cit., p. 556.

73 TREITEL, Guenter H. *Frustration and force majeure*, cit., p. 75-76.

74 BRUNNER, Christoph. *Force majeure and hardship under general contract principles*, cit., p. 164.

dentre outros. A propósito, sobreleva observar que o enquadramento dos atos de preposto no conceito de força maior intrínseca encontra-se consolidado, inclusive para ocorrências de furto. O reconhecimento do fortuito se dá apenas em situações excepcionais, quando, por exemplo, são praticados atos dolosos graves, como sabotagem e provocação de incêndio em fábricas.

As obrigações adrede referidas independem da específica imprevisibilidade do evento, de culpa do devedor ou de seu pessoal, porquanto inerentes à atividade desempenhada. Dessa forma, férias, problemas de saúde e óbito dos empregados e prepostos, inclusive quando há terceirização de serviços[75], não são aptas a elidir a obrigação, embora situações catastróficas possam ser consideradas aptas a tal desiderato, como uma epidemia que atinge todo o pessoal da empresa.

Em tais circunstâncias, BRUNNER adverte que o devedor precisa organizar sua atividade de modo ordenado, dever que se intensifica nas negociações comerciais, no âmbito das quais se espera que cada parte organize sua atividade de modo a evitar e superar eventos que possam prejudicar ou alterar a atividade empresarial[76].

Não se pode descuidar, ainda, do diverso tratamento aplicável em sede de relações de consumo, à luz da maior densidade dos princípios sociais incidentes nos contratos de caráter existencial, que demandam esforço protetivo em prol da parte vulnerável da relação jurídica.

1.4 A importante distinção entre as cláusulas de força maior [*force majeure clauses*] e as cláusulas *hardship*

Paralelamente às cláusulas que excluem o dever de indenizar com espeque na força maior extrínseca, a inserção das denominadas cláusulas *hardship*, notadamente nos contratos internacionais de comércio, permite, diante da alteração das circunstâncias, a renegociação e a readaptação do contrato, conforme leciona BRUNNER[77].

Nessa senda, o autor assinala que, a princípio, os pleitos que se fundamentam na cláusula *hardship* ou em cláusula de força maior partem dos mesmos pressupostos, porém sua distinção é importante para avaliação das consequências jurídicas correlatas a cada uma.

75 BRUNNER, Christoph. *Force majeure and hardship under general contract principles*, cit., p. 185.
76 BRUNNER, Christoph. *Force majeure and hardship under general contract principles*, cit., p. 168.
77 BRUNNER, Christoph. *Force majeure and hardship under general contract principles*, cit., p. 218-219.

No mesmo sentido, BRIAN A. BLUM elucida que a *hardship* permite que, por iniciativa da parte prejudicada, os contratantes renegociem entre si as obrigações contratuais. Caso não entrem em acordo, autoriza a parte a pleitear em juízo a readaptação do contrato para restauração do equilíbrio ou sua resolução[78].

A cláusula *hardship* tem âmbito de aplicação mais restrito em comparação com a cláusula de força maior. Isso porque o objeto de consideração limita-se às mudanças das circunstâncias que afetem o equilíbrio dos contratos. Desse modo, esclarece BRUNNER que, enquanto a ocorrência de força maior isenta o devedor do cumprimento da obrigação, bem como do pagamento de indenização por perdas e danos, a cláusula *hardship* permite às Cortes a adaptação do contrato com o fito do reequilíbrio da relação jurídica ou da resolução contratual em termos e data que serão fixados[79].

O autor pontua, porém, que, diante de alteração de circunstâncias que impeça ou torne excessivamente oneroso o cumprimento da obrigação na forma em que originalmente prevista no contrato, exsurge dificuldade em definir se o contexto se enquadra ao âmbito de aplicação da força maior ou à incidência da cláusula *hardship*, configurando-se verdadeira zona cinzenta entre os dois institutos. Nesse sentido, expõe duas questões primordiais para análise:

> Em primeiro lugar, em que extensão as defesas se sobrepõem e, em segundo, como eventual conflito poderá ser resolvido se, por exemplo, as duas linhas de argumentação forem alternativamente possíveis, ou se, ao contrário, a força maior ou a cláusula *hardship* deva prevalecer[80].

Nesse particular, BRUNNER conclui que, de modo geral, quando o cumprimento da obrigação torna-se excessivamente oneroso a uma das partes, as consequências jurídicas operadas pela cláusula *hardship* devem prevalecer sobre a excludente consubstanciada na força maior. Isso porque referida cláusula denota entrelaçamento com o princípio da boa-fé objetiva, que veda o exercício abusivo de posições jurídicas[81].

Por conseguinte, sustenta que a força maior incidiria apenas nos casos em que os esforços do devedor para superar os custos excessivos do cumprimento

---

78 BLUM, Brian A. *Contracts*, cit., p. 560.

79 Nesse sentido, cf. também BEATSON, Jack; FRIEDMANN, Daniel. *Good faith and fault in contract law*, cit., p. 327.

80 Tradução livre da versão original: "*First, to what extent do the two defences in fact overlap, and second, how may such a conflict be resolved, i.e., whether both defences are alternatively available, or if either the force majeure or the hardship exemption takes precedence*" (BRUNNER, Christoph. *Force majeure and hardship under general contract principles*, cit., p. 218-219).

81 BRUNNER, Christoph. *Force majeure and hardship under general contract principles*, cit., p. 394.

da obrigação são evidentemente desproporcionais ao interesse do credor em receber a prestação[82].

Observa, ademais, em sentido contrário ao exposto nos comentários oficiais à UPICC (*Unidroit Principles of International Commercial Contracts*), que, ainda que a parte interessada propugne pelo reconhecimento da força maior ao caso, cabe ao órgão jurisdicional – arbitral ou judicial – ao qual tenha sido adjudicada a solução do conflito determinar a observância da cláusula *hardship*, se o contexto assim o permitir.

Em suma, BRUNNER conclui que, enquanto a cláusula *hardship* coaduna-se com a possibilidade de cumprimento do contrato, ainda que para tanto sejam necessárias modificações em suas cláusulas, denotando, pois, flexibilidade no que concerne às consequências jurídicas, a excludente da força maior é atrelada a casos de descumprimento contratual, de modo a eximir o devedor das consequências do inadimplemento[83].

1.5 A *impracticability* preconizada nos Estados Unidos da América

Diante da rigidez da doutrina da *frustration* no sistema jurídico inglês, TREITEL reputa mais justo o sistema jurídico norte-americano[84]. Cuida-se da teoria da impraticabilidade (*impracticability*), escudada nos §§ 261, 265 e 266 do *Restatement Second of the Law of Contracts*, e cuja amplitude de aplicação é mais abrangente, por ser dirigida não somente a fatos supervenientes como também a antecedentes[85].

Elucida o autor que a teoria reside na premissa maior de que, a despeito da remanescente possibilidade de cumprimento da obrigação, se este for impraticável, possibilita-se a resolução contratual[86]. Abarcam-se, nessa senda, sob o amparo da referida teoria, "dificuldades, perdas, danos ou custos extremos, que escapam à razoabilidade, a uma das partes"[87].

ROHWER, SKROCKI e MALLOY elencam os elementos da impraticabilidade. Primeiro, deve-se tratar de obrigação objetivamente impraticável; em

82 BRUNNER, Christoph. *Force majeure and hardship under general contract principles*, cit., p. 225.

83 BRUNNER, Christoph. *Force majeure and hardship under general contract principles*, cit., p. 221.

84 TREITEL, Guenter H. *Frustration and force majeure*, cit., p. 616.

85 TREITEL, Guenter H. *Frustration and force majeure*, cit., p. 14. No mesmo sentido: McKENDRICK, Ewan. *Force majeure and frustration*, cit., p. 305, ao analisar o artigo 2.615 do Uniform Commercial Code dos Estados Unidos da América; MURRAY, JR., John E.; MURRAY, Timoty. *Corbin on contracts desk edition*, cit., cap. 74, p. 4.

86 TREITEL, Guenter H. *Frustration and force majeure*, cit., p. 255.

87 Tradução livre da versão original, "*extreme and unreasonable difficulty, expense, injury or loss to one of the parties*".

segundo lugar, a parte não pode ter concorrido para o evento; como terceiro elemento, a não ocorrência do evento deve ter sido pressuposto básico da formação do contrato; o quarto e último elemento refere-se à assunção do risco e à insuperabilidade dos fatores[88].

A concepção do instituto, dessa forma, visou dar maior guarida aos contratantes, de modo a superar a limitação dos eventos aptos a ensejar a extinção das obrigações às hipóteses relacionadas apenas à impossibilidade absoluta[89]. Nessa esteira, a título ilustrativo, seriam aptas a ensejar resolução contratual situações como as seguintes, apontadas por TREITEL:

> [...] uma severa escassez de matérias-primas ou suprimentos devido a guerras, embargos, perda de produção agrícola local, o encerramento imprevisto da atividade de grandes fornecedores, com aumento da demanda no mercado, podem tornar a teoria aplicável ao caso[90].

Faz-se mister observar, porém, que, conforme norma do *Uniform Commercial Code*, o simples aumento de preços não denota nexo causal automático com o instituto, conforme se decidiu no precedente *Mineral Park. Land vs. Howard*[91].

Assim, a despeito da maior flexibilidade do instituto se comparado à *frustration* do sistema inglês, nem sempre o evento terá nexo causal automático

---

88 MALLOY, Michael P.; ROHWER, Claude D.; SKROCKI, Anthony M. *Contracts in a nutshell.* 8. ed. Saint Paul, Min.: West Academic Publishing, 2017. p. 346-347.

89 McKENDRICK, Ewan. *Force majeure and frustration*, cit., p. 305. Nesse sentido, BLUM, Brian A. *Contracts*, cit., p. 548-549.

90 TREITEL, Guenter H. *Frustration and force majeure*, cit., p. 257. Tradução livre da versão original, "*a severe shortage of raw materials or of supplies due to war, embargoes, local crop failure, unforeseen shutdown of major sources of supply or the like, which causes a market increase may bring the case within the rule*". No mesmo sentido, McKendrick: "*added costs will not*" (McKENDRICK, Ewan. *Force majeure and frustration*, cit., p. 314).

91 TREITEL, Guenter H. *Frustration and force majeure*, cit., p. 257. Em Eastern Air Lines, Inc vs. Gulf Oil Corporation, United States District Court, Southern District of Florida, 1975. 415 F. SUPP. 429, também rejeitaram a *impracticability* pelo aumento pronunciado dos preços do barril de petróleo à luz da Crise do Golfo. No mesmo diapasão, vide: BURTON, Steven J. *Principles of contract law*, cit., p. 588, asseverando que "*No hardship has been established. On the contrary, the record clearly establishes that 1973, the year in which the energy crises began, was gulf's best year ever, in which it recorded some $800 million in net profits after taxes. Gulf's 1974 year was more than 25% better than 1973. For the foregoing reasons, Gulf's claim of hardship giving rise to commercial impracticability fails*". Em tradução livre: Nenhuma dificuldade foi verificada. Pelo contrário, o registro estabelece claramente que o ano de 1973, no qual as crises de energia começaram, foi o melhor ano do Golfo de todos os tempos, registrando cerca de US$ 800 milhões em lucros líquidos após a incidência de impostos. O ano de 1974 do Golfo foi melhor em mais de 25% em relação ao ano de 1973. Pelas razões acima expostas, a alegação de dificuldades do Golfo que teriam dado origem à impraticabilidade comercial não procede.

com referida figura, que pressupõe ônus desproporcional e indevido, bem como análise em cotejo com a alocação de riscos, conforme anota BRIAN A. BLUM[92].

Nesse sentido, alguns precedentes em que a impraticabilidade não foi aplicada podem ser expostos. FARNSWORTH, YOUNG e SANGER relatam o caso da empresa *The Wegematic Corporation* contra os Estados Unidos da América, que dizia respeito a contrato para desenvolvimento de novo sistema da computação, cujo prazo inicial para entrega era de um ano. Depois de quatro meses de atraso, a empresa anunciou que seria impraticável o cumprimento do prazo. Após um ano, os Estados Unidos, já tendo contratado com terceiro, ajuizaram ação contra a *The Wegematic*, que alegou que era inviável alcançar o propósito do contrato devido a dificuldades de engenharia que ensejaram o atraso e o aumento do custo do desenvolvimento. No julgamento, a tese não foi acatada, e os Estados Unidos sagraram-se vencedores, revelando-se caso típico de força maior intrínseca[93].

Por outro lado, TREITEL consigna que, por vezes, a impraticabilidade estará atrelada à impossibilidade, hipóteses em que será admitida a resolução do contrato, ponto que confirma ser mais adequado aos contratantes inserir uma cláusula *hardship* ou de força maior. Outrossim, reconhece-se a excludente em casos de ilegalidade superveniente, devido aos chamados atos de autoridade (fatos do príncipe)[94].

1.6 Os requisitos da força maior no sistema contemporâneo da *common law*

No início deste capítulo foram apresentados os aspectos evolutivos principais da concepção de força maior no sistema da *common law*, que se caracteriza por notável valorização do princípio do *pacta sunt servanda* e da ideia da santidade do contrato (*sanctity of contract*). A admissão da força maior como causa extintiva de obrigações contratuais ocorreu, portanto, a passos lentos, vigorando, até a realidade diuturna, certo rigorismo das Cortes nos precedentes que concernem a fatos supervenientes impeditivos do cumprimento do contrato.

Não obstante, a doutrina da *frustration* ganhou espaço paulatinamente no sistema jurídico inglês. Manifestou-se, nos primórdios, pelo reconhecimento da extinção das obrigações contratuais quando prejudicado seu cumprimento por eventos da natureza – *Acts of God* – ou por atos do Poder Público,

92 BLUM, Brian A. *Contracts*, cit., p. 552-554.

93 FARNSWORTH, E. Allan; SANGER, Carol; YOUNG, William F. *Contracts*, cit., p. 812.

94 TREITEL, Guenter H. *Frustration and force majeure*, cit., p. 345.

notadamente nos *Coronation Cases*. Destaca-se, ainda, o precedente *Taylor vs. Cadwell*, paradigma da aplicação da doutrina nos contratos celebrados sob a regência de referido sistema.

Nesse diapasão, a *frustration* pode ser identificada em três situações principais, quais sejam: ilegalidade, impossibilidade física ou frustração do propósito do contrato supervenientes à sua celebração. Disso se depreende, portanto, que a doutrina não abarca fatos antecedentes à contratação, comportando interpretação restritiva e em cotejo com as circunstâncias negociais e os usos e costumes atinentes ao negócio jurídico de que se trata.

Devido à interpretação restritiva das cortes quando da aplicação da doutrina aos casos concretos[95], tornou-se comum a inclusão de cláusulas de força maior (*force majeure clauses*) nos contratos, inclusive na seara do comércio internacional, de onde emerge a importância da alocação dos riscos. Isso porque, em tais cláusulas, as partes podem predeterminar os eventos pelos quais se responsabilizam, ou não, caso venham a se concretizar, por meio da inserção de lista exemplificativa, acrescida de expressões que aludem a ocorrências situadas para além da esfera de controle – "*beyond the control*" – dos sujeitos envolvidos.

Tais cláusulas, porém, não são infalíveis, e devem ser analisadas por meio de parâmetros de razoabilidade e proporcionalidade, de modo que a manutenção do contrato – e a imposição de responsabilidade a uma das partes – ou a extinção das obrigações coadune-se com a boa-fé objetiva que deve permear as relações contratuais[96].

Nesse sentido, a leitura do contrato, por ocasião da ocorrência de acontecimentos supervenientes que desequilibrem a relação jurídica, deve ser realizada de acordo com o que se infere acerca da intenção razoável das partes no momento da celebração do contrato, paralelamente, outrossim, aos usos, princípios gerais e costumes do comércio[97].

Conforme anotam ROHWER, SKROCKI e MALLOY, à luz do *Uniform Commercial Code*, há, nos contratos, uma promessa implícita das partes quanto

---

95 Sobreleva trazer à baila, nesse contexto, que, em 20 de fevereiro de 2019, o Supremo Tribunal Inglês (*English High Court*) negou a aplicação do instituto a um contrato de locação imobiliária que teria recebido impactos oriundos da saída do Reino Unido da União Europeia ("Brexit"), decisão que revela a continuidade da tendência das Cortes do sistema da *common law* a uma interpretação restritiva (cf. Canary Wharf [BP4] T1 Ltd & Ors vs. European Medicines Agency [2019] EWHC 335 [Ch]).

96 Nesse sentido, cf. FRIED, Charles. *Contract as promise*: a theory of contractual obligation, cit., p. 74-91.

97 Nesse sentido, BLUM, Brian A. *Contracts*, cit., p. 312.

ao emprego de seus melhores esforços, agindo em boa-fé[98]. Na seara interpretativa, realçam, além dos aspectos subjetivo e objetivo, a importância do *iter*, isto é, o caminho para o adimplemento da obrigação, à vista dos usos do tráfego contratual[99].

A partir dessas premissas, tem-se que a previsibilidade de determinado evento deve ser analisada conjuntamente à irresistibilidade, conforme apontado por TREITEL, FARNSWORTH, YOUNG e SANGER. Isso porque determinadas situações, ainda que previsíveis, tornam o cumprimento da obrigação impraticável, devido à ausência de meios para impedir a eclosão do evento.

Assim, deve-se avaliar se a parte a quem foi atribuído o risco do evento superveniente, a despeito de empregar seus melhores esforços – *best efforts* –, não logrou êxito no cumprimento das obrigações contratuais. Ainda, impõe-se averiguar se a parte, em seu dever de cooperação, empregou os meios a seu alcance para mitigar ou evitar o dano, conduta imposta pela boa-fé objetiva pós-contratual, correspondente ao *duty to mitigate the loss*[100].

Por esse ângulo, segundo propõe BRUNNER, mesmo que o devedor não possa evitar ou superar o fato que impede o cumprimento da obrigação ou suas consequências, ainda assim terá o dever de limitar, tanto quanto possa, os efeitos desse fato impeditivo, a exemplo do dever de minimizar o atraso provocado por um evento de força maior[101].

A doutrina da *impracticability*, preconizada nos Estados Unidos da América, revela maior flexibilidade nesse sentido, porquanto autoriza o reconhecimento da extinção das obrigações contratuais ainda que a impossibilidade de cumpri-las não seja absoluta – desde que seu desempenho seja impraticável à luz das particularidades dos casos que se apresentam para solução.

Nessa linha, cumpre ressaltar, outrossim, o relevo das cláusulas *hardship*, presentes sobretudo nos contratos internacionais, que, em suma, permitem a renegociação dos negócios jurídicos contratuais quando sua base objetiva for alterada em razão de eventos supervenientes que desequilibrem a distribuição inicial dos riscos entre as partes. Por essa razão, afigura-se inconcussa a influência do estado da arte da *common law* no contexto dos diplomas internacionais que regulamentam a compra e venda internacional e os transportes, como se analisará no próximo item.

98 MALLOY, Michael P.; ROHWER, Claude D.; SKROCKI, Anthony M. *Contracts in a nutshell*, cit., p. 149.

99 MALLOY, Michael P.; ROHWER, Claude D.; SKROCKI, Anthony M. *Contracts in a nutshell*, cit., p. 240-241.

100 BLUM, Brian A. *Contracts*, cit., p. 321.

101 BRUNNER, Christoph. *Force majeure and hardship under general contract principles*, cit., p. 322.

Cabe observar, ainda, que referidas ponderações ganham evidência nos contratos de longa duração e nos contratos relacionais, em que o amplo dever de colaboração ínsito à boa-fé objetiva revela-se com maior densidade[102], avaliação também pertinente à categorização do contrato como de lucro ou de natureza existencial.

Isso porque os contratos de consumo - assim como os contratos de trabalho, de locação residencial e de compra da casa própria, dentre outros - inserem-se na categoria de contratos existenciais, nos quais, à luz da necessidade de proteção à parte mais vulnerável, os princípios sociais do contrato ensejarão aplicação preponderante diante da autonomia privada, com espeque na existência de relações jurídicas que dizem respeito à subsistência humana.

Diante da análise realizada, vislumbra-se que os contornos de aplicação da figura da força maior no sistema da *common law* coadunam-se com a concepção que se sustenta acerca da força maior extrínseca, notadamente se percebida a evolução da aplicação das cláusulas de força maior em prol da flexibilidade diante dos riscos diversos, bem como da doutrina da *impracticability* nos Estados Unidos da América.

Em suma, a despeito da previsibilidade ou imprevisibilidade do evento, exige-se a inevitabilidade no período anterior à sua ocorrência, ainda que com o emprego de adequadas técnicas e medidas de precaução e prevenção, a irresistibilidade durante e, por derradeiro, a impossibilidade de cumprimento da obrigação após o evento, elementos que devem ser ponderados à luz do estado da técnica. Assim, a força maior extrínseca atrela-se substancialmente à inevitabilidade do dano, sendo a imprevisibilidade apenas índice de eficácia desse pressuposto.[103]

2 A INFLUÊNCIA DOS CONTRATOS INTERNACIONAIS NOS TRANSPORTES E NA EXCLUDENTE DA FORÇA MAIOR EXTRÍNSECA

2.1 Os princípios de direito internacional.

O princípio *pacta sunt servanda* e as correlatas relativizações, em que se inserem a exclusão da responsabilidade por força maior e a renegociação dos termos contratuais, denominada *hardship*, analisada alhures, têm

102 BEATSON, Jack; FRIEDMANN, Daniel. *Good faith and fault in contract law*, cit., p. 305.

103 Acerca da caracterização da denominada força maior extrínseca, vide MORSELLO, Marco Fábio, *Contratos de transporte: novos paradigmas do caso fortuito e força maior, cit.*

sido objeto de especial atenção no direito internacional privado, por meio de regras de *soft law*[104].

Tais regras encontram-se consolidadas notadamente nos Princípios dos Contratos Comerciais Internacionais da UNIDROIT (*Principles of International Commercial Contracts* – UPICC), bem como nos Princípios do Direito Contratual Europeu (*Principles of European Contract Law* – PECL)[105], normas essas influenciadas pela Convenção das Nações Unidas de 1980, que trouxe regulamentação para a compra e venda internacional (*United Nation Convention on Contracts for the International Sale of Goods* – CISG)[106], promulgada no Brasil pelo Decreto n. 8.327/2014, vigente a partir de 17 de outubro de 2014[107].

Nessa seara, com ainda maior evidência, tendo em vista o dinamismo do comércio internacional e o correlato interesse na circulação econômica, revelou-se imperiosa a concepção de regras uniformes, previsíveis, de fácil compreensão e seguras (*predictable rules*) para a assunção de riscos nas transações internacionais[108].

---

104 Embora não exista um conceito preciso de soft law, o termo simboliza um conjunto de regras que não são vinculantes, mas denotam grande relevância no âmbito jurídico internacional. Conforme aponta Daniel Thürer, quatro aspectos são intrínsecos ao atual conceito de *soft law*: primeiro, o termo expressa expectativas de conduta em relações internacionais, que surgem principalmente dentro da estrutura das organizações internacionais. O segundo aspecto é que a soft law é criada por sujeitos de direito internacional. Em terceiro, as regras da soft law não passam pelos estágios – ao menos não por todos – dos processos de elaboração de leis internacionais, carecendo de força vinculante, por não constituírem leis em sentido formal. O quarto aspecto diz respeito à proximidade entre a soft law e as leis, principalmente em relação à capacidade de produção de determinados efeitos jurídicos (THÜRER, Daniel. *Soft law*: norms in the twilight between law and politics. In: THÜRER, Daniel. *International law as progress and prospect.* Zürich-St. Gallen: Dike Verlag AG, 2009. p. 159-178).

105 Os princípios de direito contratual europeu referentes à força maior estão disponíveis em: https://www.trans-lex.org/944000/_/force-majeure/. Acesso em: 9 mai. 2023.

106 BRUNNER, Christoph. *Force majeure and hardship under general contract principles*, cit., p. 2.

107 Acerca do histórico da elaboração da CISG, confira-se a narrativa tecida por Lígia Espolaor Veronese: "A CISG foi elaborada no âmbito da Comissão das Nações Unidas para o Direito do Comércio Internacional (United Nations Commission on International Trade Law, neste trabalho referida como 'Uncitral'), a qual foi criada por meio da Resolução 2205 (XXI) da Assembleia Geral da Organização das Nações Unidas, de 17 de dezembro de 1966, com o objetivo de facilitar o comércio e investimento internacional. Desde então, essa comissão das Nações Unidas desenvolve progressiva harmonização das normas de comércio internacional por meio da elaboração e promoção do uso e adoção de instrumentos normativos e não normativos acerca de assuntos relevantes sobre direito contratual internacional. Nesse contexto, a CISG faz parte destes instrumentos criados para a harmonização das regras referentes ao contrato internacional de compra e venda de mercadorias" (VERONESE, Lígia Espolaor. *A Convenção de Viena e seus reflexos no direito contratual brasileiro.* São Paulo: Almedina Brasil, 2019. p. 27).

108 BRUNNER, Christoph. *Force majeure and hardship under general contract principles*, cit., p. 1. Nesse sentido, DÍEZ-PICAZO, Luis. *Fundamentos del derecho civil patrimonial.* 6. ed. Pamplona: Thomson: Civitas, 2007. v. I: Introducción. Teoría del contrato, p. 50.

Observe-se, porém, que, no sistema brasileiro, referidas regras coadunam-se, nesta análise, com os contratos interempresariais ou de lucro, mas não com os contratos existenciais, aos quais subjazem relações não paritárias, que imprescindem de regras protetivas direcionadas à parte vulnerável. Nesse sentido, notadamente nos contratos de transporte de pessoas, imperam o dever de custódia e a obrigação de proteção dos passageiros como características ínsitas à cláusula de incolumidade até o local de destino, em consonância, outrossim, com os postulados da boa-fé objetiva, ora erigida em nosso sistema ao *status* de efetiva cláusula geral, como regra de conduta que consiste no dever de agir de acordo com os padrões (*standards*) socialmente reconhecidos de lisura e lealdade escudada em deveres de lealdade, confiança, probidade e transparência.

Feita essa anotação, em relação aos contratos interempresariais, vislumbra-se, máxime com a consagração dos princípios do direito comercial internacional pela UNIDROIT, o ressurgimento do interesse na *Lex Mercatoria*, antes criticada por apresentar apenas soluções enunciativas e carentes de aplicação concreta, colmatando a alegada falta de conteúdo[109].

Com efeito, referidos princípios estabelecem importantes diretrizes de uniformização para o tema, de modo a obter caráter autônomo a interpretação do direito internacional em relação à interpretação doméstica[110].

Especificamente a respeito dos princípios da UNIDROIT, BRIAN A. BLUM anota que convergem para a definição de força maior como impossibilidade de caráter incontrolável, imprevisível no momento da contratação, além da inevitabilidade ou insuperabilidade das consequências, robustecendo, desse modo, o que preconizamos[111].

---

109 BRUNNER, Christoph. *Force majeure and hardship under general contract principles*, cit., p. 8-11. Nesse sentido, DEL BOSCH PORTOLÉS, Iván Miláns. Cumplimiento e incumplimiento del contrato internacional. In: O'CALLAGHAN MUÑOZ, Xavier (coord.). *Cumplimiento e incumplimiento del contrato*. Madrid: Editorial Ramón Areces, 2012. p. 673-703.

110 BRUNNER, Christoph. *Force majeure and hardship under general contract principles*, cit., p. 33-35. Nesse sentido, confira-se também o que assinala Lígia Espolaor Veronese acerca da CISG: "No que tange ao caráter internacional da Convenção, o artigo 7(1) estabelece que os conceitos apresentados pela CISG devem ser interpretados de maneira autônoma para o comércio internacional, de acordo com o sentido que seus elaboradores lhe desejaram conferir" (VERONESE, Lígia Espolaor. *A Convenção de Viena e seus reflexos no direito contratual brasileiro*, cit., p. 37).

111 BLUM, Brian A. *Contracts*, cit., p. 557. No mesmo sentido, ANDREWS, Neil. *Contract law*, cit., p. 557. Os aspectos conceituais expostos acerca da força maior podem ser extraídos da redação do artigo 7.1.7 (1) dos princípios da UNIDROIT: "*ARTICLE 7.1.7 (1) Non-performance by a party is excused if that party proves that the non-performance was due to an impediment beyond its control and that it could not reasonably be expected to have taken the impediment into account at the time of the conclusion of the contract or to have avoided or overcome it or its consequences*" (disponível em: https://www.unidroit.org/instruments/commercial-contracts/unidroit-principles-2016. Acesso em: 9 mai. 2023). Em tradução: "ARTIGO 7.1.7 (1) A parte inadimplente isenta-se de

Os princípios ainda preveem que, quando a impossibilidade de cumprimento da obrigação for temporária, a escusa somente será efetiva durante esse período, tendo em vista os efeitos do evento sobre a execução contratual, por meio de critérios de razoabilidade. Além disso, a parte que deixar de cumprir o contrato em razão de força maior deve notificar a outra acerca da ocorrência; se a notificação não for recebida em tempo razoável pelo credor, o devedor será responsável pelos danos causados pelo não recebimento.

Ainda sobre a força maior, referidos princípios esclarecem que nada impede que a parte exerça seu direito de rescindir o contrato ou de não executar sua prestação ou cobrar juros sobre o montante devido[112].

Impende observar, porém, que, nos contratos internacionais, segundo pontua IVÁN MILÁNS DEL BOSCH PORTOLÉS[113], há uma tendência preponderante à conservação do vínculo contratual, ainda que sejam necessárias renegociações. Ressalta, ainda, a aplicabilidade da boa-fé e o dever de colaboração, abarcando o denominado *fair dealing* (lealdade negocial), circunstâncias em

---

responsabilidade se provar que o inadimplemento foi causado por um obstáculo que escapa ao seu controle e que não poderia, razoavelmente, tê-lo levado em conta ao tempo da formação do contrato, ou ter-lhe evitado ou superado as consequências" (tradução oficial retirada de: https://www.unidroit.org/wp-content/uploads/2021/06/Unidroit-Principles-2016-Portuguese-bl.pdf. Acesso em: 9 mai. 2023). No mesmo sentido dispõe o artigo 79 da Seção IV da CISG (Decreto n. 8.327/2014): "Nenhuma das partes será responsável pelo inadimplemento de qualquer de suas obrigações se provar que tal inadimplemento foi devido a motivo alheio à sua vontade, que não era razoável esperar fosse levado em consideração no momento da conclusão do contrato, ou que fosse evitado ou superado, ou ainda, que fossem evitadas ou superadas suas consequências".

112 Tais aspectos conceituais ínsitos aos princípios da UNIDROIT foram extraídos do artigo 7.1.7 (2) e (3): "*ARTICLE 7.1.7 (2) When the impediment is only temporary, the excuse shall have effect for such period as is reasonable having regard to the effect of the impediment on the performance of the contract; ARTICLE 7.1.7 (3) The party who fails to perform must give notice to the other party of the impediment and its effect on its ability to perform. If the notice is not received by the other party within a reasonable time after the party who fails to perform knew or ought to have known of the impediment, it is liable for damages resulting from such non-receipt; ARTICLE 7.1.7 (4) Nothing in this Article prevents a party from exercising a right to terminate the contract or to withhold performance or request interest on money due*" (disponível em: https://www.unidroit.org/instruments/commercial-contracts/unidroit-principles-2016. Acesso em: 9 mai. 2023). Em tradução: "ARTIGO 7.1.7 (2) Quando o impedimento é apenas temporário, a isenção produz efeitos pelo prazo que for razoável, tendo em vista os efeitos do obstáculo sobre a execução do contrato. (3) A parte inadimplente deve notificar a outra parte do obstáculo e de seus efeitos sobre sua aptidão para adimplir. Se a notificação não for recebida pela outra parte em prazo razoável, contado a partir do momento em que a parte inadimplente sabia ou deveria ter sabido do obstáculo, essa responderá pelas perdas e danos resultantes da falta do recebimento. (4) As disposições deste artigo não impedem que as partes exerçam o direito de extinguir o contrato ou suspender seu adimplemento ou, ainda, reclamar juros sobre o valor devido" (tradução oficial retirada de: https://www.unidroit.org/wp-content/uploads/2021/06/Unidroit-Principles-2016-Portuguese-bl.pdf. Acesso em: 9 mai. 2023).

113 DEL BOSCH PORTOLÉS, Iván Miláns. *Cumplimiento e incumplimiento del contrato internacional*, cit., p. 673-703.

que se verifica a aplicação frequente das cláusulas *hardship* mesmo aos eventos de força maior.

Nesse diapasão, os princípios da UNIDROIT que versam sobre *hardship* ditam inicialmente que, por consequência do princípio da força vinculante dos contratos, o cumprimento das obrigações subsiste se houver possibilidades fáticas para tanto, a despeito de eventual elevação da onerosidade ao devedor[114], exceto se o equilíbrio contratual for alterado em suas bases fundamentais, como quando há aumento substancial do preço da prestação de uma das partes (e.g., pela elevação dos custos das matérias-primas necessárias à produção dos bens que sejam objeto da obrigação) ou desvalorização da prestação recebida pelo credor (e.g., devido a drásticas mudanças nas condições de mercado).

Como requisitos, exige-se que, do ponto de vista da parte prejudicada, os eventos tenham ocorrido ou tenham se tornado conhecidos somente depois da conclusão do contrato; que os eventos não possam ter sido previamente considerados, de acordo com um juízo de razoabilidade; que os eventos tenham caráter incontrolável; e que o risco de eclosão dos eventos não tenha sido assumido pela parte prejudicada[115].

---

114 Os aspectos conceituais expostos podem ser extraídos da redação do artigo 6.2.1 dos princípios da UNIDROIT: "*ARTICLE 6.2.1. (Contract to be observed) Where the performance of a contract becomes more onerous for one of the parties, that party is nevertheless bound to perform its obligations subject to the following provisions on hardship*" (disponível em: https://www.unidroit.org/instruments/commercial-contracts/unidroit-principles-2016. Acesso em: 9 mai. 2023). Em tradução: "ARTIGO 6.2.1 (Obrigatoriedade do contrato) Quando o cumprimento de um contrato torna-se mais oneroso para uma das partes, tal parte continua, ainda assim, obrigada a cumprir o contrato, ressalvadas as disposições seguintes a respeito de hardship" (tradução oficial retirada de: https://www.unidroit.org/wp-content/uploads/2021/06/Unidroit-Principles-2016-Portuguese-bl.pdf. Acesso em: 9 mai. 2023).

115 Os aspectos conceituais expostos emergem da redação do artigo 6.2.2 dos princípios da UNIDROIT: "*ARTICLE 6.2.2 (Definition of hardship) There is hardship where the occurrence of events fundamentally alters the equilibrium of the contract either because the cost of a party's performance has increased or because the value of the performance a party receives has diminished, and (a) the events occur or become known to the disadvantaged party after the conclusion of the contract; (b) the events could not reasonably have been taken into account by the disadvantaged party at the time of the conclusion of the contract; (c) the events are beyond the control of the disadvantaged party; and (d) the risk of the events was not assumed by the disadvantaged party*" (disponível em: https://www.unidroit.org/instruments/commercial-contracts/unidroit-principles-2016. Acesso em: 9 mai. 2023). Em tradução livre: "ARTIGO 6.2.2 (Definição de hardship) Há hardship quando sobrevêm fatos que alteram fundamentalmente o equilíbrio do contrato, seja porque o custo do adimplemento da obrigação de uma parte tenha aumentado, seja porque o valor da contraprestação haja diminuído, e (a) os fatos ocorrem ou se tornam conhecidos da parte em desvantagem após a formação do contrato; (b) os fatos não poderiam ter sido razoavelmente levados em conta pela parte em desvantagem no momento da formação do contrato; (c) os fatos estão fora da esfera de controle da parte em desvantagem; (d) o risco pela superveniência dos fatos não foi assumido pela parte em desvantagem" (tradução oficial retirada de: https://www.unidroit.org/wp-content/uploads/2021/06/Unidroit-Principles-2016-Portuguese-bl.pdf. Acesso em: 9 mai. 2023).

Em relação aos efeitos da *hardship*, os princípios da UNIDROIT possibilitam que a parte requeira a renegociação dos termos contratuais, desde que o faça no prazo permitido, sem que tal medida a torne isenta do cumprimento da obrigação. Caso os contratantes não entrem em acordo, qualquer das partes poderá requerer em juízo a rescisão ou adaptação do contrato visando a seu reequilíbrio[116].

Conforme elucida BLUM, trata-se de conceito mais próximo da doutrina da impraticabilidade (*impracticability*), que tem proeminência no sistema norte-americano, conforme visto neste capítulo e que se entrelaça com a boa-fé objetiva e o dever de colaboração entre os contratantes[117].

2.2 Os usos e costumes do comércio internacional. Os *incoterms*. O seguro

Faz-se mister ressaltar, ainda, a importância dos usos e costumes do comércio internacional, mormente em ramos específicos, como preconizam as regras de arbitragem previstas na lei modelo da UNCITRAL (*United Nations Commission on International Trade Law*)[118], ao determinar que os Tribunais arbitrais tenham em conta, em qualquer caso, os usos do tráfego contratual aplicável ao objeto do litígio[119].

---

116 Os conceitos expostos atrelam-se à redação do artigo 6.2.3 dos princípios da UNIDROIT: "*ARTICLE 6.2.3 (Effects of hardship) (1) In case of hardship the disadvantaged party is entitled to request renegotiations. The request shall be made without undue delay and shall indicate the grounds on which it is based. (2) The request for renegotiation does not in itself entitle the disadvantaged party to withhold performance. (3) Upon failure to reach agreement within a reasonable time either party may resort to the court. (4) If the court finds hardship it may, if reasonable, (a) terminate the contract at a date and on terms to be fixed, or (b) adapt the contract with a view to restoring its equilibrium*" (disponível em: https://www.unidroit.org/instruments/commercial-contracts/unidroit-principles-2016. Acesso em: 9 mai. 2023). Em tradução livre: "ARTIGO 6.2.3 (Efeitos da hardship) (1) Em caso de hardship, a parte em desvantagem tem direito de pleitear renegociações. O pleito deverá ser feito sem atrasos indevidos e deverá indicar os fundamentos nos quais se baseia. (2) O pleito para renegociação não dá, por si só, direito à parte em desvantagem de suspender a execução. (3) À falta de acordo das partes em tempo razoável, cada uma das partes poderá recorrer ao Tribunal. (4) Caso o Tribunal considere a existência de hardship, poderá, se for razoável, (a) extinguir o contrato, na data e condições a serem fixadas, ou (b) adaptar o contrato com vistas a restabelecer-lhe o equilíbrio" (tradução oficial retirada de: https://www.unidroit.org/wp-content/uploads/2021/06/Unidroit-Principles-2016-Portuguese-bl.pdf. Acesso em: 9 mai. 2023).

117 BLUM, Brian A. *Contracts*, cit., p. 557. No mesmo sentido, ANDREWS, Neil. *Contract law*, cit., p. 560.

118 BRUNNER, Christoph. *Force majeure and hardship under general contract principles*, cit., p. 36.

119 "Art. 28. Em qualquer caso, o tribunal arbitral decidirá de acordo com os termos do contrato e terá em conta o uso comercial aplicável à transação" (versão traduzida para a língua portuguesa

Costuma-se conferir, por exemplo, à luz das cláusulas de renegociação (*hardship*), prazo de suplemento, denominado *Nachfrist*, consoante dispõe o artigo 47, (1), da Convenção das Nações Unidas sobre Contratos de Compra e Venda Internacional de Mercadorias (CISG): "O comprador poderá conceder ao vendedor prazo suplementar razoável para o cumprimento de suas obrigações"[120].

Nesse sentido, os *incoterms* (Termos Internacionais de Comércio) assumem papel de destaque. Publicados pela primeira vez em 1936 pela ICC ("*International Chamber of Commerce*"), os *incoterms*, como é cediço, consistem em regras de interpretação e em definições internacionalmente aceitas para as cláusulas mais usadas em contratos internacionais de compra e venda de mercadorias.

Robustecem, desse modo, a segurança das transações, e direcionam as expectativas contratuais a importadores, exportadores, profissionais da área jurídica, transportadores, seguradoras, bem como pesquisas acerca do comércio internacional, exercendo, pois, relevante papel enquanto símbolos dos usos e costumes internacionais[121].

A título de ilustração, dentre os termos mais utilizados, a cláusula CIF ("*Cost, Insurance and Freight*")[122] estabelece que o vendedor é responsável pelos custos e riscos relacionados à entrega da mercadoria, o que inclui a consecução de seguro contra risco de perda ou dano e o custeio do frete necessário até o porto de destino designado. A cláusula FOB ("*Free on Board*"), por outro lado, exclui o risco de perda ou dano que recai sobre as mercadorias da órbita

---

disponível em: https://cbar.org.br/site/wp-content/uploads/2018/04/model-law-portugues.pdf. Acesso em: 9 mai. 2023).

120 DEL BOSCH PORTOLÉS, Iván Miláns. *Cumplimiento e incumplimiento del contrato internacional*, cit., p. 692. Sobreleva acrescentar, por oportuno, que à luz da pandemia causada pela covid-19, como fato social total, o prazo de suplemento (*Nachfrist*) evidenciou utilização frequente por parte dos contratantes.

121 Os primeiros incoterms publicados incluíam FAS ("Free Alongside Ship"), FOB ("Free on Board"), C&F ("Cost and Freight"), CIF ("Cost, Insurance and Freight"), Ex Ship e Ex Quay. Sobreleva observar que no dia 1º de janeiro de 2020 entrou em vigor a edição mais recente dos incoterms (Incoterms 2020). Informações disponíveis em: https://iccwbo.org/business-solutions/incoterms-rules/incoterms-2020/. Acesso em: 9 mai. 2023.

122 "*'Cost, Insurance and Freight' means that the seller delivers the goods on board the vessel or procures the goods already so delivered. The risk of loss of or damage to the goods passes when the goods are on board the vessel. The seller must contract for and pay the costs and freight necessary to bring the goods to the named port of destination. 'The seller also contracts for insurance cover against the buyer's risk of loss of or damage to the goods during the carriage. The buyer should note that under CIF the seller is required to obtain insurance only on minimum cover. Should the buyer wish to have more insurance protection, it will need either to agree as much expressly with the seller or to make its own extra insurance arrangements*" (disponível em: http://library.iccwbo.org/clp/clp-incoterms.htm? AGENT=ICC_HQ. Acesso em: 10 de junho de 2023).

de responsabilidade do vendedor quando as mercadorias são despachadas, arcando o comprador com os custos a partir desse momento[123].

Por derradeiro, ainda há que se ressaltar, enquanto elemento dos usos e costumes vigentes no comércio internacional, principalmente nos contratos de transporte, a celebração de contratos de seguro para delimitação da assunção de riscos nas transações[124], com destaque para o seguro de transporte de coisas, cujo início foi concomitante às origens do comércio marítimo e cujas regras se tornaram pertencentes ao acervo geral de tipos securitários, segundo MENEZES CORDEIRO[125]. O autor assinala, ainda, que o seguro está muitas vezes associado ao próprio contrato de transporte com o qual o interage, principiando com a entrega ao transportador e cessando com a restituição ao destinatário.

A celebração de contratos internacionais, portanto, propiciou o surgimento de uma *Lex Mercatoria*, bem como de princípios que se tornaram marco comum de referência para as transações interempresariais internacionais. Desse modo, é possível afirmar que o direito internacional privado, hodiernamente, representa um grande passo evolutivo no que diz respeito à uniformização das regras concernentes à força maior, aplicáveis aos contratos interempresariais. Essas regras, por sua vez, convergem à tendência de conservação do vínculo contratual, por meio da *hardship*, cláusula que permite a renegociação caso a base objetiva do contrato venha a ser alterada em razão de eventos supervenientes que impactem a distribuição inicial de riscos entre as partes[126].

Referidos mecanismos de preservação do vínculo contratual coadunam-se com o dever de colaboração (*fair dealing*), de fundamental importância nos

---

123 "*'Free On Board' means that the seller delivers the goods on board the vessel nominated by the buyer at the named port of shipment or procures the goods already so delivered. The risk of loss of or damage to the goods passes when the goods are on board the vessel, and the buyer bears all costs from that moment onwards*" (disponível em: http://library.iccwbo.org/clp/clp-incoterms.htm?AGENT= ICC_HQ. Acesso em: 10 de junho de 2023).

124 TREITEL, Guenter H. *Frustration and force majeure*, cit., p. 75-76. No mesmo diapasão, visando uniformizar regras no que concerne à assunção dos riscos e às cláusulas de hardship e force majeure, vide, outrossim, BORTOLOTTI, Fabio; UFOT, Dorothy. *Hardship and force majeure in international commercial contracts*, cit., p. 8-10.

125 CORDEIRO, António Menezes. *Direito dos seguros*. 2. ed. Coimbra: Almedina, 2016. p. 828. Para mais detalhes acerca da origem do comércio marítimo e do seguro de transporte no âmbito do direito romano, vide MORSELLO, Marco Fábio. *Contratos de transporte:* novos paradigmas do caso fortuito e força maior, *cit.*, p. 31 *et seq*.

126 Nesse sentido, FONTAINE, Marcel. The evolution of the rules on hardship. In: BORTOLOTTI, Fabio; UFOT, Dorothy. *Hardship and force majeure in international commercial contracts*: dealing with unforeseen events on a changing world. Paris: International Chamber of Commerce (ICC): The World Business Organization, 2018. p. 11-40, dando conta da necessidade de uniformidade de cláusulas nessa seara, visando à análise prévia de riscos, mitigando dificuldades interpretativas à luz de eventos supervenientes.

contratos internacionais, e exercem considerável influência sobre os contratos celebrados no âmbito do sistema jurídico da *common law*, com destaque para a doutrina norte-americana da *impracticability*, conforme já exposto na primeira parte deste artigo[127].

CONCLUSÕES

Os custos de transação, a assunção de riscos e o constante dinamismo do comércio internacional, nomeadamente no transporte de coisas em seus diversos modais, reverberam influência indiscrepante do sistema da *common law*, cujas Cortes evidenciam interpretação restritiva na aplicação da excludente da força maior aos casos concretos, demonstrando influência inconcussa da *sanctity of contract*.

Com efeito, a admissão da força maior como causa extintiva de obrigações contratuais ocorreu, portanto, paulatinamente no sistema da *common law*, vigorando, até a realidade diuturna, efetivo rigorismo das Cortes nos precedentes que concernem a fatos supervenientes impeditivos do cumprimento do contrato.

Assim, tornou-se frequente a inserção prévia de cláusulas de força maior (*force majeure clauses*) nos contratos, o que evidencia a relevância da alocação antecipada dos riscos e a autorregulamentação de interesses. De fato, no bojo das referidas cláusulas, as partes podem predeterminar os eventos pelos quais se responsabilizam, ou não, caso venham a se concretizar, por meio da inserção de lista exemplificativa, acrescida de expressões que aludem a ocorrências situadas para além da esfera de controle – "*beyond the control*".

Evidencia-se, pois, a relevância da consecução precisa das cláusulas, uma vez que, advinda a impossibilidade superveniente de cumprimento da obrigação, a interpretação abrangerá todo o negócio jurídico e terá viés restritivo devido ao caráter excepcional.

Acerca da interpretação restritiva das cláusulas de força maior, depreende-se que as Cortes não têm admitido o enquadramento de situações como aptas à operação da cláusula por recurso à analogia e que, portanto, na prática, normalmente apenas os eventos cujos riscos de ocorrência são alocados expressamente têm o condão de eximir as respectivas partes de sua responsabilidade pelo cumprimento da obrigação.

---

127 DEL BOSCH PORTOLÉS, Iván Miláns. *Cumplimiento e incumplimiento del contrato internacional*, cit., p. 658-686.

Desse modo, nas hipóteses de impedimentos parciais ou temporários de cumprimento da obrigação, faz-se mister analisar os meios alternativos à disposição, que poderão inviabilizar o acolhimento das escusas do devedor. Outrossim, não se admite a resolução do contrato nas hipóteses de *self-induced frustration*, isto é, quando houver participação causal inicial do próprio interessado.

Malgrado a rigidez da interpretação acerca de referidas cláusulas, a previsibilidade do evento não é essencial ou decisiva como pré-requisito da força maior, podendo ser índice de eficácia ou modulação da inevitabilidade, à luz dos degraus e extensão correlatos.

Por seu turno, no que concerne à denominada alocação implícita de riscos, esta pode ser inferida do próprio contrato, quando houver, por exemplo, uma cláusula que imponha à parte a obrigação de obter seguro para o objeto do contrato ou outro compromisso que permita aferir a assunção do risco.

Forte em tais premissas, como regra, a assunção implícita de riscos coaduna-se com a força maior intrínseca, que pode ser definida, assim, como aquela que se insere na esfera de controle do devedor, cuja responsabilidade envolve a organização de sua atividade e a tomada de medidas para sua consecução, não elidindo, portanto, o dever de indenizar. Sob essa ótica, máxime na compra e venda de mercadorias, referidas cláusulas serão convalidadas em sede judicial na seara dos contratos interempresariais, restando robustecidas pelos usos e costumes do tráfego contratual, com destaque para o comércio internacional, por meio dos denominados *incoterms*, e a consecução de seguros no âmbito da autonomia privada. Com essa premissa, assume o devedor os riscos oriundos dos atos de seu próprio pessoal – *préposé* –, de greves, gestão financeira – *financial ability* –, dentre outros.

Tais cláusulas, porém, não são infalíveis, e devem ser analisadas por meio de parâmetros de razoabilidade e proporcionalidade, de modo que a manutenção do contrato – e a imposição de responsabilidade a uma das partes – ou a extinção das obrigações coadune-se com a boa-fé objetiva que deve permear as relações contratuais.

Nesse sentido, a leitura do contrato, por ocasião da ocorrência de acontecimentos supervenientes que desequilibrem a relação jurídica, deve ser realizada de acordo com o que se infere acerca da intenção razoável das partes no momento da celebração da avença, paralelamente, outrossim, aos usos e costumes do tráfego contratual.

Assim, por proêmio, faz-se mister avaliar se a parte a quem foi atribuído o risco do evento superveniente, a despeito de empregar seus melhores esforços – *best efforts* –, não logrou êxito no cumprimento das obrigações contratuais. Ainda, impõe-se averiguar se a parte, em seu dever de cooperação, empregou os meios ao seu alcance para mitigar ou evitar o dano, conduta imposta pela boa-fé objetiva pós-contratual, correspondente ao *duty to mitigate the loss.*

Nesse contexto, ainda que o devedor não logre evitar ou superar o fato que impede o cumprimento da obrigação ou suas consequências, terá o dever de limitar, tanto quanto possa, os efeitos desse fato impeditivo, a exemplo do dever de minimizar o atraso provocado por um evento de força maior.

A doutrina da *impracticability*, preconizada nos Estados Unidos da América, revela maior flexibilidade nesse sentido, porquanto autoriza o reconhecimento da extinção das obrigações contratuais, ainda que a impossibilidade de cumpri-las não seja absoluta, desde que o seu desempenho seja impraticável à luz das particularidades do caso concreto, premissa inconfundível com a mera dificuldade, que se revela inescusável.

Com efeito, malgrado referida teoria tenha flexibilizado a rigidez da impossibilidade absoluta e os lindes restritivos da *frustration*, há diversos elementos que deverão ser comprovados para sua caracterização, ou seja, primeiro, deve-se tratar de obrigação objetivamente impraticável; em segundo lugar, a parte não pode ter concorrido para o evento; como terceiro elemento, a não ocorrência do evento deve ter sido pressuposto básico da formação do contrato; o quarto e último elemento refere-se à assunção do risco e à insuperabilidade dos fatores.

Nessa linha, cumpre ressaltar, outrossim, a importância das cláusulas *hardship*, máxime nos contratos internacionais, que, em suma, permitem a renegociação dos negócios jurídicos contratuais quando sua base objetiva for alterada em razão de eventos supervenientes que desequilibrem a distribuição inicial dos riscos entre as partes, razão pela qual se afigura inconcussa a influência do estado da arte da *common law* no contexto dos diplomas internacionais que regulamentam a compra e venda internacional e os transportes.

Paralelamente às cláusulas que excluem o dever de indenizar com espeque na força maior extrínseca, a inserção das denominadas cláusulas *hardship*, notadamente nos contratos internacionais de comércio, permite, diante da alteração das circunstâncias, a renegociação e a readaptação do contrato. Nessa senda, emerge, a princípio, que os pleitos que se fundamentam na cláusula *hardship* ou em cláusula de força maior partem dos mesmos pressupostos, porém sua distinção é importante para avaliação das consequências jurídicas correlatas a cada uma.

Com efeito, a cláusula *hardship* tem âmbito de aplicação mais restrito em cotejo com a cláusula de força maior. Tal entendimento se esteia na premissa de que o objeto de consideração se cinge às mudanças das circunstâncias que afetem o equilíbrio dos contratos. Desse modo, enquanto a ocorrência de força maior isenta o devedor do cumprimento da obrigação, bem como do pagamento de indenização por perdas e danos, a cláusula *hardship* permite às Cortes a adaptação do contrato com o fito do reequilíbrio da relação jurídica ou a resolução contratual em termos e data que serão fixados.

Por seu turno, depreende-se de modo geral que, quando o cumprimento da obrigação torna-se excessivamente oneroso a uma das partes, as consequências jurídicas operadas pela cláusula *hardship* devem prevalecer sobre a excludente consubstanciada na força maior. Isso porque referida cláusula denota entrelaçamento com o princípio da boa-fé objetiva, que veda o exercício abusivo de posições jurídicas e propicia a subsistência do vínculo jurídico.

Por conseguinte, a força maior incidiria apenas nos casos em que os esforços do devedor para superar os custos excessivos do cumprimento da obrigação revelam-se evidentemente desproporcionais ao interesse do credor em receber a prestação.

Em suma, conclui-se que, enquanto a cláusula *hardship* coaduna-se com a possibilidade de cumprimento do contrato, ainda que para tanto sejam necessárias modificações em suas cláusulas, denotando, para tal desiderato, flexibilidade no que concerne às consequências jurídicas, a excludente da força maior é atrelada a casos de descumprimento contratual, de modo a eximir o devedor das consequências do inadimplemento.

Diante da análise realizada, vislumbra-se que os contornos de aplicação da figura da força maior no sistema da *common law* são consentâneos com a concepção que se sustenta acerca da força maior extrínseca, notadamente se percebida a evolução da aplicação das cláusulas de força maior em prol da flexibilidade diante dos riscos diversos, bem como da doutrina da *impracticability* nos Estados Unidos da América.

Referidas cláusulas, aliás, denotam importância crescente no comércio internacional, dinamizando a circulação econômica e contribuindo para a indispensável formulação de regras uniformes, previsíveis, de fácil compreensão e seguras (*predictable rules*) para a assunção de riscos nas transações em comento.

De fato, em relação aos contratos interempresariais, vislumbra-se, máxime com a consagração dos princípios do direito comercial internacional pela UNIDROIT, o ressurgimento do interesse na *Lex Mercatoria*, previamente criticada por apresentar apenas soluções enunciativas e carentes de aplicação concreta, colmatando a alegada falta de conteúdo.

Especificamente acerca dos princípios da UNIDROIT, convergem para a definição de força maior como impossibilidade de caráter incontrolável, imprevisível no momento da contratação, além da inevitabilidade ou insuperabilidade das consequências.

Impende observar, porém, que, nos contratos internacionais, há uma tendência preponderante à conservação do vínculo contratual, ainda que sejam necessárias renegociações. Ressaltam-se, ainda, a aplicabilidade da boa-fé e o dever de colaboração, abarcando o denominado *fair dealing* (lealdade negocial), circunstâncias em que se verifica a aplicação frequente das cláusulas *hardship*, mesmo aos eventos de força maior.

Como requisitos aptos ao reconhecimento da força maior extrínseca, exige-se que, do ponto de vista da parte prejudicada, os eventos tenham ocorrido ou tenham se tornado conhecidos somente depois da conclusão do contrato; que os eventos não possam ter sido previamente considerados, de acordo com um juízo de razoabilidade; que os eventos tenham caráter incontrolável e que o risco de eclosão dos eventos não tenha sido assumido pela parte prejudicada.

69. CLÁUSULA RESOLUTIVA "DE ESTILO": ANATOMIA, EFEITOS E ANÁLISE CRÍTICA

Maria Beatriz R. Delamuta
Renata C. Steiner

A resolução do contrato é um dos remédios cabíveis contra o inadimplemento contratual.[1] Segundo uniforme construção doutrinária no Direito brasileiro, o direito à resolução nasce diante de um descumprimento contratual qualificado, referido pela doutrina sob diferentes nomenclaturas: inadimplemento absoluto, definitivo, irremediável ou resolutivo.[2] Isso significa que não é qualquer falta imputável de cumprimento que leva à resolução contratual, remédio que já foi definido, em outra sede, como *ultima ratio*.[3]

---

1 Sobre o sistema de remédios, remete-se a STEINER, Renata. Descumprimento contratual: remédios à disposição do credor lesado. In: TERRA, Aline de Miranda Valverde e GUEDES, Gisela Sampaio da Cruz (coord.). *Inexecução das Obrigações: Pressupostos, evolução e remédios.* vol. II. Rio de Janeiro: Editora Processo, 2021, pp. 297-342. Com maior abrangência, SILVA, Rodrigo da Guia. Remédios ao inadimplemento dos contratos: princípio do equilíbrio e tutela do programa contratual. São Paulo: Thomson Reuters, Revista dos Tribunais, 2023).

2 As expressões não são necessariamente coincidentes. Entende-se haver relação de gênero e espécie entre inadimplemento resolutivo (entendido como aquele que autoriza a resolução) e o inadimplemento absoluto (entendido como aquele que tem caráter definitivo), respectivamente. Trata-se da situação padrão e mais usual que leva à resolução que, no entanto, pode decorrer de outras situações não reconduzíveis à impossibilidade de satisfação dos interesses do credor.

3 DELAMUTA, Maria Beatriz Rizzo. *Convenção de Viena e Resolução Contratual.* São Paulo: Almedina, 2022, p. 302). A afirmação de que a resolução é remédio de *ultima ratio* não significa dizer que ela tenha aplicação necessariamente subsidiária, mas que se trata de meio extremo que conduz à total eliminação da autorregulação de interesses. (OLIVEIRA, Ana Perestrelo. OLIVEIRA, Madalena Perestrelo. *Incumprimento resolutório: uma introdução.* Coimbra: Almedina, 2019, p. 17).

Em linhas gerais, por inadimplemento absoluto entende-se a falta de cumprimento do contrato de caráter definitivo, isto é, quando o contrato não foi cumprido e não mais poderá sê-lo de forma útil à satisfação dos interesses do credor[4]. Tal se passa quando, por ato imputável ao devedor, o cumprimento se tornar impossível[5] ou, ainda que possível, venha a se tornar, em razão do inadimplemento, inútil à satisfação dos interesses do credor.[6] Essa última hipótese é abarcada pelo art. 395, parágrafo único, do Código Civil[7], que prevê a inutilidade como critério de conversão da mora em inadimplemento absoluto.

A resolução também opera em hipóteses que, por via ampliativa ou por analogia, são reconduzidas à noção de inadimplemento absoluto, pautada nos critérios de impossibilidade ou de inutilidade da prestação.[8] Referência exemplificativa há de ser feita ao decurso do prazo admonitório, ou período de cura, quando previsto em lei especial ou no contrato, uma vez que inexistente regra geral sobre a sua concessão no Direito brasileiro; à declaração antecipada de não cumprimento pelo devedor[9]; ou mesmo à inexigibilidade da

---

4 Na definição já clássica de Agostinho Alvim, "ocorre o inadimplemento absoluto quando a prestação não for cumprida, nem poderá sê-lo, como no caso de perecimento do objeto, por culpa do devedor" (ALVIM, Agostinho. *Da inexecução das obrigações e suas conseqüências.* 3ª ed. atualizada. Rio de Janeiro, São Paulo: Editora Jurídica e Universitária, 1965).

5 Em sentido contrário, Judith Martins-Costa entende que a impossibilidade imputável deva ser distinguida do inadimplemento, ainda que ambos conduzam a efeitos similares (notadamente, o dever de indenizar). O fundamento da distinção repousa, na visão da jurista, no fato de que a impossibilidade faz cessar a existência de conduta devida pelo devedor. Para maior profundidade, remete-se a MARTINS-COSTA, Judith e COSTA E SILVA, Paula. Crise e perturbações no cumprimento da prestação. São Paulo: Quartier Latin, 2020, pp. 152-156.

6 Sobre os critérios para análise do interesse do credor, permite-se remeter a STEINER, Renata C.. A influência do interesse do credor no sistema de descumprimento contratual da CISG. In: NALIN, Paulo; STEINER, Renata C. e XAVIER, Luciana Pedroso. (org.). Compra e Venda Internacional de Mercadorias: vigência, aplicação e operação da CISG no Brasil. 1ªed. Curitiba: Juruá, 2014, pp. 419-434. O tema também foi objeto de análise posterior por ZANETTI, Cristiano de Sousa. A perda de interesse do credor. In: BENETTI, Giovana (et.al.) (coord.). Direito, cultura, método. Leituras da obra de Judith Martins-Costa. Rio de Janeiro: GZ editora, 2019, pp. 765-787.

7 "Art. 395. Responde o devedor pelos prejuízos a que sua mora der causa, mais juros, atualização dos valores monetários segundo índices oficiais regularmente estabelecidos, e honorários de advogado. Parágrafo único. Se a prestação, devido à mora, se tornar inútil ao credor, este poderá enjeitá-la, e exigir a satisfação das perdas e danos."

8 A expansão do conceito de impossibilidade é encontrada, por exemplo, em Agostinho Alvim que, de um lado, define o inadimplemento absoluto como situação em que há impossibilidade de cumprimento e, de outro, o inclui no conceito situações de inutilidade da prestação quando ainda preservada a possibilidade de cumprimento. Ao ver do jurista, a impossibilidade que qualifica o inadimplemento absoluto significa "[...] mais precisamente: quando não mais subsiste para o credor a possibilidade de receber" (ALVIM, Agostinho. *Da inexecução das obrigações e suas conseqüências.* 3ª ed. atualizada. Rio de Janeiro, São Paulo: Editora Jurídica e Universitária, 1965).

9 Sobre o tema, vide TERRA, Aline de Miranda Valverde. Disponível em: Na pauta do STJ: declaração antecipada de não cumprimento por incapacidade financeira configura inadimplemento

manutenção do contrato diante de determinadas circunstâncias que configuram justa causa.[10]

A delimitação do que venha a ser um inadimplemento resolutivo é a pedra de toque para que se possa aferir a possibilidade de exercício do direito de resolver. Se é verdade que tal tarefa pode ser feita *in abstracto*, ou seja, a partir de critérios gerais, interessa mais de perto para o presente estudo a sua definição *in concreto*, o que, de forma usual, opera-se mediante a contratação de uma cláusula resolutiva expressa.

Como já tivemos oportunidade de esclarecer, as cláusulas resolutivas expressas, dentre outras funções, permitem que as partes definam, desde logo, a essencialidade do descumprimento frente ao programa contratual.[11] Assim o fazem, em termos outros, definindo contratualmente os limites entre a mora e o inadimplemento resolutivo.[12]

Se essa é uma das funções da cláusula resolutiva, o que dizer de cláusulas contratuais que, ainda que denominadas de cláusulas resolutivas, empregam redação genérica e não estabelecem, de forma precisa, as obrigações contratuais cujo descumprimento abrirá espaço para a resolução contratual? Nestes casos, está-se no campo do que a doutrina denomina de cláusulas resolutivas "de estilo", objeto do presente estudo.[13]

1. CONTEÚDO JURÍDICO E RELEVÂNCIA PRÁTICA DA CLÁUSULA RESOLUTIVA "DE ESTILO"

As cláusulas resolutivas "de estilo" são formulações genéricas pelas quais os contratantes preveem a possibilidade de extinção do contrato diante do descumprimento de quaisquer das obrigações pactuadas, sem a precisa individualização, portanto, daquilo que entendem qualificar inadimplemento resolutivo no caso concreto.[14]

---

anterior ao termo. In: AGIRE | Direito Privado em Ação, n.º 82, 2023. Disponível em: https://agiredireitoprivado.substack.com/p/82-na-pauta-do-stj-declaracao-de, acesso em 07.01.2024.

10 Os exemplos e as categorias são de OLIVEIRA, Ana Perestrelo. OLIVEIRA, Madalena Perestrelo. *Incumprimento resolutório: uma introdução*. Coimbra: Almedina, 2019, p. 51 e ss.

11 DELAMUTA, Maria Beatriz Rizzo. *Convenção de Viena e Resolução Contratual*. São Paulo: Almedina, 2022, p. 257.

12 STEINER, Renata. Reparação de danos: interesse positivo e interesse negativo. São Paulo: Quartier Latin, 2018, pp. 338-339.

13 Interessa ao estudo as cláusulas resolutivas "de estilo" inseridas em contratos paritários e, especialmente, empresariais. Estão fora do âmbito da análise empreendida contratos de consumo, de trabalho ou assimétricos.

14 A definição das cláusulas resolutivas "de estilo" é encontrada, dentre outros, nos seguintes textos específicos sobre o tema da resolução ou das cláusulas resolutivas, citados em ordem alfabética: BIAZI, João Pedro de Oliveira de. A cláusula resolutiva 'de estilo'. Revista Brasileira de

Embora referenciadas com alguma frequência pela doutrina especializada, a expressão cláusula resolutiva "de estilo" não é empregada textualmente na legislação brasileira. Com efeito, nenhum dos dois artigos do Código Civil dedicados à resolução contratual (ars. 474[15] e 475[16]) faz a ela qualquer referência. As cláusulas resolutivas neles mencionadas são a cláusula resolutiva expressa e a cláusula resolutiva tácita.

Causa ou efeito da ausência de emprego da nomenclatura na lei, o conceito e o conteúdo da cláusula resolutiva "de estilo" tampouco pertencem ao cotidiano da advocacia brasileira, o que também se reflete na ausência de seu tratamento na generalidade dos mais consultados manuais de Direito Civil.[17] Daí não vai, entretanto, que sua utilização seja rara.

Pelo contrário, o emprego de formulação genérica é frequente na prática contratual e pode ser ilustrado com as seguintes redações: "*o inadimplemento de qualquer obrigação deste contrato autoriza a resolução do contrato*"; "*a parte inadimplente fica sujeita à resolução contratual*" e "*em caso de descumprimento contratual, a parte lesada poderá demandar a resolução*".

Em comum, todas limitam-se a reproduzir, ainda que com alguma variação de redação, o conteúdo do art. 475 do Código Civil, o qual dispõe, também de maneira vaga e genérica, que a parte lesada pelo inadimplemento tem direito a exigir a resolução.

Trata-se, pois, de cláusula contratual socialmente típica.[18] Isso, porque, embora não haja regramento legal que lhe confira contornos, há inegável

---

Direito Contratual, v. 7, 2021, pp. 86-92; CASTRO NEVES, José Roberto. As "imperfeitas" cláusulas resolutivas. In: GUEDES, Gisela Sampaio da Cruz; TERRA, Aline de Miranda Valverde (coords.). *Inexecução das obrigações: pressupostos, evolução e remédios.* Rio de Janeiro: Processo, 2020, p. 298; NANNI, Giovanni Ettore. *Inadimplemento absoluto e resolução contratual. Requisitos e efeitos.* São Paulo: Thomson Reuters, 2021, pp. 484-487; TERRA, Aline de Miranda Valverde. *Cláusula resolutiva expressa.* Belo Horizonte: Fórum, 2017, pp. 81-82.

15 "Art. 474. A cláusula resolutiva expressa opera de pleno direito; a tácita depende de interpelação judicial."

16 "Art. 475. A parte lesada pelo inadimplemento pode pedir a resolução do contrato, se não preferir exigir-lhe o cumprimento, cabendo, em qualquer dos casos, indenização por perdas e danos."

17 A título de exemplo, nenhum dos seguintes manuais de Direito Civil endereça ou desenvolve o tema: GONÇALVES, Carlos Roberto. *Direito Civil Brasileiro.* v. 3. 19ª ed. São Paulo: SaraivaJur, 2022; MIRAGEM, Bruno. *Direito das Obrigações.* 3ª ed. Rio de Janeiro: Forense, 2021; PEREIRA, Caio Mario. *Instituições de Direito Civil: Contratos.* 25ª ed. Rio de Janeiro: Forense, 2022; TARTUCE, Flávio. *Direito civil: teoria geral dos contratos e contratos em espécie.* 18ª ed. Rio de Janeiro: Forense, 2023. Menção simples, sem maior aprofundamento, é encontrada em VENOSA, Silvio de Salvo. Direito civil: contratos. 23 ed. Barueri: Atlas, 2023. pp. 160-162.

18 "Os tipos legais de contratos não esgotam os tipos contratuais. Para além dos que constam tipificados na lei, outros tipos contratuais existem na prática da vida e da contratação (...) podem designar-se adequadamente 'tipos sociais'". (PAIS DE VASCONCELOS, Pedro. Contratos atípicos. 2ª ed. Coimbra: Almedina, 2009, p. 61)

substrato de tipicidade social extraído da frequência com que é encontrada na prática contratual. Compreender seu conteúdo e operacionalidade é, assim, da mais alta relevância.

2. EXEMPLOS DE REDAÇÃO

A redação das cláusulas resolutivas "de estilo" não enseja maiores desafios, dada a sua simplicidade. Para além dos exemplos mencionados no tópico anterior, faz-se referência às seguintes variações, encontradas na doutrina:

- *"em caso de violação de qualquer obrigação derivante do presente contrato, este será resolvido"*;[19]
- *"qualquer uma das partes poderá resolver o presente contrato em caso de violação de quaisquer de seus termos"*;[20]
- *"o descumprimento de qualquer obrigação decorrente deste contrato permitirá sua resolução"*;[21]
- *"o contrato poderá se resolvido por inadimplemento"*[22] e
- *"o descumprimento de qualquer das obrigações pactuadas no contrato ensejará a extinção da relação jurídica"*.[23]

3. DISCIPLINA JURÍDICA APLICÁVEL

A compreensão da disciplina jurídica da cláusula resolutiva "de estilo", pressupõe conhecer o conceito e a forma de operacionalização das cláusulas resolutivas expressa e tácita, que conformam as duas espécies legais de cláusulas resolutivas. Na sequência, serão analisados o conceito e operacionalização das cláusulas "de estilo".

---

19 NANNI, Giovanni Ettore. *Inadimplemento absoluto e resolução contratual. Requisitos e efeitos.* São Paulo: Thompson Reuters, 2021, p. 485.

20 BIAZI, João Pedro de Oliveira de. A cláusula resolutiva 'de estilo'. Revista Brasileira de Direito Contratual, v. 7, 2021, p. 92.

21 DIFINI, Luiz Felipe Silveira. Resolução das obrigações e a cláusula resolutória no Código Civil de 2002. Revista de Direito do Consumidor v. 53, 2005, Acesso pela RT Online.

22 TERRA, Aline de Miranda Valverde. *Cláusula resolutiva expressa.* Belo Horizonte: Fórum, 2017, p. 81.

23 DELAMUTA, Maria Beatriz Rizzo. *Convenção de Viena e Resolução Contratual.* São Paulo: Almedina, 2022, p. 259.

3.1. Espécies legais de cláusulas resolutivas: cláusulas expressa e tácita

O art. 474 do Código Civil faz referência a duas espécies de cláusulas resolutivas: a expressa e a tácita. A principal diferença entre ambas reside na forma de sua operacionalização já que, como se infere do texto legal, "*a cláusula resolutiva expressa opera de pleno direito*", enquanto "*a tácita depende de interpelação judicial*".

A simplicidade do comando é contrastada com a prática judicial brasileira e com a relevante produção acadêmica em torno do tema.

No que toca à jurisprudência, embora o texto legal não deixe dúvidas quanto à operação automática da cláusula resolutiva expressa e à necessidade, de outro lado, de "interpelação judicial" para eficácia da cláusula resolutiva tácita, são frequentes as decisões judiciais que impõem a manifestação prévia do órgão jurisdicional à resolução como regra geral, havendo ou não cláusula resolutiva expressa.[24] O tema, recentemente, voltou à ordem do dia por força de alterações promovidas pela Lei 14.711/2023 ("Marco Legal das Garantias").[25]

No que diz respeito à doutrina, sede própria à boa elucidação de conceitos jurídicos, o comando legal é complementado com a definição do que compõe o suporte fático das cláusulas resolutivas expressa e, por exclusão, das tácitas.

A depuração do conceito e a compreensão do regime das cláusulas resolutivas são os dois temas principais de estudo nesta seção.

3.2. Cláusula resolutiva expressa: conceito e operação

A cláusula resolutiva expressa é a "*convenção por meio da qual os contraentes conferem entre si o direito de romper a relação contratual em caso de suceder*

---

24 Para referência à posição jurisprudencial, vide TERRA, Aline de Miranda Valverde. Na pauta do STJ: o termo final da cláusula penal moratória na resolução. In: AGIRE | Direito Privado em Ação, n.º 73, 2023. Disponível em: https://agiredireitoprivado.substack.com/p/na-pauta-do-stj-o-termo-final-da. Acesso em: 04.01.2024.

25 Referência é feita ao conteúdo do art. 7º-A da Lei 8.935/1994 (Lei dos Cartórios), introduzido pela Lei 14.711/2023 (chamada de "Marco Legal das Garantias"): "Art. 7º-A Aos tabeliães de notas também compete, sem exclusividade, entre outras atividades: I – certificar o implemento ou a frustração de condições e outros elementos negociais, respeitada a competência própria dos tabeliães de protesto (...) § 2º O tabelião de notas lavrará, a pedido das partes, ata notarial para constatar a verificação da ocorrência ou da frustração das condições negociais aplicáveis e certificará o repasse dos valores devidos e a eficácia ou a rescisão do negócio celebrado, o que, quando aplicável, constituirá título para fins do art. 221 da Lei nº 6.015, de 31 de dezembro de 1973 (Lei de Registros Públicos), respeitada a competência própria dos tabeliães de protesto." A alteração legislativa confirma a possibilidade de resolução extrajudicial por meio de lavratura de ata notarial sem, contudo, fazer referência ao conteúdo esperado de uma cláusula resolutiva.

fato de incumprimento por eles, como tal, previsto".[26] Ela preestabelece a falta contratual que poderá ser qualificada como inadimplemento resolutivo. Serve, assim, à gestão de riscos contratuais e, dentre eles, mais especificamente à gestão do risco do inadimplemento absoluto.[27]

É usual a referência ao requisito de especificidade para medir o grau de particularização esperado na redação da cláusula. Trata-se de critério que, como reconhece a doutrina, não decorre expressamente da lei[28].

Por requisito de especificidade entende-se "*a exigência de menção expressa à(s) obrigação(*ões*) cujo inadimplemento poderá ensejar a resolução da relação obrigacional*". Assim, a cláusula resolutiva expressa "*deve indicar pontualmente a(s) obrigação(*ões*) cujo descumprimento autorizará sua atuação, a refletir de maneira inequívoca os riscos objeto de gestão"*.[29] Espera-se, portanto, que a cláusula resolutiva expressa indique de maneira pormenorizada as obrigações que, se descumpridas, darão lugar à resolução.[30]

Na legislação extravagante por sua vez, pode-se depurar o conteúdo mínimo da cláusula resolutiva expressa exigido em relação a alguns tipos contratuais

---

26 NANNI, Giovanni Ettore. *Inadimplemento absoluto e resolução contratual. Requisitos e efeitos.* São Paulo: Thomson Reuters, 2021, p. 479.

27 Ensina Aline Terra que a cláusula resolutiva não se limita a regular o risco do inadimplemento absoluto, pois as partes podem inserir em seu âmbito de aplicação situações distintas a ele. (TERRA, Aline de Miranda Valverde. *Cláusula resolutiva expressa.* Belo Horizonte: Fórum, 2017, p. 58).

28 BIAZI, João Pedro de Oliveira de. A cláusula resolutiva 'de estilo'. Revista Brasileira de Direito Contratual, v. 7, 2021, p. 86.

29 TERRA, Aline de Miranda Valverde; NANNI, Giovanni Ettore. A cláusula resolutiva expressa como instrumento privilegiado de gestão de riscos contratuais. Revista Brasileira de Direito Civil – RBDCivil, Belo Horizonte, v. 31, n. 1, jan./ mar. 2022, pp. 145/146. No mesmo sentido, "a cláusula deve referir com precisão qual a prestação cujo descumprimento resolverá o contrato, a natureza desse descumprimento e seu efeito" (AGUIAR JR., Ruy Rosado de. *Da extinção do contrato: arts. 472 a 480.* In: Teixeira, Sálvio de Figueiredo (coord.). *Comentários ao novo Código Civil.* vol. 6. t. II. Rio de Janeiro: Forense, 2011. p. 400).

30 Controverte-se sobre o alcance da liberdade das partes para estipular contratualmente as obrigações que, descumpridas, levarão à resolução e, mais especialmente, se os contratantes poderiam prever que inadimplemento de menor gravidade ou de escassa importância abrirá espaço para a resolução. Do ponto de vista do regime legal, como se sabe, a resolução do contrato pode ser obstada diante de tais circunstâncias, que atuam para qualificar como legítimo ou abusivo o exercício deste direito, à luz do disposto no art. 187 do Código Civil. Negam a possibilidade de contratação, pela via do controle de validade: AGUIAR JR., Ruy Rosado. Extinção dos contratos por incumprimento do devedor. Rio de Janeiro: AIDE Editora, 2003, p. 60; TEPEDINO, Gustavo. BARBOZA, Heloisa Helena. MORAES, Maria Celina Bodin de. Código Civil interpretado conforme a Constituição da República. vol. II. Rio de Janeiro: Renovar, 2016, p. 119 e TERRA, Aline de Miranda Valverde. Cláusula resolutiva expressa. Belo Horizonte: Fórum, 2017, pp. 79-80. Em defesa da liberdade de estipulação, vide NANNI, Giovanni Ettore. Inadimplemento absoluto e resolução contratual. Requisitos e efeitos. São Paulo: Thomson Reuters, 2021, p. 482.

específicos. Apenas para citar exemplos, é este o caso: (a) de contratos garantidos por alienação fiduciária em garantia e regidos pela Lei 9.514/1997 que, por força do disposto no art. 24, VII, devem prever expressamente os procedimentos de cobrança e de consolidação da propriedade[31]; (b) de contratos de compra e venda e de compromisso de compra e venda de imóveis incorporados regidos pela Lei 4.591/1964, que, por força do disposto no art. 63, podem conter cláusula resolutiva desde que respeitadas as exigências ali dispostas quanto ao seu conteúdo mínimo[32] e (c) de contratos de seguro que, por força da Circular 621/2021 da SUSEP, também deverão conter regra específica sobre o procedimento de resolução, especialmente, sobre a comunicação prévia do segurado antes do cancelamento[33].

Para além da especificidade, a doutrina também faz a menção à necessidade de a cláusula resolutiva expressa evidenciar o propósito resolutivo[34] e a vontade de se afastar do regramento resolutivo legal e padrão, típico à cláusula resolutiva tácita.[35]

Na existência de cláusula resolutiva expressa, por força da literalidade do texto do art. 474 do Código Civil, permite-se a extinção extrajudicial do contrato. Sob esse viés, a cláusula resolutiva expressa é instrumento de autotutela dos contratantes,[36] pois a extinção contratual se dá por simples comunicação

31 "Art. 24. O contrato que serve de título ao negócio fiduciário conterá: (...) VII – a cláusula que disponha sobre os procedimentos de que tratam os arts. 26-A, 27 e 27-A desta Lei. (Redação dada pela Lei nº 14.711, de 2023)". Sobre a resolução de contratos garantidos por alienação fiduciária, remete-se ao enunciado do Tema 1095 do Superior Tribunal de Justiça: "Em contrato de compra e venda de imóvel com garantia de alienação fiduciária devidamente registrado em cartório, a resolução do pacto, na hipótese de inadimplemento do devedor, devidamente constituído em mora, deverá observar a forma prevista na Lei nº 9.514/97, por se tratar de legislação específica, afastando-se, por conseguinte, a aplicação do Código de Defesa do Consumidor."

32 "Art. 63. É lícito estipular no contrato, sem prejuízo de outras sanções, que a falta de pagamento, por parte do adquirente ou contratante, de 3 prestações do preço da construção, quer estabelecidas inicialmente, quer alteradas ou criadas posteriormente, quando fôr o caso, depois de prévia notificação com o prazo de 10 dias para purgação da mora, implique na rescisão do contrato, conforme nêle se fixar, ou que, na falta de pagamento, pelo débito respondem os direitos à respectiva fração ideal de terreno e à parte construída adicionada, na forma abaixo estabelecida, se outra forma não fixar o contrato."

33 As autoras esclarecem que o artigo foi redigido antes da aprovação e da entrada em vigor da Lei 15.040/2024, que estabelece normas aplicáveis ao seguro privado, e, portanto, não considera suas disposições.

34 NANNI, Giovanni Ettore. *Inadimplemento absoluto e resolução contratual. Requisitos e efeitos.* São Paulo: Thomson Reuters, 2021, p. 484.

35 TERRA, Aline de Miranda Valverde. *Cláusula resolutiva expressa.* Belo Horizonte: Fórum, 2017, p. 81.

36 "É princípio estabelecido que a ninguém é lícito fazer justiça pelas próprias mãos. Mas tal princípio sofre derrogação, através da *cláusula resolutória expressa*, por efeito da vontade das próprias partes, manifestada no contrato". (BESSONE, Darcy. Do contrato. Teoria Geral. São Paulo: Saraiva, p. 251).

de vontade, dispensada a atuação jurisdicional (judicial ou arbitral, nos casos em que presente convenção arbitral).

A extinção "*de pleno direito*", contudo, não se confunde com a extinção automática uma vez configurado o inadimplemento. Embora haja doutrina que assim defenda,[37] entendimento amplamente majoritário[38] faz a resolução depender do seu exercício pelo interessado, que deverá seguir o rito previsto na própria cláusula resolutiva, na lei especial[39] ou, na ausência de tais regramentos, por manifestação da vontade do contratante lesado quanto à intenção de resolver, direcionada à parte inadimplente.

Apesar da clareza do texto legal, e do sentido de sua interpretação confirmado por relevante e vasta doutrina,[40] os Tribunais brasileiros não hesitam em afirmar a necessidade de prévia manifestação judicial para resolução de contratos, ainda que diante de uma cláusula resolutiva expressa[41]. A discus-

---

37 PEREIRA, Caio Mário da S. Instituições de Direito Civil: Contratos – Vol. III. 25ª ed. Caitlin Mulholland (atualizadora e colaboradora). Rio de Janeiro: Grupo GEN, 2022, p. 151. E-book. Acesso pela Minha Biblioteca.

38 Vide, por todos, os autores citados na NR n.14.

39 Há uma série de previsões legislativas esparsas que impõem a necessidade de notificação previamente à resolução, muitas vezes referida como notificação para "constituição em mora". Sem adentrar à relevante distinção entre a notificação quanto à intenção de resolver e a constituição em mora (que segue os termos previstos nos artigos 397 do Código Civil), fato é que, presente tal regramento específico, a forma de notificação prevista em lei deverá ser observada para eficácia do exercício do direito potestativo à resolução. Citem-se, como exemplos, as previsões constantes das leis de arrendamento mercantil (Lei 6.099/1974) e de alienação fiduciária em garantia (Lei 9.514/1997). Na jurisprudência, decisão de novembro de 2023 do Superior Tribunal de Justiça afirmou a necessidade de observar os requisitos legais para "constituição em mora" e que "o dever do credor de interpelar o devedor para que purgue a mora, ainda que pela via judicial, não se confunde com um dever de ajuizar ação para resolução de contrato." (REsp n. 2.044.407/SC, relatora Ministra Nancy Andrighi, Terceira Turma, julgado em 21/11/2023, DJe de 23/11/2023).

40 Por todos, TERRA, Aline de Miranda Valverde. *Cláusula resolutiva expressa*. Belo Horizonte: Fórum, 2017, p. 59.

41 Há decisões no Superior Tribunal de Justiça que entendem pela operacionalização da cláusula resolutiva extrajudicialmente (por todos, REsp n. 2.044.407/SC, relatora Ministra Nancy Andrighi, Terceira Turma, julgado em 21/11/2023, DJe de 23/11/2023 e REsp n. 1.789.863/MS, relator Ministro Marco Buzzi, Quarta Turma, julgado em 10/8/2021, DJe de 4/10/2021). Posição contrária, no entanto, continua frequente. Exemplificativamente, faz-se menção à decisão da Corte Superior que é, de forma reiterada, mencionada em acórdãos do Superior Tribunal de Justiça no sentido de que "de qualquer forma, a jurisprudência do STJ entende que é imprescindível a prévia manifestação judicial na hipótese de rescisão de compromisso de compra e venda de imóvel para que seja consumada a resolução do contrato, ainda que existente cláusula resolutória expressa, diante da necessidade de observância do princípio da boa-fé objetiva a nortear os contratos. (...)" (AgInt no AREsp n. 1.278.577/SP, relator Ministro Luis Felipe Salomão, Quarta Turma, julgado em 18/9/2018, DJe de 21/9/2018). O mesmo se passa nas Cortes estaduais, como o entendimento de 2023 do Tribunal de Justiça de São Paulo quanto à "necessária a manifestação judicial prévia", com base em decisões do STJ (TJSP. Agravo de Instrumento

são sobre o tema é da mais alta relevância, mas escapa aos limites do presente texto, que se limita a dar ciência do imbróglio.

3.3. Cláusula resolutiva tácita: conceito e operação

Chama-se de cláusula resolutiva tácita a regra supletiva inserida em contratos bilaterais[42] que permite a utilização do remédio resolutivo mesmo quando ausente previsão contratual específica. Como alerta Aline Terra, a despeito da referência a ela como "cláusula", não se trata propriamente de cláusula contratual, mas de regra legal.[43]

A lógica da existência de tal regra suplementar é facilmente compreendida: sendo a resolução um remédio legal ao inadimplemento absoluto e resolutivo, conforme dispõe o art. 475 do Código Civil, dispensa-se a necessidade de que seja contratada cláusula específica para que o contratante lesado tenha direito a resolver o contrato. Assim, mesmo na ausência de regra contratualmente ajustada, o direito à resolução contratual emerge do inadimplemento, uma vez e desde que estejam configurados seus pressupostos.

Saltam aos olhos duas distinções relevantes entre as cláusulas resolutivas expressa e tácita.

A primeira delas diz respeito à configuração do inadimplemento que permite a resolução. Enquanto na cláusula resolutiva expressa as partes podem se afastar do critério usual, vinculado ao inadimplemento absoluto e fundado no binômio impossibilidade e inutilidade do cumprimento, a cláusula resolutiva tácita é dotada de uniformidade e se vincula ao requisito geral, ou seja, apenas ao inadimplemento incorrigível.[44]

A diferença não surpreende, pois não se está mais no âmbito da autonomia privada. A resolução que se segue à operacionalização da cláusula resolutiva tácita tem fundamento legal e, por isso mesmo, segue o regime geral que a vincula ao inadimplemento definitivo.

2223225-31.2023.8.26.0000; Relator (a): Ana Catarina Strauch; Órgão Julgador: 37ª Câmara de Direito Privado; Foro de Campinas – 10ª. Vara Cível; Data do Julgamento: 06/11/2023; Data de Registro: 06/11/2023).

42 Não se quer limitar o âmbito de aplicação da resolução aos contratos bilaterais. É inegável, no entanto, que a resolução é remédio cabível nestes contratos. Para análise do alargamento deste limite, vide TERRA, Aline de Miranda Valverde. *Cláusula resolutiva expressa*. Belo Horizonte: Fórum, 2017, p. 36 ss.

43 TERRA, Aline de Miranda Valverde. *Cláusula resolutiva expressa*. Belo Horizonte: Fórum, 2017, p. 58.

44 NANNI, Giovanni Ettore. *Inadimplemento absoluto e resolução contratual. Requisitos e efeitos*. São Paulo: Thomson Reuters, 2021, p. 500.

A segunda delas diz respeito ao caminho a ser percorrido até a resolução. Como visto, enquanto a cláusula resolutiva expressa permite a extinção extrajudicial do contrato, a cláusula resolutiva tácita depende, nos termos do art. 474 do Código Civil, de "*interpelação judicial*". O alcance da disposição é tema de controvérsia na doutrina brasileira.

Entendimento amplamente majoritário[45] vincula a operacionalidade da cláusula resolutiva tácita à prévia manifestação jurisdicional no sentido de decretar a resolução. Forte nessa posição, o requisito da "*interpelação judicial*" é lido como sinônimo de "*intervenção judicial*". Nesse sentido, Gustavo Tepedino, Heloisa Helena Barboza e Maria Celina Bodin de Moraes afirmam que "*de acordo com este artigo* [art. 474], *a cláusula resolutiva tácita depende, pois, de intervenção judicial*",[46] o que significa que "*diante de uma cláusula resolutiva tácita, não pode proceder diretamente, declarando ele próprio a resolução do contrato, antes terá que promover a intervenção do juiz, que apreciará a conduta do contraente acusado de inadimplência e proferirá a correspondente sentença*".[47]

A intervenção judicial, nestes casos, seria necessária justamente para que seja avaliada a existência do inadimplemento *vis-à-vis* a sua relevância dentro da economia do contrato ou, em outras palavras, a sua essencialidade.

Em contraposição à posição dominante, Giovanni Nanni desenvolveu, em sua tese de livre docência, argumentos que a colocam em xeque, sob a provocação de que se trata de dogma[48]. Na visão do jurista, a resolução por força de cláusula resolutiva expressa e por força de cláusula resolutiva tácita ocorre por comunicação de vontade do credor, dispensada a manifestação jurisdicional prévia. O controle jurisdicional até pode existir, mas *a posteriori*.[49] Sua posição é fundamentada, em suma, na literalidade do art. 474 do Código Civil, especialmente no conteúdo da expressão "*interpelação judicial*", no emprego do verbo

---

45 Para uma listagem não exaustiva da doutrina dominante, remete-se a NANNI, Giovanni Ettore. *Inadimplemento absoluto e resolução contratual. Requisitos e efeitos.* São Paulo: Thomson Reuters, 2021, p. 507, n. 229.

46 TEPEDINO, Gustavo. BARBOZA, Heloisa Helena. MORAES, Maria Celina Bodin de. *Código Civil interpretado conforme a Constituição da República.* vol II. Rio de Janeiro: Renovar, 2016, p. 119.

47 TEPEDINO, Gustavo. BARBOZA, Heloisa Helena. MORAES, Maria Celina Bodin de. *Código Civil interpretado conforme a Constituição da República.* vol II. Rio de Janeiro: Renovar, 2016, p. 120.

48 Para uma visão panorâmica da posição do autor, vide NANNI, Giovanni Ettore. Operatividade da cláusula resolutiva tácita: o dogma quanto à necessidade de intervenção judicial para resolução contratual por inadimplemento. In: AGIRE | Direito Privado em Ação, n.º 42, 2022. Disponível em: <https://agiredireitoprivado.substack.com/p/42-operatividade-da-clausula-resolutiva>. Acesso em: 04.01.2024.

49 NANNI, Giovanni Ettore. *Inadimplemento absoluto e resolução contratual. Requisitos e efeitos.* São Paulo: Thomson Reuters, 2021, p. 508.

pedir, que não se confunde com *demandar*, e em crítica ao sistema que chama de protecionista.[50]

Admitida a posição de Giovanni Nanni, as fronteiras entre as cláusulas resolutivas expressa e tácita não seriam inteiramente apagadas, como uma primeira leitura poderia levar a crer. Em verdade, permaneceria vigente a primeira distinção entre elas, antes apontada: a cláusula resolutiva expressa opera diante do preenchimento do suporte fático nela inserido, presente ou não circunstância reconduzível ao binômio do inadimplemento absoluto; já a cláusula resolutiva tácita somente poderá ser invocada se houver inadimplemento definitivo, exatamente porque inexistente modulação voluntária deste requisito.

Resta, então, entender como estes dois pontos – conteúdo e a operacionalização – são entendidos em relação à cláusula resolutiva "de estilo".

3.4. Cláusula resolutiva "de estilo": conceito e operação

É lugar comum afirmar que as cláusulas resolutivas "de estilo" não podem levar à resolução extrajudicial do vínculo. O entendimento é fundamentado, especialmente, em dois argumentos: o primeiro, de que a cláusula "de estilo" não preenche o suporte fático da cláusula resolutiva expressa, por lhe faltar o requisito da especificidade; o segundo, no sentido de uma cláusula genérica de resolução é inserida no contrato de forma irrefletida pelas partes, servindo apenas ao propósito de reproduzir o regime legal, que já permite a resolução em caso de inadimplemento (art. 475 do Código Civil).[51]

Na prática, isso significa que a cláusula resolutiva "de estilo" tem sua disciplina reconduzida ao regime da cláusula resolutiva tácita. Como visto, a posição dominante da doutrina é no sentido de equiparar a necessidade de interpelação judicial à intervenção judicial para decretação da resolução vinculada à cláusula tácita. Assim, uma cláusula resolutiva "de estilo" leva à necessidade de submeter a pretensão resolutória ao órgão dotado de jurisdição (judicial ou arbitral) para que este avalie a gravidade do inadimplemento e decrete, ou não, a extinção contratual, com as consequências daí decorrentes.

Essa percepção acaba por destituir a cláusula resolutiva "de estilo" de qualquer efeito, mesmo nos casos em que os contratantes tenham confiado na sua suficiência para justificar a extinção extracontratual do contrato.

---

50 NANNI, Giovanni Ettore. *Inadimplemento absoluto e resolução contratual. Requisitos e efeitos.* São Paulo: Thomson Reuters, 2021, pp. 510-518.

51 Assim afirmam todos os autores mencionados na NR n. 14, notadamente: Aline Terra, Giovanni Nanni, João Pedro Biazi e José Roberto Castro Neves.

Embora se trate de orientação repetida com frequência na doutrina brasileira especializada que se dedica ao estudo do tema,[52] a questão merece ser submetida a uma análise mais crítica.[53] Na percepção das autoras, para bem endereçar os desafios colocados por tais estipulações de caráter genérico, tão frequentes na prática comercial, convém examinar a origem e a aderência de tal raciocínio ao Direito brasileiro, bem como o conteúdo do que se convencionou chamar, genericamente, de cláusulas resolutivas "de estilo".

No que se refere à origem das críticas em torno da cláusula "de estilo", a revisão da literatura nacional revela uma consistente remissão ao direito italiano quando se trata do tema.[54] Ocorre que o Direito italiano conta com regra legal específica a propósito da necessidade de que a cláusula resolutiva expressa, para ser assim qualificada, necessita observar um requisito de especificidade. Como se extrai do art. 1.456 do Código Civil italiano,[55] a especificação da obrigação cujo descumprimento dá ensejo à resolução extrajudicial é requisito de validade da cláusula.

A análise dos artigos pertinentes do Código Civil brasileiro, contudo, revela que, no Brasil, não há requisito de tal natureza. Como se adiantou, os arts. 474 e 475 do Código Civil focam (ainda que em termos bastante genéricos) na operacionalização das cláusulas resolutiva expressa e tácita e não em seu conteúdo propriamente dito.

---

52 Assim entendem, por exemplo, CASTRO NEVES, José Roberto. As "imperfeitas" cláusulas resolutivas. In: GUEDES, Gisela Sampaio da Cruz; TERRA, Aline de Miranda Valverde (coords.). *Inexecução das obrigações: pressupostos, evolução e remédios.* Rio de Janeiro: Processo, 2020, p. 298 e TERRA, Aline de Miranda Valverde. *Cláusula resolutiva expressa.* Belo Horizonte: Fórum, 2017, p. 298 e, especialmente, nota de rodapé n. 5.

53 Nesse particular, ainda que se tenha apontado, em trabalho dedicado a outro tema, que a cláusula resolutiva "de estilo" deve ser reconduzida ao regime da cláusula resolutiva tácita, não se levou em consideração, à altura, os diversos pontos de reflexão colocados neste texto. (DELAMUTA, Maria Beatriz Rizzo. *Convenção de Viena e Resolução Contratual.* São Paulo: Almedina, 2022, pp. 259-260)

54 Por todos: BIAZI, João Pedro de Oliveira de. A cláusula resolutiva 'de estilo'. Revista Brasileira de Direito Contratual, v. 7, 2021, pp. 92-93; NANNI, Giovanni Ettore. *Inadimplemento absoluto e resolução contratual. Requisitos e efeitos.* São Paulo: Thomson Reuters, 2021, pp. 484-487 e TERRA, Aline de Miranda Valverde; NANNI, Giovanni Ettore. A cláusula resolutiva expressa como instrumento privilegiado de gestão de riscos contratuais. Revista Brasileira de Direito Civil – RBDCivil, Belo Horizonte, v. 31, n. 1, jan./ mar. 2022, pp. 145-146.

55 "Art. 1456. Clausola risolutiva espressa. I contraenti possono convenire espressamente che il contratto si risolva nel caso che una determinata obbligazione non sia adempiuta secondo le modalità stabilite. In questo caso, la risoluzione si verifica di diritto quando la parte interessata dichiara all'altra che intende valersi della clausola risolutiva." Também exigindo a especificação, com redação conferida pela Reforma de 2016, o Código Civil francês: "Art. 1225. La clause résolutoire précise les engagements dont l'inexécution entraînera la résolution du contrat. (...)".

Somente essa constatação já torna, na visão das autoras, questionável a conclusão de que qualquer cláusula resolutiva à qual falte o requisito da especificidade seja "de estilo" e, portanto, privada de eficácia resolutória extrajudicial. Não tendo o legislador previsto pressuposto de tal natureza, parece duvidoso relegar à completa inoperatividade tal grupo de cláusulas simplesmente porque estas, segundo se afirma, apenas reproduzem o regime legal.

Colocada a afirmação em dúvida, a resposta sobre o alcance da previsão "de estilo" será obtida por via de interpretação. Neste contexto, chama atenção a recente inserção, pela chamada Lei de Liberdade Econômica (Lei n. 13.874/2019), da regra contida no inciso I do novel art. 421-A, que dispõe que "as partes negociantes poderão estabelecer parâmetros objetivos para a interpretação das cláusulas negociais e de seus pressupostos de revisão ou de resolução". A regra emprega o verbo *poder* e não *dever* para se referir à possibilidade de ajuste dos pressupostos de resolução e, ademais, é um claro reforço da autonomia privada.

Parece correto, assim, quando diante de uma cláusula resolutiva genérica, que se investigue o seu conteúdo, mediante recurso a elementos externos e internos ao contrato, bem como que se interprete a vontade das partes em suas nuances. Para a finalidade de conhecer o conteúdo pactuado, é útil questionar como saber se e em que medida o conteúdo de uma cláusula resolutiva genérica foi de fato pactuado pelas partes de forma irrefletida ou por inércia ou se, ao contrário, é resultado da expressão da vontade de reconduzir o descumprimento de obrigações contratuais à resolução extrajudicial[56].

O resultado desta operação pode colocar em xeque a posição de se relegar à completa ineficácia a consciente escolha das partes pela resolução extrajudicial, exclusivamente porque assim o fizeram utilizando termos genéricos.

Na doutrina nacional é frequente a externalização de preocupação relevante e justificada com relação ao manejo abusivo do remédio resolutório, desenhado, como se disse, para ser a *ultima ratio* diante do inadimplemento contratual.[57] A exigência de que as partes especifiquem a obrigação cujo descumprimento ensejará a resolução seria, pois, indicativa de que tiveram chance de ponderar a respeito do tema.

Ao se admitir que a cláusula resolutiva "de estilo" não deva produzir qualquer efeito, por sua vez, lê-se a previsão com uma espécie de presunção

---

56 Discorda-se, pois, da afirmação peremptória de que "(...) a cláusula resolutiva "de estilo" não pode ser interpretada de outra maneira senão como um reforço ao fato de que as partes estão sujeitas à integral observância do acordado" (BIAZI, João Pedro de Oliveira de. A cláusula resolutiva 'de estilo'. Revista Brasileira de Direito Contratual, v. 7, 2021, p. 94).

57 Nestes termos, justifica-se a existência do requisito da especificidade em relação à cláusula resolutiva expressa. Vide, por todos, TERRA, Aline de Miranda Valverde. *Cláusula resolutiva expressa*. Belo Horizonte: Fórum, 2017, pp. 80-82.

absoluta de que não houve reflexão, a qual é igualada à inexistência de consentimento[58]. É curioso que semelhante controle – ausência ou presença de reflexão – não seja feito para a generalidade das estipulações contratuais, embora isso não signifique desconhecer a possibilidade de que seja feita prova quanto à ausência de consentimento.

Chama atenção, por exemplo, a proposição vinda de doutrina italiana, e encontrada na doutrina nacional, de que uma cláusula que preveja a possibilidade de resolução no caso de descumprimento de qualquer das obrigações pactuadas, mas na qual se reproduzam, textualmente, todas as obrigações do contrato, não deve ser tida como cláusula "de estilo", mas, sim, como cláusula resolutiva expressa.[59]

É questionável que tal previsão tenha sido objeto de maior reflexão pelos contratantes do que aquela que se tem por cláusula "de estilo". A rigor, não parece haver elementos que sugiram um maior aprofundamento desta declaração negocial.

A própria doutrina italiana, que convive com requisito legal de validade da cláusula resolutiva expressa no sentido da precisa qualificação do inadimplemento resolutório, vem progressivamente admitindo temperamentos para autorizar a resolução extrajudicial mesmo diante de cláusula genérica, quando a vontade de resolver resulta clara do programa contratual ou das demais circunstâncias do caso concreto.[60]

Em suma, a resposta à questão parece não estar em uma solução única e apriorística mas, antes, na análise específica e concreta do programa contratual.

Para contribuir com a proposição de critérios que sirvam a esclarecer a vontade contratada, analisam-se, no tópico subsequente, três grupos de casos que as autoras intitulam como "falsas" cláusulas resolutivas "de estilo". Frequentes na prática, propõe-se um olhar mais crítico sobre algumas disposições contratuais, usualmente relegadas à ineficácia, mas que, na visão das autoras,

---

58 Nesse sentido, após referir à construção de direito internacional em torno das *boilerplate clauses*, João Pedro Biazi afirma "em termos mais diretos: a cláusula de estilo é resultado do trabalho de terceiros, e não da declaração de vontade das partes contratantes." (BIAZI, João Pedro de Oliveira de. A cláusula resolutiva 'de estilo'. Revista Brasileira de Direito Contratual, v. 7, 2021, p. 93).

59 A afirmação, feita por referência à doutrina italiana, é encontrada em NANNI, Giovanni Ettore. *Inadimplemento absoluto e resolução contratual. Requisitos e efeitos.* São Paulo: Thomson Reuters, 2021, p. 486 e TERRA, Aline de Miranda Valverde. *Cláusula resolutiva expressa.* Belo Horizonte: Fórum, 2017, p. 82.

60 Assim, por exemplo, ao comentar o art. 1456 do Codice Civile, Gianluca Sicchiero reclama pela "avaliação com a devida cautela" da afirmação de ineficácia da cláusula de estilo, dentre outros argumentos, por afirmar que não se pode simplesmente negar que existam no contrato, o que não significa que não se possa demonstrar que faltou consenso para sua inserção, como se passa quando inserida por um terceiro notário. (SICCHIERO, Gianluca. *Il Codice Civile commentario: la risoluzoine per inadempimento: art. 1453-1459*, Milano: Giuffrè, 2007, pp. 608-610).

devem ter sua eficácia resolutória extrajudicial respeitada, a despeito de não ostentarem a completa individualização do inadimplemento resolutivo.

4. CONTROVÉRSIAS TEÓRICAS: AS *"FALSAS" CLÁUSULAS RESOLUTIVAS DE ESTILO*

Para confirmar a necessidade de boa reflexão sobre o tema das cláusulas resolutivas "de estilo", permitimo-nos referir ao que chamaremos de "falsas" cláusulas resolutivas "de estilo". Sob essa denominação, chamamos cláusulas resolutivas que, a despeito de não conterem a especificação das obrigações cujo descumprimento sujeitará a parte infratora à resolução contratual, podem fundamentar a resolução extrajudicial do contrato.

Por clareza, tais "falsas" cláusulas resolutivas de estilo são agrupadas e analisadas em três grupos de casos, como segue.

4.1. Cláusulas "de estilo" complementadas por elementos externos

O primeiro grupo de casos é composto por cláusulas contratuais que, a despeito de adotarem redação genérica, são complementadas por disposições legais ou regras externas ao contrato que especifiquem (i) a obrigação cujo cumprimento leva à extinção do contrato e/ou (ii) o mecanismo procedimental para a resolução extrajudicial.

O exemplo dos contratos de compromisso de compra e venda de imóveis loteados regido pela Lei 6.766/1965 serve bem para ilustrar este grupo de casos.

Nos termos do art. 32 da Lei de Parcelamento do Solo Urbano, "*vencida e não paga a prestação, o contrato será considerado rescindido 30 (trinta) dias depois de constituído em mora o devedor*". O parágrafo único do mesmo dispositivo exige a intimação do devedor via Oficial de Registro de Imóveis para purga da mora. Se purgada, o contrato convalescerá, como dispõe o parágrafo segundo; se não purgada, opera-se a "rescisão" (*rectius*, resolução) do contrato, conforme determinação do *caput*.

A prestação a que o dispositivo faz referência é o pagamento do preço acordado. Ali, portanto, está regulada a possibilidade de resolução do compromisso por iniciativa do vendedor, diante do inadimplemento da obrigação principal que toca ao comprador. O prazo para purga da mora, por sua vez, é definido em termos gerais pela legislação.

Anota-se que não há qualquer indicativo na lei de regência quanto à necessidade de que a regra legal – e suas especificidades – sejam reproduzidas no contrato. Nem mesmo a inserção do art. 26-A, a dispor sobre as exigências de conteúdo do quadro-resumo a ser inserido em contratos de compromisso de compra e venda, parece alterar essa conclusão.

Com efeito, o inciso V do art. 26-A dispõe que os compromissos de compra e venda de lotes deverão prever "as consequências do desfazimento do contrato, seja mediante distrato, seja por meio de resolução contratual motivada por inadimplemento de obrigação do adquirente ou do loteador, com destaque negritado para as penalidades aplicáveis e para os prazos para devolução de valores ao adquirente."

Na visão das autoras, a exigência legal de disposição sobre consequências do desfazimento não se confunde com a necessidade de que haja disposição sobre os pressupostos ao desfazimento, ou seja, sobre os requisitos para a resolução do contrato.

Não se vê ali, pois, uma regra que imponha a necessidade de contratação de cláusula resolutiva expressa para finalidade de aplicação do mecanismo resolutivo previsto no art. 32[61]. Isso significa que, mesmo que haja no contrato relevante uma cláusula resolutiva "de estilo", o caminho legal que leva à resolução será aplicável extrajudicialmente.

Em outras palavras, ainda se acolhida a necessidade de requisito de especificidade, esta poderá ser obtida por referência a critérios externos, que completam o suporte fático da cláusula ajustada em termos genéricos.

4.2. Cláusulas "de estilo" e período contratual de graça

O segundo grupo de casos é composto por cláusulas contratuais que, a despeito de adotarem redação genérica, prevêem a concessão de período de graça para cura do inadimplemento, que deverá ser especificamente indicado e findo o qual, se não purgada a mora, o contrato pode ser resolvido pelo contratante inocente[62].

---

61 Diferentemente, pode-se argumentar a existência de uma tal exigência no caso de compromissos ou de compra e venda de imóveis não loteados, à luz do que dispõe o art. 1º, parágrafo único, do Decreto Lei 745/1969, na redação conferida pela Lei nº 13.097/2015 que dispõe que "os contratos nos quais conste cláusula resolutiva expressa, a resolução por inadimplemento do promissário comprador se operará de pleno direito (art. 474 do Código Civil), desde que decorrido o prazo previsto na interpelação referida no caput, sem purga da mora." Fica em aberto, no entanto, a possibilidade de que uma cláusula genérica baste para ser qualificada como expressa nestes contratos, uma vez que a obrigação cujo descumprimento autoriza a resolução (o pagamento do preço), vem especificada na lei.

62 A fixação de prazo de graça, como ensina a doutrina, depende da indicação precisa de que a não purgação da mora levará à extinção do contrato. Sobre o tema, remete-se a CORDEIRO DE SOUZA, Amanda Guimarães. *Período de graça. O prazo adicional para adimplemento e o direito de resolução extrajudicial em caso de persistência de inadimplemento.* Rio de Janeiro: Lumen Juris, 2018, pp. 64-69.

Considerando que a concessão de prazo para purga da mora não decorre de previsão legal geral[63] constante do direito doméstico brasileiro[64], mas é, ao revés, fruto do exercício da autonomia contratual das partes, não se pode negar que uma cláusula de tal natureza se afasta do regime aplicável à generalidade dos negócios bilaterais.

Dessa forma, ainda que não indique, com precisão, a obrigação cujo inadimplemento pode dar ensejo à resolução do negócio e, portanto, falhe no chamado requisito de especificidade, a cláusula resolutiva que sujeita a resolução à concessão de período de graça estabelece percurso a ser observado para que se chegue à extinção do vínculo. Ela não pode ser encarada como sendo mera reprodução do texto legal e, portanto, "de estilo".

Segue-se daí que, se um dos argumentos comumente empregados para se negar a eficácia resolutória extrajudicial à cláusula resolutiva "de estilo" é o de que esta apenas reproduz a faculdade de resolução diante de inadimplemento absoluto, este não tem lugar diante da cláusula resolutiva que preveja a concessão de período de graça.

A rigor, as autoras entendem que nem mesmo o requisito da especificidade resta sem observância diante de tal previsão. Isso, porque, a existência de prazo suplementar serve, a um só tempo, para comunicar a intenção de resolução do contrato à parte inadimplente, oferecer a possibilidade de cura ou purgação da mora e identificar, dentre as obrigações contratuais, aquela cujo descumprimento levará à extinção do contrato.[65]

Possível argumento contrário à posição defendida diz respeito ao momento da fixação da especificidade, mais precisamente de que ela deva

---

63 Ressalva-se, no entanto, a existência de prazos admonitórios previstos em legislação extravagante, como àquelas a que se fez referência a propósito de compromissos de compra e venda de imóveis, contratos garantidos por alienação fiduciária e, por força normativa da SUSEP, também contratos de seguro.

64 A referência ao direito doméstico não é sem importância, pois a Convenção das Nações Unidas sobre Compra e Venda Internacional de Mercadorias (CISG), da qual o Brasil é signatário (Decreto 2327/2014), contém regra legal sobre a concessão de período de graça, *Nachfrist*. Sobre o tema, remete-se a STEINER, Renata C. e NALIN, Paulo. Compra e venda internacional de mercadorias. A Convenção das Nações Unidas sobre compra e venda internacional de mercadorias (CISG). Belo Horizonte: Fórum, 2016, p.p. 280-284.

65 Não exatamente no sentido aqui defendido – pois sem analisar a questão à luz da cláusula "de estilo"- recente texto confirma que a previsão de *Nachfrist* serve para balizar a essencialidade do inadimplemento: "Quanto à resolução por inadimplemento prevista em lei, embora não tenha eficácia específica, o Nachfrist pode servir como forma de avaliar o inadimplemento capaz de justificar a resolução contratual, especialmente quando, nos últimos 30 anos, passou-se a exigir a perda do interesse do credor para que o credor possa recorrer à resolução". (GIANNOTTI, Luca. Prazo suplementar, prudencial ou notificação premonitória (Nachfrist): contornos do instituto à luz da resolução por inadimplemento. Civilistica.com. Rio de Janeiro, a. 12, n. 3, 2023. Disponível em: <https://civilistica.emnuvens.com.br/redc>. Acesso em 09.01.2024).

nascer junto à formatação do programa contratual, e não após o descumprimento. De fato, essa se mostra a situação mais usual e frequente na prática. Nada impede, contudo, que as partes contratem uma forma diversa de definição das obrigações cujo descumprimento leva à extinção do contrato. A questão é, portanto, resolvida por interpretação da vontade[66].

4.3. Cláusulas "de estilo" e gravidade do inadimplemento

Como já endereçado, no Direito brasileiro, a resolução é remédio reservado a inadimplemento de maior relevância, também referido como definitivo, e que se contrapõe à mora. Como também apontado no tópico pertinente, no caso das cláusulas resolutivas expressas, a precisa qualificação de um certo descumprimento como apto a ensejar a resolução extrajudicial do vínculo é indicativo de que as partes, no exercício de sua liberdade contratual, qualificam tal descumprimento como relevante e, portanto, irremediável.

No caso das cláusulas "de estilo", contudo, a indicação da obrigação cujo descumprimento enseja o desfazimento do vínculo está ausente por definição. Daí não se segue, entretanto, que seja sempre impossível aferir qual descumprimento é significativo o suficiente a justificar a extinção do vínculo contratual no caso concreto.

Por outros termos, a despeito do caráter em princípio genérico da cláusula resolutiva, não se descarta que ao intérprete seja possível extrair, ainda que com recurso a outros elementos internos ao contrato ou à relação das partes, o que, objetivamente, as partes entendem por inadimplemento resolutivo à luz do programa contratual ajustado.

Com efeito, é possível que o caráter definitivo do inadimplemento decorra do próprio programa contratual, do complexo de direitos e obrigações que se tem a partir da consideração conjunta das cláusulas pactuadas.

É o caso, por exemplo, de negócio no qual uma única obrigação principal é pactuada, ao lado de outras apenas acessórias. Seria redundante exigir, nessa hipótese, que a cláusula resolutiva teoricamente "de estilo" ostentasse o

---

66 A necessidade de interpretação da vontade é essencial, como ressaltam Ana e Madalene Perestrelo Oliveira, em contexto diverso daquele aqui comentado: "quando se derroga, em abstrato, o requisito da importância do incumprimento, estabelecendo que qualquer que este seja pode haver cessação do contrato, a situação é diferente porque as partes não estão a considerar determinado incumprimento como fundamental (elevando-o, pois, subjetivamente a essa categoria), antes pretendem dispensar a exigência em si. Aqui, o problema será de interpretação do contrato, tendo sempre em conta o princípio da boa fé" (OLIVEIRA, Ana Perestrelo. OLIVEIRA, Madalena Perestrelo. *Incumprimento resolutório: uma introdução*. Coimbra: Almedina, 2019, p. 117).

requisito da especificidade. Situação semelhante se tem quando a gravidade do inadimplemento possa ser extraída mediante recurso a manifestações de vontade das partes constantes do preâmbulo contratual, de outras cláusulas ou, ainda, da própria economia ou topografia do contrato.

No mesmo sentido, pode-se fazer referência à complementação da cláusula resolutiva "de estilo" à luz de regra contratual que preveja termo fixo para cumprimento da obrigação. Ora, se as partes estipularam a essencialidade do termo para satisfação de seus interesses e, adicionalmente, acordaram uma cláusula resolutiva "de estilo", não há razão para desconsiderar que o que é inadimplemento absoluto emerge dos termos pactuados.[67]

Ainda, não se vislumbra por qual razão a gravidade do inadimplemento não possa ser extraída do contrato mediante recurso aos critérios tradicionais de interpretação, como, por exemplo, o comportamento das partes posterior à celebração do negócio (art. 113, § 1º, inc. I, do Código Civil) e a própria racionalidade econômica do negócio (art. 113, § 1º, inc. I, do Código Civil), especialmente quando a cláusula resolutiva "de estilo" fizer referência à qualidade do descumprimento que ensejará a sua aplicação.

Na percepção das autoras, essas são todas formas válidas de se dar concretude à cláusula resolutiva genericamente pactuada, prestigiando a vontade das partes, manifestada à época da celebração do negócio, em direção à resolução extrajudicial da avença.[68] Não se estaria, assim, diante de verdadeira cláusula resolutiva "de estilo", cujo conteúdo é indefinido e que não se presta a traduzir a vontade das partes, mas diante de estipulação que, se corretamente integrada, deve ser entendida como verdadeira cláusula resolutiva expressa.

---

67 Em sentido diverso, Aline Terra entende que é necessário não apenas indicar a essencialidade do termo (ou de outra obrigação) como também referir à possibilidade de resolução diante de seu inadimplemento, também de forma expressa: "nesse caso, à semelhança do que se passa quando as partes se limitam a indicar a essencialidade de certa obrigação para a consecução do escopo econômico do negócio sem incluí-la em cláusula resolutiva expressa, não se pode presumir a pactuação da cláusula, e o remédio resolutório dependerá de manifestação judicial. Ou a faculdade de resolver é expressamente ajustada, ou de cláusula resolutiva expressa não se trata." (TERRA, Aline de Miranda Valverde. *Cláusula resolutiva expressa.* Belo Horizonte: Fórum, 2017, p. 85)

68 Em sentido aparentemente contrário, José Roberto Castro Neves defende que, nas situações em que "o contrato prevê certas obrigações assumidas como fundamentais para o equilíbrio da relação pactuada" haveria revelação ao intérprete, de forma implícita, que o descumprimento de tais obrigações violaria o vínculo contratual. O autor reconduz tal situação à claúsula resolutiva tácita, embora não enfrente de forma específica a situação aqui disposta, em que há cláusula resolutiva genérica complementada pela identificação, no contrato, das obrigações essenciais. (CASTRO NEVES, José Roberto. As "imperfeitas" cláusulas resolutivas. In: GUEDES, Gisela Sampaio da Cruz; TERRA, Aline de Miranda Valverde (coords.). *Inexecução das obrigações: pressupostos, evolução e remédios.* Rio de Janeiro: Processo, 2020, p. 297).

70. A CLÁUSULA DE OPÇÃO DE VENDA NO CONTEXTO DA PARCERIA SOCIETÁRIA (*JOINT VENTURE*): O CASO DA REFINARIA DE PASADENA

Mario Engler Pinto Junior

INTRODUÇÃO

O negócio de *joint venture* (entendido aqui como parceria societária) possui algumas peculiaridades, quando comparado com os modelos alternativos de aliança estratégica e de fusão entre empresas, está última conhecida pela sigla em inglês M&A (*merge and acquisition*).[1] É importante perceber as diferenças e as semelhanças entre as três categorias básicas de combinação de negócios, para bem compreender a racionalidade econômica presente em cada qual. A partir daí, será possível avançar na discussão sobre o sentido e o alcance da cláusula de opção de venda no contexto da parceria societária, tendo em mente os desafios jurídicos para sua correta utilização.

---

1 A distinção é proposta por Patrik A. Gaughan: "Strategic alliances feature less involvement between the alliance partners than joint ventures, which in turn are also a lesser commitment than a merger or acquisition. [...] In a joint venture, two or more companies combine certain assets and work toward jointly achieving a business objective. [...] The companies involved in a joint venture maintain their own separate business operations and continue to exist apart as they did before the joint venture. This venture is formally created as a business entity such as a separate corporation or partnership. A formal agreement among the venture participants sets forth the extent to which they each will exercise control over the venture's activities and will participate in the entity's profits or losses" (GAUGHAN, Patrik A. *Mergers, acquisitions, and corporate restructurings.* 5ª ed., Elsevier, 2008, p. 520).

A opção de compra pode cumprir diferentes funções, incluindo a viabilização da saída de um dos sócios por frustação de expectativas ou para superação de impasses na tomada de decisões empresariais. É importante, porém, que a modelagem contratual não distorça os inventivos, pois isso pode tornar a cláusula disfuncional, favorecer comportamentos oportunistas e colocar em risco a própria subsistência da parceria societária.

Após discutir no plano geral a função do negócio de *joint venture*, os principais interesses e preocupações das partes envolvidas, os fatores que podem levar ao fracasso, as soluções para enfrentar o problema do dissenso insuperável entre os sócios, a alternativa da cláusula de opção de venda e sua fundamentação jurídica, pretende-se colocar esse conteúdo na perspectiva de um caso real.

O caso escolhido foi a aquisição da refinaria de Pasadena pela Petrobras, que adotou a modelagem clássica do negócio de *joint venture*, com previsão de cláusula de opção de venda (*put option*). Não existe, porém, a pretensão de fazer aqui um estudo de caso em profundidade, com aspirações de pesquisa qualitativa. Optou-se pela invocação de uma situação concreta com potencial instrutivo, apenas e tão somente para exemplificar e testar o arcabouço conceitual e a experiência prática anteriormente apresentados. Haverá ainda a tentativa de formular juízos de adequação, visando a extrair lições úteis para orientar condutas futuras.

O presente artigo possui perfil doutrinário, embora também faça uso de elementos empíricos para ilustrar a conexão entre o arcabouço jurídico e a realidade concreta. Esse método é particularmente importante para se compreender a racionalidade socioeconômica do instrumental jurídico utilizado na estruturação das operações societárias, assim como para perceber os riscos daí decorrentes e as alternativas de mitigação. Quando não houver referência expressa à fonte de informação que suporta as afirmações fáticas sobre práticas usuais contidas no texto, deve-se presumir que possuem base anedótica e decorrem da experiência profissional do autor.

1. A ESSÊNCIA ECONÔMICA DO ACORDO DE *JOINT VENTURE*

Sob o ponto de vista econômico, o acordo de *joint venture* equivale a uma parceria envolvendo a combinação parcial de negócios entre distintas empresas, porém, com interesses comuns, competências complementares e potencial de colaboração recíproca. Como regra, a formação da parceria é induzida por motivações estratégicas, não se tratando de investimento financeiro baseado apenas nas variáveis de risco e retorno. A parceria também possui propósito específico, caracterizado pelo escopo circunscrito a determinado empreendimento, cujas premissas financeiras e regras de gestão são discutidas e aprovadas previamente pelas partes.

O acordo de *joint venture* pressupõe o comprometimento das empresas parceiras no sentido de empenhar esforços para implementação do projeto definido por consenso. A firmeza do compromisso pode ser reforçada pela criação de nova entidade jurídica destinada a abarcar o empreendimento comum, embora sem a pretensão de avançar para a integração total das atividades das empresas parceiras. Nesse caso, o acordo de *joint venture* assume o formato de autêntica parceria societária.

Já a aliança estratégica pode se limitar à celebração de um contrato de trato sucessivo, com prestações recíprocas razoavelmente definidas e elementos adicionais de colaboração entre os contratantes, porém, sem perder a natureza de obrigação de resultado. Tome-se como exemplo o contrato de longo prazo para fornecimento de bens e serviços desenvolvidos sob medida para o comprador, que pode inclusive disponibilizar equipamentos e conceder financiamento ao fornecedor. No mesmo sentido, o compartilhamento de aeronaves entre companhias aéreas também possui a conotação de aliança estratégica. Outro exemplo seriam as redes de franquia, em que existem tanto interesses contrapostos, quanto comuns. O apoio do franqueador é essencial para o sucesso do negócio de cada franqueado, mas também contribui para o desenvolvimento a rede em benefício do próprio franqueador.[2]

No acordo de *joint venture*, as empresas parceiras segregam ativos e recursos sob seu controle para destiná-los ao empreendimento comum. No entanto, continuam existindo e explorando de forma autônoma outras atividades consideradas não-concorrentes. A nota característica do negócio é o compromisso das empresas parceiras de conjugar esforços para consecução de objetivo estabelecido, já agora sob a forma de obrigação de meio, e não mais de resultado.

Por exemplo, o modelo de *joint venture* pode ser adotado por uma grande empresa do ramo farmacêutico e uma pequena empresa de biotecnologia com perfil inovador, para produção e comercialização de novo medicamento baseado em pesquisas de ponta. Também é frequente a formação de *joint venture* entre um fabricante estrangeiro e uma empresa nacional, com vistas à produção de equipamentos ou bens de consumo destinados ao mercado local. Esse arranjo é particularmente importante quando o país hospedeiro cria embaraços ou não oferece segurança jurídica para a atuação isolada da empresa

2 Para uma visão geral sobre a aplicabilidade prática da aliança estratégica em diferentes setores econômicos, vale consultar CLARK, Kenneth A.; COPENHAVER, Karen F. *Structuring, negotiating & implementing strategic alliances.* New York: Practicing Law Institute, 1998, 640 p.).

estrangeira. No geral, as contribuições das empresas parceiras podem consistir em transferência de tecnologia, disponibilidade de planta industrial, acesso a fornecedores chaves e uso de redes de distribuição estruturadas.

Enquanto o negócio de *joint venture* demanda uma convivência parcial e circunscrita, a operação de M&A é mais abrangente e implica a união plena das empresas envolvidas, mediante fusão ou incorporação societária. A operação de M&A também pode ser estruturada pela aquisição das ações representativas do capital de uma empresa por outra, seguido da integração completa das atividades. Os desafios associados a uma operação de M&A tendem a ser maiores em função do choque de culturas empresariais e da necessidade de reestruturar atividades que antes eram exercidas de forma separada e com métodos próprios por cada empresa.

No negócio de *joint venture*, adquire especial relevância a formulação prévia de um plano de negócios para ancorar a parceria, sem prejuízo de sua revisão periódica. O plano de negócios abrange aspectos de natureza construtiva, operacional, tecnológica, mercadológica e financeira, incluindo a previsão de aporte de recursos próprios pelos parceiros, ou a prestação de garantias para obtenção de financiamento perante terceiros. A elaboração antecipada do plano de negócios, com razoável nível de detalhamento, permite aferir a efetiva existência de comunhão de interesses entre os parceiros e a disposição de colaborar para o atingimento do fim visado.

Outro ponto importante no negócio de *joint venture* é a definição da estrutura de capital da sociedade, que será eventualmente formada pelos parceiros para organizar o exercício da atividade conjunta. A igualdade das participações societárias sinaliza a equivalência do poder de barganha entre os parceiros, em função sobretudo de sua capacidade econômica. Nesse caso, a situação de equilíbrio restará refletida da estrutura de governança da nova sociedade, com ênfase na exigência de amplo consenso para tomada de decisões empresariais.

Já a distribuição assimétrica do capital da sociedade sugere a existência de desequilíbrio congênito entre os parceiros, no que se refere à aptidão para mobilizar recursos financeiros, prevalência de interesses estratégicos, titularidade de tecnologia sensível ou controle de insumos essenciais para o sucesso do empreendimento. Consequentemente, a composição dos órgãos societários e o processo decisório interno tenderão a favorecer a parte detentora da maior parcela capitalística.

Há registro na literatura especializada de negócios de *joint venture* predestinados a se transformem na sequência em uma operação de M&A. Nesse caso, o parceiro economicamente mais forte e estrategicamente mais motivado acaba adquirindo algum tempo depois a participação societária do parceiro mais fraco. Existem outros fatores que podem determinar quem sãos os parceiros que se encontram na posição de natural comprador ou de natural vendedor.[3] Também sãos conhecidas as evidências da aquisição vir a ocorrer no futuro.[4]

2. A MODELAGEM JURÍDICA DO NEGÓCIO

O negócio de *joint venture* pode adotar diferentes modelagens jurídicas em função dos objetivos e das preocupações das partes envolvidas. É clássica a distinção conceitual entre parcerias baseadas somente em arranjos contratuais, e parcerias mais amplas que demandam a constituição de nova pessoa jurídica. Nesse último caso, as questões de governança corporativa ganham relevo, haja vista a necessidade de disciplinar a convivência societária entre os parceiros no âmbito do empreendimento comum.[5]

---

3 Tracy Branding Pyle, Edgar Elliott e James Bamford apontam os seguintes fatores: "In our experience, one partner is likely to be better positioned to buy out the JV – for instance, if the venture is co-located on its site, is more core to its business, or receives critical technology or services from that partner. [...] Financial and regulatory considerations also impact the natural buyer-seller calculus. For instance, it is worth asking: What are the likely additional capital needs of the JV, and is one partner financially stronger than the other and better able to fund future investments, losses, or a buyout? [...] Other questions relate to negotiating power. Companies would be wise to ask: Do we have more leverage now versus later, and how might that affect our negotiating stance on exit terms? For instance, a local company entering into a JV with a global firm might have more leverage in the future, once it has developed capabilities and learned the business through the JV. This might push the local firm to be silent on certain exit terms and use its leverage when it is in a stronger position" (PYLE, Tracy Branding; ELLIOTT, Edgard; BAMFORD, James. *Joint Venture Exits: Five Steps to Structuring Robust JV Exit Terms*. ANKURA White Paper, fev. 2022).

4 Sobre a possibilidade de um acordo de joint venture encobrir uma operação de compra e venda de participação societária, Bleeke e Ernst advertem: "The key to understanding whether an alliance is likely to lead to a sale – and which company is the likely buyer – is to project how the relative bargaining power of the partners will evolve. Relative bargaining power depends on three factors: the initial strengths and weaknesses change over time, and the potential for competitive conflict. [...] Potential buyers can also limit their financial risk by structuring the partnership in such a way that they have an option to terminate it, such as a put option to exit the alliance after a trial period in which they can assess the value of their partner. [...] Weak partners entering a bootstrap alliance must recognize that the deal may lead to a sale and that the stronger partner will have more bargaining power. Therefore, like weak partners in disguised sales, they should structure exist provision to ensure fair value ion the event of a divestiture" (BLEEKE, Joel; ERNST, David. *Is your strategic alliance really a sale?* Harvard Business Review, jan./fev. 1995, Reprint 95102).

5 Vale conferir as ponderações de Donal DePamphilis no contexto norte-americano: "As is true of M&A, determining the legal form of a business alliance should follow the creation of a coherent business strategy. The choice of legal structure should be made only when the parties to the business alliance are comfortable with the venture's objectives, potential synergy, and preliminary financial analysis of projected returns and risk. Business alliances may assume a variety of legal

Qualquer que seja o modelo escolhido, o negócio de *joint venture* não possui tipicidade legal no Direito brasileiro e envolve a formalização de múltiplos instrumentos jurídicos sujeitos ao regime de coligação contratual. É prática usual a celebração de um acordo de associação ou contrato-quadro para estabelecer as diretrizes gerais da parceria, incluindo a previsão da criação da nova sociedade, as regras de governança, o processo decisório, as obrigações de aporte de capital e as prestações acessórias de responsabilidade de cada parceiro.

O contrato-quadro costuma vir acompanhado de anexos contendo as minutas de estatuto social, de acordo de acionistas e de outros ajustes considerados estratégicos por estabelecerem obrigações adicionais dos parceiros perante a sociedade. Tais contratos podem ter por objeto a transferência de tecnologia, o licenciamento de marcas ou patentes, a garantia de fornecimento de insumos ou serviços, a aquisição de produtos fabricados ou comercializados pela empresa comum.

Entre as várias disposições do acordo de acionistas, merecem destaque as soluções para superação de impasses na tomada de decisões empresariais sobre matérias que não foram contempladas no plano de negócios, nem tampouco acordadas antecipadamente entre os parceiros por outros meios. Note-se que não se trata aqui de controvérsias sobre a interpretação e aplicação de disposições contratuais ou societárias, caso em que o recurso à arbitragem seria a alternativa recomendável na prática. Trata-se – isso sim – de dissensos sobre questões estratégicas e operacionais, sujeitas a múltiplas abordagens igualmente válidas, cuja escolha é orientada por juízos discricionários de conveniência e oportunidade empresarial. Portanto, é compreensível que as preferências possam variar conforme a ótica de cada parceiro, desde que não conflitantes com o interesse institucional da sociedade criada em função do negócio de *joint venture*.

Constada a impossibilidade do consenso técnico no âmbito das estruturas de governança da sociedade formada pelas empresas parceiras, a tentativa seguinte de superar o impasse costuma ser a submissão da matéria a um comitê de alto nível, formado por representantes dos sócios. Essa é a solução preconizada pelo *Model Joint Venture Agreement*, publicado pela *Amercian Bar Association*.[6] Se a medida não surtir efeito, restará a alternativa do desfazimento da parceria societária, com todos os problemas daí decorrentes.

---

structures. These include the following: corporate, partnership, franchise, equity partnership, or written contract" (DEPAMPHILIS, Donald M. *Mergers, Acquisitions, and other restructuring activities. An integrated approach to process, tools, cases, and solutions.* 5ª ed., Elsevier, 2010, p. 554).

6 Confira-se: "Section 5.9 provides a method for bringing a dispute before escalating levels of authority within a business enterprise who are sufficiently removed from the Management Committee so that they may not be affected by any personal dynamics that may interfere with a resolution. The Section also provides time for sober second thought, yet not so much time as to put at risk the value of the enterprise. The number of levels of authority to be employed and the time

3. O DESFAZIMENTO DA PARCERIA SOCIETÁRIA PELA SAÍDA DE UM DOS SÓCIOS

Em razão do componente estratégico e da presença de transações com partes relacionadas, características do negócio de *joint venture*, existe considerável espaço para surgimento de divergências de visão ou de interesses entre os parceiros. São muitos os temas com potencial de gerar desentendimento posterior, a exemplo de reações cabíveis diante da frustração de expectativas de rentabilidade, mudança de foco empresarial ou surgimento de novas prioridades, necessidade de restruturação do empreendimento para adaptação a novos cenários, restrições financeiras supervenientes ou necessidade de desmobilizar o investimento acionário.[7]

O grau de dificuldade na obtenção do consenso entre os parceiros, para enfrentar desafios não previstos no momento da celebração do negócio de *joint venture*, depende fundamentalmente de quanto os interesses iniciais estavam realmente alinhados. A falta desse alinhamento é motivada por inúmeras razões, que vão desde erros de avaliação, passando por intenções não reveladas e podendo chegar até a comportamentos oportunistas. O desalinhamento também pode ser fruto do uso inadequado do modelo de *joint venture* para encobrir uma autêntica operação de M&A em duas etapas.

Outro fator que pode contribuir para a insubsistência da parceria reside na distorção dos incentivos destinados a induzir o cumprimento espontâneo das obrigações assumidas, estimular a colaboração de boa-fé e perseguir o consenso nas decisões empresariais. Se a saída voluntária for facilitada e oferecer condições vantajosas, a parte interessada em se desfazer de sua posição no

---

allotted for each, and the specificity of the constraints of negotiation imposed on each depends, of course, on the facts of each case. However, in every case, at least two factors should be considered in determining the number of levels of escalating authority (if any) that are appropriate: first, how long a joint venture enterprise is likely to be able to endure while the dispute resolution process continues, and second, whether the procedure is likely to be successful given the corporate structure and culture of each Member" (AMERICAN BAR ASSOCIATION. *Model joint venture agreement – with commentary.* Joint venture task force of the Negotiated Acquisitions Committee, 2006).

7 A lista de eventos que podem levar ao encerramento do acordo de joint venture é endossada por Patrik A. Gaughan: "The potential problems with joint ventures are as varied as the types of ventures. They may fail because the venture partners do not work well together. There may be disagreements between the participants, which may get in the way of accomplishing the venture's goals. The venture may require participants to share intellectual property or other proprietary knowledge, and they may be reluctant to do so or one venture partner may be using such information in a way that was not intended by the other venture participant. The participants may not see themselves as fully committed as they might if the activities of the venture were part of the overall business. This lack of full commitment may prevent the venture from achieving its goals. Other problems may be that the venture simply does not accomplish what it set out to accomplish" (GAUGHAN, Patrik A. *Mergers, acquisitions, and corporate restructurings.* Ob. cit., p. 525).

empreendimento estará propensa a exercer essa faculdade assim que possível. Mesmo não havendo essa alternativa contratual, a parte desejosa de se retirar da parceria poderá agir de forma oportunista e criar embaraços na condução dos negócios, com o fito de forçar a compra de sua participação pela outra parte.

Quando o acordo de *joint venture* contém disfunções na alocação de riscos ou na previsão de incentivos, as tentativas de superar os impasses posteriores, de forma negociada ou fazendo uso de modelos convencionais, estão fadadas ao insucesso. O convívio societário torna-se insustentável e a solução natural será o desfazimento da parceria. Trata-se de um desfecho perfeitamente previsível desde o momento em que houve a consumação do negócio de *joint venture*.

O encerramento da parceria societária pode ser mais ou menos traumático em função do regramento contratual adotado. A prática negocial oferece amplo leque de opções para disciplinar o assunto, cada qual com suas vantagens e desvantagens. O desenho final dos mecanismos de saída dependerá essencialmente do poder de barganha no momento da celebração do acordo de *joint venture*, do tamanho da participação no capital social, e do custo implícito suportado por cada parte pelo término da parceria. É possível ainda que as partes optem por não prever a possibilidade de retirada de nenhuma delas, deixando o assunto para ser negociado se e quando o evento vier a ocorrer.[8]

O modelo básico consiste na compra ou venda mandatória da participação societária de uma parte pela outra, por um preço determinado ou determinável com base em parâmetros de avaliação estabelecidos em contrato. É usual o acordo de *joint venture* restringir as hipóteses de acionamento do mecanismo de saída a situações de impasse que possam inviabilizar a continuidade da parceria, assim como ao transcurso de um prazo mínimo (*lock-up*), de modo a não distorcer os incentivos. No mesmo sentido, o acordo de *joint venture* costuma reservar tratamento mais oneroso à parte inadimplente quando do

8 Vale aqui o alerta do *Model joint venture agreement*: "Having exit or termination provisions may seem to be contrary to the purpose of the Company and, at the time of negotiating the joint venture agreement, the need for having any such provisions may appear remote. Even if it is acknowledged that the Company may not succeed, the circumstances of its failure will be impossible to predict at the outset, and it may be argued that reasonable Members will be better able to negotiate a satisfactory termination when they know the particular circumstances. Moreover, having this uncertainty as to whether or how a Member could exit or terminate a joint venture has the advantage of tending to keep the Members together. If one Member is clearly financially or otherwise stronger than the other, the stronger Member may be inclined to resist having any exit or termination provisions, preferring to rely upon its likely stronger negotiating position at the time when any termination or exit is proposed. Obviously, the weaker Member would prefer to negotiate exit and termination provisions at the outset in the spirit of mutual co-operation and enthusiasm for the new venture. Often the stronger Member will agree in order to achieve the greater certainty that results from having specific exit and termination provisions" (AMERICAN BAR ASSOCIATION. Ob. cit.).

encerramento da parceria, mediante a adoção de critérios de avaliação menos favoráveis, ou imposição de desconto no preço de aquisição.[9]

Nesse contexto, cabe à parte interessada no encerramento da parceria tomar a iniciativa de propor vender a sua participação societária, ou então a comprar a participação da outra parte, sempre em caráter irrevogável. Trata-se da chamada cláusula *buy or sell*, também conhecida como *shotgun clause*, a qual comporta inúmeras variações.[10] Uma variante da cláusula *buy or sell* é a previsão de que o preço da oferta de venda seja o mesmo da oferta de compra. Essa solução acaba favorecendo a parte financeiramente mais forte, na medida em que talvez seja a única capaz de mobilizar recursos para pagar o preço de aquisição. Outra possibilidade é a realização de um leilão privado entre as partes, mediante a apresentação de ofertas lacradas, sagrando-se vencedora aquela que apresentar o maior valor. Por fim, a determinação do preço pode adotar algum parâmetro objetivo aferível por cálculo matemático, ou então ser resultante de avaliação realizada por terceiro independente.[11]

---

9 Mais uma vez, a constatação é endossada pelo *Model joint venture agreement*: "If the Members decide to have exit or termination provisions, it is necessary to consider, first, what are appropriate triggering events and, second, what type of exit and termination provisions are appropriate for various triggering events. Events that may trigger exit or termination rights and obligations are generally considered to be of two kinds—those that arise because of a default (or similar event) by a Member and those that do not. The latter may include: (1) events that reflect a frustration of the business intent such as the failure to achieve targets; (2) management deadlocks; (3) third party offers for the interests of one or both of the Members; or (4) a change in business strategy or personnel of one of the joint venturers that has the effect of that Member wanting to liquidate its interest in the Company. Other events may arise through a default by one of the Members of its obligations under the joint venture agreement or by the occurrence of specified events, such as a change of control of a Member (AMERICAN BAR ASSOCIATION. Ob. cit.).

10 Para conhecer em mais profundidade as alternativas de modelo e sua compatibilidade com o Direito brasileiro, recomenda-se a consulta às dissertações de mestrado de BLANCHET, Gabriela Alves. *A cláusula de shotgun (buy or sell) em acordos de sócios.* Escola de Direito de São Paulo da Fundação Getúlio Vargas, 2020, e de FERREIRA, Mariana Martins-Costa. *Soluções contratuais para resolução de impasses cláusulas Buy or Sell e opções de compra e venda (call e put options).* Faculdade de Direito da Universidade de São Paulo, 2017.

11 Tracy Branding Pyle, Edgar Elliott e James Bamford fornecem o seguinte exemplo de critério de avaliação: "The partners can pre-agree on a formula or set price for future transfers of interests. For example, the partners could apply an industry standard earnings-multiple to determine the value of the JV and the interests to be sold. A pre-agreed pricing formula may protect a natural seller relative to a negotiated market price in a buy-sell exit structure: A natural seller would offer a lower price in such a scenario because it does not want to hold 100% interest in the business or does not value the business as highly as its natural buyer partner. A natural seller is better off agreeing to a pre-agreed formula or an independent appraisal. While logical, our analysis shows that pre-agreed pricing formulas are uncommon in our review of the 81 JV agreements – suggesting that natural sellers may be missing a trick" (PYLE, Tracy Branding; ELLIOTT, Edgard; BAMFORD, James. Ob. cit.).

Além da compra e venda mandatória para resolução de impasses, o negócio de *joint venture* comporta outros mecanismos de saída, considerados mais indicados para parcerias em que as participações societárias são discrepantes, ou quando uma das partes pretende impor a sua vontade à outra. Nesses casos, pode ser outorgada à parte economicamente mais forte (natural comprador), a opção de compra da participação da parte mais fraca, com observância de determinadas condições de prazo e preço para seu exercício. Alternativamente, pode ser concedido à parte mais fraca (natural vendedor) a opção de venda à parte mais forte, também conforme parâmetros previamente definidos.[12]

A faculdade de provocar o encerramento da parceria societária por simples manifestação unilateral da vontade, como decorre das opções de compra e de venda, são soluções menos frequentes e que requerem bastante cautela, ainda quando tenham caráter condicionado. A sua presença no acordo de *joint venture* pode distorcer a alocação de riscos entre as partes e criar incentivos incompatíveis com a lógica negocial, conforme evidencia a literatura especializada.[13]

4. O REGIME JURÍDICO DAS OPÇÕES DE COMPRA E DE VENDA NO DIREITO BRASILEIRO

O uso de opções de compra e de venda em diferentes tipos de arranjos contratuais e societários encontra-se disseminado na prática negocial de diversos países, não só pertencentes à família de *Common Law*, mas também

12 Vale conferir também as observações de John-Patrick Scherer: "Since the common form of option rights favours one partner over the other(s), such provisions are frequently used in majority/minority joint ventures where the call option is usually granted to the majority shareholder of the joint venture company to ensure that it has the right to buy out the minority shareholder for the case that the minority shareholder exercises a given veto right or otherwise boycotts the decision making process in a company body. The minority shareholder might be granted in return a put option giving the right to sell its interest to the majority shareholder in the event of a deadlock" (SCHERER, John-Patrick. *Deadlock provisions in equity joint venture agreements.* University of Cape Town – Department of Commercial Law. Research dissertation, 2018, p. 55).

13 Cabe aqui o alerta de Tracy Branding Pyle, Edgar Elliott e James Bamford sobre a excepcionalidade da previsão contratual de desfazimento do negócio de joint venture por vontade unilateral de uma das partes: "By contrast, puts, calls, and liquidation rights are rare when a partner is exiting simply at will. In such cases, a ROFR [Right of First Refusal] or ROFO [Right of First Offer] for the party not triggering the exit are common. This is because in an "at-will" exit scenario, the exiting partner typically can transfer interests to a third party subject to restrictions: 33% of agreements place restrictions on the identity of the transferee and a majority of agreements give the non-exiting party a ROFR or ROFO. [...] Similarly, a minority partner is more likely to have a put right than a call right. After all, it is more likely a large majority owner would be willing and able to purchase a small minority partner's interest on demand than a small minority partner (who may be more cash constrained) would be willing and able to purchase a large majority partner's interest on demand" (PYLE, Tracy Branding; ELLIOTT, Edgard; BAMFORD, James. Ob. cit.).

de *Civil Law*, incluindo o Brasil. No entanto, a validação legal dessas cláusulas e as polêmicas doutrinárias sobre sua natureza variam bastante conforme o ordenamento jurídico e as tradições de cada país.[14]

Para os propósitos deste texto, será suficiente resgatar o fundamento de validade no Direito brasileiro, da cláusula de opção de compra ou de venda de participação societária no contexto específico do negócio de *joint venture*. Além disso, convém delimitar o âmbito de aplicação lícita e identificar as variáveis críticas que podem influenciar a efetividade jurídica e a exequibilidade prática dessa estipulação contratual.[15]

Ao mesmo tempo em que o Direito brasileiro contempla um conjunto de contratos típicos sujeitos a normas cogentes e dispositivas, também admite de forma ampla a celebração de contratos legalmente atípicos, assegurando-lhes força jurídica pela possibilidade de uma parte contratante exigir da outra o cumprimento coativo das obrigações assumidas. Para isso, porém, é necessário que os contratos atípicos observem requisitos gerais de validade, como agente capaz, objeto lícito e forma prescrita em lei, e cumpram ainda uma função socioeconômica dotada de utilidade prática e considerada compatível com os valores éticos e morais da comunidade impactada, conforme prescreve o artigo 421 do Código Civil.[16]

Não se desconhecem os dissensos acadêmicos que se formaram em torno da tentativa de desvendar a natureza jurídica da cláusula de opção de compra ou de venda, notadamente quando tenha por objeto a aquisição de participação societária. Há aqueles que enxergam aí uma autêntica manifestação unilateral de vontade sob a forma de promessa de contratar, albergada pelo artigo 466 do Código Civil.[17] Alternativamente, seria possível argumentar que se trata de proposta vinculante de contrato, conforme previsto no artigo 427 e

---

14 O mapeamento dos vários entendimentos doutrinários sobre a natureza jurídica das opções de compra ou de venda consta de trabalhos acadêmicos da área do Direito, valendo consultar por todos IGLESIAS, Felipe Campana Padin. *Opção de compra ou venda de ações no Direito brasileiro: natureza jurídica e tutela executiva judicial.* Universidade de São Paulo: dissertação de mestrado, 2011.

15 A esse propósito, vale consultar ESTEVEZ, André. *Contrato de opção de compra e de venda de participação acionária: função, autonomia privada e controle de validade na sociedade anônima fechada.* Porto Alegre: Livraria do Advogado, 2021. O autor faz uma reflexão abrangente sobre a função econômica e as questões jurídicas que emergem do uso dos mecanismos de retirada ou exclusão de sócios baseados em cláusulas de opção.

16 Art. 421 – A liberdade contratual será exercida nos limites da função social do contrato. Parágrafo único. Nas relações contratuais privadas, prevalecerão o princípio da intervenção mínima e a excepcionalidade da revisão contratual.

17 Art. 466 – Se a promessa de contrato for unilateral, o credor, sob pena de ficar a mesma sem efeito, deverá manifestar-se no prazo nela previsto, ou, inexistindo este, no que lhe for razoavelmente assinado pelo devedor.

seguintes.[18] Também pode ser considerado um contrato preliminar, passível de execução específica, na esteira do artigo 462.[19]

Em qualquer caso, a manifestação de vontade deve conter os elementos essenciais do contrato a ser celebrado, vincula apenas a parte outorgante ou proponente se decorrer de declaração unilateral, pode assumir caráter irrevogável ou ficar sujeita a termo e condições. Quando assumir a forma de promessa ou proposta de contratar, o aperfeiçoamento do contrato prometido depende da aceitação inequívoca da parte destinatária no prazo assinalado, acompanhada do cumprimento das contraprestações porventura devidas. Nesse caso, o fundamento de validade do compromisso assumido pelo outorgante da opção seria prioritariamente o enquadramento no permissivo legal expresso, sem embargo do atendimento simultâneo aos pressupostos de licitude aplicáveis a qualquer ato jurídico.

De outro lado, existe o entendimento de que as opções de compra e de venda configuram uma relação contratual atípica, cuja efetividade jurídica pressupõe a inserção no contexto de um negócio jurídico mais amplo. Na falta de tipicidade legal, o fundamento passa a ser o disposto no artigo 425 do Código Civil, que admite a celebração de contratos atípicos, desde que observadas as normas gerais veiculadas no mesmo diploma codificado.[20] As peculiaridades do contexto em que a opção foi outorgada são fundamentais para aferir sua razoabilidade econômica e o alinhamento com princípios informadores do ordenamento jurídico, em atendimento ao mencionado artigo 421 do Código Civil.

Qualquer que seja a corrente de pensamento preferida, é certo que não há controvérsia doutrinária sobre a validade, em tese, das cláusulas de opção de compra ou de venda, quanto tenham por finalidade atribuir a alguém o direito potestativo de comprar a participação societária pertencente a outrem, ou de impor a compra da sua própria, segundo condições objetivas previamente definidas em instrumento jurídico próprio. As dúvidas podem surgir em relação ao desenho contratual da opção e sobre a adequação dos requisitos para seu exercício.

A cláusula de opção de compra ou de venda, quando presente no acordo de *joint venture*, costuma ter natureza condicional. Vale dizer, o exercício da opção não depende da vontade exclusiva do beneficiário, mas da verificação de

18 Art. 427 – A proposta de contrato obriga o proponente, se o contrário não resultar dos termos dela, da natureza do negócio, ou das circunstâncias do caso.

19 Art. 462 – O contrato preliminar, exceto quanto à forma, deve conter todos os requisitos essenciais ao contrato a ser celebrado.

20 Art. 425 – É lícito às partes estipular contratos atípicos, observadas as normas gerais fixadas neste Código.

eventos sobre os quais ele possui razoável controle. É justamente aí que podem aparecer condutas oportunistas, no sentido de desencadear ou impedir a ocorrência da condição que permite o exercício da opção, segundo a conveniência momentânea do beneficiário.

Uma situação particularmente perturbadora consiste na opção de venda outorgada em favor do sócio minoritário da parceria, cujo exercício pressupõe a constatação de impasse em certas deliberações societárias. Se o sócio minoritário quiser forçar a situação, pode simplesmente não comparecer à reunião deliberativa, ou então comparecer e assumir posicionamento divergente do sócio majoritário, de modo a caracterizar a falta de consenso e viabilizar o exercício da opção de venda.[21] No Direito brasileiro, o artigo 129 do Código Civil oferece como remédio jurídico o não reconhecimento do evento maliciosamente induzido por quem dele se aproveita.[22] Além disso, o comportamento desarrazoado do sócio minoritário poderia caracterizar abuso de direito, sancionado pelo artigo 187 com perdas e danos.[23]

Outro ponto de atenção diz respeito ao critério de fixação do preço de exercício das opções de compra ou de venda da participação do sócio que deseja se retirar ou pode ser excluído da parceria societária. Isso porque o preço precisa ser determinado, ou pelo menos determinável, já no momento da outorga da opção, de modo a atender ao disposto no artigo 482 do Código Civil.[24] É possível, porém, a cláusula de opção estipular parâmetros objetivos para cálculo do preço com fundamento no artigo 487, ou ainda atribuir a terceiro a tarefa de determinar futuramente o preço por meio de avaliação

---

21 A hipótese é sempre lembrada pela literatura especializada: "The most serious scenario is scenario (iv), *i.e.*, a party of the joint venture company is not willing to meet the other party/ies in order to discuss the matters in question and, therefore, does not attend the respective board or shareholders' meetings, so that necessary decisions cannot be made. This may happen in a joint venture where the quorum of the relevant corporate body can only be achieved if and when (i) one or more (minority) shareholder(s) or its/their representative(s) must be present at a meeting; or (ii) a specific percentage of the company's share capital must be represented" (SCHERER, John-Patrick. Ob. cit., p. 11).

22 Art. 122 – São lícitas, em geral, todas as condições não contrárias à lei, à ordem pública ou aos bons costumes; entre as condições defesas se incluem as que privarem de todo efeito o negócio jurídico, ou o sujeitarem ao puro arbítrio de uma das partes.

Art. 129 – Reputa-se verificada, quanto aos efeitos jurídicos, a condição cujo implemento for maliciosamente obstado pela parte a quem desfavorecer, considerando-se, ao contrário, não verificada a condição maliciosamente levada a efeito por aquele a quem aproveita o seu implemento.

23 Art. 187 – Também comete ato ilícito o titular de um direito que, ao exercê-lo, excede manifestamente os limites impostos pelo seu fim econômico ou social, pela boa-fé ou pelos bons costumes.

24 Art. 482- A compra e venda, quando pura, considerar-se-á obrigatória e perfeita, desde que as partes acordarem no objeto e no preço.

específica, conforme faculta o artigo 485.[25] Não se admite, porém, que a fixação do preço seja deixada ao arbítrio exclusivo de uma das partes, sob pena de incidir na vedação de nulidade do artigo 489.[26]

A observância das restrições legais, no que se refere ao componente condicional da cláusula de opção e à determinação do preço de exercício, são aspectos essenciais para assegurar a sua validade em face do ordenamento jurídico nacional. Trata-se de uma especificidade do Direito brasileiro, que não está necessariamente presente em jurisdições estrangeiras.

5. A CLÁUSULA DE OPÇÃO DE VENDA NO CASO DA REFINARIA DE PASADENA

O caso da aquisição da refinaria de Pasadena pela Petrobras tornou-se paradigmático pela magnitude da repercussão negativa e pelo amplo escrutínio público a que foi submetido, notadamente por parte da Corregedoria Geral da União (CGU) e do Tribunal de Contas da União (TCU). O caso permite uma reflexão contextualizada sobre o uso da cláusula de opção de venda (*put option*) no âmbito do acordo de *joint venture*, com os vários desdobramentos daí decorrentes para o bom ou o mau funcionamento da parceria societária.[27]

A parceria societária entabulada entre a Petrobras e o grupo belga Astra tinha por objeto a revitalização e a operação conjunta da refinaria de Pasadena, localizada no Estado do Texas, Estados Unidos da América (então de propriedade a Astra), para dar conta do refino do petróleo bruto extraído do campo de Marlim (então explorado pela Petrobras). Os derivados de petróleo produzidos pela refinaria seriam comercializados no mercado internacional, ficando assegurado à Petrobras a preferência na compra da maior parte da produção. As participações capitalísticas da Petrobras e da Astra foram estabelecidas de

25 Art. 485 – A fixação do preço pode ser deixada ao arbítrio de terceiro, que os contratantes logo designarem ou prometerem designar. Se o terceiro não aceitar a incumbência, ficará sem efeito o contrato, salvo quando acordarem os contratantes designar outra pessoa.
Art. 487- É lícito às partes fixar o preço em função de índices ou parâmetros, desde que suscetíveis de objetiva determinação.

26 Art. 489 – Nulo é o contrato de compra e venda, quando se deixa ao arbítrio exclusivo de uma das partes a fixação do preço.

27 A clausula de opção de venda (*put option*), inserida no Acordo de Acionistas celebrado entre a Petrobrás e a Astra (*Shareholders Agreement*), tinha o seguinte teor: 5.1 Purchase Put: In the event (i) Petrobras makes a decision with which Astra disagrees, (a) as a result of Petrobras right to override due to (i) the inability of the Senior Owners Committee to agree on a Major Decision issue as provided under Section 3.6 or, (ii) a decision under Section 3.5 then Astra shall be entitled to cause Petrobras to purchase (the "Minority Put") all or part of Astra's Ownership Interest in PRSI for a purchase price (the "Put Price") defined as per item 5 of ADDENDUM A, and any amount due will be paid to Astra in immediately available funds.

forma igualitária (50% para cada sócio), havendo também equilíbrio na composição dos órgãos societários e na divisão do poder decisório.

Na realidade, o arranjo completo era mais complexo por envolver outras variáveis e possuir nuances próprias, com destaque para a cláusula de opção de venda estipulada em favor da Astra. A cláusula obrigava a Petrobras a adquirir a integralidade da participação da Astra na *joint venture* (correspondente a 50% do capital social), segundo parâmetros de preço previamente definidos. O exercício da opção pela Astra estava condicionado à ocorrência de impasse na deliberação societária de algum assunto considerado relevante, quando então a Petrobras poderia invocar o direito contratual de impor a sua vontade (*right of override*). Foram justamente as condições de acionamento da opção de venda e os efeitos daí decorrentes que geraram a disputa entre os sócios, tendo como resultado a aquisição forçada pela Petrobras da totalidade da refinaria de Pasadena, por um preço final considerado escandaloso.

O caso possui inúmeras particularidades, que suscitaram polêmicas e levantaram suspeitas sobre a violação de deveres fiduciários pelos administradores da Petrobras, a começar pela falta de consistência técnica da avaliação econômica que orientou as tratativas em torno do preço pago pela aquisição da metade inicial das instalações da refinaria. Os múltiplos pontos de atenção presentes no caso Pasadena dariam ensejo a diferentes perspectivas de análise. No entanto, escolheu-se concentrar o exame na cláusula de opção de venda, notadamente sob a ótica de sua razoabilidade e aderência às práticas usuais de mercado.

O primeiro aspecto a ser destacado é a presença de inúmeros indícios da falta de alinhamento inicial de interesses entre a Petrobras e a Astra, para justificar a formação da parceria societária. Conforme se depreende do relatório da CGU, a pretensão natural da Petrobras seria a aquisição da totalidade da refinaria de Pasadena, e não a associação com a Astra para sua operação conjunta. Ademais, as instalações encontravam-se em condições precárias de conservação, demandando ampla reforma para o funcionamento adequado e o cumprimento de exigências ambientais.[28]

O TCU também realizou uma investigação abrangente sobre as circunstâncias que cercaram a aquisição da refinaria de Pasadena, tendo considerado

---

28 Segundo o relatório: "Ao se levar em consideração que a Petrobras e a Astra tinham objetivos distintos em relação ao empreendimento, esta com foco especialmente comercial (giro do capital) e aquela com foco industrial (adaptação e expansão para o processamento do óleo de Marlim), pode-se imaginar que a opção pelo controle conjunto do negócio (cada sócio detinha 50%) não se afigurou uma opção acertada e, de fato, culminou em uma relação conflituosa, tanto que os sócios recorreram ao juízo arbitral e à justiça americana para resolver seus dissensos" (CORREGEDORIA GERAL DA ADMINISTRAÇÃO – SECRETARIA FEDERAL DE CONTROLE INTERNO. Auditoria Especial nº 201407539: Aquisição da refinaria de Pasadena, no Texas, EUA. Relatório Final, dez/2014, p. 63).

o negócio ruinoso e passível de responsabilização pessoal de vários gestores da Petrobras. Isso porque o acordo de *joint venture* então celebrado adotou um preço injustificadamente elevado pelo ativo e não observou as boas práticas negociais.[29]

As análises empreendidas pelos órgãos de controle apuraram que a Astra não dispunha de recursos financeiros e dependia de algum parceiro economicamente forte para bancar os investimentos necessários à recuperação das instalações industriais. Portanto, era razoável supor que a Petrobras tinha suficiente poder de barganha para negociar desde logo a aquisição integral do ativo, pelo valor correspondente ao seu estado atual, até porque não havia disputa com outros potenciais compradores.

A adoção do modelo de *joint venture* pode ter sido um subterfúgio para sobrevalorizar artificialmente a refinaria de Pasadena, mediante a incorporação de rentabilidade futura que somente poderia ser alcançada com a colaboração da Petrobras. Além da propriedade do ativo, a Astra não trouxe nenhuma contribuição estratégica ao negócio de *joint venture*, sob as formas usuais de transferência de tecnologia, fornecimento de insumos estratégicos ou acesso a novos mercados. Tampouco consta que tenha contribuído com aporte de recursos financeiros.

A ausência de contribuições estratégicas do lado da Astra era um sinal importante de que a modelagem jurídica não fazia sentido no caso concreto e foi utilizada de forma disfuncional para encobrir a verdadeira essência econômica do negócio. Tudo indicava que se tratava de uma operação de M&A travestida de *joint venture*, a ser implementada em duas etapas sucessivas. Daí decorre que a parceria societária não possuía bases minimamente sólidas para perdurar ao longo do tempo e estava predestinada a se encerrar na primeira oportunidade.

Uma vez assumida a existência desse pecado original, fica fácil entender o real motivo da previsão da cláusula de opção de venda em favor da Astra, como compensação pelo direito assegurado à Petrobras de fazer prevalecer sua decisão empresarial, mesmo diante da discordância ou ausência do outro parceiro. A cláusula funcionava como porta de saída, gerando incentivos contrários à manutenção da parceria societária. No fundo, a prerrogativa conferida à Petrobras (*right of override*) tinha um custo implícito considerável, representado pelo preço devido a Astra em função do exercício da opção de venda.[30]

---

29 Cf. TRIBUNAL DE CONTAS DA UNIÃO. Acórdão nº 1.927, Relator Ministro José Jorge, sessão de 23/07/2014.

30 Vale conferir as observações do relatório da CGU: "Assim, em que pese a Petrobras, de fato, ter a prerrogativa de – nos casos em que não fosse possível decidir determinado tema no âmbito do *Board of Directors* e/ou do *Senior Owners Comittee* – fazer valer sua decisão, o exercício de tal direito estava, em regra, atrelado à obrigação de adquirir, parcial ou integralmente, os 50%

A abertura da porta de saída por iniciativa da Astra era facilitada por pelo menos quatro fatores: (i) adoção de estrutura de governança com compartilhamento do poder decisório e exigência de amplo consenso entre os sócios; (ii) extenso leque de decisões empresarias cujo impasse poderia ensejar o acionamento da opção de venda, incluindo a adequação do plano de negócios para dar conta de investimentos que já eram previsíveis; (iii) estipulação de condições singelas e sob controle da Astra para exercício da opção de venda, com destaque para a falta de prazo mínimo de espera (*lock-up*); e (iv) critério de precificação extremamente vantajoso para a Astra e de apuração objetiva.[31]

De fato, o preço de exercício da opção de venda deveria corresponder ao maior resultado decorrente da aplicação de um dos seguintes parâmetros: (i) valor pago pela Petrobras para aquisição inicial de 50% da refinaria de Pasadena, acrescido de 20%; ou (ii) valor de mercado acrescido de 6%. Em ambos os casos, o acréscimo correspondia a uma rentabilidade mínima assegurada à Astra independentemente da implementação do projeto de renovação da refinaria e, portando, praticamente sem nenhum risco.[32]

De forma compreensível, a Astra forçou o impasse que obrigou a Petrobras a aplicar o *right of override*, o que por sua vez deu ensejo ao exercício da opção pela Astra para venda do restante de sua participação na *joint* venture. Ainda que a parceria societária tenha fracassado e provocado considerável prejuízo à Petrobras, não seria sensato atribuir à opção de venda a responsabilidade por todos os males.[33]

---

restantes da PRSI e da PRSI *Trading*, como consequência do exercício da *put option* pela Astra. Destarte, sempre que a Petrobras exercesse seu *right to override* existiria o risco de a Astra exercer a *put option*, fato que, quando conjugado com a participação acionista igualitária, tornava a parceria demasiadamente arriscada e conflituosa. [...] Assim, há de se concordar que a *put option* tornou inócuo o *right to override*" (CORREGEDORIA GERAL DA ADMINISTRAÇÃO. Ob. cit., p. 59)

31 O relatório da CGU é bastante lúcido sobre a falta de alinhamento de interesses no caso concreto: "Em que pese a empresa brasileira afirmar que "*um importante princípio que norteou a negociação do mecanismo em questão era o de desestimular o rompimento da joint-venture*", o que se observa é que a Astra tinha a prerrogativa de – a partir de avaliações econômicas e/ou mercadológicas – tomar a decisão que mais lhe parecesse benéfica. A Petrobras, por sua vez, apesar de poder impor sua vontade, ficava à mercê da parceira belga, que, simplesmente, poderia decidir exercer sua opção de venda, decisão essa que obrigaria a estatal brasileira a dispender quantidade considerável de recursos a título de aquisição da participação acionária. Não se vislumbra, assim, que o arranjo contratual tenha inibido o rompimento da parceria, uma vez que a Astra, em regra, poderia sair do negócio quando quisesse" (CORREGEDORIA GERAL DA ADMINISTRAÇÃO. Ob. cit., p. 79).

32 (Cf. CORREGEDORIA GERAL DA ADMINISTRAÇÃO. Ob. cit., p. 62)

33 Pode-se especular ainda se o comportamento oportunista da Astra nesse caso não incidiria na sanção do artigo 129 do Código Civil, afastando a verificação da condição autorizativa do exercício da opção de venda. Como a disputa arbitral ficou sujeita à legislação norte-americana, não se sabe como esse assunto foi abordado.

A cláusula pode fazer sentido em determinados contextos para proteção de interesses legítimos do sócio minoritário, mormente quando ele tiver influência limitada na condução do empreendimento comum. É fundamental, porém, que o desenho contratual privilegie uma alocação de riscos dotada de racionalidade econômica e crie incentivos corretos para o alinhamento de interesses e a cooperação entre as partes.

Para isso, a opção de venda não deveria ser inteiramente discricionária e fixar preço muito atrativo, mas vir acompanhada de condições adequadas para evitar comportamentos oportunistas por parte do respectivo titular. Entre as cautelas recomendadas, destacam-se: (i) impor o aguardo de prazo mínimo para abandono da parceria societária; (ii) eliminar o caráter subjetivo e limitar as hipóteses que poderiam ensejar o acionamento da opção de venda; (iii) adotar critérios de fixação do preço de exercício que distribuam os riscos de forma equilibrada e estimulem a busca do consenso.

Segundo a CGU, o desequilíbrio congênito do acordo de *joint venture* resultou do conjunto da obra, e não de uma disposição contratual específica. O problema foi agravado pelo suposto desvio de conduta dos diretores responsáveis da Petrobras, que não quiseram ou não se esforçaram para negociar condições razoáveis no interesse da companhia, valendo-se do poder de barganha de que efetivamente dispunham.[34]

Curioso notar que a Diretoria Internacional da Petrobras à época foi capaz inclusive de ludibriar o Conselho de Administração, que estava relutante em aprovar a aquisição voluntária da participação remanescente da Astra na refinaria de Pasadena. Como alternativa, a Diretoria Internacional colocou em pauta, no âmbito da *joint venture*, uma deliberação que fatalmente geraria o impasse, abrindo espaço na sequência para imposição da vontade da Petrobras

34 O relatório da CGU assim discorre sobre o assunto: "Inicialmente, há de se esclarecer que em nenhum momento questionou-se a presença da cláusula de opção de venda (*put option*) no contrato firmado entre a Petrobras e a Astra, mas, sim, o fato de que os outros dispositivos contratuais, quando conjugados com a *put option*, tornavam a relação negocial desvantajosa para a estatal brasileira. Conforme consignado nos fatos da presente constatação, a opção de venda deixou a Astra em uma posição confortável na parceria. Não havia nos instrumentos contratuais firmados entre a Petrobras e a empresa estrangeira qualquer dispositivo capaz de garantir um comprometimento mínimo da última companhia com o negócio controlado em conjunto. Se a Petrobras, por exemplo, utilizando a sua prerrogativa de poder decidir em nome de ambas as sócias (*right to override*), resolvesse fazer um investimento de manutenção na Refinaria de Pasadena, a Astra poderia utilizar a sua opção de venda para deixar de aportar os recursos que lhe cabiam. [...] Não se afigura razoável imaginar que o exercício da *put option* pela Astra, após a Petrobras "quebrar o impasse" (*break any tie*) atinente a – por exemplo – uma decisão de investimento, garantiria à empresa estrangeira o recebimento de 106% a 120% do preço inicial da PRSI e da PRSI *Trading*, sem a imposição de qualquer tipo de penalidade" (CORREGEDORIA GERAL DA ADMINISTRAÇÃO. Ob. cit., p. 76).

(*right of override*), de modo a desencadear o exercício da opção de venda pela Astra, à revelia do Conselho de Administração.[35]

CONCLUSÕES

Ao fim e ao cabo, o caso Pasadena oferece um exemplo engenhoso sobre como é possível estruturar uma operação de M&A, adotando um preço artificialmente inflado, mediante a utilização distorcida do modelo de *joint venture*.

Os fatos servem também para ilustrar como um conjunto de condições contratuais consideradas isoladamente lícitas e aderentes às práticas usuais de mercado, podem produzir ao final um arranjo contratual e societário desequilibrado e claramente prejudicial a uma das partes.

Não por acaso, a parte prejudicada era a maior empresa estatal brasileira, cujas práticas de governança corporativa então vigentes não conseguiram evitar a quebra dos deveres fiduciários de alguns de seus administradores.

---

35 A manobra está bem descrita no relatório da CGU: "Em síntese, conclui-se que a Diretoria Internacional da Petrobras, com aval da Diretoria Executiva, pretendia adquirir os 50% remanescentes da PRSI e *Trading Company*, independentemente e anteriormente à deliberação e aval do Conselho de Administração. [...] Em 19/6/2008, à véspera da reunião do Conselho que deliberaria definitivamente sobre a matéria, os gestores da Diretoria Internacional da Petrobras praticaram atos administrativos tais que culminariam necessariamente com a obrigatoriedade de aquisição dos 50% remanescentes da PRSI e *Trading Company*, que era exatamente o que pretendiam e o que as decisões prévias do Conselho de Administração apontavam não ser a inclinação daquele órgão de governança da empresa" (CORREGEDORIA GERAL DA ADMINISTRAÇÃO. Ob. cit. p. 93).

71. CLÁUSULA DE OPÇÃO DE COMPRA E VENDA

Mário Gamaliel Guazzeli de Freitas

INTRODUÇÃO

Cláusulas de opção de compra e venda consistem em um mecanismo jurídico versátil, que pode constar de operações imobiliárias típicas a contratações em bolsa. Por meio delas, confere-se um poder formativo a seu titular, que lhe permite sujeitar sua contraparte à compra e/ou à venda do bem objeto de eventual contrato futuro, a se formar, unilateralmente, pela declaração de vontade do beneficiário da opção. Destaca-se, porém, não ser necessário que a opção de compra e de venda se apresente cumulativamente, podendo constar apenas uma opção de compra (*call option*) ou uma de venda (*put option*). Serão as partes que, no regramento de seus interesses, definirão os contornos do ajuste.

A despeito de seu potencial de servir a diversas áreas do Direito, os estudos sobre o tema têm se concentrado na doutrina societária, podendo ter contribuído para isso a proximidade do instituto e mesmo sua confusão com outras figuras jusprivatistas mais tradicionais, e a ausência de uma maior exequibilidade prática do mesmo se comparado, por exemplo, com as promessas de compra e venda de imóvel, prejudicando seu uso mais frequente em contratos imobiliários.

Socialmente típica, a opção de compra e venda não foi disciplinada no Código Civil de 2002, em que pese estampasse outros Códigos da família romano-germânica, como o *Codice Civile* de 1942, e já tivesse aparecido, setorialmente, em leis nacionais anteriores, como a Lei de Sociedades por Ações, de 1976, ou a Lei n. 6.099, de 1974, que disciplinou o tratamento tributário das operações de *leasing*, trazendo vários dispositivos regulamentando o exercício do direito de opção.

Neste ensaio, buscaremos especificar os principais elementos presentes na estrutura das opções de compra e venda e as funções básicas que o instituto desempenha. Contudo, antes de entrar propriamente no tratamento dessas questões, dedicamos um tópico introdutório para delimitar as premissas do estudo, dada a amplitude de situações em que podem aparecer e a diversidade de consequências daí decorrentes, seguido de um aparte para explicar o mecanismo de operação da opção.

Após passarmos em revista as peculiaridades das opções de compra e venda e suas diferenças em relação a alguns institutos afins, apresentaremos certas polêmicas envolvendo o instituto, como a eficácia da opção perante terceiros, momento em que analisaremos a polêmica impossibilidade de registro no cartório de registro civil; e o emprego da opção com escopo de garantia.

Por fim, trataremos da extinção da opção, distinguindo entre causas naturais e anômalas. O ensaio, que não pretende se concentrar em um ou outro ramo específico do Direito Privado, termina com uma conclusão.

1. DIREITO DE OPÇÃO: PREMISSAS DO ESTUDO

Juridicamente, o termo "opção" tem duas acepções.[36] Em sentido lato, indica a possibilidade conferida pela lei ou por acordo entre as partes de um dos contratantes escolher entre duas ou mais situações jurídicas diferentes. É o que ocorre, por exemplo, na faculdade conferida a um herdeiro de aceitar ou repudiar a herança, ou nas obrigações alternativas. Em senso estrito, que é aquele que interessa neste trabalho, é uma convenção pela qual uma das partes, por sua própria vontade declarada ou por determinação expressa de lei,[37] fica vinculada irrevogavelmente a outra, que adquire o poder exclusivo de decidir sobre a formação de uma relação jurídica futura.[38-39]

---

36 GARCEZ NETO, Martinho. Opção. *In*: CARVALHO SANTOS, J. M. de; DIAS, José de Aguiar (Orgs.). *Repertório Enciclopédico do Direito Brasileiro*. Rio de Janeiro: Editor Borsoi, [*s.d.*]. v. XXXV. p. 194-195.

37 CHAVES, Antônio. Opção. *In*: FRANÇA, R. Limongi (Coord.). *Enciclopédia Saraiva do Direito*. São Paulo: Saraiva, 1977. v. 56. p. 107.

38 Pelo exercício da opção, o beneficiário pode produzir efeito constitutivo, modificativo ou extintivo sobre uma situação jurídica. Diz-se constitutiva a opção, quando o beneficiário adquire um poder de decidir se existirá ou não, por exemplo, uma venda. Modificativa é a opção aposta a um contrato de locação, em que se confere ao locatário a possibilidade de prorrogar o vínculo por sua exclusiva declaração de vontade. Por fim, há opção extintiva, quando, contratualmente, se confere, por exemplo, a uma das partes a possibilidade de extinguir a relação negocial por sua exclusiva vontade (GARCEZ NETO, Martinho. Opção. *In*: CARVALHO SANTOS, J. M. de; DIAS, José de Aguiar (Orgs.). *Repertório Enciclopédico do Direito Brasileiro*. Rio de Janeiro: Editor Borsoi, [*s.d.*]. v. XXXV. p. 195).

39 Felipe Iglesias, fazendo a mesma distinção, designa a opção em sentido lato como "opção como um direito" e a opção em sentido estrito, como "opção como um negócio jurídico". Nesse segundo sentido, faz referência ao "negócio jurídico em que um dos sujeitos aufere o direito de,

De origem controvertida,[40] o relato histórico mais lembrado de emprego do instituto remonta ao século XVII, o século de Ouro dos Países Baixos, a um período que ficou conhecido como *Tulipomania*.[41] Entretanto, a despeito de conhecidas, inclusive por outros ordenamentos civis de tradição continental,[42] as opções não foram previstas pelo legislador do nosso Código 2002, assim como ocorrera no Código Bevilaqua de 1916, tratando-se, assim, de figura atípica em nosso sistema positivo, ao menos no que se refere à existência de uma disciplina genérica da mesma.[43]

---

a seu exclusivo critério, dentro de um prazo estabelecido, levar (ou não) a cabo uma determinada avença contratual, cujo conteúdo já fora prévia e integralmente acordado entre os sujeitos" (IGLESIAS, Felipe Campana Padin. *Opção de compra ou venda de ações no direito brasileiro*: natureza jurídica e tutela executiva judicial. 2011. Dissertação (Mestrado em Direito Comercial) – Faculdade de Direito, Universidade de São Paulo, São Paulo. 2011. p. 26).

40 Há certa divergência a respeito da origem histórica das opções. Alguns autores assinalam que tratar-se-ia de figura moderna, desconhecida dos juristas romanos que a ela se aproximaram, quando muito, pela venda a termo com condição implícita (GARCEZ NETO, Martinho. Opção. *In*: CARVALHO SANTOS, J. M. de; DIAS, José de Aguiar (Orgs.). *Repertório Enciclopédico do Direito Brasileiro*. Rio de Janeiro: Editor Borsoi, [*s.d.*]. v. XXXV. p. 195). Outros sustentam que as opções estariam sendo negociadas há séculos, com vestígios de seu uso já no comércio marítimo fenício (SARROCA POBLETE, José Miguel. El contrato de opción. *Revista de Derecho UDD*, Santiago, v. 09, n. 17, p. 351-370, enero 2008. p. 351. Disponível em: https://derecho.udd.cl/actualidad-juridica/articulos/el-contrato-de-opcion/. Acesso em 29 jun. 2023). Na linha desta segunda corrente, recorda-se anedota contada por Aristóteles sobre o enriquecimento de Tales de Mileto, que previu que a próxima colheita de olivas seria abundante e celebrou opções de uso com os donos de prensas, pagando uma pequena remuneração por isso. Vindo a colheita e cumprido o vaticinado, Tales exerceu sua opção, arrendando, posteriormente, as prensas por um preço maior.

41 "En aquella época aparece el primer mercado de opciones organizado, en el cual se negociaban las compras o ventas de bulbos o papas de tulipán en una fecha futura predeterminada. A través de estos contratos los comerciantes holandeses aseguraban el precio de compra de sus tulipanes que debían ser entregados a sus clientes en el futuro. Así también los agricultores podían adquirir el derecho a vender su cosecha futura a un precio predeterminado. Sin embargo, cerca del año 1640, los precios sufrieron fuertes fluctuaciones que llevaron a la quiebra a muchos especuladores, lo cual trajo como consecuencia que en Europa comenzara a restringirse el uso de las opciones en el mercado" (SARROCA POBLETE, José Miguel. El contrato de opción. *Revista de Derecho UDD*, Santiago, v. 09, n. 17, p. 351-370, enero 2008. p. 352. Disponível em: https://derecho.udd.cl/actualidad-juridica/articulos/el-contrato-de-opcion/. Acesso em 29 jun. 2023).

42 Como nota de Direito estrangeiro, costuma-se apontar a posição singular assumida pelo legislador italiano de 1942, que previu a figura em seu art. 1.331, atribuindo-lhe os efeitos da proposta irrevogável (GARCEZ NETO, Martinho. Opção. *In*: CARVALHO SANTOS, J. M. de; DIAS, José de Aguiar (Orgs.). *Repertório Enciclopédico do Direito Brasileiro*. Rio de Janeiro: Editor Borsoi, [*s.d.*]. v. XXXV. p. 195). Mais recentemente, lembramos o Código Civil e Comercial argentino (Lei n. 26.994, de 07 de outubro de 2014), que incluiu previsão genérica do instituto em seção relativa aos contratos preliminares (art. 996).

43 Entre nós, não há disciplina normativa genérica regulamentando a matéria, em que pese, setorialmente, existirem leis e mesmo atos infralegais tratado do direito de opção em seu sentido estrito. É o que ocorre, por exemplo, no Direito Societário, seja com as opções outorgadas pelas companhias em benefício de administradores, empregados ou pessoas naturais que lhe prestem serviços ou a sociedade sob seu controle (art. 168, § 3º da Lei n. 6.404/1976), seja

A ausência de previsão normativa, porém, não é óbice para sua adoção pelos contratantes interessados, como ocorreria, por exemplo, em contrato de mútuo que faculta ao mutuante adquirir, após certo prazo, participação na sociedade investida ou receber o dinheiro investido de volta. Não obstante, há casos em que o direito de opção não é uma alternativa das partes, mas elemento essencial do negócio jurídico, que não pode ser por elas afastado, sob pena de se desfigurar o tipo contratual. Assim ocorre no contrato de *leasing* financeiro.[44]

No presente estudo, nosso foco são aqueles negócios jurídicos bilaterais em que as partes têm a alternativa de escolher incluir uma opção de compra e venda. A partir dessa delimitação temática, ficam fora do escopo do estudo as opções que não decorram de ajuste contratual[45] e todas as demais operações econômicas que podem resultar de uma opção em sentido estrito. Em outras palavras, nosso objeto é a opção de compra e venda, cuja eficácia típica é a constitutiva.[46]

---

com as opções negociadas em bolsa, que vêm reguladas, dentre outros, pela Instrução CVM nº 14/1980. No campo do Direito Imobiliário, tem-se a Lei n. 10.188/2001, que instituiu o "Programa de Arrendamento Residencial para atendimento da necessidade de moradia da população de baixa renda, sob a forma de arrendamento residencial com opção de compra" (art. 1º da Lei n. 10.188/2001). Também ao disciplinar o tratamento tributário das operações de *leasing* o legislador exigiu que tais contratos contenham "opção de compra ou renovação de contrato, como faculdade do arrendatário" e "preço para opção de compra ou critério para sua fixação, quando for estipulada esta cláusula" (art. 5º, alíneas "c" e "d" da Lei n. 6.099/1974).

44 "O elemento essencial de caracterização do *leasing* é a faculdade reservada ao arrendatário de adquirir, no fim do contrato, os bens que alugou. Se não existe, o contrato não é de *leasing*" (GOMES, Orlando. *Contratos.* 27. ed. Rio de Janeiro: Forense, 2019. p. 496). Deve-se destacar, porém, que a opção, elemento essencial do *leasing* financeiro, não o é, por exemplo, no *leasing* operacional. Como ensina Fernando Noronha, "[e]sta operação [*leasing* ou arrendamento mercantil operacional] aproxima-se de uma simples locação, com opção de compra no final do prazo; aliás, nesta figura nem sequer é obrigatória a inclusão da cláusula de opção de compra do bem, no final do prazo" (NORONHA, Fernando. *Direito das obrigações.* 4. ed. São Paulo: Saraiva, 2013. p. 231).

45 O direito de opção pode se originar "de negócio jurídico unilateral ou de negócio jurídico bilateral, de contrato unilateral ou de contrato bilateral, ou, até, de negócio jurídico plurilateral" (MIRANDA, Pontes de. *Tratado de direito privado*: parte especial. São Paulo: Editora Revista dos Tribunais, 2012. t. XXXIX. p. 298-299).

46 A opção pode ser empregada com eficácia constitutiva, modificativa ou extintiva. Será constitutiva se o beneficiário dela adquire um poder se decidir, por exemplo, se existirá ou não uma venda. Modificativa é a opção aposta a um contrato de locação, em que se confere ao locatário a possibilidade de prorrogar o vínculo por sua exclusiva declaração de vontade. Por fim, há opção extintiva, quando, contratualmente, se confere, por exemplo, a uma das partes a possibilidade de extinguir a relação negocial por sua exclusiva vontade (GARCEZ NETO, Martinho. Opção. *In*: CARVALHO SANTOS, J. M. de; DIAS, José de Aguiar (Orgs.). *Repertório Enciclopédico do Direito Brasileiro.* Rio de Janeiro: Editor Borsoi, [*s.d.*]. v. XXXV. p. 195).

Para encerrar esse tópico, ainda devemos prestar alguns esclarecimentos sobre a terminologia adotada. Por "contrato de opção" deve-se entender o ajuste por meio do qual as partes contratantes preveem uma cláusula de opção. Tal ajuste, que vincula, contratualmente, partes que não estavam, necessariamente, vinculadas até aquele momento, pode conter prestações próprias, como ocorre no contrato de *leasing* financeiro, ou ter sido firmado para disciplinar com exclusividade a opção. Ao contrato que poderá surgir caso a opção seja exercida chamaremos "contrato optativo". No que se refere às partes, para evitar confusões, designaremos por "concedente" a contratante que se sujeita ao potencial exercício da opção, embora ela costume vir, igualmente, designada como optatário, opcionário ou outorgante. À sua contraparte nos referiremos apenas como beneficiário, mas ela pode ser também referida como optante ou outorgado.

2. MECANISMO DE ATUAÇÃO DE UMA OPÇÃO

Estabelecidas as premissas do trabalho, devemos precisar como funciona o mecanismo decorrente da aposição de uma opção em um contrato. Entendemos que ele se desenvolve em três etapas sucessivas, conforme representado graficamente na figura abaixo.

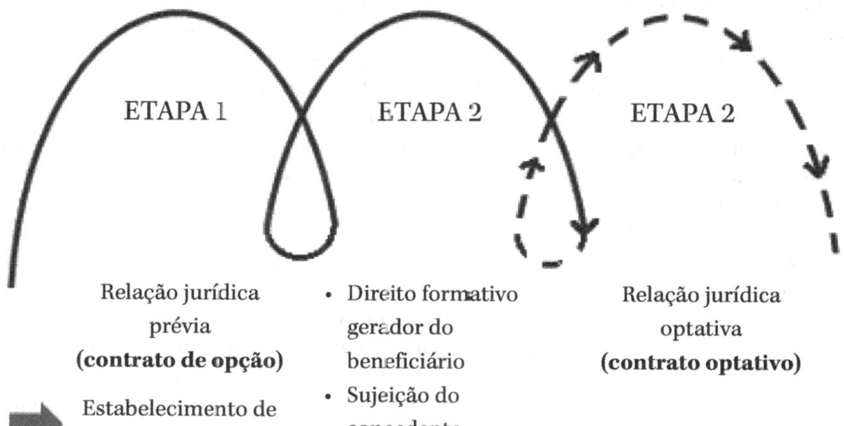

Gráfico 1.

Na *primeira etapa*, os contratantes estabelecem, em contrato, uma cláusula de opção, por meio da qual preveem a possibilidade de criação de uma relação jurídica futura, ainda inexistente, mas pré-disposta em todos os seus termos, pelo mero exercício unilateral do direito formativo gerador pelo beneficiário.

A relação jurídica prévia instituída pelo contrato de opção, embora coligada com a que poderá se formar no futuro,[47] como decorrência da criação do contrato optativo, é autônoma e independente em relação a ela, tem finalidade diversa[48] e produz, desde logo, efeitos próprios, dentre os quais estão a criação e a atribuição do direito de opção ao beneficiário, a sujeição do outorgante e a irrevogabilidade de sua outorga. Analisemos, brevemente, cada um desses efeitos.

O primeiro efeito e talvez um dos atributos mais característicos da opção é a outorga de um direito formativo gerador pelo concedente ao beneficiário.[49] Direito formativo, em oposição às pretensões, é aquele conferido a certas pessoas "de influírem, com uma declaração de vontade, sobre situações jurídicas de outras sem o concurso de vontade destas",[50] que tão somente se

---

47 Entre o contrato de opção e o contrato optativo existe uma "coligação natural", entendida como aquela espécie de coligação em que "o próprio tipo contratual pressup[õe], por sua natureza, um ou mais contratos a ele relacionados (MARINO, Francisco Paulo De Crescenzo. *Contratos coligados no direito brasileiro*. São Paulo: Saraiva, 2009. p. 106).

48 "De imediato, cabe esclarecer que os efeitos e a finalidade econômica das opções de compra ou venda diferem da compra e venda em si. Na primeira, o efeito essencial almejado e sua função econômica estão associados à criação da *possibilidade-poder* (conhecido como *direito formativo gerador*) conferido a uma das partes quanto à celebração do contrato definitivo, já na compra e venda a *função-essência* é a *transferência* do direito de propriedade em troca de *recursos financeiros*" (IGLESIAS, Felipe Campana Padin. *Opção de compra ou venda de ações no direito brasileiro*: natureza jurídica e tutela executiva judicial. 2011. Dissertação (Mestrado em Direito Comercial) – Faculdade de Direito, Universidade de São Paulo, São Paulo. 2011. p. 47). Por outro lado, além de produzirem os efeitos jurídicos que são próprios à sua finalidade, o contrato de opção e o contrato optativo, por serem coligados, em sua síntese, também são produtores "de consequências jurídicas que não coincidem com as de cada um deles, isoladamente considerado" (MARINO, Francisco Paulo De Crescenzo. *Contratos coligados no direito brasileiro*. São Paulo: Saraiva, 2009. p. 134).

49 MIRANDA, Pontes de. *Tratado de direito privado*: parte geral. São Paulo: Editora Revista dos Tribunais, 2013. t. VI. p. 169.

50 AMORIM FILHO, Agnelo. Critério científico para distinguir a prescrição da decadência e para identificar as ações imprescritíveis. *Revista dos Tribunais*, São Paulo, v. 94, n. 836, p. 733-763, jun. 2005. p. 736. Segundo Pontes de Miranda, direitos formativos "são inconfundíveis com as pretensões: por eles, nada exige o titular do direito; apenas, com o exercício do direito formativo, consegue o que quer" (MIRANDA, Pontes de. *Tratado de direito privado*: parte especial. São Paulo: Editora Revista dos Tribunais, 2012. t. XXII. p. 80). Analisando as posições jurídicas subjetivas, Lumia anota que "[p]retensão e dever de comportamento (*obbligo*) encontram-se num vínculo de correlação, pois à pretensão de um sujeito (posição jurídica ativa) corresponder um *dever comportamental*, específico ao outro sujeito (posição jurídica passiva)". Por outro lado, "[p]oder formativo e sujeição encontram-se igualmente num enlace correlacional, no sentido de que, ao poder formativo de um sujeito (posição jurídica ativa), corresponde a sujeição de um outro sujeito (posição jurídica passiva" (LUMIA, Giuseppe. *Lineamenti di teoria e ideologia del diritto*. 3. ed. Milano: Giuffrè, 1981, p. 102-123. Tradução com adaptações e modificações por Alcides Tomasetti Jr., 1999)

sujeitam a tal exercício, independentemente de sua vontade e mesmo contra ela. Um direito formativo é insuscetível de violação e a ele não corresponde uma prestação.[51] Nesse sentido, tratando-se de opção de compra, confere-se a seu titular o direito formativo de comprar determinado bem, sujeitando-se a contraparte a vendê-lo, repita-se, mesmo contra sua vontade. Por outro lado, tendo-lhe sido outorgada uma opção de venda, se decidir vender, a contraparte é obrigada a comprar.

Em segundo lugar, a vinculação do outorgante diz respeito tanto ao poder conferido ao beneficiário, quanto à prestação prevista no contrato optativo. Além desse estado de sujeição típico, que compõe o dever principal decorrente da cláusula de opção, surgem também deveres secundários de conduta, que visam impedir que o outorgante frustre o efeito prático decorrente do direito formativo gerador do beneficiário. Pode-se exemplificar com os deveres de cuidar e não dispor do bem objeto da opção,[52] por alguns designado "bem opcionado", expressão evitada neste estudo por ser um neologismo.

Por fim, a irrevogabilidade consubstancia verdadeira renúncia temporária,[53] sendo qualquer tentativa de revogação unilateral sem efeito, salvo expressa disposição contratual em contrário.

A *segunda etapa* do mecanismo de funcionamento da opção representa um *iter* entre a relação jurídica prévia e a última etapa, que poderá se concretizar ou não, a depender apenas do beneficiário.[54] Se decidir não exercer a opção, ele libera o concedente do seu estado de sujeição e a relação jurídica

---

51 AMORIM FILHO, Agnelo. Critério científico para distinguir a prescrição da decadência e para identificar as ações imprescritíveis. *Revista dos Tribunais*, São Paulo, v. 94, n. 836, p. 733-763, jun. 2005. p. 738.

52 IGLESIAS, Felipe Campana Padin. *Opção de compra ou venda de ações no direito brasileiro*: natureza jurídica e tutela executiva judicial. 2011. Dissertação (Mestrado em Direito Comercial) – Faculdade de Direito, Universidade de São Paulo, São Paulo. 2011. p. 68.

53 Ainda que partindo de uma premissa diferente, Martinho Garcez Neto pontua que "[n]ão se trata, porém, de uma simples obrigação negativa de não revogar, suscetível de ser violada, mediante declaração de revogação, que daria lugar ao ressarcimento de perdas e danos. Trata-se de uma verdadeira e própria renúncia, ainda que temporária, da faculdade de revogar a proposta" (GARCEZ NETO, Martinho. Opção. *In*: CARVALHO SANTOS, J. M. de; DIAS, José de Aguiar (Orgs.). *Repertório Enciclopédico do Direito Brasileiro*. Rio de Janeiro: Editor Borsoi, [*s.d.*]. v. XXXV. p. 198). Orlando Gomes também se manifestava no sentido de que "a opção é algo mais do que a simples irrevogabilidade, por isso que gera um direito com um conteúdo prático consistente, segundo Gorla, em que o termo fixado não é para o destinatário responder se aceita a proposta, mas, sim, para que exerça o direito (de opção)" (GOMES, Orlando. Negócios preparatórios. *Revista do Tribunal Federal de Recursos*, n. 145, p. 141-146, 1987. p. 143. Disponível em: https://www.stj.jus.br/publicacaoinstitucional/index.php/revtfr/article/view/10043/10178. Acesso em 23 jun. 2023).

54 Não pode o concedente impor outra condição para o aperfeiçoamento de tal contrato além do próprio arbítrio do beneficiário.

anterior extingue-se, permanecendo válidos e eficazes todos os efeitos até então produzidos.[55]

Por outro lado, se exercê-la, adentra-se na *terceira etapa*, com a criação de relação jurídica nova, que prescinde de outra declaração do concedente e pode até mesmo ser eficaz em caso de resistência dele, bastando a manifestação receptícia de vontade do beneficiário,[56] vetor essencial para que nasça o contrato optativo, que antes não exista por faltar sua aceitação. Em resumo, o contrato optativo só existirá (plano da existência), no mundo jurídico, se a opção pactuada, no contrato de opção, for exercida, pois apenas a partir desse instante haverá o consentimento de ambas as partes quanto ao conteúdo da operação econômica projetada.[57]

3. OPÇÃO DE COMPRA E VENDA

Neste tópico, analisaremos, em primeiro lugar, a estrutura de uma cláusula de opção, indicando os elementos essenciais que devem estar presentes, os categoriais e os particulares mais relevantes; na sequência, trataremos das funções que o direito de opção pode desempenhar na operação econômica; por fim, cotejaremos o fenômeno jurídico em estudo com institutos afins, previstos em nosso ordenamento.

---

55 IGLESIAS, Felipe Campana Padin. *Opção de compra ou venda de ações no direito brasileiro*: natureza jurídica e tutela executiva judicial. 2011. Dissertação (Mestrado em Direito Comercial) – Faculdade de Direito, Universidade de São Paulo, São Paulo. 2011. p. 97.

56 "O exercício da opção, assim como de qualquer direito formativo gerador, é considerado uma declaração receptícia de vontade, o que, por outras palavras, equivale a dizer que o outorgante (sujeito passivo da opção) precisa, de fato, tomar conhecimento da declaração de vontade emitida pelo beneficiário (sujeito ativo da opção)" (GUEDES, Gisela Sampaio da Cruz. Ausência de limitação temporal para o exercício de direito formativo gerador: contrato de opção de compra e venda sem prazo de exercício contratado. *Agire* – Direito Privado em Ação, n. 83, 18 set. 2023. Disponível em: https://agiredireitoprivado.substack.com/p/83-ausencia-de-limitacao-temporal. Acesso em: 19 set. 2023).

57 "É preciso lembrar que o exercício de uma opção (por ex., uma *put option*) consubstancia o ato de conclusão de um contrato definitivo (por ex., uma compra e venda); a declaração de vontade 'fecha' o contrato final. Exercida a opção, está concluído o contrato de compra e venda; dele surge a obrigação de prestar" (AZEVEDO, Antônio Junqueira de. Contrato de opção de venda de ações com preço determinável. Análise dualista (*Schuld* e *Haftung*) da obrigação de comprar. Interpretação contextual do ônus de notificação prévia para exercício da obrigação de comprar pagando o menor preço. *In:* AZEVEDO, Antônio Junqueira de. *Novos estudos e pareceres de direito privado.* São Paulo: Saraiva, 2009. p. 238).

3.1 Estrutura da opção de compra e venda

Nem todo elemento do negócio jurídico é elemento de sua estrutura. Alguns elementos, como agente, lugar e tempo, embora indispensáveis à existência do negócio, não são partes integrantes do mesmo, mas extrínsecos a ele.[58] Cabe, no entanto, tecermos breves considerações a respeito da capacidade e legitimidade do agente,[59] dadas as particularidades dos contratos coligados pela opção de compra e venda, em especial, a autonomia estrutural entre o contrato de opção e o contrato optativo, e o mecanismo de formação do segundo.

Acerca da capacidade civil, enquanto a do outorgante importa, basicamente, quando da celebração do contrato de opção, a do beneficiário deve ser verificada nos dois momentos em que manifesta sua vontade. Destaca-se, contudo, que salvo restrições contratuais, a incapacidade superveniente do beneficiário não prejudica o exercício do direito de opção, que poderá ser realizado, por exemplo, por representante legal.

Com respeito à legitimidade, deve-se proceder a uma distinção. Quanto à *legitimidade para a formação do contrato optativo*, a do concedente se verifica quando da celebração do contrato de opção,[60] ao passo que a do beneficiário,[61]

---

58 AZEVEDO, Antônio Junqueira de. *Negócio jurídico*: existência, validade e eficácia. 4. ed. São Paulo: Saraiva, 2010. p. 32-33.

59 "Trata-se [a legitimidade] de pressuposto diverso do de *capacidade*, porque a impossibilidade de agir é circunstancial. No problema da capacidade, o que se discute são as qualidades intrínsecas da pessoas, que a habilitam ou não, ao exercício de atos da vida civil, enquanto no problema da *legitimação* o que conta é a posição da pessoa em relação a determinados bens que podem ser objeto de negócios jurídicos em geral, ou em relação a especiais categorias de negócios" (GOMES, Orlando. *Contratos*. 27. ed. Rio de Janeiro: Forense, 2019. p. 45). Pela perspectiva da legitimidade, há pessoas que não podem comprar ou vender de outras. Por exemplo, o art. 497 do Código Civil veda, sob pena de nulidade, que certas pessoas sejam compradoras. De outro lado, certas pessoas são proibidas de vender para outras, como os ascendentes aos descendentes, salvo se os outros descendentes e o cônjuge do alienante consentirem (art. 496 do Código Civil); ou ainda o condômino em coisa indivisível, sua parte a terceiros se outro condômino a quiser (art. 504 do Código Civil).

60 Estudando as opções de compra e venda de ações, Felipe Iglesias registra, em nota de rodapé, que "[n]o caso de sociedades que detenham participação em outras sociedades (como naqueles casos de *holdings*), se houvesse exigência estatutária de aprovações dos órgãos de direção ou dos acionistas para alienação, estas deveriam ser obtidas logo na primeira fase, sob pena de ser tanto o contrato de opção quanto o contrato optativo ineficazes perante a sociedade" (IGLESIAS, Felipe Campana Padin. *Opção de compra ou venda de ações no direito brasileiro*: natureza jurídica e tutela executiva judicial. 2011. Dissertação (Mestrado em Direito Comercial) – Faculdade de Direito, Universidade de São Paulo, São Paulo. 2011. p. 211).

61 Por exemplo, a verificação de restrições estatutárias ou regulatórias posteriores ao contrato de opção.

em regra, apura-se no momento do exercício da opção.[62] Já quanto à *legitimidade para a prática de atos dispositivos*, o outorgante deve ter legitimidade para dispor do bem, por exemplo, ser seu proprietário, ou vir a tê-la "até o momento em que se oferece a transferir a propriedade do bem opcionado".[63]

Feitos esses esclarecimentos, analisemos os elementos estruturais da opção de compra e venda. Para ordenarmos a exposição, trataremos, em primeiro lugar, da forma e do objeto, que, na classificação adotada, são elementos gerais intrínsecos. Na sequência, trataremos dos elementos categoriais, findando com o exame dos elementos particulares.

No que diz respeito à forma do contrato de opção, não existe determinação legal impondo a observância de forma solene. Questiona-se, contudo, se seria necessário observar-se o paralelismo de forma entre o contrato de opção e o contrato optativo, em especial, nas hipóteses em que este exige forma solene, como na compra e venda de imóveis de valor superior a trinta vezes o maior salário-mínimo vigente no país (art. 108 do Código Civil). Alguns doutrinadores advogam que, como o outorgante está vinculado à formação do contrato optativo, a exigência da forma resguardaria aquele e serviria de prova para o exercício de algum direito.[64] Tais motivos, embora plausíveis, não bastam para justificar a imposição de forma solene ao contrato de opção, porque não há lei a determiná-la.

Tampouco haverá maior eficiência prática, por exemplo, quando o contrato optativo for de compra e venda de imóveis de valor superior a trinta salários-mínimos, porque o mero exercício da opção, a despeito da forma do instrumento, não dispensa, por si só, a escritura pública, posto que os róis do art. 167 da Lei n. 6.015/1973 são fechados. Nesse sentido, as partes devem ter

---

62 Excepcionalmente, em caso de estipulação de prêmio a ser pago ao concedente, como será referido na sequência, pode-se exigir a verificação de legitimidade do beneficiário também quando da celebração do contrato de opção.

63 PERES, Tatiana Bonatti. *Opção de compra*. Curitiba: Juruá, 2011. p. 91. Orlando Gomes dizia que "[p]arece ser absurda a *venda de coisa alheia*, pois, intuitivamente, a coisa vendida deve pertencer ao vendedor. Uma vez, porém, que, pelo contrato, o vendedor se obriga, tão-só, a transferir a propriedade da coisa, nada obsta que efetue a venda de bem que ainda lhe não pertence" (GOMES, Orlando. *Contratos*. 27. ed. Rio de Janeiro: Forense, 2019. p. 234).

64 IGLESIAS, Felipe Campana Padin. *Opção de compra ou venda de ações no direito brasileiro*: natureza jurídica e tutela executiva judicial. 2011. Dissertação (Mestrado em Direito Comercial) – Faculdade de Direito, Universidade de São Paulo, São Paulo. 2011. p. 240-241. Sem entrar em minúcias, Pontes de Miranda entendia que "[o] direito de opção, em se tratando de contratar, é direito formativo gerador: o seu exercício *gera* o contrato. Daí ser exigida ao contrato de opção a observância das regras jurídicas de forma, concernentes ao contrato que o exercício do direito de opção vai constituir" (MIRANDA, Pontes de. *Tratado de direito privado*: parte especial. São Paulo: Editora Revista dos Tribunais, 2012. t. XXXIX. p. 298).

liberdade de escolher a forma que melhor lhes atenda.[65] Além disso, a inobservância da forma prescrita pelo contrato optativo formado não ensejará, necessariamente, sua nulidade, pois pode conduzir à sua conversão formal em contrato preliminar.[66]

Quanto ao objeto ou conteúdo do negócio, reiteramos que o contrato de opção confere ao beneficiário um direito formativo gerador para criar um contrato definitivo de compra e venda. Embora autônomo em relação a este, o contrato de opção está conectado funcionalmente a ele, atuando como um negócio preparatório. Por conseguinte, uma *primeira observação* a ser feita é que o contrato de opção deve especificar as condições em que a opção de compra e venda poderá ser acionada e as consequências daí advindas.[67]

Nesse particular, vale pontuar que é da essência de qualquer espécie de opção a existência de um lapso temporal entre o contrato de opção e o contrato optativo.[68] Não se trata, porém, de lapso indeterminado, porque as opções nascem para ser transitórias, é dizer, miram a realização do contrato projetado.[69] Um prazo de exercício determinado evita muitos inconvenientes, mas nada impede

---

65 No mesmo sentido, Orlando Gomes anotou que "[t]al como sucede com o contrato preliminar, o contrato preparatório de opção não precisa ter a forma do instrumento definitivo. Desse princípio resulta que na opção para compra de um bem imóvel não é necessária a escritura pública, embora a exija o contrato definitivo. Formado este no mesmo momento em que se extingue o contrato preparatório, o instrumento privado é válido porque permitido, mas sua eficácia dependerá da outorga da escritura pública *como se fosse um compromisso* de venda, quando menos por efeito de conversão" (GOMES, Orlando. Negócios preparatórios. *Revista do Tribunal Federal de Recursos*, n. 145, p. 141-146, 1987. p. 144-145. Disponível em: https://www.stj.jus.br/publicacaoinstitucional/index.php/revtfr/article/view/10043/10178. Acesso em 23 jun. 2023).

66 Dada a ausência de exigência legal e tendo como paradigma o princípio da conservação dos negócios jurídicos, na hipótese de o contrato optativo não se revestir da forma solene, pode-se realizar sua conversão formal em contrato preliminar que, segundo o art. 462 do Código Civil, não precisa ter a mesma forma do contrato definitivo. "A nulidade de forma pode acarretar a – *conversão formal*, que torna válido o negócio, graças à adoção de uma forma menos rigorosa que a escolhida pelas partes" (AZEVEDO, Antônio Junqueira de. *Negócio jurídico*: existência, validade e eficácia. 4. ed. São Paulo: Saraiva, 2010. p. 69).

67 ZANETTI, Cristiano de Sousa. Responsabilidade pela ruptura das negociações. São Paulo: Juarez de Oliveira, 2005. p. 31.

68 "Com ele [contrato de opção], a vida dos negócios, em sua sutileza de *cindir*, própria ao trato *pontuado* das avenças e convenças, separou a declaração de vontade de vender e a declaração de vontade de comprar. Separação no *tempo*. Em vez de cortar as promessas, ou declarações, em duas promessas do vendedor e duas do comprador, – desligou, temporalmente, a declaração do outorgante e a do outorgado" (MIRANDA, Pontes de. *Tratado de direito privado*: parte especial. São Paulo: Editora Revista dos Tribunais, 2012. t. XIII. p. 240).

69 GUEDES, Gisela Sampaio da Cruz. Ausência de limitação temporal para o exercício de direito formativo gerador: contrato de opção de compra e venda sem prazo de exercício contratado. *Agire* – Direito Privado em Ação, n. 83, 18 set. 2023. Disponível em: https://agiredireitoprivado.substack.com/p/83-ausencia-de-limitacao-temporal. Acesso em: 19 set. 2023.

que seja apenas determinável.[70] Nesse caso, a lacuna contratual poderá ser preenchida pelos usos e costumes.[71] De todo modo, a falta de prazo para o exercício da opção não macula o contrato, cabendo, eventualmente, ao julgador fixá-lo.

Uma *segunda observação* quanto ao conteúdo é que, como não haverá nova declaração volitiva do outorgante, o contrato de opção deverá prever, ao lado da disciplina de seu próprio objeto, se este for o caso, a totalidade dos elementos da relação jurídica optativa. Não há impedimento para que o contrato optativo seja um contrato preliminar, mas se for um contrato definitivo de compra e venda, a previsão de seu conteúdo deve ser a mais ampla e integral possível,[72] sob pena de, no extremo, tornar-se sem eficácia prática o exercício da opção pelo beneficiário.

Passando aos elementos categoriais inderrogáveis, insta destacar a coisa e o preço no contrato optativo de compra e venda. Divisando a eficácia prática do exercício da opção, os contratantes devem buscar ser o mais precisos possível.[73] Nada impede, porém, que tais elementos sejam determinados *per relationem.*[74]

---

70 O que não se pode é admitir um direito formativo gerador perpétuo. Nesse sentido, parece ser o parecer de Caio Mário da Silva Pereira, para quem "[s]e for a *termo incerto*, [o concedente] poderá marcar prazo ao favorecido para que manifeste a sua preferência sob pena de perdê-la, pois não se concebe que uma pessoa fique indefinidamente obrigada a uma outra, e na dependência de sua vontade, enquanto esta última guarda a alternativa de celebrar ou não celebrar o contrato" (PEREIRA, Caio Mário da Silva. *Instituições de direito civil.* 15. ed. Rio de Janeiro: Forense, 2011. v. III. p. 72).

71 MIRANDA, Pontes de. *Tratado de direito privado*: parte especial. São Paulo: Editora Revista dos Tribunais, 2012. t. XXXIX. p. 299.

72 "Não se exclui, entretanto, a possibilidade de alguns elementos gozarem tão somente de *determinabilidade* quando da conclusão do *contrato de opção*, como pode ocorrer com o prazo para exercício do direito formativo gerador, o objeto em que incide o contrato de opção, entre outros. Nestes casos exige-se que as regras de *determinabilidade* já venham previstas no próprio contrato de opção e independam da vontade de quaisquer das partes, tal como ocorre com os contratos de compra e venda em geral" (IGLESIAS, Felipe Campana Padin. *Opção de compra ou venda de ações no direito brasileiro*: natureza jurídica e tutela executiva judicial. 2011. Dissertação (Mestrado em Direito Comercial) – Faculdade de Direito, Universidade de São Paulo, São Paulo. 2011. p. 181).

73 Quanto à coisa, em se tratando de ações ou quotas de uma sociedade, é útil, inclusive, disciplinar seu destino em caso de cisão, fusão ou incorporação desta. Quanto ao preço, devem estar minuciosamente descritas a forma e as condições de pagamento, eventuais piso ou teto para as hipóteses de variação do preço, dentre outras.

74 AZEVEDO, Antônio Junqueira de. Contrato de opção de venda (*put option*) de ações. Conflito entre o critério de determinação do valor das ações e o piso mínimo estipulado para transferência. Interpretação do conceito de preço justo. A boa-fé e os usos, visando evitar o enriquecimento sem causa. *In*: AZEVEDO, Antônio Junqueira de. *Novos estudos e pareceres de direito privado.* São Paulo: Saraiva, 2009. p. 281-283. Negócios *per relationem* são aqueles "nos quais uma parte de seu conteúdo ou já consta de outros atos ou negócios, havendo no negócio *per relationem* somente uma remissão que a integra ao seu conteúdo sem repeti-la [negócios formalmente *per relationem*], ou será ainda determinada por outros atos ou negócios a serem realizados [negócios substancialmente *per relationem*]. [...] Neste último caso, parte do conteúdo é, pois, determinável,

Por fim, acerca dos elementos particulares, as partes têm ampla liberdade para incluir o que desejarem na regulamentação de seus interesses, podendo apor condições resolutivas ou suspensivas, disciplinar antecipadamente a possibilidade ou não de cessão de posição contratual, definir se a opção é conferida em caráter pessoal ou não, dentre outras. Há, contudo, dois institutos que merecem menção à parte.

O primeiro é a possibilidade de os contratantes preverem obrigação ao beneficiário de pagar um prêmio, entendido como contraprestação, não necessariamente pecuniária, ao outorgante por aceitar se sujeitar ao poder formativo gerador atribuído ao beneficiário.[75] O segundo é a possibilidade de se estipular cláusula penal, a fim de se fixar um mínimo indenizatório para o caso de o concedente descumprir sua obrigação, por exemplo, de não alienar a terceiro o bem objeto do contrato optativo. Eventual cláusula penal não pode ensejar qualquer tipo de sanção ao beneficiário pelo não exercício do direito de opção, o que, além de sua imprecisão por incidir sobre direito formativo e não sobre direito de crédito, desnaturaria o tipo contratual.[76]

3.2 Funções do direito de opção

As funções desempenhadas pela opção de compra e venda podem ser as mais diversas e ainda variar conforme o ramo do Direito em que aparecem.[77] O que não varia, por se tratar de função típica do instituto, é a proteção conferida ao beneficiário, o qual não se obriga a celebrar, necessariamente, o contrato de

---

mas não ainda determinada" (AZEVEDO, Antônio Junqueira de. *Negócio jurídico*: existência, validade e eficácia. 4. ed. São Paulo: Saraiva, 2010. p. 137). O autor citava, como exemplo de negócio substancialmente *per relationem*, o contrato de venda com preço a ser determinado por cotação em bolsa ou por avaliação de terceiro.

75 IGLESIAS, Felipe Campana Padin. *Opção de compra ou venda de ações no direito brasileiro*: natureza jurídica e tutela executiva judicial. 2011. Dissertação (Mestrado em Direito Comercial) – Faculdade de Direito, Universidade de São Paulo, São Paulo. 2011. p. 161-162.

76 Segundo Tatiana Bonatti Peres, "[o] não exercício do direito de opção de compra, pelo beneficiário, não enseja qualquer tipo de responsabilidade para ele, não sendo lícita a estipulação de cláusula penal para esta hipótese, uma vez que isso transformaria a opção, na realidade, em compromisso de compra e venda" (PERES, Tatiana Bonatti. *Opção de compra*. Curitiba: Juruá, 2011. p. 151).

77 Para citar um exemplo setorizado, se aposta em acordos de sócios, "[a] sua finalidade pode ser para evitar a entrada de terceiros na sociedade, ou simplesmente para possibilitar uma diluição (redução) de participação dos demais sócios, em favor do beneficiário da opção, ou para possibilitar a reversão de diluição de determinado sócio, ocorrida em razão de investimento na sociedade efetuado pelos outros sócios e para o qual referido sócio não possuía recursos no momento oportuno" (PERES, Tatiana Bonatti. *Opção de compra*. Curitiba: Juruá, 2011. p. 97). Pode ainda ser empregada para assegurar liquidez à participação de minoritários ou como cláusula de saída, para ficar em algumas funções possíveis.

compra e venda projetado, mas, caso o deseje, prescindirá de nova manifestação do concedente, por ter-lhe sido outorgada a prerrogativa de levar a cabo a contratação no momento oportuno.[78]

Além desse escopo protetivo principal, a opção ainda pode ostentar finalidade garantidora, especulativa e financiadora. Trata-se de funções com conceitos fluídos, que, não raramente, sobrepõem-se ou se entrecruzam, e que podem aparecer de forma conjunta associadas à função principal. Será a análise das circunstâncias negociais, em concreto, que ditará quais estão presentes e se alguma predomina, o que impactará a interpretação do negócio.

Definimos como garantidora a função de fixar, previamente, os elementos ou efeitos de um potencial contrato futuro. A opção, aqui, permite mitigar alguns dos riscos inerentes à transação econômica pretendida e maximizados pelo lapso temporal entre a celebração do contrato de opção e o eventual exercício da opção, porque as regras do contrato optativo já estão estipuladas. Para darmos um exemplo, se o preço da coisa já foi definido, via de regra, as condições de mercado serão indiferentes para o beneficiário.[79]

A função especulativa está presente, em especial, em operações bursáteis, posto que operacionalizada por investidores, que perseguem os lucros da antecipação de oscilações de preços.[80] Encontra-se também quando o concedente da opção ainda não é titular do bem objeto do contrato optativo, mas, durante o prazo de exercício, buscará adquiri-lo por preço inferior ao fixado na opção, a fim de auferir lucro pela diferença.

Por fim, corolário da terceira função, a financiadora, é a possibilidade de o beneficiário colocar sua opção no mercado ou dá-la em garantia. O concedente, por sua vez, outorgando uma opção, poderia atrair investidores interessados em aportar capital com menor risco.

3.3 Opção de compra e venda e figuras afins

A falta de tipificação legal para a opção de compra e venda contribuiu para que ela fosse equiparada pela doutrina a outras figuras mais conhecidas.

78 PERES, Tatiana Bonatti. *Opção de compra*. Curitiba: Juruá, 2011. p. 100. No mesmo sentido, IGLESIAS, Felipe Campana Padin. *Opção de compra ou venda de ações no direito brasileiro*: natureza jurídica e tutela executiva judicial. 2011. Dissertação (Mestrado em Direito Comercial) – Faculdade de Direito, Universidade de São Paulo, São Paulo. 2011. p. 77.

79 Como exemplo, vide explicação dada a caso objeto de parecer jurídico em: LEÃES, Luiz Gastão Paes de Barros. A álea normal do contrato e o momento do exercício das opções. *Revista de Direito Bancário e do Mercado de Capitais*, São Paulo, v. 11, n. 39, p. 101-115, jan./mar. 2008. p. 108.

80 PERES, Tatiana Bonatti. *Opção de compra*. Curitiba: Juruá, 2011. p. 96-97.

Ocorre que tal aproximação, buscando definir sua natureza jurídica, é equivocada, uma vez que os traços característicos da opção de compra e venda não encontram paralelo em outros institutos presentes em nosso ordenamento.

Não pretendemos enfrentar, aqui, toda a divergência teórica que se formou em torno da figura. Necessário, porém, tecer algumas considerações sobre sua diferença e peculiaridades em relação às propostas irrevogáveis, pactos de preferência, contratos preliminares e contratos sujeitos a condição suspensiva.

A opção tem os mesmos efeitos da proposta ou oferta irrevogável,[81] mas dela se diferencia, pois tal proposta é ato pré-negocial, enquanto, na opção, já há acordo de vontade em relação à criação do direito formativo gerador e à situação de sujeição.[82] Na proposta irrevogável, assim, ainda não há uma efetiva relação jurídica contratual entre policitante e oblato, o que existe no contrato de opção. Tratando-se de figuras distintas estruturalmente, o regime jurídico varia, a começar pela natureza da responsabilidade civil que, no caso da proposta irrevogável, é extracontratual.[83]

Em segundo lugar, a opção não se confunde com o direito de preferência ou perempção.[84] A preferência surge, no plano da eficácia, como obrigação do outorgante de preferir o beneficiário, caso pretenda, no futuro, alienar a coisa a terceiro.[85] Já na opção, o outorgante se encontra em posição de sujeição ao beneficiário,[86] cuja declaração de vontade, operando no plano da existência, será suficiente para, por si só, gerar o contrato optativo. Isso não ocorre com o contrato subordinado a pacto de preferência, que demanda manifestação de vontade de ambos os contratantes para se formar. No Brasil, o direito de

---

81 ZANETTI, Cristiano de Sousa. *Responsabilidade pela ruptura das negociações*. São Paulo: Juarez de Oliveira, 2005. p. 30.

82 "No direito de opção, quando se refere a contratar, há a conclusão de um contrato, que só depende do exercício do direito, sem que haja, pendente, a oferta. Tudo se passa unilateralmente" (MIRANDA, Pontes de. *Tratado de direito privado*: parte especial. São Paulo: Editora Revista dos Tribunais, 2012. t. XXXIX. p. 297).

83 IGLESIAS, Felipe Campana Padin. *Opção de compra ou venda de ações no direito brasileiro*: natureza jurídica e tutela executiva judicial. 2011. Dissertação (Mestrado em Direito Comercial) – Faculdade de Direito, Universidade de São Paulo, São Paulo. 2011. p. 80-84.

84 Diferentemente, entendendo que, no seu sentido legal, opção e preferência designam a mesma coisa, SILVA, De Plácido e. *Vocabulário jurídico*. Rio de Janeiro: Forense, 1963. v. III.

85 MIRANDA, Pontes de. Tratado de direito privado: parte especial. São Paulo: Editora Revista dos Tribunais, 2012. t. XVIII. p. 210; PEREIRA, Caio Mário da Silva. *Instituições de direito civil*. 15. ed. Rio de Janeiro: Forense, 2011. v. III. p. 166.

86 "A diferença entre o direito de opção e o direito oriundo do pré-contrato está em que, à base do direito de opção, não há crédito e débito do outorgado e do outorgante, como há no pré-contrato. O direito de opção, em se tratando de contratar, é direito formativo gerador" (MIRANDA, Pontes de. *Tratado de direito privado*: parte especial. São Paulo: Editora Revista dos Tribunais, 2012. t. XXXIX. p. 298).

preferência foi expressamente disciplinado pelo legislador entre os arts. 513 a 520 do Código Civil.

Em terceiro lugar, a opção se distingue do contrato preliminar, independentemente, se unilateral ou bilateral, pois o último estabelece uma pretensão à celebração do contrato definitivo, que é o seu objeto, requerendo, para tanto, a prestação de novas declarações negociais por ambas as partes e sujeitando-se, portanto, a prazo prescricional, enquanto a primeira exige para o aperfeiçoamento do contrato optativo tão somente que o beneficiário se manifeste de forma unilateral, pois titular de um direito formativo, a ser exercido dentro de um prazo decadencial.[87] Tais contratos também se diferem quanto à completude de seu conteúdo, posto que, nos contratos preliminares, não é necessário que todos os elementos do negócio já estejam preenchidos.[88] Além disso, "o contrato preliminar apenas cumpre sua *função econômico-social* quando forma o *contrato definitivo*, ao passo que a opção pode ter cumprido sua função mesmo quando o contrato optativo não tenha sido formado".[89] Atualmente, a distinção entre contrato preliminar e opção com base nas consequências da inexecução contratual já não se sustenta, pois o Código Civil de 2002, nos arts.

---

87 MIRANDA, Pontes de. *Tratado de direito privado*: parte especial. São Paulo: Editora Revista dos Tribunais, 2012. t. XIII. p. 240; ANTUNES VARELA, João de Matos. *Das obrigações em geral*. 10. ed. Coimbra: Almedina, 2000. v. I. p. 310; TEPEDINO, Gustavo; KONDER, Carlos Nelson; BANDEIRA, Paula Greco. *Fundamentos do direito civil*: contratos. 2. ed. Rio de Janeiro: Forense, 2021. v. 3; GOMES, Orlando. Negócios preparatórios. *Revista do Tribunal Federal de Recursos*, n. 145, p. 141-146, 1987. p. 145. Disponível em: https://www.stj.jus.br/publicacaoinstitucional/index.php/revtfr/article/view/10043/10178. Acesso em 23 jun. 2023. O mesmo Orlando Gomes, cotejando a opção com o que chama "contrato preliminar de promessa unilateral de vender", escreve, em seu manual, que "[a] confusão deve ser repelida, porque, com a opção, uma das partes já está vinculada irrevogavelmente, surgindo a obrigação com a aceitação da outra, que se comprometeu, pela natureza do compromisso, apenas a reproduzir o consentimento como ocorre no compromisso, bilateral e irrevogável, de venda. Na promessa de vender, entendida e tratada como contrato preliminar propriamente dito, a vinculação de quem promete tem como conteúdo a obrigação de dar o consentimento na formação de novo contrato. Ações distintas são reproduzir e dar; quem reproduz já deu" (GOMES, Orlando. *Contratos*. 27. ed. Rio de Janeiro: Forense, 2019. p. 249).

88 "Finalmente, advirtamos em que, no pré-contrato de compra-e-venda, ainda não se inseriu acordo de transmissão, ao passo que, no contrato de opção, já há o acordo de transmissão para o caso em que o outorgado opte" (MIRANDA, Pontes de. *Tratado de direito privado*: parte especial. São Paulo: Editora Revista dos Tribunais, 2012. t. XIII. p. 243). Felipe Iglesias acrescenta que, nos contratos preliminares, bastam constar os elementos essenciais do contrato definitivo, "sendo lícito deixar pontos tidos como secundários em aberto, sem que lhe retire a natureza ou sua eficácia judicial" (IGLESIAS, Felipe Campana Padin. *Opção de compra ou venda de ações no direito brasileiro*: natureza jurídica e tutela executiva judicial. 2011. Dissertação (Mestrado em Direito Comercial) – Faculdade de Direito, Universidade de São Paulo, São Paulo. 2011. p. 102).

89 IGLESIAS, Felipe Campana Padin. *Opção de compra ou venda de ações no direito brasileiro*: natureza jurídica e tutela executiva judicial. 2011. Dissertação (Mestrado em Direito Comercial) – Faculdade de Direito, Universidade de São Paulo, São Paulo. 2011. p. 101.

463 e 464, admite a execução específica do contrato preliminar celebrado sem cláusula de arrependimento.[90]

Por fim, a opção não se confunde com contrato sujeito a condição suspensiva, relativa à posterior manifestação de vontade de uma das partes. Na opção, as partes cindem, temporalmente, as declarações de vontade acerca do contrato projetado (plano da existência), o que não ocorre no contrato sob condição suspensiva. Neste, o contrato de compra e venda já foi aperfeiçoado e apenas seus efeitos foram subordinados à ocorrência de um evento futuro e incerto, que é a manifestação de vontade posterior de uma das partes. Ambos se distinguem ainda pelo viés da retroatividade dos efeitos, uma vez que a relação optativa, se exercido o direito formativo gerador, não retroage à data da formação da opção pelas partes, diferentemente do que ocorre com os efeitos do contrato de compra e venda sujeito à condição suspensiva, cujos efeitos retroagem à data da celebração do negócio. Além do mais, a condição suspensiva não implementada torna ineficaz todo o contrato de compra e venda e suas obrigações decorrentes, ao passo que o não exercício do direito de opção em nada interfere nos efeitos criados pela relação jurídica prévia.[91]

4. POLÊMICAS EM TORNO DA OPÇÃO DE COMPRA E VENDA

Identificada a estrutura da opção e as funções desempenhadas por ela, além de suas peculiaridades em relação a figuras similares, passemos agora à indicação de algumas das principais controvérsias acerca do tema. Nossa intenção não é esgotar o assunto, nem tampouco restringir as hipóteses controvertidas às situações aqui mencionadas. Pareceu-nos, contudo, tratar-se das questões mais aventadas pela doutrina nacional.

4.1 Eficácia da opção perante terceiros

O contrato de opção não gera direitos reais, possuindo, como regra, eficácia apenas entre as partes.[92] Questiona-se, contudo, se seria possível regis-

---

90 GOMES, Orlando. *Contratos*. 27. ed. Rio de Janeiro: Forense, 2019. p. 249.

91 IGLESIAS, Felipe Campana Padin. *Opção de compra ou venda de ações no direito brasileiro*: natureza jurídica e tutela executiva judicial. 2011. Dissertação (Mestrado em Direito Comercial) – Faculdade de Direito, Universidade de São Paulo, São Paulo. 2011. p. 96-98.

92 "Do fato de cada obrigação ser constituída entre pessoas determinadas (um credor e um devedor, ou vários credores e devedores) resulta que ela em princípio não vai produzir efeitos em relação a outras pessoas: a prestação só pode ser exigida pelo credor, que também só poderá exigi-la do devedor. É isto que se chama de *efeito relativo das obrigações*" (NORONHA, Fernando. *Direito das obrigações*. 4. ed. São Paulo: Saraiva, 2013. p. 38).

trá-lo ou averbá-lo, dando-lhe publicidade perante terceiros, a fim de evitar que eventual desconhecimento do negócio somado ao descumprimento dos deveres secundários pelo outorgante impeça a eficácia prática pretendida pelo exercício do poder formativo gerador pelo beneficiário.

A polêmica é mais acesa no âmbito imobiliário, dada a rigidez dos princípios registrários que norteiam a matéria e a taxatividade do art. 167 da Lei n. 6.015/1973. Assim, como não há previsão legal acerca do contrato de opção ou qualquer abertura normativa, como havia na Lei anterior (arts. 285 e 286 do Decreto n. 4.857/1939), que mencionava serem averbáveis "quaisquer outras circunstâncias" ou "ocorrências" aptas a afetar ou alterar o registro ou as pessoas nele interessadas, referido contrato não pode ser registrado nem averbado.[93]

Tal impossibilidade de registrar ou averbar o contrato de opção, na matrícula do imóvel objeto do contrato optativo, obsta que ele adquira eficácia perante terceiros, o que resulta em desestímulo a seu uso e em prejuízo a sua difusão no ramo imobiliário, pois ele não poderá ser oponível a terceiros de boa-fé. Por conseguinte, o beneficiário remanesce sem proteção contra eventual transferência do bem.[94]

No que se refere às ações de sociedades anônimas, a discussão é menos acentuada, pois art. 40, *caput* da Lei n. 6.404/1976 permite a averbação de usufruto, fideicomisso, alienação fiduciária em garantia e de "quaisquer cláusulas ou ônus que gravem a ação". O parágrafo único do mesmo art. 40 ainda complementa a disciplina do *caput*, ao prever que a promessa de venda da ação e o direito de preferência à sua aquisição, se averbados, são oponíveis a terceiros. Assim, ressalvadas opiniões contrárias, entende-se que o contrato de opção, quando versar sobre ações, pode ser averbado na forma do art. 40 da Lei de Sociedades por Ações, permitindo-se sua oponibilidade perante terceiros.[95]

4.2 Utilização da opção de compra com escopo de garantia

Os contratos de opção são muito versáteis e podem se adequar a uma vasta gama de situações negociais. Uma delas é a outorga de opções de compra

93 Escrevendo sob a vigência da lei anterior, Pontes de Miranda entendia que "[o] meio que a nossa lei dá é a averbação, enquanto não ocorre a opção. Optando o contraente, a sua declaração de vontade é bastante para que, com o contrato de opção, se transcreva: as duas declarações de vontade compõem o que se exige para a transferência. Perfez-se acordo de transmissão" (MIRANDA, Pontes de. *Tratado de direito privado*: parte especial. São Paulo: Editora Revista dos Tribunais, 2012. t. XIII. p. 241).

94 PERES, Tatiana Bonatti. *Opção de compra*. Curitiba: Juruá, 2011. p. 117-118, 125.

95 IGLESIAS, Felipe Campana Padin. *Opção de compra ou venda de ações no direito brasileiro*: natureza jurídica e tutela executiva judicial. 2011. Dissertação (Mestrado em Direito Comercial) – Faculdade de Direito, Universidade de São Paulo, São Paulo. 2011. p. 242-255.

como garantia ao cumprimento de uma obrigação, seja de forma isolada, seja cumulada com direitos reais de garantia, reforçando-os.[96]

A opção, porém, é um direito de crédito, eventualmente revestido de eficácia real,[97] que não se confunde com os direitos reais de garantias. Nesse sentido, trata-se de uma garantia indireta, pois sua função precípua não é a de assegurar certa relação jurídica, mas, obliquamente, pode exercer esse escopo, reforçando a posição do credor.[98]

Sua vantagem em relação a outras modalidades de garantia seria, justamente, a possibilidade que confere ao credor da obrigação, beneficiado com o direito formativo, de excutir a garantia e tornar-se, desde logo – salvo para bens imóveis, como referido – proprietário do bem objeto da opção, cuja propriedade era, até então, do devedor. Nesse particular, questiona-se, todavia, se tal mecanismo poderia caracterizar fraude à vedação dos arts. 1.365 e 1.428 do Código Civil ao pacto comissório.[99]

Predomina, no Superior Tribunal de Justiça, a posição de que a censura aos pactos comissórios não se restringe aos direitos reais de garantia, atingindo, igualmente, aqueles negócios indiretos que o dissimulem sob a aparência de convenção lícita,[100] como seriam as opções.

---

96 Felipe Iglesias menciona ser cada vez mais comum que, em contratos de grande complexidade, cumulem-se direitos reais de garantia com uma opção de compra ao credor. Segundo afirma em nota de rodapé, essa estrutura de garantia tem sido empregada, "sobretudo naquelas modalidades conhecidas como financiamento de projetos (*project finance*) em que os ativos de uma determinada empresa – geralmente constituída exclusivamente para finalidade específica de desenvolver um projeto – são integralmente outorgados como garantia, sendo que, nesses casos, não são raras as vezes em que os financiadores recebem opções de compra ou venda de ações de referida sociedade empresária em garantia" (IGLESIAS, Felipe Campana Padin. *Opção de compra ou venda de ações no direito brasileiro*: natureza jurídica e tutela executiva judicial. 2011. Dissertação (Mestrado em Direito Comercial) – Faculdade de Direito, Universidade de São Paulo, São Paulo. 2011. p. 58).

97 TERRA, Aline de Miranda Valverde; GUEDES, Gisela Sampaio da Cruz. A apropriação do objeto da garantia pelo credor: da vedação ao pacto comissório à licitude do pacto marciano. *Revista da Faculdade de Direito da UFMG*, Belo Horizonte, v. 70, p. 51-77, jan./jun. 2017. p. 59-60.

98 MATIELI, Louise Vago. Opção de compra com função de garantia. *In*: GUEDES, Gisela Sampaio da Cruz; MORAES, Maria Celina Bodin de; TERRA, Aline de Miranda Valverde (coord.). *Direito das garantias*. São Paulo: Saraiva, 2017.

99 Quando se refere à propriedade fiduciária, à hipoteca, ao penhor e à anticrese, o pacto comissório significa o mecanismo ilícito pelo qual, na ocorrência de inadimplemento, opera-se a transferência da propriedade do bem objeto da garantia ao credor (HADDAD, Luís Gustavo. *A proibição do pacto comissório no direito brasileiro*. 2013. Tese (Doutorado em Direito Civil) – Faculdade de Direito, Universidade de São Paulo, São Paulo. 2013. p. 17).

100 Nesse sentido, o Recurso Especial n. 1.747.956/SP, STJ, relator Ministro Antonio Carlos Ferreira, relator para o acórdão Ministro Luis Felipe Salomão, Quarta Turma, DJ. 15/06/2021. A propósito, Luís Gustavo Haddad destaca que, longe de ser propriamente nova, a orientação hoje dominante no STJ retoma a visão que prevalecia até cerca de 1973 no STF, instância à época

Em sede doutrinária, há controvérsia a respeito, com autores defendendo que a vedação ao pacto comissório não se aplicaria às opções com escopo de garantia, por ser regra restrita, que não admite interpretação extensiva, e por existirem, no campo obrigacional, institutos como a coação, o estado de perigo e a lesão, que protegem o devedor em caso de vícios do consentimento.[101] Por outro lado, mesmo quem entende ser possível a caracterização de pacto comissório dissimulado, destaca que não se pode estender a proibição, genericamente, às situações em que não há direito real de garantia, devendo ser analisado o programa contratual em concreto.[102] Isso porque, no que tange à opção, ela nem sempre exerce função indireta de garantia ou vem associada a uma garantia real, motivo pelo qual não pode ser condenada indistintamente. Além disso, ainda que tenha função de garantia, a opção pode recair sobre o próprio bem que o credor alienou ao devedor, objetivando tão só assegurar os efeitos que uma cláusula resolutiva expressa produziria.[103]

No entanto, não parece haver controvérsia em relação à validade da opção em função garantidora se estipulada em pacto marciano, por meio do qual "as partes acordam a apropriação do objeto da garantia pelo credor pelo valor precificado pelo mercado ou arbitrado por terceiro independente ao tempo do vencimento da dívida, o que assegura que se atribua à coisa preço justo".[104] A

---

competente. Houve uma oscilação pendular no comportamento da jurisprudência da instância especial, mas sem que fosse explicada a razão de se reformar o entendimento sedimentado ao longo das décadas de 1970 e 1980, segundo o qual a vedação ao pacto comissório tinha incidência restrita às garantias reais típicas (HADDAD, Luís Gustavo. *A proibição do pacto comissório no direito brasileiro*. 2013. Tese (Doutorado em Direito Civil) – Faculdade de Direito, Universidade de São Paulo, São Paulo. 2013. p. 165-166).

101 MATIELI, Louise Vago. Opção de compra com função de garantia. *In*: GUEDES, Gisela Sampaio da Cruz; MORAES, Maria Celina Bodin de; TERRA, Aline de Miranda Valverde (coord.). *Direito das garantias*. São Paulo: Saraiva, 2017.

102 TERRA, Aline de Miranda Valverde; GUEDES, Gisela Sampaio da Cruz. A apropriação do objeto da garantia pelo credor: da vedação ao pacto comissório à licitude do pacto marciano. *Revista da Faculdade de Direito da UFMG*, Belo Horizonte, v. 70, p. 51-77, jan./jun. 2017. p. 61.

103 TERRA, Aline de Miranda Valverde; GUEDES, Gisela Sampaio da Cruz. A apropriação do objeto da garantia pelo credor: da vedação ao pacto comissório à licitude do pacto marciano. *Revista da Faculdade de Direito da UFMG*, Belo Horizonte, v. 70, p. 51-77, jan./jun. 2017. p. 60.

104 TERRA, Aline de Miranda Valverde; GUEDES, Gisela Sampaio da Cruz. A apropriação do objeto da garantia pelo credor: da vedação ao pacto comissório à licitude do pacto marciano. *Revista da Faculdade de Direito da UFMG*, Belo Horizonte, v. 70, p. 51-77, jan./jun. 2017. p. 73-74. A propósito da validade do pacto marciano, o Enunciado n. 626 da VIII Jornada de Direito Civil cristaliza o entendimento de que "[n]ão afronta o art. 1.428 do Código Civil, em relações paritárias, o pacto marciano, cláusula contratual que autoriza que o credor se torne proprietário da coisa objeto da garantia mediante aferição de seu justo valor e restituição do supérfluo (valor do bem em garantia que excede o da dívida)".

vedação também restará afastada se a opção for outorgada após o vencimento da dívida, conforme o disposto no parágrafo único do art. 1.428 do Código Civil, por ter natureza de dação em pagamento e não de garantia.[105]

5. EXTINÇÃO DA OPÇÃO

A opção confere ao beneficiário a possibilidade de aperfeiçoar um contrato então latente, por decisão unilateral sua, tomada a partir da ponderação de seus próprios interesses e objetivos particulares, sem que seja necessário que o outorgante concorra com nova manifestação volitiva.

Decorrência disso é que o contrato de opção será extinto, de forma natural – após alcançado seu fim – em três hipóteses: se o beneficiário exercer o direito formativo gerador que lhe foi outorgado, com a consequente conclusão do contrato de compra e venda optativo; se o beneficiário não exercer tal direito no prazo acordado, situação em que se operará a decadência do direito;[106] ou se, antes do decurso do prazo para o exercício da opção, declarar, de forma expressa, que não tem interesse em concluir o contrato optativo, renunciando ao direito que lhe foi outorgado.

Por outro lado, poderá também se extinguir, mas por causas ditas anômalas, que podem ser contemporâneas ou supervenientes à sua formação. Como exemplo das primeiras, tem-se a anulação do contrato de opção por vício do consentimento, que poderá se comunicar, eventualmente, com o contrato optativo, haja vista a existência de ligação funcional entre ambos.

Exemplos de extinção anômala por causas supervenientes são a resilição; a alienação do bem objeto do contrato optativo pelo outorgante a terceiro de boa-fé, em violação a dever acessório de conduta, restando ao beneficiário apenas ser indenizado por perdas e danos; a perda ou deterioração do bem objeto do contrato optativo antes do exercício da opção, independentemente se em razão de culpa ou não do concedente;[107] o descumprimento, pelo bene-

---

105 PERES, Tatiana Bonatti. *Opção de compra.* Curitiba: Juruá, 2011. p. 105.

106 "[F]indo o prazo sem o exercício da opção, libera-se o outorgante, que readquire a liberdade de contratar com quem bem entender. O exercício extemporâneo da opção não gera qualquer efeito em termos de vincular o outorgante, porque o sujeito passivo da opção não se encontra mais em estado de sujeição" (GUEDES, Gisela Sampaio da Cruz. Ausência de limitação temporal para o exercício de direito formativo gerador: contrato de opção de compra e venda sem prazo de exercício contratado. *Agire* – Direito Privado em Ação, n. 83, 18 set. 2023. Disponível em: https://agiredireitoprivado.substack.com/p/83-ausencia-de-limitacao-temporal. Acesso em: 19 set. 2023).

107 A existência ou não de culpa do outorgante interfere na imputação de responsabilidade. Assim, se o bem se perda após o exercício do direito formativo gerador, entendemos que devem

ficiário, de obrigações que lhe correspondem, como pagar o prêmio; a ocorrência de novação ou confusão; o implemento de condição resolutiva ou o não implemento da condição suspensiva;[108] para citar alguns mais recorrentes. A morte ou falência de uma das partes, vale destacar, como regra, não são causa extintiva da opção.[109]

Questão intrincada diz respeito à possibilidade de extinção anômala da opção em caso de onerosidade excessiva superveniente.[110] Trata-se de tema espinhoso que exige, além do preenchimento dos requisitos do instituto e do enfrentamento da polêmica de sua aplicação ou não a contratos aleatórios, a análise do programa contratual e do momento em que a onerosidade é alegada.

CONCLUSÕES

Ao longo do texto, buscamos delimitar a ideia de opção em seu sentido estrito, indicando seu conceito, estrutura e função, além de diferenciá-la de institutos afins. Em que pese as polêmicas e controvérsias que a circundam, trata-se de um instituto jurídico versátil, que pode dar substância jurídica a diversos interesses do mercado e a operações econômicas variadas.

Sendo caracterizada pela sujeição de uma das partes ao direito formativo conferido à outra, a opção de compra e venda deve indicar, em primeiro lugar,

ser aplicadas, cumulativamente, as regras envolvendo o princípio *res perit debitori* e a mora (IGLESIAS, Felipe Campana Padin. *Opção de compra ou venda de ações no direito brasileiro*: natureza jurídica e tutela executiva judicial. 2011. Dissertação (Mestrado em Direito Comercial) – Faculdade de Direito, Universidade de São Paulo, São Paulo. 2011. p. 203). De todo modo, independentemente se a perda ou deterioração foi culposa ou não, deverá ser restituído ao beneficiário eventual prêmio pago (PERES, Tatiana Bonatti. *Opção de compra*. Curitiba: Juruá, 2011. p. 187).

108 "Nada impede que as partes ajustem que o contrato de opção de compra ficará desfeito dentro de certo prazo se ocorrer determinada condição. Pode ser condição resolutiva da opção de compra, por exemplo, o pacto de melhor comprador (Código Civil de 1916, art. 1.158). [...] [Pode], igualmente, o pacto de melhor comprador ser fixado como condição suspensiva, isto é, o contrato de opção de compra só terá efeitos se após certo prazo, o outorgante não aceitar proposta melhor" (PERES, Tatiana Bonatti. *Opção de compra*. Curitiba: Juruá, 2011. p. 188).

109 A morte não é causa extintiva do mesmo, "salvo cláusula explícita, implícita ou tácita em contrário, ou regra jurídica oriunda da natureza do bem, ou ligada a pressuposto objetivo" (MIRANDA, Pontes de. *Tratado de direito privado*: parte especial. São Paulo: Editora Revista dos Tribunais, 2012. t. XXXIX. p. 299). Tampouco a falência de uma das partes afeta a existência da opção, embora possa implicar na ineficácia prática do cumprimento de certas obrigações do contrato optativo.

110 PERES, Tatiana Bonatti. *Opção de compra*. Curitiba: Juruá, 2011. p. 189-193. IGLESIAS, Felipe Campana Padin. *Opção de compra ou venda de ações no direito brasileiro*: natureza jurídica e tutela executiva judicial. 2011. Dissertação (Mestrado em Direito Comercial) – Faculdade de Direito, Universidade de São Paulo, São Paulo. 2011. p. 200-202.

tal outorga de forma expressa. Na sequência, como o beneficiário, no exercício do direito que lhe foi outorgado, pode criar, unilateralmente, a relação jurídica optativa, o conteúdo desta deve vir predisposto em todos seus elementos, sob pena de afetar a eficácia prática do exercício da mesma. Assim, para que uma cláusula de opção de compra e venda seja operacional deve, no mínimo, indicar se o contrato optativo será preliminar ou definitivo, delimitar o bem objeto deste contrato, seu preço e condições de pagamento, o prazo durante o qual a opção poderá ser exercida e a forma de exercício da opção, além de outros elementos particulares, cuja definição poderá evitar imbróglios futuros.

72. A CLÁUSULA *NEGATIVE PLEDGE* NA SISTEMÁTICA DAS GARANTIAS DO CRÉDITO: CONTORNOS E LIMITES NO DIREITO BRASILEIRO

Milena Donato Oliva
Danielle Tavares Peçanha

INTRODUÇÃO

A dinamicidade própria das transações praticadas no comércio internacional, notadamente diante da busca por formas cada vez mais eficientes de salvaguardar o interesse creditício, tem sido responsável pela criação dos mais complexos e diversificados modelos vocacionados a fortificar as chances de satisfação dos créditos.

Nesse contexto se situam as denominadas cláusulas de garantia e segurança, as quais, em que pese remontem originalmente ao comércio internacional, são cada vez mais utilizadas em contratos internos, colocando-se à disposição das partes com vistas a assegurar o crédito, para além da garantia geral representada pelo patrimônio do devedor e do tradicional sistema garantias especiais, quer sejam garantias reais, quer sejam garantias fidejussórias.

O presente artigo examina a denominada cláusula *negative pledge*, utilizada com frequência em contratos internos, embora sejam ainda muito incipientes as referências nacionais, doutrinárias e jurisprudenciais, a respeito do tema. Busca-se, a seguir, analisar os principais contornos e a natureza jurídica da cláusula *negative pledge*, bem como sua utilidade, limites e eficácia no direito brasileiro.

1. RESPONSABILIDADE PATRIMONIAL E GARANTIAS DO CRÉDITO

O patrimônio consubstancia garantia geral dos credores. Daí decorre que os bens do devedor, independentemente da época de sua aquisição, se sujeitam às consequências do inadimplemento.[1] Embora todo credor possa excutir os ativos integrantes do patrimônio do devedor para satisfação do seu crédito, é comum que haja a pactuação de garantias adicionais, haja vista a dinamicidade própria do patrimônio, cujos elementos podem se alterar constantemente, reduzindo sua capacidade de efetivamente satisfazer o crédito.[2] As garantias adicionais objetivam, assim, fortalecer a pretensão do credor, reforçando as chances de satisfação de seu direito creditício.

Sublinhe-se, por oportuno, que o termo garantia tem se mostrado extremamente polissêmico, sendo comumente utilizado em contextos diferentes e com diversos conteúdos.[3] Originalmente associado, no antigo direito germânico do século XIX, à formulação da categoria dos contratos de garantia (*Garantieverträge*),[4] acompanhada de suas classificações, o termo tem ecoado nos diversos sistemas jurídicos, normalmente associado a mecanismos vocacionados, no mais das vezes, a assegurar a realização de direitos.[5] A partir de então, o termo expandiu-se para diferentes setores do direito,[6] do que se extrai a enorme polissemia apresentada pela palavra.

---

1 PEREIRA, Caio Mário da Silva. *Instituições de Direito Civil*, vol. I, Rio de Janeiro: Forense, 2014, 27ª ed., p. 336. O autor assim leciona: "os credores têm, no patrimônio do devedor, independentemente da época de aquisição dos bens, a garantia para os seus créditos, o que lhes permite penhorar e levar à pública arrematação bens bastantes para se fazerem pagar; e no caso de o ativo patrimonial ser insuficiente para solver o passivo, instaura-se o concurso de preferências, rateando-se o líquido apurado."

2 Em que pese a constatação de que o credor, ao contratar, acredite que receberá a prestação, "essa crença não é absoluta e cega. O credor deve proteger-se do inadimplemento. Daí ser relevante reforçar a certeza do pagamento, o que se faz por meio das garantias." (NEVES, José Roberto de Castro. *Direito das Obrigações*, Rio de Janeiro: LMJ Mundo Jurídico, 2014, p. 246).

3 Conforme ressaltado em doutrina: "A expressão garantia é tomada, no direito, em vários sentidos. Umas vezes, é a responsabilidade imposta ao alienante pela integridade do direito, que elle transfere ou pelas qualidades da coisa alienada. (...) Outras vezes, a lei garante preferência a certos credores sobre outros, como no caso dos privilégios geraes ou especiaes. E ainda, além dos casos particulares, assignalam-se a garantia real, que assegura a solução do credito, vinculando ao pagamento delle determinados bens, e a garantia pessoal da fiança." (BEVILAQUA, Clovis. *Direito das Coisas*, vol. 2, Rio de Janeiro: Freiras Bastos, 1942, p. 10).

4 FRAGALI, Michele. *Garanzia. Enciclopedia del Diritto*, Milano: Giuffré, 1969, p. 446.

5 RENTERIA, Pablo. *Penhor e autonomia privada*, São Paulo: Atlas, 2016, pp. 85-86.

6 Ilustrativamente, sob a denominação das garantias fundamentais, regentes em matéria de Direito Constitucional, quer-se identificar aquelas voltadas a assegurar "ao indivíduo a possibilidade de exigir dos Poderes Públicos o respeito ao direito que instrumentalizam". (MENDES, Gilmar Ferreira. *Curso de direito constitucional*. São Paulo: Saraiva, 2015, 10ª ed., p. 169). Entre os tributaristas, por outro lado, garantias "são todas as medidas adotadas pelo legislador para

Em sentido mais restrito, garantia traduz relação jurídica acessória, vez que funcionalizada à satisfação do credor no âmbito de seu vínculo jurídico com o devedor.[7] Mesmo as garantias consideradas autônomas são, em alguma medida, acessórias, pois não subsistem de forma genuinamente autônoma, apenas se justificando funcionalmente para atender o credor em seu vínculo com o devedor.[8]

Sob tal acepção mais restrita, dedicada ao que se denomina de garantias especiais do crédito, estariam englobados os expedientes que possibilitam a vinculação de patrimônio adicional ou de certo bem em particular à satisfação da obrigação, para o caso de inadimplemento do devedor. Cumpre dizer, a garantia, nesse sentido, se volta a superar o risco de inadimplemento da prestação pelo devedor, implicando a afetação de um bem ou do patrimônio de um terceiro à satisfação do crédito,[9] e funcionando como "reforço ao vínculo obrigacional",[10] ao extrapolar a garantia geral consubstanciada no patrimônio do devedor.

Sob tal concepção, tradicionalmente, distinguem-se as garantias reais, em que o credor ganha preferência e sequela sobre certo bem, do devedor ou de terceiro, cujo valor servirá à satisfação da obrigação em caso de inadimplemento

---

assegurar o cumprimento da obrigação tributária" (SCHOUERI, Luís Eduardo. *Direito Tributário*, São Paulo: Saraiva, 2018, 8ª ed., p. 877).

7 RENTERIA, Pablo. *Penhor e autonomia privada*, São Paulo: Atlas, 2016, p. 95.

8 PEÇANHA, Danielle Tavares. *Qualificação funcional, contornos e limites das garantias autônomas no direito brasileiro*. Dissertação (Mestrado em Direito Civil) – Faculdade de Direito, Universidade do Estado do Rio de Janeiro (UERJ), Rio de Janeiro, p.170, 2023.

9 Segundo precisa lição de Ebert Chamoun, a garantia real "consiste em aliar à garantia uma coisa individualmente determinada, respondendo pela dívida", ao passo que a garantia pessoal ou fidejussória "consiste na circunstância de se colocar ao lado do devedor uma outra pessoa. Por conseguinte, não existe nesta garantia vinculada uma coisa" (CHAMOUN, Ebert Vianna. *Direito civil*: 4 º ano/Faculdade de Direito da U.D.F, Impressão autorizada pelo Professor Ebert Vianna Chamoun, Rio de Janeiro: Gráfica Editora Aurora, 1955, p. 201). V. tb. GOMES, Orlando. *Direitos Reais*, Rio de Janeiro: Forense, 2007, 19ª ed., p. 536; MIRAGEM, Bruno. As garantias das obrigações no direito brasileiro e a conveniência de sua sistematização. In: FACHIN; Edson; ABRÃO, Carlos Henrique; REQUIÃO, Rubens Edmundo. *O Moderno Direito Empresarial no Século XXI*: estudos em homenagem ao centenário de Rubens Requião, Rio de Janeiro: Editora GZ, 2018, p. 64.

10 GUEDES, Gisela Sampaio da Cruz; MORAES, Maria Celina Bodin de; MEIIRELES, Rose Melo Vencelau. Apresentação. In: GUEDES, Gisela Sampaio da Cruz; MORAES, Maria Celina Bodin de; MEIIRELES, Rose Melo Vencelau, *Direito das Garantias*, São Paulo: Saraiva, 2017, pp. 7-9. Em valiosa lição sobre o tema, assinalam as autoras: "As garantias representam, assim, um reforço ao vínculo obrigacional, constituindo um elemento apto a facilitar a extinção satisfativa do crédito, mas, evidentemente não asseguram de forma absoluta o seu recebimento. Diz-se que esse reforço é quantitativo, quando, por meio da garantia, o credor passa a ter acesso ao patrimônio de outra pessoa, o garante, que se obriga em face do credor (caso típico da fiança); e é qualitativo quando se traduz numa preferência concedida ao credor sobre o valor de determinados bens (caso do penhor e da hipoteca)."

do devedor;[11]-[12] das garantias pessoais, em que terceiro responde com seu patrimônio pela satisfação da dívida.[13] Essas últimas se estabelecem com base na confiança de que, para o caso de inadimplemento do devedor, outra pessoa responderá com seu patrimônio pessoal pela satisfação do crédito, razão pela qual também é designada garantia fidejussória, ancorada na fidúcia, como acontece no contrato de fiança.[14]

Em sentido mais amplo, todavia, mas ainda na seara obrigacional, sob a terminologia "garantia" estão abarcados os mais diversos instrumentos à disposição do credor que objetivam efetivar ou facilitar de alguma maneira a tutela de seus interesses patrimoniais. Se poderia exemplificar esta acepção ampla de garantia com figuras como: a cláusula penal, voltada a facilitar a reparação do credor em caso de inadimplemento;[15] o direito de retenção,[16] que permite ao credor, que tem certo bem do devedor em mãos, retê-lo até que seja realizado o pagamento que lhe é devido, o que funciona como uma maneira de constranger o devedor a cumprir a obrigação; a exceção de contrato não cumprido, mediante a qual, em contratos sinalagmáticos, autoriza-se a parte contratante a recusar-se a cumprir a prestação que lhe caiba antes da contraparte realizar a sua, como forma de compelir a parte contrária a cumprir sua prestação,[17] dentre outros.

---

11 Para o exame atual das garantias reais, no direito brasileiro, cf. TEPEDINO, Gustavo; MONTEIRO FILHO, Carlos Edison do Rêgo; RENTERIA. Pablo, *Fundamentos do Direito Civil, vol. 5:* Direitos Reais, Rio de Janeiro: Forense, 2023, 4ª ed., pp. 399-438.

12 A despeito de se tratar de garantia real, sublinhe-se que a anticrese não atribui preferência, mas se traduz em "direito real sobre imóvel alheio, em virtude do qual o credor obtém a posse da coisa, a fim de perceber-lhe os frutos e imputá-los no pagamento da dívida." (BEVILAQUA, Clovis. *Código Civil dos Estados Unidos do Brasil Comentado*, vol. III, Rio de Janeiro: Francisco Alves, 1955, 10ª ed., p. 301). Cf. tb. PEREIRA, Caio Mário da Silva. *Instituições de Direito Civil*, vol. IV, Rio de Janeiro: Forense, 2017, 25ª ed., p. 365.

13 RODRIGUES, Silvo. *Direito Civil*, vol. 3: dos contratos e das declarações unilaterais da vontade, São Paulo: Saraiva, 2004, 30ª ed., p. 357.

14 VENOSA, Sílvio de Salvo. *Direito Civil*: Contratos em espécie, São Paulo: Atlas, 2016, 16ª ed., p. 483.

15 Em esforço de qualificação da cláusula penal e de distinção das suas diferentes modalidades no direito brasileiro, cfr. ABILIO, Vivianne da Silveira. *Cláusulas penais moratória e compensatória*, Belo Horizonte: Fórum, 2019.

16 Cfr. FONSECA, Arnoldo Medeiros da. *Direito de Retenção*, Rio de Janeiro: Forense, 1957, 3ª ed.

17 Esclarece-se, acerca do instituto, que "o credor nem sempre toma a iniciativa de pressionar o devedor a cumprir; limita-se, por vezes, a uma atitude defensiva, puramente passiva, recusando-se apenas a cumprir por sua parte porque e enquanto o devedor não cumpre a prestação a que está adstrito. É precisamente o que acontece na *exceptio non adimpleti contractus*, pela qual o credor se nega a executar a prestação enquanto o devedor não executa a sua ou não oferece o seu cumprimento simultâneo" (TERRA, Aline de Miranda Valverde; NANNI, Giovanni Ettori. Exceção de contrato não cumprido na coligação contratual, p. 3-4. *Civilistica.com*. Rio de Janeiro, a. 10, n. 2, 2021. Disponível em: file:///C:/Users/tavda/Downloads/746-Texto%20integral-1564-1-10-20210919%20(1).pdf. Data de acesso: 26.maio.2023).

As denominadas cláusulas de garantia e segurança, pormenorizadas no item subsequente, nessa acepção mais ampla de garantia, buscam conferir maior segurança ao credor, mediante a imposição de consequências jurídicas, uma vez verificados certos fatos, ou mediante a imposição de obrigações específicas ao devedor que limitem, em alguma medida, sua liberdade de agir, com vistas a assegurar, tanto quanto possível, que o crédito seja satisfeito.

2. AS CLÁUSULAS DE GARANTIA E SEGURANÇA

Como ressaltado, é precisamente nesse contexto, de uma ampla acepção do termo garantia, que se encontram as denominadas cláusulas de garantia e segurança, cada vez mais frequentes nas transações internacionais – às quais não se limitam, todavia –, e que funcionam como meios assecuratórios do crédito.[18] Tais instrumentos, revestidos de sofisticação e complexidade, se colocam à disposição das partes, atribuindo ao credor maior segurança quanto à satisfação dos seus interesses creditícios, mitigando assim os riscos de inadimplemento. Com origem que remonta aos países da *common law*, e tendo se estendido de modo a alcançar diversas relações negociais estabelecidas sob o regramento da *civil law*, as cláusulas de garantia e segurança materializam-se sob diversas formas, como se tem professado.

---

18 De acordo com Judith Martins-Costa e Giovana Benetti, no direito das obrigações, emprega-se o termo garantia com diferentes níveis de concretização, dentre os quais se poderia identificar o grau a designar as cláusulas de garantia, que abarca as cláusulas *negative pledge*, *pari passu* e *cross default*. Consoante as autoras, "(...) emprega-se o termo 'garantia' com caráter geral, tal qual decorre do art. 391 do Código Civil, que estabelece ser o patrimônio do devedor a garantia geral do credor; em um segundo nível de concretização, emprega-se o termo por síntese da expressão 'garantias gerais dos contratos', abrangente das arras, cláusula penal, astreintes, vícios redibitórios e evicção. No terceiro nível, chega-se à acepção própria conotada a institutos específicos de direito obrigacional (garantias fidejussórias) e de direito real (garantias reais) cuja função é a própria garantia e o escopo é ampliar a garantia geral das Obrigações (Código Civil, art. 391) de forma qualitativa (conferindo preferência ao credor garantido relativamente ao bem objeto da garantia, na eventualidade de um concurso de credores) e/ou quantitativa (disponibilizando ao credor o patrimônio de uma nova pessoa para a satisfação da dívida); no quarto nível de concretização, designa, ainda, novas figuras não subsumíveis naquelas tradicionais garantias típicas das obrigações, como a fiança e o aval, sendo assim, por exemplo, as chamadas garantias autônomas, ou certas figuras atípicas com função de garantia; no quinto grau passa a designar não um instituto, como as garantias das obrigações, mas uma modalidade de obrigação, a obrigação de garantia, ao lado das obrigações de meio e de resultado; e, finalmente, pode ainda designar certas cláusulas de garantia como, exemplificativamente, as cláusulas *negative pledge*, *pari passu* e *cross default*." (MARTINS-COSTA, Judith; BENETTI, Giovana. As cartas de conforto: modalidades e eficácias, pp. 434-435. In: GUEDES, Gisela Sampaio da Cruz; MORAES, Maria Celina Bodin de; MEIIRELES, Rose Melo Vencelau, *Direito das Garantias*, São Paulo: Saraiva, 2017, pp. 433-463).

Dentre tais espécies, se destacam: i) a cláusula *cross-default*, que, em síntese, determina que o incumprimento ou a falta contratual praticada pelo devedor repercutirá não só sobre o credor da obrigação em relevo, mas alcançará as relações com outros credores do devedor, permitindo a reação imediata de vários credores em efeito dominó;[19] ii) a cláusula *pari passu*, pela qual o devedor assegura ao credor que seu crédito está em condição de igualdade com outros credores, de tal modo que, caso venha a conceder garantias a outros credores, concederá idêntica garantia ao beneficiário da cláusula;[20] e, iii) com especial destaque ao presente trabalho, a cláusula *negative pledge*, que estabelece obrigação negativa para o devedor, que se obriga a não onerar o seu patrimônio com outras garantias pessoais ou reais, além das existentes no momento da celebração do contrato, se não houver o consentimento do credor.[21]

A heterogeneidade de categorias pela palavra garantia designadas, constatada acima, denota a alusão a expedientes totalmente diversos e ímpares, que não se reconduzem, nem de longe, a disciplina unitária. Os diversos institutos referidos pelo termo não formam, portanto, um conjunto simbiótico que possua regramento comum.[22] No caso específico das cláusulas de garantia e segurança, que se destacam pela atualidade e dinamicidade de seu conteúdo,

---

19 LEITÃO, Luís Manuel Teles de Menezes. *Garantias das Obrigações*, Coimbra: Almedina, 2012, 4ª ed., p. 283. Nas palavras do autor: "A cláusula *cross default* determina consequentemente que o incumprimento da obrigação perante um dos credores desencadeia um efeito dominó, permitindo a reacção imediata de todos os outros credores. Essa cláusula funciona assim como um meio compulsório para o devedor efectuar o cumprimento pontual da sua obrigação, face ao receio das consequências de qualquer incumprimento nas relações com outros credores." (LEITÃO, Luís Manuel Teles de Menezes. *Garantias das Obrigações*, Coimbra: Almedina, 2012, 4ª ed., p. 284). Na doutrina nacional, confira-se, por todos, KONDER, Carlos Nelson. Controle de validade da cláusula *cross default* no ordenamento jurídico brasileiro. *Scientia Iuris*, Londrina, vol. 26, n. 3, nov. 2022, pp. 109-121.

20 "Ao convencionar uma cláusula de *pari passu*, o devedor garante ao credor beneficiário que o crédito deste se manterá com a mesma posição (graduação), relativamente a outros créditos de que seja devedor. Tratando-se de um crédito comum, o conteúdo da obrigação consiste em assegurar que o crédito seja tratado de forma equivalente aos créditos dos restantes credores comuns. Tratando-se de um crédito privilegiado, consistirá em assegurar a manutenção da preferência de que goza em relação aos outros credores do devedor." (HENRIQUES, Sérgio Coimbra. Cláusulas de garantia e segurança. Entre a autonomia da vontade e o dever de cumprir – Alguns aspectos, p. 667. In: *RDS* VI (2014), pp. 643-718).

21 LEITÃO, Luís Manuel Teles de Menezes. *Garantias das Obrigações*, Coimbra: Almedina, 2012, 4ª ed., p. 283.

22 Nessa direção: "Diante disso, mostra-se de duvidosa utilidade a formulação de categoria tão ampla, que, por compreender institutos tão díspares entre si sem lograr reuni-los em normativa comum, acaba por esvaziar-se completamente. Não bastasse isso, a investigação cuidadosa do emprego do termo garantia no dado normativo, em particular em diversos dispositivos do Livro do Direito das Obrigações do Código Civil, revela a existência de um conceito ao mesmo tempo mais restrito e denso, que congrega figuras às quais se aplica regime próprio, sem embargo das especificidades normativas de cada uma." (RENTERIA, Pablo. *Penhor e autonomia privada*, São Paulo: Atlas, 2016, p. 93).

fruto das práticas negociais levadas a cabo no comércio internacional, deve-se promover a necessária reflexão sobre a compatibilidade de tais arranjos com o ordenamento pátrio, a partir da função a que se destinam para, somente posteriormente, se identificar a estrutura e os limites que lhe serão aplicáveis.

3. CLÁUSULA *NEGATIVE PLEDGE*: NOTAS CONCEITUAIS E EFEITOS

A cláusula *negative pledge*, também denominada cláusula de proibição de concessão de garantias, é comumente enquadrada na categoria das cláusulas de garantia e segurança, que funcionam como meios assecuratórios da satisfação do crédito, como se pôde identificar. Trata-se de estipulação prevista no bojo de um contrato estabelecendo obrigação negativa assumida pelo devedor em não onerar o seu patrimônio, notadamente com outras garantias, além das existentes no momento da celebração daquele contrato, se não houver o consentimento do beneficiário da cláusula.[23] Com isso, "pretende-se a manutenção de determinada situação creditícia do devedor, que se entende útil ao cumprimento da prestação".[24]

Por outras palavras, pela cláusula *negative pledge* o devedor se compromete, contratualmente e em favor do credor, a não estabelecer sobre seus bens – presentes ou futuros – encargos, preferências, ônus ou garantias em favor de terceiros.[25] O alcance do objeto da estipulação é variável, de acordo com o que ficar estabelecido entre as partes.[26]

---

23 LEITÃO, Luís Manuel Teles de Menezes. *Garantias das Obrigações*, Coimbra: Almedina, 2012, 4ª ed., p. 283. Na mesma direção, na doutrina brasileira: "Pela cláusula *negative pledge*, o devedor obriga-se a não onerar mais os bens que constituem o seu patrimônio sem o consentimento do beneficiário da cláusula, de modo que não poderá constituir outras garantias (reais ou pessoais) a favor de terceiros credores." (MARTINS-COSTA, Judith; BENETTI, Giovana. As cartas de conforto: modalidades e eficácias, p. 435. In: GUEDES, Gisela Sampaio da Cruz; MORAES, Maria Celina Bodin de; MEIRELES, Rose Melo Vencelau, *Direito das Garantias*, São Paulo: Saraiva, 2017, pp. 433-463).

24 HENRIQUES, Sérgio Coimbra. *Cláusulas de garantia e segurança*: entre a autonomia da vontade e o dever de cumprir – alguns aspectos. Dissertação (Mestrado em Ciências Jurídicas Empresariais). Faculdade de Direito da Universidade Nova de Lisboa, 2014, p. 33.

25 DIAS, Joana Forte Pereira – Contributo para o estudo dos atuais paradigmas das Cláusulas de Garantia e/ou Segurança: a Pari Passu, a Negative Pledge e a Cross Default. In: CORDEIRO, A. M.; LEITÃO, L. M.; GOMES, J. D. C. *Estudos em Homenagem ao Professor Doutor Inocêncio Galvão Teles*, vol. IV, Coimbra: Almedina, vol. IV, 2003, p. 879 e seguintes.

26 Ilustra Luís Manuel Teles de Menezes Leitão: "Como exemplos desta cláusula temos a situação de o devedor se obrigar a não constituir preferências sobre os seus bens a favor de outros credores, a situação de o devedor se obrigar a atribuir ao credor uma preferência mais alta do que a atribuída a qualquer outro credor, e a que obriga o devedor a não conceder preferências a favor de qualquer outro credor, a menos que uma preferência igual venha a ser constituída a favor do credor beneficiário dessa cláusula". (LEITÃO, Luís Manuel Teles de Menezes. *Garantias das Obrigações*, Coimbra: Almedina, 2012, 4ª ed., p. 283).

Tal cláusula é associada ao desenvolvimento dos chamados *covenants*, que correspondem a categoria jurídica oriunda da *common law*, desenvolvida a partir da estruturação de obrigações com a finalidade de construir ambiente de maior segurança negocial. No âmbito da *civil law*, tais *covenants*, ou seja, pactos acessórios assumidos mediante o estabelecimento de cláusulas contratuais objetivando fortalecer os contratos, reforçar garantias e favorecer o adimplemento das obrigações,[27] se poderiam dizer funcionalmente equivalentes às cláusulas de garantia e segurança.[28]

Tendo por objeto um conjunto de compromissos assumidos pelo devedor que proporcionam ao credor beneficiário maior segurança de que seu crédito será satisfeito, os *covenants* – ou as cláusulas de garantia e segurança – podem se apresentar sob duas formas: i) positiva, quando importam obrigações positivas ou imposições ao devedor, como o reporte periódico de informações financeiras ou fiscais; ou ii) negativa, quando impõem proibições de condutas que poderiam diminuir as chances de cumprimento da avença ou comprometer garantias prestadas, como a proibição de a empresa efetuar mudanças significativas nos seus negócios, realizar fusões ou constituir novas garantias com terceiros.[29]

A cláusula *negative pledge* apresenta o grande atrativo da simplicidade, pois resguarda os interesses do credor sem a imposição ao devedor do ônus e dos custos de oferecer bem específico ou conseguir que terceiro coloque seu patrimônio à disposição do credor para fins de garantir o cumprimento da obrigação. A cláusula acautela os interesses do credor, oferecendo-lhe maior segurança em relação aos riscos decorrentes da elasticidade do patrimônio do devedor.[30]

Ou seja, por meio cláusula *negative pledge*, instituída com base na autonomia privada, o devedor concorda em estabelecer limite à possibilidade de oneração patrimonial por seu ato de vontade (concernente na instituição de garantias, encargos, preferências a partir da celebração do ajuste), que poderia

---

27 MELLO, Fábio Roberto Barros. *Cláusula de proibição de concessão de garantias (negative pledge clause)*: instrumento complementar ao regime contratual de proteção do crédito. Dissertação (Mestrado em Direito dos Negócios) – Fundação Getúlio Vargas de São Paulo – FGV/SP, São Paulo, 2017, p. 13.

28 ROSA, Diana Serrinha. As cláusulas *cross default* no ordenamento português, p. 215. *Revista de Direito das Sociedades*, 2016, n. 1, pp. 211-246.

29 A distinção é proposta por BRATTON, William W. Bond Covenants and Protection: Economics and Law, Theory and Practice, Substance and Process. In: *European Business Organization 118 Law Review (EBOR)*, Forthcoming, Georgetown, May 2006. Disponível em: http://ssrn.com/abstract=902910 . Acesso em 26.05.2023.

30 Acerca da elasticidade do patrimônio, cf. OLIVA, Milena Donato. *Patrimônio Separado*, Rio de Janeiro: Renovar, 2009, p. 184 e seguintes.

prejudicar as perspectivas de cumprimento da obrigação.[31] Daí por que se pode dizer que tal cláusula está um passo além da garantia geral representada pelo patrimônio do devedor, visto que busca preservá-lo para tornar tal garantia geral efetiva, além de impedir ou restringir a constituição de garantias e créditos preferenciais que pudessem comprometer a realização do crédito.

Em regra, o titular se obriga a não promover movimento no conteúdo do seu patrimônio que importe em sua oneração, pela afetação de bens específicos ou do conjunto que constitui o seu acervo patrimonial, até que a obrigação seja satisfeita, quando, então, tal obrigação negativa deixará de existir. Em outras palavras, busca-se assegurar que a reserva patrimonial do devedor se mantenha em montante suficiente à satisfação da obrigação protegida pelo negócio, mediante a assunção de compromisso, pelo devedor, de que "outros credores não receberão garantia semelhante ou melhor, ao mesmo tempo em que não serão colocados em posição de vantagem".[32]

Como o objetivo perquirido pelo ajuste é justamente manter o acervo patrimonial do devedor livre para fazer frente à dívida, tornando efetiva a responsabilidade patrimonial do devedor em face do credor, é comum que as partes estabeleçam expressamente as consequências jurídicas decorrentes do não cumprimento das obrigações negativas pelo devedor, para além da reconhecida possibilidade de manejo de tutela inibitória, com o propósito de impedir conduta que possa comprometer o compromisso negativo assumido de não outorgar garantias.[33]

Somada à possibilidade de execução específica da obrigação que vincula o devedor em decorrência da contratação da cláusula, se ainda houver interesse útil na abstenção a que se comprometeu,[34] a hipótese de inadimple-

---

31 Na jurisprudência brasileira, embora sem discutir precisamente sobre a cláusula, já se reconheceu tratar-se de garantia à disposição das partes, observada "quando o devedor assume obrigação negativa de não onerar o seu patrimônio enquanto não solver a dívida" (TJSP, Órgão Especial, Ação Penal 0009006-56.2008.8.26.0000, Rel. Des. Artur Marques, julg. 27.3.2013).

32 MELLO, Fábio Roberto Barros. *Cláusula de proibição de concessão de garantias (negative pledge clause)*: instrumento complementar ao regime contratual de proteção do crédito. Dissertação (Mestrado em Direito dos Negócios) – Fundação Getúlio Vargas de São Paulo – FGV/SP, São Paulo, 2017, pp. 38-39.

33 A tutela inibitória, traduzida em atuação *ex ante* relacionada à possibilidade de ação preventiva teria espaço, de acordo com o que defende a doutrina que examina a cláusula *negative pledge*. Nessa direção, em especial, cfr. MELLO, Fábio Roberto Barros. *Cláusula de proibição de concessão de garantias (negative pledge clause)*: instrumento complementar ao regime contratual de proteção do crédito. Dissertação (Mestrado em Direito dos Negócios) – Fundação Getúlio Vargas de São Paulo – FGV/SP, São Paulo, 2017, pp. 83-84.

34 Entende-se contemporaneamente que as obrigações negativas (como é o caso da obrigação instituída pela *negative pledge*) podem ser objeto de inadimplemento relativo, quando se trate de relação obrigacional continuada, e, a despeito do descumprimento pelo devedor, o credor

mento é normalmente prevista pelas partes, impondo-se observar as sanções de acordo com o que constar no título contratual, para o que normalmente se aponta como consequência o vencimento antecipado da dívida garantida.[35] Nada impede, todavia, que as partes estipulem consequências outras para o descumprimento, como a própria resolução do contrato, caso em que o descumprimento da cláusula *negative pledge* funcionaria como cláusula resolutiva expressa,[36] assim como também é possível a aposição de cláusula penal.

Em derivação da natureza da obrigação constituída por tal estipulação, tem-se afirmado que, como regra geral, ela produz efeitos exclusivamente entre as partes, não sendo dado ao credor prejudicado manejar ação desconstitutiva contra o terceiro quanto ao vínculo que se formou a partir do descumprimento da obrigação de *non facere*.[37] Vale dizer, a garantia proporcionada pela cláu-

---

conserve interesse na abstenção, mesmo após a prática do ato. Nesses casos, diante da "possibilidade de ser elidido o efeito da inexecução, o devedor pode ser admitido a purgar a mora e continuar abstendo-se" (MIRANDA, Pontes de. Tratado de Direito Privado, tomo XXII, São Paulo: Revista dos Tribunais, 2012, pp. 199). V. tb. TEPEDINO, Gustavo; SHREIBER, Anderson. *Fundamentos do Direito Civil*, vol. 2: Obrigações, Rio de Janeiro: Forense, 2023, 4ª ed., pp. 89-90. Pode-se, então, cogitar de hipótese em que, diante de obrigação continuada, de não onerar o patrimônio com garantias que pudessem prejudicar suas chances de satisfação do crédito, o credor mantenha interesse útil na abstenção pelo devedor, visto que o patrimônio, embora parcialmente onerado, permanece-lhe atrativo.

35 MENEZES LEITÃO, Luís Manoel de. *Garantia das Obrigações*, Coimbra: Almedina, 2012, pp. 284. No ordenamento brasileiro, o art. 333 do Código Civil elenca situações que, por força de lei, acarretam a antecipação do vencimento da dívida, ou seja, permitem a cobrança imediata da dívida. Dentre elas, pode-se ilustrar com os casos de decretação de falência do devedor, a penhora por terceiros de bens dados em garantia real e a ausência de reforço de garantia que cessou ou se tornou insuficiente. É reconhecido pelos estudiosos do tema, contudo, que o rol legal não afasta a possibilidade de as partes preverem outras hipóteses de antecipação do vencimento, com base na autonomia negocial, permitindo ao credor se precaver em face a outros cenários que lhe pareçam sinalizadores de risco em aguardar o vencimento da dívida. Nesse sentido, afirma Caio Mário da Silva Pereira: "Além dos casos legais de vencimento antecipado da dívida, é lícito estipular outros, em cuja ocorrência tem direito o credor a exigir o seu pagamento antes do termo". (PEREIRA, Caio Mário da Silva, *Instituições de Direito Civil*, vol. 2: Teoria Geral das Obrigações, Rio de Janeiro: Forense, 2015, 27ª ed., p. 193).

36 As partes podem convencionar, com base na autonomia privada, hipóteses que lhes permitirão resolver o contrato na eventualidade de ocorrerem determinados fatos. Trata-se da cláusula resolutiva expressa. Para exame detido do tema, v. TERRA, Aline de Miranda Valverde. *Cláusula Resolutiva Expressa*, Belo Horizonte: Fórum, 2017.

37 Cf. ROSA, Diana Serrinha. As cláusulas *cross default* no ordenamento português, p. 217. In: *Revista de Direito das Sociedades*, 2016, n. 1, pp. 211-246; BJERRE, Carl S. Secured transactions inside out: negative pledge covenants, property and perfection, p. 308. *Cornell Law Review*, Ithaca: NY, 84, 1999, pp. 306-393; BARBOSA, Mafalda Miranda. Tutela de credores e medida de resolução: do princípio do tratamento igualitário de credores ao princípio da igualdade, p. 168. *Revista de Direito Comercial*, 2019, p. 122-205. Disponível em: https://www.revistadedireitocomercial.com/tutela-de-credores-e-medida-de-resolucao- Acesso em: 25.05.2023; HENRIQUES,

sula *negative pledge* não assegura ao credor direito sobre os bens presentes ou futuros do devedor, razão pela qual não poderá o credor prejudicado, em regra, opor sua posição a credores terceiros, mas tão somente poderá pretender obter do devedor a indenização cabível pelo descumprimento da obrigação.[38]

4. CONTROLE DE VALIDADE DA CLÁUSULA *NEGATIVE PLEDGE* À LUZ DO ORDENAMENTO BRASILEIRO

A instituição da cláusula *negative pledge* e, de forma mais ampla, das cláusulas de garantia e segurança, decorre da prática negocial, inserindo-se na lógica da atipicidade, tal como já reconhecido no Enunciado nº 582 da VII Jornada de Direito Civil.[39] A ausência de lei específica a tutelar a figura em suas minúcias, todavia, não afasta o necessário controle de validade sobre a cláusula.

Em linha com esse entendimento, no âmbito das cláusulas *negative pledge*, tem-se professado que, enquanto instituidoras de obrigações negativas, devem tais cláusulas ser aptas a resguardar interesses legítimos, não podendo marginalizar ou de alguma forma impedir práticas necessárias à sobrevivência e ao exercício da finalidade social desempenhada pelo devedor. Quer dizer que, por mais que seja da essência da cláusula *negative pledge* a instituição de limitação à possibilidade de alteração do conteúdo do patrimônio, vedando sua oneração voluntária pelo devedor, tal expediente não pode figurar como óbice à realização de seus direitos básicos existenciais ou instrumentalizar sua própria sobrevivência ou atividade econômica principal à satisfação dos interesses patrimoniais do credor, por mais legítimos que possam ser.[40]

Assim como a cláusula *negative pledge* não tem o condão de reservar um bem ou um conjunto de bens, em especial, para fins de satisfação da dívida garantida,[41] ela também não importa em promessa de adimplir a obrigação

---

Sérgio Coimbra. Cláusulas de garantia e segurança: entre a autonomia da vontade e o dever de cumprir – alguns aspectos. Dissertação (Mestrado em Ciências Jurídicas Empresariais). Faculdade de Direito da Universidade Nova de Lisboa, 2014, p. 35.

38 MENEZES LEITÃO, Luís Manoel de. *Garantia das Obrigações*, Coimbra: Almedina, 2012, pp. 284.

39 Enunciado nº 582, aprovado na VII Jornada de Direito Civil do CJF: "Com suporte na liberdade contratual e, portanto, em concretização da autonomia privada, as partes podem pactuar garantias contratuais atípicas." Sobre o ponto, v. FRADERA, Vera Maria Jacob de. Os contratos autônomos de garantia. *Ajuris*, n. 53, nov. 1991, p. 242.

40 MELLO, Fábio Roberto Barros. *Cláusula de proibição de concessão de garantias (negative pledge clause)*: instrumento complementar ao regime contratual de proteção do crédito. Dissertação (Mestrado em Direito dos Negócios) – Fundação Getúlio Vargas de São Paulo – FGV/SP, São Paulo, 2017, p. 54.

41 DIAS, Joana Forte Pereira – Contributo para o estudo dos atuais paradigmas das Cláusulas de Garantia e/ou Segurança: a Pari Passu, a Negative Pledge e a Cross Default. In: CORDEIRO, A.

principal a todo custo. Significa dizer que a ferramenta impõe ao devedor a obrigação de não outorgar novas garantias ou constituir outras preferências sem a concordância do credor, conforme conste do instrumento contratual, o que não afasta a possibilidade de que, embora satisfeita tal obrigação negativa, no momento de execução da prestação assegurada, o patrimônio do devedor não se faça suficiente para fazer frente à totalidade da dívida, por qualquer razão.

Tal situação pode ocorrer, mesmo porque não está o devedor impedido de realizar todo e qualquer movimento em seu patrimônio, podendo acontecer, ilustrativamente, transações legítimas e necessárias à sua sobrevivência. Da mesma forma, o titular poderá ainda ter seu patrimônio afetado por garantias e privilégios outros, existentes previamente à assunção da obrigação negativa constante da cláusula *negative pledge*. Aliás, na mesma linha, não é incomum que as partes prevejam, expressamente, exceções ao conteúdo da cláusula no próprio título que a institui.[42]

Com tais contornos, a ferramenta apresenta enorme vocação para gerar maior segurança ao credor e tem sido amplamente utilizada, na medida em que – a despeito de não gerar certeza de satisfação da dívida – visa a preservar o ambiente econômico do devedor existente no momento da formalização do contrato, reduzindo os riscos do inadimplemento. Se assenta, em última análise, na confiança recíproca depositada entre as partes e funciona como mais um mecanismo à disposição do credor para fins de intensificar as chances de ver-se satisfeito em relação a seus direitos creditícios.[43]

M.; LEITÃO, L. M.; GOMES, J. D. C. *Estudos em Homenagem ao Professor Doutor Inocêncio Galvão Teles*, vol. IV, Coimbra: Almedina, vol. IV, 2003, pp. 1020-1021.

42 "*Since a promise not to grant security may constitute a major impediment in the affairs of a borrower, exceptions to the negative pledge clause are frequently agreed to by lenders and incorporated into the contract. In commercial lending among private actors, these exceptions are quite limited and can contained in the following categories: a) statutory liens and those arising out of court proceedings; b) guarantees in the form of purchase money security interests created over property acquired after the creation of the negative pledge; and c) secured borrowings replacing previous secured borrowings*". (CHMIELEWSKI, Maciej. *How to Improve the Effectiveness of the World Bank's Negative Pledge Clause as a Legal and Policy Instrument*, Montreal: McGill University, 2005, p. 7). Tradução livre: Uma vez que a promessa de não conceder garantia pode constituir um grande impedimento dos negócios de um mutuário, exceções à cláusula de *negative pledge* são frequentemente acordadas pelas partes e incorporadas ao contrato. Nos empréstimos comerciais entre atores privados, essas exceções são bastante limitadas e podem se enquadrar nas seguintes categorias: a) ônus estatutários e decorrentes de processos judiciais; b) garantias sob a forma de garantias reais constituídas sobre bens adquiridos após a constituição da *negative pledge*; e c) empréstimos garantidos substituindo empréstimos garantidos anteriores".

43 "Tudo residirá na relação de confiança e na solvibilidade das partes que a ela [*cláusula negative pledge*] recorram. Até porque a escolha de recorrer a um instrumento deste tipo, que não pode de forma alguma ser qualificado como uma garantia especial *tout court*, acarreta riscos cuja consideração na negociação das condições do mesmo é importante. No entanto, se nos

Outra constatação importante no que se refere ao manejo da cláusula *negative pledge* diz respeito à limitação temporal da restrição de oneração do acervo patrimonial por seu titular. A rigor, pela ferramenta sob exame, o devedor assume obrigação de não fazer, voltada à manutenção da situação jurídica de seu acervo patrimonial ao longo de período delimitado no tempo, que compreende desde o nascimento da obrigação negativa, com a formalização do contrato, até o momento de adimplemento da obrigação que foi objeto do reforço delineado pela cláusula.

A observação é decorrência do caráter acessório da obrigação posta pela cláusula *negative pledge* em relação à obrigação principal, nascendo aquela com o fim último de garantir-lhe cumprimento. Assim, tomando como premissa que a cláusula desempenha função instrumental[44] em relação ao direito de crédito, constituindo-se em mecanismo voltado a assegurar a satisfação dos interesses do credor, é consequência lógica dessa satisfação a extinção da obrigação de não fazer que vinculava o titular do patrimônio.[45]

Ademais, tem-se asseverado a importância de que se promova o controle de validade da cláusula de garantia e segurança,[46] com base em juízo valorativo à luz das peculiaridades do caso concreto, tendo em conta os interesses que a cláusula tangencia.[47] Nesse quesito, é tarefa do intérprete examinar o contexto em que se deu a sua instituição, bem como as peculiaridades da fática relação negocial.

Ilustrativamente, seria possível cogitar de avaliação acerca da proporcionalidade entre o alcance da limitação instituída à liberdade do devedor pela obrigação negativa e o tamanho do seu patrimônio à época do ajuste.

---

abstrairmos da ameaça da insolvência, o mecanismo da *negative pledge* pode funcionar como um meio eficaz de repressão da conduta do devedor" (HENRIQUES, Sérgio Coimbra. *Cláusulas de garantia e segurança:* entre a autonomia da vontade e o dever de cumprir – alguns aspectos. Dissertação (Mestrado em Ciências Jurídicas Empresariais). Faculdade de Direito da Universidade Nova de Lisboa, 2014, p. 36).

44 A terminologia é utilizada por Pablo Renteria, quando do exame dos diferentes níveis de acessoriedade que os instrumentos de garantia podem apresentar. (RENTERIA, Pablo. *Penhor e autonomia privada*, São Paulo: Atlas, 2018, p. 109).

45 DIAS, Joana Forte Pereira – Contributo para o estudo dos atuais paradigmas das Cláusulas de Garantia e/ou Segurança: a Pari Passu, a Negative Pledge e a Cross Default. In: CORDEIRO, A. M.; LEITÃO, L. M.; GOMES, J. D. C. *Estudos em Homenagem ao Professor Doutor Inocêncio Galvão Teles*, vol. IV, Coimbra: Almedina, vol. IV, 2003, p. 1023, para quem "é claro que não é possível esquecer que o desaparecimento da obrigação principal, por exemplo, por nulidade, afastará consigo estas cláusulas de garantia ou segurança."

46 Em especial, quanto à cláusula *cross default*, cfr. KONDER, Carlos Nelson. Controle de validade da cláusula *cross default* no ordenamento jurídico brasileiro. *Scientia Iuris*, Londrina, vol. 26, n. 3, nov. 2022, pp. 109-121.

47 SOUZA, Eduardo Nunes. *Teoria geral das invalidades do negócio jurídico*, São Paulo: Almedina, 2017, p. 381.

Explica-se: é crível imaginar que a ampla e genérica restrição à liberdade do devedor, consistente na vedação à realização de todo e qualquer negócio, possa não merecer salvaguarda, no caso concreto, se se constatar que o seu acervo patrimonial, que funciona como garantia basilar de cumprimento de suas obrigações, ultrapassava em muito o suficiente para fazer frente à dívida garantida, de ínfimo montante. Tutelar esse tipo de estipulação poderia significar privilegiar o mero capricho de uma das partes que, não raro gozando de situação privilegiada, impôs sua vontade à contraparte, estabelecendo como ilegítimos quaisquer negócios, mesmo aqueles cujos efeitos seriam insignificantes à economia do contrato.

A constatação denota a necessidade de que a cláusula seja redigida com a máxima clareza possível, identificando-se o fim a que se destina, o que faz rechaçar a instituição da obrigação negativa por meio de cláusulas *negative pledge* redigidas com alto grau de generalidade e abrangência, que poderiam comprometer o espírito da ferramenta.[48] Assim, a exacerbada abrangência e generalidade de sua redação compromete a eficácia da cláusula, na medida em que é de se presumir que não é todo e qualquer negócio realizado pelo devedor que será relevante o suficiente para colocar em risco a sua capacidade de cumprir aquele negócio ou prejudicar a função por ele perseguida. Com isso, quer-se dizer, em última análise, que toda e qualquer limitação à liberdade negocial, em contratos paritários ou não, deve ser valorada à luz dos interesses angariados pelas partes no ajuste negocial.

Nessa direção, ainda, sobreleva-se a discussão sobre a validade da cláusula *negative pledge* quando instituída em negócio que envolva eventual disparidade ou assimetria entre as partes na elaboração do contrato. Se poderia questionar sobre a possibilidade de inserção de tal estipulação em contratos de adesão, marcados pela predisposição, unilateralidade e rigidez da forma como seu conteúdo é delineado,[49] notadamente tendo em mira o que dispõe o art. 424 do Código Civil, segundo o qual "[n]os contratos de adesão, são nulas as cláusulas que estipulem a renúncia antecipada do aderente a direito resultante da natureza do negócio".

---

48 Cf., a propósito da cláusula *cross default*, KONDER, Carlos Nelson. Controle de validade da cláusula *cross default* no ordenamento jurídico brasileiro, p. 118. *Scientia Iuris*, Londrina, vol. 26, n. 3, nov. 2022, pp. 109-121. V. tb. SIMÕES, Diogo Cruz. *A cláusula de cross default: da admissibilidade ao controlo societário*. Dissertação (Mestrado em direito). Lisboa: Universidade de Lisboa, 2016, p. 44.

49 "Avultam, nesta noção, três características essenciais: a pré-disposição, a unilateralidade e a rigidez. São elas, a meu ver, as características essenciais que definem os contratos de adesão em sentido estrito" (MONTEIRO, Pinto. Contratos de adesão e cláusulas contratuais gerais: problemas e soluções. *Revista Trimestral de Direito*, vol. 7. Rio de Janeiro: Padma, 2000, p. 6).

Acontece que não parece adequado afirmar, ao menos abstratamente, que toda cláusula *negative pledge* predisposta em contrato de adesão deve ser considerada inválida, por força da vedação do art. 424, do Código Civil. Mesmo porque, a limitação à oneração do patrimônio pelo devedor, instituída pela cláusula, não conduz propriamente a uma renúncia a direito decorrente dos elementos naturais de qualquer negócio ou, de acordo com o que consta do dispositivo, não importa em renúncia a "direito resultante da natureza" de quaisquer negócios.

Ainda assim, é essencial que tal exame seja levado a cabo pelo intérprete no caso concreto, à luz das circunstâncias extraídas do arranjo que lhe seja submetido, tal qual deve ocorrer, aliás, relativamente a quaisquer contratos, mesmo os paritários, visto que a autonomia negocial não é absoluta, submetendo-se a normas gerais e princípios, tais como a boa-fé objetiva e o equilíbrio contratual. Consequentemente, pode-se dizer que o grau de disparidade entre as partes na confecção do título contratual não tem o condão de, por si só e abstratamente, afastar a validade da cláusula *negative pledge*, embora contribua para tal avaliação, que não poderá prescindir do exame da amplitude do objeto da cláusula e de sua proporcionalidade à luz da função que visa a desempenhar concretamente.[50]

CONCLUSÕES

Nascida como fruto de negociações levadas a cabo no comércio internacional e embasada na autonomia privada, a cláusula *negative pledge* consiste em relevante ferramenta à disposição dos contratantes que pretendam ver sua situação reforçada face à garantia geral de cumprimento das obrigações, consubstanciada no patrimônio do devedor, elástico por natureza.

A cláusula *negative pledge*, espécie do gênero cláusulas de garantia e segurança, tem por objetivo fortificar as chances de satisfação do crédito, razão pela qual tem sido cada vez mais utilizada em contratos internos. Estabelece obrigação negativa do devedor em não onerar o seu patrimônio com outras garantias pessoais ou reais, além das existentes no momento da celebração do contrato, sem o consentimento do credor. Aludida disposição tem ainda como vantagem a ausência de custos imediatos, que poderiam advir com a constituição das garantias especiais, sejam reais ou fidejussórias.

---

50 Chegando à mesma conclusão, embora no âmbito da cláusula *cross default*, KONDER, Carlos Nelson. Controle de validade da cláusula *cross default* no ordenamento jurídico brasileiro, pp. 116-117. *Scientia Iuris*, Londrina, vol. 26, n. 3, nov. 2022, pp. 109-121.

Por meio da cláusula *negative pledge*, almeja-se assegurar que a reserva patrimonial do devedor se mantenha suficiente à satisfação da obrigação. Dessa forma, o devedor concorda em estabelecer limites à possibilidade de oneração voluntária do conteúdo do seu patrimônio (concernente na instituição de garantias, encargos, preferências), o que poderia prejudicar as perspectivas de cumprimento da obrigação.

Tratando-se de ajuste de ordem obrigacional, em regra, a cláusula produz efeitos exclusivamente entre as partes, não sendo dado ao credor prejudicado manejar ação contra o terceiro de boa-fé quanto ao vínculo que se formou a partir do descumprimento da obrigação de não fazer; podendo tão somente pretender obter do devedor inadimplente a indenização cabível pelo descumprimento da obrigação.

Cumpre reforçar que a lógica da atipicidade em que se insere a cláusula, na medida em que carece de previsão legal específica no direito brasileiro, não a subtrai do necessário controle de validade. Em consequência, tais cláusulas não podem impor restrições que marginalizem ou que impeçam práticas necessárias à sobrevivência ou ao exercício da finalidade social desempenhada pelo devedor, instrumentalizando sua atividade econômica principal à satisfação dos interesses patrimoniais do credor. Da mesma forma, dado o seu caráter instrumental, a cláusula *negative pledge* deve observar limitação de ordem temporal, relativamente à restrição de oneração do acervo patrimonial por seu titular, a vigorar, no máximo, até o momento de adimplemento da obrigação garantida, sob pena de subverter toda a lógica do instituto.

Sublinhe-se, ainda, que a cláusula *negative pledge* pode ser estipulada em contratos celebrados por adesão sem que tal circunstância, por si só, comprometa sua validade. Importante que a cláusula seja proporcional e adequada aos seus fins e à racionalidade econômica do negócio, ainda que tenha sido imposta unilateralmente por uma das partes à outra. Nessa direção, mostra-se fundamental que a cláusula *negative pledge* seja específica e adstrita a determinados atos do devedor, sendo vedada obrigação negativa genérica e ampla, que pudesse comprometer indevidamente a liberdade do devedor e o exercício de sua livre iniciativa.

Por fim, destaque-se que a cláusula *negative pledge* insere-se no conceito mais amplo de garantia, consistente em todos os instrumentos postos à disposição das partes voltados a reforçar a posição do credor na satisfação do seu crédito. Não se confunde, assim, com as garantias especiais, as quais se inserem no sentido mais estrito do conceito de garantia, compreendida como relação jurídica acessória destinada a proporcionar a satisfação do crédito independentemente da cooperação do devedor.

73. A CLÁUSULA DE CESSÃO DE DIREITOS PATRIMONIAIS DE AUTOR EM CONTRATOS DO SETOR AUDIOVISUAL

Nichollas de Miranda Alem
Daniel Sampaio de Souza Duarte

INTRODUÇÃO

Nos últimos anos, é notável o enorme crescimento do número de assinantes de serviços de *streaming* no Brasil e no mundo de forma geral. A pandemia acabou acelerando e reforçando uma tendência de formação dessa nova forma de consumir conteúdos, especialmente os audiovisuais. O que pouco se sabe é que a produção de filmes e séries está intimamente relacionada à atividade jurídica.

Com efeito, a realização de uma obra audiovisual conta com a atuação do advogado em diversos momentos e abordagens, tais como: assessoria com programas públicos de financiamento, orientações sobre aspectos regulatórios da Agência Nacional de Cinema (ANCINE), obtenção de alvarás de menor para atores mirins, análises de apólices de seguro, estudos de impacto tributário e, dentre outras tantas atividades possíveis, a elaboração de contratos e a regularização da cadeia de direitos autorais.[1]

---

1 Para uma introdução sobre o objeto do direito do entretenimento, conferir: ALEM, Nichollas de Miranda. Direito da Cultura, direito do entretenimento e direitos culturais: diferenças de sentido e caminhos de pesquisa. In: *Revista dos Tribunais*. Ano 107, Dezembro de 2018, volume 998, São Paulo, Thomson Reuters, pp. 453-475. BURR, Sherri. *Entertainment Law in a nutshell*.

Neste artigo, queremos tratar deste último aspecto específico da atividade jurídica no setor audiovisual, ou seja, a redação de contratos envolvendo direitos autorais. Mais precisamente, queremos abordar aspectos teóricos e práticos envolvendo a cláusula de cessão de direitos, possivelmente a mais relevante para os agentes desse mercado.

Os direitos autorais protegem diversos aspectos da relação entre o autor (criador) com a obra intelectual (sua criação). Na tradição do ordenamento brasileiro, estes direitos se dividem em duas categorias: os direitos morais, que tutelam a expressão da personalidade do autor sobre a sua criação, e os direitos patrimoniais, que garantem a exclusividade sobre a utilização, fruição e disposição do titular sobre a obra.[2] O titular da obra pode ser o seu próprio autor ou um terceiro, como será tratado adiante.

A premissa de que o autor é titular originário e exclusivo dos direitos patrimoniais sobre sua obra assegura que ninguém possa fazer qualquer tipo de uso ou proveito dessa obra sem a sua prévia e expressa autorização.[3] Por conseguinte, é o titular dos direitos patrimoniais de autor que decide o modo de exploração da obra, inclusive, a eventual retribuição econômica pelo uso dessa criação.

Portanto, é a dimensão patrimonial dos direitos autorais que permite que uma obra seja objeto de transações no mercado. O autor tem a prerrogativa de autorizar um uso específico ou transferir a própria titularidade sobre o bem intelectual, inclusive, mediante recebimento de retribuição ou atendidas certas condições estabelecidas em contrato se assim desejar.

3ª edição. St. Paul: Thomson Reuters, 2013. GARON, Jon M. *Entertainment Law and Practice.* 2ª Edição. Durham, Carolina Academic Press, 2014.

2 Nos termos do artigo 22 da Lei n.º 9.610, de 19 de fevereiro de 1998, a Lei de Direitos Autorais: "Art. 22. Pertencem ao autor os direitos morais e patrimoniais sobre a obra que criou". Para uma introdução conceitual sobre os direitos autorais, conferir: BITTAR, Carlos Alberto. *Direito de Autor.* 2ª Edição. Rio de Janeiro: Forense Universitária, 1994. ASCENSÃO, José de Oliveira. *Direito Autoral.* Rio de Janeiro: Renovar, 1997. COSTA NETTO, José Carlos. *Direito Autoral no Brasil.* 2ª edição. São Paulo: FTD, 2008. FRAGOSO, João Henrique da Rocha. *Direito Autoral: da antiguidade à internet.* São Paulo: Quartier Latin, 2009. VALENTE, Mariana VALENTE, Mariana Giorgetti. *A construção do direito autoral no Brasil: cultura e indústria em debate legislativo.* Belo Horizonte: Letramento, 2019.

3 A garantia da exclusividade está prevista no artigo 5º, caput e inciso XXVII, da Constituição Federal, segundo o qual: "Todos são iguais perante a lei, sem distinção de qualquer natureza, garantindo-se aos brasileiros e aos estrangeiros residentes no País a inviolabilidade do direito à vida, à liberdade, à igualdade, à segurança e à propriedade, nos termos seguintes: [...] aos autores pertence o direito exclusivo de utilização, publicação ou reprodução de suas obras, transmissível aos herdeiros pelo tempo que a lei fixar". Na mesma toada, a LDA em seu artigo 28 prevê que "Cabe ao autor o direito exclusivo de utilizar, fruir e dispor da obra literária, artística ou científica" e em seu artigo 29 que "Depende de autorização prévia e expressa do autor a utilização da obra, por quaisquer modalidades".

A obra audiovisual, seja ela uma série, um curta-metragem, um filme, ou ainda documentário, ficção ou animação, é formada da junção de diversas contribuições criativas.[4] São exemplos: livros (que serão adaptados para as telas), argumentos e roteiros, a direção, a trilha sonora, animações e efeitos especiais, fotografia, figurino, a interpretação do elenco, maquiagem, edição de imagem e som, montagem, dentre outros. Todos estes elementos específicos são protegidos pelos direitos autorais, de modo que sua inserção na obra audiovisual depende da autorização de seu respectivo titular.[5]

A empresa responsável pela organização e realização da obra audiovisual é a produtora. Esta irá captar os recursos para a produção, executará o orçamento, obterá as licenças de filmagens, contratará a equipe e, dentre outras tantas providências, buscará obter todas as autorizações de direitos autorais exigidas pela legislação sobre cada um dos elementos criativos mencionados acima. Assim, a produtora passa a ser a titular dos direitos patrimoniais de autor sobre todas estas contribuições criativas individualmente, bem como da obra audiovisual como um todo.[6]

A despeito da relevância econômica e jurídica das cláusulas e contratos de cessão para o setor audiovisual, há relativamente pouca produção doutrinária sobre as peculiaridades deste instituto na área. Outrossim, considerando a baixa cultura de judicialização do setor audiovisual, o tema da cessão foi pouco enfrentado pelos tribunais brasileiros. Isto posto, temos por objetivo contribuir com o estudo e desenvolvimento da questão apresentando seu panorama geral. Para tanto, dividimos nossa abordagem em três partes: uma introdução

---

4 A obra audiovisual é classificada na legislação como obra coletiva. Nos termos do artigo 5º, inciso VIII, alínea "h" da LDA, é aquela "a criada por iniciativa, organização e responsabilidade de uma pessoa física ou jurídica, que a publica sob seu nome ou marca e que é constituída pela participação de diferentes autores, cujas contribuições se fundem numa criação autônoma". Sobre o assunto, conferir: MORATO, Antônio Carlos. *Direito de Autor em Obra Coletiva*. São Paulo: Saraiva, 2007, p. 170-174. CRIVELLI, Ivana Có. *Direitos Autorais na obra cinematográfica*. São Paulo: Letras Jurídicas, 2008. Para uma abordagem de acordo com a legislação portuguesa: MELO, Alberto de Sá e. *Contrato de direito de autor: a autonomia contratual na formação do direito de autor*. Coimbra: Edições Almedina, 2008. p. 468-469.

5 Vale observar que as interpretações do elenco e os fonogramas (as gravações musicais) são protegidos pelos chamados "direitos conexos" ou "direitos vizinhos", também previstos na Lei n.º 9.610/98, com um regime jurídico de proteção semelhante aos direitos autorais. Em outras palavras, a utilização de interpretações e de fonogramas também dependerá da prévia e expressa autorização de seus titulares. Para uma introdução sobre os direitos conexos, conferir: CHAVES, Antônio. *Direitos Conexos*. São Paulo: LTRs, 1999. SOLER, Fernanda Galera. *A exploração comercial dos direitos conexos de autor*. Curitiba: CRV, 2020.

6 A Lei de Direitos Autorais tratou de conceituar o produtor em seu artigo 5º, inciso XI, da seguinte forma: "a pessoa física ou jurídica que toma a iniciativa e tem a responsabilidade econômica da primeira fixação do fonograma ou da obra audiovisual, qualquer que seja a natureza do suporte utilizado".

sobre o tratamento da cláusula de cessão na legislação brasileira e como isso afeta os contratos do setor; os aspectos práticos em torno da cláusula cessão; e as polêmicas e desafios contemporâneos relacionados à cláusula de cessão.

1. A CLÁUSULA DE CESSÃO NA LEGISLAÇÃO BRASILEIRA E SUA APLICAÇÃO NO SETOR AUDIOVISUAL

A Lei n.º 9.610/98 (Lei de Direitos Autorais ou "LDA") estabelece algumas regras para a transferência dos direitos patrimoniais de autor nos artigos 49 a 52. Tais dispositivos esclarecem os tipos de operação jurídica positivados pelo ordenamento para efetivar a transferência, além de fixarem alguns parâmetros negociais e estabelecerem garantias mínimas para os titulares de direito. Não obstante, como veremos, a legislação mostra-se bastante permissiva, dando às partes ampla liberdade de negociar os termos contratuais.

São três as hipóteses de transferência de direitos previstas no *caput* do artigo 49: licenciamento, concessão e cessão – e nenhuma é expressamente definida pela lei:

> Art. 49. Os direitos de autor poderão ser total ou parcialmente transferidos a terceiros, por ele ou por seus sucessores, a título universal ou singular, pessoalmente ou por meio de representantes com poderes especiais, por meio de licenciamento, concessão, cessão ou por outros meios admitidos em Direito, obedecidas as seguintes limitações: [...]

No caso específico do setor audiovisual, a regularização do uso de obras protegidas por direitos autorais normalmente ocorre pelo licenciamento, que equivale a uma autorização com escopo ou prazo normalmente mais limitados, ou pela cessão de direitos, modalidade de transferência de direitos de um titular para outro. Como sugere Eliane Abrão: "*por essa via o cedente (autor) transfere ao cessionário (titular derivado) os direitos patrimoniais que detém sobre a obra intelectual por si criada, para o fim de, em seu lugar, reproduzi-la, divulgá-la, comercializá-la, enfim, utilizá-la publicamente zelando por e fiscalizando essa utilização sem a necessidade de autorizações prévias, e dentro dos limites do contrato firmado*."[7]

---

7 ABRÃO, Eliane Y. *Comentários à Lei de Direitos Autorais e Conexos*. Lumen Juris: Rio de Janeiro, 2017, p.190-191. A respeito das classificações atinentes à teoria geral dos contratos, Eduardo Vieira Manso, com base na antiga Lei de Direitos Autorais (Lei n.º 5.988/73), classifica o contrato de cessão como "bilateral, consensual, presumidamente oneroso para ambas as partes, comutativo ou aleatório, podendo ser de execução diferida, instantânea ou continuada. Sua validade

Como se trata de transmissão da parcela dos direitos patrimoniais de autor, a cessão costuma ser operada com exclusividade e em caráter definitivo, irrevogável e irretratável, de modo a conferir segurança jurídica e liberdade para a parte cessionária, que passará a ser a nova titular desses direitos. Todavia, nada impede que as contratantes convencionem situações nas quais a cessão torna-se reversível ou retratável.

A produtora e os respectivos agentes financiadores da obra, por certo, desejarão explorar a obra audiovisual e todos seus elementos da forma mais ampla possível, seja em exibições ao redor do mundo, em todas as mídias e territórios, seja através da produção de derivações como sequências de filmes ou novas temporadas de séries, ou ainda por meio de subprodutos como brinquedos, peças de vestuário e assim por diante. Por esse motivo, o setor audiovisual opera predominantemente com a cessão de direitos, em detrimento da licença.

Os direitos patrimoniais de autor poderão ser cedidos a título total ou parcial (art. 49, *caput* da LDA). Isso significa que o titular poderá optar por transferir a integralidade dos direitos sobre sua obra ou apenas partes ou elementos destes (como direitos sobre personagens, cenários, nomes fictícios, entre outros). Como mencionado anteriormente, em regra, a produtora e os respectivos agentes financiadores buscarão sempre a cessão total dos direitos sobre as criações que compõem a obra audiovisual, a fim de garantir o mais irrestrito e amplo aproveitamento do ativo. Contudo, nada impede que as partes negociem apenas o aproveitamento de partes dessas criações, especialmente no caso de adaptações de trabalhos preexistentes.

Vale lembrar, por exemplo, que no início da produção dos filmes de super-heróis no começo dos anos 2000, a Sony detinha apenas os direitos sobre alguns personagens da "Marvel", tais como o Homem Aranha e os X-Men. Isso significa que o estúdio americano podia fazer adaptações cinematográficas sobre estes personagens e sobre certos elementos integrantes de seus respectivos universos, mas não sobre todo o conjunto de criações da editora. A abrangência e os limites do uso de tais ativos foram definidos em um complexo conjunto de cláusulas contratuais, de modo a não restar dúvidas sobre o que estaria ou não abarcado na operação. No caso, cuidou-se para que os direitos de adaptação cinematográficas fossem exclusivos da Sony por certo período. É por esse motivo que a Disney, mesmo após de adquirir a "Marvel" e seus ativos,

---

é condicionada aos mesmos pressupostos dos demais contratos, como a capacidade das partes, o objeto idôneo e a legitimação para sua celebração." MANSO, Eduardo V. *Contratos de Direito Autoral.* Op. Cit. p. 128. Para uma revisão conceitual do contrato de cessão, conferir também: COSTA NETTO, José Carlos. *Direito Autoral no Brasil.* Op. Cit. pp. 218 e seguintes. PONTES, Hildebrando. *Os contratos de cessão de direitos autorais e as licenças virtuais Creative Commons.* 2ª Edição. Belo Horizonte: Del Rey, 2009, p. 73 e seguintes.

precisou fazer acordos com a Sony para utilização destes heróis em sua linha de filmes, respeitando assim aos contratos então vigentes.

A cessão poderá ser firmada pelo próprio autor, pessoalmente, ou pelos demais titulares dos direitos, como, por exemplo, seus sucessores (art. 49, *caput* da LDA). No campo audiovisual, é comum que os criadores atuem no mercado por meio de suas empresas, motivados especialmente pelo impacto fiscal da prestação de serviços como pessoa jurídica. Ocorre que, como a autoria e titularidade sobre a obra nasce com a pessoa física do criador, convencionou-se incluí-lo nos contratos na condição de interveniente-anuente, ainda que este seja o sócio da parte cedente. Logo, busca-se assegurar que o autor está ciente e concorda com a cessão de seus direitos, ainda que a operação seja firmada com sua empresa.

A legislação também admite que a cessão seja feita por meio de procuradores com poderes especiais. Na prática do mercado audiovisual brasileiro, isso se reflete principalmente na figura de agências e representantes comerciais, que costumam intermediar negociações entre produtoras e seus representados, normalmente em favor do elenco e, em alguns casos raros, para roteiristas. Não é usual o agenciamento de outros profissionais criativos, tais como diretores, músicos, editores de imagem, dentre outros.

O artigo 49 da LDA também dispõe que a cessão poderá se dar a título universal ou singular. Em outras palavras, o titular (cedente) irá optar por quais direitos irá transferir ao cessionário. A título ilustrativo, o autor de um livro poderá optar por alienar os direitos de adaptação para a produção de uma obra audiovisual, mas não os direitos de continuar explorando a obra no formato literário ou mesmo em outras adaptações como teatro, performances, dentre outros. Trata-se de decorrência lógica do reconhecimento de que cada forma de aproveitamento da obra é independente em relação às demais.[8]

8 O artigo 31 da LDA prevê justamente o seguinte: "As diversas modalidades de utilização de obras literárias, artísticas ou científicas ou de fonogramas são independentes entre si, e a autorização concedida pelo autor, ou pelo produtor, respectivamente, não se estende a quaisquer das demais." José de Oliveira Ascenção, também com fundamento na antiga Lei de Direitos Autorais (Lei n.º 5.988/73), reflete o seguinte: "as diversas formas de utilização da obra intelectual são independentes entre si. Isto quer, pois, dizer que o fazer-se uma 'cessão parcial' não acarreta transmissão do direito. O ter-se concedido a alguém o direito de edição, por exemplo, não significa que lhe tenha sido dado o direito de traduzir. Quem pode representar uma peça teatral não pode autorizar a adaptação cinematográfica, e assim por diante. Portanto, o titular originário, se não alienar em globo o seu direito, conserva o poder de alienar parcela a parcela o conteúdo patrimonial deste. [...] Surgem problemas particularmente graves na determinação da configuração jurídica destas atribuições de faculdades. O esquema legal parece muito simples. O direito compreenderia várias faculdades, e essas faculdades seriam individualmente transmitidas: por isso uma transmissão parcial. Mas a ser assim, teríamos de admitir uma concepção quantitativa de direito de autor, segundo a qual este consistiria em uma soma de faculdades, de que o titular se poderia desfazer sucessivamente. E aqui pode estranhar-se que, estando o direito de autor tão próximo da propriedade, se adotem

Ainda que universal, a cessão de direitos ocorrerá somente sobre a parcela dos direitos patrimoniais de autor (art. 49, inciso I da LDA), uma vez que os direitos morais do autor são inalienáveis e irrenunciáveis (artigo 27 da LDA). Nestes termos, o ordenamento brasileiro impossibilita a transição dos direitos morais do autor, ainda que, contratualmente, o setor costume ao menos regulamentar o exercício desses direitos de modo a não prejudicar a livre exploração e circulação da obra audiovisual. Em contratos de roteiro, por exemplo, é comum autorizar o roteirista a optar por ocultar o seu nome nos créditos na hipótese de insatisfação com o resultado da produção – o que normalmente ocorre no chamado "*primeiro corte*" da obra audiovisual.[9]

Ademais, esta operação deverá ocorrer por escrito, especialmente nos casos de transmissão total e definitiva dos direitos (artigo 49, inciso II, e 50 da LDA). Trata-se de medida protetiva para o autor, de modo que o escopo dos direitos transigidos será sempre aquele expressa e literalmente previsto no instrumento contratual. A formalização em si poderá ocorrer por todos aqueles meios admitidos em direito.[10]

A cessão de direito nunca será presumida, mesmo em uma eventual omissão intencional ou não do nome do autor no contexto de utilização ou exploração de sua obra (artigo 52 da LDA). Destarte, mesmo na hipótese de um contrato de prestação de serviços e criação sob encomenda, ou seja, quando o criador recebe para produzir e entregar a obra, a cessão deverá estar expressa.[11]

---

esquemas de explicação tão diferenciados. Perante hipóteses análogas, não se diz que há transmissão de poderes contidos na propriedade, diz-se que há oneração da propriedade pela constituição de direitos reais menores. Porque se não falará de uma oneração do direito de autor, e se prefere falar em transmissão parcial deste direito? [...] Lícito é por isso afirmar que aquilo que a lei chama cessão parcial é na realidade uma oneração. [...] Assim, não há uma fragmentação do direito de autor, porque este conserva sempre a elasticidade em relação ao direito derivado." ASCENSÃO, José de Oliveira. *Direito de Autor*. Op. Cit. p. 305-308, colchetes nossos.

9 A respeito das limitações envolvendo os direitos morais de autor, conferir: MORAES, Rodrigo. *Os direitos morais do autor: repersonalizando o direito autoral.* 2ª edição. Rio de Janeiro: Lumen Juris, 2021.

10 O parágrafo primeiro do artigo 50 prevê que a cessão ser averbada à margem do registro da obra na Biblioteca Nacional, ou, não estando a obra registrada, poderá o instrumento ser registrado em Cartório de Títulos e Documentos. Contudo, não se trata de requisito de existência, validade ou eficácia do instrumento contratual. Na prática, as partes apenas assinam o contrato contendo a cláusula de cessão acompanhadas de duas testemunhas para fins de garantia da exequibilidade jurisdicional do instrumento. O parágrafo segundo do mesmo dispositivo, por sua vez, determina que constarão do instrumento de cessão como elementos essenciais seu objeto e as condições de exercício do direito quanto a tempo, lugar e preço. Na prática, as cláusulas de cessão no setor audiovisual sempre trazem tais previsões.

11 A antiga Lei de Direitos Autorais (Lei n.º 5.988/73) previa a figura da obra produzida sob regime de encomenda nos seguintes termos: "Art. 36. Se a obra intelectual for produzida em cumprimento a dever funcional ou a contrato de trabalho ou de prestação de serviços, os direitos do autor, salvo convenção em contrário, pertencerão a ambas as partes, conforme for estabelecido pelo Conselho

Na falta da cláusula, a interpretação mais recorrente que se dá no meio jurídico é a de que o autor apenas licenciou o conteúdo encomendado para fins de exploração da obra audiovisual – reservando para si a titularidade dos direitos patrimoniais de autor.[12]

Caso as partes não estabeleçam o prazo específico, a cessão será de cinco anos (artigo 49, inciso III da LDA). Como se pode imaginar, para os agentes do setor audiovisual não interessa realizar grandes investimentos para que, ao final, a obra audiovisual possa ser explorada por apenas cinco anos, ou então, que depois desse prazo outras produções semelhantes possam aparecer no mercado. Por esse motivo, as produtoras buscam a cessão pelo prazo máximo de proteção legal da obra a ser transferida, normalmente, setenta anos após a morte do autor, a contar do ano seguinte ao falecimento (art. 41 da LDA).

A LDA também especifica que a cessão dos direitos de autor sobre obras futuras abrangerá, no máximo, o período de cinco anos (art. 51 da LDA). A leitura do dispositivo não implica que a cessão de quaisquer obras futuras, por exemplo, obras encomendadas a prestadores de serviços, tenha limite de duração de cinco anos, devendo ser renovada após esse período. A interpretação que se deve dar ao dispositivo é que a cessão só pode abarcar obras produzidas em até cinco anos a contar da assinatura do contrato; ou seja, por um período de vigência de cinco anos, todas as criações poderão ser cedidas de forma ampla, inclusive pelo prazo máximo de proteção autoral.[13] Trata-se de uma medida

Nacional de Direito do Autor. § 1º O autor terá direito de reunir em livro, ou em suas obras completas, a obra encomendada, após um ano da primeira publicação. § 2º O autor recobrará os direitos patrimoniais sobre a obra encomendada, se esta não for publicada dentro de um ano após a entrega dos originais, recebidos sem ressalvas por quem a encomendou." Sobre o assunto, conferir: Wachowicz, Marcos; PEREIRA DOS SANTOS, Manuel Joaquim (organizadores). *Estudos de direito do autor e a revisão da lei dos direitos autorais.* Florianópolis: Fundação Boiteux, 2010, p. 183 e seguintes.

12 Esta leitura se coaduna com o artigo 81 da LDA, que prevê o seguinte: "Art. 81. A autorização do autor e do intérprete de obra literária, artística ou científica para produção audiovisual implica, salvo disposição em contrário, consentimento para sua utilização econômica."

13 Eduardo Vieira Manso, fazendo referência ao artigo 54, da antiga Lei de Direitos Autorais (Lei n.º 5.988/73), mas que contava com redação semelhante, diz o seguinte: "A limitação da validade do contrato, no tempo, visa a impedir que haja cessão global das obras futuras, o que implicaria a sujeição permanente do autor ao seu co-contratante, contrariando todos os princípios decorrentes da liberdade de contratar. Não pode o autor comprometer toda sua criação futura, sem correr o risco de até se desinteressar por novas criações." MANSO, Eduardo Vieira. *Contratos de Direito Autoral.* Op. Cit. p. 31. Sobre o assunto, conferir também: ASCENSÃO, José de Oliveira. *Direito Autoral.* Op. Cit., p. 388. A esse respeito, o Tribunal de Justiça do Estado do Rio de Janeiro apreciou ação versando sobre a titularidade de direitos sobre composições musicais que seriam entregues em favor da Rede Globo. Na hipótese de não entrega desta quantidade mínima, o Tribunal entendeu que o contrato deveria ser prorrogado por cinco anos, com fundamento no artigo 51 da Lei de Direitos Autorais. TRIBUNAL DE JUSTIÇA DO ESTADO DO RIO DE JANEIRO. Apelação Cível nº 0008000-74.2006.8.19.0001/RJ, Rel. Des. Juarez Fernandes Folhes. DJe 27/04/2016.

protetiva para que autores não firmem compromissos que possam comprometer toda a produção de sua carreira sem a oportunidade de repactuar os termos do acordo original. Nesse mesmo sentido, o prazo contratual será reduzido a cinco anos sempre que indeterminado ou superior, diminuindo-se, na devida proporção, o preço estipulado (artigo 51, parágrafo único da LDA).

A cessão será válida unicamente para o país em que se firmou o contrato, salvo estipulação contratual em contrário (art. 49, inciso IV da LDA). Por conseguinte, uma vez que os interessados em explorar a obra audiovisual desejarão sempre ter o mínimo de restrições, é de praxe no mercado que os contratos estabeleçam o território brasileiro e resto do mundo como território de exploração da obra. Vale mencionar que alguns advogados têm optado pela redação "universo" ao tratar do território, potencialmente imaginando uma futura transmissão e exibição da obra fora do planeta.

A LDA também prevê que a cessão só se operará para modalidades de utilização já existentes à data do contrato (artigo 49, inciso V da LDA). Ocorre que essa disposição pode levar à interpretação de que a cessão somente é válida para as mídias e tecnologias existentes no momento da assinatura do instrumento. Imaginar-se-ia, portanto, que uma produção audiovisual dos anos sessenta não poderia ser explorada em vídeo sob demanda (*streaming*) na década de 2020 sem que houvesse uma nova cessão dos direitos de exploração da obra nessa modalidade.

Todavia, entendemos que a interpretação mais adequada deve diferenciar o direito do autor cedente e da produtora. Neste caso, a contribuição criativa do autor cedente é incorporada como parte da obra audiovisual, que será de propriedade da produtora. Assim, nos parece que, mesmo no advento de novas tecnologias, não há diminuição dos direitos da produtora sobre a sua obra audiovisual. Contratualmente, a cessionária poderá esclarecer justamente que o direito de exploração em modalidades de uso a serem inventadas decorre de sua propriedade sobre a obra audiovisual. A fim de evitar controvérsias, alguns instrumentos preferem prever uma cláusula de preferência na cessão para aquisição de direitos sobre novas mídias, por vezes estabelecendo, inclusive, um preço simbólico para tal aquisição, de maneira que, caso surja alguma nova mídia futura, o autor dará preferência à cessionária para repactuar o acordo e adquirir tais direitos.

Vale mencionar, ainda, que em decorrência da ausência de uma definição normativa clara a respeito do que pode ser considerado como nova "modalidade de utilização", assim como a ausência de um padrão jurisprudencial,[14]

---

14 O Tribunal de Justiça do Estado de São Paulo, ao analisar o contrato de edição musical (administração dos direitos autorais) da obra "Não deixe o samba morrer", reconheceu que o

é usual que as partes busquem delimitar essa interpretação em contrato, deixando claro que o mero aprimoramento de tecnologias já existentes não constitui "nova modalidade de utilização". Essa cláusula teria o objetivo de, por exemplo, impedir que *Blu-rays Discs* ("BDs") pudessem ser considerados como uma "nova modalidade de utilização" em comparação a *Digital Video Discs* ("DVDs"), visto que ambos os formatos são baseados na mesma tecnologia de armazenamento de dados digitais em discos óticos, sendo que o primeiro é apenas um aprimoramento da mesma tecnologia já presente no segundo.

O artigo 4º da LDA dispõe que os negócios jurídicos sobre os direitos autorais serão interpretados restritivamente. Da mesma forma, o artigo 49, em seu inciso VI, prevê que não havendo especificações quanto à modalidade de utilização, o contrato será interpretado restritivamente, entendendo-se como limitada apenas a uma que seja aquela indispensável ao cumprimento da finalidade do contrato. Em ambos os casos, trata-se de mais uma previsão protetiva aos interesses do autor, evitando que exista uma alienação patrimonial maior do que o necessário para a concretização da vontade das partes. É por esse motivo que as cláusulas de cessão de direitos em negócios envolvendo direitos autorais, inclusive no segmento do audiovisual, costumam ser bastante abrangentes e detalhadas, como veremos no próximo tópico.[15]

---

instrumento contratual então vigente autorizava a exploração do bem em quaisquer processos, inclusive que viessem a ser inventados. Desse modo, a editora poderia passar a explorar o formato de CD além do vinil. TRIBUNAL DE JUSTIÇA DO ESTADO DE SÃO PAULO. Apelação Cível nº 0118133-60.2007.8.26.0000/SP, Rel. Des. Viviane Nicolau. DJe 08/02/2011. Por outro lado, o colegiado do Rio de Janeiro entendeu em caso semelhante, também na área da edição musical, que a autorização dada para uma determinada mídia não se estende automaticamente para novas modalidades de uso. TRIBUNAL DE JUSTIÇA DO ESTADO DO RIO DE JANEIRO. Apelação Cível nº 0481796-57.2011.8.19.0001/RJ, Rel. Des. Antônio Iloízio Barros Bastos. DJe 18/09/2014.

15 O Superior Tribunal de Justiça teve a oportunidade de apreciar uma ação movida por Benedito Ruy Barbosa, autor da novela Pantanal, em razão de sua reexibição pelo SBT. No caso, o autor havia sido contratado para escrever para a extinta emissora TV Manchete. Contudo, argumentou que o referido negócio jurídico deveria ser interpretado restritivamente, nos termos do artigo 3º da antiga Lei de Direitos Autorais (Lei n.º 5.988/73) (com redação idêntica no artigo 4º da atual LDA). Ocorre que o referido instrumento previa a renúncia, irrevogável e irretratável, de quaisquer valores referentes à reexibições e futuras vendas pela Manchete a terceiros. Desse modo, quando houve a venda dos direitos de retransmissão ao SBT, o Tribunal firmou seu entendimento de que nenhum novo valor seria devido ao autor (SUPERIOR TRIBUNAL DE JUSTIÇA. Recurso Especial n.º 1.558.683-SP. Relator para o Acórdão Ministro Moura Ribeiro, julgado em 15 de setembro de 2016, DJe 10/10/2016). Em outra seara, o mesmo órgão, ao apreciar caso no qual um fotógrafo profissional havia doado cópias para realização de uma exposição, salientou que essa transmissão do exemplar não equivaleria à cessão de direitos patrimoniais de autor, que deverão ser sempre realizadas por escrito e de forma expressa (SUPERIOR TRIBUNAL DE JUSTIÇA. Recurso Especial n.º 1.520.978-SP, Relator para o Acórdão Ministro Ricardo Villas Bôas Cueva, julgado em 18 de agosto de 2016. DJe 29/08/2016).

Por se tratar de disposição patrimonial, a cessão é presumidamente onerosa (artigo 50 da LDA). A legislação não estabelece nenhuma parametrização ou forma específica de remuneração pela cessão de direitos. As partes possuem liberdade para negociar livremente os termos da transferência.

Normalmente, as formas mais comuns de remuneração são: (i) valor fixo e definido no ato de assinatura do contrato; (ii) participação na receita líquida do produtor – aquela receita decorrente da exploração da obra audiovisual, descontados impostos, comissões e retenções prioritárias de terceiros; (iii) valor fixo lastreado ao orçamento de produção – de forma que, caso o projeto consiga captar mais recursos para sua produção, maior será a remuneração; e (iv) prêmios de desempenho – que poderão ser valores fixos ou variáveis, mas calculados de acordo com o sucesso da obra no mercado. Estas modalidades podem ser combinadas e alternadas a depender da negociação contratual. Entretanto, vale observar que as três últimas formas de remuneração são comuns apenas em contratos de indivíduos que têm maior relevância na criação da obra – como roteiristas, diretores ou elenco principal – sobretudo se estes já contam com renome no mercado e conseguem negociar esse tipo de remuneração –, ou ainda, quando a produtora realiza a produção audiovisual sob encomenda em favor de um canal, distribuidora ou plataforma de streaming, de modo a resguardar para si alguma participação nos resultados.[16]

Ainda que a cessão seja de praxe onerosa, a lei aceita que esta possa se dar a título gratuito. Essa prática é mais comum para obras criadas pelos próprios sócios das produtoras que, visando satisfazer determinadas exigências formais para aprovação do projeto de captação de recursos e produção da obra audiovisual junto aos agentes financiadores, costumam ceder gratuitamente à própria produtora os direitos sobre o argumento ou, mais raro, por conta da maior complexidade, sobre o roteiro de determinada obra audiovisual, objetivando se remunerar apenas com sua efetiva produção.

---

16 Novamente, vale citar Eduardo V. Manso sobre a onerosidade presumida: "Quer a lei dizer, nesse artigo, que todo o contrato de cessão de direito autoral impõe obrigações a ambas as partes, bem como possibilita, a ambas, vantagens correlatas. Estas, todavia, somente podem ser eventuais em relação ao cessionário, eis que ao cedente sempre haverá de ser proveitosa a cessão. Assim, a cessão de direitos autorais é um contrato oneroso por excelência, por ser bilateral. Porém, tanto pode ser comutativo, como aleatório. Será comutativo quando a remuneração autoral for paga à forfait, como se fosse um verdadeiro preço fixo e irreajustável, supondo-se que o seu valor corresponda à exata vantagem que o cessionário obterá com a exploração da obra, em tese. Na verdade, tal modalidade de pagamento não corresponde ao valor da cessão, não somente porque não se trata, mesmo, de um preço, como porque não é ele fixado com base em cálculos que prevejam uma efetiva equivalência entre esse preço e a vantagem alcançada pelo cessionário com a exploração da obra. [...] O contrato de cessão será aleatório quando a remuneração autoral for proporcional ao resultado da exploração econômica da obra." MANSO, Eduardo V. *Contratos de Direito Autoral.* Op. Cit. p. 28.

2. ASPECTOS PRÁTICOS DA CLÁUSULA DE CESSÃO

A cláusula de cessão de direitos geralmente segue um padrão de escrita reproduzido de modo similar em diversos tipos de contrato. Isso decorre do acúmulo de experiências e de certos consensos formados entre os agentes do setor, inclusive os advogados que nele atuam. Frisa-se que boa parte dos instrumentos contratuais utilizados no setor audiovisual não são típicos, ou seja, não são expressamente previstos e regulamentados no ordenamento brasileiro. Como vimos anteriormente, há bastante liberdade contratual para as partes envolvidas no contrato, uma vez que boa parte das limitações previstas nos artigos 49 a 51 da LDA tratam das situações em que as partes se omitem sobre os elementos constitutivos da cessão, como prazo e território.

Neste tópico, pretendemos tratar de quatro situações em que a cláusula de cessão é comumente utilizada, com aspectos práticos específicos em cada operação: (i) a cessão para inscrição de projetos em programas públicos de fomento; (ii) a opção de compra; (iii) a prestação de serviços criativos; e (iv) os contratos de encomenda de trilha sonora.

No Brasil, grande parte da produção nacional é financiada por meio de programas públicos de fomento direto ou indireto, que poderão custear a obra audiovisual por diversos mecanismos, como: o financiamento, com direito de reembolso pela Administração Pública; o pagamento de prêmios e a concessão de incentivos fiscais para patrocinadores. Para fazer jus a estes recursos, a produtora sempre terá de submeter seu projeto da obra audiovisual para o respectivo gestor do programa. Neste caso, o ente público responsável costuma solicitar que a produtora comprove que possui a titularidade de direitos autorais sobre o projeto que está propondo.

Diante dessa exigência, as produtoras firmarão contratos de cessão com os criadores de obras que serão adaptadas (como livros) ou com autores de argumentos e roteiros de modo a demonstrar a regularidade dos direitos.[17]

---

17 Citamos, a título de exemplo, a Instrução Normativa n.º 158, de 23 de dezembro de 2021 da Agência Nacional de Cinema (ANCINE), que dispõe o seguinte: "Art. 28. Para solicitar a aprovação para execução do projeto, a proponente deverá encaminhar formulário específico, disponível no sítio eletrônico da ANCINE, bem como documentação comprobatória da captação do valor mínimo exigido para a realização do projeto, além dos seguintes documentos, conforme a modalidade do projeto: I – projetos de desenvolvimento: [...] b) no caso de obra audiovisual derivada de criação intelectual pré-existente, contrato de cessão ou opção de direitos para constituição de obra derivada, ambos contendo cláusula com prazo mínimo de cessão ou opção de 1 (um) ano e opção de renovação prioritária; [...] d) contrato de cessão ou opção de direitos relativos ao autor do argumento ou roteiro, adaptado ou original, conforme o caso; e [...] III – projetos de produção: c) contrato de cessão ou opção de direitos para constituição de obra derivada, se for o caso; [...] e) contrato de cessão ou opção de direitos relativos ao autor do argumento ou roteiro, adaptado ou original, conforme o caso".

Muitas produtoras acabam por assinar termos demasiadamente simples, tão somente para cumprir com o requisito burocrático do programa de fomento. Isso ocorre por diversos motivos: o órgão gestor não faz uma análise aprofundada sobre o instrumento apresentado, as produtoras "culturalmente" não gostam de documentos complexos e extensos – inclusive pelo receio de se indispor com os criadores na etapa inicial do projeto –, além de haver escassez de recursos para contratação de serviços jurídicos antes da captação de recursos.

Por conseguinte, são firmadas operações de cessão sem graus de detalhamento satisfatórios sobre o escopo, prazo, território, mídias e outros aspectos relevantes para compreensão e definição da abrangência desta operação. Isso pode levar a uma série de dúvidas posteriores sobre o estado da cessão de direitos.

A título de exemplo, estes modelos resumidos e amplamente adotados pelas produtoras, pecam sobretudo por não fixarem previsão sobre a eventual reversibilidade da cessão caso o proponente não seja contemplado naquele respectivo programa. Afinal, se a produtora não for exitosa em um determinado edital de fomento ou não tiver seu projeto aprovado para captação de recursos incentivados, é razoável supor que os direitos patrimoniais de autor voltariam para o respectivo criador. Contudo, na ausência de cláusulas expressas sobre o assunto, surgirão questões sobre quem será o titular destes direitos no insucesso da captação.

Além disso, estes termos também são omissos a respeito de outras condições ou compromissos acordados verbalmente entre as partes. Há situações em que o autor do argumento concorda em ceder os direitos para que a produtora inscreva o projeto, sob a condição de ser contratado como roteirista caso os recursos sejam liberados. Todavia, nas minutas simplificadas esse tipo de exigência não é prevista, fragilizando assim a sua execução, ainda que fixada em negociações como elemento fundamental da cessão.

Por estes motivos, o ideal é que o contrato de cessão, ainda que condicionado a um evento futuro, como a seleção e aprovação do ente público, tenha um razoável grau de detalhamento, recomendando-se às partes estabelecer e formalizar desde logo o acordo em torno da cessão. Caso o ente público forneça um modelo predefinido no edital de seleção de projetos e caso esta minuta não seja condizente com o acordo, as partes deverão avaliar se é caso de assinar um primeiro documento para fins burocráticos e um aditivo para estabelecer os demais critérios, condições, direitos e obrigações efetivamente negociados na cessão.

Indo adiante, a cláusula de cessão também é fundamental nos chamados contratos de opção de cessão de direitos. Por meio deste instrumento, a produtora reserva para si a exclusividade sobre a opção da compra dos direitos para realização da obra audiovisual a partir de alguma obra já existente como um livro, história em quadrinhos, argumento, roteiro e até uma música, durante certo prazo. Nesse ínterim, a produtora irá prospectar potenciais financiadores no mercado e, caso tenha sucesso, irá exercer sua opção de adquirir os direitos definitivamente, pagando a remuneração previamente acordada.

A rigor, na prática, a opção de compra pode ser formalizada por dois meios que possuem consequências praticamente idênticas: (i) um licenciamento que se converte em cessão; ou (ii) uma cessão temporária que se torna definitiva. A segunda opção é o formato mais usual no mercado audiovisual brasileiro, pois fixa desde cedo a titularidade dos direitos em favor da produtora.

O período inicial da opção de compra pode ser outorgado a título oneroso ou gratuito. Este prazo inicial da opção costuma ser de vinte e quatro meses, prorrogáveis por mais doze meses, sendo que as partes podem livremente pactuar um valor para o caso de renovação se assim entenderem adequado. É importante que se busque esclarecer na minuta quais são as condições que eventualmente viabilizarão essa renovação do prazo de opção. Como alternativa ao pagamento, por exemplo, a produtora pode demonstrar que há potenciais financiadores do projeto ou tratativas já em andamento, ganhando assim maior prazo para exercício da opção.

Normalmente, obras de autores conhecidos, já premiadas, com sucesso de venda, ou ainda, que tratem de algum tema "em alta" no mercado audiovisual costumam ensejar algum tipo de remuneração já nessa primeira etapa. Ademais, se o autor dispuser de algum poder de barganha, ele poderá tentar negociar algumas garantias e prerrogativas como o posicionamento de destaque nos créditos, acompanhamento da produção e filmagem e prioridade para prestar serviços em alguma etapa do projeto.

No setor audiovisual, é também usual a previsão de uma cláusula de primeira oferta ("*first offer*" ou "*right of first negotiation*") e última recusa ("*last refusal*") em favor do cedente de direitos autorais. No primeiro caso, a cessionária se compromete a, antes de contratar terceiros para uma dada função, ofertar uma proposta prioritariamente ao cedente. Este terá um prazo para manifestar seu interesse ou não na prestação dos serviços nos termos propostos. Na última recusa, antes de fechar a contratação de terceiros, a cessionária deve oferecer a mesma proposta vigente e já apresentada para o cedente, dando-lhe a oportunidade de prestar os serviços nestes termos. Outrossim, o cedente terá um prazo para concordar ou não com os termos ofertados.[18]

18 Sobre a utilização destas cláusulas no modelo de contratação americano, conferir: LITWAK, Mark. *Contracts for the film & Television Industry*. Los Angeles: Silman-James Press, 2012, p. 7. LITWAR, Mark. *Dealmaking in the film & television industry: from negotiations to final contracts*. 2ª edição. Los Angeles: Silman-James Press, 2002, p. 60-61, 65.

Caso algum agente do setor já disponha de recursos para adquirir obra de seu interesse, as partes poderão negociar a cessão direta e definitiva, sem necessidade de um prazo inicial para a opção. Neste caso, vale a observação de que a cessionária buscará sempre garantir a cessão dos direitos patrimoniais da forma mais ampla, irrestrita e sem quaisquer ônus, condições ou limitações de qualquer natureza, sem prejuízo do cedente tentar negociar para si algumas reservas, direitos e garantias associados à cessão.

Quando se trata de obras audiovisuais baseadas em obras literárias preexistentes que já tenham sido publicadas e comercializadas (em oposição a, por exemplo, um roteiro audiovisual que, por sua própria natureza, não é geralmente publicado e comercializado por si só), frequentemente são estabelecidas restrições, como, por exemplo, a impossibilidade de produção de obras audiovisuais derivadas (sequências ou prequelas) sem que haja uma nova cessão ou, ainda, o pagamento de determinada remuneração já prevista no contrato original. Outra possibilidade é prever um limite temporal à exclusividade sobre os direitos de adaptação ao formato audiovisual da cessionária, de modo que, após tal prazo, o titular originário de direitos poderá ceder os mesmos direitos de adaptação a terceiros para novas derivações.

Em terceiro lugar, devemos destacar o contrato de prestação de serviços criativos, ou seja, aquele que envolve algum tipo de contribuição criativa (roteiristas, diretores, editores de vídeo, entre outros). Uma vez que as entregas acordadas em contrato são protegidas pelos direitos autorais, a produtora contratante e cessionária deve se certificar de que o produto dos serviços será objeto de cessão de direitos e, se for o caso, qual a remuneração paga por tal entrega. Habitualmente, as partes convencionam que 70% do valor do contrato serve para remunerar a cessão de direitos e 30% a prestação de serviços, porcentagens estas que podem ser invertidas por convenção a depender do entendimento das partes sobre a importância da criação no contexto do projeto. Não há um fundamento legal para tanto, sendo essa uma prática comercial motivada pelos efeitos fiscais da operação e que tem encontrado respaldo na análise de prestação de contas de projetos realizados dentro da ANCINE.

A seguir, transcrevemos um exemplo de cláusula de cessão de direitos patrimoniais de autor aplicável para o caso de prestadores de serviços criativos, considerando: (a) uma hipótese na qual há uma cessão ampla e sem limitações; (b) a inclusão do responsável pela prestação de fato como interveniente-anuente; e (c) a contratação de sua empresa:

> Por meio do presente instrumento, a CONTRATADA e o(a) ANUENTE cedem à CONTRATANTE, a título oneroso, universal, definitivo, irrevogável, exclusivo e irretratável, a totalidade dos direitos de propriedade intelectual,

inclusive direitos patrimoniais de autor, decorrentes de sua prestação dos serviços e incidentes sobre as entregas acordadas, para livre utilização, exploração e disposição da CONTRATANTE, por si ou mediante a terceiros, sem quaisquer limitações de território, mídia, suporte, tecnologia, finalidade, forma de uso, modalidades de aproveitamento e/ou quantidade, pelo prazo máximo de proteção previsto na legislação.

Em razão da referida cessão, a CONTRATADA e o(a) ANUENTE não terão quaisquer direitos de propriedade intelectual, de natureza patrimonial, sobre as criações, entregas e/ou os conteúdos e/ou quaisquer materiais resultantes e/ou relacionados à prestação dos Serviços, tampouco sobre a obra audiovisual. A CONTRATADA e o(a) ANUENTE reconhecem e aceitam que a obra audiovisual é de propriedade patrimonial única e exclusiva da CONTRATANTE, a qual caberão todas as decisões comerciais, estéticas e estratégicas envolvendo sua exploração.

Dentre os direitos compreendidos na presente cessão, estão todos aqueles expressamente referidos na Lei n.º 9.610/98, para livre utilização, exploração e disposição do resultado dos serviços e da obra e seus elementos, no todo ou em parte, de forma simultânea ou não, sem quaisquer limitações, restrições, ônus ou condições, sem a necessidade de prévia e expressa autorização ou remuneração adicional à CONTRATADA e/ou ANUENTE, inclusive, a título exemplificativo, os direitos de:

(i) Adaptação, modificação, continuação, edição e quaisquer outras formas de transformação do resultado dos serviços para fins de produção e exploração da obra audiovisual;

(ii) Fixação, sincronização e reprodução dos resultados dos serviços para exploração da obra através de qualquer tipo de suporte material ou digital – sem quaisquer restrições de tiragem;

(iii) Exibição, disponibilização, publicação, veiculação, comunicação ao público, transmissão da obra audiovisual em quaisquer mídias, meios ou tecnologias, sejam elas analógicas ou digitais, tais como cinema, extra-cinema, vídeo doméstico (tais como fitas, CDs, DVDs e Blue-Ray), televisão aberta ou fechada, vídeo sob demanda (inclusive todas as modalidades de *streaming*), radiodifusão e telefonia móvel, sistemas de projeção, entre outras;

(iv) distribuição e exploração em quaisquer modalidades de transporte, de massa ou não, tais como aviões, embarcações, trens, ônibus, dentre outras;

(v) Utilização e exploração de extratos, trechos, partes e elementos criativos ou inventivos da obra audiovisual, incluindo, mas não se limitando a marcas, personagens, roteiros, tramas e nomes, isoladamente ou em conjunto com esta, para quaisquer finalidades, tais como trilhas sonoras, bens de consumo, subprodutos em geral, arquivos digitais criptografados e não fungíveis, tais como *non fungible tokens* ("NFTs"), e materiais promocionais e publicitários;

(vi) Legendagem, dublagem e/ou sobreposição da voz, inserção de libras e qualquer outra forma de inclusão e alteração para ampliação da comunicação e/ou exploração da mesma;

(vii) Produção, exibição, adaptação, disponibilização, distribuição e comercialização de eventuais obras derivadas da obra audiovisual e quaisquer de seus elementos, incluindo, mas não limitado, a sequências, adaptações para o formato seriado, prequelas, sequências, continuações, derivações, refilmagens, "spin offs" de personagens, novelas e séries dramáticas, mini-séries e novas temporadas, bem como derivações de natureza não audiovisual;

(viii) Cessão ou licença de direitos relativos à obra e quaisquer de seus elementos, incluindo roteiro, argumento, materiais, criações, títulos, personagens, marcas, produtos e demais elementos criados ou adaptados pela CONTRATANTE, a terceiros;

(ix) Registro da Obra e de quaisquer elementos da Obra como marca nos órgãos responsáveis;

(x) Apresentação do projeto de realização da Obra em linhas, programas e políticas de apoio, incentivo e fomento à produção e/ou distribuição audiovisual, sejam eles públicos ou privados;

(xi) Todas as modalidades previstas no artigo 29, da Lei n.º 9.610/98, em quaisquer formatos, mídias, tecnologias ou meios, para qualquer modalidade de uso ou aproveitamento, existentes ou que venham a existir, assegurando-se assim a livre e definitiva exploração da Obra e seus elementos pela CONTRATANTE.

Caso solicitado pela CONTRATANTE, a CONTRATADA deve providenciar os termos de cessão de direitos de seus sócios, contratados, empregados e/ou demais terceiros a ela relacionados para cumprir as previsões desta cláusula.

> A presente cessão de direitos se torna perfeita e acabada no momento da assinatura deste Contrato, em caráter permanente, independente do cumprimento das demais obrigações assumidas pelas partes, que estarão sujeitas a execução específica e/ou conversão em perdas e danos nos termos da lei.

Como é possível perceber, a cláusula busca definir de forma abrangente o escopo da cessão, inclusive a respeito das modalidades de aproveitamento, o território e o prazo, de modo a não incorrer nas limitações dos artigos 49 a 52 da LDA. Vale ainda destacar alguns outros detalhes desta redação.

Note-se que a cláusula reforça que a cessão se dá a título definitivo, irrevogável e irretratável. A intenção é evitar a insegurança jurídica de que a cessão poderia de alguma forma ser cancelada, podendo acarretar a suspensão da produção ou exploração da obra audiovisual. Esse cuidado costuma se refletir em outras duas cláusulas. Contratos dessa natureza também costumam estabelecer que a cessão permanecerá vigente por todo o prazo de proteção da obra audiovisual mesmo na hipótese de eventual extinção antecipada do instrumento. Além disso, costuma-se prever que, em caso de eventual lide entre as partes contratantes, a cessionária não ajuizará quaisquer medidas que visem dificultar ou impedir a circulação e exploração da obra audiovisual, limitando-se a pleitear a reparação patrimonial por eventuais danos.

Utiliza-se também o termo "exclusivo" ao tratar da cessão de direitos, esclarecendo que a transmissão dos direitos patrimoniais de autor é feita unicamente em favor da cessionária, evitando-se assim a existência de cotitularidades que possam prejudicar a exploração da obra audiovisual. A rigor, pode-se argumentar que a exclusividade é um elemento inerente de toda e qualquer cessão de direitos, uma vez que há, afinal, a própria transmissão de titularidade dos direitos, ainda que de parte deles (no caso de haver uma cessão parcial). De todo modo, a fim de evitar divergências de interpretação, adota-se o termo em cláusulas dessa natureza.

Além disso, a cláusula também esclarece que a obra audiovisual poderá ser explorada sem limitações de quantidade de qualquer natureza (tiragem de mídia, número de exibições e assim por diante). Trata-se de mais uma cautela na redação em virtude da interpretação restritiva dos negócios jurídicos envolvendo direitos autorais (conforme artigo 4º, da LDA).

Em sentido semelhante, a cláusula traz diversos exemplos sobre as diferentes formas de uso e modalidades de aproveitamento da obra audiovisual. Vale observar que há modelos de contratos que são muito mais extensos e detalhistas na definição do escopo da cessão, justamente para assegurar que quaisquer hipóteses estão literalmente contempladas na operação. Tais modelos, por cautela, costumam misturar elementos bastante distintos entre si como modelos de negócios, tecnologias de transmissão e fixação e locais de reprodução em um único e extenso texto, chegando ao ponto de mencionar usos bastante pitorescos das obras, e até defasados como reprodução em Laser Disc, pagers e plataformas petroleiras. Como mencionado acima, isso decorre da ausência de uma definição normativa clara e um padrão jurisprudencial bem definido a respeito do que constituiria "nova modalidade de utilização".

O exemplo de cláusula citado neste artigo também prevê que a contratada deve providenciar outros documentos de seus sócios, contratados, empregados ou demais terceiros a ela relacionados para assegurar a cessão. Essa disposição possui uma dupla função. De um lado, visa assegurar a transferência dos direitos patrimoniais de autor de eventuais terceiros que tomem parte dos serviços por iniciativa da contratada, mas que não sejam parte contratual do contrato em que a cessão é prevista. De outro, caso algum terceiro interessado, por exemplo, uma distribuidora ou financiador da obra audiovisual, não esteja convencido ou satisfeito com a redação trazida pelo contrato de prestação dos serviços e exija a assinatura de um novo documento, a contratada se compromete a providenciá-lo sem ônus à contratante, apenas como uma forma de ratificar o quanto já previsto na cessão original.

A cláusula de cessão também estará presente quando a produtora audiovisual for contratada para produzir e entregar a obra audiovisual em regime de encomenda. Neste caso, a parte contratante é o agente financiador, que custeia o orçamento de produção, tal como uma distribuidora, um canal de televisão ou uma plataforma de *streaming*. Este contrato, conhecido como "*Production Services Agreement*" ou "*PSA*", determina a cessão dos direitos patrimoniais de autor sobre a obra audiovisual em favor da contratante, em moldes semelhantes aos citados acima.

O financiador impõe contratualmente que cabe à produtora a responsabilidade de obter todas as cessões sobre as contribuições criativas que integram a obra audiovisual, às quais serão cedidas posteriormente ao financiador. Por esse motivo, é comum que os contratos da produtora nesta produção reproduzam um texto idêntico ou muito semelhante ao da cláusula de cessão constante no "PSA", assegurando que o escopo almejado pelo financiador seja atendido.

Por fim, cumpre-nos tecer algumas considerações a respeito do contrato de prestação de serviços para produção de trilhas sonoras. Neste caso específico, temos uma disputa acirrada em torno da chamada execução pública das obras musicais e fonogramas (as gravações musicais), que ocorre quando há uma utilização dessas criações em locais de frequência coletiva como bares, restaurantes, casas de espetáculo, lojas entre outros.[19]

Como já observado anteriormente, o uso regular das músicas e fonogramas dependeria da autorização de seus titulares. Porém, seria praticamente impossível que cada compositor, arranjador, intérprete e demais agentes do setor fiscalize a regularidade dos direitos autorais sobre cada execução musical no País e resto do mundo. Por esse motivo, historicamente, estes organizam-se em torno de associações, que assumem esse papel de fiscalização, arrecadação de pagamentos pela execução pública e respectiva distribuição entre os titulares. No Brasil, esta atividade é desempenhada especialmente pelo Escritório Central de Arrecadação e Distribuição (ECAD).

Tais valores devidos pela execução pública podem constituir uma renda bastante importante para os músicos, o que pode gerar um ponto de tensão com a produtora audiovisual. Do lado da contratante que encomenda da trilha sonora, espera-se obter uma cessão completa e irrestrita dos direitos sobre as composições musicais, arranjos e interpretações que serão incorporados ao filme – o que impactaria, portanto, o direito de recebimento dos autores pela execução pública. Do ponto de vista dos músicos, há uma visão corrente de que as entregas combinadas em contrato deverão permanecer sobre sua titularidade, outorgando-se à produtora apenas o direito de sincronização das músicas na obra audiovisual.

Em termo negociais e jurídicos, os impasses costumam ser mediados em dois caminhos possíveis. Em uma primeira alternativa, o prestador de serviço de fato cede todos os direitos sobre as composições e gravações, mas reserva para si a remuneração pela execução pública a ser paga pelo ECAD. Em um

19 De acordo com a Lei de Direitos Autorais: "Art. 68. Sem prévia e expressa autorização do autor ou titular, não poderão ser utilizadas obras teatrais, composições musicais ou lítero-musicais e fonogramas, em representações e execuções públicas. § 1º Considera-se representação pública a utilização de obras teatrais no gênero drama, tragédia, comédia, ópera, opereta, balé, pantomimas e assemelhadas, musicadas ou não, mediante a participação de artistas, remunerados ou não, em locais de freqüência coletiva ou pela radiodifusão, transmissão e exibição cinematográfica. § 2º Considera-se execução pública a utilização de composições musicais ou lítero-musicais, mediante a participação de artistas, remunerados ou não, ou a utilização de fonogramas e obras audiovisuais, em locais de freqüência coletiva, por quaisquer processos, inclusive a radiodifusão ou transmissão por qualquer modalidade, e a exibição cinematográfica. § 3º Consideram-se locais de freqüência coletiva os teatros, cinemas, salões de baile ou concertos, boates, bares, clubes ou associações de qualquer natureza, lojas, estabelecimentos comerciais e industriais, estádios, circos, feiras, restaurantes, hotéis, motéis, clínicas, hospitais, órgãos públicos da administração direta ou indireta, fundacionais e estatais, meios de transporte de passageiros terrestre, marítimo, fluvial ou aéreo, ou onde quer que se representem, executem ou transmitam obras literárias, artísticas ou científicas."

segundo caminho, o prestador retém para si os direitos autorais sobre as composições (ainda que os licencie para sincronização na obra), mas cede os direitos sobre os fonogramas de forma irrestrita à produtora.[20]

3. POLÊMICAS E DESAFIOS CONTEMPORÂNEOS EM TORNO DA CLÁUSULA DE CESSÃO

A cláusula de cessão de direitos patrimoniais de autor é o ponto central nas disputas econômicas e jurídicas no mercado audiovisual brasileiro atualmente. Isso vem se dando, sobretudo, em função da influência norte-americana na indústria brasileira, visto que, nos últimos anos, os principais agentes financiadores de obras audiovisuais produzidas no Brasil foram plataformas de *streaming* sediadas nos Estados Unidos.

A partir de 2019, o modelo de financiamento público brasileiro encabeçado pela Agência Nacional de Cinema (ANCINE) e o Fundo Setorial do Audiovisual (FSA) entrou em crise. O diretor presidente decidiu suspender novos editais de financiamento e contratações com os agentes do setor sob o pretexto de que uma decisão do Tribunal de Contas da União que, a rigor, não ordenava essa interrupção. Isso fez com que as produtoras precisassem buscar alternativas de custeio de suas atividades no mercado privado.

Coincidentemente, esse também foi um período em que as plataformas de vídeo sob demanda (*streaming*) ampliaram os investimentos na produção nacional. Todavia, estas empresas contratam a realização das produções no modelo sob encomenda inspirado no trabalho sob encomenda ("*work for hire*") do direito estadunidense, no qual todos os direitos patrimoniais de autor são integralmente transferidos, sem restrições ou condições, para a contratante. Essa aquisição completa dos direitos é chamada no setor de *buyout*. Desse modo, na ausência de alternativas públicas de financiamento, as produtoras brasileiras tornaram-se prestadoras de serviços dessas companhias estrangeiras.[21]

---

20 Sobre o assunto, conferir: SOLER, Alessandro; MENEZES, Andrea. Precisamos falar sobre Buy-Out. In: *Revista UBC*, Rio de Janeiro, n. 44, p.20-25, mai. 2020. Disponível em: https://issuu.com/ubc-uniaobrasileiradecompositores/docs/revista_ubc_44. Acesso realizado em 27.02.2023.

21 O instituto do work for hire está previso na legislação de *coypright* americana, no 17 USC § 101, em tradução livre: "Um 'trabalho feito por encomenda' é – (1) um trabalho preparado por um empregado no âmbito de seu emprego; ou (2) um trabalho especialmente encomendado ou encomendado para uso como contribuição para um trabalho coletivo, como parte de um filme ou outro trabalho audiovisual, como tradução, como trabalho suplementar, como compilação, como texto instrutivo, como um teste, como material de resposta para um teste, ou como atlas, se as partes concordarem expressamente em um instrumento escrito assinado

Ocorre que, no modelo de contrato praticado em tais operações, quando a produtora aliena os direitos patrimoniais de autor sobre as obras audiovisuais, esta deixa de ter participações nas receitas de exploração da obra e nem sempre terá a garantia de que irá participar da produção de sequências, novas temporadas ou outras formas de derivação. Em outras palavras, apesar de se tratar de uma criação e produção nacional, não há garantias de que as produtoras e demais agentes nacionais terão algum tipo de benefício no resultado da obra. Atualmente, essa modelagem jurídica é imposta nos contratos e há pouco ou nenhum poder de barganha.

Conforme mencionado acima, como a produtora se compromete com uma cessão bastante abrangente e com terminologias próprias do contrato de produção sob encomenda, a prática habitual é reproduzir estes mesmos termos em todo o minutário do projeto. Logo, estes mesmos termos são replicados nos contratos de todos os demais agentes da produção, reproduzindo não apenas as peculiaridades decorrentes da legislação americana, mas os padrões de cessão irrestrita.

Esse fato acaba por gerar questionamentos por parte dos prestadores de serviço criativos mais relevantes. Roteiristas, por exemplo, também precisam aceitar uma cláusula de cessão que não lhes garante qualquer remuneração recorrente ou adicional, mesmo quando seu trabalho dá frutos para a contratante e viabiliza novas temporadas de séries ou sequências de filmes. Recentemente, a Associação Brasileira de Autores Roteiristas chegou a apresentar ao Ministério Público do Trabalho no Rio de Janeiro e em São Paulo um pedido de mediação para que fosse avaliado o regime de contratação de roteiristas para produções financiadas por plataformas de vídeo sob demanda, questionando as condições impostas por tais agentes, especialmente em relação à renúncia ao direito sobre eventuais valores arrecadados por associações de gestão coletiva de direitos e a menção à obra sob encomenda.[22]

---

por elas que o trabalho será considerado um trabalho feito por encomenda. Para os fins da frase anterior, uma 'obra suplementar' é uma obra preparada para publicação como complemento secundário de uma obra de outro autor com o propósito de introduzir, concluir, ilustrar, explicar, revisar, comentar ou auxiliar no uso da outra obra, como prefácio, após palavras, ilustrações pictóricas, mapas, quadros, tabelas, notas editoriais, arranjos musicais, material de resposta para testes, bibliografias, anexos e índices, e um 'texto instrutivo' é uma obra literária, pictórica ou gráfica preparada para publicação e com o propósito de ser utilizada em atividades instrutivas sistemáticas."

22 ASSOCIAÇÃO BRASILEIRA DE AUTORES ROTEIRISTAS. *ABRA entra no ministério público contra práticas abusivas de empresas de streaming*. São Paulo, 2022. Disponível em: https://abra.art.br/blog/2022/09/09/abra-entra-no-ministerio-publico-contra-praticas-abusivas-de-empresas-de-streaming/ . Acesso realizado em 24.02.2023.

Fato é que, dada a necessidade de sobrevivência e manutenção de sua produção, as produtoras aceitam modelos de contratação que não lhes garantem direitos de participação nos frutos da obra. Pela própria lógica do setor, essa prática é imposta à toda a cadeia produtiva. A questão que se coloca, portanto, é o surgimento (ou aprofundamento) de laços de dependência cultural e econômica entre a produção local e o capital internacional, em plena desarmonia com o próprio programa constitucional de tutela da soberania nacional e de promoção do desenvolvimento, previstos nos artigos 1º, 3º, 170 e 219 da Constituição Federal Brasileira de 1988, em especial.

Queremos dizer que o regime jurídico dos direitos autorais, tal como posto pela LDA, não dá conta das disputas políticas e econômicas em torno da retenção e apropriação da titularidade sobre as criações em um sentido mais estratégico para o País e alinhado aos objetivos constitucionais. Atualmente, o assunto está sendo discutido no âmbito de diversos projetos de lei que visam regulamentar o *streaming* no Brasil, por exemplo Projeto de Lei n.º 8.889/17.[23] As medidas legislativas propostas envolvem a instituição da obrigatoriedade de recolhimento da Contribuição para o Desenvolvimento da Indústria Cinematográfica Nacional (CONDECINE) pelas plataformas, a qual é revertida em recursos para que o FSA reinvista na área, além da previsão de cotas para obras nacionais, o que pode aumentar o poder de barganha das produtoras nacionais em tais negociações.

Nestes termos, a solução ora posta encontra-se mais no âmbito do direito econômico do que na revisão da legislação de direitos autorais. Contudo, em um exercício de imaginação institucional, poderíamos prever soluções alternativas também no âmbito de uma revisão da LDA. Afinal, os direitos autorais não se prestam apenas a regular a relação privada entre autor e sua obra ou entre contratantes. Trata-se de um ordenamento que estabelece as formas de apropriação, circulação e distribuição das obras audiovisuais, tanto em seu aspecto econômico quanto cultural.

Assim, é possível rediscutir os aspectos críticos do mercado audiovisual contemporâneo, de modo a dar maior capacidade de desenvolvimento para os agentes nacionais, a partir do estabelecimento de novas regras de cessão de direitos. Neste contexto, seria bem-vindo: o estabelecimento de padrões mínimos de remuneração; a sedimentação de prerrogativas ou preferências em novas contratações envolvendo a mesma obra; a inclusão de certos limites mais específicos ao escopo da cessão, dentre outros. Trata-se de uma agenda complexa, mas fundamental para o setor no presente momento.

---

23 Disponível em https://www.camara.leg.br/proposicoesWeb/fichadetramitacao?idProposicao=2157806. Acesso em 28.02.2013.

CONCLUSÕES

A atual Lei de Direitos Autorais brasileira passou por um longo trâmite legislativo e muitos de seus dispositivos são considerados pela doutrina como ultrapassados ou insuficientes para lidar com os desafios econômicos, culturais e jurídicos contemporâneos, sobretudo com a disseminação da internet e das tecnologias digitais nas últimas décadas. O próprio setor audiovisual passou por imensas transformações desde a aprovação da LDA, com novas experiências de autoria colaborativa, aproveitamento de mecanismos de inteligência artificial em processos criativos, produção de obras em maior escala e muito mais desterritorializada, integração entre diferentes mídias, como os videogames e, claro, as plataformas de vídeo sob demanda como nova janela de exibição.

A cláusula de cessão provavelmente continuará sendo um ponto central dos debates em torno da revisão e aprimoramento da legislação, uma vez que nela convergem os debates sobre a retribuição patrimonial pela criação dos autores. É certo que o regime jurídico de remuneração pelo aproveitamento de obras não se resume ao regime jurídico da cessão, como vimos a respeito da execução pública, por exemplo, mas a disciplina jurídica da cessão continuará sendo um fator decisivo na conformação dos negócios e do mercado audiovisual.

Neste artigo, apresentamos as disposições atuais da referida norma, sua aplicação em casos concretos e alguns pontos polêmicos contemporâneos. A agenda de pesquisa na área ainda é fértil e o tema merece aprofundamento, sobretudo considerando a especificidade de cada um dos agentes e segmentos da cadeia do audiovisual. Evidentemente, a cessão que se opera entre roteirista e produtores, produtoras e coprodutoras, produtoras e financiadores possui especificidades que demandam uma análise pormenorizada.

74. CONDIÇÕES PRECEDENTES: ATIPICIDADE E DISCIPLINA JURÍDICA

Osny da Silva Filho
Sergio Lima Dias Junior

INTRODUÇÃO*

Condições precedentes são cláusulas que subordinam a exigibilidade de uma prestação a evento incerto, mas certificável até o termo do contrato. Originam-se no *common law* anglo-americano, onde se definem como "fato diferente da mera passagem do tempo que precisa existir ou ocorrer antes que o dever de execução imediata de uma promessa advenha."[1] Assemelham-se, em sua estrutura e em suas funções, às condições suspensivas dos sistemas

* Agradecemos a Yasmin Bewiahn Saba Relvas, Giacomo Grezzana, André Nunes Conti, Caio Henrique Yoshikawa e Gabriel Buschinelli por comentários e sugestões.

1 Henry Campbell Black, *Black's Law Dictionary: Definitions of the Terms and Phrases of American and English Jurisprudence, Ancient and Modern*, 6. ed., St. Paul: West, 1990 (1891), s.v. condition, p. 293 ("*A fact other than mere lapse of time which must exist or occur before a duty of immediate performance of a promise arises*").

jurídicos de matriz romano-germânica,[2] embora nem sempre se submetam ao seu regime jurídico.[3]

Em nome próprio, condições precedentes ocorrem sobretudo em contratos de compra e venda de participação societária de formação sucessiva ou execução diferida – os *share purchase agreements* das operações de M&A, no jargão anglófilo. Também se estabelecem com frequência em instrumentos de *project finance*, em contratos de concessão e parcerias público-privadas no setor de infraestrutura, em contratos coligados de compra e venda, permuta e financiamento imobiliário, e noutros contratos de duração atípicos. Flexíveis e

---

2 A literatura doutrinária brasileira dedicada a condições em sentido típico – condições suspensivas e resolutivas, nos termos do artigo 121 do Código Civil – é vasta. Destacamos os trabalhos de Eduardo Espínola, Dos factos jurídicos no Código Civil brasileiro, Parte II, Das modalidades dos actos juridicos, in Paulo de Lacerda (org.), *Manual do Codigo Civil brasileiro*, vol. III, Parte Geral. Dos factos jurídicos, Rio de Janeiro: Jacintho Ribeiro dos Santos, 1926, pp. 1–705; Nehemias Gueiros, *Da condição*: em face do codigo civil, Recife: Jornal do Comercio, 1935; Silvio Rodrigues, Da retroatividade e da irretroatividade das condições (1959), *RDCC*, São Paulo, v. 4, pp. 367–375, jul./set. 2015; Vicente Ráo, *Ato jurídico*. Noção. Pressupostos. Elementos essenciais e acidentais. O problema do conflito entre os elementos volitivos e a declaração, 3. ed., São Paulo: Saraiva, 1981 (1961); Francisco dos Santos Amaral Neto, *Da irretroatividade da condição suspensiva no direito civil brasileiro*, Rio de Janeiro: Forense, 1984; Carlos Alberto Dabus Maluf, *As condições no direito civil*: potestativa, impossível, suspensiva, resolutiva, 3. ed., São Paulo: Saraiva, 2011 (1991); Zeno Veloso, *Condição, termo e encargo*, São Paulo: Malheiros, 1997; Luciano de Camargo Penteado, Cláusulas típicas do negócio jurídico: condição, termo e encargo – arts. 121 a 137, in Renan Lotufo e Giovanni Ettore Nanni (org.), *Teoria Geral do Direito Civil*, São Paulo: Atlas, 2008. p. 468–489; Gustavo Tepedino e Milena Donato Oliva, Notas sobre a condição no negócio jurídico, *RDCC*, São Paulo, v. 16, pp. 61–83, 2018; Fernanda Mynarski Martins-Costa, *Condição suspensiva*: função, estrutura e regime jurídico, São Paulo: Almedina, 2017. Nesta coletânea, remetemos aos textos de George Ibrahim Farath, Doação, encargo, condições, e reversão; e Giovana Benetti, A condição suspensiva e o art. 129 do Código Civil: a vedação à provocação e ao evitamento malicioso da condição.

3 A aplicabilidade do regime jurídico típico das condições a condições precedentes é questão apenas recentemente considerada pela doutrina. As primeiras referências incluem Judith Martins-Costa, *A boa-fé no direito privado*. Critérios para a sua aplicação, 2. ed., São Paulo: SaraivaJur, 2018, pp. 431–435; Caio Raphael Marotti de Oliveira, *A cláusula pro-sandbagging (conhecimento prévio) em contratos de alienação de participação acionária*, Dissertação (Mestrado em Direito Comercial), Faculdade de Direito, Universidade de São Paulo, São Paulo, 2020; Fernanda Mynarski Martins-Costa, *Execução diferida nos contratos de M&A*, São Paulo: Almedina, 2022, e antes, *Condição suspensiva*: função, estrutura e regime jurídico, São Paulo: Almedina, 2017; João Felipe Martins de Almeida, Direitos e deveres das partes durante o estado de pendência em contratos de M&A, *Revista Semestral de Direito Empresarial*, Rio de Janeiro, n. 32, pp. 213–232, jan./jun. 2023; e Giacomo Grezzana e Marcos dos Santos Lino, Aspectos jurídicos das condições precedentes em operações de fusões e aquisições no Brasil: o caso das condições precedentes de entrada ou "gating conditions", in Luis Fernando Guerrero (coord.), Nathalia Jordão, Fernanda Gomes Barjud Silva e Hugo Tubone Yamashita (orgs.), *M&A e Reestruturação de empresas*. Estudos do Comitê de M&A e Reestruturação de Empresas da CAMARB, São Paulo: Quartier Latin, 2023, pp. 49–71.

plurivalentes, funcionam como chave-mestra para a conformação de diferentes programas contratuais.

Seu conteúdo varia de acordo com a complexidade do negócio jurídico a que se apõem. Em negócios mais simples, encontramos fórmulas como "*Condição precedente*. A transmissão do bem deve ser precedida da entrega de tal documento", ou então "As partes acordam que a conclusão do contrato se subordina à aprovação de determinada autoridade". Essas subordinações podem ser disjuntivas ou conjuntivas, conforme se acionem pela verificação de apenas um ou de todos os eventos condicionantes. Em negócios mais complexos, como os empregados nas já mencionadas operações de M&A, condições precedentes usualmente se articulam como *clausulados*: conjuntos de disposições inter-relacionadas que enunciam não apenas subordinações a eventos condicionantes, mas regras particulares da disciplina condicional.[4]

Vale considerarmos desde logo um exemplo deste último caso, que servirá de referência para as hipóteses, consequências e atribuições apresentadas ao longo da exposição:

> "*Condições Precedentes*. A obrigação da Compradora de proceder ao Fechamento está condicionada ao cumprimento de cada uma das seguintes Condições Precedentes, ou à renúncia, pela Compradora, a tais Condições Precedentes, exceto quanto às Condições Precedentes listadas nos itens (iii) a (vii) abaixo, que não estão sujeitas a renúncia:
> (i) Licenças e Autorizações da Companhia. A Companhia deverá apresentar todas as licenças, autorizações [...] ou cadastros necessários [...];
> (ii) Procuração. As Vendedoras deverão outorgar procuração para a Compradora, com poderes para a prática de todos os atos necessários à transferência das Ações Objeto;

---

4 Michele Fragali distingue cláusulas simples, compostas e complexas. Cláusulas simples contêm uma única proposição; cláusulas compostas contêm mais de uma proposição, mas cada uma delas é autossuficiente; cláusulas complexas contêm proposições interdependentes. A apreciação de cláusulas compostas tende a ser disjuntiva; a de cláusulas complexas, conjuntiva. Michele Fragali, Clausole, frammenti di clausole, rapporti fra clausole e negozio, *Giustizia civile*, Milano, v. 1, pp. 312–329, 1959, pp. 313–314; desenvolvimento em Gianluca Sicchiero, *La clausola contrattuale*, Padova: Cedam, 2003, pp. 238 e ss. Condições precedentes podem ser compostas (quando se referem a diferentes eventos) ou complexas (quando estabelecem regras convencionais sobre renúncia ou certificação, por exemplo). Elas operam, em qualquer caso, como cláusulas-parte, isto é, como disposições dependentes, e não como cláusulas-negócio – pactos adjetos, se pudermos generalizar essa expressão –, na medida em que seu sentido permanece vinculado ao sentido do negócio a que se apõem. Clausulados de condições precedentes se somam, assim, a grupos de cláusulas sobre declarações e garantias (*representations & warranties*), compromissos (*covenants*) e reparações (*indemnification*), para ficarmos com as hipóteses mais recorrentes.

(iii) Aprovações Societárias. As Vendedoras deverão obter as aprovações societárias para a consumação da Operação [...];

(iv) Impedimento à Consumação. Não deverá haver lei, medida cautelar restritiva, seja liminar ou definitiva, ou qualquer outra ordem emitida por autoridade governamental proibindo, impedindo ou obstando a consumação da Operação;

(v) Declarações e Garantias. A veracidade e a correção das declarações e garantias das Vendedoras e da Companhia previstas neste Contrato na Data de Fechamento [...];

(vi) Efeito Adverso Relevante. Nenhum Efeito Adverso Relevante deverá ter ocorrido entre a Data Base e a Data de Fechamento; e,

(vii) Estatuto Social. Nenhuma alteração ao Estatuto Social da Companhia deverá ser realizada até a Data do Fechamento [...].

Data de Implementação. As Condições Precedentes devem ser implementadas em até 60 (sessenta) dias contados da Data Base, salvo nas hipóteses previstas nos itens (ii) a (vii) da Cláusula acima, que deverão ser implementadas até a Data do Fechamento, ou em data acordada por escrito pelas partes [...].

Cumprimento das Condições Precedentes. Entre a presente data e a Data de Fechamento, as partes obrigam-se a agir de boa-fé e a cooperar, integral e mutuamente, visando ao objetivo de cumprir ou fazer com que sejam cumpridas as Condições Precedentes, envidando esforços razoáveis para praticar todos os atos com vistas ao cumprimento ou verificação de tais Condições Precedentes no menor prazo possível. A não-observância ou a não-implementação de qualquer uma das Condições Precedentes não poderá ser utilizada de forma a impedir o Fechamento caso a Compradora venha a renunciar à implementação da respectiva Condição Precedente [...].

Parâmetros Legítimos. Em conformidade com o parágrafo 2º do artigo 113 e o artigo 421-A do CC, as Partes desde já reconhecem que todas as Condições Precedentes definidas no presente Contrato são parâmetros legítimos para fins do cumprimento do disposto no presente Contrato, e que o cumprimento parcial ou incompleto de tais Condições Precedentes será desconsiderado pelas Partes e representará o não-cumprimento de tais Condições Precedentes para todos os fins do presente Contrato [...]."[5]

5 Agradecemos a Romeu Amaral e Rodrigo Fialho Borges pelo envio de cláusulas que, juntamente com referências próprias e menções extraídas da literatura estrangeira, serviram de base para a elaboração do exemplo apresentado no texto. Os materiais compartilhados foram previamente anonimizados. Procuramos não introduzir ajustes que de outro modo nos pareceriam apropriados a fim de preservar a similaridade entre a cláusula apresentada como exemplo e as cláusulas mais recorrentemente empregadas no recorte da prática a que tivemos acesso.

O texto seguinte divide-se em quatro seções. A primeira trata dos sentidos e das funções da condição no direito civil brasileiro (1). A segunda cuida de elementos típicos do regime jurídico das condições (2). A terceira seção apresenta hipóteses que sugerem divergências ou incompatibilidades das condições precedentes em relação a esse regime de referência (3). A quarta e última seção do trabalho propõe regras gerais, organizadas a partir das principais fases do desenvolvimento do fenômeno condicional: estipulação, pendência e verificação ou falta (4). Segue-se breve síntese conclusiva, que aponta para questões ainda abertas.

1 SENTIDOS

Conditions precedent traduzem-se usualmente como *condições precedentes*. Não há, no vocabulário jurídico brasileiro, expressão que cubra de modo mais preciso os significados assumidos pelas *conditions precedent* no direito anglo-americano.[6] Mas é preciso considerar desde logo que a referência a *condições* é sobreinclusiva, pois nem toda *condition precedent* deverá ser qualificada como condição em sentido típico, e que mesmo o caráter *precedente*

---

6 Para a análise dos desafios envolvidos nessa espécie de transplante ou (conforme o ponto de vista privilegiado) recepção jurídica, remetemos a Mathias Siems, *Comparative Law*, Cambridge: Cambridge University Press, 2014, pp. 191–241. A importação de conceitos norte-americanos para a prática brasileira está sujeita a alíquotas elevadas de tributação epistêmica, que decorrem sobretudo de duas diferenças institucionais. A primeira é a ausência, no Brasil, de regra que imponha a divulgação de contratos relevantes celebrados por companhias abertas, como ocorre nos Estados Unidos.[a] A segunda é a preferência norte-americana pela submissão de controvérsias societárias a juízos judiciais – e particularmente aos tribunais do Estado de Dellaware –, e não a juízos arbitrais sigilosos.

[a] A Resolução CVM 44, de 23 de agosto de 2021, que dispõe acerca da divulgação de informações sobre atos ou fatos relevantes, inclui como exemplo de fatos relevantes em seu artigo 2º, parágrafo único, a "assinatura de acordo ou contrato de transferência do controle acionário da companhia, ainda que sob condição suspensiva ou resolutiva" (inciso I), bem como a "celebração ou extinção de contrato, ou o insucesso na sua realização, quando a expectativa de concretização for de conhecimento público" (inciso XVII). No entanto, a divulgação se restringe à notícia da celebração de tais contratos, não havendo nenhuma exigência no sentido de disponibilização da íntegra dos respectivos intrumentos contratuais. Nos Estados Unidos, essa divulgação é exigida pela Comissão de Valores Mobiliários norte-americana, a *Securities and Exchange Commission* (SEC). Anualmente, por força do *Securities Exchange Act of 1934*, Section 13 c./c. Section 15(d), companhias abertas são obrigadas a fornecer o 'Form 10k', um formulário exaustivo sobre o desempenho financeiro da companhia que contém mais detalhes que o relatório anual (*Annual Report*) enviado aos acionistas. A parte IV, item 15 do formulário (*"Exhibits, Financial Statement Schedules"*), deve conter a exibição de diversos documentos, incluindo cópias de contratos relevantes (*material contracts*). É possível consultar o referido formulário de companhias específicas na base de dados EDGAR da SEC (https://www.sec.gov/edgar/searchedgar/companysearch).

pode, em certos casos, ser colocado em dúvida.[7] O ponto se complica ainda mais quando reconhecemos o cubismo semântico que marca o conceito de condição em sistemas jurídicos de matriz romano-germânica, e mesmo no interior da legislação civil brasileira.

A primeira e mais importante acepção do conceito é enunciada no artigo 121 do Código Civil. Condição, ali, é definida como "a cláusula que, derivando exclusivamente da vontade das partes, subordina o efeito do negócio jurídico a evento futuro e incerto." Pouco adiante, o inciso I do artigo 123 dispõe que invalidam os negócios cujos efeitos subordinam "as condições física ou juridicamente impossíveis, quando suspensivas". Desta vez, a condição não é *cláusula condicional*, mas *evento condicionante*. E as duas perspectivas, a perspectiva da cláusula e a perspectiva do evento, combinam-se logo adiante, no artigo 125. Lemos ali que, a subordinar-se "a eficácia do negócio jurídico à condição suspensiva, enquanto esta se não verificar, não se terá adquirido o direito, a que ele visa". O que subordina os efeitos do negócio é a cláusula condicional; mas não é a cláusula que se verifica, e sim o evento condicionante.[8]

Há quem procure articular o conceito civilista de condição em termos ainda mais amplos, que abarcam não apenas as condições típicas, *condiciones facti*,[9] mas também fatores legais de atribuição de eficácia e hipóteses de

---

7 Discussão no item 3.3 *infra*.

8 O cubismo semântico da disciplina das condições gerou perplexidade nas discussões do Projeto de Parte Geral apresentado por Moreira Alves (Projeto de Lei 634-B/1975, convertido, em 10 de janeiro de 2002, na Lei 10.406, pela qual se promulgou o texto do atual Código Civil). Propusera-se, na Câmara dos Deputados, emenda ao texto do atual artigo 125, com o fito de esclarecer o sentido da condição ali disciplinada. A proposta era justificada pela necessidade de evitar confusões a que, antevia-se, a ambiguidade do dispositivo daria azo. "Contra essa emenda, assim se manifestou a Comissão Revisora, em seu relatório: 'A emenda pretende distinguir condição (cláusula) de evento (condição em sentido objetivo). Sucede, porém, que, na técnica jurídica – não só no Brasil, mas nos demais países – a palavra condição é empregada ora para significar a cláusula que a encerra (condição em sentido subjetivo), ora para traduzir o evento em que se substancia (condição em sentido objetivo). Jamais decorreu qualquer confusão desse duplo emprego da palavra «condição», até porque condição em sentido subjetivo o projeto – como o Código – só a emprega raramente'." José Carlos Moreira Alves, *A Parte Geral do Projeto de Código Civil Brasileiro*, São Paulo: Saraiva, 1986, p. 140. A multiplicidade de sentidos assumidos pelo conceito de condição também é destacada no verbete clássico de Pietro Rescigno, Condizione (diritto vigente), in *Enciclopedia del diritto*, vol. VIII, Milano: Giuffrè, 1961, pp. 762–801; e no artigo de Samuel J. Stoljar, The Contractual Concept of Condition, *Law Quarterly Review*, London, v. 69, n. 4, pp. 485–511, out. 1953, pp. 487–488.

9 Nos textos do direito romano clássico, *condicio* é *condicio facti*, cláusula (no caso das condições suspensivas) ou pacto (no caso das condições resolutivas) que as partes vinculam à verificação ou à falta de eventos. Cf., sobre os sentidos e variações de *condicio* nas fontes romanas, Hermann Gottlieb Heumann e Emil Seckel, *Handlexikon zu den Quellen des römischen Rechts*, 9. ed., Jena: Fischer, 1926 (1846), *s. v. condicio*, pp. 88–90. *Conditio* é variação medieval. *Condictio* é figura processual correspondente a hipóteses de enriquecimento sem causa.

extensão dos efeitos do negócio jurídico. Antonio Junqueira de Azevedo, por exemplo, se reporta a um conceito abrangente de condição, que inclui não apenas condições suspensivas, resolutivas e determinadas *condiciones iuris* – entendidas como hipóteses de atribuição de eficácia estabelecidas em lei –, mas também o que chama de "condições extensivas", definidas como "aquelas que dilatam a eficácia própria do negócio".[10] O caso familiar, mobilizado pelo autor, é o dos registros declaratórios empregados para fazer uma cláusula "valer contra terceiros" (como no artigo 522 do Código Civil) ou "surtir efeitos em relação a terceiros" (artigo 129 da Lei de Registros Públicos).[11]

Estruturalmente complexas, condições habilitam seus disponentes a querer o que de outro modo não quereriam.[12] Podem, na mesma toada, ser encaradas como elementos de complexificação funcional, na medida em que viabilizam a ampliação dos horizontes de contratação disponíveis, sobretudo para agentes com baixo apetite para risco, expostos a novos mercados ou a operações *cross-border*.[13] Munidos de condições, contratantes cautelosos ganham conforto para ingressar em relações contratuais que de outro modo lhes pareceriam temerárias.

Essa descrição, dirigida à generalidade das condições, aplica-se muito apropriadamente às condições precedentes, que funcionam, desde as suas primeiras aparições no antigo *common law*, – e por conta de um atributo muito próprio daquele sistema, que é a resistência a provimentos de tutela específica no campo contratual,[14] – como *instrumentos de garantia da contraprestação*. Daí a ideia de que a "violação da condição" seja, como propõe Samuel Stoljar,

---

10 Antonio Junqueira de Azevedo, *Negócio Jurídico e Declaração Negocial* – Noções Gerais e Formação da Declaração Negocial, Tese (Titularidade) – Faculdade de Direito da USP, São Paulo, 1986, p. 118.

11 No mesmo sentido, Olivier Milhac, *La notion de condition dans les contrats à titre onéreux*, Paris: L.G.D.J., 2000, que agrupa as "condições-modalidade", correspondentes ao que aqui chamamos de *condições típicas*, e as "condições de validade", que nós preferimos chamar de *requisitos de validade*, ainda nos casos em que não sejam gerais, mas apenas categoriais, típicos ou específicos.

12 Osny da Silva Filho, Notas conceituais sobre incerteza e condição, *Revista Acadêmica XI de Agosto*, São Paulo, n. 2, pp. 15–54, 2009, p. 15 (condição como instrumento de mitigação da incerteza).

13 Deloitte, *The future of M&A*: 2022 Trends Survey, Jan. 2022, p. 26. "Even though the last two years have significantly reduced travel prospects, the perspective of M&A targeting appears to be growing more international, not less." Tradução: "Ainda que nos últimos dois anos os planos de viagem tenham se reduzido significativamente, a perpectiva dos alvos de operações de M&A parece estar se tornando mais internacional, e não menos." O incremento mais significativo na internacionalização foi identificado nas Américas.

14 Explicação em Anthony Beck, The Doctrine of Substantial Performance: Conditions and Conditions Precedent, *The Modern Law Review*, Hoboken, v. 38, n. 4, pp. 413–428, jul. 1975, p. 413. No Brasil, ao invés, a tutela específica consolidou-se como regra, que pode ser limitada por exceções

"a chave para a moderna teoria do descumprimento do contrato"[15] – uma ideia que, já de volta à tradição civilista, também esclarece a persistente associação entre condição e causa.[16]

2 ELEMENTOS TÍPICOS

Condições em sentido típico submetem-se às regras fixadas entre os artigos 121 e 130 do Código Civil. A essas regras se somam numerosas disposições esparsas, algumas das quais relativas a regimes jurídicos especiais, como o da venda a contento. O regime jurídico aplicável às condições em sentido típico, aqui chamado de *regime referencial*, baseia-se em quatro elementos. O primeiro deles diz respeito à cláusula condicional; os dois seguintes, ao evento condicionante; o último, ao negócio condicionado. Trata-se, respectivamente, do caráter voluntário (2.1), da futuridade e da incerteza (2.2) e da subordinação dos efeitos (2.3).[17]

2.1 Voluntariedade

O artigo 121 é inequívoco: condição é cláusula que deriva "exclusivamente da vontade das partes".[18] A função prática da referência legal ao caráter voluntário da cláusula condicional é evidenciar que o regime jurídico estabelecido a partir dali diz respeito apenas a condições pactuadas de modo livre e expresso: condições que não podem ser nem exigidas por lei, nem presumidas.[19] O regime

de desproporcionalidade. Análise em Daniel de Pádua Andrade, *Tutela específica das obrigações contratuais*, São Paulo: Almedina, 2022.

15 Samuel J. Stoljar, The Contractual Concept of Condition, *Law Quarterly Review*, London, v. 69, n. 4, pp. 485–511, out. 1953, p. 485.

16 Extensa discussão em David Bonnet, *Cause et condition dans les actes juridiques*, Paris: L.G.D.J., 2005.

17 No mesmo sentido, Zeno Veloso, *Condição, termo e encargo*, São Paulo: Malheiros, 1997, p. 21.

18 O legislador não foi preciso ao se referir à vontade "das partes", uma vez que também é possível apor condições a negócios jurídicos unilaterais, como o testamento. Zeno Veloso, *Condição, termo e encargo*, São Paulo: Malheiros, 1997, p. 18. Acrescente-se que as condições podem ser estabelecidas no interesse de apenas uma das partes do negócio (ainda que nesse caso sua pactuação também tenha de ser reconduzida à vontade compartilhada).

19 Discussão em Angelo Falzea, *La condizione e gli elementi dell'atto giuridico*, Milano: Giuffrè, 1941, pp. 16–17. A voluntariedade discutida neste item, enfatize-se, é traço típico da cláusula condicional, não do evento condicionante. Eventos condicionantes podem ou não ser voluntários, e em diferentes graus. O caráter voluntário do evento condicionante é tecnicamente chamado de *potestatividade*.

jurídico das condições em sentido típico se distingue, assim, do regime de figuras correlatas, como condições legais (*condiciones iuris*) e pressuposições.[20]

A voluntariedade também deve ser encarada como índice de favorecimento do regime jurídico autônomo almejado pelas partes. Isso, como veremos, tem importância decisiva na definição das regras aplicáveis a condições atípicas, como é o caso das condições precedentes. Se partes bem assistidas tiverem voluntariamente identificado um evento específico como *condição* de seu negócio jurídico, a aplicação de regras do regime condicional deverá ser favorecida pelo intérprete. Valoriza-se, com isso, e em conformidade com os artigos 112 e 421-A do Código Civil, a intenção consubstanciada na declaração negocial compartilhada pelas partes, de modo a respeitar a "significação própria" dos termos empregados pelos contratantes.[21]

2.2 Futuridade e incerteza

Eventos condicionantes são, também nos termos do artigo 121, *futuros* e *incertos*. Futuro é o evento que ainda não ocorreu, mas pode ocorrer; incerto, o evento cuja ocorrência não foi certificada, seja pelas partes, seja por terceiros.[22] A incerteza não diz respeito apenas ao momento da ocorrência (*incertus quando*, como diziam os escolásticos), mas à sua própria possibilidade (*incertus an*).[23] Se o evento for apenas futuro, mas certo (como a morte), então estaremos

20 Bernhard Windscheid, *Die Lehre des römischen Rechts von der Voraussetzung*, Düsseldorf: Buddeus, 1850, p. 1: "*Man kann die Voraussetzung eine unentwickelte Bedingung nennen*". Tradução: "Pode-se chamar a pressuposição de uma condição não desenvolvida".

21 Trata-se de entendimento tradicional no direito civil brasileiro. Ao interpretar cláusulas contratuais, "não deve o intérprete se afastar da significação própria dos têrmos do ato, a não ser que haja razões convincentes ou justas razões de crer que as palavras fôram empregadas em outro sentido que não o natural. Porque aí o dever do intérprete é atender mais à intenção [...]". É o que comenta João Manoel de Carvalho Santos, *Código Civil Brasileiro Interpretado* - Parte Geral (Arts. 43-113), vol. 2, 3ª ed., Rio de Janeiro: Freitas Bastos, 1944, p. 287. Nesse sentido, cláusulas qualificadas pelas próprias partes como condições devem, em princípio, serem tratadas como tais, de modo a se manter a "significação própria dos têrmos do ato". Se, no entanto, por interpretação, inferir-se que foi outro o sentido atribuído pelos contratantes, é compreensível afastar-se dessa premissa. De todo modo, se os "têrmos do ato" fizerem referência a condições, parece prudente verificar detidamente a possibilidade e a adequação da aplicação de parte do regime referencial das condições típicas a essas cláusulas.

22 Remetemos aos nossos comentários sobre a certificação notarial de condições, item 4.3.3.

23 Esse ponto está no centro da tese de Gottfried Wilhelm von Leibniz, *Specimen certitudinis seu demonstrationum in jure exhibitum in doctrina conditionum* (1663–1667), in Tullio Ascarelli, *Collection "philosophie du droit"*, n. 10, Paris, Dalloz, 1966, pp. 303–395, marco inicial do tratamento moderno das condições.

diante de termo, não de condição. Do mesmo modo, argumenta-se,[24] se estivermos diante de evento ainda incerto, mas já ocorrido – evento submetido a verificação pericial, ou a resultado de *due diligence*,[25] por exemplo –, não haverá condição em sentido típico.

Essa última hipótese, em todo caso, é discutível. Partes que pretendam subordinar a eficácia do negócio jurídico ao *conhecimento* de um fato, e não à sua *ocorrência*,[26] em hipótese de incerteza em sentido apenas *epistêmico*, e não *ontológico*,[27] devem ser capazes de comprovar que compartilhavam o desconhecimento do fato quando a condição foi estabelecida (em geral, na fase de formação do negócio jurídico). Se isso não puder ser comprovado,[28] a aplicação do regime condicional típico ficará prejudicada, dado que o Código Civil brasileiro não estabelece presunção de conhecimento ou desconhecimento do evento condicionante.[29]

Outro tema controvertido é a possibilidade de reconduzir estipulações contratuais de deveres ao regime condicional.[30] A hipótese é comu-

---

24 Por exemplo, Zeno Veloso, *Condição, termo e encargo*, São Paulo: Malheiros, 1997, p. 21: "Se se trata de fato passado, ou presente, ainda que ignorado, não se considera condição."

25 "A *due diligence* é uma investigação ampla da sociedade-alvo quanto a suas características legais, organizatórias [e] financeiras[,] entre outras, por meio da qual o adquirente da participação societária busca as informações que julga necessárias para formar seu consentimento. [...] De forma geral, a *due diligence* busca prover ao adquirente da participação as informações necessárias sobre a sociedade-alvo para permitir uma decisão de investimento bem informada, assim como identificar potenciais 'deal-breakers' e confirmar a veracidade e completude das declarações e garantias prestadas pelo alienante." Giacomo Grezzana, *Cláusula de declarações e garantias em alienação de participação societária*, São Paulo: Quartier Latin, 2019, pp. 283–284.

26 A hipótese remonta ao direito romano clássico. Pompônio falava de *condicio* para designar indistintamente fatos futuros e pretéritos (Pomp. 2 *ad Quintum Mucium*, D. 28, 3, 16). Fragmentos dos jurisconsultos Modestino (Mod. 8 *reg.*, D. 45, 1, 100) e Papiniano (Pap. 1 *def.*, D. 12, 1, 37), no entanto, como também, mais tarde, trechos das *Institutas* de Justiniano (Inst. 3, 15, 6), depõem contra esse entendimento. Discussão em Gian Gualberto Archi, Condizione (diritto romano), in *Enciclopedia del diritto*, vol. VIII, Milano: Giuffrè, 1961, pp. 743–744.

27 Nesses termos, John R. Searle, *Making the Social World*: The Structure of Human Civilization, Oxford: Oxford University Press, 2010, pp. 17–18 (aplicação para análise de pleitos de objetividade ou acusações de subjetivismo).

28 A dificuldade de comprovação da incerteza ajuda a entender por que condições pretéritas ou presentes foram de modo geral excluídas do regime condicional. Até a reforma de 2016, por exemplo, o Código Civil francês de 1804 incluía as condições pretéritas no regime condicional típico, conforme o artigo 1.181: "*L'obligation contractée sous une condition suspensive est celle qui dépend ou d'un événement futur et incertain, ou d'un événement actuellement arrivé, mais encore inconnu des parties.* [...]." Tradução: "A obrigação contratada sob uma condição suspensiva é aquela que depende ou de um evento futuro e incerto, ou de um evento já ocorrido, mas ainda não conhecido pelas partes. [...]." A figura foi eliminada do novo regime condicional estabelecido em 2016.

29 Uma saída, aqui, é a produção de ata notarial que ateste o compromisso de desconhecimento das partes, como sugerimos no item 4.3.3 *infra*.

30 A recondução é definida como "conformidade suficiente" por Giorgio De Nova, *Il tipo contrattuale*, Padova: Cedam, 1974, pp. 140–141. Por isso, dizemos, *mutatis mutandis*, que condições

mente rejeitada a partir da suposição de que o evento condicionante deve ser *normativamente inerte*. A defesa dessa espécie de inércia, que não se realiza sob esse nome, é evidenciada pela afirmação de que eventos condicionantes não podem corresponder a prescrições: não podem, em outras palavras, ser proibidos ou obrigatórios, devendo conservar-se imunes a quaisquer imposições: "condições que tiverem obrigações como eventos condicionais", afirma-se, "não são verdadeiras condições suspensivas."[31] De acordo com essa leitura, ou estamos diante de condição, ou de dever, *tertium non datur*.[32]

Esse não é nosso entendimento. A afirmação da inércia normativa como elemento indispensável do regime condicional geral não tem amparo inequívoco na lei, nem se explica por usos e costumes. Trata-se, sim, de atribuição doutrinária recorrente, mas disputável.[33] Essa afirmação é indiretamente desafiada pela existência de regimes especiais de incerteza, como o da cláusula resolutiva expressa. E diretamente desafiada por regimes condicionais atípicos, como o regime das condições precedentes conclusivas, examinado adiante.[34] Nos dois casos, implemento e adimplemento se sobrepõem: regras orientadas pela incerteza do evento condicionante se articulam com regras orientadas pela exigibilidade de obrigações.

Vale destacar, por fim, que a incerteza referida pelo artigo 121 não se confunde com a qualidade atribuída a pessoas ou coisas "incertas". Estas últimas dizem respeito à indeterminação subjetiva ou objetiva, não à incerteza em sentido próprio.[35]

---

atípicas podem ser *reconduzidas* aos segmentos do regime condicional estabelecido entre os artigos 121 e 130 do Código Civil.

31 Fernanda Mynarski Martins-Costa, *Execução diferida nos contratos de M&A*, São Paulo: Almedina, 2022, p. 102. Adiante, a autora parece abandonar essa posição, pois rejeita o que chama de "concepção estrita do regime condicional" e sustenta "não haver incompatibilidade entre uma exigência de conduta proativa do obrigado e o regime legal condicional" (pp. 132–133).

32 Destacando as diferenças entre condições e obrigações, Judith Martins-Costa, *A boa-fé no direito privado.* Critérios para a sua aplicação, 2. ed., São Paulo: SaraivaJur, 2018, p. 434: "Condições e obrigações (deveres) jurídicos são figuras distintas tanto em sua origem e conformação quanto na eficácia que produzem". A autora se reporta, no entanto, às *promissory conditions*, "que configuram, substancial e simultaneamente, dever e condição".

33 Sobre o caráter essencialmente disputável da doutrina, remetemos a Osny da Silva Filho, Doctrinal Methods in Civil Law Jurisdictions, in Yuliya Chernykh e Joshua Karton (eds.), *Contract Law and Scholarship:* Research Methods Handbook, Cheltenham: Elgar, 2024 [no prelo].

34 Item 3.3 *infra*.

35 "Coisa incerta", por exemplo, é expressão legislativa. Podemos encontrá-la no artigo 243 do Código Civil e no artigo 813 do Código de Processo Civil. Em rigor, como já salientava Lacerda de Almeida, que comentou normas equivalentes do Código Civil de 1916, a expressão mais precisa seria "coisa indeterminada". Francisco de Paula Lacerda de Almeida, *Dos effeitos das obrigações (Arts. 928 a 1.078)*, Rio de Janeiro: Freitas Bastos, 1934, p. 281, com destaques no original: "Nas prestações de cousas *indeterminadas* (é o termo; o *Código* chama-as *incertas*)". O adjetivo

2.3 Subordinação de efeito

Condições, ainda nos termos do artigo 121 do Código Civil, "subordina[m] o efeito do negócio jurídico". O texto legal deixa patente que não se trata de subordinação da *existência* do negócio, que dependeria de ficção, além de complicar enormemente a aplicação de regras sobre oferta e aceitação, nem de sujeição estabelecida no plano da *validade*, que não é e nem poderia ser disponível. Condições se dirigem, como bem insiste a doutrina, ao plano da eficácia.[36]

A expressão legislativa, no entanto, é capciosa. O Código Civil brasileiro infelizmente não esclarece *quais* efeitos do negócio podem se submeter ao regime condicional,[37] mas suas regras nos autorizam a inferir algumas conclusões. Entende-se que o efeito subordinado pela condição não precisa ser *todo o efeito* do negócio jurídico – sua integral eficácia, se quisermos –, mas *apenas alguns* dos seus efeitos. Efeitos preliminares, em particular, não ficam subordinados, como voltaremos a discutir.[38] Se assim não fosse, regras sobre o regime de pendência das condições (artigos 125 a 130 do Código Civil) ficariam prejudicadas.

Parte da doutrina argumenta que o efeito condicionado deve ser o efeito típico ou principal do negócio jurídico.[39] Ao menos duas razões militam em desfavor dessa conclusão. A primeira tem caráter geral: o Código Civil refere-se ao efeito do negócio jurídico em termos genéricos, sem especificar qualidades. Não podemos imputar à lei restrições que ela não contempla. A segunda razão é específica: se o artigo 122 determina que "entre as condições defesas

---

"incerto", nesse contexto, tem o sentido de ausência de determinação ou individualização, como também se infere de Augusto Teixeira de Freitas, *Código Civil* – Esboço, Rio de Janeiro: Laemmert, 1860, pp. 240–241 (Art. 348 do *Esboço*: "São *cousas certas* as que fôrem determinadas pela sua individualidade [...]" e Art. 349 do *Esboço*: "São *cousas incertas* as que fôrem tão somente determinadas pela especie a que pertencem [...]").

36 Por todos, Zeno Veloso, *Condição, termo e encargo*, São Paulo: Malheiros, 1997, p. 18.

37 Outros códigos esclarecem esse ponto. O Código Civil francês, por exemplo, delimita a atuação das condições às obrigações, sem contemplar de modo expresso outras posições jurídicas. Código Civil francês, artigo 1.168 (correspondente, no que tange à restrição da condição às obrigações, ao antigo artigo 1.304): "*L'obligation est conditionnelle lorsqu'on la fait dépendre d'un événement futur et incertain, soit en la suspendant jusqu'à ce que l'événement arrive, soit en la résiliant, selon que l'événement arrivera ou n'arrivera pas.*" Tradução: "Uma obrigação é condicional quando depende de um evento futuro e incerto, seja suspendendo-a até que o evento ocorra ou terminando-a, dependendo da ocorrência ou não do evento". A doutrina francesa, todavia, procura alargar o alcance da disposição, como reporta David Bonnet, *Cause et condition dans les actes juridiques*, Paris: L.G.D.J., 2005, p. 17. O resultado prático tende a ser o mesmo.

38 Item 4.2 *infra*.

39 Nesse sentido, Judith Martins-Costa e Paula Costa e Silva, *Crise e perturbações no cumprimento da prestação:* estudo de direito comparado luso-brasileiro, São Paulo: Quartier Latin, 2020, pp. 127–139; Larissa Santiago Gebrim, *Compra e venda de participação societária:* análise da cláusula MAC, São Paulo: Almedina, 2023, pp. 129–134.

se incluem as que privarem de todo efeito o negócio jurídico", deve-se concluir que existem condições lícitas que privam o negócio jurídico de *algum* efeito, mas não de *todo efeito* – isto é, de *todos os efeitos* –, e que essas condições, nos termos do artigo 122, são válidas.[40] De qualquer modo, ainda que não se admita a subordinação de efeitos secundários ou acessórios a condições em sentido típico, nada impede a sua subordinação a condições atípicas.

Não há dúvida, de resto, de que a definição do conteúdo subjetivo ou objetivo dos efeitos não está compreendida pelo regime condicional – até mesmo pela especificidade da incerteza da condição, como dissemos acima. Negócios jurídicos condicionados não se confundem com negócios jurídicos *per relationem*.[41] É possível, de todo modo, combinar em um mesmo negócio jurídico condição e cláusula de determinação subjetiva ou objetiva dos efeitos.

3 HIPÓTESES DIVERGENTES

A despeito da semelhança com as condições em sentido típico, e com as condições suspensivas em particular, condições precedentes nem sempre se submetem à integralidade das regras que compõem o regime jurídico das condições suspensivas e resolutivas.[42] Isso fica evidente quando notamos que nem toda condição precedente contém os elementos típicos que o legislador atribui às condições: voluntariedade, incerteza, futuridade e subordinação de efeito. Convém, por isso, explorar a disciplina das condições precedentes a partir de sua *atipicidade*, deslocando para as cláusulas o juízo de tipicidade ou atipicidade dirigido, nos termos do artigo 425, aos contratos.[43] Condições atípicas,

---

40 Nesse sentido, Gaetano Petrelli, *La condizione «elemento essenziale» del negozio giuridico*, Milano: Giuffrè, 2000, p. 3. Remetemos também à nota 66 *infra* e à discussão respectiva.

41 É possível, no entanto, combinar condições e cláusulas de qualificação subjetiva ou objetiva dos efeitos do negócio. Neste caso, a eficácia do negócio ficará subordinada à integração de seu conteúdo, como sugere Gaetano Petrelli, *La condizione «elemento essenziale» del negozio giuridico*, Milano: Giuffrè, 2000, p. 486.

42 Ulrike Babusiaux, Conditions, in Nils Jansen e Reinhard Zimmermann (eds.), *Commentaries on European Contract Laws*, Oxford: Oxford University Press, 2018, p. 1934, Rn. 6, lembrando que "*not all clauses described as 'conditions precedent' in contractual practice should be regarded as suspensive conditions*". No direito brasileiro, enfatizando a importância de uma cuidadosa qualificação das condições precedentes, que não podem ser traduzidas, sem mais, apenas como condições suspensivas, Judith Martins-Costa, *A boa-fé no direito privado*. Critérios para a sua aplicação, 2. ed., São Paulo: SaraivaJur, 2018, p. 434.

43 Proposição em Osny da Silva Filho, Doctrinal Methods in Civil Law Jurisdictions, in Yuliya Chernykh e Joshua Karton (eds.), *Contract Law and Scholarship:* Research Methods Handbook, Cheltenham: Elgar, 2024 [no prelo], "*zooming in from contracts to clauses*". O enfoque sobre tipos de cláusulas está presente, por exemplo, na obra de Giuditta Cordeiro-Moss, *International Commercial Contracts*, Oxford: Oxford University Press, 2014.

correspondentes às nossas hipóteses divergentes, absorvem algumas, mas não todas as regras do regime jurídico típico das condições.

Convém começar pela identificação dessas hipóteses. Em linha com autoras e autores brasileiros que se dedicaram ao assunto,[44] vamos organizá-las a partir de classificação proposta em conhecido manual norte-americano de redação contratual, no qual se apartam condições de entrada – ou, como preferimos dizer, de aprovação (3.1) –, condições de manutenção (3.2) e condições transacionais – ou conclusivas, como também nos parece mais apropriado (3.3).[45]

3.1 Condições de aprovação

A eficácia de contratos empregados em operações de M&A comumente se submete a aprovações de caráter administrativo e societário. Essas aprovações funcionam como "portão" ou "cancela" para a conclusão da operação. Por isso são apelidadas de *gating conditions*: expressão usualmente traduzida como "condições de entrada", mas que também pode representar "condições de saída" – daí nossa preferência por *condições de aprovação*.

Podemos examiná-las a partir de exemplo recorrente: a condição de aprovação, pelo Conselho Administrativo de Defesa Econômica (CADE), de ato de concentração instrumentalizado por contrato de compra e venda de participação societária de controle.[46] A questão, aqui, é saber se a cláusula que subordina o *closing* da operação à aprovação da autarquia se submete ao regime

---

44 Fernanda Mynarski Martins-Costa, *Execução diferida nos contratos de M&A*, São Paulo: Almedina, 2022, p. 54; João Felipe Martins de Almeida, Direitos e deveres das partes durante o estado de pendência em contratos de M&A, *Revista Semestral de Direito Empresarial*, Rio de Janeiro, n. 32, pp. 213–232, jan./jun. 2023, p. 218; e Giacomo Grezzana e Marcos dos Santos Lino, Aspectos jurídicos das condições precedentes em operações de fusões e aquisições no Brasil: o caso das condições precedentes de entrada ou "gating conditions", in Luis Fernando Guerrero (coord.), Nathalia Jordão, Fernanda Gomes Barjud Silva e Hugo Tubone Yamashita (orgs.), *M&A e Reestruturação de Empresas*. Estudos do Comitê de M&A e Reestruturação de Empresas da CAMARB, São Paulo: Quartier Latin, 2023, p. 53.

45 Kenneth Adams, *The Structure of M&A Contracts*, Little Falls: LegalWorks, 2016.

46 Essas condições também podem funcionar como gatilhos de *break-ups* e de seus respectivos *fees*, tema que foge ao escopo da nossa análise. Quando a esse ponto, remetemos a Marcelo Vieira von Adamek, No-shop, break-up fee e fiduciary out em contratos preparatórios a operações de fusões e aquisições (M&A): validade e compatibilidade com os deveres fiduciários dos administradores, in Marcelo Vieira von Adamek e Rafael Setoguti J. Pereira (coords.), *Fusões e aquisições (M&A)*, São Paulo: Quartier Latin, 2022, p. 527. Nesta coletânea, remetemos a Antonio Alberto Rondina Cury, Cláusulas de *break-up fee;* e Gustavo Santos Kulesza e Luiz Eduardo de Avila Guimarães, Cláusula *break-up fee* em operações de M&A no direito brasileiro: alocação dos riscos decorrentes da frustração da operação.

jurídico típico das condições (3.1.1) ou se, em vez disso, está sujeita a regime diverso (3.1.2). A dúvida emerge do fato de que essa cláusula não deriva "exclusivamente da vontade das partes", como dita o artigo 121 do Código Civil, mas decorre de lei, e particularmente do artigo 88 da Lei 12.529 de 2011, a Lei de Defesa da Concorrência.

3.1.1 *Condiciones facti*

Condições de aprovação podem conter *parâmetros* ou *procedimentos* para a satisfação de condições legais. É o que ocorre, por exemplo, em condições que estabelecem "a divisão de tarefas no processo de notificação ao órgão governamental," bem como prazos para o seu desempenho,[47] ou ainda o "nível de diligência exigido nessas tarefas".[48] Embora referidas a exigências legais e por elas justificadas, condições de aprovação que contemplem parâmetros ou procedimentos específicos estarão sujeitas ao regime jurídico das *condiciones facti*,[49] ou seja, ao regime típico das condições derivadas "exclusivamente da vontade das partes",[50] como preceitua o artigo 121 do Código Civil. Quanto a elas, não haverá atipicidade.

Condições de aprovação também podem antecipar as *consequências jurídicas* aplicáveis à sua insatisfação. Nesses casos, como observam Giacomo Grezzana e Marcos Lino, "as consequências previstas no plano interno do contrato para a não implementação das condições precedentes não necessariamente coincidem com as consequências previstas em Lei para a não obtenção da

---

47 Fernanda Mynarski Martins-Costa, *Execução diferida nos contratos de M&A*, São Paulo: Almedina, 2022, p. 98; Giacomo Grezzana e Marcos dos Santos Lino, Aspectos jurídicos das condições precedentes em operações de fusões e aquisições no Brasil: o caso das condições precedentes de entrada ou "gating conditions", in Luis Fernando Guerrero (coord.), Nathalia Jordão, Fernanda Gomes Barjud Silva e Hugo Tubone Yamashita (orgs.), *M&A e Reestruturação de Empresas*. Estudos do Comitê de M&A e Reestruturação de Empresas da CAMARB, São Paulo: Quartier Latin, 2023, p. 67.

48 Giacomo Grezzana e Marcos dos Santos Lino, Aspectos jurídicos das condições precedentes em operações de fusões e aquisições no Brasil: o caso das condições precedentes de entrada ou "gating conditions", in Luis Fernando Guerrero (coord.), Nathalia Jordão, Fernanda Gomes Barjud Silva e Hugo Tubone Yamashita (orgs.), *M&A e Reestruturação de Empresas*. Estudos do Comitê de M&A e Reestruturação de Empresas da CAMARB, São Paulo: Quartier Latin, 2023, pp. 66–67.

49 Esclarecimento na nota 9 *supra*.

50 A percepção dessa diferença pode ser traçada ao pensamento jurídico brasileiro novecentista. Em seu *Esboço*, Teixeira de Freitas excluía do conceito de condição a cláusula que "não tiver derivado exclusivamente da vontade dos agentes, mas necessariamente resultar da natureza do direito segundo as leis ou princípios que a regem". Augusto Teixeira de Freitas, *Código Civil – Esboço*, Rio de Janeiro: Laemmert, 1860, p. 325 ("Art. 568, 1.º, do *Esboço*").

autorização governamental."[51] Se essas consequências não forem as mesmas, e estivermos, portanto, diante de estipulação que não pode ser reduzida ao texto da lei, então a condição precedente em questão se sujeitará ao regime típico das condições.

3.1.2 *Condiciones iuris*

Condições de aprovação podem reproduzir ou corroborar requisitos de validade ou fatores de eficácia exigidos por lei. Se a reprodução ou corroboração desses requisitos ou fatores não for complementada por especificações convencionais – parâmetros, procedimentos ou consequências jurídicas próprias, distintas daquelas estabelecidas em lei, nos casos em que a lei as tiver estabelecido –, então estaremos diante de *condicio iuris*, hipótese tradicionalmente descrita como *condição imprópria*. A reiteração das hipóteses e consequências das *condiciones iuris* pelas partes, mesmo que sem referência à lei, não altera seu caráter primariamente legal, vez que o artigo 121 se refere a disposições *exclusivamente* voluntárias.

Essa divergência é decisiva para a aplicação do artigo 129 do Código Civil, que estabelece ficções de verificação para condições maliciosamente obstadas ou levadas a efeito.[52] Tal regra, lembra Pontes de Miranda, "não incide em casos de *condicio iuris*".[53] Uma condição imposta antes pela lei que pela vontade das partes, afinal, não poderá ser suprida por ficção de verificação ou falta. Admiti-lo seria legitimar hipótese de fraude à lei. A pendência de condições precedentes que se qualifiquem como *condiciones iuris* deve, como propõe Otto Lange em relação a estas últimas, ser disciplinada "de forma compatível [...] com a

---

51 Giacomo Grezzana e Marcos dos Santos Lino, Aspectos jurídicos das condições precedentes em operações de fusões e aquisições no Brasil: o caso das condições precedentes de entrada ou "gating conditions", in Luis Fernando Guerrero (coord.), Nathalia Jordão, Fernanda Gomes Barjud Silva e Hugo Tubone Yamashita (orgs.), *M&A e Reestruturação de Empresas.* Estudos do Comitê de M&A e Reestruturação de Empresas da CAMARB, São Paulo: Quartier Latin, 2023, p. 67.

52 Art. 129. Reputa-se verificada, quanto aos efeitos jurídicos, a condição cujo implemento for maliciosamente obstado pela parte a quem desfavorecer, considerando-se, ao contrário, não verificada a condição maliciosamente levada a efeito por aquele a quem aproveita o seu implemento.

53 Francisco Cavalcanti Pontes de Miranda, *Tratado de direito privado* – Parte Geral – Tomo V – Eficácia jurídica. Direitos. Ações (3. ed., 1971), São Paulo: RT, 2012, § 543, "9", p. 196 (referindo-se a disposição equivalente do Código Civil de 1916). É também a solução alemã: Ludwig Enneccerus e Hans Carl Nipperdey, *Allgemeiner Teil des Bürgerlichen Rechts II* – Ein Lehrbuch, 15. ed., Tübingen: Mohr, 1960, § 196, p. 1197, e Christian Armbrüster, § 162, in Harm Peter Westermann, Barbara Grunewald e Georg Maier-Reimer (eds.), *Erman – Bürgerliches Gesetzbuch,* 17. ed., Köln: Otto Schmidt, 2023, p. 542, Rdnr. 2.

vontade da lei".[54] No exemplo que vimos examinando, se a aprovação do CADE fosse maliciosamente obstada por parte interessada na frustração do negócio, não seria possível aplicar a ficção do artigo 129.[55] A tutela dos interesses da parte prejudicada poderia, não obstante, ser buscada em remédios tradicionais para o inadimplemento, ou mesmo na doutrina da *culpa in contrahendo*.[56]

O regime das *condiciones iuris* também poderá orientar o tratamento de condições que garantam, para retomar o exemplo apresentado na Introdução, a inexistência de "lei, medida cautelar restritiva, seja liminar ou definitiva, ou qualquer outra ordem emitida por autoridade governamental proibindo, impedindo ou obstando a consumação da Operação". Ainda que a inexistência de proibição, impedimento ou óbice governamental não possa, em rigor, ser qualificada como condição legal – não se trata, afinal, de hipótese específica e determinada –, sua verificação estará sujeita a consequências equivalentes às da frustração de *condiciones iuris*.

3.2 Condições de manutenção

Além das hipóteses convencionais e legais de aprovação, é comum que clausulados de condições precedentes se reportem a entendimentos ou circunstâncias relevantes ou indispensáveis para a conclusão do contrato ou da operação de referência. A manutenção desses entendimentos ou circunstâncias pode ser enunciada como condição suspensiva ou condição resolutiva, hipóteses mais recorrentes, mas também como cláusula resolutiva expressa, como *considerandum* inerte ou mesmo como obrigação. Essas referências frequentemente se conjugam com segmentos contratuais apartados das *conditions precedent*, como *covenants* e *indemnities*.

A análise abstrata e isolada das condições de manutenção pode sugerir exatidão e simplicidade que dificilmente se verificam na prática. A condição de "manutenção do curso normal dos negócios", em particular, comporta diferentes regimes jurídicos. Convém, por isso, examinar duas hipóteses recorrentes: a hipótese das cláusulas de referência (no *signing*) ou ratificação (no *closing* ou no período que separa o *signing* e o *closing*) de declarações e garantias, as *representations*

54 Otto Lange, Die behördliche Genehmigung und ihre zivilrechtlichen Auswirkungen, *Archiv für die civilistische Praxis*, Tübingen, v. 152, n. 3, pp. 241–265, 1952/1953, p. 258.

55 Mais sobre isso no item 4.2.2 *infra*.

56 Francisco Cavalcanti Pontes de Miranda, *Tratado de direito privado* – Parte Geral – Tomo V – Eficácia jurídica. Direitos. Ações (3. ed., 1971), São Paulo: RT, 2012, § 543, "9", p. 196. No mesmo sentido, quanto ao direito alemão, Ludwig Enneccerus e Hans Carl Nipperdey, *Allgemeiner Teil des Bürgerlichen Rechts II* – Ein Lehrbuch, 15. ed., Tübingen: Mohr, 1960, § 196, p. 1197, nt. 11.

& warranties (3.2.1),[57] e a hipótese das cláusulas de alteração ou efeito adverso material ou relevante, também chamadas de MAC ou MAE (3.2.2).[58]

3.2.1 Declarações e garantias

Representations & warranties são cláusulas que determinam "o estado de coisas devido pelo alienante" a partir de "qualidades e circunstâncias da sociedade-alvo" previamente especificadas.[59] Podem apresentar-se isoladamente, sem referência condicional; podem também ser replicadas em cláusulas condicionais, com variações mais ou menos significativas; e podem, como é mais comum – e tal qual ilustra o exemplo apresentado na Introdução deste capítulo –, ser conjuntamente referidas como uma das hipóteses do clausulado condicional.

Parte da doutrina procura definir declarações e garantias como figuras distintas, apartadas ora por seu objeto, ora por sua eficácia. Afirma-se, por exemplo, que declarações dizem respeito a fatos presentes, e garantias, a fatos futuros; ou então que a eficácia das declarações é contratual, e a das garantias, extracontratual.[60] Porém, como observam Marcelo Adamek e André Conti, "essa distinção [...] não reflete a linguagem utilizada na prática em contratos de aquisição de participações societárias, os quais normalmente utilizam os termos de forma indistinta e conjunta, prevendo que uma parte 'declara e garante' todas as afirmações contidas na lista."[61]

---

57 Caio Raphael Marotti de Oliveira, *A cláusula pro-sandbagging (conhecimento prévio) em contratos de alienação de participação acionária*, Dissertação (Mestrado em Direito Comercial) – Faculdade de Direito, Universidade de São Paulo, São Paulo, 2020, p. 42: "vale destacar que é comum ligar as declarações e garantias às condições precedentes". Para exemplos dessa situação, cf. Markus Weber e Martin Schulz, Limited Partnership Interest and Share Purchase Agreement, in Wolfgang Hölters (ed.), *Handbuch Unternehmenskauf*, 10. ed., Köln: Otto Schmidt, 2022, p. 1644; e Alessandra Forgioni, *A cláusula de declarações e garantias nos contratos de compra e venda de participações societárias de controle*, Dissertação (Mestrado em Direito Comercial) – Faculdade de Direito, Universidade de São Paulo, São Paulo, 2023, p. 82.

58 Larissa Santiago Gebrim, *Compra e Venda de Participação Societária*. Análise da cláusula MAC, São Paulo: Almedina, 2023; e nesta coletânea, Crisleine Yamaji, Cláusulas *Material Adverse Change* (MAC) ou Cláusulas *Material Adverse Effect* (MAE): para além das superveniências de circunstâncias.

59 Marcelo Vieira von Adamek e André Nunes Conti, *A cláusula de declarações e garantias em aquisições de empresas no direito brasileiro*, São Paulo: Revista dos Tribunais, 2024, pp. 23–24.

60 Nesse sentido, Mariana Pargendler e Carlos Portugal Gouvêa, As diferenças entre declarações e garantias e os efeitos do conhecimento, in Maurizio Levi-Minzi, Mariana Pargendler e Carlos Portugal Gouvêa (orgs.), *Fusões e aquisições*: pareceres, São Paulo, Almedina, 2022, pp. 287–288 e 292–293.

61 Marcelo Vieira von Adamek e André Nunes Conti, *A cláusula de declarações e garantias em aquisições de empresas no direito brasileiro*, São Paulo: Revista dos Tribunais, 2024, p. 158.

Há também quem procure racionalizar o emprego de declarações e garantias – tomadas, neste caso, como categoria unificada, em atenção ao seu emprego prático – a partir da identificação de róis de funções. É o que propõe Giacomo Grezzana em sua monografia referencial.[62] Esse tratamento, contudo, e outra vez de acordo com Adamek e Conti, não permitiria "lidar com a multiplicidade de combinações entre diferentes significados da cláusula como fato, de um lado, e diferentes consequências da cláusula como relação jurídica, de outro."[63]

Ainda que a ideia de cláusula como relação esgarce o horizonte de significados que podem ser razoavelmente atribuídos à noção de cláusula,[64] parece-nos correto e importante reconhecer que a eficácia das declarações e garantias pode ser definida pela sua conexão com outras cláusulas do contrato. É precisamente o que ocorre quando cláusulas de declarações e garantias são referidas (ou reproduzidas) em condições precedentes. A referência a declarações e garantias em cláusulas condicionais assegura que, para além dos efeitos ordinários da violação dos fatos declarados ou garantidos – por exemplo, responsabilidade contratual ou pré-contratual, ou mesmo anulação por erro ou dolo, a depender do caso –, o comprador não estará obrigado a proceder ao fechamento da operação e poderá, nos termos do direito anglo-americano, exercer seu *right to walk away*, desde que de outro modo não se tenha disposto.[65]

A condição de manutenção referida a declarações e garantias pode apresentar duas divergências em relação ao regime típico das condições suspensivas e resolutivas. A primeira delas é a possibilidade de renúncia do comprador a condições referidas a *reps & warranties* estabelecidas em seu exclusivo interesse – em termos mais simples, a *condições unilaterais*.[66] A segunda diz respeito à possibilidade de cumular direito de retirada e pretensão indenizatória,

---

62 Giacomo Grezzana, *Cláusula de declarações e garantias em alienação de participação societária*, São Paulo: Quartier Latin, 2019, pp. 64–79.

63 Marcelo Vieira von Adamek e André Nunes Conti, *A cláusula de declarações e garantias em aquisições de empresas no direito brasileiro*, São Paulo: Revista dos Tribunais, 2024, p. 159.

64 Na monografia de Adamek e Conti, a distinção entre cláusula como fato e cláusula como relação reflete uma distinção mais abrangente e abstrata entre negócio jurídico como "ato de comunicação" e negócio jurídico como "conjunto de normas". *A cláusula de declarações e garantias em aquisições de empresas no direito brasileiro*, São Paulo: Revista dos Tribunais, 2024, pp. 28 e 30. Ao longo deste capítulo, temos procurado distinguir o *conteúdo* das condições precedentes de seus *efeitos*. Aquilo que chamamos de "efeitos da cláusula" parece corresponder à noção de "cláusula como relação jurídica" proposta por Adamek e Conti.

65 James C. Freund, *Anatomy of a merger:* strategies and techniques for negotiating corporate acquisitions, New York: Law Journal, 1975, pp. 157–158.

66 Maria Constanza, La condizione unilaterale: uma fattispecie variegata, in VVAA, *Scritti in onore di Angelo Falzea*, vol. II, t. I, Milano: Giuffrè, 1991, p. 253. No mesmo sentido, João de Oliveira Geraldes, Sobre o poder de renunciar unilateralmente a condições suspensivas, *RDCC*, São Paulo, v. 29, pp. 299–337, out./dez. 2021, p. 14 (acesso pela RTOnline); e Fernanda Mynarski Martins-Costa,

se esta última for reconduzida especificamente à condição. A condição precedente de manutenção estabelecerá, assim, "o direito a uma indenização, o qual em geral pode ser compensado pela redução do preço ou extinção da obrigação de pagamento do preço."[67]

A previsão isolada de declarações e garantias, sem a "veste" de condição, pode cumprir a função prática de impedir que o negócio se frustre por falsidade ou incorreção de menor importância.[68] Nesses casos, as partes podem se valer de qualificadoras de gravidade, assegurando que apenas a concretização de "riscos graves" terá o condão de impedir o fechamento.[69] E podem também convencionar, de modo propositadamente vago, a escusa de falsidades e incorreções que não afetem o "curso normal dos negócios",[70] ou então, como mencionado, listas de ocorrências que possam causar, individualmente ou em conjunto, mudança ou efeito adverso relevante para o comprador. Este é o âmbito das cláusulas MAC ou MAE.

3.2.2 Cláusulas MAE ou MAC

Uma das condições exemplificadas na Introdução prevê que "[n]enhum Efeito Adverso Relevante deverá ter ocorrido entre a Data Base e a Data de Fechamento". O conceito de "Efeito Adverso Relevante" remete a cláusulas MAE ou MAC, siglas para *material adverse effect* e *material adverse change*.[71] Trata-se, uma vez mais, de cláusula referida a disposições estabelecidas fora do clausulado condicional. Essas disposições – as cláusulas MAE ou MAC propriamente ditas – regulamentam, como esclarece Fernando Sá, a "distribuição

---

Condição unilateral em contratos de M&A, *IX Boletim IDiP-IEC*, 28 fev. 2024, disponível em https://canalarbitragem.com.br/ix-boletim-idip-iec/condicao-unilateral-em-contratos-de-ma/.

67 José Ferreira Gomes, *M&A*: aquisição de empresas e de participações societárias, Lisboa: AAFDL, 2022, p. 259.

68 Stephan R. Göthel, *Grenzüberschreitende M&A-Transaktionen* – Unternehmenskäufe, Umstrukturierungen, Joint Ventures, SE, 5. ed., Köln: RWS, 2020, p. 106, Rdnr. 177.

69 Nesta coletânea, remetemos aos textos de Giacomo Grezzana, O qualificador de materialidade (*materiality qualifier*) e suas relações com a cláusula de declarações e garantias em alienações de participação societária; de Guilherme Setoguti J. Pereira e Carolina Mota da Silva Telles, Cláusulas de qualificação de conhecimento; e de Gustavo Birenbaum, Qualificadora de conhecimento em cláusula de declarações e garantias: limites e possibilidades no direito brasileiro.

70 Alessandra Forgioni, *A cláusula de declarações e garantias nos contratos de compra e venda de participações societárias de controle*, Dissertação (Mestrado em Direito Comercial) – Faculdade de Direito, Universidade de São Paulo, São Paulo, 2023, p. 83.

71 Alterações e efeitos adversos relevantes estabelecidos em cláusulas MAC e MAE assumem, em nossa discussão, o mesmo significado jurídico. Esse também é o entendimento das autoras e autores citados neste item.

do risco da ocorrência, entre o momento da celebração do contrato (*signing*) e o *closing*, de alterações com impacto negativo sobre a empresa ou sobre as circunstâncias em que o negócio foi celebrado."[72]

Cláusulas MAE ou MAC podem ser específicas ou genéricas, conforme se reportem ou não a um conjunto de fatos ou eventos antecipadamente qualificados como alterações ou efeitos adversos relevantes.[73] Variedades específicas podem ser constituídas por inclusões ou exclusões – as chamadas *carve-outs*. Inclusões atribuem riscos particulares ao vendedor. Elas excepcionam a regra geral – já amiúde limitada pela lei e pela jurisprudência, é bom lembrar – segundo a qual os riscos da aquisição se atribuem ao comprador (*caveat emptor*).[74] *Carve-outs*, ao invés, representam hipóteses de devolução de risco do vendedor ao comprador.[75] Em qualquer caso, cláusulas MAE ou MAC representam alternativas a regimes legais de alteração das circunstâncias, a exemplo daquele estabelecido pelos artigos 478 a 480 do Código Civil.

A referência a alterações ou efeitos adversos relevantes entre as condições precedentes (de manutenção ou de conclusão, a depender do regime contratual ou do aspecto privilegiado pelo intérprete) sugere sua submissão, ainda que apenas parcial, ao regime das condições.[76] Tal qualificação, todavia, é disputada. Parte da doutrina resiste em qualificar cláusulas MAE ou MAC como condições. "Alguns a[s] qualificam como espécie de condição, ora como condição suspensiva, ora condição resolutiva", argumentam Judith Martins-Costa e

---

72 Fernando Oliveira e Sá, Cláusulas Material Adverse Change (MAC) em contratos de compra e venda de empresas, *Direito e justiça*, Lisboa, vol. especial, pp. 427–444, 2012, p. 427.

73 Expressões como *material adverse change* e *materiality* não são fáceis de traduzir. Como notam Maurizio Levi-Minzi e Bruno Balduccini, "[...] *it is difficult to predict how a Brazilian court or arbitrator may interpret such concept*". Lost in translation, *Latin Lawyer*, London, v. 13, n. 2, pp. 43–44, abr. 2014, p. 44. Tradução: "[...] é difícil prever como um tribunal ou um árbitro brasileiro poderá interpretar esse conceito". Diante disso, ainda de acordo com Levi-Minzi e Balduccini, "*contracting parties may wish to limit the use of materiality qualifiers in acquisition agreements by including objective criteria (such as dollar thresholds, scheduled items or flat obligations) where feasible to reduce uncertainty and the risk of disputes*." Tradução: "Com isso em mente, as partes contratantes podem querer limitar, sempre que possível, o uso de qualificadores de relevância em acordos de aquisição por meio da inclusão de critérios objetivos (como limites em dólares, itens programados ou obrigações fixas) para reduzir incerteza e o risco de litígios". Traduzimos "materiality" como "relevância".

74 Essas exceções, sistematizadas entre os séculos 17 e 18 pela literatura civilista continental, foram recepcionadas pelo *common law* inglês, e então absorvidas pela prática contratual, como reporta Reinhard Zimmermann, *The Law of Obligations*: Roman Foundations of the Civilian Tradition, Oxford: Oxford University Press, 1996 (1990), pp. 334–335.

75 Fernando Oliveira e Sá, Cláusulas Material Adverse Change (MAC) em contratos de compra e venda de empresas, *Direito e justiça*, Lisboa, vol. especial, pp. 427–444, 2012, p. 438.

76 Referências em Martin Henssler, Material Adverse Clause – Klauseln in deutschen Unternehmenskaufverträgen – (r)eine Modeerscheinung?, in VVAA, *Festschrift für Ulrich Huber zum siebzigsten Geburtstag*, Tübingen: Mohr Siebeck, 2006, p. 740.

Paula Costa e Silva em relação a cláusulas MAE ou MAC. "Essa qualificação", contraditam, "não nos parece acertada, muito embora reconhecendo que, na transposição de institutos e conceitos advindos de sistema distinto, o ajuste conceitual, modo geral, nunca será integralmente realizável."[77]

A resistência das autoras pode ser associada, como propõe Larissa Gebrim, a uma concepção restrita do conceito de condição.[78] De acordo com ela, "o efeito do negócio jurídico" referido pelo artigo 121 do Código Civil tem de ser sempre e necessariamente seu efeito típico.[79] As regras estabelecidas entre os artigos 121 e 130, por conseguinte, só se projetariam sobre condições suspensivas ou resolutivas *típicas*. Não haveria espaço para a atipicidade.

Esse, como vimos dizendo, não nos parece o melhor entendimento sobre o assunto. A restrição do regime condicional a condições típicas não tem respaldo inequívoco na lei, e pode, em rigor, contrariá-la.[80] Condições atípicas – a exemplo das condições precedentes em geral e das condições de manutenção em particular – não se submetem, por definição, a *todas* as regras aplicáveis a condições típicas, mas podem se submeter a *algumas delas*. Essa submissão deverá ser privilegiada quando a aplicação do regime condicional puder ser reconduzida à vontade das partes. E a referência a alterações ou efeitos adversos relevantes *no clausulado condicional* – como ocorre no exemplo aqui discutido – é índice decisivo para tal recondução.

3.3 Condições conclusivas

Condições transacionais ou *conclusivas* são aquelas que aparelham ou materializam o *closing*.[81] São "normalmente ligadas ao fornecimento de docu-

77 Judith Martins-Costa e Paula Costa e Silva, *Crise e perturbações no cumprimento da prestação:* estudo de direito comparado luso-brasileiro, São Paulo: Quartier Latin, 2020, p. 134. A resistência é compartilhada por Larissa Gebrim em sua monografia sobre o assunto, *Compra e venda de participação societária:* análise da cláusula MAC, São Paulo: Almedina, 2023, pp. 132–135.

78 Larissa Santiago Gebrim, *Compra e venda de participação societária:* análise da cláusula MAC, São Paulo: Almedina, 2023, pp. 132–135. A autora contrasta essa concepção com aquela esposada por Gaetano Petrelli, *La condizione «elemento essenziale» del negozio giuridico*, Milano: Giuffrè, 2000, pp. 7–8, que também adotamos. Vale notar, entretanto, que Judith Martins-Costa afirma a existência de condições atípicas em outra obra: *A boa-fé no direito privado.* Critérios para a sua aplicação, 2. ed., São Paulo: SaraivaJur, 2018, pp. 8, 431 e 432.

79 Larissa Santiago Gebrim, *Compra e venda de participação societária:* análise da cláusula MAC, São Paulo: Almedina, 2023, p. 134.

80 Argumentação no item 2.3 *supra*.

81 A expressão "condições transacionais", empregada pela literatura brasileira, traduz aquilo que Kenneth Adams chama de "transactional conditions". *The Structure of M&A Contracts*,

mentos essenciais",[82] como a entrega de instrumento de outorga de poderes de representação para transferência de ações, para nos valermos do exemplo apresentado na Introdução. Há quem entenda, com boas razões, que condições de conclusão não deveriam ser qualificadas como *precedentes*, pois não *precedem* o adimplemento, mas o *viabilizam* ou *constituem*.[83] Também por isso são usualmente encaradas como deveres, "conquanto sua roupagem técnica seja a de uma condição".[84]

Se decorrer de conduta culposa ou dolosa da vendedora, a falta de um evento condicionante previsto em condição conclusiva pode conduzir ao inadimplemento, e então ao "direito de exercer diferentes pretensões, a depender do pactuado entre as partes".[85] Teremos, assim, hipótese regida por combinação de regras do regime das condições com regras do regime do incumprimento culposo. Essa espécie de combinação, que desafia, como dissemos, a atribuição doutrinária de inércia normativa a condições,[86] também ocorre em regimes especiais de incerteza negocial, como é o caso do regime das cláusulas resolutivas expressas.

4 DISCIPLINA JURÍDICA

Vimos que a disciplina das condições precedentes não pode ser integralmente reconduzida ao regime condicional típico estabelecido entre os artigos 121 e 130 do Código Civil. É assim porque certas condições precedentes – condições de entrada e de manutenção, em particular – carecem de elementos indispensáveis para a aplicação plena desse regime.

Little Falls: LegalWorks, 2016, p. 72. Entendemos que a expressão "condições conclusivas" seja mais apropriada.

82 João Felipe Martins de Almeida, Direitos e deveres das partes durante o estado de pendência em contratos de M&A, *Revista Semestral de Direito Empresarial*, Rio de Janeiro, n. 32, pp. 213–232, jan./jun. 2023, p. 223. Observe-se, porém, que nem toda condição de entrega de documentos será conclusiva. Condições de manutenção podem envolver a entrega de documentos que comprovem a manutenção de declarações e garantias. A entrega desses documentos não se sujeitará ao regime das condições conclusivas, e poderá, eventualmente, ser dispensada.

83 Fernanda Mynarski Martins-Costa, *Execução diferida nos contratos de M&A*, São Paulo: Almedina, 2022, p. 68.

84 Para usarmos os termos de Judith Martins-Costa, *A boa-fé no direito privado.* Critérios para a sua aplicação, 2. ed., São Paulo: SaraivaJur, 2018, p. 434, que não se refere, porém, a essa hipótese.

85 João Felipe Martins de Almeida, Direitos e deveres das partes durante o estado de pendência em contratos de M&A, *Revista Semestral de Direito Empresarial*, Rio de Janeiro, n. 32, pp. 213–232, jan./jun. 2023, p. 215.

86 Item 2.2 *supra*.

Nosso esforço, agora, é positivo, e se dirige à disciplina caracteristicamente atípica das condições precedentes. A utilidade prática desse esforço é orientar profissionais que venham a lidar com condições precedentes nos diferentes estágios de sua ocorrência. Os itens desta seção correspondem a esses estágios: estipulação (4.1), pendência (4.2) e verificação ou falta (4.3).

4.1 Estipulação

A condição precedente voluntariamente estipulada *existe*. Atendidos os requisitos dos artigos 122 e 123 do Código Civil, bem como aqueles estabelecidos por outras regras heterônomas eventualmente aplicáveis, ela se diz válida. Mas só se torna plenamente *eficaz* diante da certificação do evento condicionante, ou então de intercorrências que possam afetá-la,[87] – ainda que produza certos *efeitos preliminares* antes disso,[88] como temos insistido.[89]

A estipulação de condições precedentes envolve, em todo caso, cautelas específicas. A primeira delas é a identificação dos limites legais aplicáveis (4.1.1). A segunda, a definição da aplicabilidade da disciplina restritiva das condições potestativas (4.1.2).

4.1.1 Limites legais

Os limites aplicáveis à estipulação de condições precedentes são, *prima facie*, aqueles estabelecidos pelo regime típico das condições.[90] Para que sejam lícitas, cláusulas condicionais precedentes não podem ser contrárias aos limites da lei, da ordem pública ou dos bons costumes, nos termos da primeira parte do artigo 122 do Código Civil. Os eventos condicionantes, por sua vez, quando referidos em condições de caráter suspensivo, não podem ser jurídica ou fisicamente impossíveis, como determina o artigo 123. Embora pertencentes ao regime típico das condições, essas normas têm caráter geral, aplicando-se também a condições atípicas.

---

87 Anna Paola Ugas, *Il negozio giuridico come fonte di qualificazione e disciplina di fatti*, Torino: Giappichelli, 2002, pp. 195–196.

88 A noção de "efeitos preliminares" foi proposta originalmente na famosa tese de Domenico Rubino, *La fattispecie e gli effetti giuridici preliminari*, Milano: Giuffrè, 1939.

89 Item 2.3 *supra* e item 4.2 *infra*.

90 João Felipe Martins de Almeida, Direitos e deveres das partes durante o estado de pendência em contratos de M&A, *Revista Semestral de Direito Empresarial*, Rio de Janeiro, n. 32, pp. 213–232, jan./jun. 2023, p. 218.

4.1.2 Caráter potestativo

A proibição estabelecida na segunda parte do artigo 122 pode gerar dúvida. Seriam vedadas também as condições precedentes que "privarem de todo efeito o negócio jurídico, ou o sujeitarem ao puro arbítrio de uma das partes", como determina a disposição?[91]

A distinção entre condições potestativas admissíveis e inadmissíveis – lícitas ou ilícitas, se quisermos – sempre foi objeto de atento escrutínio doutrinário. O artigo 115 do Código Civil de 1916, equivalente ao atual artigo 122, não fornecia outro parâmetro além do "arbítrio de uma das partes". Condições subordinadas ao arbítrio unilateral seriam "defesas". O Código Civil de 2002 foi além ao especificar que o arbítrio caracterizador de hipótese inadmissível tem de ser "puro". Para o Superior Tribunal de Justiça, esse seria o caso, por exemplo, da cláusula que relegasse "ao exclusivo arbítrio" de uma arrendadora "a escolha de qualquer índice que reflita o custo de produção do *leasing* ou as maiores taxas praticadas".[92] As hipóteses controvertidas tendem, na prática, a ser mais intrincadas que os exemplos doutrinários – "se for à esquina", como ilustrava Pontes de Miranda em passagem muito citada.[93]

A literatura voluntarista explica a recorrente proibição de condições potestativas inadmissíveis, chamadas de *puramente potestativas*, a partir da rejeição da circularidade ocasionada por cláusulas condicionais do tipo "quero, se no futuro ainda quiser".[94] Na segunda metade do século 20, a racionalidade

---

91 O problema pode, claro, ser evitado pela estipulação de parâmetros de verificação que não se limitem ao "puro arbítrio" de uma das partes. Nossa discussão diz respeito aos casos em que esses parâmetros não são estabelecidos.

92 STJ, REsp 54.989/RS, Quarta Turma, rel. Min. Sálvio de Figueiredo Teixeira, j. 13.5.97, DJ 23.6.97, p. 1.

93 Francisco Cavalcanti Pontes de Miranda, *Tratado de direito privado* – Parte Geral – Tomo V – Eficácia jurídica. Direitos. Ações (3. ed., 1971), São Paulo: RT, 2012, § 544, 8, "a", p. 217. Em crítica percuciente a entendimentos do STJ e do TJ-SP sobre o assunto, Gabriel Saad Kik Buschinelli, *Compra e venda de participações societárias de controle*, São Paulo: Quartier Latin, 2018, pp. 221–229.

94 Francesco Ferrara, La condizione potestativa, in *Scritti giuridici*, vol. I, Milano: Giuffrè, 1954, p. 422. A orientação voluntarista parece prevalecer na literatura especializada, que submete a admissibilidade da condição precedente potestativa à existência de "critérios objetivos" ou "parâmetros de mercado" na cláusula condicional. Fernanda Mynarski Martins-Costa, *Execução diferida nos contratos de M&A*, São Paulo: Almedina, 2022, p. 100. A orientação voluntarista mostra-se também em casos práticos: conforme ementa de sentença arbitral, afastou-se, em litígio, a qualificação de condição puramente potestativa, "porquanto o evento não está vinculado exclusivamente à vontade de uma das Partes". Na situação analisada, a cláusula, aposta a uma Escritura de Debêntures, determinava o vencimento antecipado caso se verificasse a "ocorrência de qualquer evento que possa afetar a capacidade operacional, legal ou financeira da Emissora, e de cumprir com as obrigações assumidas nesta Escritura de Emissão" (Ementa nº 63.3.4.2021,

dessa proibição passou a ser articulada como hipótese de atribuição de relevância jurídica aos motivos. De acordo com essa leitura, condições potestativas admissíveis – na terminologia usual, *meramente potestativas* – teriam de veicular *motivos distintos* dos motivos determinantes do negócio jurídico.[95] Não poderiam, precisamente por isso, ser objeto de provimento judicial substitutivo de declaração de vontade, nos termos do artigo 501 do Código de Processo Civil. Nas hipóteses em que esses motivos fossem os mesmos, estaríamos diante de condições puramente potestativas, vedadas *tout court*.[96]

Entendemos que nem toda condição precedente estará sujeita à proibição estabelecida na segunda parte do artigo 122. Certas condições precedentes podem, sim, se submeter ao "puro arbítrio" de uma das partes. Não será o caso de condições precedentes ordinariamente reconduzíveis ao regime típico das condições, a exemplo das condições conclusivas. Condições conclusivas puramente potestativas sujeitam-se à proibição da segunda parte do artigo 122. Mas essa regra nem sempre poderá ser aplicada a condições de aprovação e de manutenção, que podem, como vimos, conter elementos divergentes daqueles que justificam a aplicação do regime de pendência das condições, sobretudo em contratos que contenham cláusulas *pro-sandbagging*.

O próprio Código Civil, de resto, admite hipóteses que poderiam ser descritas como condições puramente potestativas quando o que está em jogo são regimes condicionais especiais, a exemplo do regime da venda a contento. Não precisamos recorrer a construções artificiosas para justificar essas hipóteses, que se explicam pela especialidade e pela atipicidade.[97]

---

publicada na 6ª Edição do Ementário de Sentenças Arbitrais da Câmara do Mercado, "Operações com Valores Mobiliários", Sentença Arbitral Final, proferida em 07/06/2021, nos termos do item 7.10 do Regulamento de Arbitragem).

95 Na Itália, essa passagem é epitomizada pela obra fundamental de Angelo Falzea, *La condizione e gli elementi dell'atto giuridico*, Milano: Giuffrè, 1941.

96 A terminologia "puramente potestativa" vem do francês *condition purement potestative*, conforme Werner Flume, *Allgemeiner Teil des Bürgerlichen Rechts II* – Das Rechtsgeschäft, 2. ed., Berlin: Springer, 1975, p. 683. Seu equivalente, em alemão, é a *Wollensbedingung*.

97 Nesse caso, de acordo com o artigo 509 do Código Civil, a venda "não se reputará perfeita, enquanto o adquirente não manifestar seu agrado." É de se notar que a lei não qualifica o "agrado" do adquirente. Não estabelece "critérios objetivos" para sua aferição. Como (i) o escrutínio da satisfação do adquirente é, na prática, inviável, e (ii) a satisfação do adquirente é, também, o motivo determinante da contratação, parece correto dizer que estamos diante de hipótese que excepciona a vedação de condições puramente potestativas estabelecida na parte final do artigo 122. O caso da venda sujeita a prova, regulada na mesma subseção do Código Civil, é diferente, porque o legislador estabelece dois requisitos complementares para sua verificação: a coisa vendida deve ter "as qualidades asseguradas pelo vendedor" e precisa ser "idônea para o fim a que se destina", nos termos do artigo 510 do Código Civil. Não se trata, assim, de condição puramente potestativa, uma vez que a eventual recusa do comprador deve, obrigatoriamente, estar baseada em um dos parâmetros estabelecidos no artigo 510. A resistência da doutrina em reconhecer a ocorrência

4.2 Período de pendência

O regime típico das condições contém regras especificamente aplicáveis ao período de pendência da condição, conceito abrangente empregado para designar o estágio temporal estabelecido entre a estipulação da cláusula condicional e a verificação (ou a falta definitiva) do evento condicionante.[98] Em operações de M&A, esse estágio corresponde ao *interim period*, o período interino, intermístico ou intercalar situado entre a assinatura do contrato (no jargão importado, *signing*) e a "conclusão contratual definitiva" (*closing*), a partir da qual torna-se possível a "execução do contrato em sua plena eficácia".[99]

A disciplina do período de pendência das condições precedentes envolve ao menos três temas correlatos. O primeiro é a salvaguarda de direitos expectativos, interesses e titularidades (4.2.1). O segundo, a vicissitude maliciosa da condição (4.2.2). O terceiro, a disciplina da renúncia ao efeito derivado do implemento da condição (4.2.3).

4.2.1 Medidas de conservação

Nos termos do artigo 130 do Código Civil, ao titular de "direito eventual" é dado "praticar os atos destinados a conservá-lo." O conceito de "direito eventual" deve ser bem entendido.[100] É certo que não se trata de direito presente,

---

de regimes condicionais especiais e atípicos conduz a equívocos, como o de negar que a condição de satisfação da venda a contento seja puramente potestativa, a fim de evitar a aplicação do artigo 122. Esse argumento é proposto por vários autores, entre os quais Gustavo Tepedino, Heloisa Helena Barboza e Maria Celina Bodin de Moraes, *Código Civil Interpretado Conforme A Constituição da República. Teoria Geral dos Contratos. Contratos em Espécie. Atos unilaterais. Títulos de Crédito. Responsabilidade Civil. Preferências e Privilégios Creditórios (arts. 421 a 965)*, v. II, 2. ed., Rio de Janeiro: Renovar, 2012, pp. 178–179 (comentário ao artigo 509). É artificioso negar que a satisfação do comprador seja ato de arbítrio. Francisco Cavalcanti Pontes de Miranda, *Tratado de direito privado* – Parte Especial – Tomo XXXIX – Direito das obrigações. Compra-e-venda. Troca. Contrato estimatório (3. ed., 1971), São Paulo: RT, 2012, § 4.284, 5, p. 198: "[a] aprovação, na venda a contento, é ato de arbítrio do comprador; não fica sujeita a apreciação judicial". Como ato de arbítrio, a condição de satisfação é puramente potestativa. Mas isso não é um problema, pois a venda a contento conta com regime especial, que não incorpora o artigo 122.

98 A abrangência do conceito de pendência é destacada em Angelo Belfiore, Pendenza, in *Enciclopedia del diritto*, vol. XXXII, Milano: Giuffrè, 1982, pp. 873–874.

99 Judith Martins-Costa, *A boa-fé no direito privado* Critérios para a sua aplicação, 2. ed., São Paulo: SaraivaJur, 2018, p. 432. A expressão "período intercalar", menos comum, mas mais apropriada, é proposta por Fernanda Mynarski Martins-Costa, *Execução diferida nos contratos de M&A*, São Paulo: Almedina, 2022.

100 *Locus classicus:* Jean- Maurice Verdier, *Les droits éventuels*: contribution à l'étude de la formation successive des droits, Paris: Rousseau, 1955.

tampouco do direito correspondente ao efeito condicionado. "Subordinando-se a eficácia do negócio jurídico à condição suspensiva," lemos no artigo 125, "enquanto esta se não verificar, não se terá adquirido o direito, a que ele visa." Por outro lado, o direito eventual tampouco deve ser tomado como simples *expectativa de direito*. Trata-se de direito propriamente dito: *direito expectativo*, como insiste Pontes de Miranda.[101] Um direito distinto, sim, do *direito expectado*, mas ainda assim um direito: direito que pode ser transmitido ou mesmo enjeitado, como voltaremos a discutir.[102]

A disciplina do período de pendência também envolve a salvaguarda de interesses e titularidades de terceiros. Isso ajuda a entender a disposição do artigo 126, dirigida especificamente a condições que suspendam a disposição de bens tangíveis: "Se alguém dispuser de uma coisa sob condição suspensiva, e, pendente esta, fizer quanto àquela novas disposições, estas não terão valor, realizada a condição, se com ela forem incompatíveis." O condicionamento representa, assim, um incentivo para a preservação da incolumidade de bens afetados a negócios estabelecidos.[103] A mesma racionalidade preside a disciplina da proteção de dados pessoais – neste caso, bens intangíveis – diante da possibilidade de substituição de controladores e agentes de tratamento de dados por ocasião de operações de M&A.[104]

A disciplina da conservação de direitos expectativos deve, de todo modo, ser analisada com atenção, vez que, como vimos, o regime típico das condições nem sempre poderá ser aplicado de modo integral a condições precedentes. A fim de evitar desentendimento sobre esse ponto, contratantes acautelados podem convencionar regras particulares: podem, por exemplo, estabelecer compromisso de renegociação, acionável na hipótese de o passivo da sociedade-alvo se tornar excessivamente elevado antes da data de fechamento.[105] A ausência de disciplina convencional não deve, entretanto, ser tomada como

---

101 Francisco Cavalcanti Pontes de Miranda, *Tratado de direito privado* – Parte Geral – Tomo V – Eficácia jurídica. Direitos. Ações (3. ed., 1971), São Paulo: RT, 2012, § 545, "5", p. 232, distinguindo "direito expectativo" e "expectativa de direito". A distinção é frequentemente negligenciada pela doutrina, como, por exemplo, em Enzo Roppo, *O contrato*, Tradução de Ana Coimbra e M. Januário C. Gomes, Coimbra: Almedina, 2009, p. 158.

102 Item 4.2.3 *infra*.

103 Não é certo, entretanto, que a regra implique a ineficácia de qualquer ato de disposição, como já reconhecia, em comentário ao artigo 1.357 do Código Civil italiano, Angelo Belfiore, Pendenza Negoziale e conflitti di titolarità (premessa introduttive), *Rivista di diritto civile*, Padova, anno XVII, pp. 181–233, 1971.

104 Gabriela Lotufo Cintra Ferreira, *Compartilhamento de dados pessoais em operações de M&A*, Dissertação apresentada ao Programa de Mestrado Profissional da FGV Direito SP, 2023.

105 O exemplo é fornecido por Fernanda Mynarski Martins-Costa, *Execução diferida nos contratos de M&A*, São Paulo: Almedina, 2022, pp. 112–114.

razão suficiente para a aplicação do regime condicional típico. O emprego de medidas conservatórias baseadas no artigo 130 do Código Civil, a exemplo do sequestro de bens integrantes do patrimônio social, pode revelar-se incompatível com a disciplina concreta das condições precedentes.[106]

4.2.2 Vicissitude maliciosa

Por sua vez, o artigo 129 do Código Civil estabelece hipóteses de ficção de verificação e de falta de eventos condicionantes: "Reputa-se verificada, quanto aos efeitos jurídicos, a condição cujo implemento for maliciosamente obstado pela parte a quem desfavorecer, considerando-se, ao contrário, não verificada a condição maliciosamente levada a efeito por aquele a quem aproveita o seu implemento."[107] Essas hipóteses atendem de modo específico aos interesses da parte prejudicada pelo comportamento da contraparte que tenha afetado o andamento regular da condição, entendido como tal o curso que o evento condicionante teria na ausência da vicissitude maliciosa. Tem-se, com isso, um meio de "assegurar a consistência dos *critérios de imputação* contratual estipulados pelas partes",[108] evitando que a prévia distribuição de riscos feita pelos contratantes seja frustrada por condutas maliciosas.

Ficções de verificação ou falta não se aplicam, como adiantamos, a condições precedentes de aprovação que se limitem a reproduzir exigências legais.[109] Essas condições estarão sujeitas aos regimes especiais das *condiciones iuris*, e não ao regime de referência das *condiciones facti*, as condições em sentido típico. Na prática, entretanto, a reprodução de exigências legais é usualmente complementada pela estipulação de parâmetros ou procedimentos para obtenção do implemento, ou ainda pela previsão de consequências jurídicas distintas daquelas estabelecidas em lei. A hipótese do artigo 129 poderá ser aplicada a esses casos, na medida em que não implicar ilicitude nem conflitar com regras cogentes ou de ordem pública.

---

106 Nesse sentido, Fernanda Mynarski Martins-Costa, *Execução diferida nos contratos de M&A*, São Paulo: Almedina, 2022, pp. 144–147, especialmente p. 145.

107 Em comentário a norma equivalente do BGB, Werner Flume, *Allgemeiner Teil des Bürgerlichen Rechts II* – Das Rechtsgeschäft, 2. ed., Berlin: Springer, 1975, p. 715: "*Die Regelung des § 162 ist als Fiktion formuliert*". Tradução: "A regra do § 162 é formulada como ficção".

108 Marcelo Vieira Von Adamek e André Nunes Conti, A cláusula de earn-out (parcela contingente do preço) em aquisições de empresas no direito brasileiro, *Revista de Direito Societário e M&A*, São Paulo, v. 5, s. p., jan./jun. 2024, item 5.1.

109 Item 3.1.2 *supra*.

O emprego da ficção de verificação não se limita, como o advérbio *maliciosamente* pode sugerir, a casos de dolo.[110] A regra tem sido interpretada no sentido de englobar também condutas culposas ou, em perspectiva complementar, contrárias à boa-fé objetiva.[111] Essa interpretação é facilitada pela conjugação da cláusula condicional com determinações contratuais de melhores esforços ou *best efforts* (a despeito de sua usual vagueza),[112] ou ainda, como se tem preferido, "esforços razoáveis" (conforme exemplo apresentado na Introdução). Na "essência" dessas qualificações está, afinal, a previsão de diligência, cuja falta caracteriza culpa.[113] Para dizer de outro modo: cláusulas de melhores esforços têm o condão de qualificar a malícia prevista no artigo 129 do Código Civil, ampliando o escopo de sua aplicação.[114]

E se as partes não tiverem convencionado o empenho dos melhores esforços ou esforços razoáveis para a realização ou o bloqueio da condição? Parte da doutrina chega ao mesmo resultado. Para tanto, reconduz o disposto no

---

110 Por conta desse advérbio, Pontes de Miranda rejeitava a suficiência de culpa. Francisco Cavalcanti Pontes de Miranda, *Tratado de direito privado* – Parte Geral – Tomo V – Eficácia jurídica. Direitos. Ações (3. ed., 1971), São Paulo: RT, 2012, § 543, "9", p. 195: "Basta o evitamento culposo ou a provocação culposa? Não; é preciso a malícia. Isso, no direito brasileiro". Nesse mesmo sentido, também em comentário ao artigo 120 do Código Civil de 1916, Vicente Ráo, *Ato jurídico*. Noção. Pressupostos. Elementos essenciais e acidentais. O problema do conflito entre os elementos volitivos e a declaração, 3. ed., São Paulo: Saraiva, 1981, p. 343.

111 Judith Martins-Costa, Contrato de Cessão e Transferência de Quotas. Acordo de Sócios. Pactuação de parcela variável do preço contratual denominada Earn Out. Características e função ("causa objetiva") do Earn Out, *Revista de Arbitragem e Mediação*, São Paulo, v. 42, pp. 153–188, jul./set. 2014, item 53.1 (referindo-se à "dispensabilidade do dolo para a incidência da regra"). João Felipe Martins de Almeida, Direitos e deveres das partes durante o estado de pendência em contratos de M&A, *Revista Semestral de Direito Empresarial*, Rio de Janeiro, n. 32, pp. 213–232, jan./jun. 2023, p. 231. Segundo o autor, a doutrina "mais atual [...] interpreta a expressão como mero distanciamento da boa-fé objetiva, dispensando prova de atitude intencional [...]".

112 Referências em Marcio Henriques da Costa, *Cláusula de Melhores Esforços – Best Efforts*: Da sua Incidência e Efetividade nos Contratos. Interpretação e Prática, Curitiba: Juruá, 2016; e Maria Alessandra Livri, Clausola *best efforts*, in Massimo Confortini (ed.), *Clausole negoziali*: Profili teorici e applicativi di clausole tipiche e atipiche, vol. II, Torino: UTET, 2019, pp. 617–649. Nesta coletânea, remetemos a Fernando Gemelli Eick, Cláusula de melhores esforços no direito brasileiro.

113 Fernanda Mynarski Martins-Costa, *Execução diferida nos contratos de M&A*, São Paulo: Almedina, 2022, p. 77: "há certo consenso que a diligência está na essência dos 'best efforts'". Quanto à relação entre culpa e diligência, com destaques nossos, José de Aguiar Dias, *Da responsabilidade civil I*, 7. ed., Rio de Janeiro, Forense, 1983, p. 127: "*A culpa é falta de diligência* na observância de norma de conduta [...]".

114 Em sentido semelhante, considerando a "falta de norma contratual expressa que concretize [...] deveres fiduciários" decorrentes, por exemplo, da previsão de "melhores esforços" para atingir metas de *earn-out*, Marcelo Vieira Von Adamek e André Nunes Conti, A cláusula de earn-out (parcela contingente do preço) em aquisições de empresas no direito brasileiro, *Revista de Direito Societário e M&A*, São Paulo, v. 5, s. p., jan./jun. 2024, item 5.1, entendem que a "norma legal relevante que deles trata é o art. 129 do Código Civil".

artigo 129 ao princípio da boa-fé,[115] que está por trás de regras equivalentes nos códigos alemão e italiano.[116] Nesse contexto, a aplicação da ficção, muito além de sanção a condutas desleais, é vista como "forma de concretizar a vontade expressa pelas próprias partes".[117] Caso não se aceite essa leitura – eventualmente pela suposição de que o direito brasileiro exige a malícia, entendida como dolo –,[118] ainda assim será possível recorrer à indenização, de maneira a cobrir os danos causados pela vicissitude.[119]

De todo modo, exceção feita a certas condições de aprovação, a que aludimos acima – *condiciones iuris*, em particular –, o artigo 129 haverá de compor o regime jurídico aplicável às condições precedentes.[120] Assim, por exemplo, caso o *closing* dependa da obtenção, pela compradora, de garantias junto a uma instituição

---

115 Nesse sentido, José Alexandre Tavares Guerreiro, Condição: Comportamento malicioso do devedor, in Arruda Alvim, Eduardo Arruda Alvim e Flavio Galdino (coords.), *Uma vida dedicada ao direito*: estudos em homenagem a Roberto Rosas, Rio de Janeiro: GZ, 2020, pp. 413–414, e João Felipe Martins de Almeida, Direitos e deveres das partes durante o estado de pendência em contratos de M&A, *Revista Semestral de Direito Empresarial*, Rio de Janeiro, n. 32, pp. 213–232, jan./jun. 2023, p. 231. Também Marcelo Vieira Von Adamek e André Nunes Conti, A cláusula de earn-out (parcela contingente do preço) em aquisições de empresas no direito brasileiro, *Revista de Direito Societário e M&A*, São Paulo, v. 5, s. p., jan./jun. 2024, item 5.1 ("o art. 129 do Código Civil também serve para *impor deveres de boa-fé* às partes que estipularam um critério de imputação ligado a comportamento").

116 BGB, § 162. Em vez de *maliciosamente*, a norma contém a expressão "contrariamente à boa-fé": "wider Treu und Glauben". Esse parágrafo do BGB é descrito como "[f]onte imediata" da regra do Código Civil brasileiro, segundo Vicente Ráo, *Ato jurídico*. Noção. Pressupostos. Elementos essenciais e acidentais. O problema do conflito entre os elementos volitivos e a declaração, 3. ed., São Paulo: Saraiva, 1981, p. 342. A respeito do § 162 BGB e de sua relação com dolo, culpa e boa-fé, cf. Jörg Neuner, Manfred Wolf e Karl Larenz, *Allgemeiner Teil des Bürgerlichen Rechts*, 11. ed., München: Beck, 2016, p. 670, Rdnr. 40. No *Codice civile* italiano, as referências são os artigos 1.358.º e 1.359.º. Essas normas estabelecem o dever de se comportar de acordo com a boa-fé durante o estado de pendência de uma condição e a ficção de verificação de um evento condicionate se, por conduta imputável, a parte que se obrigaria em virtude de uma condição frustrá-la.

117 Gabriel Saad Kik Buschinelli, *Compra e venda de participações societárias de controle*, São Paulo: Quartier Latin, 2018, p. 227.

118 Assim entendiam Clóvis Beviláqua, *Código Civil dos Estados Unidos do Brasil I*, 6. ed., Rio de Janeiro: Francisco Alves, 1940, p. 374, e Augusto Teixeira de Freitas, *Código Civil* – Esboço, Rio de Janeiro: Laemmert, 1860, p. 336, no *Esboço*: "Art. 629. As condições reputar-se-hão cumpridas: [...] 3.º Quando da parte do interessado, a quem o cumprimento não aproveita, houver dolo para impedi-lo". Afirmando também a sinonímia entre malícia e dolo, Vicente Ráo, *Ato jurídico*. Noção. Pressupostos. Elementos essenciais e acidentais. O problema do conflito entre os elementos volitivos e a declaração, 3. ed., São Paulo: Saraiva, 1981, p. 343.

119 Nesse sentido, Vicente Ráo, *Ato jurídico*. Noção. Pressupostos. Elementos essenciais e acidentais. O problema do conflito entre os elementos volitivos e a declaração, 3. ed., São Paulo: Saraiva, 1981, p. 344.

120 João Felipe Martins de Almeida, Direitos e deveres das partes durante o estado de pendência em contratos de M&A, *Revista Semestral de Direito Empresarial*, Rio de Janeiro, n. 32, pp. 213–232 jan./jun., 2023, pp. 229–232.

financeira, será possível recorrer à ficção do artigo 129 se a vendedora dolosamente criar obstáculos para frustrar a concessão dessas garantias. Nessa situação, a vendedora se obrigará como se a condição tivesse de fato se implementado:[121] apesar da ausência do implemento, surgirá, por ficção, o direito ao fechamento.

4.2.3 Renúncia (*waiver*)

Clausulados de condições precedentes podem conter *waivers*, isto é, disposições que facultam o exercício de poderes de renúncia a efeitos de condições específicas.[122] Em instrumentos de operações de M&A, essas disposições são comumente estabelecidas em favor dos compradores, que podem, por exemplo, abrir mão de declarações, garantias ou compromissos específicos, qualificados como condições a fim de garantir a conclusão do negócio.[123]

---

121 É a formulação clássica de Antonio Joaquim Ribas, *Curso de direito civil brasileiro II* – Parte Geral, t. II, Rio de Janeiro: Garnier, 1880, p. 396: "Se o devedor eventual procura impedir a realização da condição, elle se obriga como se ella se houvesse effetivamente realizado".

122 A qualificação de *waivers* como hipóteses de renúncia é criticada por parte da literatura brasileira: não haveria propriamente renúncia, mas modificação unilateral do contrato previamente autorizada pelas partes a fim de mitigar a incerteza. Nesse sentido, Fernanda Mynarski Martins-Costa, *Execução diferida nos contratos de M&A*, São Paulo: Almedina, 2022, pp. 165–166. Para a autora, embora modificações contratuais sejam em regra definidas de maneira bilateral, "nada obsta" a previsão, no contrato, de faculdade de modificação unilateral – acrescentamos, seja ela ou não qualificada como hipótese de renúncia. No mesmo sentido, Alessandra Forgioni, *A cláusula de declarações e garantias nos contratos de compra e venda de participações societárias de controle*, Dissertação (Mestrado em Direito Comercial) – Faculdade de Direito, Universidade de São Paulo, São Paulo, 2023, p. 157. *Contra*, Marcella Campinho Vaz, *Renúncia de direitos*: limites e parâmetros de aplicação no direito civil, Rio de Janeiro: Processo, 2022, pp. 101–115. Na Alemanha, fala-se, nos casos de renúncias a condições, de forma semelhante à posição das autoras, em modificação da relação jurídica obrigacional, mas se exige, em virtude do § 311, I do BGB, que trata de modificações de relações jurídicas obrigacionais, a celebração de um contrato: não é possível, portanto, uma renúncia unilateral. Nesse sentido, Jens Kleinschmidt, *Der Verzicht im Schuldrecht.* Vertragsprinzip und einseitiges Rechtsgeschäft im deutschen und US-amerikanischen Recht, Tübingen: Mohr, 2004, p. 7; e Jörg Benedict, Das Versprechen als Verpflichtungsgrund? Oder: Gibt es einen einseitigen Verzicht im Schuldrecht?, *Rabels Zeitschrift für ausländisches und internationales Privatrecht*, Tübingen, v. 72, n. 2, pp. 302–325, abr. 2008, p. 320, nt. 36.

123 Caio Raphael Marotti de Oliveira, *A cláusula pro-sandbagging (conhecimento prévio) em contratos de alienação de participação acionária*, Dissertação (Mestrado em Direito Comercial) – Faculdade de Direito, Universidade de São Paulo, São Paulo, 2020, p. 42: "A não ser que o comprador abra mão do cumprimento das condições". Mencionando a possibilidade de renúncia, Giacomo Grezzana e Marcos dos Santos Lino, Aspectos jurídicos das condições precedentes em operações de fusões e aquisições no Brasil: o caso das condições precedentes de entrada ou "gating conditions", in Luis Fernando Guerrero (coord.), Nathalia Jordão, Fernanda Gomes Barjud Silva e Hugo Tubone Yamashita (orgs.), *M&A e Reestruturação de empresas.* Estudos do Comitê de M&A e Reestruturação de Empresas da CAMARB, São Paulo: Quartier Latin, 2023, p. 54.

Renúncia, em definição clássica, "é o retirar-se do direito, ou da relação jurídica, por meio de negócio jurídico".[124] Trata-se de negócio jurídico unilateral, que pode ser embutido em negócio jurídico bilateral, por meio do qual o titular de um direito declara abdicar dele, sem o modificar ou o transferir a quem quer que seja.[125] *Waivers* não são em si mesmos renúncias, e sim disposições que autorizam o exercício de poderes específicos de renúncia.[126] Ao comunicar a renúncia durante o período de pendência,[127] o titular do direito expectativo abre mão do "efeito implicado pela condição" – o poder de desvinculação, por exemplo –,[128] aceitando, com isso, que o negócio jurídico produza seus efeitos como se incondicionado fosse.[129]

Não há nisso novidade alguma: já no século 19, Teixeira de Freitas e Antonio Joaquim Ribas tratavam da renúncia a condições unilaterais por seus beneficiários – tema deixado em segundo plano pela literatura posterior. Ambos entendiam que, nesses casos, as condições devem ser consideradas como se tivessem

---

124 Francisco Cavalcanti Pontes de Miranda, *Tratado de direito privado* – Parte Geral – Tomo V – Eficácia jurídica. Direitos. Ações (3. ed., 1971), São Paulo: RT, 2012, § 588, "2", p. 387.

125 Caio Mário da Silva Pereira, *Instituições de direito civil I.* Introdução ao direito civil. Teoria geral do direito civil, 30. ed. rev. e atual. por Maria Celina Bodin de Moraes. Rio de Janeiro: Forense, 2017, p. 382. Sobre o caráter unilateral da renúncia, Orlando Gomes, *Contratos*, 26. ed. atual. por Antonio Junqueira de Azevedo e Francisco Paulo De Crescenzo Marino, Rio de Janeiro: Forense, 2009, p. 84, nt. 2: "São negócios unilaterais [...] a renúncia."

126 Há muito se reconhece também a possibilidade de transmitir o direito expectativo. Assim em Augusto Teixeira de Freitas, *Código Civil* – Esboço, Rio de Janeiro: Laemmert, 1860, p. 330 (Art. 598 do *Esboço*); e em Antonio Joaquim Ribas, *Curso de direito civil brasileiro II* – Parte Geral, t. II, Rio de Janeiro: Garnier, 1880, p. 397.

127 Maria Constanza, La condizione unilaterale: una fattispecie variegata, in VVAA, *Scritti in onore di Angelo Falzea*, vol. II, t. I, Milano: Giuffrè, 1991, p. 253, limita a possibilidade de renúncia a esse período: "*Alla condizione unilaterale può rinunciarsi anteriormente al verificarsi dell'evento dedotto.*" Tradução: "À condição unilateral se pode renunciar antes da verificação do evento deduzido." Em sentido contrário, afirmando a possibilidade de renúncia "quer durante a pendência da condição suspensiva quer após a sua não verificação", João de Oliveira Geraldes, Sobre o poder de renunciar unilateralmente a condições suspensivas, *RDCC*, São Paulo, v. 29, pp. 299–337, out./dez. 2021, p. 12 (acesso pela RTOnline).

128 Antonio Bellizzi di San Lorenzo, Note sulla finzione di avveramento della condizione, *Giustiziacivile.com*, Milano, n. 12, pp. 1–30, 2023, p. 11: "[...] *rinunzia all'effetto implicato dalla condizione* [...]".

129 Jörg Benedict, Das Versprechen als Verpflichtungsgrund? Oder: Gibt es einen einseitigen Verzicht im Schuldrecht?, *Rabels Zeitschrift für ausländisches und internationales Privatrecht*, Tübingen, v. 72, n. 2, pp. 302–325, abr. 2008, p. 320, nt. 36, concordando ("*Zutreffend*") com Jens Kleinschmidt, *Der Verzicht im Schuldrecht.* Vertragsprinzip und einseitiges Rechtsgeschäft im deutschen und US-amerikanischen Recht, Tübingen: Mohr, 2004, p. 247: "[...] durch den Verzicht aus einem bedingten Geschäft ein unbedingtes Geschäft wird". Tradução: "[...] por meio da renúncia, um negócio sob condição torna-se um negócio incondicionado". Também João de Oliveira Geraldes, Sobre o poder de renunciar unilateralmente a condições suspensivas, *RDCC*, São Paulo, v. 29, pp. 299–337, out./dez. 2021, p. 11 (acesso pela RTOnline): "o contrato torna-se imediatamente eficaz.".

sido implementadas.[130] Os principais desafios envolvidos na disciplina de *waivers* não decorrem de dúvidas sobre sua admissibilidade. Ela é inequívoca. Seus desafios emergem de distribuições contratuais particulares de interesses e riscos.

4.3 Verificação ou falta

A certificação da verificação ou da falta de eventos condicionantes previstos em condições precedentes é fator indispensável para a conclusão do negócio condicionado. Essa certificação, da qual depende o implemento propriamente dito – leia-se: a afirmação de que há certeza sobre a verificação ou sobre a falta do evento condicionante, bem como o acertamento das consequências dessa constatação – nem sempre é simples, e pode gerar controvérsia. Partes que pretendam se precaver contra o surgimento de dúvidas ou contra o risco de divergências a respeito da certificação de eventos condicionantes podem adotar diferentes estratégias. A primeira delas é a previsão de certificação de eventos condicionantes em ato sucessivo, a ser desempenhado voluntariamente pelas partes (4.3.1). A segunda é a certificação automática por meio de *smart contracts* (4.3.2). A terceira, juridicamente mais robusta, e agora explicitada pelo legislador, é a certificação notarial (4.3.3).

4.3.1 Certificação sucessiva

Em se tratando de eventos observáveis, como fatos naturais ou atos-fatos jurídicos inequívocos, as próprias partes podem certificar a verificação ou a falta de eventos condicionantes de modo consensual, em ato sucessivo. Como observa Vicente Ráo, os contratantes têm liberdade para, em especial quanto a condições potestativas ou mistas, "determinar as circunstâncias e os requisitos do implemento".[131] Essa determinação pode se dar por simples intercâmbio de informações, previsto na cláusula condicional, ou por procedimentos mais complexos, envolvendo a comunicação de decisões administrativas ou societárias. A certificação sucessiva pode, ainda, dizer respeito a alguns eventos condicionantes apenas ou a todos eles.

---

130 Augusto Teixeira de Freitas, *Código Civil* – Esboço, Rio de Janeiro: Laemmert, 1860, p. 336, no Art. 629, 1.º, do *Esboço*: "Art . 629. As condições reputar-se-hão cumpridas : 1. Quando as partes, a quem seu cumprimento aproveitar , voluntariamente as renunciarem". Antonio Joaquim Ribas, *Curso de direito civil brasileiro II* – Parte Geral, t. II, Rio de Janeiro: Garnier, 1880, p. 401: "[...] assim mais, que ellas se reputão preenchídas nos seguintes casos: 1º De renuncia voluntaria dos que dellas devião aproveitar [...]".

131 Vicente Ráo, *Ato jurídico*. Noção. Pressupostos. Elementos essenciais e acidentais. O problema do conflito entre os elementos volitivos e a declaração, 3. ed., São Paulo: Saraiva, 1981, p. 337.

Além de atestar a verificação ou a falta do evento condicionante, a certificação sucessiva pode também formalizar acordos das partes sobre as *consequências jurídicas* do implemento: é a hipótese abstrata dos chamados *negócios de acertamento* ou de *certificação*,[132] instrumentalizados, por exemplo, por certos termos de fechamento de operações de M&A.

4.3.2 Certificação automática

Pode-se aventar, ainda, hipótese de recurso a "programas computacionais capazes de autoexecutar (con)sequências planejadas"[133] para certificar de forma "automática" a verificação ou a falta de eventos condicionantes. Nesse interessante caso, – de cuja ocorrência concreta, entretanto, ainda não tivemos notícia – deixa de ser "necessária qualquer interação humana para que [a certificação do evento condicionante] seja cumprida".[134] As vantagens práticas dessa alternativa seriam, de acordo com seus entusiastas, o incremento da segurança e a redução de custos relacionados com a verificação das condições em ato sucessivo.[135]

4.3.3 Certificação notarial

A mais recente inovação no regime jurídico das condições foi positivada em outubro de 2023, com a promulgação da Lei 14.711 de 2023, conhecida como "Marco Legal das Garantias". Além de alterar o regime das garantias em

---

132 As referências ao tema em língua portuguesa ainda são pouco numerosas: Hindemburgo Chateaubriand Filho, *Negócio de acertamento*: uma abordagem histórico-dogmática, Belo Horizonte: Del Rey, 2005; Antonio do Passo Cabral, Negócio de certificação: introdução, objeto e limites, *RDCC*, São Paulo, v. 29, pp. 89–145, out./dez. 2021; e João de Oliveira Geraldes, Sobre os negócios de acertamento e o artigo 458.º do Código Civil, *Revista da Faculdade de Direito da Universidade de Lisboa*, Lisboa, v. 62, n. 2, pp. 277–307, 2021.

133 Bernardo B. Queiroz de Moraes e Gustavo Marchi de Souza Mello, Smart legal contracts carregam consigo incontáveis benefícios, *ConJur*, São Paulo, 29 out. 2018, disponível em: https://www.conjur.com.br/2018-out-29/smart-legal-contracts-contratos/.

134 David Schechtman, *Uma Visão De Futuro Para Adoção De Smart Contracts Em M&A* (A Future Vision for the Adoption of Smart Contracts in M&A). 15 jul. 2019. Disponível em SSRN: https://ssrn.com/abstract=3430795, p. 31. Nesse sentido, também Stuart D. Levi and Alex B. Lipton, *An Introduction to Smart Contracts and Their Potential and Inherent Limitations*, 26 mai. 2018, disponível em: https://corpgov.law.harvard.edu/2018/05/26/an-introduction-to-smart-contracts-and-their-potential-and-inherent-limitations/.

135 Stuart D. Levi and Alex B. Lipton, *An Introduction to Smart Contracts and Their Potential and Inherent Limitations*, 26 mai. 2018, Disponível em: https://corpgov.law.harvard.edu/2018/05/26/an-introduction-to-smart-contracts-and-their-potential-and-inherent-limitations/ (redução de custos); Lucy Kelly, What is enabled: how blockchain enabling legislation fails commercial contracts, *Rutgers Journal of Law and Public Policy*, Newark, v. 16, n. 1, pp. 1–38, 2019, p. 11 (segurança).

sentido estrito, e da hipoteca e da alienação fiduciária em garantia em particular, o diploma explicitou uma série de competências de tabeliães, e especialmente dos tabeliães de notas ou notários, entre as quais "certificar o implemento ou a frustração de condições e outros elementos negociais [...]", nos termos do artigo 7º-A, I da Lei 8.935 de 1994, a Lei dos Serviços Notariais e de Registros (LSNR).

A competência não é totalmente nova. Os notários já poderiam certificar, por meio de ata, nos termos do artigo 384 do Código de Processo Civil, "[a] existência e o modo de existir de algum fato", a exemplo de eventos condicionantes.[136] Além de reiterar a hipótese, no entanto, o Marco Legal das Garantias esclareceu que a certificação notarial pode ser associada à gestão de contas vinculadas, também chamadas de contas *escrow*. Nos termos do novo artigo 7º-A, § 2º da LSNR, "[o] tabelião de notas lavrará, a pedido das partes, ata notarial para constatar a verificação da ocorrência ou da frustração das condições negociais aplicáveis e certificará o repasse dos valores devidos e a eficácia ou a rescisão do negócio celebrado [...]."

A inovação lança luz sobre duas práticas distintas, que podem ou não se conectar ao longo do desenvolvimento do programa contratual: a certificação de eventos (entre os quais estão os eventos condicionantes) e a certificação de qualificações jurídicas (como a disciplina atípica de condições precedentes). A segunda prática se diferencia da primeira na medida em que atesta não apenas *questões de fato*, mas também *questões de direito* (que podem ou não ser associadas a eventos condicionantes certificados). E a certificação de qualificações também se distingue da certificação de eventos porque pode ocorrer em diferentes fases do desenvolvimento do negócio, incluindo a fase estipulativa, e não apenas em sua fase final ou conclusiva – traço que evidencia o caráter tendencialmente *colaborativo* da atividade notarial.[137]

Um exemplo pode esclarecer essa última hipótese. A estipulação de condições precedentes presentes ou pretéritas – condições referidas a eventos condicionantes ontologicamente certos, mas epistemologicamente incertos, como discutimos na segunda seção,[138] – só poderá ser reconduzida com segurança ao regime condicional se a incerteza das partes tiver sido inequivocamente

136 Trata-se de competência já assentada na Espanha e na Itália, em particular. Discussão em Gaetano Petrelli, Clausole condizionali e prassi notarile [parte seconda], *Notariato*, Milano, n. 3, pp. 274–291, 2001, *passim*.

137 Osny da Silva Filho, A qualificação do consensualismo: escritura pública e colaboração notarial, *Revista do advogado*, São Paulo, n. 160, pp. 7–13, dez. 2023. A ideia de colaboração notarial é desenvolvida, em outros termos, na obra fundamental de Peter L. Murray and Rolf Stürner, *The Civil Law Notary – Neutral Lawyer for the Situation:* A Comparative Study on Preventive Justice in Modern Societies, München: Beck, 2010.

138 Item 2.2 *supra*.

atestada, vez que o Código Civil não estabelece presunção a respeito do assunto. A certificação notarial realizada ainda na fase de estipulação da condição – no *signing*, por exemplo – tem o condão de atestar a incerteza comunicada pelas partes, que não poderá, assim, ser posteriormente enjeitada pela parte a quem o regime condicional vier a desfavorecer. Isso não impede, naturalmente, o questionamento judicial ou arbitral das consequências certificadas, tampouco implica, em caso de revisão, responsabilidade do notário certificador.

A certificação de condições pode, de qualquer forma, ser realizada pelas partes em ato sucessivo de caráter estritamente privado, sem a colaboração do notário. O ponto é que há vantagens significativas em envolver um terceiro dotado de fé pública em sua realização.[139] A certificação notarial pode reduzir custos ao dispensar nova formação de consenso a respeito da verificação ou da falta do evento condicionante. E pode ir além para alcançar outras questões, como o acertamento das consequências associadas ao implemento da condição, a identificação de suas vicissitudes, sejam elas maliciosas ou não, e mesmo a qualificação *ex post factum* da condição – que pode, afinal, ser fator decisivo para o desfecho do negócio.[140]

CONCLUSÕES

Condições precedentes difundiram-se na prática jurídica brasileira antes de ganhar contornos doutrinários claros. Textos recentes que procuraram esclarecer suas ocorrências têm enfatizado que nem toda condição precedente deverá ser encarada como condição suspensiva. Essa afirmação é correta, mas deve ser bem compreendida. Condições precedentes são condições caracteristicamente atípicas. Elas podem, por exemplo, se referir a eventos presentes ou pretéritos, e nem sempre derivam exclusivamente da vontade das partes. Em muitos casos, são enunciadas como deveres ou obrigações. Essas peculiaridades, que marcam as hipóteses divergentes a que nos referimos ao longo deste capítulo, fazem com que as condições precedentes destoem das condições típicas regidas pelos artigos 121 a 130 do Código Civil.

139 A fé pública que o artigo 3º da LSNR atribui aos notários garante não apenas a segurança dos contratos celebrados por particulares, mas também o "testemunho qualificado" dos eventos que condicionam sua conclusão, para usar a expressão clássica de João Mendes de Almeida Junior, Orgams da fe pública, *Revista da Faculdade de Direito da Universidade de São Paulo*, São Paulo, v. 5, pp. 7–114, 1897, p. 25.

140 É bem sabido, por exemplo, que a qualificação da cláusula condicional tem implicações registrais relevantes: Giovanni Gabrielli, Pubblicità degli atti condizionati, *Rivista di diritto civile*, Padova, anno XXXVII, pp. 21–47, 1991, pp. 21–22. Nesse sentido, o artigo 2.643 do Código Civil italiano se reporta ao dever de "mencionar, na nota de transcrição", o eventual condicionamento do título registrado.

Mas isso não quer dizer que tais hipóteses divergentes estejam inescapável e integralmente imunes ao regime típico das condições. Pelo contrário. Significa apenas que *nem todas* as regras desse regime serão aplicáveis às suas ocorrências. Esse é o sentido de sua atipicidade. Para dizer em termos práticos: cláusulas formuladas como condições devem ser tratadas preferencialmente como condições. Esse raciocínio particulariza o sentido da regra contida no artigo 425 do Código Civil, que autoriza genericamente a celebração de contratos atípicos. Assim como nem todas as regras do regime típico da compra e venda deverão ser aplicadas a um contrato atípico de compra e venda – leia-se: a um contrato atípico reconduzível ao tipo-base da compra e venda –, nem todas as regras do regime típico das condições deverão ser aplicadas a condições atípicas, como é o caso das condições precedentes.

Contratantes que se valem de condições precedentes podem complementar seu regime de referência com normas jurídicas particulares, postas em ação por atos de autonomia. É o que ocorre quando se estabelece a possibilidade de renunciar aos efeitos de condições unilaterais, estabelecidas no interesse de apenas uma das partes. Contratantes que recorrem a condições precedentes também podem excepcionar ou modificar o regime típico das condições. Condições precedentes de aprovação e manutenção, por exemplo, podem assumir caráter puramente potestativo, atributo vedado pela parte final do artigo 122 do Código Civil. E também podem se subtrair das ficções de verificação e de falta estabelecidas pelo artigo 129.

A variedade e a complexidade das condições precedentes sugerem particular cautela nas diferentes fases de seu desenvolvimento: estipulação, pendência e certificação. Esta última, em particular, pode ser objeto de regras específicas, definidas, no caso das operações de M&A, desde o *signing*. A colaboração notarial surge, nesse contexto, como um mecanismo particularmente promissor para a eliminação de dúvidas e a mitigação de riscos de divergência. Essa espécie de colaboração tende a ganhar cada vez mais espaço no campo negocial.

Outros pontos da disciplina jurídica das condições precedentes ainda carecem de análise doutrinária específica. É o caso, por exemplo, da cindibilidade de condições inválidas e da retroatividade dos efeitos da condição.[141] Convém também examinar as particularidades da certificação de condições em instrumentos separados, como é o caso dos termos de fechamento das operações de M&A. Esperamos nos dedicar a esses temas no futuro.

141 *Loci classici:* Silvio Rodrigues, Da retroatividade e da irretroatividade das condições (1959), *RDCC*, São Paulo, v. 4, pp. 367–375, jul./set. 2015; e Francisco dos Santos Amaral Neto, *Da irretroatividade da condição suspensiva no direito civil brasileiro*, Rio de Janeiro: Forense, 1984.

75. CLÁUSULA DE *STANDSTILL*

Paulo Guilherme de Mendonça Lopes

1. INTRODUÇÃO

A cláusula de *standstill* tem larga aplicação no direito anglo-americano, com diversos significados, mas dentre todos eles se pode identificar um que a representa, a identifica, e resulta do próprio termo em que a cláusula em exame é intitulada. Trata-se de um substantivo da língua inglesa resultante da composição, segundo indica Ennio Cicconi, do verbo *stand*[1] e do adjetivo *still*[2], de origens alemãs, e está a indicar a condição de permanecer parado, no sentido de não assumir iniciativa[3], daí o seu conteúdo negativo.

Essa descrição já começa a fornecer o conteúdo jurídico da "cláusula de *standstill*" a qual, como já adiantado, possui um largo leque de aplicação.

A mostrar a variedade de usos da cláusula *standstill*, *standstill provision* ou *standistill agreement* – que, para os fins do presente estudo, todas mantêm o mesmo núcleo obrigacional, o mesmo objeto e, portanto, serão tratadas

---

1 Segundo o dicionário etimológico da língua inglesa do Rev. Walter W. Skeat, "*stand*" teria o significado de "*to be stationary or still, to rest, endure, remain, be firm, &c. (E.) (...)*", (Rev. Walter W. Skeat, An Etymological Dictionary of The English Language, Oxford, Clarendon Press, 1968 (reimpressão da edição de 1909), p. 597).

2 Segundo o dicionário etimológico da língua inglesa do Rev. Walter W. Skeat, "*still*" teria o significado de "*motionless, calm, silent. (E.) (...)*", (Rev. Walter W. Skeat, An Etymological Dictionary of The English Language, Oxford, Clarendon Press, 1968 (reimpressão da edição de 1909), p. 603.).

3 Asim: Ennio Cicconi, Clausola di Standstill in Massimo Confortini, Clausole Negoziali: Profili teorici e applicativi di clausole tipiche e atipiche, UTET, Turim, 2017, pp. 1526/1527 e nota 2 da p. 1526.

indistintamente[4] –, é de se observar o seu uso na prática, consoante se vê dos trabalhos adiante citados.

No Merriam-Webster's Dictionary of Law, a cláusula de *standstill* é assim descrita:

> *"**stand•still agreement** \'stand-,stil-\n: an agreement providing for the preservation of the status quo for a specified or indefinite period: as **a:** as agreement under which litigation is forestalled between two parties **b:** an agreement under which a party agrees to refrain from taking further steps to acquire control of a corporation (as by additional purchases of stock)"*[5] (negrito no original)

No mesmo sentido se encontra ela descrita no site da Thomson Reuters, na área destinada à *Practical Law*:

> *"Glossary*
> ***Standstill agreement***
> *An expression covering a variety of arrangements:*
> • *In a takeover situation, an agreement between a company and a shareholder that restricts the shareholder's ability to acquire further shares in the company.*
> • *In a restructuring of a company's debts, an agreement between creditors and the debtor company whereby the participating creditors agree not to take action to collect or enforce their debts for a period of time during which information can be collected and a survival strategy formulated with a view to implementing a formal restructuring.*
> • *In the context of limitation periods in litigation, an agreement that has the effect of suspending or extending a statutory or contractual limitation period."*[6]

E de forma semelhante no site da Oxford Reference:

> *"OVERVIEW*
> ***standstill agreement***
> *QUICK REFERENCE*
> *1 An agreement between two countries in which a debt owed by one to the other is held in abeyance until a specified date in the future.*

---

4 Nesse sentido, ver nota 6 da p. 1529 do estudo de Ennio Cicconi, Clausola di Standstill in Massimo Confortini, Clausole Negoziali: Profili teorici e applicativi di clausole tipiche e atipiche, UTET, Turim, 2017.

5 Merriam-Webster's Dictionary of Law, Merriam-Webster, Springfield, 1996, p. 467

6 Disponível em: https://uk.practicallaw.thomsonreuters.com/4-200-4971?transitionType=Default&contextData=(sc.Default)&firstPage=true (acesso em 02/04/2023)

2 An agreement between an unwelcome bidder for a company and the company, in which the bidder agrees to buy no more of the company's shares for a specified period.

3 An arrangement between banks who have loans to a company in trouble, in which they each agree to maintain their existing credit facilities and not to force the company into receivership by acting alone."[7]

Ennio Cicconi dá conta da ampla utilização da cláusula de *standstill*, genericamente entendida como "cláusula suspensiva", nos vários setores do ordenamento jurídico: (a) no direito internacional, v.g., sobretudo no comunitário (CEE), exprime o princípio segundo o qual, na pendência do termo para a entrada em vigor de uma diretiva da CEE, os Estados Membros deverão se abster da adoção de normativas que poderão vir a entrar em conflito com os termos dela, (b) no direito administrativo, tal cláusula se revela nas empreitadas de obras públicas onde, com o objeto de se conformarem às diretivas europeias, impõem-se termos dilatórios ("*standstill period*") que devem ocorrer entre a adjudicação de uma obra e a assinatura do respectivo contrato. Isto mostra exemplos de fonte legal, e não negocial, da cláusula de *standstill*.[8]

A jurisprudência constitucional também é fonte da imposição da observância de obrigações (*lato sensu*) decorrentes da "*cláusula de stantstill*", consoante se vê da chamada proibição de retrocesso social (*acquis social*) ou *effet cliquet* ou de *standstill* "que visa impedir a substituição de lei de desenvolvimento de direitos a prestações que reduzirem o quadro de benefícios criados pela legislação caduca".[9]

Demonstrando a ampla utilização da cláusula de *standstill*, genericamente entendida como "cláusula suspensiva" de fonte legal, tem-se que o art. 20-B, inc. IV, § 1º, da Lei 11.101, de 9 de fevereiro de 2005, prevê a possibilidade do devedor pleitear tutela de urgência cautelar, a fim de que sejam suspensas as execuções contra ele propostas pelo prazo de até sessenta dias, para tentativa de composição com seus credores, em procedimento de mediação ou conciliação já instaurado perante o Centro de Mediação de Solução de Conflitos e Cidadania (CEJUSC) do tribunal competente ou da câmara especializada,

---

7 Disponível em: https://www.oxfordreference.com/display/10.1093/oi/authority.20110803100527807;jsessionid=BADFB31DD02753DFABF28527E1ABD97F (acessado em 01/05/2023)

8 Consulte-se: Ennio Cicconi, Clausola di Standstill in Massimo Confortini, Cluasole Negoziali: Profili teorici e applicativi di clausole tipiche e atipiche, UTET, Turim, 2017, p. 1.527.

9 Consulte-se: José Adércio Leite Sampaio, Direito Adquirido e Expectativa de Direito, Belo Horizonte, Del Rey, 2005, p. 162.

como forma de tentar evitar o ajuizamento de um pedido de recuperação judicial extrajudicial[10]-[11].

No campo negocial, Ennio Cicconi dá conta da ampla utilização da cláusula de *standstill*, v.g. (a) nos acordos que visam à renegociação, tendencialmente sem o ânimo de novar, das condições das relações obrigacionais, dirigidas as assim chamadas "reestruturações" de dívidas, ocorridas entre o devedor e um ou mais de seus credores; (b) semelhante situação ocorre quando, por exemplo, por ocasião do vencimento de títulos de dívidas da companhia ("*bonds*"), e não são pagos, se faz necessária uma renegociação deles junto aos "*bondholders*", a fim de se obter a dilação do vencimento dos títulos; (c) no direito societário, notadamente nos contratos de compra e venda internacional de participação societária ou de empresa, ou mesmo durante o período de sua negociação, essas cláusulas, por exemplo, visam assegurar a exclusividade da negociação da empresa alvo, com o necessário sigilo dessa negociação exclusiva, ou assegurar que a empresa alvo tenha, durante essa negociação, somente suas operações de curso normal[12].

No Brasil, Daniel Gruenbaum tratou do tema sob a ótica do direito internacional, notadamente sob a ótica do direito inglês, onde a suspensão da prescrição da pretensão (ação) que tem o segurado contra a seguradora não se dá pelo "simples fato de a seguradora estar apreciando o pedido do segurado de pagamento da indenização ou mesmo de as partes estarem negociando um acordo", sendo necessário, como regra, acordo das partes. Tal acordo, por vezes, é "redigido na forma de um '*standstill agreement*', celebrado autonomamente ou já constante de cláusula contrato, por meio do qual as partes se comprometem a, por determinado tempo ou até certo evento, não iniciar processo judicial ou arbitral"[13].

Como se percebe, imenso é o universo em que vem a ser utilizada a "cláusula de *standstill*". Nesse estudo nos restringiremos a analisá-la nas reestruturações de dívidas.

---

10 Acerca da extensão dos efeitos do art. 20-B, inc. IV, § 1º, da Lei 11.101, de 9 de fevereiro de 2005, também à hipótese de recuperação extrajudicial, consulte-se: Daniel Carnio Costa, Alexandre Nasser de Melo, Comentários à Lei de Recuperação de Empresas e Falência, 4ª edição, revista e atualizada até janeiro de 2023, Curitiba, Juruá Editora, 2023, pp. 186/187.

11 Uma vantagem da cláusula de *standstill* de fonte negocial sobre a tutela de urgência prevista no art. 20-B e seus incisos da Lei 11.101, de 9 de fevereiro de 2005, seria a de abarcar aqueles créditos excluídos do âmbito de abrangência da citada lei.

12 Ennio Cicconi, Clausola di Standstill in Massimo Confortini, Clausole Negoziali: Profili teorici e applicativi di clausole tipiche e atipiche, UTET, Turim, 2017, p. 1528 e segs.

13 Consulte-se: Daniel Gruenbaum, Prescrição em Contratos Internacionais Perante o Árbitro e o Juiz Estatal (Parte II): abrangência e limites do direito aplicável in Revista de Arbitragem e Mediação | vol. 42/2014 | p. 99 – 129 | Jul – Set / 2014.

2. DO QUE SEJA ENTENDIDO POR "CLÁUSULA", PARA OS FINS DO PRESENTE ESTUDO.

Com o termo cláusula, frequentemente, se alude a cada uma das disposições de um contrato, mais precisamente, de um documento contratual, não se podendo esquecer, por outro lado, como bem esclarece Luis Díez-Picazo, que um documento pode conter vários contratos e que, por vezes, com o termo "cláusula", se está a referir não a uma particular e específica disposição contratual, e sim a um contrato inteiro, incluído como parte de um outro documento contratual, tal como se dá quando se fala da cláusula compromissória[14].

Não obstante isso, podem as partes, em virtude da liberdade que a autonomia privada lhes outorga, desde que observados os requisitos necessários para a constituição de qualquer negócio jurídico (requisitos existência de validade e eficácia exigidos pelo ordenamento jurídico), fazer do objeto do que seria uma única cláusula, um único contrato.

Em razão dessa última observação, observará o leitor que, no mais das vezes, algumas aplicações da cláusula de *standstill*, dada a sua complexidade, tem-se dado através de contrato, outras, através de cláusula inserta num instrumento que tem por objeto outro negócio jurídico, razão pela qual, salvo quando expressamente indicado em sentido contrário, nos utilizaremos do termo "cláusula de *standstill*" para nos referir indistintamente a qualquer uma das duas situações.

3. DA CLÁUSULA DE *STANDSTILL* NAS REESTRUTURAÇÕES DE DÍVIDAS

A pesquisa feita perante os tribunais brasileiros, longe de ser exaustiva, mostrou a aplicação da cláusula de *standstill*, inclusive com essa denominação, somente no contexto da reestruturação de dívidas do devedor em dificuldades.

Assim, dentro dessa rápida pesquisa, identificaram-se as seguintes decisões: (i) TJSP, Apelação n° 0185724-59.2009.8.26.0100, Rel. Des. Matheus Fontes, 22ª Câmara da Seção de Direito Privado, j. 27.10.2011, v.u., (ii) TJSP, Apelação Cível nº 1003489-83.2021.8.26.0360, Rel. Des. Fortes Barbosa, 1ª Câmara Reservada de Direito Empresarial, j. 10.08.2022, v.u., (iii) TJSP, Apelação Cível nº 0107005-92.2011.8.26.0100, Rel. Des. Ana de Lourdes Coutinho Silva da Fonseca, 13ª Câmara de Direito Privado, j. 19.10.2022, v.u., (iv) TJRJ, Agravo de Instrumento n.º 0027829-53.2020.8.19.0000, Rel. Des. Gilberto Campista Guarino, 14ª Câmara Cível, j. 29.04.2021, v.u., (v) TJSP, Agravo de Instrumento

---

14 Luis Díez-Picazo, Fundamentos del Derecho Civil Patrimonial, 6ª Ed., Navarra, Civitas, 2007, vol. I, p. 427.

nº 2140130-84.2015.8.26.0000, Rel. Des. Simões de Vergueiro, 16ª Câmara de Direito Privado, j. 26.08.2015, v.u., (vi) TJSP, Agravo de Instrumento nº 2068359-36.2021.8.26.0000, Rel. Des. J. B. Franco de Godoi, 1ª Câmara Reservada de Direito Empresarial, j. 3.03.2022, v.u., e (vii) 3ª Vara da Comarca de Macaíba/TJRGN, Processo nº 0801509-05.2016.8.20.5121, Juiz Felipe Barros.

Como já se adiantou, não se trata de uma pesquisa exaustiva, mas demonstra a aceitação da cláusula de *standstill* neste contexto.

Tal como já adiantado, o que atomiza a cláusula de *standstill* é a condição de permanecer parado, *no sentido de não assumir iniciativa*[15], daí o seu conteúdo negativo.

Assim, credores se absteriam de exigir seus créditos, por um prazo determinado, ao passo que o(s) devedor(es), e seus eventuais garantidores, se absteriam de praticar atos que pusessem a risco o direito de crédito dos credores, ou, até mesmo, se obrigariam a determinado comportamento visando a preservação dele (em sentido *lato*). Trata-se de um negócio jurídico sujeito a termo (o período pelo qual o(s) credor(es) se absteria(m) de exigir o seu crédito) e a condição (a ser satisfeita pelo(s) devedor(es) e seus eventuais garantidores), enquanto renegociam os termos da reestruturação da dívida do(s) devedor(es) e seus eventuais garantidores.

Essa a descrição da realidade que o direito deve tratar. A primeira questão que se poderia levantar é se estar-se-ia frente a uma prestação de não fazer do credor ou de um *pacto de non petendo* ("*p.d.n.p.*")?

Pacto de non petendo "é o contrato ou a cláusula pela qual o credor se obriga a não exigir o seu crédito"[16], pode ser perpétuo (*ad perpetuam*) ou a tempo certo (*ad tempus*), e só atinge a pretensão, outorgando ao devedor o exercício de uma exceção que pode ser oposta tanto extrajudicialmente quanto judicialmente, a depender da forma em que for exigido o crédito.

Tal exceção, como já adiantado, obstaria, tão somente, o exercício da pretensão pelo credor[17] por um certo tempo (*pacto de non petendo ad tempus*), e esta é a que aqui será tratada, consoante já adiantado.

Como bem observa Pontes de Miranda, "[O] pacto de *non petendo* mostra, de si mesmo e em si mesmo, que o credor teve interêsse em conservar o crédito a que êle renunciou, ou prometeu renunciar a exigir, extrajudicial e judicialmente, ou somente judicialmente, ou contra qualquer devedor, ou somente contra o

15 Ennio Cicconi, Clausola di Standstill in Massimo Confortini, Cluasole Negoziali: Profili teorici e applicativi di clausole tipiche e atipiche, UTET, Turim, 2017, pp. 1526/1527 e nota 2 da p. 1526.

16 Nesse sentido Pontes de Miranda, atualizado por Nelson Nery Jr., Rosa Maria de Andrade Nery, Tratado de Direito Privado, São Paulo, RT, 2012, tomo XXV, § 3.010, 4, p. 107.

17 Pontes de Miranda, Tratado das Ações, São Paulo, RT, 1972, tomo I, § 17, p. 84.

devedor de agora, ou contra um dos devedores, ou contra alguns (*in personam*)",[18] daí porque não há o que se cogitar, também, em renúncia ao direito.

O *p.d.n.p.* tem suas origens no direito romano e, na feliz síntese de Manuel Januário da Costa Gomes, no direito clássico, "era uma das especificações do gênero pacta pela qual o credor prometia informalmente ao devedor que não faria valer o seu crédito, temporária ou definitivamente ou enquanto não estivessem verificadas determinadas circunstâncias; a formulação empregue pelos pactuantes determinaria o campo de acção do pactum: ou a favor de todos (correais, garantes e herdeiros) – *pactum in rem* – ou a favor de determinada pessoa – *pactum in personam* – produzindo o efeito de atribuir uma exceptio contra o crédito"[19]. Dava-se ao devedor uma *exceptio pacti conventi* dirigida a paralisar a pretensão eventualmente posta em juízo pelo credor, em violação a esse acordo.[20]-[21]

O *p.d.n.p.* não é previsto como figura típica negocial pelo Código Civil Brasileiro, mas isso não impede que as partes, dentro de sua autonomia negocial, o prevejam[22]. Nesse sentido, podem as partes estabelecer o seu conteúdo, desde que, para que ainda seja interpretado como *p.d.n.p.*, reste (i) o interesse especial do credor em conservar o crédito que não quer fazer valer contra o devedor, e (ii) a promessa do credor de não exigir seu crédito durante um certo tempo, de onde nasce uma exceção[23].

Sendo uma exceção, na hipótese de o credor exigir seu crédito, quer pela via judicial, quer pela extrajudicial, por exemplo através de compensação, não se deverá considerar tal compensação nula, anulável ou ineficaz, até que o

---

18 Pontes de Miranda, atualizado por Nelson Nery Jr., Rosa Maria de Andrade Nery, Tratado de Direito Privado, São Paulo, RT, 2012, tomo XXV, § 3.010, 4, p. 109.

19 Manuel Januário da Costa Gomes, Assunção Fidejussória de Dívida: sobre o sentido e o âmbito da vinculação como fiador, Coimbra, Almedina, 2000, p. 1.049.

20 Assim: Giovanni de Cristofaro, Il Pactum de Non Petendo Nelle Esperienze Giuridiche Tedesca e Italiana, in Rivista di Diritto Civile, Padova, Cedam, Anno XLII – 1996, 1ª parte, p. 367, Manuel Januário da Costa Gomes, Assunção Fidejussória de Dívida: sobre o sentido e o âmbito da vinculação como fiador, Coimbra, Almedina, 2000, p. 1.049.

21 Para um apanhado geral sobre o tema do *p.d.n.p.* no direito romano, consulte-se: Giovanni de Cristofaro, Il Pactum de Non Petendo Nelle Esperienze Giuridiche Tedesca e Italiana, in Rivista di Diritto Civile, Padova, Cedam, Anno XLII – 1996, 1ª parte, pp. 367/371, Maria D'Onofrio, Il *Pactum de Non Petendo*; strutura e disciplina, Napoli, ESI, 2021, pp. 65/94.

22 Giovanni de Cristofaro, Il Pactum de Non Petendo Nelle Esperienze Giuridiche Tedesca e Italiana, in Rivista di Diritto Civile, Padova, Cedam, Anno XLII – 1996, 1ª parte, p. 369.

23 Consulte-se: Andreas von Tuhr, Derecho Civil – Teoria general del derecho civil alemán, trad. esp., Buenos Aires, Depalma,1946, vol. I[1], p. 377, Manuel Januário da Costa Gomes, Assunção Fidejussória de Dívida: sobre o sentido e o âmbito da vinculação como fiador, Coimbra, Almedina, 2000, p. 1.050.

devedor oponha a sua exceção de *p.d.n.p.* Caso deixe ele de opô-la, ter-se-á por válida a compensação havida[24].

Pendente a exceção de *p.d.n.p.* poderá, inclusive, o devedor solver a dívida, e será eficaz a extinção ocorrida, não havendo nada o que se repetir no futuro, podendo se cogitar, inclusive, de *mora creditoris*, se não vier o credor justificadamente recusar a prestação.

O devedor poderá opor sua exceção tanto extrajudicialmente, pelo ato de recusa, invocando a exceção, quanto judicialmente. Se o credor pretender o seu crédito extrajudicialmente, pode o devedor opor sua exceção pela mesma via. Uma vez isso ocorrido, fica encoberta a eficácia do crédito do credor[25]. Pode ser que seja necessário que o devedor oponha sua exceção através de ação, quando seria de duvidosa eficácia e utilidade opô-la extrajudicialmente, *v.g.*, na hipótese de compensação (art. 368 do Código Civil), quando o credor, em virtude da compensação ocorrida, já obteve a satisfação (total ou parcial) do seu crédito. Mas isso não impede que, tomando conhecimento da compensação, o devedor a oponha desde logo extrajudicialmente e, depois, a reitere judicialmente. Poderá ocorrer, na hipótese, no máximo, superposição do exercício judicial ao exercício extrajudicial da exceção, que em nada prejudicará o devedor, antes evitará que se alegue, inadvertidamente, que renunciou ele a ela, observando-se que a ação (do devedor) tenha sido proposta no prazo de vigência da exceção.

O mesmo se dá com a ação proposta pelo credor exigindo o seu crédito, pendente a eficácia da exceção de *p.d.n.p.* Caso o devedor não oponha a exceção de *p.d.n.p.* em defesa, ou não seja ela admitida, a ação prosseguirá normalmente, visando à satisfação do crédito do credor[26], e nenhum dano haverá de se reclamar do credor pelo devedor.

Por se tratar de exceção, não deve o juiz conhecer de ofício da exceção de *p.d.n.p.*, até porque o devedor pode renunciar a ela, não a opondo[27].

Uma vez oposta e acolhida a exceção de *p.d.n.p.*, ter-se-á a extinção da ação proposta visando à satisfação do crédito do credor, com todas as consequências disso decorrentes. Poderá o credor, no futuro, uma vez alcançado o termo final previsto no *p.d.n.p.*, ocorrida a sua resolução ou qualquer outra causa de sua extinção, propor nova ação visando à satisfação do seu crédito.

---

24 Nesse sentido: Giovanni de Cristofaro, Il Pactum de Non Petendo Nelle Esperienze Giuridiche Tedesca e Italiana, in Rivista di Diritto Civile, Padova, Cedam, Anno XLII - 1996, 1ª parte, p. 378.

25 Pontes de Miranda, Tratado das Ações, São Paulo, RT, 1972, tomo I, § 8, 7, p. 64.

26 Nesse sentido: Giovanni de Cristofaro, Il Pactum de Non Petendo Nelle Esperienze Giuridiche Tedesca e Italiana, in Rivista di Diritto Civile, Padova, Cedam, Anno XLII - 1996, 1ª parte, p. 378.

27 Giovanni de Cristofaro, Il Pactum de Non Petendo Nelle Esperienze Giuridiche Tedesca e Italiana, in Rivista di Diritto Civile, Padova, Cedam, Anno XLII - 1996, 1ª parte, p. 369.

O *p.d.n.p.*, como já adiantado, poderá ser submetido a termo final e a condição resolutiva, expressa ou tácita[28]. Também não impede, salvo disposição em contrário, a cessão de crédito. O *p.d.n.p.*, feito para o principal da dívida, alcança também os juros convencionais e os moratórios[29]. Outro efeito do *p.d.n.p.* é o de impedir o credor de exigir as garantias reais e pessoais do crédito, salvo estipulação em sentido contrário.[30]

Estendem-se os efeitos do *p.d.n.p.* à garantia fidejussória prestada por terceiros.[31] A questão que se põe, nessa hipótese, como bem observa Manuel Januário da Costa Gomes, é se o fiador, desconhecedor do *p.d.n.p.* firmado entre o credor e o devedor, vier a ser chamado a pagar o débito pelo credor e o faz, sub-rogando-se nele contra o devedor, e este não poderá opor ao fiador sub-rogado a exceção consistente no *p.d.n.p.*[32] O pagamento se deu de boa-fé e o devedor nenhuma exceção poderá opor ao credor sub-rogado nesta hipótese.

A questão da solidariedade passiva, frente ao *p.d.n.p.*, no direito brasileiro, deve observar o disposto no art. 281 do Código Civil, o qual dispõe que "[o] devedor demandado pode opor ao credor as exceções que lhe forem pessoais e as comuns a todos; não lhe aproveitando as exceções pessoais a outro co-devedor". Assim, convém se saber se o *p.d.n.p.* constituir-se-ia uma exceção pessoal ou uma exceção comum a todos os devedores. Esta questão se poria quando o *p.d.n.p.* não fosse firmado por todos os devedores solidários.

Como se sabe, na solidariedade passiva, a "vinculação é uma só. Uma só a relação jurídica, de que se irradia pretensão única".[33] Não obstante isso, como se vê do citado artigo 281 do Código Civil, por exemplo, cada devedor solidário

---

28 Giovanni de Cristofaro, Il Pactum de Non Petendo Nelle Esperienze Giuridiche Tedesca e Italiana, in Rivista di Diritto Civile, Padova, Cedam, Anno XLII – 1996, 1ª parte, p. 385.

29 Consulte-se: Giovanni de Cristofaro, Il Pactum de Non Petendo Nelle Esperienze Giuridiche Tedesca e Italiana, in Rivista di Diritto Civile, Padova, Cedam, Anno XLII – 1996, 1ª parte, p. 389. Consulte-se, também, a respeito: Karl Larenz, Derecho de Obligaciones, trad. esp., Madrid, Edersa, 1958, tomo I, § 22, c), pp. 345/348, Maria D'Onofrio, Il *Pactum de Non Petendo*; strutura e disciplina, Napoli, ESI, 2021, pp. 146/149..

30 Consulte-se: Giovanni de Cristofaro, Il Pactum de Non Petendo Nelle Esperienze Giuridiche Tedesca e Italiana, in Rivista di Diritto Civile, Padova, Cedam, Anno XLII – 1996, 1ª parte, p. 391, Andreas von Tuhr, Derecho Civil – Teoria general del derecho civil aleman, trad. esp., Buenos Aires, Depalma,1946, vol. I[1], p. 377.

31 Consulte-se: Giovanni de Cristofaro, Il Pactum de Non Petendo Nelle Esperienze Giuridiche Tedesca e Italiana, in Rivista di Diritto Civile, Padova, Cedam, Anno XLII – 1996, 1ª parte, p. 392, Manuel Januário da Costa Gomes, Assunção Fidejussória de Dívida: sobre o sentido e o âmbito da vinculação como fiador, Coimbra, Almedina, 2000, pp. 1.050/1.051.

32 Manuel Januário da Costa Gomes, Assunção Fidejussória de Dívida: sobre o sentido e o âmbito da vinculação como fiador, Coimbra, Almedina, 2000, p. 1.051.

33 Pontes de Miranda, atualizado por Nelson Nery Jr., Rosa Maria de Andrade Nery, Tratado de Direito Privado, São Paulo, RT, 2012, tomo XXII, § 2.754, 2, p. 438.

tem sua dívida; trata-se de obrigações distintas que devem ser separadamente verificadas. As "[o]bjeções comuns podem originar-se de ser inexistente, nulo, ou anulável, ou ineficaz o negócio jurídico, ou de já se ter como inexistente o ato ilícito, ou o ato-fato ilícito, ou o fato *stricto sensu* ilícito, de que se poderiam irradiar as obrigações solidárias."[34]. Do mesmo entendimento é Paulo Lôbo, para quem são exemplos de exceções comuns a "inexistência, a nulidade, a anulabilidade, a ineficácia, a resolução, a revogação do negócio jurídico de onde irradia a obrigação, porque aproveita a todos os credores solidários e não apenas um"[35].

Em assim sendo, na hipótese do *p.d.n.p.* vir a ser firmado com apenas um dos devedores solidários, qualquer um deles poderá opor essa exceção utilmente a fim de ver obstada a pretensão do credor de exigir seu crédito.

Para se compreender a juridicidade da exceção de *p.d.n.p.*, tal como delineada nesse estudo, deve-se relembrar a doutrina de Pontes de Miranda, para quem as exceções se incluem dentre os direitos formativos (que são espécies de direitos potestativos), os quais permitem ao seu titular o poder de "influir na esfera jurídica de outrem, adquirindo, modificando ou extinguindo direitos, pretensões, ações ou exceções". Mais precisamente se incluem dentre os direitos formativos extintivos, cuja "eficácia dita extintiva é só encobridora de eficácia". O exercício dos *direitos formativos extintivos* dá-se, quase sempre, por declaração unilateral de vontade, não podendo o juiz suprir a vontade do interessado. Tais direitos são renunciáveis e, em tal ocorrendo, passa a relação jurídica, ou o efeito que seria atingido pelo exercício deles, a ser incólume.[36-37]

A se ter em vista esses conceitos, compreende-se a exceção de *p.d.n.p.*, tal como acima delineada.

Esse pequeno resumo acerca da exceção de *p.d.n.p.*, entanto, não teve a pretensão de esgotar a matéria, até porque aqui não seria o local próprio para tanto nem haveria espaço para tal mister, mas antes de levantar algumas de suas características.

Já, por sua vez, a obrigação de não fazer "é a obrigação de abstenção, a obrigação negativa. O devedor, que poderia praticar o ato, obriga-se a não o

34 Pontes de Miranda, atualizado por Nelson Nery Jr., Rosa Maria de Andrade Nery, Tratado de Direito Privado, São Paulo, RT, 2012, tomo XXII, § 2.754, 5, p. 442.

35 Paulo Lôbo, Direito Civil: obrigações, 2ª ed., São Paulo, Saraiva, 2011, nº 12.5, p. 147

36 Pontes de Miranda, Tratado das Ações, São Paulo, RT, 1972, tomo I, § 4, 8, pp. 39/41.

37 De maneira muita sintética e operativa, mas incompleta, expõe Pierre Engel que "[P]*ar exception, on entend le droit subjectif de refuser la prestation due ou encore le droit de s'opposer à une prétention. Ce droit peut s'exercer judiciairement ou estrajudiciairement*." (Pierre Engel, Traité des Obligations en Droit Suisse: dispositions générales du CO, 2º ed., Staempfli Editions SA, Berne, 1997, p. 33.

praticar".[38] "[Q]uem se obriga a não fazer tem de abster-se de todos os atos que impediriam ou dificultariam o adimplemento da prestação negativa".[39]

Ora, dentro desta perspectiva, "[é] erro construir-se a obrigação de não fazer como renúncia ao direito de fazer (...), ainda quando se recorre ao subterfúgio da renúncia tácita (...)"[40], uma vez que, "[e]nquanto há a omissão, o credor não é ofendido, porém não há satisfação: a satisfação só se dá quando cessa o dever de omissão, sem ter sido infringido."[41]. Observe-se bem, "quando nasce pretensão à abstenção, já nasce exigida, ou a ser exigida desde certo momento ou fato."[42]

Não se pode, portanto, equiparar as cláusulas e os pactos *in non facendo* ao *de non petendo*.[43] No *p.d.n.p.*, "de certo modo se renúncia ao exercício da ação, que há de já existir para que a ela se possa renunciar. Não é isso, de modo nenhum, o que ocorre com a cláusula ou o pacto de não fazer: nesse, ou naquela, não há renúncia, porque nada há a que se renuncie; apenas se promete não se fizer, isto é, não se praticar ato positivo."[44-45]

---

38 Pontes de Miranda, atualizado por Nelson Nery Jr., Rosa Maria de Andrade Nery, Tratado de Direito Privado, São Paulo, RT, 2012, tomo XXII, § 2.699, 1, p. 187.

39 Pontes de Miranda, atualizado por Nelson Nery Jr., Rosa Maria de Andrade Nery, Tratado de Direito Privado, São Paulo, RT, 2012, tomo XXII, § 2.699, 1, p. 188.

40 Pontes de Miranda, atualizado por Nelson Nery Jr., Rosa Maria de Andrade Nery, Tratado de Direito Privado, São Paulo, RT, 2012, tomo XXII, § 2.699, 1, p. 188

41 Pontes de Miranda, atualizado por Nelson Nery Jr., Rosa Maria de Andrade Nery, Tratado de Direito Privado, São Paulo, RT, 2012, tomo XXII, § 2.699, 1, p. 188

42 Pontes de Miranda, Tratado das Ações, São Paulo, RT, 1972, tomo I, § 8, 2, p.60.

43 Pontes de Miranda, atualizado por Nelson Nery Jr., Rosa Maria de Andrade Nery, Tratado de Direito Privado, São Paulo, RT, 2012, tomo XXII, § 2.699, 1, p. 189.

44 Pontes de Miranda, atualizado por Nelson Nery Jr., Rosa Maria de Andrade Nery, Tratado de Direito Privado, São Paulo, RT, 2012, tomo XXII, § 2.699, 1, p. 189.

45 Daí porque, salvo melhor juízo, não se vê razão na distinção feita por Ennio Cicconi (Clausola di Standstill in Massimo Confortini, Cluasole Negoziali: Profili teorici e applicativi di clausole tipiche e atipiche, UTET, Turim, 2017, p. 1.528) quando acolhe a existência de *pacto de non petendo* (*ad tempus*), durante a reestruturação de dívidas (em geral), ocorrida entre o devedor e um ou mais de seus credores, mas a nega na hipótese de renegociação de *títulos de dívidas* da companhia ("*bonds*") não pagos, quando se faz necessária uma renegociação deles junto aos "*bondholders*", a fim de se obter a dilação do vencimento dos títulos. Aduz que, nessa hipótese, resultaria correto sua recondução em termos de "dever jurídico", em espécie de obrigação, "*enquanto ocorrem seja o elemento da relatividade sob o aspecto da estrutura subjetiva da relação, seja a necessidade de cooperação do sujeito a ônus de qual o dever é posto (seja também no sentindo abstensivo, próprio do adimplemento da obrigação de non facere); onde a violação de tal dever se resolve em inadimplemento in sentido próprio, fonte de responsabilidade contratual*". Ora, nenhum desses óbices procede. A questão da estrutura subjetiva da relação jurídica se põe em qualquer dos casos, com as conclusões já adiantadas para o *p.d.n.p.*. E ela, como exceção, se utilizada, encobrirá a pretensão dos credores que exercerem sua pretensão de cobrança dos créditos, quer sejam detentores de títulos de crédito, seja de que natureza for (Assim: Andreas von Tuhr, Derecho Civil – Teoria general del derecho civil aleman, trad. esp., Buenos Aires, Depalma,1946, vol.

É de se observar que na obrigação de não fazer, "o que se promete e a que se está obrigado é à inércia, para a qual se há de ter a mesma diligência que para a prática de atos positivos, razão por que se determina a vontade futura. Tanto que é plus, no tempo a vir, o non facere quanto o minus."[46]

Assim estabelecida a distinção entre o *p.d.n.p.* e a prestação de não fazer, ou de *pactos in non facendo*, e fixado que, a nosso ver, na cláusula de *standstill* existe, na realidade, um *p.d.n.p.*, convém se tecer algumas considerações sobre os aspectos práticos da cláusula de *standstill*.

4. CONSIDERAÇÕES DE ORDEM PRÁTICA SOBRE A CLÁUSULA DE *STANDSTILL* NAS OPERAÇÕES DE REESTRUTURAÇÃO DE DÍVIDAS

Como já adiantado, a cláusula de *standstill* está a indicar a condição de permanecer parado, no sentido de não assumir iniciativa[47], daí o seu conteúdo negativo, e desse pressuposto é que se partirá.

Também se partirá do pressuposto de que se tratará da hipótese de uma reestruturação de dívida. Poderá, no entanto, tal hipótese ter inúmeras e inimagináveis facetas, que só a realidade da vida e dos negócios demonstrará, sendo, portanto, impossíveis de serem abarcadas nesse estudo.

Assim, este estudo focará nos aspectos básicos de uma cláusula de *standstill* para a hipótese já adiantada. Dentro desse enfoque é de se apontar o que segue:

a) As partes da cláusula de *standstill*: credor(es), devedor(es) e garantido(es) e respectivos sócios ou acionistas (quando se tratar de pessoa jurídica, observar o tipo societário próprio na sua designação), deverão estar bem identificadas e deverão firmar o instrumento;

I[1], pp. 376/377), quer sejam credores por outros negócios jurídicos. Da mesma forma, a questão do dever de cooperação do devedor, em sentido jurídico, é obrigação inafastável dele em qualquer cláusula de *standstill*, caso contrário difícil se imaginar a razão da sua própria existência. Igualmente não se vê qualquer eficácia, no mundo dos fatos, numa cláusula de *standstill* em que os credores e/ou os devedores pudessem descumpri-la, expropriando os credores os bens dos devedores de maneira desordenada (levando os devedores à insolvência) ou, ao contrário, os devedores pudessem praticar atos em prejuízo dos credores (precipitando sua insolvência), para tudo se resolver numa demanda indenizatória de resultado prático, para os credores, improvável, e para os devedores (talvez já Massa Falida), muito difícil. Afinal de contas, os credores eram *credores*, e somente inadimpliram uma obrigação de *non facere*, já que créditos tinham.

46 Pontes de Miranda, atualizado por Nelson Nery Jr., Rosa Maria de Andrade Nery, Tratado de Direito Privado, São Paulo, RT, 2012, tomo XXII, § 2.699, 1, p. 189.

47 Ennio Cicconi, Clausola di Standstill in Massimo Confortini, Cluasole Negoziali: Profili teorici e applicativi di clausole tipiche e atipiche, UTET, Turim, 2017, pp. 1526/1527 e nota 2 da p. 1526.

b) Todas as dívidas que deverão ter a sua exigibilidade abarcada pela cláusula de *standstill* deverão estar adequadamente identificadas;
c) A cláusula de *standstill* deverá ser redigida por escrito, sendo de se exigir a escritura pública para aqueles atos que a lei assim o exige, v.g. a hipoteca;[48]
d) Deverá ser deixado claro que as partes, durante determinado prazo, se absterão de tomar medidas uma contra a outra, enquanto negociam, de boa-fé, as dívidas já previamente indicadas[49];
e) O credor, durante o período de *standstill*, se absterá de exigir o crédito contra o devedor e, se assim for negociado, contra o garantidor; não exigirá qualquer garantia do crédito (especificar a que for exigível, se assim negociado), ou exercerá seu direito à compensação (especificar a dívida que for compensável, se assim negociado);
f) Que tal inação, de parte do credor, durante o período de *standstill*, não implica perdão de dívida, remissão, novação de dívida, ou renúncia a direito que tenha o credor contra o devedor ou seu garantidor, nem a renúncia a qualquer garantia, seja de que natureza for e a que título for;
g) O devedor e o garantidor, durante o período de *standstill*, não exercerão qualquer direito, ação, pretensão ou exceção contra o credor, objetivando a invalidade ou desconstituição do crédito, dos seus acessórios, ou de suas garantias;
h) O devedor e o garantidor se obrigam, durante o período de *standstill*, a conservarem as garantias constituídas ao crédito e a manterem-no íntegro, tanto um quanto o outro, com suas características e privilégios;
i) O devedor e o garantidor (se pessoa jurídica) se obrigam, durante o período de *standstill*, a manterem o "Curso Normal dos Negócios", ou seja, o conjunto de atividades que, pela sua natureza, finalidade e/ou forma de execução, implicam a consecução do objeto social do devedor (e de sua Subsidiária, se houver), e do garantidor (se pessoa jurídica) (e de sua Subsidiária, se houver), levando-se em consideração a atividade normal e usual deles (e de suas Subsidiárias, se houver),

---

48 Assim: Pontes de Miranda, Tratado das Ações, São Paulo, RT, 1972, tomo I, § 17, 2, p. 85. O desrespeito à forma não implica na invalidade da cláusula de *standstill*, que continua a existir como direito obrigacional, só não atuando como direito real. Contra: Andreas von Tuhr, Derecho Civil – Teoria general del derecho civil aleman, trad. esp., Buenos Aires, Depalma,1946, vol. I[1], p. 377, que reconhece o caráter de exceção ao *p.d.n.p.* não registrado no Registro de Imóveis,

49 A partir daqui se aludirá a credor(es) ou garantidor(es) apenas no singular, para facilidade de exposição.

nos seus níveis e padrões usuais e sem que haja qualquer interrupção, desde que: (a) sejam realizadas no curso normal e ordinário, sem qualquer alteração ou interrupção relevante em relação à natureza, meios e objetivos de suas atividades; e (b) sejam consistentes, pela natureza, finalidade e forma de execução, com as práticas do mercado aplicáveis ao setor de atividade em que as Companhias atuem;

j) O devedor e o garantidor se obrigam, durante o período de *standstill*, a não alienar bens de seu patrimônio de valor superior a "*x*"; não constituir novas garantias reais sobre os bens que compõem o seu patrimônio, nem gravar bens de seu patrimônio, seja a que título for;

k) O devedor e o garantidor se obrigam, durante o período de *standstill*, a não contraírem, mensalmente, novas dívidas em valor superior a "*x*";

l) O devedor e o garantidor se obrigam, durante o período de *standstill*, a não darem aval, fiança, ou outorgarem qualquer outra modalidade de garantia pessoal, seja a quem for;

m) O devedor e o garantidor (se pessoa jurídica) e os seus respectivos sócios ou acionistas (quando se tratar de pessoa jurídica, observar o tipo societário próprio na sua designação) se obrigam, durante o período de *standstill*, a não distribuir lucros ou dividendos, ou juros sobre o capital próprio, e a não procederem a qualquer redução do capital social do devedor ou do garantidor;

n) O devedor e o garantidor (se empresa) e os seus respectivos sócios ou acionistas (quando se tratar de pessoa jurídica, observar o tipo societário próprio na sua designação) se obrigam, durante o período de *standstill*, a não proceder a qualquer operação de fusão, cisão ou incorporação societária;

o) Os sócios ou acionistas do devedor e do garantidor (quando se tratar de pessoa jurídica; observar o tipo societário próprio na sua designação) se obrigam, durante o período de *standstill*, a não proceder, seja a que título for e a quem quer que seja, à alienação das suas participações societárias no devedor e no garantidor;

p) O devedor e o garantidor (se pessoa jurídica) e os seus e respectivos sócios ou acionistas (quando se tratar de pessoa jurídica, observar o tipo societário próprio na sua designação) se obrigam, durante o período de *standstill*, a não alterar a remuneração (mensal ou anual) de seus Diretores (deverá ser observada a designação própria para o tipo societário adotado: Diretor, Sócio-Gerente etc.) para além do praticado na data da assinatura da cláusula de *standstill*;

q) O devedor e o garantidor (se pessoa jurídica) se obrigam, durante o período de *standstill*, a manter em dia todas as suas obrigações tributárias, seja da natureza que forem (fiscais, parafiscais, devidas às Fazendas Públicas, seja da União, do Estado ou dos Municípios), aí se incluindo, mas não se limitando àquelas devidas para o custeio da seguridade social, do FGTS etc.;

r) Se, durante o período de *standstill*, for proposta, contra o devedor ou seu garantidor, qualquer ação de valor superior a "*x*", dar-se-á resolução de pleno direito, independentemente de aviso ou notificação, da cláusula de *standsill*;

s) Se, durante o período de *standstill*, seja por qual causa for, vir a ser penhorado, arrestado, tornado indisponível, ou de qualquer modo gravado bem que componha os patrimônios do devedor e do garantidor, dar-se-á resolução de pleno direito da cláusula de *standsill*, independentemente de aviso ou notificação;

t) Que a fiscalização do cumprimento das obrigações constantes da cláusula de *standstill* será realizada por empresa especializada para tanto (nomear a empresa), a ônus do devedor, obrigando-se o devedor e seu garantidor (se pessoa jurídica), e seus respectivos sócios ou acionistas (quando se tratar de pessoa jurídica, observar o tipo societário próprio na sua designação), a facultarem a ela amplo e pleno acesso a suas instalações comerciais e fabris, escritórios, inclusive a seus livros contábeis, fiscais e societários, bem como a suas contas correntes bancárias e de investimentos, aos extratos bancários, e a qualquer contrato ou documento, seja de que natureza for, sem qualquer exceção;

u) Que o descumprimento de qualquer das obrigações a que se comprometeram o devedor, o garantidor e respectivos sócios ou acionistas (quando se tratar de pessoa jurídica, observar o tipo societário próprio na sua designação), nos termos da cláusula de *standstill*, implicará a sua resolução de pleno direito, independentemente de aviso ou notificação.

Evidentemente, este estudo não abarca todas as situações que uma reestruturação de dívida exigiria, mas serve como um breve roteiro para as situações de maior ocorrência, devendo ser adaptado às situações concretas.

76. OS PROCEDIMENTOS DE INDENIZAÇÃO DE CONTRATOS DE ALIENAÇÃO DE PARTICIPAÇÕES SOCIETÁRIAS

Pietro Benedetti Teixeira Webber

INTRODUÇÃO[1]

É um truísmo afirmar que a fase das tratativas de negócio destinado à transferência de participações societárias não se restringe à definição do objeto e do preço. Essas operações são "consideravelmente complexas"[2], especialmente em razão do dinamismo inerente à atividade empresarial. Como a transferência das quotas ou ações implica a passagem do risco ao adquirente[3], desfere-se especial atenção para circunscrever o âmbito de responsabilidade dos figurantes sobre fatos ocorridos anteriormente, mas cujos efeitos

---

1 O Autor agradece o honroso convite dos Professores Francisco Paulo De Crescenzo Marino, Marcelo Vieira von Adamek e Osny da Silva Filho para participar dessa obra. Este artigo foi redigido durante a disciplina "O Contrato de Venda da Empresa numa Análise a 360º: aspectos obrigacionais, comerciais e arbitrais, atuais e futuros", ministrada no Programa de Pós-Graduação em Direito da Universidade de São Paulo, em 2023, pelos Professores Catarina Monteiro Pires, Cristiano de Sousa Zanetti, Juliana Krueger Pela e Marcelo Adamek.

2 MARTINS-COSTA, Fernanda Mynarski. *Execução diferida nos Contratos de M&A*. São Paulo: Almedina, 2022, p. 22.

3 Código Civil, art. 492, *caput*: "Até o momento da tradição, os riscos da coisa correm por conta do vendedor, e os do preço por conta do comprador".

são revelados depois de as quotas ou ações terem ingressado no patrimônio do adquirente[4-5].

Na tentativa de "domesticar" o futuro[6], os contratantes usualmente detalham o "passo-a-passo" a ser seguido entre a descoberta de um evento potencialmente causador de dano indenizável e a sua efetiva reparação[7]. Trata-se dos chamados "procedimentos de indenização", aos quais se acoplam limites temporais, indicando o momento em que cada etapa do procedimento deve ser realizada.

Veja-se o seguinte exemplo[8]:

> "5.7. Procedimentos Indenizatórios em Caso de Demanda de Terceiros. Para fins desta Cláusula, toda e qualquer Disputa apresentada por terceiro, incluindo Autoridades Governamentais, que possa vir a constituir uma Perda, será doravante denominada uma "Demanda de Terceiro".

---

4 LAJOUX, Alexandra Reed. *The Art of M&A*. 5. ed. New York: McGraw-Hill, 2019, p. 594-595.

5 O foco geralmente estará na responsabilidade do alienante da participação societária em razão de atos ou fatos ocorridos previamente ao fechamento (*closing*). Embora peculiar, não se pode afastar a hipótese em que a controvérsia esteja na responsabilidade do próprio adquirente, por atos e fatos ocorridos antes da transferência das ações. Veja-se, nesse sentido, o contrato de compra e venda de ações celebrado entre Smiles, LLC (Vendedora), Arbeit Gestão de Negócios Ltda. (Compradora), Baladare Participações S/A, Arbeit Energia S/A e Arbeit Investimentos Ltda. (Intervenientes-Anuentes), em 20 de setembro de 2010. O documento se tornou público ao ser acostado aos autos de TJSP. 1ª Câmara Reservada de Direito Empresarial. Ap. Cív. 1083758-26.2015.8.26.0100. Relator Des. Hamid Bdine. J. em 03.05.2017 (fls. 199-218). Por isso, ao longo deste artigo, serão utilizadas as expressões "parte indenizadora" e "parte indenizada", correspondentes às expressões "Indemnifying Party" e "Indemnified Party", usualmente utilizadas em contratos de alienação de participações societárias.

6 A expressão é utilizada por FERREIRA DA SILVA, Luis Renato. O Tempo no Direito e o Direito no Tempo: provocação para uma relação entre direito e literatura a partir de um tema borgiano. In: MARTINS-COSTA, Judith. *Narração e Normatividade*. Rio de Janeiro: GZ Editora, 2013, p. 96.

7 Ao longo deste artigo, será destacada a redação utilizada em instrumentos acessáveis publicamente, já que os contratos de alienação de participação societária, embora não sejam formados por adesão, são repletos de cláusulas recorrentes (MARTINS-COSTA, Fernanda Mynarski. *Execução diferida nos Contratos de M&A*. São Paulo: Almedina, 2022, p. 26, nota de rodapé nº 15; e, especificamente sobre o exame de cláusulas recorrentes, SCALCO, GABRIELA BARCELLOS. *Cláusula "no waiver" no Direito Brasileiro*. São Paulo: Almedina, 2023, p. 39-44. Isto é, embora os procedimentos possam ter particularidades em determinado caso concreto, pode-se identificar certos denominadores comuns.

8 Trata-se de cláusula inserta no contrato de compra e venda de ações celebrado entre Brasil Pharma S.A. (Vendedor), Mobius Health S.A. (Comprador), Cauê Castello Veiga Innocêncio Cardoso (Fiador), Drogaria Mais Econômica S.A. e Transportes Mais Econômica Ltda. (Intervenientes-Anuentes), em 11 de novembro de 2015. O documento se tornou público ao ser acostado aos autos de TJSP. 24ª Câmara de Direito Privado. Ap. Cív. 1113788-39.2018.8.26.0100. Relator Des. Salles Vieira. J. em 28.10.2021 (fls. 106-107).

5.7.1. Se surgir uma Demanda de Terceiro contra a Companhia, qualquer uma das Partes Indenizáveis do Vendedor ou qualquer uma das Partes Indenizáveis do Comprador, pela qual o Vendedor ou o Comprador seja responsável (a "Parte Indenizadora"), total ou parcialmente, por força deste Contrato, a respectiva parte indenizável (uma "Parte Indenizada"), que tiver ciência, de qualquer forma, da Demanda de Terceiro e/ou receber qualquer ofício, notificação ou intimação nesse sentido, deverá notificar a Parte Indenizadora a respeito dessa Demanda de Terceiro, para as pessoas e na forma prevista na Cláusula 7.1 deste Contrato ("Notificação de Demanda de Terceiro").

5.7.2. A Notificação de Demanda de Terceiro será enviada antes de transcorridos 2/5 (dois quintos) do período disponível para a apresentação de defesa ou medida cabível contra Demanda de Terceiro, sendo que o envio intempestivo da referida notificação resultará, em qualquer hipótese, em renúncia pela Parte Indenizada ao direito de exigir a indenização pelas Perdas aqui prevista.

5.7.3. A Notificação de Demanda de Terceiro conterá, sempre que possível, a estimativa da Parte Indenizada quanto ao valor total da Perda envolvida na Demanda de Terceiro nos termos desta Cláusula, incluindo multas, juros, honorários e outros encargos incidentes necessários à recomposição da Parte Indenizada.

5.7.4. A Parte Indenizadora terá o direito de assumir a defesa da Demanda de Terceiro ou propor qualquer medida cabível contra tal Demanda de Terceiro, por meio de advogados da sua escolha ou por meio de qualquer outra Pessoa por ela indicada, desde que informe, por escrito, à Parte Indenizada, na forma da Cláusula 7.1, tal intenção no prazo 4/5 (quatro quintos) do período disponível para a apresentação de defesa ou medida cabível contra Demanda de Terceiro. A falta de uma notificação por escrito da Parte Indenizadora, nos termos e prazos estabelecidos nesta Cláusula, será considerada como uma declaração de renúncia de seu direito de assumir a defesa da Demanda de Terceiro.

5.7.5. Se a defesa da Demanda de Terceiro for assumida pela Parte Indenizadora: (*a*) A Parte Indenizadora poderá celebrar acordos ou pagar qualquer quantia referente a essa Demanda de Terceiro independentemente de consentimento prévio, por escrito, da Parte Indenizada; (*b*) A Parte Indenizada se obriga a fornecer tempestivamente todas as informações e documentos razoavelmente solicitados pela Parte Indenizadora; e (*c*) Será assegurado o direito da Parte Indenizada de acompanhar o trâmite da Demanda de Terceiro e da respectiva defesa, podendo a Parte Indenizada nomear procuradores para acompanhar o trabalho a ser conduzido pela Parte Indenizadora, arcando a Parte Indenizada com os custos de tal acompanhamento.

5.7.6 Se a defesa da Demanda de Terceiro for conduzida pela Parte Indenizada, esta não poderá celebrar acordos ou pagar qualquer quantia referente a essa Demanda de Terceiro sem o consentimento prévio, por escrito, da Parte Indenizadora.

5.7.7 Serão de responsabilidade da Parte Indenizadora (e considerados Perdas indenizáveis nos termos desta Cláusula) os custos e despesas associados à defesa de qualquer Demanda de Terceiro que possa gerar uma Perda pela qual seja responsável, exceto pelos honorários e demais custos dos representantes legais que conduzirão a defesa quando a Parte Indenizadora tiver assumido a respectiva defesa. Caso referida Perda refira-se a períodos, eventos ou omissões tanto anteriores como posteriores à presente data, os custos e despesas decorrentes serão partilhados entre as Partes de acordo com o percentual de suas respectivas responsabilidades sobre o valor da Perda que vier a ser incorrida.

5.8. Procedimento para Indenização de Demanda Direta. No caso de Perdas sofridas ou incorridas de uma Parte Indenizada e que sejam de responsabilidade da Parte Indenizadora, na forma do disposto nesta Cláusula, por qualquer razão que não constitua uma Demanda de Terceiro ("Demanda Direta"), a Parte Indenizada deverá enviar uma notificação à Parte Indenizadora a respeito de tal Perda efetivamente sofrida ou incorrida com a indicação do valor a ser indenizado ("Notificação de Demanda Direta").

5.8.1. A Parte Indenizadora, no prazo de 30 (trinta) dias contados do recebimento da Notificação de Demanda Direta, entregará notificação escrita à Parte Indenizada, informando se concorda ou não em ser responsável pela indenização pleiteada e/ou com o valor da Perda indenizável apresentado na Notificação de Demanda Direta.

5.8.2. Caso a Parte Indenizadora concorde expressamente (i) em ser responsável pelo pagamento da Perda em questão e (ii) com o valor apresentado na Notificação de Demanda Direta, a Notificação de Demanda Direta passará a ser considerada como uma notificação de Perda para os fins deste Contrato, e a Parte Indenizadora deverá pagar à Parte Indenizada a indenização pleiteada na forma prevista na Cláusula 5.9 abaixo. 5.8.3 Caso a Parte Indenizadora manifeste não ser responsável pela indenização pleiteada ou não concorde com o valor da Perda apresentado na Notificação de Demanda Direta, a Parte Indenizada poderá submeter a questão ao procedimento arbitral estabelecido na Cláusula 7.10 abaixo".

A licitude dessas convenções deve ser examinada com cuidado, pois a liberdade de configuração interna de um negócio jurídico não é ilimitada[9]. Como destacado por Mota Pinto, "num ordenamento que admita, sem limitações, a liberdade contratual, não há uma justiça ou rectidão contractual imanente (em si mesma), assente em critérios objetivos"[10]. Com efeito, uma das limitações à autonomia privada impostas pelo Direito brasileiro consiste em reputar nulas as convenções sobre prazo prescricional[11].

Para investigar a conformação dos procedimentos de indenização convencionados em contratos de alienação de participação societária à luz do Direito brasileiro[12], inicialmente, trata-se do seu conteúdo (Parte 1). Na sequência, abordam-se as consequências advindas do seu descumprimento (Parte 2).

1. O CONTEÚDO DOS PROCEDIMENTOS DE INDENIZAÇÃO

A adequada compreensão dos procedimentos de indenização exige, como etapa preliminar, identificar o titular da pretensão indenizatória, havendo distinções a depender de quem promoveu a "Demanda" ou "Reclamação"[13] (seção 1.1.). Na sequência, deve-se examinar os limites temporais incorporados aos procedimentos de indenização (seção 1.2.).

---

9 LARENZ, Karl. *Derecho de obligaciones.* Tomo I. Trad. Jaime Santos Briz. Madrid: Editorial Revista de Derecho Privado, 1958, p. 74-80. No mesmo sentido: FLUME, Werner. *El negocio jurídico.* 4. ed. Trad. José María Miquel González e Esther Gómez Calle. Madrid: Fundación Cultural del Notariado, 1998, § 1, p. 24.

10 MOTA PINTO, Carlos Alberto da. *Teoria geral do direito civil.* 3. ed. Coimbra: Coimbra Ed., 1985, p. 98.

11 Conforme o art. 192 do Código Civil, "os prazos de prescrição não podem ser alterados por acordo das partes". Diante dessa proibição, a invalidade decorreria do art. 166, VII, do Código Civil.

12 Registre-se não se pretender abordar os limites quantitativos do dever de indenizar (*basket amount, de minimis, cap*), nem mesmo questões preponderantemente societárias, tais como as regras de vinculação patrimonial que impedem a utilização do patrimônio da sociedade para a reparação da parte indenizada.

13 A qualificação da "Demanda" ou "Reclamação" como interpelação (compreendida como o "exercício, ou pedido, ou exigência efetiva"; "é meio de se exercer a pretensão que deriva do crédito", cf. PONTES DE MIRANDA, Francisco Cavalcanti. *Tratado das ações.* Tomo III. São Paulo: Revista dos Tribunais, 1972, p. 274-275) dependerá da definição estipulativa adotada. Há situações em que a "Demanda" pode corresponder, de modo amplo, a "qualquer demanda, ação, processo, reclamação, investigação, inquérito, arbitragem, mediação ou outro tipo de processo, judicial, administrativo ou arbitral".

1.1. As espécies de procedimentos de indenização: "demandas diretas" e "demandas de terceiros"

Os procedimentos são modelados em vista das "demandas diretas" e das "demandas de terceiros". Enquanto aquelas consistem na pretensão exercida por um figurante em face do outro (*e.g.*, o adquirente alega ser vítima de dano a ser reparado pelo alienante), as demandas de terceiros são definidas por exclusão: trata-se da pretensão exercida por quem não figurou como parte do contrato (*e.g.*, um credor exige o pagamento de dívida contraída pela sociedade-alvo)[14].

Em se tratando de demandas diretas, é usual convencionar-se método que exige o envio de notificação descrevendo o pedido da vítima do dano. É, pois, comum exigir-se: (*i*) a identificação dos fatos que fundamentam o pedido; (*ii*) o montante envolvido, ainda que em caráter estimativo; bem como (*iii*) a disponibilização dos documentos pertinentes. Na sequência, a parte indenizadora deve expressar o seu assentimento ou a sua discordância em relação ao cabimento do dever de indenizar[15]. Se não houver acordo, deflagra-se o método de resolução de disputas.

O regramento é mais complexo (ou "sofisticado"[16]) em se tratando de demandas de terceiros. Nessa hipótese, os contratantes regulamentam a forma pela qual a parte indenizadora pode ter acesso a informações que permitam o exercício do seu direito de defesa. A racionalidade subjacente consiste em reduzir as consequências da materialização da contingência[17]. Trata-se de interesse comum aos contraentes: a parte indenizada quer ser reparada; a parte indenizadora, quer mitigar o prejuízo.

Em síntese, o procedimento usualmente é deflagrado pelo envio de notificação pela parte indenizada à parte indenizadora, informando a existência da Demanda de Terceiro. Na etapa seguinte, a parte indenizadora pode optar

---

14 Entende-se por terceiro "todo sujeito de direito que não declara vontade elemento do suporte fático à existência do negócio jurídico" (Haical, Gustavo. *A Autorização no Direito Privado.* São Paulo: Saraiva, 2020, p. 52). Vide, no mesmo sentido, Xavier, Rafael Branco. A Desconsideração na Arbitragem? O consentimento atrás do véu. *Revista Brasileira de Arbitragem*, n. 66, abr./jun. 2020, p. 44; e Webber, Pietro. Third-party document production in Brazil: going beyond the four corners of the arbitral proceeding. *Young Arbitration Review*, ano 9, vol. 39, 2020, p. 12.

15 Botrel, Sérgio. *Fusões & Aquisições.* 4. ed. São Paulo: Saraiva, 2016, p. 310.

16 Sequerra, Natalie. A cláusula de indenização como mecanismo de alocação de risco. In: Sussekind, Carolina; Freitas, Fernanda; Cavalcanti, Flávia (Orgs.). *Fusões e aquisições em foco*: uma abordagem multidisciplinar. Rio de Janeiro: Lumen Juris, 2020, p. 276.

17 Clevenbergh, Olivier. La sanction du non-respect des formes et délais prévus pour la mise en œuvre des déclarations et garanties dans les cessions d'actions. Une « incombance » conventionnelle. *Revue de droit commercial belge*, nº 9, nov./2013, p. 842.

entre (*i*) assumir a defesa da sociedade-alvo[18]; ou (*ii*) exercer apenas o seu direito de acesso à informação, sendo a sociedade-alvo defendida pela própria parte indenizada e havendo o reembolso das despesas incorridas.

A defesa da sociedade deve – sempre – ser realizada conforme o seu interesse, independentemente das posições do alienante e do adquirente. A faculdade da parte indenizada em assumir a defesa da sociedade-alvo pode ser problemática diante de circunstâncias em que a potencial vítima do dano não tenha interesse em reagir com a intensidade devida. Esse desalinhamento de interesses pode ocorrer, por exemplo, nas seguintes situações.

A primeira hipótese seria de, após o fechamento, surgir litígio entre a sociedade-alvo e seu principal fornecedor, a respeito de circunstância inserta na esfera de responsabilidade do alienante. Como a posição do adquirente pode ser "neutra" (ou a sociedade-alvo vencerá o litígio; ou, se efetivamente causado dano, a reparação será devida pelo alienante), este poderia preferir a derrota no litígio para manter o relacionamento a longo prazo com o fornecedor, de modo que a condução da defesa pelo próprio adquirente poderia ser contrária aos interesses do alienante[19].

A segunda situação também envolve a potencial "neutralidade" da parte indenizada. Quando a defesa da sociedade-alvo em Demanda de Terceiro é conduzida pela parte indenizadora, é usual convencionar-se a possibilidade de celebrar transação com o terceiro sem o assentimento da parte indenizada. Diferentemente, quando a parte indenizada conduz a defesa da sociedade-alvo, comumente é pactuada a exigência de assentimento da parte indenizadora para a celebração da transação com o terceiro[20]. Trata-se de mecanismos voltados tanto para evitar oposições injustificadas da parte indenizada quanto para evitar o agravamento do dano a ser reparado pela parte indenizadora.

1.2. O prazo de execução da garantia

A fixação de prazos visa a alcançar certo equilíbrio entre, de um lado, o interesse da parte indenizadora em forrar-se à responsabilidade e, de outro, o interesse

---

18 Na hipótese de a parte indenizadora optar por assumir a defesa da sociedade-alvo, a outorga do mandato apenas poderá ser qualificada como dever da companhia quando esta puder ser considerada *parte* do negócio jurídico. Do contrário, estar-se-á diante de promessa (da parte indenizada) de fato de terceiro (a sociedade-alvo).

19 Situação semelhante é destacada por CLEVENBERGH, Olivier. La sanction du non-respect des formes et délais prévus pour la mise en œuvre des déclarations et garanties dans les cessions d'actions. Une « incombance » conventionnelle. *Revue de droit commercial belge*, nº 9, nov./2013, p. 842.

20 Vide as Cláusulas 5.7.5 e 5.7.6, transcritas na Introdução.

da parte indenizada em ser integralmente reparada[21]. Justamente em virtude dessa tensão entre interesses contrapostos, os limites temporais representam aspecto sensível na negociação de contratos de aquisição de participação societária[22].

É possível distinguir entre duas espécies de limites temporais: (*i*) o prazo de execução da garantia; e (*ii*) o prazo de subsistência das declarações e garantias.

O prazo de execução das garantias consiste no limite temporal justaposto ao procedimento de indenização, incidindo para o envio da notificação a respeito do surgimento de potenciais contingências[23]. Trata-se da "ativação da garantia"[24], delimitando o período no qual a vítima do dano deve comunicar a ocorrência de evento a concretizar o risco garantido.

O prazo de execução pode ser inserto no negócio jurídico com diversas conformações. Por exemplo, podem os contratantes (*i*) subordinar a aquisição do direito de crédito da parte indenizada à condição suspensiva de notificar a parte indenizadora o surgimento da contingência; (*ii*) atrelar o direito subjetivo de crédito a termo ou condição resolutiva, mencionando expressamente a eficácia extintiva do crédito; (*iii*) prever que a ausência de declaração da parte indenizada em determinado prazo implica a renúncia tácita ao direito de crédito[25].

Diferentemente, o prazo de subsistência consiste em limite temporal inexo[26] às declarações e garantias, correspondendo ao período no qual os riscos garantidos

---

21 PERELMAN, Murray (Ed.). *Model Stock Purchase Agreement with Commentary*. Vol. I. 2. ed. Chicago: American Bar Association, 2010, p. 325; LECLERCQ, Didier. *Les conventions de cession d'actions*: analyse juridique et conseils pratiques de rédaction. 2. ed. Bruxelles: Larcier, 2017, p. 243. Para De Nova, seria "irreal" a pactuação de declaração e garantia sem a aposição de limite temporal (DE NOVA, Giorgio. *Il sale and purchase agreement*: un contratto commentato. 2. ed. Torino: Giappichelli, 2017, p. 209).

22 Assim destacam MENDES-MEDEIROS, Mariana. *Cláusulas de Declarações e Garantias nos contratos internacionais de aquisição de empresas ou ativos*. Dissertação de Mestrado apresentada à Faculdade de Direito da Universidade de São Paulo. Orientador Prof. Luiz Olavo Baptista. São Paulo, 2006, p. 201; REED, Stanley Foster; LAJOUX, Alexandra Reed; NESVOLD, H. Peter. *The art of M&A*. 4. ed. New York: McGraw-Hill, 2007, p. 599; e TINA, Andrea. *Il contratto di acquisizione di partecipazioni societarie*. Milano: Giuffrè, 2007, p. 496.

23 RUSSO, Fábio Castro. Das cláusulas de garantia nos contratos de compra e venda de participações sociais de controlo. *Direito das Sociedades em Revista*, ano 2, vol. 4, set./2010, p. 131-132.

24 TINA, Andrea. *Il contratto di acquisizione di partecipazioni societarie*. Milano: Giuffrè, 2007, p. 498; SPERANZIN, Marco. *Vendita della partecipazione di "controllo" e garanzie contrattuali*. Milano: Giuffrè, 2006, p. 172.

25 Os exemplos constam de NEVES, Julio Gonzaga Andrade. *A prescrição no Direito Civil Brasileiro*: natureza jurídica e eficácia. Tese de Doutorado apresentada à Faculdade de Direito da Universidade de São Paulo. Orientador Prof. Cristiano de Sousa Zanetti. São Paulo, 2019, p. 193-194.

26 A relação é de "inexão", adotando a expressão utilizada por PONTES DE MIRANDA ao se referir a termos e condições, por se tratar de determinações *insertas* no ato jurídico. O nexo é interno, e não externo. PONTES DE MIRANDA, Francisco Cavalcanti. *Tratado de Direito Privado*. Tomo V. 3. ed. São Paulo: Revista dos Tribunais, 1983, § 538, 1, p. 93 ("termos e condições são determinações necessariamente insertas nos atos jurídicos; são neles, in-nexam, porque de dentro deles lhes traçam, no

deverão se verificar[27]. Isto é, trata-se do período em que os fatos devem ser *revelados*, não sendo necessária a materialização do dano até o transcurso do período[28].

Esse prazo incide sobre pretensões relacionadas a fatos anteriores à transferência das ações. Trata-se de elemento relevante a indicar a qualificação da declaração e garantia como obrigação de garantia[29]. A sua função primordial é, portanto, a de "estender a vida das declarações e garantias para além do fechamento"[30].

Por um lado, o prazo de subsistência das declarações e garantias concede certo período de tempo para a revelação de fato anterior ao fechamento, potencialmente causador de dano à sociedade-alvo. Por outro, a fixação do prazo limita o período no qual a vítima do dano pode ser indenizada. Como o transcurso do prazo implica a liberação do devedor da obrigação de garantia[31], os danos causados por fatos ocorridos antes do fechamento, mas revelados posteriormente do transcurso do prazo, deixam de ser indenizáveis.

Há grande variabilidade nos prazos convencionados[32], especialmente em função da natureza do passivo que pode gerar a contingência. É comum

---

tempo, limite de eficácia; não se ligam a eles, não se lhes anexam; são, por isso, ditas determinações inexas. O nexo é interno, e não externo"). O aspecto é destacado, especificamente no âmbito das declarações e garantias, por CLEVENBERGH, Olivier. La sanction du non-respect des formes et délais prévus pour la mise en œuvre des déclarations et garanties dans les cessions d'actions. Une « incombance » conventionnelle. *Revue de droit commercial belge*, nº 9, nov./2013, p. 843.

27 RUSSO, Fábio Castro. Das cláusulas de garantia nos contratos de compra e venda de participações sociais de controlo. *Direito das Sociedades em Revista*, ano 2, vol. 4, set./2010, p. 131.

28 REED, Stanley Foster; LAJOUX, Alexandra Reed; NESVOLD, H. Peter. *The art of M&A*. 4. ed. New York: McGraw-Hill, 2007, p. 487.

29 GREZZANA, Giacomo. *A cláusula de declarações e garantias em alienação de participação societária*. São Paulo: Quartier Latin, 2019, p. 194 ("a previsão de um prazo de garantia, portanto, indica por si só que as declarações e garantias foram formatadas pelas partes como obrigação de garantia"); PEREIRA, Guilherme Döring Cunha. *Alienação do poder de controle acionário*. São Paulo: Saraiva, 1995, p. 106. Parte da doutrina entende tratar-se de elemento essencial: COMPARATO, Fabio Konder; SALOMÃO FILHO, Calixto. *O poder de controle na sociedade anônima*. 6. ed. Rio de Janeiro: Forense, 2014, § 82, p. 245-246, Nota de Texto nº 53 ("A abrangência dessa cláusula de garantia deve ser bem compreendida. A cláusula de garantia só se caracteriza quando estabelecido no contrato prazo específico para reclamações e postulações relativas a certos bens, direitos ou obrigações da sociedade. Não basta a cláusula contratual genérica geralmente chamada de "declarações e garantias" nos contratos de compra e venda do controle empresarial. Essas declarações nada mais são do que qualidades prometidas do objeto (a organização empresarial). Nesse sentido são elas base para responsabilização por vício do objeto e não cláusulas de garantias em si").

30 BAINBRIDGE, Stephen M. *Mergers and acquisitions*. 3. ed. New York: Foundation Press, 2012, p. 80. No original: "Survival clauses can extend the life of representations and warranties beyond closing".

31 GREZZANA, Giacomo. *A cláusula de declarações e garantias em alienação de participação societária*. São Paulo: Quartier Latin, 2019, p. 191. Vide também LECLERCQ, Didier. *Les conventions de cession d'actions*: analyse juridique et conseils pratiques de rédaction. 2. ed. Bruxelles: Larcier, 2017, p. 243.

32 PERELMAN, Murray (Ed.). *Model Stock Purchase Agreement with Commentary*. Vol. I. 2. ed. Chicago: American Bar Association, 2010, p. 325-326.

haver relação de equivalência entre o limite temporal convencionado e o prazo prescricional para o exercício de pretensões contra a sociedade-alvo[33]. Diante dessa coincidência entre o prazo de subsistência e o prazo prescricional, "enquanto [as contingências] puderem ser exigidas da empresa cujo controle foi cedido, deverão ser cobertas pelo cedente do controle"[34].

O prazo de subsistência das declarações e garantias também interage com o regime dos vícios redibitórios, quando preenchidos os seus pressupostos de incidência[35]. Diante da exiguidade dos prazos de decadência[36], as partes podem convencionar limites temporais distintos, os quais atuam como causa impeditiva da fluência dos prazos decadenciais (art. 446 do Código Civil[37])[38].

Realizada a descrição dos procedimentos de indenização e dos limites temporais convencionados em contratos de alienação de participação societária, deve-se aprofundar a sua natureza jurídica e as consequências ensejadas pelo seu descumprimento.

2. NATUREZA JURÍDICA E CONSEQUÊNCIAS DO DESCUMPRIMENTO DOS PROCEDIMENTOS DE INDENIZAÇÃO

A correta compreensão do sistema jurídico exige do intérprete a precisão conceitual[39]. Como alerta Judith Martins-Costa, "a dogmática jurídica

33 PERELMAN, Murray (Ed.). *Model Stock Purchase Agreement with Commentary*. Vol. I. 2. ed. Chicago: American Bar Association, 2010, p. 326; PAILLUSSEAU, Jean; CAUSSAIN, Jean-Jacques; LAZARSKI, Henry; PEYRAMAURE, Philippe. *La cession d'entreprise*. 3. ed. Paris: Dalloz, 1993, § 753, p. 433.

34 PEREIRA, Guilherme Döring Cunha. *Alienação do poder de controle acionário*. São Paulo: Saraiva, 1995, p. 106.

35 Registre-se haver posição doutrinária a respeito da inaplicabilidade dos vícios redibitórios aos contratos de alienação de participação societária (BUSCHINELLI, Gabriel Saad Kik. *Compra e venda de participações societárias de controle*. São Paulo: Quartier Latin, 2018, p. 390-405).

36 PIRES, Catarina Monteiro. *Aquisições de empresas e de participações acionistas*: problemas e litígios. Coimbra: Almedina, 2017, § 4.5.2, p. 125, destacando a "inadequação do prazo de caducidade relativo a coisas móveis" aos contratos de alienação de participação societária.

37 *In verbis*: "Art. 446. Não correrão os prazos do artigo antecedente na constância de cláusula de garantia; mas o adquirente deve denunciar o defeito ao alienante nos trinta dias seguintes ao seu descobrimento, sob pena de decadência".

38 ADAMEK, Marcelo Vieira von; CONTI, André Nunes. Vícios redibitórios na alienação de participações societárias. *Revista de Direito Societário e M&A*, vol. 3, jan.-jun./2023, seção 3; e NEGREIROS, Teresa. Dos vícios redibitórios e da sua articulação com as cláusulas de declarações e garantias em contratos de compra e venda de empresas. In: BENETTI, Giovana *et al* (Orgs.). *Direito, cultura e método*: leituras da obra de Judith Martins-Costa. Rio de Janeiro: GZ, 2019, p. 846.

39 "Um dos maiores males do nosso tempo é a pressa, a adesão de última hora, com que os espíritos reacionários se açodam, e a sem-cerimônia, com que a meia ciência jurídica, em vez de enfrentar e resolver, tecnicamente, os problemas, dinamita conceitos e princípios jurídicos,

seria inútil se indiferente fosse à técnica das distinções"[40]. É, portanto, essencial investigar a qualificação dos procedimentos de indenização, para delinear os impactos do seu descumprimento na esfera jurídica da parte indenizada (seção 2.1.). Ademais, a compreensão da (i)licitude dos limites temporais pactuados exige identificar se estão configurados prazos prescricionais, prazos de decadência ou, então, termos extintivos (seção 2.2.).

2.1. Procedimentos de indenização: quando há o efeito caducificante?

Os procedimentos de indenização atribuem um ônus ao beneficiário da garantia. A parte indenizada não tem o *dever* de "ativar" a garantia no modo convencionado; mas, se não o fizer, poderá estar sujeita a consequências adversas.

A identificação das distinções entre ônus e deveres pode ser atribuída aos estudos de Direito Processual[41], especialmente à obra de Francesco Carnelutti. No seu entendimento, o dever corresponde ao *ato devido*; já o ônus contempla o *ato necessário*[42]. Por isso, "enquanto a obrigação é subordinação de um interesse do obrigado a um interesse de outrem, o ónus é subordinação de um interesse do onerado a um (outro) interesse próprio"[43].

Logo, o ônus corresponde ao comportamento necessário para obter ou manter alguma posição jurídica ativa[44]. Por tratar da "gestão de um interesse pessoal"[45], a falta da conduta não caracteriza ilicitude[46], nem permite a sua exi-

---

alguns fundamentais – sem perceberem que o seu terror pânico e a sua mediocridade científica estão a destruir construção de vinte e tantos séculos de civilização" (PONTES DE MIRANDA, Francisco Cavalcanti. *Tratado de Direito Privado*. Tomo III. Rio de Janeiro: Borsoi, 1954, § 352, 2, p. 451).

40 MARTINS-COSTA, Judith. *A Boa-Fé no Direito Privado*: critérios para a sua aplicação. 2. ed. São Paulo: Saraiva, 2018, § 23, 1, p. 277.

41 Percebem esse aspecto GRAU, Eros Roberto. Ônus, Dever e Obrigação: conceitos e distinções. *Revista dos Tribunais*, vol. 559, mai./1982, item 6; e MARTINS-COSTA, JUDITH; XAVIER, Rafael Branco. Da vinculação do terceiro beneficiário à cláusula arbitral. In: TOLENTINO, Augusto et al (Coords.). *Arbitragem e outros temas: homenagem a Pedro A.* Batista Martins. São Paulo: Quartier Latin, 2023, p. 518.

42 CARNELUTTI, Francesco. *Teoria Geral do Direito*. Trad. de A. Rodrigues Queiró e Artur Anselmo de Castro. Coimbra: Armênio Amado Editor, 1942, p. 275-276.

43 CARNELUTTI, Francesco. *Teoria Geral do Direito*. Trad. de A. Rodrigues Queiró e Artur Anselmo de Castro. Coimbra: Armênio Amado Editor, 1942, p. 275-276.

44 Vide GRAU, Eros Roberto. Ônus, Dever e Obrigação: conceitos e distinções. *Revista dos Tribunais*, vol. 559, mai./1982, item 6; AMARAL, Francisco. *Direito Civil*. Introdução. 10. ed. São Paulo: Saraiva, 2018, p. 300.

45 A expressão é de VON TUHR, Andreas. *Tratado de las obligaciones*. Trad. espanhola de Wenceslao Roces Tomo I. Madrid: Reus, 1934, p. 5.

46 PONTES DE MIRANDA, Francisco Cavalcanti. *Tratado de Direito Privado*. Tomo V. São Paulo: Revista dos Tribunais, 2012, § 509, 1, p. 72.

gência coativa pelo outro figurante[47]. Simplesmente perde-se ou deixa-se de obter determinada vantagem[48]. Com a clareza que lhe é peculiar, Pontes de Miranda sintetiza: "o inconveniente é só para o próprio agente"[49].

Um exemplo de ônus está na regra contida no art. 771, *caput*, do Código Civil[50], a qual estabelece o ônus do segurado em comunicar o sinistro ao segurador, assim que tiver conhecimento[51]. Trata-se de concreção da boa-fé[52], a estabelecer o "padrão de comportamento a ser observado pelo segurado"[53]. A comunicação tardia do sinistro poderia onerar a posição do segurador, seja impedindo a adoção de medidas para minimizar os efeitos danosos do sinistro[54], seja prejudicando a apuração das suas causas[55]. Nesses casos, a Lei estabelece a perda do direito à indenização como consequência da inobservância do ônus[56].

As lições do Direito dos Seguros podem iluminar a compreensão das diversas formas como os figurantes de contratos de alienação de participação

---

47 MENEZES CORDEIRO, António. *Tratado de Direito Civil português*. Parte Geral. Tomo I. 2. ed. Coimbra: Almedina, 2000, p. 189.

48 VASCONCELOS, Pedro Paes de. *Teoria Geral do Direito Civil*. 6. ed. Coimbra: Almedina, 2010, p. 258; DOMINGUES DE ANDRADE, Manuel A. *Teoria Geral das Obrigações*. Coimbra: Almedina, 1966, p. 4.

49 PONTES DE MIRANDA, Francisco Cavalcanti. *Tratado de Direito Privado*. Tomo V. São Paulo: Revista dos Tribunais, 2012, § 509, 1, p. 72.

50 *In verbis*: "Art. 771. Sob pena de perder o direito à indenização, o segurado participará o sinistro ao segurador, logo que o saiba, e tomará as providências imediatas para minorar-lhe as conseqüências".

51 PONTES DE MIRANDA, Francisco Cavalcanti. *Tratado de Direito Privado*. Tomo XLV. 3. ed. São Paulo: Revista dos Tribunais, 1984, § 4.927, 4, p. 339 ("O aviso supõe o conhecimento por parte do interessado, porque se trata, por definição, de *comunicação de conhecimento*. Aqui, não há, propriamente, *dever*, mas *ônus de aviso*. A finalidade do aviso é pôr o segurador a par do corrido, para que tome conhecimento das circunstâncias, verifique se o sinistro está incluso na cláusula contratual e investigar quanto às causas do sinistro e o importe dos danos, antes de se tornarem impossíveis ou difíceis pelas mudanças e alterações regulares ou culposas ou dolosas").

52 MARTINS-COSTA, Judith. *A Boa-Fé no Direito Privado*: critérios para a sua aplicação. 2. ed. São Paulo: Saraiva, 2018, § 37, 19, p. 383; PASQUALOTTO, Adalberto. *Contratos Nominados III*. São Paulo: Revista dos Tribunais, 2008, p. 121-122.

53 GOLDBERG, Ilan. Reflexões a Respeito do Contrato de Seguro. In: CARVALHOSA, Modesto. *Tratado de Direito Empresarial*. Vol. IV. São Paulo: Revista dos Tribunais, 2016, item 4.1.

54 PASQUALOTTO, Adalberto. *Contratos Nominados III*. São Paulo: Revista dos Tribunais, 2008, p. 121-122.

55 MARTINS, Maria Inês de Oliveira. *A imposição contratual de condutas de controlo do risco*: a experiência europeia em diálogo com o ordenamento brasileiro, vigente e prospectivo. São Paulo: Roncarati, 2019, p. 127.

56 A jurisprudência reforça não ser "automática" a sanção à comunicação tardia do sinistro. Veja-se, *e.g.*, STJ. 3ª Turma. REsp 1.546.178/SP. Relator Min. Ricardo Villas Bôas Cueva. J. em 13.09.2016.

societária modelam os procedimentos de indenização. É possível sistematizar em três grupos as pactuações a respeito das consequências do descumprimento.

A primeira possibilidade é a de terem os figurantes convencionado expressamente o efeito caducificante, pactuando que a inobservância do ônus impediria a reparação da parte indenizada. Tome-se, por exemplo, cláusula já transcrita na Introdução, *supra*, segundo a qual "o envio intempestivo da notificação resultará, em qualquer hipótese, em renúncia da Parte Indenizada ao direito de exigir a indenização"[57].

A segunda hipótese consiste em estabelecer parâmetros para que o descumprimento do procedimento de indenização afete o dever de indenizar. Assim, podem os figurantes indicar as situações nas quais o descumprimento é suficientemente grave, ao ponto de evitar a reparação da parte indenizada. O parâmetro mais comum é o prejuízo da parte indenizadora em exercer o direito de defesa. Tome-se por exemplo estas cláusulas:

> "[...] A omissão da Parte Indenizada em notificar a Parte Indenizadora tempestivamente, consoante esta Cláusula 9.4, resultará na inequívoca renúncia da Parte Indenizada ao direito de exigir o reembolso pelos Prejuízos objeto de sua demanda ou exigência, *salvo se* tal omissão em apresentar a Notificação tempestivamente *não prejudicar*, a critério da Parte Indenizadora, a capacidade de a Parte Indenizadora apresentar defesa ou reconvenção, se cabível, da forma adequada"[58].

> "[...] o atraso na entrega de qualquer Notificação pela Parte Indenizada à Parte Indenizadora não eximirá a Parte Indenizada de suas obrigações estabelecidas neste Contrato, *exceto e na medida exata em que* a Parte Indenizadora for prejudicada por tal atraso, especialmente se tal atraso tiver impedido a Parte Indenizadora de apresentar defesa por ausência de tempo hábil"[59].

---

57 Cláusula 5.7.2 do Contrato de compra e venda de ações celebrado entre Brasil Pharma S.A. (Vendedor), Mobius Health S.A. (Comprador), Cauê Castello Veiga Innocêncio Cardoso (Fiador), Drogaria Mais Econômica S.A. e Transportes Mais Econômica Ltda. (Intervenientes-Anuentes), em 11 de novembro de 2015. O documento se tornou público ao ser acostado aos autos de TJSP. 24ª Câmara de Direito Privado. Ap. Cív. 1113788-39.2018.8.26.0100. Relator Des. Salles Vieira. J. em 28.10.2021 (fls. 106-107).

58 Cláusula 9.4 do Contrato de compra e venda de ações celebrado entre Adriano Giannetti Dedini Omtetto (Vendedor), ASA Bioenergy Holding AG (Compradora), Adriano Ometto Participações Ltda., Dedini S.A. Indústria e Comércio, Dedini Açúcar e Álcool Ltda., Santa Fé Indústria e Comércio Ltda. e Sociedade Agrícola Dedini Ltda. (Intervenientes-Anuentes), em 04 de agosto de 2007. O documento se tornou público ao ser acostado aos autos de STJ. Corte Especial. SEC 9.412/US. Rel. p/ Acórdão Min. João Otávio de Noronha. J. em. 19.04.2017 (fls. 625).

59 Cláusula 7.3 do Contrato de compra e venda de ações celebrado entre Luiz Francisco de Bellis Mascaretti e LRM Serviços de Manutenção de Equipamentos e Máquinas de Laboratórios Ltda.

O prejuízo ao exercício do direito de defesa será mais evidente quando for decretada a revelia da sociedade-alvo, sendo mais delicadas as situações em que o prazo para apresentação da defesa "é apenas reduzido pelo envio a destempo da *claim notice*"[60]. É, pois, essencial examinar as circunstâncias específicas do caso, para identificar se, e em que medida, está concretizado o suporte fático convencionado.

Há outros casos em que as partes pactuam um limite quantitativo para a pretensão exercida pelo terceiro em face da sociedade-alvo. Isto é, caso a contingência ultrapasse determinado montante, o descumprimento do procedimento de indenização impede a reparação devida à parte indenizada[61].

Finalmente, o terceiro grupo de casos é marcado pela estipulação de que o descumprimento do procedimento de indenização não ensejaria qualquer consequência negativa à parte indenizada. Tome-se a seguinte redação como exemplo:

> "A não entrega imediata da Notificação de Evento Indenizável dentro do prazo ora estabelecido *não será considerada como renúncia* da Parte Indenizável ao direito de pleitear indenização dos Vendedores em relação à Perda em questão e à obrigação dos Vendedores de indenizar"[62].

(Vendedores), Advance Medical Comércio e Importação de Equipamentos e Produtos Médicos do Brasil Ltda. (Compradora), Alka Tecnologia em Diagnósticos Comércio e Importação e Exportação de Produtos Ltda. e Kelly Marcelino Bezerra da Silva (Intervenientes-Anuentes), em 24 de dezembro de 2015. O documento se tornou público ao ser acostado aos autos de TJSP. 1ª Câmara Reservada de Direito Empresarial. Ap. Cív. 1048961-82.2019.8.26.0100. Relator Des. Azuma Nishi. J. em 10.03.2021 (fls. 52).

60 KULESZA, Gustavo Santos. Limitações contratuais à tutela do comprador de participações societárias. In: GUERREIRO, Luiz Fernando (Coord.). *M&A e Reestruturação de Empresas*. Estudos do Comitê de M&A e Reestruturação de Empresas da CAMARB. São Paulo: Quartier Latin, 2023, p. 249.

61 Cf., nesse sentido, texto de cláusula em que pactuado parâmetro objetivo, referente ao valor em disputa: "the failure of the Indemnified Party to timely send to the Indemnifying Party a Third Party Claim Notice in connection with a Third Party Claim, shall not cause such Third Party Claim not to be indemnifiable under Sections 13.1 and 13.2 of this Agreement, unless this failure by the Indemnified Party to send a Third Party Claim Notice relates to a judicial proceeding having a disputed amount greater than R$100,000.00 (one hundred thousand Reais), case in which the Indemnifying Party shall be released from its indemnity obligations hereunder pertaining to such Third Party Claim" (ICC 19276/CA/ASM, Docas Investimentos S/A e JVCO Participações Ltda. *v.* TIM Participações Ltda., TIM Brasil Serviços e Participações S/A e Intelig Telecomunicações Ltda. J. em 22.06.2016, § 45. O documento se tornou público ao ser acostado aos autos de STJ. HDE 1.816/FR. Relator Min. João Otávio de Noronha. J. em 01.04.2019 (fls. 186-323)).

62 Cláusula 6.4 do Contrato de compra e venda de ações celebrado entre Augusto Grando e Ivanilde Pistorello (Vendedores), Suprirt Participações Ltda. (Compradora), Supricel Participações Ltda., Rápido Transpaulo Ltda. e Transpaulo Logística Ltda. (Intervenientes-Anuentes), em 24 de abril de 2013. O documento se tornou público ao ser acostado aos autos de TJSP. 1ª Vara Empresarial e Conflitos de Arbitragem. Proc. 1123625-50.2020.8.26.0100. Juiz Dr. Eduardo Palma Pellegrinelli. J. em 27.02.2023 (fls. 146).

O primeiro e o terceiro grupos de casos não suscitam maiores dúvidas: no primeiro, as partes reconheceram que o descumprimento do ônus enseja a perda do direito; já no terceiro, atribuíram ao procedimento de indenização função meramente informativa. Nesta hipótese, o envio da notificação, pela parte indenizada à parte indenizadora, atua simplesmente como meio para dar notícia a respeito do surgimento do passivo, a sua ausência não ensejando a caducidade do direito à reparação.

A situação será mais delicada no segundo grupo de casos, devendo o intérprete apurar se foi preenchido o suporte fático da hipótese que deflagraria o efeito caducificante. Como ocorre no Direito dos Seguros, será preciso identificar se o descumprimento do procedimento de indenização impactou concretamente a adoção de medidas pela parte indenizadora, que justificassem a cessação do dever de indenizar.

Não se trata de tarefa simples. Ao interpretar a (in)observância do ônus, deve o intérprete buscar a intenção consubstanciada na declaração (art. 112 do Código Civil[63]), atentando aos cânones hermenêuticos (art. 113 e 114 do Código Civil[64]). Nesse âmbito, são especialmente relevantes o comportamento posterior das partes (art. 113, § 1º, I) e a interpretação estrita (art. 114). É fundamental considerar a função do envio das notificações, também sendo importante identificar se a notificação não foi enviada, ou se, apesar de enviada, foi insuficiente para satisfazer todos os requisitos arrolados no contrato. Exemplifique-se esses parâmetros com a análise de três sentenças arbitrais.

No processo arbitral CMA 633[65], os vendedores sustentavam o desatendimento aos requisitos contratuais, pois a notificação enviada pela compradora

---

63 *In verbis*: "Art. 112. Nas declarações de vontade se atenderá mais à intenção nelas consubstanciada do que ao sentido literal da linguagem".

64 *In verbis*: "Art. 113. Os negócios jurídicos devem ser interpretados conforme a boa-fé e os usos do lugar de sua celebração. § 1º A interpretação do negócio jurídico deve lhe atribuir o sentido que: I – for confirmado pelo comportamento das partes posterior à celebração do negócio; II – corresponder aos usos, costumes e práticas do mercado relativas ao tipo de negócio; III – corresponder à boa-fé; IV – for mais benéfico à parte que não redigiu o dispositivo, se identificável; e V – corresponder a qual seria a razoável negociação das partes sobre a questão discutida, inferida das demais disposições do negócio e da racionalidade econômica das partes, consideradas as informações disponíveis no momento de sua celebração § 2º As partes poderão livremente pactuar regras de interpretação, de preenchimento de lacunas e de integração dos negócios jurídicos diversas daquelas previstas em lei"; "Art. 114. Os negócios jurídicos benéficos e a renúncia interpretam-se estritamente".

65 CMA 633-20-JCA, Márcio Calfa Antonio e Ana Maria Clá Zambon Antonio *v.* Nacional Comercial Hospitalar S/A. J. em 08.09.2021. O documento se tornou público ao ser acostado aos autos de TJSP. 21ª Câmara de Direito Privado. Ap. Cív. 1033776-67.2020.8.26.0100. Relator Des. Fábio Podestá. J. em 27.02.2023 (fls. 1.025-1.033). A sentença examinou a notificação de ajuste de preço, sujeita aos mesmos cânones hermenêuticos dos procedimentos de indenização.

não teria sido acompanhada de memória de cálculo, e sim de "quadro-resumo". O Tribunal Arbitral, após concluir não haver qualquer irregularidade na notificação enviada, registrou que a perda do direito à reparação apenas ocorreria diante da *falta* de notificação, não abarcando o envio de notificação *insuficiente*. Como a eficácia caducificante estava relacionada ao "não envio da notificação [...] dentro do prazo estabelecido"[66], julgou-se ser necessária a adstrição à interpretação estrita[67].

De modo semelhante, na arbitragem CMA 437[68] discutia-se se a parte compradora, vítima do dano, poderia ser indenizada após ter enviado notificação ao vendedor, a respeito de Demanda Direta, sem indicar a quantificação da reparação devida. O Tribunal Arbitral decidiu que essa pontual divergência em relação ao procedimento fixado no contrato não afastaria o direito à reparação da adquirente, pois a finalidade da notificação consistiria em possibilitar o exercício do contraditório e da ampla defesa da parte indenizadora, sendo especialmente relevante em demandas de terceiros[69]. Assim, como a ausência de indicação precisa do montante da reparação de Demanda Direta não ensejaria prejuízo à parte indenizadora, decidiu-se que a falta de adstrição integral ao procedimento não impactaria a reparação devida ao comprador.

Outra interessante situação foi examinada no caso ICC 19276. A parte compradora sustentava ser desnecessário o envio de notificação sobre o

---

66 Cláusula 3.4.1 do Contrato, transcrita em CMA 633-20-JCA, Márcio Calfa Antonio e Ana Maria Clá Zambon Antonio *v.* Nacional Comercial Hospitalar S/A. J. em 08.09.2021, § 158.

67 CMA 633-20-JCA, Márcio Calfa Antonio e Ana Maria Clá Zambon Antonio *v.* Nacional Comercial Hospitalar S/A. J. em 08.09.2021, § 167 ("Por fim, o Tribunal não pode deixar de pontuar que, ainda que houvesse alguma falha na notificação de 2 de outubro de 2.019, a solução não passaria pela aplicação da parte final do disposto na cláusula 3.4.1 do Contrato. A renúncia ao direito de pleitear o Ajuste de Preço prevista nessa passagem limita-se à hipótese de não envio da notificação e, por força do disposto no art. 114 do Código Civil, não poderia ser ampliada para abarcar também o caso de [suposta] insuficiência da documentação de suporte, em especial quando os documentos que seriam necessários sequer estariam indicados no Contrato").

68 CMA 437, Adavium Medical Comércio e Importação de Equipamentos e Produtos Médicos do Brasil *et al. v.* Luiz Francisco de Bellis Mascaretti *et al.* J. em 27.04.2018. A sentença arbitral tornou-se pública pelo ajuizamento de TJSP. 1ª Câmara Reservada de Direito Empresarial. Ap. Cív. 1048961-82.2019.8.26.0100. Rel. Des. Azuma Nishi. J. em 10.03.2021.

69 CMA 437, Adavium Medical Comércio e Importação de Equipamentos e Produtos Médicos do Brasil *et al. v.* Luiz Francisco de Bellis Mascaretti *et al.* J. em 27.04.2018, § 75 ("A despeito de sua literalidade e das formalidades que estabelece, referida cláusula está imersa no animus de garantir a qualquer das partes contratantes a prerrogativa de poder ter ampla ciência e defender-se frente a situações em relação às quais, nos termos da avença e da matriz contratual de alocação de riscos, possa vis a ser responsabilizada patrimonialmente. Trata-se, em suma, de mecanismo para garantir à parte potencialmente atingida pelo evento o contraditório e a ampla defesa, o que se mostra especialmente relevante nas hipóteses em que ALKA fosse demandada diretamente por terceiros por circunstâncias que, contratualmente, seriam de responsabilidade dos REQUERIDOS").

ajuizamento de processos trabalhistas contra a sociedade-alvo, pois os vendedores, além de terem conhecimento das ações antes da data de fechamento, também eram litisconsortes passivos da sociedade-alvo nesses processos. O Tribunal Arbitral não acolheu essa tese. Como a notificação teria a finalidade de permitir o exercício do direito de defesa da parte indenizadora, decidiu-se que "essa oportunidade apenas poderia ser assegurada mediante o envio adequado de notificações"[70]. Considerou-se, ainda, ter a compradora enviado notificações sobre parte dos processos, "implicitamente reconhecendo a necessidade de adstrição ao procedimento"[71].

Essas situações ilustram cuidados a serem tomados pelo intérprete para aferir se houve, ou não, prejuízo à parte indenizadora, de modo a deflagrar a eficácia típica do ônus – qual seja, a *consequência adversa* a obstar a reparação da parte indenizada. O aspecto fundamental é, portanto, identificar a função concretamente atribuída ao procedimento: em alguns casos, meramente informativo; em outros, englobando a concessão da possibilidade de a parte indenizadora conduzir a defesa da sociedade-alvo. Deve-se, por isso, ter maior cuidado ao examinar a adstrição aos procedimentos de indenização para a reparação de danos relacionados a demandas de terceiros.

Resta, por fim, examinar a (i)licitude na pactuação de limites temporais associados aos procedimentos de indenização.

2.2. Limites temporais: prescrição, decadência ou termo extintivo?

Os limites temporais justapostos aos procedimentos de indenização ensejam o questionamento: é lícita a sua pactuação? A resposta exige, necessariamente, identificar a natureza jurídica do limite temporal em questão: trata-se de prazo de prescrição ou de decadência? Ou, então, configura-se termo extintivo?

O regime da prescrição apresenta relevantes distinções, a depender do sistema jurídico. Recente estudo de direito comparado indica haver Ordenamentos que (*i*) impedem aos figurantes do negócio jurídico a modificação de limites temporais; (*ii*) autorizam apenas a redução, mas não a extensão dos prazos; e, ainda, os que (*iii*) permitem a alteração dos limites temporais, quer

70 ICC 19276/CA/ASM, Docas Investimentos S/A e JVCO Participações Ltda. *v.* TIM Participações Ltda., TIM Brasil Serviços e Participações S/A e Intelig Telecomunicações Ltda. J. em 22.06.2016, § 383 (em tradução livre).

71 ICC 19276/CA/ASM, Docas Investimentos S/A e JVCO Participações Ltda. *v.* TIM Participações Ltda., TIM Brasil Serviços e Participações S/A e Intelig Telecomunicações Ltda. J. em 22.06.2016, § 386 (em tradução livre).

para reduzi-los, quer para majorá-los[72]. Modo geral, afirma-se que "jurisdições de *common law* são muito mais favoráveis" à possibilidade de convencionar os limites temporais[73].

O Direito brasileiro alinha-se ao primeiro grupo. O art. 192 do Código Civil determina que "os prazos de prescrição não podem ser alterados por acordo das partes". Trata-se de inovação em relação ao texto legal ab-rogado. Diante da inexistência de regra equivalente à hoje plasmada no art. 192, extraía-se da proibição à renúncia antecipada da prescrição (art. 161 do Código Civil de 1916) a inadmissibilidade de convencionar-se a majoração dos prazos prescricionais[74].

Quanto à redução dos prazos prescricionais, buscava-se indícios na tramitação do projeto que culminou no texto do Código Civil de 1916. Durante o processo legislativo, rejeitou-se emenda que reputava "lícito estipularem-se nos contractos meios que facilitem a realisação da prescripção e a diminuição dos prasos estabelecidos neste caso para ella"[75]. Esse elemento foi relevante para a consolidação de posicionamento doutrinário reputando inválida a estipulação de prazos prescricionais distintos dos previstos em Lei[76].

A promulgação do Código de 2002 "afastou, categoricamente, qualquer dúvida que ainda pudesse pairar sobre o tema"[77], tolhendo a validade

---

72 SCHWENZER, Ingerborg; MUÑOZ, Edgardo. *Global sales and contract law*. 2. ed. Oxford: Oxford University Press, 2022, § 51.16 e 51.17, p. 847.

73 SCHWENZER, Ingerborg; MUÑOZ, Edgardo. *Global sales and contract law*. 2. ed. Oxford: Oxford University Press, 2022, § 51.17, p. 847 (tradução livre).

74 CARVALHO SANTOS, José Manuel de. *Código Civil brasileiro interpretado*. Tomo III. 13. ed. Rio de Janeiro: Freitas Bastos, 1958, p. 377.

75 A emenda foi proposta por Oliveira Figueiredo na sessão de 05 de novembro de 1901 (BARROSO JR., Sabino (Coord.). *Projeto do Codigo Civil Brasileiro*. Trabalhos da Commissão Especial da Câmara dos Deputados. Vol. IV. Rio de Janeiro: Imprensa Nacional, 1902, p. 257), e rejeitada em 20 de novembro de 1901 (BARROSO JR., Sabino (Coord.). *Projeto do Codigo Civil Brasileiro*. Trabalhos da Commisão Especial da Câmara dos Deputados. Vol. V. Rio de Janeiro: Imprensa Nacional, 1902, p. 137). A doutrina atribui a inspiração da emenda proposta ao § 225 do *Bürgerliches Gesetzbuch*: VAMPRÉ, Spencer. *Código Civil Brasileiro*. São Paulo: Magalhães, 1917, p. 138; ESPÍNOLA, Eduardo. *Breves Annotações ao Código Civil Brasileiro*. Vol. I. Salvador: Duas Américas, 1918, p. 475; CARVALHO SANTOS, José Manuel de. *Código Civil brasileiro interpretado*. Tomo III. 13. ed. Rio de Janeiro: Freitas Bastos, 1958, p. 377.

76 *E.g.*, PONTES DE MIRANDA, Francisco Cavalcanti. *Tratado de Direito Privado*. Tomo VI. 4. ed. São Paulo: Revista dos Tribunais, 1983, § 664, p. 233-234. Registre-se que parcela da doutrina manteve o entendimento de que seria lícito convencionar a redução de prazos prescricionais (*e.g.*, CÂMARA LEAL, Antônio Luís da. *Da prescrição e da decadência*. 4. ed. Rio de Janeiro: Forense, 1982, § 42, p. 54-55; VIANNA, Aldyr Dias. *Da prescrição no Direito Civil brasileiro*. Rio de Janeiro: Forense, 1983, p. 56-57).

77 THEODORO JR., Humberto. *Prescrição e Decadência*. 2. ed. Rio de Janeiro: Forense, 2021, p. 74. Em sentido semelhante, vide CAHALI, Yussef Said. *Prescrição e decadência*. São Paulo: Revista dos Tribunais, 2008, p. 47; ALVES, Vilson Rodrigues. *Da prescrição e da decadência no Código Civil de*

de qualquer convenção que altere prazos de prescrição[78]. À luz dessa norma cogente, cujo conteúdo é inderrogável por ato de autonomia privada[79], seriam lícitos os limites temporais pactuados em contratos de aquisição de participação societária?

De um lado, há autores que sustentam ser importante a pactuação de limites temporais, pois a ausência de "disciplina específica no contrato" tornaria "a aplicação extremamente complicada, já que as partes teriam que, em primeiro lugar, identificar a natureza jurídica de cada declaração violada para tentar identificar qual o prazo prescricional legal para aquela matéria"[80].

De outro, o Tribunal de Justiça de São Paulo já declarou a invalidade de limite temporal pactuado em contrato de alienação de participações societárias[81]. Para tanto, considerou que a prescrição "tem por função a pacificação dos interesses e dos litígios", não podendo "as partes reduzi-lo [isto é, o prazo ordinário de prescrição] por força de cláusula negocial"[82]. O acórdão considerou, pois, que o prazo de subsistência das declarações e garantias implicava modulação do prazo prescricional.

Diverge-se dessas duas linhas de raciocínio. Como afirma Pontes de Miranda, "a inserção de pacto de caducidade dentro de certo prazo, menor que

---

2002. 4. ed. Campinas: Servanda, 2008, § 25, p. 539; Menke, Fabiano. Art. 192. In: Nanni, Giovanni Ettore (Coord.). *Comentários ao Código Civil*: Direito Privado Contemporâneo. 3. ed. São Paulo: Revista dos Tribunais, 2023, p. 278.

78 Registre-se, contudo, haver autores a considerar que o artigo 192 do Código Civil impediria apenas o alargamento do prazo prescricional ("[...] como os contratos, de uma maneira geral, são celebrados no interesse do credor, em nada violaria a segurança jurídica se este aceitasse que sua inércia pudesse ser castigada pela força da prescrição em lapso de tempo menor do que o previsto legalmente" (Almeida, Ricardo Marques de; Nicolau Junior, Mauro. Prescrição, cláusulas gerais e segurança jurídica: perspectivas hermenêuticas dos direitos fundamentais no Código Civil. In: Cianci, Mirna (Coord.). *Prescrição no Código Civil*. 3. ed. São Paulo: Saraiva, 2011, p. 488)).

79 Serpa Lopes, Miguel Maria de. *Curso de Direito Civil*. Vol. I. 2. ed. Rio de Janeiro: Freitas Bastos, 1957, p. 49, afirmando haver "cunho de necessidade inderrogável".

80 Mendes-Medeiros, Mariana. *Cláusulas de declarações e garantias nos contratos internacionais de aquisição de empresas ou ativos*. Dissertação de Mestrado apresentada à Faculdade de Direito da Universidade de São Paulo. Orientador Prof. Luiz Olavo Baptista. São Paulo, 2006, p. 201.

81 TJSP. 6ª Câmara de Direito Privado. Ap. Cív. 9132334-30.2009.8.26.0000. Rel. Des. Francisco Loureiro. J. em 24.05.2012. Como registrou a Sentença, "o prazo de 5 anos previsto na cláusula 8.5 do contrato refere-se ao lapso temporal para o surgimento das dívidas e não para a propositura da ação de cobrança. A essa conclusão se chega através de uma interpretação gramatical e teleológica da cláusula, bem como levando em consideração que as partes devem agir com boa-fé objetiva" (TJSP. 4ª Vara Cível do Fórum Central da Capital. Proc. 2008-101652-5. Juiz Dr. Paulo Jorge Scartezzini Guimarães. J. em 10.12.2008).

82 TJSP. 6ª Câmara de Direito Privado. Ap. Cív. 9132334-30.2009.8.26.0000. Rel. Des. Francisco Loureiro. J. em 24.05.2012, fls. 7-8 do acórdão.

o prescricional, pode não ser abreviação da prescrição"[83]. A correta compreensão da licitude do prazo convencionado exige identificar a sua natureza jurídica.

O instituto da decadência está necessariamente atrelado à extinção de direitos formativos (potestativos[84])[85]. Diferentemente de outros Ordenamentos, como o Português, em que a aplicação do regime da decadência/caducidade é determinada por exclusão (isto é, quando a Lei não referir expressamente tratar-se de prescrição, trata-se de decadência[86]), o Código Civil de 2002 especificou a sua incidência aos direitos formativos, como esclarecem os trabalhos preparatórios:

> "Com efeito, ocorre a decadência quando um *direito potestativo* não é exercido, extrajudicial ou judicialmente [...], dentro do prazo para exercê-lo, o que provoca a decadência esse direito potestativo. Ora, os direitos potestativos são direitos sem pretensão, pois são insusceptíveis de violação, já que a eles não se opõe um dever de quem quer que seja, mas uma sujeição de alguém [...]"[87].

83 PONTES DE MIRANDA, Francisco Cavalcanti. *Tratado de Direito Privado.* Tomo VI. 4. ed. São Paulo: Revista dos Tribunais, 1983, § 664, 1, p. 110.

84 Na doutrina brasileira, percebe-se haver divergência sobre a nomenclatura a ser adotada. Pontes de Miranda refere-se ao "direito formativo", apontando à sinonímia com "direito de configuração ou constitutivo" (PONTES DE MIRANDA, Francisco Cavalcanti. *Tratado de Direito Privado.* Tomo V. 3. ed. São Paulo: Revista dos Tribunais, 1983, § 583, 1, p. 305-306). Já Francisco Paulo De Crescenzo Marino adota a terminologia "direito potestativo", daí derivando as espécies conforme a eficácia, quais sejam, direitos potestativos constitutivos (geradores), modificativos e extintivos (MARINO, Francisco Paulo De Crescenzo. *Revisão contratual*: onerosidade excessiva e modificação contratual equitativa. São Paulo: Almedina, 2020, § 17.1 e 17.2, p. 111 e 114).

85 AMORIM FILHO, Agnelo. Critério científico para distinguir a prescrição da decadência e para identificar as ações imprescritíveis. *Revista dos Tribunais*, vol. 744, out./1997, p. 738. Vide, ainda, LEONARDO, Rodrigo Xavier. A prescrição e a decadência no Direito Societário brasileiro. In: KUYVEN, Luiz Fernando Martins (Coord.). *Temas essenciais de direito empresarial*: estudos em homenagem a Modesto Carvalhosa. São Paulo: Saraiva, 2012, p. 1.047.

86 Código Civil Português, art. 298.º, *in verbis*: "(Prescrição, caducidade e não uso do direito) 1. Estão sujeitos a prescrição, pelo seu não exercício durante o lapso de tempo estabelecido na lei, os direitos que não sejam indisponíveis ou que a lei não declare isentos de prescrição. 2. Quando, por força da lei ou por vontade das partes, um direito deva ser exercido dentro de certo prazo, são aplicáveis as regras da caducidade, a menos que a lei se refira expressamente à prescrição". A doutrina portuguesa qualifica o prazo de subsistência das declarações e garantias como prazo de decadência convencional (RUSSO, Fábio Castro. Das cláusulas de garantia nos contratos de compra e venda de participações sociais de controlo. *Direito das Sociedades em Revista*, ano 2, vol. 4, set./2010, p. 131-132).

87 Cf. trecho do Parecer da Comissão Revisora do Projeto apresentado à Câmara dos Deputados, transcrito por MOREIRA ALVES, José Carlos. *A parte geral do Projeto de Código Civil Brasileiro*: subsídios históricos para o novo Código Civil Brasileiro. 2. ed. São Paulo: Saraiva, 2003, p. 161. Em outras passagens, a Comissão Revisora registrou que a decadência implica a "extinção de direitos potestativos, ou, como preferem outros, seguindo a nomenclatura germânica, direitos formativos" (p. 141 e 164).

"A decadência *só se aplica a direitos potestativos*, que são direitos sem pretensão e, portanto, insusceptíveis e violação"[88].

Os direitos formativos consubstanciam o poder de influir na esfera jurídica de outrem[89], o qual "nada deve fazer, mas nem por isso pode esquivar-se àquele efeito, permanecendo sujeito à sua produção"[90]. Isto é: a criação, modificação ou extinção da relação jurídica depende exclusivamente de ato unilateral do titular do direito formativo[91].

Já a prescrição configura exceção de direito material[92], em cujo núcleo está a noção de *pretensão* (art. 189 do Código Civil), compreendida como possibilidade de exigir[93]. Isto é, a prescrição incide sobre a pretensão, que decorre da violação de *direito subjetivo*[94].

Apreendidas essas noções, retoma-se o exame das duas espécies de limites temporais convencionados em contratos de alienação de participações societárias: (*i*) o prazo de subsistência das declarações e garantias; e (*ii*) o prazo de execução da garantia.

O prazo de subsistência das declarações e garantias não atribui direito formativo aos figurantes do negócio jurídico, nem pune a inércia no exercício de pretensão. Por isso, entende-se que a qualificação mais acurada seria a do termo resolutivo (ou extintivo[95]) à obrigação de garantia, certas vezes referida

---

88 Como relatado por MOREIRA ALVES, José Carlos. *A parte geral do Projeto de Código Civil Brasileiro*: subsídios históricos para o novo Código Civil Brasileiro. 2. ed. São Paulo: Saraiva, 2003, p. 163. Destacou-se.

89 VON TUHR, Andreas. *Tratado de las obligaciones*. Trad. espanhola de Wenceslao Roces. Tomo I. Madrid: Reus, 1934, p. 14-15; HAICAL, Gustavo. Apontamentos sobre o Direito Formativo Extintivo de Denúncia no Contrato de Agência. In: MARTINS-COSTA, Judith (Org.). *Modelos de Direito Privado*. São Paulo: Marcial Pons, 2014, p. 299-300; LIMONGI FRANÇA, Rubens *et al.* Direito Potestativo. In: LIMONGI FRANÇA, Rubens (Coord.). *Enciclopédia Saraiva do Direito*. Vol. XXVII. São Paulo: Saraiva, 1977, p. 505.

90 CHIOVENDA, Giuseppe. *Instituições de Direito Processual Civil*. Vol. I. 2. ed. Trad. de J. Guimarães Menegale. São Paulo: Saraiva, 1965, p. 15.

91 COUTO E SILVA, Almiro do. Atos Jurídicos de Direito Administrativo Praticados por Particulares e Direitos Formativos. In: COUTO E SILVA, Almiro do. *Conceitos Fundamentais do Direito no Estado Constitucional*. São Paulo: Malheiros, 2015, p. 137; PULEO, Salvatore. *I diritti potestativi*: individuazione delle fattispecie. Milano: Giuffrè, 1959, p. 1.

92 PONTES DE MIRANDA, Francisco Cavalcanti. *Tratado de Direito Privado*. Tomo VI. 4. ed. São Paulo: Revista dos Tribunais, 1983, § 662, 2, p. 100.

93 FONTES, André. *A pretensão como situação jurídica subjetiva*. Belo Horizonte: Del Rey, 2002, p. 21.

94 Esse aspecto foi recentemente examinado em SCALCO, Gabriela Barcellos; PASQUALOTTO, Victória Franco. O decurso do tempo no Direito Privado: prescrição e decadência. In: ODY, Lisiane Feiten Wingert. *Direito comparado Alemanha-Brasil*. Vol. II. Porto Alegre: UFRGS, 2022, p. 199-203.

95 A sinonímia é destacada, *e.g.*, por ESPÍNOLA, Eduardo. *Systema do Direito Civil Brasileiro*. Vol. I. Bahia: Reis & Co., 1908, p. 501.

pela elipse "prazo de garantia"[96]. O atingimento do termo implica a cessação, *ex nunc*, da eficácia da obrigação[97]. Trata-se de figura que resulta, em fins práticos, no mesmo efeito caducificante da decadência[98], mas com fundamento legal nos artigos 128, 1ª parte, e 135 do Código Civil[99].

Por essas razões, a natureza jurídica do prazo de subsistência das declarações e garantias afasta a incidência da norma imperativa contida no art. 192 do Código Civil. Não se está a tratar de prazo prescricional, cuja modulação é vedada pela Lei.

Em relação ao prazo de execução da garantia, relevantes autores afirmam que, se as partes convencionarem que o descumprimento do prazo enseja a perda do direito à reparação, haveria prazo decadencial[100]. No entanto, como a

---

96 Nesse sentido, Grezzana, Giacomo. *A cláusula de declarações e garantias em alienação de participação societária*. São Paulo: Quartier Latin, 2019, p. 191. Na doutrina italiana, vide Tina, Andrea. *Il contratto di acquisizione di partecipazioni societarie*. Milano: Giuffrè, 2007, p. 497.

97 José Gabriel Pinto Coelho destaca que "o termo não opera retroactivamente. No termo resolutivo, a resolução dá-se *ex nunc*, ao contrario [*sic*] do que succede com a condição resolutiva, em que a resolução é *ex tunc*, passando-se tudo, quando se verifica a condição, como se o negocio [*sic*] não tivesse sido realizado" (Pinto Coelho, José Gabriel. *Das clausulas acessórias dos negocios jurídicos*. Vol. II. Coimbra: Imprensa da Universidade, 1910, p. 51). O art. 128, 2ª parte, do Código Civil permite a manutenção dos efeitos de atos já praticados, em se tratando de negócio de execução continuada ou periódica, "desde que compatíveis com a natureza da condição pendente e conforme os ditames de boa-fé".

98 "Dá-se caducidade quando algum direito, pretensão, ação, ou exceção, *cai*" (Pontes de Miranda, Francisco Cavalcanti. *Tratado de Direito Privado*. Tomo II. Rio de Janeiro: Borsoi, 1954, § 168, 1, p. 216).

99 *In verbis*: "Art. 128. Sobrevindo a condição resolutiva, extingue-se, para todos os efeitos, o direito a que ela se opõe; mas, se aposta a um negócio de execução continuada ou periódica, a sua realização, salvo disposição em contrário, não tem eficácia quanto aos atos já praticados, desde que compatíveis com a natureza da condição pendente e conforme aos ditames de boa-fé"; "Art. 135. Ao termo inicial e final aplicam-se, no que couber, as disposições relativas à condição suspensiva e resolutiva".

100 Grezzana, Giacomo. *A cláusula de declarações e garantias em alienação de participação societária*. São Paulo: Quartier Latin, 2019, p. 193; Kulesza, Gustavo Santos. Limitações contratuais à tutela do comprador de participações societárias. In: Guerreiro, Luiz Fernando (Coord.). *M&A e Reestruturação de Empresas*. Estudos do Comitê de M&A e Reestruturação de Empresas da CAMARB. São Paulo: Quartier Latin, 2023, p. 248; Dias, Cristiano Cardoso; Jordão, Nathalia do Couto Rosa. Natureza Jurídica do prazo de garantia previsto nas cláusulas de declarações e garantias de contratos de alienação de participação societária. In: Guerreiro, Luiz Fernando (Coord.). *M&A e Reestruturação de Empresas*. Estudos do Comitê de M&A e Reestruturação de Empresas da CAMARB. São Paulo: Quartier Latin, 2023, p. 292. No Direito italiano, vide Tina, Andrea. *Il contratto di acquisizione di partecipazioni societarie*. Milano: Giuffrè, 2007, p. 498; Erede, Sergio. I contenuti tipici dei contratti di compravendita internazionale di partecipazioni societarie: *representations, indemnities, legal opinions*. In: Draetta, Ugo (Coord.). *Compravendite internazionali di partecipazioni societarie*. Milano: EGEA, 1990, p. 61.

decadência está exclusivamente relacionada aos direitos formativos, a qualificação não seria adequada.

Como destacado na seção 1.2., *supra*, são distintas as formas pelas quais os contratantes podem sujeitar o direito subjetivo de crédito ao limite temporal. A pactuação de termo resolutivo, por exemplo, não afeta a fluência do prazo prescricional. Não se trata de modulação do prazo estipulado em Lei, pois o marco temporal não se relaciona com a pretensão, e sim com a existência do próprio direito subjetivo. Por isso, afirma-se "nada obstar que as partes sujeitem o próprio direito subjetivo a prazo"[101].

Logo, a norma cogente contida no art. 192 do Código Civil não tolhe a validade dos prazos de subsistência de declarações e garantias, nem mesmo dos prazos de execução da garantia.

CONCLUSÕES

A complexidade inerente às operações de aquisição de participações societárias exige do intérprete plena atenção ao conteúdo do negócio jurídico, bem como do Direito aplicável. Na atividade de acomodação, ao Direito brasileiro, do "passo-a-passo" a ser observado entre a descoberta de um fato potencialmente causador de dano indenizável e a sua reparação, a primeira etapa do raciocínio consiste em compreender as funções que os contratantes pretenderam atribuir. É, pois, relevante identificar as distinções que marcam a reparação de demandas diretas e demandas de terceiros, bem como os prazos de execução da garantia e os prazos de subsistência das declarações e garantias.

Apreendidas essas noções sob o prisma negocial, deve-se aferir a sua validade e eficácia. Com efeito, entende-se que os limites temporais examinados não afrontam a norma imperativa contida no art. 192 do Código Civil. Ao convencionarem termos extintivos, os contratantes atuam no campo de livre conformação do conteúdo do negócio jurídico, devendo ser respeitada a solução decorrente da autonomia privada.

---

101 CORREIA, Atalá. *Prescrição*: entre passado e futuro. São Paulo: Almedina, 2021, p. 189. Para Pontes de Miranda, embora fosse vedada a diminuição de prazos prescricionais, poderiam os figurantes do negócio jurídico "alcançar os mesmos práticos, sem inconvenientes", com a sujeição do direito subjetivo a termo ou condição resolutiva (PONTES DE MIRANDA, Francisco Cavalcanti. *Tratado de Direito Privado*. Tomo VI. 4. ed. São Paulo: Revista dos Tribunais, 1983, § 698, 2, p. 447-448). Em sentido contrário, afirmando que essa solução permitiria "cortar a serventia da proibição", veja-se NEVES, Julio Gonzaga Andrade. *A prescrição no Direito Civil Brasileiro*: natureza jurídica e eficácia. Tese de Doutorado apresentada à Faculdade de Direito da Universidade de São Paulo. Orientador Prof. Cristiano de Sousa Zanetti. São Paulo, 2019, p. 195.

Ademais, os procedimentos de indenização podem configurar etapas necessárias para a reparação do dano. A sua natureza jurídica de ônus indica ser necessária a adoção do comportamento esperado, sob pena de incidência de consequências adversas. Os aspectos mais sensíveis ocorrerão quando o contrato de alienação da participação societária indicar que a perda do direito à reparação ocorrerá apenas quando o descumprimento do procedimento ensejar prejuízo à parte indenizadora. Nessa hipótese, será mais árdua a tarefa do julgador para definir se há, ou não, eficácia caducificante, devendo atentar aos cânones hermenêuticos para extrair o sentido atribuído pelos contratantes.

77. CLÁUSULA DE RENÚNCIA DO CÔNJUGE À CONCORRÊNCIA SUCESSÓRIA

Priscila M. P. Corrêa da Fonseca

1. INTRODUÇÃO

O Código Civil, no artigo 1829, deferiu a concorrência sucessória ao cônjuge. Por consequência, todos aqueles casados sob o regime da comunhão parcial, como também aqueles consorciados sob a égide do regime da separação de bens passaram a concorrer com os descendentes – e, na falta destes, com os ascendentes –, à herança deixada por aquele que, em primeiro lugar, vier a falecer.

Rompendo, desse modo, com a tradição de nosso direito e chocando frontalmente com as regras que permitem aos nubentes optar pelo regime de bens que melhor lhes aprouver, entre eles o da separação total de bens, o Código Civil outorgou ao cônjuge ou companheiro sobrevivente do consórcio presidido pelo regime da separação total a condição de herdeiro concorrente com os descendentes do consorte falecido.

Ou seja, muito embora pelo regime da separação convencional não se comuniquem os bens pertencentes a cada um dos consortes, mantendo-se eles, durante o matrimônio ou união estável, sob a exclusiva administração e livre disposição de cada um deles, o Código Civil conferiu ao cônjuge ou companheiro sobrevivente do relacionamento celebrado sob tal regime a condição de herdeiro em concorrência com os descendentes do falecido.

Tudo sob o pálio de não relegar aquele que já se achava desprovido de meação à míngua. Ora, ainda que o argumento pudesse prevalecer – o que não ocorre porque o mesmo e idêntico direito foi conferido ao cônjuge casado sob o regime da comunhão parcial que, como cediço, sempre teve como seu direito a meação dos bens adquiridos onerosamente na constância da união -, o certo é que, ao assim estatuir, eliminou o Código Civil a única possibilidade de – por livre escolha – lograrem os consortes fazer reger a união por um regime de plena e total incomunicabilidade. Com a superveniência da regra do art. 1.829, I, do Código Civil, deixou o direito brasileiro de contemplar um único regime que pudesse ser alcunhado de plena e total separação de bens. Aquele atualmente regulado pelo art. 1.687, do Código Civil é de separação de bens em vida, de nada valendo, *post mortem*, a vontade externada em pacto.

Ora, se os nubentes subscrevem o pacto almejando sacramentar o regime de absoluta separação de bens, permitir a quebra dessa manifestação de vontade após a morte de quem a externou significa, por óbvio, vilipendiá-la.

Não obstante, a observância literal, estrita e cega da norma do art. 1.829, I, do Código Civil, reina absoluta em nossa jurisprudência.

É bem verdade que, no ano de 2009, ou seja, após quase oito anos do início da vigência do Código Civil, o Superior Tribunal de Justiça fez proclamar, por duas vezes, que admitir que o consorte unido ao falecido sob o regime da separação convencional de bens se tornasse herdeiro, significaria '*clara antinomia entre os artigos 1.829, I, e 1.687 do CC/02, o que geraria uma quebra da unidade sistemática da lei codificada e provocaria a morte do regime de separação de bens. Por isso, deve prevalecer a interpretação que conjuga e torna complementares os citados dispositivos. No processo analisado [...] a ampla liberdade advinda da possibilidade de pactuação quanto ao regime matrimonial de bens, prevista pelo direito patrimonial da família, não pode ser toldada pela imposição fleumática do direito das sucessões porque o fenômeno sucessório 'traduz a continuação da personalidade do morto pela projeção jurídica dos arranjos patrimoniais feitos em vida'*.[1]

---

1 . STJ, REsp 992749, 3ª Turma, rel. Min. NANCY ANDRIGHI, j. 01.12.2009. "[...] *No regime de separação convencional de bens, o cônjuge sobrevivente concorre com os descendentes do falecido, sendo apenas afastada a concorrência quanto ao regime de separação legal de bens previsto no art. 1.641, do Código Civil [...]" (STJ, REsp 1.830.753-RJ, 3ª Turma, rel. Min. Paulo de Tarso Sanseverino, j. 03.12.2019); "O convivente sobrevivente vinculado ao regime de separação convencional de bens, diferentemente do regramento correlato à separação obrigatória, ostenta a condição de herdeiro necessário e concorre com os descendentes do falecido, a teor do que dispõe o art. 1.829, I, do CC/2002. Precedentes do E. Superior Tribunal de Justiça. Determinação de confecção de novo plano de partilha, com a inclusão da agravante na qualidade de herdeira concorrente dos bens adquiridos após a firma do contrato de convivência. Os bens adquiridos anteriormente deverão ser considerados objeto de meação, inclusive para fins tributários, ante a impossibilidade de concessão de efeitos*

Posteriormente, todavia, essa orientação acabou não prevalecendo até mesmo dentro do próprio Superior Tribunal de Justiça. Efetivamente, não foram poucos os arestos que voltaram a se filiar à literalidade do art. 1.829, I, da Lei Civil, outorgando àquele que teve o relacionamento presidido pelo regime da separação total a condição de herdeiro em concurso com os descendentes do autor da herança. Tais decisões se arrimavam em fundamentos diversos: (a) o art. 1.829, I, do Código Civil, assegura proteção ao viúvo, observando, nesse passo, o princípio constitucional da dignidade da pessoa humana; (b) o art. 1.829, I, apenas exclui da sucessão hereditária os cônjuges ou companheiro unidos sob o regime da separação obrigatória e como se trata de norma restritiva de direito, não se admite interpretação ampliativa; (c) o regime de bens é destinado a vigorar durante o relacionamento e, com o termo deste, encontra ele também o seu termo final, não podendo, destarte, surtir efeitos *post mortem*.[2]

Por outro lado, é consabido que com a declaração de inconstitucionalidade do art. 1790 do Código Civil, os cônjuges e os companheiros foram equiparados no que tange aos direitos de natureza sucessória. Assim, tal como os cônjuges, os conviventes também concorrem, juntamente com os descendentes e, na falta destes, com os ascendentes, ao acervo hereditário deixado pelo companheiro falecido.

Ou seja, a partir da entrada em vigor da Lei Civil de 2002, a morte de um dos cônjuges ou companheiros unidos sob os regimes da comunhão parcial de bens ou da separação total, passou a trazer como inarredável consequência o direito à concorrência sucessória em favor do supérstite.

A concessão desse direito, é forçoso convir, nem sempre é bem-vinda e principalmente para os nubentes que tiveram o cuidado de pactuar, ao início da relação, um regime que assegurasse total e completa independência patrimonial. É que se a eles parecia evidente que o regime adotado garantiria absoluta incomunicabilidade em vida, com maior razão essa certeza prevaleceria após a morte.

E a situação afigura mais preocupante para aqueles titulares de participações em sociedades familiares fechadas ou mesmo em condomínios mantidos com parentes. É que o ingresso de terceiro estranho ao núcleo familiar, seja na pessoa jurídica, seja no condomínio, até então dotados de contornos

retroativos ao pacto correspondente ao regime patrimonial de regência da união estável" (TJSP, AI 2060912-65.2019.8.26.0000, 2ª Câm. Dir. Privado. Rel. Des. ROSANGELA TELLES, j. 28.11.2019).

2 . STJ, REsp 1830753/RJ, 3ª Turma, rel. Min. PAULO DE TARSO SANSEVERINO, j. 03.12.2019; STJ, AgInt nos EDcl nos EDcl nos EDcl no REsp 1.318.249/GO, 4ª Turma, rel. Min. LUÍS FELIPE SALOMÃO, j. 24.09.2019; STJ, AREsp 1.451.172/SP, 3ª Turma, rel. Min. MARCO AURÉLIO BELLIZZE, j. 02.04.2019; STJ, REsp 1.622.459/MT, 4ª Turma, rel. Min. RAUL ARAÚJO, j. 19.08.2019; STJ, AREsp 640.912/DF, 4ª Turma, rel. Min. MARIA ISABEL GALLOTTI, j. 22.04.2019.

domésticos, poderá ter o condão de desnaturar essa característica dada a possibilidade de que, com a entrada de um membro alheio ao âmago familiar, outros que lhe venham a suceder também neles tenham franqueada a participação.

E sequer se afirme que, no que tange à pessoa jurídica, essa possibilidade poderia ser obstada pela inclusão, no contrato social ou nos estatutos, de cláusula que viesse a vedar a integração de terceiros aos quadros sociais. Na verdade tal disposição pode se revelar de pouca valia quando se pondera que nem sempre o caixa da sociedade dispõe de recursos para reembolsar, ao beneficiário da repudiada participação societária, o valor dos haveres a que faria jus.

Por outro lado, sustenta-se que o direito à concorrência sucessória do cônjuge ou companheiro supérstite poderia ser contornado com a outorga, a ele, por testamento, de bens outros sobre os quais não haveria a coparticipação de familiares. Mas nem sempre assim é possível, especialmente quando, dentre os bens que compõem o acervo inventariado, não se inserem outros tantos suficientes para compensar aqueles sobre os quais a participação do viúvo se afigura indesejada.

Em suma, a partir de 2002, o regime de completa e total separação de bens, tal como pactuado, deixou de ser absoluto. Se afasta, de um lado, a comunicabilidade dos bens na partilha decorrente de um divórcio ou de uma dissolução de união estável, por outro, não tem o condão de arredar, da herança dos descendentes ou dos ascendentes, a concorrência do cônjuge viúvo ou companheiro supérstite.

O inconformismo gerado pela concessão da concorrência sucessória ao cônjuge e ao companheiro cuja união tenha sido pautada pelo regime da total separação de bens, passados já quase 20 anos da vigência do Código Civil, ainda hoje repercute.[3]

---

3 '*Nessa situação, ao tomarem conhecimento da condição de herdeiro de seu futuro cônjuge ou companheiro, as pessoas ficam indignadas, eis que se sentem impossibilitadas de decidir, de forma ampla, sobre como serão as regras patrimoniais do seu relacionamento, principalmente por não terem o direito de estabelecer, de comum acordo, que, além da não comunicação patrimonial, também não querem, por ocasião de sua morte, que seu patrimônio seja dividido com seu novo cônjuge, prejudicando, assim, a herança de seus filhos. Na lida diária do cartório, inúmeras são as queixas, pois a grande maioria das pessoas não consegue aceitar e nem entender essa limitação imposta pelo nosso ordenamento jurídico. A coisa complica ainda mais quando as partes só descobrem o direito à herança do cônjuge ou companheiro após terem se casado, ou, pior ainda, só depois que um dos cônjuges morre. Muitas pessoas não têm assessoramento jurídico de um advogado, simplesmente escolhem o regime da separação total, e, ao se dirigirem a um Oficial de Registro Civil, são informadas que, para esse regime, é necessário fazer um pacto antenupcial em Tabelionato de Notas. E assim o fazem, sem imaginar que, em caso de falecimento de um dos cônjuges, o outro será herdeiro.*' (Carolina Edith Mosmann dos Santos e João Francisco Massoneto jr, '*Análise Propositiva sobre a Renúncia da Herança em Pacto Antenupcial*' *in* Revista Nacional de Direito de Família e Sucessões, no. 43, jul/ago, 2021, p. 136). Nesse sentido também é a indignação externada por

Passaram a ser frequentes as escrituras, os pactos antenupciais e/ou contratos de convivência que contemplam a renúncia a essa infortunada concorrência. Mas tais disposições ainda não receberam a chancela do Poder Judiciário e encontram, por igual, resistência por parte de alguns tabelionatos que se recusam a lavrar esses instrumentos sob a alegação de que tais estipulações teriam a natureza de pacto sucessório e seriam nulas por afronta ao art. 426 do Código Civil.

2. O PACTO SUCESSÓRIO.

Entende-se por pacto sucessório todo e qualquer contrato que tenha por objeto herança de pessoa viva. Por fundamentos de ordem moral, mas principalmente em atenção à segurança da pessoa cujo acervo patrimonial possa ser transacionado em vida, o ordenamento pátrio proíbe a realização de avença que tenha por objeto a herança de pessoa vida, ou seja, o denominado pacto sucessório. É o que textualmente estabelece o artigo 426 do Código Civil.

A origem dos motivos que inspiraram tal vedação, não são novas. A 'Parábola do Filho Pródigo' (Livro de Lucas 15:11-32) já trazia consigo o fundamento moral que inspirou a proibição do denominado *pacta corvina*. Negociar a herança de alguém em vida significa assumir posição semelhante ao do corvo que fica sobrevoando o animal agonizante cuja carne servirá para ele de alimento. O herdeiro ou terceiro beneficiado pelo pacto sucessório seria assim equiparado ao corvo: enquanto aquele fica à espreita da carniça, o herdeiro ficaria aspirando a morte do autor da herança para dela, o quanto antes, se beneficiar.

Aliás, não são poucos os homicídios planejados e executados com um único e exclusivo propósito: o recebimento desde logo da herança. Não seria demais rememorar aqui o assassinato dos pais por Suzane von Richthofen, – presa até os dias de hoje – e que bem traduz a preocupação do legislador com os pactos sucessórios e a razão pela qual o levou a bani-los da legislação civil.

DANIEL BUCAR: '*Não obstante a inovação trazida pelo legislador de 2002, fundamentada, sobretudo, na solidariedade familiar, não se pode deixar de registrar as críticas e perplexidades trazidas por famílias recompostas aos escritórios de advocacia, que bem concretiza a problemática: o crescente número de pessoas divorciadas, com filhos advindos da relação anterior, que apresentam sustento e patrimônio próprios, que casam ou estabelecem união estável, mas que desejam evitar comunhão ou condomínios potencializadores de conflitos em suas sucessões. Em outras palavras, não desejam ser herdeiros um do outro, embora também sofram limitações com a proibição dos testamentos conjuntivos (art. 1863, CC).* (*Pactos Sucessórios: Possibilidades e Instrumentalização,* 'In' *Contratos, Família e Sucessões* – coords. Ana Carolina Brochado Teixeira e Renata de Lima Rodrigues. Indaiatuba: Foco, 2020, p. 288).

Mas a verdade é que assim nem sempre foi como, por igual, não são todas as legislações que coíbem a celebração de tais contratos.

No Direito Romano o impedimento à efetivação de tais ajustes não era absoluto. A constituição de Justiniano -*De Quaestione* – admitia a validade da renúncia à herança desde que contasse o ato com a aquiescência do titular da sucessão. É que se entendia que uma vez obtida essa anuência, deixaria a avença de representar ameaça à vida do autor da herança.[4]

No período renascentista as normas constantes da codificação justinianea *Da Quaestione* passaram a se estender a todas as modalidades de pactos sucessórios e não apenas àqueles que visassem a mera abdicação da herança.

Coube as romanistas dos séculos XII e XIII a classificação dos pactos sucessórios em três categorias distintas:

a) pactos aquisitivos ou *'de succedendo'*: correspondem às modalidades que congregam a instituição de herdeiros a título universal ou singular, como aquelas feitas em testamento.
b) pactos renunciativos ou de *'non succedendo'*: são aqueles pelos quais um dos contratantes renuncia à sucessão de outro. Podem ser feitas com ou sem a indicação da pessoa do beneficiário, mas necessariamente devem contar com a aprovação daquele cuja herança se trata. Não eram incluídos nessa categoria aqueles atos de renúncia que não contassem com a intervenção de um beneficiário uma vez que eram considerados atos unilaterais e essencialmente revogáveis.
c) pactos *'de hereditate tertius'*: são aqueles em que a renúncia à herança se dá independentemente da concordância do titular da herança.[5]

Como se pode constatar, nas ordenações antigas a renúncia à herança – quer como ato unilateral, quer como contrato que contasse com a participação do beneficiário e daquele cuja sucessão é objeto do pacto –, sempre foi admitida.

Muito embora até o advento do Código Civil de 1867 o direito lusitano acatasse os pactos renunciativos sempre que chancelados por juramento,[6] essa possibilidade, por influência da legislação francesa, veio a ser sepultada por aquela codificação[7]. Foi tão somente com a superveniência da Lei 48 de 14

---

4 Rafael Cândido da Silva, *Pactos Sucessórios e Contratos de Herança*, Salvador: Jus Podium, 2019, p. 34.

5 Guilherme Braga da Cruz, *'Os Pactos Sucessórios na História do Direito Português' Os pactos sucessórios na história do direito português, 'In' Revista da Faculdade de Direito da Universidade de São Paulo, São Paulo, v. 60, 1965, p. 104 e segs.* (Conferência proferida na Faculdade de Direito da Universidade de São Paulo em 18 de agosto de 1964).

6 Rafael Cândido da Silva, *Pactos Sucessórios e Contratos de Herança*, Salvador: Jus Podium, 2019, p. 3.

7 Ainda antes da entrada em vigor do atual Código Civil, Guilherme Braga da Cruz, em conferência proferida na Faculdade de Direito da Universidade de São Paulo em 1964, em face da posição

de agosto de 2018 que o ordenamento lusitano passou a admitir, sempre que o regime fosse o da separação de bens (em quaisquer de suas modalidades), que a renúncia à condição de herdeiro pudesse ser formalizada em convenções antenupciais.

No Brasil, Teixeira de Freitas, na sua Consolidação das Leis Civis de 1858, malgrado tivesse feito prever no art. 352 que *"(a) as heranças de pessoas vivas não podem sêr igualmente objecto de contracto"*, fazia estabelecer no art. 353 que *"(s)ão nulos todos os pactos sucessórios, para suceder, ou não succedêr, ou sejam entre aquelles, que esperão sêr herdeiros; ou com a propria pessoa, de cuja herança se trata"*, ressalvou no art. 354 que *"(n)ão é aplicável a disposição do Art. antecedente aos pactos e condições em contractos matrimoniaes sobre a sucessão reciproca dos esposos."*

No entanto, o projeto primitivo do Código Civil de 1916 limitou-se a estabelecer que não seriam válidas as convenções antenupciais que alterassem 'a ordem legal das sucessões'. O dispositivo foi suprimido por ocasião dos diversos trâmites junto ao Congresso Nacional, sem qualquer justificativa.

O Código Civil de 1916, não obstante cominasse de nulidade os pactos sucessórios (art.1089), relativamente às convenções antenupciais ateve-se a dedicar à matéria dois artigos, apenas estatuindo que seria *'licito aos nubentes, antes de celebrado o casamento, estipular, quanto aos seus bens, o que lhes aprouver'* (art. 256), bem como que se teria *'por não escripta a convenção ou a clausula: I. Que prejudique os direitos dos conjugaes, ou os paternos. II. Que contravenha disposição absoluta da lei'.* (art. 257).

Diante dos vagos termos dos artigos 256 e 257, remanescia a dúvida acerca da possibilidade de os nubentes fazerem regular a sua sucessão no pacto antenupcial, muito embora, segundo Clóvis Beviláqua, *'A maior parte dos escriptores inclinava-se para a affirmativa'.* [8]

Partilhava também aquele jurista desse posicionamento, afirmando que *'...apezar de não permitir o Código Civil os pactos sucessórios, nem os testamentos conjunctivos, nas convenções antenupciais, é lícito aos cônjuges estabelecer clausulas relativamente à sua sucessão. Taes clausulas, porém, não poderão prejudicar os herdeiros necessários, nem a mutabilidade essencial das disposições causa mortis.'* [9]

---

da doutrina portuguesa amplamente favorável à regulamentação dos pactos sucessórios, fazia externar o anseio de que a nova codificação viesse a *'alargar de novo a admissibilidade dos pactos sobre sucessão futura, embora dentro do campo restrito (...) dos contratos antenupciais'*, oportunidade essa que, como se sabe, acabou não sendo acolhida pelo direito lusitano.

8 Clóvis Beviláqua, *Código Civil dos Estados Unidos do Brasil*, ed. Rio, 1975, comentário ao art. 257, nota 4.

9 Clóvis Beviláqua, *idem.*

O Código Civil de 2002 manteve a proibição dos pactos sucessórios, reproduzindo *ipsis litteris,* no artigo 426, a norma que já constava do art. 1089 do Código Civil de 1916, eliminando, outrossim, qualquer possibilidade de estipulações de natureza sucessória nos pactos antenupciais.

Ao referendar o princípio da *votum captandae mortis* a nossa Lei Civil, assim como a jurisprudência pátria,[10] apartaram-se das legislações estrangeiras que expressamente permitem a renúncia à sucessão, inclusive à legítima (BGB arts. 2346, 2346.2); a austríaca (ABGB, arts. 1249 e segs.); a suíça (CC, arts. 468, 481, 494, 512 a 516), entre outras.

3. A VALIDADE DA CLÁUSULA DE RENÚNCIA À CONCORRÊNCIA SUCESSÓRIA.

Pois bem, tendo a lei civil conferido ao cônjuge supérstite o direito à concorrência sucessória com os descendentes ou ascendentes do consorte pré-morto, a indagação que se põe é se a cláusula constante de pacto antenupcial ou de escritura que contemple a renúncia àquele concurso hereditário poderia ser também caracterizada como *pacta corvina* e, por conseguinte, nula[11].

Malgrado o art. 426 do Código Civil fulmine de nulidade os acordos de vontade que tenham por objeto herança de pessoa vida, o certo é que não são poucas as estipulações com esse escopo referendadas pela legislação, doutrina e jurisprudência.

O primeiro exemplo sempre lembrado por todos aqueles que se debruçaram sobre essa questão é o da cláusula usualmente constante de contratos sociais por meio da qual é disciplinado o ingresso ou não de herdeiros na sociedade e, nessa última hipótese, os critérios que nortearão a apuração dos haveres correspondentes à participação societária rejeitada. Outro exemplo

10 STJ, REsp 1591224/MA, Red. Min. João Otávio de Noronha, j. 26/04/2016; STJ, REsp 1472945/RJ, Rel. Min. Ricardo Villas Boas Cuevas, j. 23/10/2014; STJ, REsp 1225861/RS, Rel. Min. Nancy Andrighi, j. 22/04/2014; STJ, REsp 646259/RS, Rel. Min. Luiz Felipe Salomão, j. 22/06/2010.

11 Argumenta-se em prol da vedação ao *votum captandae mortis* que o pacto sucessório seria nulo também porque o herdeiro teria apenas uma expectativa de direito à herança e que esta, por conseguinte, ao ensejo da celebração da avença, seria inexistente. Este argumento não prevalece porquanto, como cediço, o contrato pode ter por objeto bem futuro. Por outro lado, sustenta-se, o contrato sucessório reputar-se-ia inválido porque as disposições de última vontade são essencialmente revogáveis. Mais uma vez trata-se de motivação que atualmente não prevalece dada a possibilidade franqueada pelo legislador de alteração do pacto antenupcial. Por outro lado, tratando-se de renúncia à concorrência sucessória, a revogabilidade é da essência do ato abdicativo. (cf. nesse sentido Daniel Bucar, *Pactos Sucessórios: Possibilidades e Instrumentalização,* 'In' *Contratos, Família e Sucessões* – coords. Ana Carolina Brochado Teixeira e Renata de Lima Rodrigues. Indaiatuba: Foco, 2020, p. 285)

frequentemente invocado é o da partilha em vida expressamente facultada pelo artigo 2018 do Código Civil.

Esses ajustes externam com absoluta nitidez a natureza de pactos sucessórios na medida em que regulam o destino *post mortem* do patrimônio daquele que ainda está vivo. Todavia, esses acordos de vontade, malgrado digam respeito à sucessão de pessoa viva, são hodiernamente admitidos sem contestação quiçá porque não coloquem em risco a integridade física daquele cujo destino do acervo hereditário por eles está sendo regulado.

Mas há outros negócios jurídicos que, além de terem por objeto a herança de pessoa viva, indiscutivelmente podem acabar por gerar, pelo contratante que dele venha a aferir algum benefício, interesse pelo fim da vida do autor da herança.

Com efeito, a título exemplificativo, pode-se citar:

a) a contratação de seguro de vida em favor de cônjuge ou descendente a qual, muito embora sem contestação admitida no direito pátrio, não impede que o futuro beneficiário venha a ter interesse na morte daquela cuja vida é assegurada para receber, o quanto antes, o valor da indenização.
b) a doação com reserva de usufruto vitalício que também pode proporcionar ao donatário o anseio pela morte do usufrutuário de modo que tenha ele, o quanto antes, consolidada, em seu favor, a propriedade plena do bem objeto da liberalidade.
c) a doação *mortis causa*, ou seja, aquela cuja eficácia fica subordinada à morte do doador, configura exemplo didático de contrato que indubitavelmente versa sobre herança de pessoa viva e que enseja ao donatário almejar pelo término de vida do doador. O art. 2018 considera 'válida a partilha feita por ascendente, por ato entre vivos ou de última vontade, contanto que não prejudique a legítima dos herdeiros necessários'[12].
d) o comodato vitalício que também pode estimular o comodatário a aspirar o falecimento do comodante com vistas à retomada do bem.

Assim como sucede nessas hipóteses, em todos os contratos cuja eficácia fica subordinada à ocorrência da morte de um dos contratantes, o beneficiário do infausto evento pode por ele manifestar condenável anseio. Não obstante, todos esses acordos de vontade são recepcionados, sem restrições, pelas ordenações em geral.

---

12 Como releva SILVIO VENOSA trata-se de exceção ao art. 426 '*porque possibilita a ocorrência de uma disposição antecipada de bens para após a morte*.' (*in Código Civil Interpretado*. 4ª ed. SP: Atlas, 2019, p. 430).

Acresça-se, por outro lado, que se levadas essas considerações ao extremo, impor-se-ia reconhecer que a herança, por si só, já fomenta uma expectativa de seu recebimento e quiçá um apelo à finitude daquela cuja vida representa óbice à concretização do nefasto intento.

Em suma, a vedação contida no artigo 426 do Código Civil, dada à extensão das exceções contempladas pelo legislador, apresenta-se, em princípio, um absoluto *nonsense*.

Não por outra razão, MARIO LUIZ DELGADO, debruçando-se sobre a exegese do artigo 426 do Código Civil, conclui que a única interpretação possível da norma – e não obstante assim não deflua da letra respectiva – é a que leva à proibição no direito brasileiro de contratos que tenham "por objeto a herança de pessoa diversa das partes contratantes".[13]

É a hipótese, trazida a lume por José Fernando Simão, do herdeiro que, com os ascendentes ainda vivos, aliene seus direitos sucessórios.[14]

Diante de todas essas reflexões não é difícil inferir que a renúncia à concorrência sucessória não é vedada pelo direito pátrio e sequer se insere na proibição veiculada pelo artigo 426 do Código Civil.

Contudo, e como se não se revelasse suficiente a lógica do raciocínio acima exposto, é inequívoco que militam ainda, em favor da abdicação do concurso hereditário, outras e não menos do que três relevantes razões.

Em primeiro lugar porque a renúncia é ato unilateral de vontade, não partilhando da natureza contratual reclamada pelo art. 426 do Código Civil.

Em segundo lugar porque ao renunciar à concorrência sucessória, o cônjuge não está transacionando com terceiros herança de pessoa viva, mas abrindo mão de uma futura e ainda incerta concorrência sucessória.

Em terceiro lugar – o que se revela mais importante-, é que na renúncia à concorrência sucessória, a par de não haver transação sobre herança de pessoa viva, o cônjuge declina de um direito, eliminando, destarte, qualquer interesse acerca da não preservação da vida do consorte.

Anote-se, por fim, que a renúncia à concorrência não implica em abdicação à condição de herdeiro necessário e não altera a ordem da sucessão hereditária.

---

13 MARIO LUIZ DELGADO, *Pactos Sucessórios. Renúncia a Direito Concorrencial. Possibilidade. Inteligência do art. 426 do Código Civil' in* Revista Nacional de Direito de Família e das Sucessões no. 43, p. 187

14 JOSÉ FERNANDO SIMÃO, *Análise das regras do contrato de sociedade quando da morte dos sócios e a vedação da existência de pacto sucessório. 'In' Revista IMES de Direito, São Paulo, no. 10, jan/jul, 2005.*

CONCLUSÕES.

A renúncia à concorrência sucessória configura, portanto, manifestação de vontade que além de não se enquadrar no escopo do artigo 426 do Código Civil, tem finalidade exatamente oposta àquela que levou o legislador a proscrever a *pacta corvina*.

Por todas essas razões, a cláusula constante de pacto antenupcial ou de escritura pública que contemple renúncia à concorrência sucessória não se insere na proibição do art. 426 do Código Civil, sendo, portanto, a par de validade inquestionável, o único recurso de que dispõem os cônjuges ou companheiros para restabelecer a incomunicabilidade plena que deveria ser assegurada àqueles cuja união é presidida pelo regime da separação total de bens.

Essa possibilidade reflete, ademais, o princípio da liberdade de escolha do regime de bens, primado este basilar do direito de família brasileiro, consubstanciado no art. 1639 do Código Civil.

78. A CLÁUSULA DE MEDIAÇÃO COMO MEIO CONSENSUAL DE SOLUÇÃO DE CONFLITOS

Rachel Letícia Curcio Ximenes

1 INTRODUÇÃO

À medida em que o mundo altera suas relações, de forma cada vez mais crescente, faz nascer, cada vez mais, complexos tipos de relações – sejam elas comerciais ou jurídicas. E essas novas conexões, muita das vezes, surgem de inovações, sem que para tanto haja uma legislação a ser aplicada ao caso concreto. Urge, daí, uma latente necessidade de o Direito acompanhar essas mutações, enxergando esses conflitos em suas particularidades e se adaptando para, da melhor maneira possível, resolvê-los.

Posto isso, temos que se faz imperioso uma gestão para lidar com esses conflitos cada vez mais recorrentes. O poder judiciário, a quem cabia a jurisdição para resolver esses problemas, viu-se diante de demandas exacerbadas e sem condições de lidar com toda a demanda clamada pela população. Indo ao encontro do movimento de desjudicialização pelo qual a justiça brasileira vem galgando nos últimos anos, há o surgimento dos meios de solução de conflitos como alternativa a já abarrotada justiça tradicional, estabelecendo-se como meio para se alcançar uma solução rápida, eficaz e justa para as disputas estabelecidas, além de contribuir de forma assertiva na efetivação do acesso à justiça como um direito fundamental na jurisdição brasileira. A justiça passou a ser enxergada como direito e por isso é possível falar em acesso ao direito para que não se confunda com o acesso à justiça exclusivo do Poder Judiciário[15].

E é justamente nesse cenário de surgimento de alternativas de solução – justiça multiportas – que o presente trabalho versará, em específico, a cláusula de mediação, muito utilizada em contratos e que é posta de forma a se evitar maiores desdobramentos dos conflitos futuros, esquivando-se, assim, de possíveis problemas.

Demonstrando ser de suma importância para a justiça de todo o mundo, trazemos aqui o quanto o Parlamento Europeu define a figura da mediação, nos ensinando que[16]:

> "Processo estruturado, independente da sua designação ou do modo como lhe é feita referência, através do qual duas ou mais partes em litígio procuram voluntariamente alcançar um acordo sobre resolução do seu litígio com a assistência de um mediador. Este processo pode ser iniciado pelas partes, sugerido ou ordenado por um tribunal ou imposto pelo direito de um Estado-Membro".

Dado esse primeiro contexto, o presente artigo abordará, de forma breve e direta sobre o papel e importância da cláusula de mediação dentro dos contratos. Para tanto, antes será realizada uma introdução a respeito da mediação, o instituto junto ao sistema jurídico brasileiro, conceitos e sua real utilização, de modo a contribuir com o tema em foco para uma maior difusão de sua aplicabilidade. Vejamos no tópico a seguir.

2 O SISTEMA DE RESOLUÇÃO DE CONFLITOS

Antes de entrarmos no mérito da mediação em si, é importante ressaltar o quanto dito no tópico anterior que frente à morosidade do sistema judiciário e a necessidade de resoluções rápidas e eficazes dos litígios surgidos, fez-se necessário pensar em alternativas que pudessem sanar essas questões. Frente a isso, sugiram formas de resolução das demandas, por meio de um terceiro

15 Patah, Priscila Alves. Sistema Extrajudicial de Justiça. Indaiatuba, SP. Editora Foco, 2023. Pág. 159.

16 Diretiva 2008/52/CE do Parlamento Europeu e do Conselho de 21 de maio de 2008 – Disponível em https://eur-lex.europa.eu/legal-content/PT/ALL/?uri=celex:32008L0052 <Acesso em 02 de abril de 2024>

imparcial, mas ainda assim, de forma eficiente. Sobre isso, Lagrasta Neto (2008, p. 11)[17] trouxe à tona essa preocupação:

> Se não houver mudança de estratégia na solução de conflitos, com intensa utilização de meios alternativos, previsto o engajamento de todos os lidadores do Direito, incluídos os servidores da Justiça, e o treinamento dos estudantes, desde os bancos acadêmicos, dificilmente se conseguirá alcançar o objetivo de amplo e irrestrito acesso a uma ordem jurídica justa, que nos encaminhe à mudança de mentalidade.

Dentre elas, destacamos três que ganham bastante destaque quando falamos em sistema de resoluções de conflito: arbitragem, conciliação e a mediação. De forma bem sucinta, podemos qualificar a arbitragem como, no entendimento de Alvim (2005, p. 14)[13]:

> (...) a instituição pela qual as pessoas capazes de contratar confiam a árbitros, por elas indicados ou não, o julgamento de seus litígios relativos a direitos transigíveis. Esta definição põe em relevo que a arbitragem é uma especial modalidade de resolução de conflitos; pode ser convencionada por pessoas capazes, físicas ou jurídicas; os árbitros são juízes indicados pelas partes, ou consentidos por elas por indicação de terceiros, ou nomeados pelo juiz, se houver ação de instituição judicial de arbitragem; na arbitragem existe o 'julgamento' de um litígio por uma 'sentença' com força de coisa julgada.

O instituto ganha respaldo normativo na Lei n.º 9.307/1996[19] – que dispõe sobre a arbitragem – em que pode ser qualificada como a instância jurisdicional face a função de regime que seja estabelecido em contrato, de forma a eliminar quaisquer controvérsias entre pessoas, sejam elas de direito privado ou público, com procedimentos próprios e força executória perante tribunais estatais[20].

---

17 LAGRASTA NETO, Caetano. Mediação, conciliação e suas aplicações pelo tribunal de justiça de São Paulo. In: GRINOVER, Ada Pellegrini; WATANABE, Kazuo; LAGRASTA NETO, Caetano (Coord.). Mediação e gerenciamento do processo: revolução na prestação jurisdicional: guia prático para a instalação do setor de conciliação e mediação. São Paulo: Atlas, 2008. p. 11-17.

18 ALVIM, José Eduardo Carreira. Tratado Geral de Arbitragem. Belo Horizonte: Mandamento, 2005.

19 https://www.planalto.gov.br/ccivil_03/leis/l9307.htm <Acesso em 03 de abril de 2024>

20 LEE, João Bosco; VALENÇA FILHO, Clávio de Melo. A arbitragem no Brasil. Programa CACB-BID de fortalecimento da arbitragem e da mediação comercial no Brasil. Brasília: 2001. Disponível em https://pt.scribd.com/document/204805470/livro-arbitragem <Acesso em 03 de abril de 2024>.

Por sua vez, a conciliação pode ser entendida como aquela em que há um método cooperativo em que cabe ao conciliador inquirir as partes sobre a possibilidade ou não de chegarem a um acordo que possa pôr fim ao conflito. Leciona Garcez (2004, p. 343) que a conciliação[21]:

> Representa um degrau a mais em relação aos outros métodos alternativos de solução de conflitos, pois o conciliador (terceiro imparcial) auxilia as partes a chegarem a um resultado, ou seja, a um acordo aconselhando e induzindo-as a um resultado dividindo seus direitos, para que possam decidir-se rapidamente.

Ainda neste sentido, vale ressaltar o que é trazido pelo Código de Processo Civil Brasileiro – Lei n.º 13.105/2015 – que esclarece, em seu artigo 166 que[22]:

> Art. 166. A conciliação e a mediação são informadas pelos princípios da independência, da imparcialidade, da autonomia da vontade, da confidencialidade, da oralidade, da informalidade e da decisão informada.
>
> § 1º A confidencialidade estende-se a todas as informações produzidas no curso do procedimento, cujo teor não poderá ser utilizado para fim diverso daquele previsto por expressa deliberação das partes.
>
> § 2º Em razão do dever de sigilo, inerente às suas funções, o conciliador e o mediador, assim como os membros de suas equipes, não poderão divulgar ou depor acerca de fatos ou elementos oriundos da conciliação ou da mediação.
>
> § 3º Admite-se a aplicação de técnicas negociais, com o objetivo de proporcionar ambiente favorável à autocomposição.
>
> § 4º A mediação e a conciliação serão regidas conforme a livre autonomia dos interessados, inclusive no que diz respeito à definição das regras procedimentais.

Nas palavras de Vezzulla (2001, p. 83)[23] o conciliador capaz que faz uso da escuta ativa como técnica, é capaz de encontrar pontos convergentes que, por sua melhor discussão, abre espaço para concessões, fazendo com que a solução ocorra com uma maior facilidade e rapidez.

---

21 GARCEZ, José Maria Rossani. Negociação. ADRS. Mediação. Conciliação e arbitragem. 2. ed. rev. ampl. Rio de Janeiro: Lumen Juris, 2004. p. 343.

22 https://www.planalto.gov.br/ccivil_03/_ato2015-2018/2015/lei/l13105.htm <acesso em 03 de abril de 2024>

23 VEZZULLA, Juan Carlos. Teoria e pratica da mediação. Curitiba: Instituto de Mediação e Arbitragem do Brasil, 2001.

Chegamos, enfim, ao instituto da mediação, objeto do presente estudo. Para tanto, podemos identificar a mediação como sendo aquele meio de resolução em que se há uma ampla comunicação, buscando sempre pela compreensão de todas as partes e soluções criativas. Nos explica José Luís Bolzan de Morais e Fabiana Marion Spengler sobre a mediação[24]:

> Não há adversários, apenas consiste na intermediação de uma pessoa distinta das partes, que atuará na condição de mediador, favorecendo o diálogo direto e pessoal. O mediador facilita a comunicação sem induzir as partes ao acordo, e quando este existe, apresenta-se total satisfação dos mediados (MORAIS; SPLENGLER, 2012, p. 86).

Acerca da distinção entre a conciliação e a mediação, cumpre trazer à tela o que nos ensina Petrônio Calmon[25]:

> A principal distinção entre os dois mecanismos não reside em seus dirigentes, mas sim no método adotado: enquanto o conciliador manifesta sua opinião sobre a solução justa para o conflito e propõe os termos do acordo, o mediador atua com um método estruturado em etapas sequenciais, conduzindo a negociação entre as partes, dirigindo o 'procedimento', mas abstendo-se de assessorar, aconselhar, emitir opinião e de propor fórmulas de acordo.

Com fundamento na Lei n.º 13.140 de 2015[26], – Que dispõe sobre a mediação entre particulares como meio de solução de controvérsias e sobre a autocomposição de conflitos -, a mediação tem como princípios norteadores, de acordo com o artigo 2º da Lei, a imparcialidade do mediador; a isonomia entre as partes; a oralidade, a informalidade, a autonomia de vontade das partes; a busca pelo consenso; a confidencialidade e; a boa-fé.

Abaixo veremos melhor sobre o instituto e sua aplicação prática.

3 MEDIAÇÃO: O INSTITUTO NA LEGISLAÇÃO BRASILEIRA

Como já bem tratado acima, temos a mediação como sendo aquela técnica consensual de resolução de conflitos onde um terceiro, de forma imparcial,

---

24 MORAIS, José Luiz de Bolzan de. SPENGLER, Fabiana Marion. Mediação e arbitragem: alternativas à jurisdição. 2. ed. Porto Alegre: Livraria do Advogado, 2008.

25 CALMON, Petrônio. Fundamentos da mediação e da conciliação. Rio de Janeiro: Forense, 2007, p. 144.

26 https://www.planalto.gov.br/ccivil_03/_ato2015-2018/2015/lei/l13140.htm <acesso em 03 de abril de 2024>

traz o auxílio necessário às partes em identificar os interesses e comum e construir uma solução consensual. Ao ser privilegiado o diálogo, temos solução eficiente ao problema, preservando as relações interpessoais, cultuando a pacificação social e a pacificação das adversidades. A respeito do tema, leciona Melo (2020, p. 46)[27] que:

> "A mediação deve ser considerada como meio de acesso à justiça, afinal, tal procedimento vai além da simples resolução do litígio; gera participação dos integrantes, de modo responsável, com o resgate de suas autonomias, sendo, assim, realizada a tomada de decisões de forma independente pelos envolvidos, o que faz com que a sessão de mediação seja uma oportunidade democrática para que a cidadania se concretize, tornando possível que a tutela jurisdicional pleiteada seja obtida."

A Lei n.º 13.140 de 2015 elucida que a mediação poderá ser realizada tanto judicialmente quanto extrajudicialmente. Nos casos de mediadores judiciais, estes deverão ser pessoa capaz, graduada há pelo menos dois anos em curso de ensino superior de instituição reconhecida pelo Ministério da Educação e que tenha obtido capacitação em escola ou instituição de formação de mediadores, reconhecida pela Escola Nacional de Formação e Aperfeiçoamento de Magistrados – ENFAM ou pelos tribunais, observados os requisitos mínimos estabelecidos pelo Conselho Nacional de Justiça em conjunto com o Ministério da Justiça. (art. 11).

Para Messa (2010)[28] o método pode ser aplicado a diversos temas e em diversos contextos, sendo eles no ambiente familiar, nos processos e conflitos de ordem econômica política e étnicas, processos de divórcio, área comercial, escolar e hospitalar.

A respeito da mediação judicial, o Código de Processo Civil Brasileiro[29] nos traz, em seu artigo 165, que deverão os tribunais criar centros judiciários de solução consensual de conflitos, que serão responsáveis pela realização de sessões e audiências de conciliação e mediação e pelo desenvolvimento de programas que auxiliarão a autocomposição. Isso porque, o artigo 3º do mencionado

27 MELO, Michelly Pereira. Desjudicialização e acesso à Justiça: mediação e conciliação nas serventias extrajudiciais. 2020. Dissertação (Mestrado) – Universidade FUMEC, Belo Horizonte, 2020. Disponível em: https://repositorio.fumec.br/xmlui/handle/123456789/587. Acesso em: 04 de abril de 2024.

28 MESSA, Alcione Aparecida. Psicologia Jurídica. São Paulo: Atlas, 2010. v. 20.

29 https://www.planalto.gov.br/ccivil_03/_ato2015-2018/2015/lei/l13105.htm <acesso em 05 de abril de 2024>

Código já faz menção aos mecanismos, reconhecendo a sua natureza jurídica jurisdicional. Alude o referido texto de lei que:

> Art. 3º Não se excluirá da apreciação jurisdicional ameaça ou lesão a direito.
>
> § 1º É permitida a arbitragem, na forma da lei.
>
> § 2º O Estado promoverá, sempre que possível, a solução consensual dos conflitos.
>
> § 3º A conciliação, a **mediação** e outros métodos de solução consensual de conflitos deverão ser estimulados por juízes, advogados, defensores públicos e membros do Ministério Público, inclusive no curso do processo judicial. (Grifo nosso).

Segue o Código de Processo Civil Brasileiro tratando que o processo é pautado pela confidencialidade (art. 166, §1º), sendo regida pela livre autonomia dos interessados (art. 166, §4º). Poderão as partes escolher, em comum acordo, o mediador ou a câmara privada de mediação (art. 168). Vale trazer que o artigo 319 do mesmo código exige que a petição inicial deva indicar a opção do autor pela realização ou não de audiência de conciliação ou de mediação (art. 319, VII). Neste mesmo sentido, o §5º do artigo 334 nos mostra que assim como o autor deverá indicar, na petição inicial, o seu desinteresse na autocomposição, de mesmo modo deverá o réu fazê-lo, por meio de petição, apresentada com 10 (dez) dias de antecedência, contados da data da audiência.

Sobre o tema, nos ensina Nery Jr (2015, p. 887)[30] que frente ao fato de que a autocomposição alçou um patamar de dever ao Estado-Juiz, faz-se indispensável a manifestação do autor, desde a inicial, fazendo com que o juiz economize tempo, uma vez que serão adotados meios para finalizar o conflito existente por através de negociação e consenso.

Por sua vez, encontramos ainda a mediação extrajudicial, onde as partes podem, de forma consensual, escolher um terceiro imparcial para solucionar o problema existente, podendo ser realizada por qualquer pessoa capaz que tenha a confiança das partes e seja capacitada para fazer mediação, independentemente de integrar qualquer tipo de conselho, entidade de classe ou associação, ou nele inscrever-se. (Lei n.º 13.140 de 2015, art. 9º).

Segundo a Lei de Mediação, o convite para iniciar o procedimento poderá ser feito por qualquer meio de comunicação e deverá estipular, ainda, o escopo proposto para a negociação, a data e o local da primeira reunião (art. 21). Ainda,

30 NERY JR., Nelson; NERY, Rosa Maria de Andrade. Comentários ao Código de Processo Civil. São Paulo: Editora Revista dos Tribunais Ltda, 2015.

será considerado rejeitado o convite se não for respondido em até trinta dias da data de seu recebimento (art. 21, §Ú).

E neste cenário encontramos a figura das serventias extrajudiciais como braço de apoio nesse processo de acesso à justiça e soluções de conflitos. O Provimento n.º 67/2018 (revogado pelo Provimento n.º 149/2023[31]) estabeleceu os procedimentos de mediação e conciliação nos serviços notariais e de registros do Brasil. Agora estabelecido no Capítulo II do Código Nacional de Normas da Corregedoria Nacional de Justiça do Conselho Nacional de Justiça, os procedimentos de conciliação e de mediação nas serventias extrajudiciais serão facultativos (art. 18).

Fica a cargo das corregedorias gerais de Justiça dos estados e do Distrito Federal manter listagem pública dos serviços notariais e de registros autorizados para a realização dos procedimentos, sendo esses de livre escolha das partes (art. 19). Todo o processo de autorização dos serviços notariais e de registro para a realização da mediação e conciliação será regulamentado pelos Núcleos Permanentes de Métodos Consensuais de Solução de Conflitos – NUPEMEC e pelas corregedorias gerais de justiça dos estados e do Distrito Federal e dos Territórios (art. 20).

Importante frisar que poderão participar da conciliação e da mediação como requerente ou requerido a pessoa natural que seja absolutamente capaz, a pessoa jurídica e os entes despersonalizados (art. 26). Quanto ao objeto, vale trazer que os direitos disponíveis e os indisponíveis que admitam transação poderão ser objeto de mediação, que poderá versar sobre todo o conflito ou parte dele (art. 28). Neste ponto, importante ressaltar que aqueles que envolvam direitos indisponíveis, mas transigíveis, devem ser homologadas em juízo (art. 28, §1º).

Cumpre trazer que deverão os serviços notariais e de registro manter espaço reservado em suas dependências de modo a serem realizadas as sessões de mediação e conciliação durante o horário de atendimento ao público (art. 37) e que, obtido o acordo, será lavrado um termo de conciliação ou de mediação, tendo as partes que assinar a última folha do termo (art. 38). Em caso de não obtenção de acordo, não será impedida a realização de novas sessões de conciliação ou de mediação até que finalizadas as tratativas (art.39). Nessa seara, o próprio CNJ, em consonância com os trabalhos realizados pelas serventias extrajudiciais, editou a Recomendação n.º 28/2018[32] que indica aos tribunais de justiça dos Estados e do Distrito Federal a celebração de convênios

---

31 https://atos.cnj.jus.br/atos/detalhar/5243 <acesso em 04 de abril de 2024>

32 https://atos.cnj.jus.br/files//recomendacao/recomendacao_28_17082018_21082018101437.pdf <acesso em 04 de abril de 2024>

com notários e registradores do Brasil para a instalação de centros judiciários de solução de conflitos e cidadania – CEJUSCs.

A respeito do quanto tratado, nos ensina Hill (2018, p. 307)[33] que:

> "ao analisarmos a rotina das serventias extrajudiciais, podemos concluir que a mediação já é, em certa medida, um mecanismo utilizado diuturnamente por oficiais e escreventes como forma de eficazmente contornar rusgas e impasses surgidos entre os interessados no momento da prática do ato notarial ou registral e que poderiam inviabilizá-lo. Para que os registros sejam realizados, faz-se necessário instar os interessados a chegar a um acordo quanto a um ou alguns pontos necessários para que o ato seja praticado".

Nas disposições finais da sessão do Código Nacional de Normas da Corregedoria Geral de Justiça nos chama a atenção o artigo 56, que, em sua integridade, trata que "será vedado aos serviços notariais e de registro estabelecer, em documentos por eles expedidos, cláusula compromissória de conciliação ou de mediação extrajudicial". Tema importante que será explorado no ponto a seguir.

4 DA CLÁUSULA DE MEDIAÇÃO

Já foi possível identificar que a mediação nasce no mundo jurídico como forma de mudar toda uma estrutura já culturalmente estabelecida de litígio, propondo o diálogo, o consenso e trazendo novamente vínculos que, em determinado momento, podem ter sido estremecidos. Sendo norteador para o mecanismo, o princípio da autonomia de vontades das partes deve ser sempre observado, visto que ninguém deverá participar de um meio se com ele não concorda. Sobre isso, ensina Fernanda Rocha Lourenço Levy[34]:

> A vontade das partes em tentar resolver o conflito no qual estão envolvidas, por meio do diálogo amigável facilitado pelo mediador é força matriz e motriz da mediação. (...), a mediação pode ocorrer tanto no âmbito estatal como no privado, mas em todos os casos, sempre lastreada no princípio da autonomia privada dos mediandos.

---

33 HILL, Flávia Pereira. Mediação nos cartórios extrajudiciais: desafios e perspectivas. Revista Eletrônica de Direito Processual – REDP, v. 19, n. 3, p. 296-323, set./dez. 2018. Disponível em: www.redp.uerj.br. Acesso em: 15 fev. 2022. < acesso em 04 de abril de 2024>

34 LEVY, Fernanda Rocha Lourenço. Cláusulas escalonadas – A mediação comercial no contexto da arbitragem. Ed. Saraiva. 1ª ed. 2ª tiragem. São Paulo: 2013. p. 177

Ainda sobre, a vontade das partes possui uma importância tão basilar que Gomes (2016, p.201)[35] nos explica que:

> Para os adeptos da concepção voluntarista, toda pessoa capaz tem o poder de formar, pela própria vontade exteriorizada, suas relações jurídicas, provocando o efeito que deseja. A declaração da vontade seria a causa determinante da consequência pretendida. Emitida conscientemente pelo agente, precisa ter como fim o nascimento, a modificação ou a extinção de uma relação jurídica.

Chegamos, então, no ponto crucial do presente trabalho: a instituição de cláusula de mediação nos contratos firmados, com base na autonomia da vontade das partes. A cláusula surge para tentar dirimir qualquer problema que possa surgir durante a vigência do contrato, prevendo, antes de ser tomada qualquer providência contenciosa, o procedimento de mediação extrajudicial.

Nos termos do artigo 22 da Lei n.º 13.140/2015, a previsão contratual de mediação deverá conter, no mínimo:

> I – prazo mínimo e máximo para a realização da primeira reunião de mediação, contado a partir da data de recebimento do convite;
> II – local da primeira reunião de mediação;
> III – critérios de escolha do mediador ou equipe de mediação;
> IV – penalidade em caso de não comparecimento da parte convidada à primeira reunião de mediação.

Ainda, nos termos do §2º do mesmo artigo, caso não haja previsão contratual completa, deverão ser observados os seguintes critérios para a realização da primeira reunião de mediação:

> I – prazo mínimo de dez dias úteis e prazo máximo de três meses, contados a partir do recebimento do convite;
> II – local adequado a uma reunião que possa envolver informações confidenciais;
> III – lista de cinco nomes, informações de contato e referências profissionais de mediadores capacitados; a parte convidada poderá escolher, expressamente, qualquer um dos cinco mediadores e, caso a parte convidada não se manifeste, considerar-se-á aceito o primeiro nome da lista;

---

35 Gomes, Orlando. Introdução ao direito civil. 21. Ed. Ver. E atual. Por Edvaldo Brito e Reginalda Paranhos de Brito. Rio de Janeiro: Forense, 2016, p. 201.

IV – o não comparecimento da parte convidada à primeira reunião de mediação acarretará a assunção por parte desta de cinquenta por cento das custas e honorários sucumbenciais caso venha a ser vencedora em procedimento arbitral ou judicial posterior, que envolva o escopo da mediação para a qual foi convidada.

Por fim, em caso de ser previsto contratualmente, na cláusula de mediação, que as partes se comprometem a não dar início ao procedimento arbitral ou processo judicial durante certo prazo ou até a implementação de uma determinada condição, o árbitro ou o juiz deverá suspender o curso da ação ou arbitragem pelo prazo previamente acordado ou até o implemento da condição (art. 23). O quanto disposto acima não será aplicado às medidas de urgência em que o acesso ao Poder Judiciário seja necessário a fim de se evitar o perecimento de direito (art. 23, §Ú).

Ao se estabelecer uma cláusula de mediação, as partes comprometem-se a tentar resolver a questão problema por meio da mediação, sem precisar, em um primeiro momento, recorrer a outros meios de resolução de litígio. É primoroso trazer que a cláusula é tem validade e não vai de encontro às normas brasileiras. Ainda, não estabelece óbice ao acesso à justiça, isto porque, frustrada a mediação, as partes têm total liberdade em procurar a via que melhor atenda suas necessidades para a resolução do litígio.

Sobre o tema, destaca-se o quanto tratado pelo Tribunal de Justiça de São Paulo, que decidiu:

> Apelação – Franquia – Sentença de extinção do processo sem resolução de mérito – Decreto de carência da ação, por falta de interesse processual, ante a existência de cláusula contratual obrigatória de negociação e mediação prévias – Cláusula ineficaz, por violar os princípios do acesso à justiça e da voluntariedade da mediação, que não se **confunde com a cláusula compromissória arbitral, esta sim capaz de impedir a intervenção judiciária** – SENTENÇA ANULADA – RECURSO PROVIDO.
> (TJ/SP – APELAÇÃO CÍVEL: 1091214-22.2018.8.26.0100) (grifo nosso).

A cláusula em questão deve indicar qual será o método em que as partes serão submetidas quando, por ventura, surgir um conflito, bem como seus desdobramentos. Isso obriga, contratualmente, as partes a tentar resolver as controvérsias sem antes submeter à decisão de uma terceira pessoas.

A lógica aqui está, justamente, em não utilizar-se de meios mais morosos para tentar resolver os problemas que venham a surgir. É possível ainda que haja combinações de métodos a serem estabelecidos contratualmente pelas partes. Por isso, é necessário um aprofundado conhecimento e cada particularidade dos mecanismos postos à disposição. Como exemplo, trago que é possível a combinação entre mediação e arbitragem, denominadas cláusulas MedArb, ArbMed ou AMA (ArbMEdArb), estabelecendo-se meios escalonados para resolver as controvérsias[36].

Nas palavras de Fernanda Rocha Lourenço Levy (2013, p. 171)[37]:

> A convenção de mediação privada, em relação ao momento da estipulação e ao surgimento do conflito, se subdivide em cláusula de mediação, inserta no início da relação contratual, prevendo a possibilidade de surgimento de um conflito futuro, a ela relacionado e, compromisso de mediação, diante de um conflito contratual ou extrajudicial já existente entre as partes.
>
> A configuração da convenção de mediação nos remete à ideia da convenção da arbitragem, em suas modalidades cláusula arbitral e compromisso arbitral, aliás, subdivisão superada nos ordenamentos jurídicos que conferem eficácia idêntica às duas previsões, ou seja, instituir a arbitragem e afastar a jurisdição estatal.

A celebração de uma convenção de mediação corresponde em toda a linha ao princípio da liberdade contratual, permitindo às partes, mesmo que não estivesse expressamente previsto na lei da mediação, a possibilidade de inserir nos seus contratos as cláusulas que lhes aprouver, desde que as mesmas respeitem os limites legais (capacidade, objeto, legitimidade, etc.). Ao abrigo deste princípio de liberdade contratual as partes podem estipular, previamente e antes dos litígios existirem, que os mesmos sejam primeiramente dirimidos com recurso à mediação, e só em caso de frustração desta o recurso às vias judiciais.

A título de comparação, no Direito Português, por exemplo, são admissíveis três posições sobre os efeitos das cláusulas de mediação, sendo eles[38]:

> 1. As cláusulas têm efeitos puramente obrigacionais, o que significa que a sua violação gera a direito de indemnizar quem queria recorrer a medição

36 https://ccbc.org.br/cam-ccbc-centro-arbitragem-mediacao/resolucao-de-disputas/arbitragem/modelos-de-clausula/ <acesso em 04 de abril de 2024>

37 LEVY, Fernanda Rocha Lourenço. Cláusulas escalonadas – a mediação comercial no contexto da arbitragem. Ed. Saraiva. 1ª ed. 2ª tiragem. São Paulo: 2013.

38 Cláusulas de mediação obrigatória em contratos (convenção de mediação) – O dilema entre a voluntariedade da mediação e a obrigação de cumprimento do contrato. Sancha Carvalho Campanella. Disponível em: https://www.revistas.ponteditora.org/index.php/j2/article/view/117/102 <acesso em 05 de abril de 2024>

e já não o pode fazer por o litígio estar já a seu decidido nos tribunais judiciais. Esta solução, determinaria que a parte não violadora teria que alegar e provar os danos que teve com a violação da cláusula de Mediação, o que pode ser muito difícil provar danos eventuais, com exceção dos custos judiciais. Acresce que nunca se poderá afirmar que o procedimento de mediação teria o efeito pretendido, ou seja, se se conseguiria ou não a obtenção do acordo. Esta solução só será possível se existir uma cláusula penal para o incumprimento.
2. A violação da convenção de mediação tem efeitos meramente processuais, determinando a incompetência do tribunal para a análise do litigioso, configurando, assim, uma exceção dilatória. Esta solução oneraria muitas as partes, pois caso, a mediação não surtisse o efeito pretendido as mesmas teriam novamente que recorrer ao Tribunal. Não existiria, assim, um princípio de economia processual.
3. A violação da convenção de mediação determina a suspensão da instância e o reencaminhamento pelo juiz das partes para o procedimento de mediação.

Para Mariana França Gouveia, nos casos de descumprimento da cláusula de mediação por uma das partes, e inexistindo regra que verse especificamente sobre o tema, o efeito não pode ser a falta de jurisdição do tribunal, tendo, portanto, resultado meramente obrigacional[39].

Assim como tratado pelo artigo 22, IV da Lei de Mediação, que estabelece que "o não comparecimento da parte convidada à primeira reunião de mediação acarretará a assunção por parte desta de cinquenta por cento das custas e honorários sucumbenciais caso venha a ser vencedora em procedimento arbitral ou judicial posterior, que envolva o escopo da mediação para a qual foi convidada", essa sanção deve, também ser aplicada àquele que não cumprir a cláusula de mediação celebrada e ajuizar demanda judicial ou instaurar a arbitragem[40].

Poderão ser previstas para auxiliar nos conflitos em pactos antenupciais, união estável e até mesmo em testamento[41]. Dentre as vantagens de se estabe-

---

39 MARIANA FRANÇA GOUVEIA, "Mediação e Processo Civil", defendendo a autora (p. 37) que "a exclusão da jurisdição pública só pode operar-se se tal for reconhecido por via legal". Disponível em: https://novaresearch.unl.pt/en/publications/media%C3%A7%C3%A3o-e-processo-civil <acesso em 04 de abril de 2024>

40 CABRAL, Trícia Navarro Xavier; HALE, Durval; PINHO, Humberto Dalla Bernardina de. Comentários à lei nº 13.140, de 26 de junho de 2015. São Paulo: Atlas, 2016. p. 66/67

41 A discussão sobre a arbitragem testamentária no Brasil é recente, abrindo espaço para a mediação testamentária. Sobre o tema, vide CAHALI, Francisco José. Ensaio sobre a arbitragem testamentária no Brasil com paradigma no direito espanhol. Revista de Mediação e Arbitragem, São Paulo, ano 5, n. 17, abr./jun. 2008.

lecer uma cláusula de mediação, podemos destacar a previsibilidade de escolha anterior ao conflito de fato exista, fazendo com que as partes participem, ao menos, da primeira reunião e, com isso, tentem uma pacificação do conflito, visualizando sempre o tempo de paz.

Não existe uma redação única para a confecção da cláusula, sendo livre, entre as partes, ajustar o quanto é de melhor interesse. Entretanto, há alguns modelos que servem de base em sua confecção. Como por exemplo, o modelo da Câmara de Arbitragem e Mediação do Oeste da Bahia – CAMOB, onde temos:

> **CLÁUSULA COMPROMISSÓRIA DE MEDIAÇÃO**
> As partes acordam que na hipótese de divergências decorrentes do presente contrato, antes de qualquer providência contenciosa, vão instalar o procedimento de Mediação Extrajudicial, ficando desde já escolhida a CAMOB – Câmara de Arbitragem e Mediação do Oeste da Bahia, para realizar o procedimento consensual, adotando o seu Regulamento.
> **PARÁGRAFO PRIMEIRO.** As partes se comprometem, na forma do art. 23 da Lei 13.140/2015, que não darão início a qualquer procedimento contencioso (judicial ou arbitral), sem que antes tenha sido concluído o procedimento de Mediação Extrajudicial, ou antes de 90 dias contados do seu início, caso este ainda não tenha se encerrado até este prazo, sendo pois a tentativa de Mediação Extrajudicial condição de procedibilidade para qualquer demanda contenciosa futura, sem o qual não satisfazem o interesse de agir como condição de qualquer ação.
> **PARÁGRAFO SEGUNDO:** A Escolha do Mediador será por consenso das partes, nos termos previstos no regulamento da Camob.
> **PARÁGRAFO TERCEIRO** – A reunião de Mediação será realizada na sede da CAMOB ou em outro lugar por ela designado.
> **PARÁGRAFO QUARTO** – O não comparecimento da parte convidada/notificada à primeira reunião, sem justa motivação, implicará na multa equivalente a R$ (....), em favor da parte solicitante da Mediação, bem como, na assunção pela parte ausente, de 50% das custas e honorários dos especialistas e advocatícios de sucumbência do procedimento contencioso (arbitral ou judicial), caso venha a ser vencedor na disputa posterior, que envolva o mesmo objeto da Mediação.
> **PARÁGRAFO QUINTO** – As partes acordam que o procedimento de mediação será confidencial, preservando todo o conteúdo do que nele for discutido, nos limites previstos nos artigos. 30 e 31 da Lei 13.140/2015.

Vejamos que embora haja uma liberdade redacional, o modelo segue o quanto preceituado pela legislação vigente. A respeito das cláusulas escalonadas, podemos trazer como exemplo as aplicadas pelo Centro de Arbitragem e Mediação da Câmara de Comércio Brasil-Canadá (CAM-CCBC):

CLÁUSULA PADRÃO ESCALONADA MED-ARB.:
Qualquer controvérsia originária do ou relacionada ao presente contrato, inclusive quanto à sua interpretação ou execução, será submetida obrigatoriamente à Mediação, administrada pelo Centro de Arbitragem e Mediação da Câmara de Comércio Brasil-Canadá ("CAM-CCBC"), de acordo com o seu Roteiro e Regimento de Mediação, a ser coordenada por Mediador participante da Lista de Mediadores do CAM-CCBC, indicado na forma das citadas normas.
A controvérsia não resolvida pela mediação, conforme a cláusula de mediação acima, será definitivamente resolvida por arbitragem, administrada pelo mesmo CAM-CCBC, de acordo com o seu Regulamento, constituindo-se o tribunal arbitral de três árbitros, indicados na forma do citado Regulamento.

CLÁUSULA DETALHADA ESCALONADA MED-ARB.:
1- Qualquer controvérsia originária do ou relacionada ao presente contrato, inclusive quanto à sua interpretação ou execução, será submetida obrigatoriamente à Mediação, administrada pelo Centro de Arbitragem e Mediação da Câmara de Comércio Brasil-Canadá ("CAM-CCBC"), de acordo com o seu Roteiro e Regimento de Mediação, a ser coordenada por Mediador participante da Lista de Mediadores do CAM-CCBC, indicado na forma das citadas normas.
1.1- A controvérsia não resolvida pela mediação, conforme a cláusula de mediação acima, será definitivamente resolvida por arbitragem, administrada pelo mesmo CAM-CCBC, de acordo com o seu Regulamento.
2.1- A arbitragem será administrada pelo CAM-CCBC e obedecerá às normas estabelecidas no seu Regulamento, cujas disposições integram o presente contrato. 2.2- O tribunal arbitral será constituído por [um/três] árbitros, indicados na forma prevista no Regulamento do CAM-CCBC.
2.3-. A arbitragem terá sede em [Cidade, Estado].
2.4-. O procedimento arbitral será conduzido em [idioma].
2.5-. [lei aplicável]

CLÁUSULA PADRÃO ENVOLVENDO ADMINISTRAÇÃO PÚBLICA:
1- Qualquer disputa oriunda deste contrato ou com ele relacionada será definitivamente resolvida por arbitragem, de acordo com a Lei Federal nº 9.307/96. 1.1- A arbitragem será administrada pelo Centro de Arbitragem e Mediação da Câmara de Comércio Brasil-Canadá ("CAM/CCBC")

e obedecerá às normas estabelecidas no seu Regulamento, incluindo-se as normas complementares aplicáveis aos conflitos que envolvem a Administração Pública, cujas disposições integram o presente contrato.

1.2- O tribunal arbitral será constituído por [um/três] árbitros, indicados na forma prevista no Regulamento do CAM/CCBC.

1.3- A arbitragem terá sede em [Cidade, Estado], Brasil.

1.4- O procedimento arbitral será conduzido em língua portuguesa.

1.5- O procedimento arbitral respeitará o princípio constitucional da publicidade, salvo em relação às informações relacionadas à disputa que, eventualmente, se classifiquem como de caráter sigiloso, nos termos da legislação aplicável.

CLÁUSULA PADRÃO ESCALONADA MED-ARB. ENVOLVENDO ADMINISTRAÇÃO PÚBLICA:

1- Qualquer conflito originário do presente contrato, inclusive quanto à sua interpretação ou execução, será submetido obrigatoriamente à Mediação, administrada pelo Centro de Arbitragem e Mediação da Câmara de Comércio Brasil-Canadá ("CAM/CCBC"), de acordo com o seu Roteiro e Regimento de Mediação, a ser conduzida por Mediador participante da Lista de Mediadores do CAM/CCBC, indicado na forma das citadas normas.

1.1- O conflito não resolvido pela mediação, conforme a cláusula de mediação acima, será definitivamente resolvido por arbitragem, nos termos da Lei Federal nº 9.307/96, administrada pelo mesmo CAM/CCBC, de acordo com o seu Regulamento.

2.1- A arbitragem será administrada pelo CAM/CCBC e obedecerá às normas estabelecidas no seu Regulamento, incluindo-se as normas complementares aplicáveis aos conflitos que envolvem a Administração Pública, cujas disposições integram o presente contrato.

2.2- O tribunal arbitral será constituído por [um/três] árbitros, indicados na forma prevista no Regulamento do CAM/CCBC.

2.3- A arbitragem terá sede em [Cidade, Estado], Brasil.

2.4- O procedimento arbitral será conduzido em língua portuguesa.

2.5- O procedimento arbitral respeitará o princípio constitucional da publicidade, salvo em relação às informações relacionadas à disputa que, eventualmente, se classifiquem como de caráter sigiloso, nos termos da legislação aplicável.

Temos, então, que a cláusula de mediação permite aos interessados que os conflitos que possam surgir venham a ser geridos, com chances reais de que o problema seja solucionado sem que para tanto seja acionado meios mais morosos e custosos, como o arbitral ou judicial. Nas palavras de Vasconcelos[42]:

> A assunção, pela sociedade, do papel de protagonista na solução amigável ou arbitral de questões cíveis ou mediação de infrações penais de menor potencial ofensivo é o aspecto desse movimento de acesso à justiça que melhor reflete o desenvolvimento de uma consciência de cidadania ativa no jogo democrático, conflituoso e pluralista.

As partes, plenamente informadas sobre as condições estabelecidas, podem, mediante um planejamento cuidadoso, buscar o método mais vantajoso para sua situação específica. Se todas as tentativas forem infrutíferas, podem, ainda, recorrer ao auxílio do poder judiciário para buscar solucionar suas questões.

CONCLUSÕES

O presente artigo buscou, de forma sucinta e direta, explicar um pouco sobre a importância do instituto da mediação, como um instrumento de acesso a soluções de conflitos de maneira mais célere e eficiente. O instituto não é novo em nosso ordenamento jurídico, mas, paulatinamente, vem galgando cada vez mais espaço, mostrando-se eficaz e capaz de auxiliar o poder judiciário em suas demandas.

Passando por sua instituição no ordenamento jurídico brasileiro, sua forma judicial e extrajudicial, bem como o auxílio das serventias extrajudiciais nessa empreitada, mostra-se um meio jurídico seguro para a gestão das controvérsias existentes, podendo oferecer às partes a melhor solução que atenda todas as reais necessidades dos envolvidos. A cláusula de mediação pré-estabelecida em contrato, a partir da autonomia da vontade, é outro grande ganho a toda a população, isso porque é possível, antes de existir um conflito real, uma maior percepção sobre o caso e entendimento sobre os possíveis futuros embates, fazendo-se indispensável.

Encontramos, portanto, dentro do método, uma resposta eficiente a toda a transformação social a qual vivenciamos diariamente, reconhecendo e refletindo a modernização – tão necessária – de nosso sistema jurídico, abarcando as demandas que urgem em nosso cotidiano, trabalhando em direção à uma justiça cada vez mais rápida e adaptada aos reais obstáculos presentes.

---

42 VASCONCELOS, Carlos Eduardo de. Mediação de conflitos e práticas restaurativas. 5ª ed. Ver. Atual e ampl. Rio de Janeiro: Forense; São Paulo: Método, 2017, p. 64.

79. CLAUSULADO CONTRATUAL E ATIVIDADE ECONÔMICA

Rachel Sztajn
Milton Barossi Filho

1. INTRODUÇÃO

A atividade econômica, fonte de criação de riqueza e bem-estar, depende de dois institutos: propriedade e contrato. Pensando contratos como promessa, permuta ou transferência de posição jurídica, sem o que trocas voluntárias de bens e/ou serviços não existiriam, fica clara sua importância nas relações socioeconômicas e, portanto, regramentos que gerem segurança entre as pessoas, nesse contexto, são vitais.

No plano do Direito os contratos são classificados como unilaterais, bilaterais ou plurilaterais, conforme as obrigações recaiam sobre uma ou todas as partes. No que concerne ao cumprimento das obrigações podem ser de execução instantânea, execução continuada ou execução diferida, dependendo, novamente, da execução/exigibilidade, das obrigações ajustadas. Da perspectiva da atividade econômica, os contratos de execução continuada ou diferida são os mais presentes pois dessa forma, segundo ensinamento de Ronald Coase[1], reduzem-se os "custos de transação", isto é, os esforços para ter dis-

1 The Nature of the Firm - *in Economica, New Series*, 1937, vol 4, n.16, pp.386 – 405. Custos de transação são os esforços feitos para a realização de uma troca o que inclui o tempo gasto na busca do bem e/ou serviço, a negociação e a garantia de cumprimento da obrigação pela outra parte.

poníveis insumos, bens de capital e mão de obra que permitam a produção e oferta de bens e/ou serviços em mercados. Demais disso, ainda segundo Coase, a garantia do cumprimento das obrigações assumidas ou suas exigibilidades são outro fator a ser considerado nessas circunstâncias.

A criatividade dos agentes econômicos traz ainda para o quadro geral das atividades econômicas, os contratos atípicos, isto é o que não seguem precisamente os "modelos" (ou estruturas) previstos nas legislações positivadas.

Claro que mesmo em face de contratos típicos alguma flexibilidade existe uma vez que normas positivadas podem ser facultativas, ou seja, possíveis de serem afastadas pelas partes contratantes. Quanto aos contratos atípicos, frutos de demandas ou interesses específicos, as partes podem, ou negociar todas as regras vinculantes para determinada operação ou remeter a normas positivadas.

Comum a ambas as espécies de contratos, típicos ou atípicos, notadamente os de execução continuada ou diferida, que o clausulado contratual ganhe relevância uma vez que a execução das obrigações dá-se de forma sequencial, ao longo do tempo, a execução será exigível após o decurso de lapso temporal. Isto expõe as partes a efeitos de eventos futuros e o futuro, como se sabe, é incerto, imprevisível do que emerge o "perigo", de que em face das expectativas iniciais que levaram à contratação, possam ocorrer eventos que estimulem comportamentos oportunistas, tomada de refém de uma parte pela outra e desrespeito à confiança que se deseja preservar como valor social.

Aqui a relevância de modelar (desenhar), mecanismos que estimulem comportamentos éticos socialmente desejáveis, particularmente em face de contratos de execução continuada ou diferida que, como se apontou acima estão presentes na estruturação das cadeias produtivas sem as quais o bem-estar social seria reduzido. Como satisfazer necessidades de desejos das pessoas sem mercados operando regularmente?

Há que observar que a incerteza não é novidade para o operador do Direito eis que no direito romano a regra *rebus sic stantibus* era utilizada para justificar inadimplemento obrigacional ou adimplemento imperfeito/incompleto, dadas mudanças ocorridas nas "condições fáticas" existentes quando da contratação da operação.

De outro lado, supor que as partes poderiam buscar, prever todos e quaisquer eventos futuros imporia esforços imensos tendendo a tornar a contratação para execução futura ou continuada inviável uma vez que as negociações e "adivinhações" para dispor sobre o futuro seriam sempre uma espécie de jogo.

Relevante, quando se discutem contratos de execução continuada ou diferida é buscar a preservação da confiança entre partes de sorte a que a cooperação no satisfazer as obrigações assumidas seja o que as comunidades desejam, isto é, respeito às instituições sociais como explicou Douglas North.

No que diz respeito às atividades econômicas mercantis, excluída a oferta final de bens e serviços em mercados, disciplinada pelo Direito do Consumidor, contratos de execução continuada ou diferida, a par dos atípicos, fruto da criatividade dos agentes econômicos e dos avanços tecnológicos, de apontar, ainda que pouco focado por operadores do Direito, é função dos contratos alocar riscos, estimular a cooperação entre partes e desestimular comportamentos oportunistas.

Túlio Ascarelli, considerava o Direito Comercial o mais histórico dos direitos[2]. A esse respeito o professor Miguel Reale, na Revista da Faculdade de Direito do Largo São Francisco o vê como emblemático.

Sob essa perspectiva o direito contratual há de ser entendido como dinâmico, uma espécie de realidade social em constante transformação decorrendo daí que é preciso ter presente, sempre, sua função nas relações intersubjetivas, assim como não se pode, nem deve, ignorar a incerteza quanto ao futuro.

A cooperação entre partes, em que a autonomia privada não seja obscura nem maculada – poder para decidir, se obrigar -, a força vinculante dos contratos deve ser preservada tanto pela sociedade quanto pelo ordenamento jurídico. Recorda-se que se trata de contratos celebrados entre profissionais, tal como definidos no Código Comercial de 1850: pessoa que faz da atividade mercantil seu meio de vida, o que não está claro no artigo 960 do Código Civil que, de outro lado, considera que contratos têm função social, sem deixar claro o que se há de compreender.

O que exatamente significa função social? Atender às demandas sociais sem especificar quais possam ser? Dar preferência às partes definidas como vulneráveis ou hipossuficientes no estabelecimento das obrigações? Questionar contratos em massa em que o clausulado é, de regra, definido por uma das partes? Não se discute a imoralidade e, portanto, irregularidade de cláusulas leoninas em favor da parte que desenhe o clausulado contratual o que é socialmente indesejável.

A partir da ideia de função social dos contratos como instrumentos que facilitem a circulação da riqueza (bens e serviços), estimulem a cooperação e prevejam "punições" para comportamentos oportunistas indesejáveis, a alocação de riscos em face da incompletude dos contratos de execução continuada ou diferida – sendo a atividade um complexo de atos e contratos destinados a alcançar um resultado, a imprevisibilidade é fator relevante dado que pode

2 A teoria da interpretação segundo Tullio Ascarelli. *Revista Da Faculdade De Direito, Universidade De São Paulo, 74,* 195-210. Recuperado de http: www. Revistas.usp.br/rfdusp/article/view/66878

alterar a alocação de riscos inicial e desestruturar a cadeia produtiva podendo gerar a captura de uma das partes pela outra, afetando a criação de riqueza gerando perda de bem estar social.

Economistas nos alertam para o fato de que contratos de execução continuada ou diferida em razão da incerteza quanto ao futuro são incompletos; não há como prever e, portanto, dispor a respeito, todos e quaisquer eventos que possam ocorrer no futuro e afetem a alocação inicial de riscos, nem a certeza de que a cooperação será preservada.

A incompletude contratual é matéria praticamente ignorada pelos operadores do Direito, notadamente nos países de legislação de base romano-germânico-canônica, como o brasileiro, em que se acredita que a legislação suprirá eventuais lacunas do clausulado negocial seja qual for a circunstância ou se considera a hipótese de quebra contratual.

2. INCOMPLETUDE CONTRATUAL

Nos anos de 1950, o economista Kenneth Arrow discutiu o que é denominado "teorema da impossibilidade", ou Teorema de Arrow[3], voltado para conflitos entre interesses em que trata de bem estar e escolhas racionais conforme parâmetros usuais na ordem de preferencias racionais. Parece indicar que as pessoas nem sempre agem de forma objetivamente racional e, portanto, os resultados "previstos" podem ser diferentes.

Oliver Hart e Bengt Holmström, ganhadores do prêmio Nobel de economia em 2016, ao abordarem a incompletude contratual, típica de contratos de execução continuada ou diferida, mostram ser inviável especificar todas e quaisquer hipóteses de ocorrência de eventos futuros que possam impactar a execução do contrato e dispor a respeito. Hart aborda o tema em 1988, juntamente com John Hardman[4]. Segundo Hart, a incerteza quanto ao futuro é inevitável e que se os agentes econômicos tentarem "prever o futuro" em busca de alguma segurança, esses contratos, provavelmente, não seriam celebrados.

Continuando a discussão sobre incompletude contratual, Hart volta a atenção para o que denomina de controle residual ligado ao completamento do contrato que associa a uma forma de poder, espécie de titularidade sobre dada posição jurídica[5].

---

3 Arrow, Kenneth "Social Choice and Individual Values" de 1951, comentado em The Review of Economic Studies , 1953 , vol.21, issue 3, Oxford Academics por Murray Kemp.

4 *Incomplete Contracts and Renegotiation* Econometrica, July, 1988, Vol 56 issue 4.

5 Hart, Oliver e John Hardman Moore em Property Rights and the Nature of the Firm in *Journal of Political Economy* 98(6) (1990).

A alocação eficiente de tal poder em exemplo do autor trata de usina geradora de energia elétrica localizada nas proximidades de mina de carvão (que supre sua demanda). O contrato entre usina e mina especificará a quantidade, qualidade e preço do carvão por muitos anos, mas, como o clausulado não tem previsão para eventos futuros, a mina poderá fornecer carvão de diferentes qualidades (o bem não é homogêneo). Se, no futuro, houver renegociação do contrato, dizem, a mina estará em melhor posição visto que a usina dela depende para produzir energia. (logística).

Na visão dos economistas a usina é refém da mina e, por isso, decisão estratégica sobre sua localização ganha importância. Uma hipótese seria, por exemplo, localizar a unidade (usina) em espaço físico no qual haja diferentes fornecedores do insumo o que permitirá "punir" a mina que não atender adequadamente a demanda e incentivará a mina a mudar a conduta. Seria, da perspectiva de teoria dos jogos, uma situação de ameaça crível – será exercível conferindo ao jogador poder para definir o jogo.

Como a renegociação *ex post* de contratos incompletos costuma dar-se em condições de simetria informacional nas relações entre partes, o que, por óbvio, deve considerar hipóteses de investimento específico, quando a parte fica refém da outra, de supor que esse procedimento será mais eficiente do que frente à intervenção de terceiros. Hart vai mais longe e considera que na concessão de atividades originariamente públicas a particulares, esse direito residual de controle é ainda mais relevante, pois os particulares terão incentivos para reduzir os custos ainda que a custa de perda de qualidade do bem/serviço ofertado.

Tais discussões ficam distantes dos operadores do direito tanto é que o que se sabe é que, em face da pandemia e quebra de contratos, sem qualquer análise crítica, com base na linha do pensamento de Ascarelli, invoca-se a teoria da imprevisão, *rebus sic stantibus* a que se associa o desequilíbrio prestacional. Isso tem sido comum mesmo quando a "decisão" de encerrar atividades decorre de comando do Estado! Como manter o *pacta sunt servanda* se o Poder Público determina a cessão de atividades consideradas não essenciais? Quebras das cadeias produtivas, muitas vezes em virtude de dependência de importação de insumos, de bens especiais, são impedidas pelos governos dos países em que são produzidas? Tais princípios são aplicáveis na atualidade sem nenhuma avaliação jurídico-econômica? Se o futuro é incerto, a dinâmica econômica torna as circunstâncias voláteis. Como garantir a previsibilidade negocial e a preservação do equilíbrio prestacional quando há mudanças inesperadas e imprevisíveis no mundo real?

Uma vez que incerteza não se confunde com probabilidade, esta mensurável estatisticamente, aquela não, de se supor que as pessoas ou não as distinguem ou estão prontas para suportar os diferentes efeitos, aí incluídos os adversos, o que valerá até mesmo para agentes avessos a riscos. Contratos de execução continuada ou diferida são incompletos e fonte desse paroxismo negocial.

Entender a incompletude contratual permite avaliar, na criação de incentivos, as assimetrias informacionais, o risco moral, a alocação de riscos (custos e benefícios), sua alteração por força de fatos exógenos supervenientes, e custos de transação (expressão empregada no sentido econômico) incorridos e/ou aceitos pelas partes.

Obviamente que quando o futuro é incerto, pensar-se, tão somente, em reconhecer a incapacidade dos seres humanos de fazerem projeções sustentáveis para o que possa vir a ocorrer é irreal. As pessoas celebram contratos de execução continuada ou diferida na prática comercial mesmo reconhecendo, ainda que tardiamente, que eventos adversos podem afetar a execução do contrato como originalmente desejada.

Evidente que a pandemia, ao se disseminar pelo planeta, deve alertar o operador do Direito para a importância de que contratos alocam riscos e, em certa medida, conferem poder diferente às partes, mas a alocação tem como fundamento a distribuição de custos e/ou benefícios. Sem considerar, *a priori*, que fato superveniente e imprevisível pode levar à realocação dos riscos, há que pensar em como a internalização de responsabilidades geradas por mudanças nos direitos e obrigações adrede ajustados, ou seja, o redesenho do contrato (ou o distrato) poderá ensejar solução eficiente de interesse recíproco das partes.

Uma solução, proposta por economistas, é a inserção, no clausulado contratual, de regra incentivando a renegociação do contrato visando-se o equacionamento de fatos/eventos absolutamente não previstos pelas partes e que venham a impactar a obrigação de uma delas. Vale dizer, modelar incentivos para a renegociação ao invés da ruptura do contrato sob o argumento de que *rebus non sic stantibus* e, portanto, que a solução será o rompimento do contrato, esquecendo o impacto na cadeia produtiva e no bem-estar dos consumidores, por exemplo.

Essa estratégia é menos complexa quando as partes contratantes operam de forma sistemática, desenvolve-se, entre elas, confiança com desestímulo a comportamentos oportunistas. Também é importante considerar investimentos específicos ou idiossincráticos, isto é, a dependência de uma das partes à outra, o que facilita o oportunismo.

Confiança (*trust*) é parte essencial do pano de fundo para tanto uma vez que as "regras do jogo", isto é, as instituições sociais, associadas ao marco regulatório do direito positivo, geram incentivos para contratar e, em face de imprevistos, ao invés de simplesmente descumprir o contrato, optar pela renegociação corrigindo, na medida do possível, o impacto do evento na distribuição de riscos e mantendo a cooperação.

Direito e instituições sociais exercem papel fundamental em momentos de profunda incerteza. Ao inspirarem agentes econômicos a não agirem de forma oportunista, adotem como estratégia, negociar/renegociar o contrato. Veja-se o que se aprende com a teoria dos jogos pensando em jogo de execução continuada, conquanto finito, isto é, em algum momento será encerrado, a fim de determinar se há, ou não, estratégia dominante e, se houver, a quem beneficiará.

Considerados ganhos de cada decisão, pode-se, mediante *backward induction* tentar definir se algum jogador antecipará o final do jogo, adotando a estratégia que melhor lhe convenha uma vez que "sabe" como o outro jogador atuará. Se além de continuado o jogo for repetitivo, a reputação dos jogadores terá papel relevante no processo decisório de vez que as futuras relações entre eles podem ser prejudicadas se inexistir confiança. Dessa forma, preservar a reputação é parte da "estratégia" dos jogadores. Aos contratos de execução continuada não se aplica o modelo do dilema do prisioneiro, de jogada única.

Segundo Norberto Bobbio, o Direito é um sistema de prêmios e punições, logo ao incentivar o cumprimento de contratos, ou sua renegociação se houver interesse em manter o vínculo negocial, gera-se a segurança necessária para a redução de custos de transação facilitando-se a viabilização das atividades econômicas.

CONCLUSÕES

A importância de o clausulado contratual tentar antecipar eventos futuros, nos contratos de execução continuada ou diferida, mesmo que sua definição não seja completa e clara quanto ao que as partes esperam no futuro, ou a previsão de renegociação, se ocorrer algum evento totalmente imprevisível, como, por exemplo, a pandemia da Covid-19 e seus impactos sobre as cadeias produtivas é de suma relevância.

A quebra de contratos por comportamentos oportunistas e/ou uma parte fazer a outra de refém, deixa patente a importância, seja da confiança, seja de regras ou instituições sociais (usos e costumes no antigo Direito Comercial), conhecidas pelas partes, os custos de transação (no sentido de Coase), tornarão o exercício das atividades econômicas praticamente inviáveis.

80. CLÁUSULA DE AFASTAMENTO DE *CONSEQUENTIAL DAMAGES*

Rafael Branco Xavier

Um experiente gerenciador de obras firma contrato junto a um Hotel-Cassino para acompanhar reformas que visam a tornar as dependências físicas do contratante mais atraentes ao público e, com isso, incrementar o seu faturamento. O valor total investido nas reformas é de US$ 24 milhões. Destes, o gerenciador recebe US$ 600 mil dólares para desempenhar as suas atividades, que, seja destacado, não envolvem a construção propriamente dita. A obra não é finalizada a tempo, com o que o Hotel-Cassino resta fechado em momento de grande circulação na cidade onde está localizado.

O texto do contrato escrito silencia sobre o dever de indenizar. A cláusula de afastamento de *consequential damages* não foi pactuada[1].

O Hotel-Cassino instaura processo arbitral em face do gerenciador, cobrando US$ 14 milhões pelos lucros cessantes. Tem a sua pretensão indenizatória atendida. Portanto, alguém que recebeu US$ 600 mil dólares para executar as suas atividades deve indenizar integralmente o prejuízo de US$ 14 milhões.

---

1 Em Dissertação de Mestrado, analisei o tema dos *consequential damages* à luz do Direito brasileiro (XAVIER, Rafael Branco. *Consequential damages* contratuais: comparação jurídica. Dissertação de Mestrado. Orientador Professor Associado Cristiano de Sousa Zanetti. Faculdade de Direito da Universidade de São Paulo, 2023). Enfoquei o significado do sintagma, na tentativa de compreender as suas múltiplas significações na *common law* como passo prévio a verter, em termos jurídicos brasileiros, o seu sentido. O recorte metodológico daquela pesquisa não esteve restrito a casos nos quais a cláusula de afastamento de *consequential damages* tenha sido pactuada. Neste estudo, concluído em outubro de 2023, busco refletir sobre os casos então referidos que envolvem especificamente a cláusula de afastamento de *consequential damages*.

Embora não tenha sido firmada no *Caso do Hotel-Cassino (Estados Unidos, 1992)*[2], a cláusula de afastamento de *consequential damages* visa a afastar condenações desproporcionais como a que ocorreu. Malgrado a categoria dos *consequential damages* seja criticada como "vômito alienígena"[3], em vários tipos de contratos, como os de contratos de construção, transporte, locação e até mesmo de M&A, oriundos da prática de *common law*, o seu emprego é corriqueiro. Por exemplo:

> *Exclusion of Consequential Loss.* In no circumstances shall either we or you be liable for indirect, consequential, reliance, or special loss or damages or for lost revenues, lost savings, lost business opportunity or lost profits of any kind"[4].
>
> *"Limitation of Liability.* Except with respect to the indemnification and confidentiality obligations contained in this Agreement or any Exhibit hereunder, without limitation to the foregoing, under no circumstances shall either party be liable to the other party for any indirect, incidental, consequential, special, punitive or exemplary damages, even if either party has been advised of the possibility of such damages, arising from this Agreement, such as, but not limited to, loss of revenue or anticipated profits or lost business[5].

Essas cláusulas são ditas de "exclusion"[6]. Para traduzir a expressão, ora se adota a palavra afastamento, e não a tradução literal ("exclusão"). Essa escolha se justifica porque, examinando-as à luz do Direito brasileiro, com o emprego

2 Estados Unidos da América. Supreme Court of New Jersey. *Perini Corp. v. Greate Bay Hotel Casino, Inc.* Julgado em 06 de agosto de 1992 ("*Caso do Hotel-Cassino*"). A sentença arbitral majoritária foi mantida pela Suprema Corte de Nova Jersey, também em julgamento majoritário. O voto condutor revisou extensivamente os fundamentos de mérito adotados na sentença arbitral. Outro voto, embora concordasse no resultado, se insurgiu fortemente contra o re-exame do mérito que foi procedido pelo judiciário. No terceiro, ainda, entendeu-se que havia um erro fundamental de direito contratual e expurgou U$ 4 milhões da condenação, pois descabem os *lucros cessantes* após o momento de *substantial completion* (conclusão substancial), atendendo, portanto, a pedido subsidiário formulado pelo gerenciador da obra.

3 WEST, Glenn. Do You Really Know What "Consequential Damages" Means? *Global Private Equity Watch.* Datado de 18 de maio de 2020. Disponível em: https://privateequity.weil.com/features/do-you-really-know-what-consequential-damages-means/

4 Estados Unidos da América. United States Bankruptcy Court, S.D. New York. *Global Crossing Telecomms., Inc. v. CCT Commc'ns, Inc.* Julgado em 22 de julho de 2011.

5 Estados Unidos da América. Appellate Court of Illinois Second District. *Westlake Fin. Grp., Inc. v. CDH-Delnor Health Sys.* Julgado em 06 de janeiro de 2015.

6 *E.g.* GOLDBERG, Victor P. *Rethinking the Law of Contract Damages.* Cheltenham, UK/Northampton, MA, US: Edward Elgar Publishing, 2019, Capítulo 10 e 11 (o primeiro sobre as cláusulas nos Estados Unidos, o segundo, no Reino Unido), p. 171-227. WEST, Glenn. *Consequential Damages Redux:* An Updated Study of the Ubiquitous and Problematic 'Excluded Losses' Provision in Private Company Acquisition Agreements". The Business Lawyer, Vol. 70, Fall 2015, 971-1006.

do idioma português, é possível constatar que nessas cláusulas não há propriamente exclusão da responsabilidade – ou, mais propriamente, do dever de indenizar[7]. Ao invés de essas cláusulas excluírem por completo o dever de indenizar na hipótese de inadimplemento, a sua função é a de limitar a responsabilidade.

Tampouco escolheu-se referir às cláusulas ora em análise como cláusulas de limitação de *consequential damages.* Do ponto de vista lógico, a necessidade prática de imposição de limites somente se apresenta caso se parta do pressuposto que, sem a cláusula, os *consequential damages* poderiam ser, ao menos por hipótese, indenizáveis. Se um contrato incluiu a expressão, a definição importa[8]. Admitir que os *consequential damages* jamais fossem indenizáveis seria como entender que as partes escrevem nos contratos: "o dano não indenizável não deve ser indenizado".

A indenizabilidade de *consequential damages* está sujeita a uma série de controvérsias. Não há identidade de critérios na identificação de um *damage* como *consequential*, de um lado, e na resposta sobre a sua indenizabilidade, de outro. Como a cláusula de afastamento dos *consequential damages* se volta a limitar a o dever de indenizar, a pergunta central ora enfrentada é: qual a parcela do dever de indenizar afastada por uma cláusula de afastamento de *consequential damages?*

Nesse estudo comparativo, assinala-se que a cláusula de afastamento de *consequential damages* é uma disposição contratual limitativa do dever de indenizar, cuja eficácia depende da concreta interpretação do contrato como um todo. Está dividido em duas partes. Na Primeira Parte, volta-se a perquirir o conteúdo dos *consequential damages*, a partir de sua origem, o caso *Hadley v. Baxendale (Reino Unido, 1854)* (*1.1*). A seguir, são examinadas brevemente as ideias de lucros cessantes, previsibilidade e causalidade, que auxiliam a compreender as múltiplas facetas da categoria dos *consequential damages* (*1.2*). Propõe-se a sua tradução, para o Direito brasileiro, como *danos extrínsecos* (*1.3*).

Na Segunda Parte, a eficácia da cláusula de afastamento é enfocada. O exame se volta a julgados na *common law*, assinalando-se duas maneiras de compreendê-la: a escolha por um sentido ordinário de *consequential damages*, ou a interpretação do contrato como um todo (*2.1*). Seguindo essa última orientação, são analisados casos nos quais a cláusula foi ineficaz para afastar a indenizabilidade de lucros cessantes (*2.2*). Arremata-se o estudo com o destaque às dificuldades hermenêuticas postas pela mistura entre a definição de um dano como *consequential* e a sua indenizabilidade (*2.3*).

---

7 MARTINS-COSTA, Judith. O árbitro e o cálculo do montante da indenização. In: CARMONA, Carlos Alberto; LEMES, Selma Maria Ferreira; MARTINS, Pedro Batista (Orgs.). *20 anos da Lei de Arbitragem*: homenagem a Petrônio R. Muniz. São Paulo: Atlas, 2017, p. 617-618.

8 GOLDBERG, Victor P. *Rethinking the Law of Contract Damages.* Cheltenham, UK/ Northampton, MA, US: Edward Elgar Publishing, 2019, p.171.

PARTE I. O SIGNIFICADO DE *CONSEQUENTIAL DAMAGES*

Consta da fundamentação do *Caso do Hotel-Cassino* que os *consequential damages* são parte assentada do horizonte jurídico da *common law*[9]. O significado da expressão *consequential damages* em sua origem não é simples nem unívoco. Muito embora a locução não tenha sido expressamente empregada – o que é de todo curioso[10] –, há unanimidade a respeito do caso que foi o seu precursor: *Hadley v. Baxendale*[11]. Há larguíssima aplicação sob essa etiqueta nos Estados Unidos[12] e em outros países cuja experiência jurídica se enquadra na família da *common law*, como a Austrália. Chega-se ao ponto de comentar que o caso representa um "símbolo transnacional" para o problema dos *consequential damages* e para o problema da previsibilidade do prejuízo[13], sendo o ponto de partida para a determinação da indenização contratual, mesmo passados mais de 150 anos da decisão[14].

Analisa-se o texto de *Hadley v. Baxendale* (*1.1*), fazendo-se referência, a seguir, a três ideias-chave que dele são extraídas (*1.2*). Essas discussões

---

9 "Whatever the doctrine's origins, it is a settled part of our legal landscape". Estados Unidos da América. Supreme Court of New Jersey. *Perini Corp. v. Greate Bay Hotel Casino, Inc.* Julgado em 06 de agosto de 1992.

10 HERBOTS, Jacques. Why It is Ill-Advised to Translate Consequential Damage By Dommage Indirect. *European Review of Private Law*, 6, 2011, p. 942.

11 A totalidade da doutrina faz referência ao julgado. Apenas a título exemplificativo: WILLISTON, Samuel. *A Treatise on the Law of Contracts.* Volume V. New York: Baker, Voorhis & Co., 1937, § 1356-1357, p. 3805-3808; SEDGWICK, Theodor. *A Treatise on the Measure of Damages.* Or an inquiry into the principles which govern the amount of pecuniary compensation awarded by courts and justice. Revisado por Arthur Sedgwick e Joseph Beale. Baker, Voorhis and Company, 1912. Acesso pela Plataforma HeinOnline, xii; TREITEL, Sir Guinther. *The Law of Contract.* 11th ed. London: Sweet & Maxwell, 2003, p. 964-974; FULLER, L.L; PERDUE, William R. Reliance Interest in Contract Damages: 2, *The Yale Law Journal*, Volume 46, n.3, p. 374-420, Jan., 1937, p. 375-376; HART, Herbert; HONORÉ, Tony. *Causation in the Law.* Oxford: Oxford University Press, 1959, p. 281-287; LOOKOFSKY, Joseph M. *Consequential Damages in Comparative Context.* From Breach of Promise to Monetary Remedy in the American, Scandinavian and International Law of Contracts and Sales. Reimpressão. Copenhagen: Jurist-og *Økonomforbundets Forlag*, 1996, p. 12; FARNSWORTH, Allan. *Contracts.* 4ª ed. New York: Aspen Publishers, 2004, p. 793; CHIRELSTEIN, Marvin. Concepts and Case Analysis in the Law of Contracts.7ª. ed. St Paul: Foundation Press, 2013, p. 214-217; ZIMMERMANN, Reinhard. Limitation of Liability for Damages. *The Edinburgh Law Review.* 18.2., p. 193-224, 2014, p. 203 e p. 208.

12 *E.g.*: ZYLA, Erick M. *Punitive and Consequential Damages, Including Lost Profits, in a Construction Contract Dispute.* Reimpressão. Nova Iorque: Xingya, 2006, p. 66 (refere que o caso é citado de forma geral com aprovação em "todos os 50 Estados" americanos).

13 LOOKOFSKY, Joseph M.*Consequential Damages in Comparative Context.* From Breach of Promise to Monetary Remedy in the American, Scandinavian and International Law of Contracts and Sales. Reimpressão. Copenhagen: Jurist-og ***Økonomforbundets*** *Forlag*, 1996, p. 12.

14 Reino Unido. United Kingdom House of Lords Decision. *Transfield Shipping Inc. v Mercator Shipping Inc.* Julgado em 09 de julho de 2008. *The Achilleas.* Voto de Lord Rodger of Earlsferry.

abrem caminho para se considerar os *consequential damages* como danos extrínsecos (*1.3*).

1.1. A origem dos consequential damages

Hadley v. Baxendale trata da negativa de indenização por inadimplemento de contrato. O pedido indenizatório foi formulado pelos senhores *Hadley e Anor*, parceiros comerciais e operadores de um moinho de trigo, em face de *Baxendale* e outros, proprietários de uma empresa transportadora chamada *Pickford & Co.* Os autores pediram indenização pelos prejuízos decorrentes do inadimplemento de contrato de transporte firmado entre as partes, cujo objeto seria o transporte de ida-e-volta de uma peça consistente no eixo essencial ao funcionamento do motor a vapor do moinho (o virabrequim[15]) entre Gloucester, a cidade onde se situava o moinho, e Greenwich, onde a peça serviria de modelo à fabricação de um novo eixo de movimentação. O inadimplemento contratual deu-se pelo atraso de cinco dias em trazer de volta a peça. Durante o período, o virabrequim não pôde ser substituído por nenhum outro. O funcionamento do moinho esteve paralisado, restando *Hadley e Anor* privados de obter lucros esperados lucros esperados em virtude do não funcionamento do moinho.

A negativa da indenização do dano foi construída a partir de uma série de argumentos. Foi enfatizada a ausência de pactuação especialmente destacada entre as partes a respeito de indenização pelo atraso. Considerou-se que um transportador tem certos deveres impostos pelo direito, mas que tais deveres não podem ser ampliados de forma indefinida na ausência de um contrato especial, de fraude ou de malícia[16]. Os transportadores não poderiam ser responsabilizados pelos resultados que, no momento no qual os bens lhes haviam sido entregues para transporte, estavam "além de qualquer previsibilidade humana"[17]. Por isso, concluiu-se que somente quando a uma parte é dado o conhecimento de todas as consequências que decorreriam de seu eventual

15 Virabrequim é a tradução de *Crankshaft*. A palavra tem origem no francês, *Vilebréquin*, cujo significado é "conjunto de articulações para transformar um movimento retilíneo em rotativo", em uso desde o século XVII, do holandês *Wimmelkijr*, idem". Assim está em https://origemdapalavra.com.br/palavras/virabrequim/. Último acesso em 10 de julho de 2023.

16 No original: "There was no special contract between these parties. A carrier has a certain duty cast upon him by law, and that duty is not to be enlarged to an indefinite extent in the absence of a special contract, or of fraud or malice". Reino Unido. Exchequer Court. *Hadley v. Baxendale*. Julgado em 23 de fevereiro de 1854.

17 No original: "They cannot be responsible for results which, at the time the goods are delivered for carriage, are beyond all human foresight" Reino Unido. Exchequer Court. *Hadley v. Baxendale*. Julgado em 23 de fevereiro de 1854.

inadimplemento seria razoável considerar ter havido a assunção do risco sobre tais consequências[18]. Dito de outra forma, como aos transportadores seria impossível prever determinadas e especiais consequências de seu inadimplemento, mesmo tendo incorrido em atraso no cumprimento de sua prestação, não poderiam ser responsabilizados pela perda de produção de *Hadley*. Os lucros cessantes pleiteados não foram indenizados.

Ao longo do século XX e até hoje, há trechos do julgado que fundamentam as "duas regras de *Hadley*", a indicar uma pauta de análise sobre os danos indenizáveis. Apesar de o texto do julgado não fazer alusão expressa a duas regras (a dois "galhos", dois "elementos", ou dois "braços"), veio a ser segmentado por construção jurisprudencial e doutrinária[19]. A primeira regra se refere aos *natural, general, normal* ou *direct damages*, já a segunda aos *consequential, special, abnormal* ou *indirect damages*[20].

Uma tentativa de tradução do significado normativo da primeira regra é: "o lesado pelo inadimplemento contratual será indenizado pelos danos derivados naturalmente do curso normal das coisas decorrente de tal inadimplemento em si". São apodadas como naturais essas perdas e danos se estiverem de acordo com o curso normal das coisas em relação ao inadimplemento contratual "em si"[21].

Já a segunda regra é construída por contraste à primeira[22]. O enunciado compreende ideia alternativa ao "curso normal das coisas", pois antecedido pela conjunção "either" (na primeira regra), e principia pela conjunção "or". Os prejuízos a que se refere não se qualificam pelo descumprimento "em si", ou seja, o comando estabelece que devem também ser indenizados aqueles prejuízos que razoavelmente devem ser tidos como se estivessem na contemplação de ambas as partes, no momento da contratação, como resultado provável do descumprimento.

---

18 Reino Unido. Exchequer Court. *Hadley v. Baxendale*. Julgado em 23 de fevereiro de 1854.

19 *E.g.*: ZIMMERMANN, Reinhard. Limitation of Liability for Damages. *The Edinburgh Law Review*. 18.2., p. 193-224, 2014, p. 203.

20 *E.g.*: Reino Unido. Court of Appeal. King's Bench Division. *Victoria Laundry (Windsor) LD. V. Newman Industries LD*. Julgado em 12 de abril de 1949 ("The limb of this sentence prefaced by 'either' embodies the so-called 'first' rule; that prefaced by 'or' the 'second.'). No mesmo sentido Reino Unido. House of Lords. *Koufos v. C. Czarnikow, Ltd. The Heron II*. Julgado em 1967, Voto de Lord Hodson; EISENBERG, Melvin Aron. The Principle of Hadley v. Baxendale. *California Law Review*, vol. 80, 1992, p. 563-613.

21 Where two parties have made a contract, which one of them has broken, the damages which the other party ought to receive in respect of such breach of contract should be such as may fairly and reasonably be considered *either arising naturally to the usual course of things*, from such breach of contract *itself*, (...). (Destaquei).

22 "(...) *or* such as may reasonably to have been in the contemplation of both parties at the time they made the contract as the probable result of the breach of it".

Ao se dissecar o trecho, é possível perceber que a ênfase na segunda parte passa a ser concreta. Na primeira parte, o inadimplemento "em si" suscitará a comparação da situação concreta com um referencial abstrato de descumprimento contratual semelhante, dado pelo curso normal das coisas. Já na segunda regra, importam as peculiaridades a qualificar concretamente as expectativas de ambas as partes ("as may reasonably to have been in the contemplation of both parties"), no momento da contratação ("at the time they made the contract"), consideradas estas como resultados prováveis do descumprimento daquele contrato ("as the probable result of the breach of it"). Com esforço analítico é possível dizer: na aplicação da segunda, não importam as consequências do descumprimento "em geral". Importam as expectativas de ambas as partes – e não só de uma delas –, no momento da contratação – fixando-se o momento da celebração como relevante –, bem como um juízo de probabilidade, feito naquele momento, sobre as prováveis consequências do inadimplemento.

Em complemento explicativo[23], o julgado passa a destacar que se circunstâncias especiais do caso tivessem sido informadas – e, portanto, fossem conhecidas também pelos transportadores –, os danos decorrentes do descumprimento seriam aqueles que ordinariamente decorreriam de um contrato no qual consideradas essas circunstâncias "sabidas e comunicadas"[24]. Ou seja, o exame concreto sobre as circunstâncias especiais é aprofundado. Se essas circunstâncias destoarem do que normalmente acontece, ensejarão danos indenizáveis se tiverem sido comunicadas e forem conhecidas pelos contraentes. Introduz-se requisitos aos danos ligados a circunstâncias especiais: o conhecimento e a comunicação a seu respeito. As circunstâncias especiais estarão na *contemplation of both parties* se tiverem sido comunicadas pelo lesado e se forem conhecidas pelo lesante.

A fórmula aplicada ao caso leva à conclusão de a perda de produtividade do moinho não ter sido considerada na celebração daquele contrato de transporte. Tomados os fatos, em comparação com a grande maioria dos casos análogos de atraso no transporte de peças, não seria uma consequência "normal"

---

23 Também referido como "pauta ilustrativa". Reino Unido. House of Lords. *Koufos v. C. Czarnikow, Ltd. The Heron II.* Julgado em 1967. Voto de Lord Morris Borth-Y-Gest.

24 "Now, if the special circumstances under which the contract was actually made were communicated by the plaintiffs to the defendants, and thus known to both parties, the damages resulting from the breach of such a contract, which they would reasonably contemplate, would be the amount of injury which would ordinarily follow from a breach of contract under these special circumstances so known and communicated". Reino Unido. Exchequer Court. *Hadley v. Baxendale.* Julgado em 23 de fevereiro de 1854.

a perda de produtividade do moinho[25]. Já que não informada a importância da peça para o funcionamento (circunstância especial), as consequências que derivam da falta de entrega tempestiva não podem ser atribuídas ao transportador. Sendo circunstância incomum, é correto inferir que só ensejaria dano indenizável se pudesse ter sido considerada não só pelos proprietários do moinho, mas por ambos. Se tivessem essas circunstâncias sido comunicadas – e fossem conhecidas por ambas as partes no momento da contratação –, a indenização seria composta pelo montante que ordinariamente decorreria do descumprimento de acordo com tais circunstâncias especiais conhecidas e comunicadas.

A falta de comunicação e de conhecimento sobre as circunstâncias pode também ser vista como falta de previsibilidade do devedor (no momento em que contratou) a respeito da possibilidade de gerar aqueles danos caso viesse a inadimplir. Ou, dito de outra forma, falta de contemplação comum das partes no momento da contratação. Tomado apenas o resultado de *Hadley v. Baxendale,* os *consequential damages* seriam lucros cessantes, imprevisíveis, não decorrentes causalmente do descumprimento.

1.2. Lucros cessantes, previsibilidade e causalidade

Quando os contratos originalmente escritos em inglês estão regidos segundo o Direito brasileiro, a comparação jurídica se apresenta como imprescindível ferramenta, pois a aplicação das cláusulas demanda, pelo mínimo, tradução. Diferentemente de *lost profits* cujo correspondente literal e funcional são lucros cessantes, não há sentido ao aplicador do Direito brasileiro em se referir a "danos consequenciais". Como dano é sempre consequência, não há acréscimo de significado com a adjetivação.

Tanto em *Hadley v. Baxendale,* quanto no caso do *Caso do Hotel-Cassino,* os *consequential* damages eram *lost profits.* Seriam, à primeira vista, melhor referidos como lucros cessantes? Ou seriam danos imprevisíveis? Ou seriam, ainda, danos indiretos?

Essas três alternativas de tradução impactam a compreensão do sentido e, consequentemente, a eficácia da cláusula de afastamento, quando perspectivada à luz do Direito brasileiro. Contudo, nenhuma dessas três opções de tradução logra explicitar com precisão o significado de *consequential damages.* Cada uma, no entanto, auxilia na compreensão da figura: os *consequential damages* podem ser lucros cessantes, podem ser imprevisíveis e podem ser

25 Reino Unido. Exchequer Court. *Hadley v. Baxendale.* Julgado em 23 de fevereiro de 1854.

indiretos. Os critérios que estão por detrás dos qualificadores tem significados que não correspondem exatamente aos *consequential damages.*

Com efeito, lucros cessantes configuram uma das parcelas que compõem as perdas e danos segundo o Direito brasileiro. A clivagem fundamental entre os danos patrimoniais, insculpida nos artigos 402 e 403 do Código Civil, poderia levar a se pensar que a melhor tradução para *consequential damages* seria a de lucros cessantes. Contudo, essa tradução não é precisa, não havendo equivalência sequer na *common law* entre *consequential damages* e *lost profits.* O traço distintivo entre danos emergentes e lucros cessantes não é o mesmo que leva à distinção entre um *consequential* e um *direct damage.* Veja-se a falta de equivalência, por ora, remetendo-se a segunda distinção ao Capítulo 2.1, *infra.*

A falta de equivalência é ilustrada em casos nos quais rubricas indenizatórias inconfundíveis com o que o credor deixou de ganhar foram consideradas *consequential damages.* Por exemplo, a diminuição de valor de bem foi considerada *consequential damage,* em *Star Polaris LLC v. HHIC-PHIL Inc*[26].

O caso envolveu a construção e venda de navio cargueiro. O contrato continha uma cláusula de garantia de qualidade, permeada por limitações do dever de indenizar, entre as quais estavam afastados os *consequential damages*[27]. Vieram a ser descobertos defeitos construtivos que levaram a problema no motor, enquadrando-se como defeito de qualidade do navio. A compradora deu início à ação, pleiteando, entre outros, indenização pela diminuição do valor do navio, em função de contar com peças não originais, substituídas e reparadas. Para o que ora concerne, o pedido indenizatório de diminuição de valor não era enquadrado como *lost profits.* A cláusula de afastamento previa que o estaleiro não seria responsável de forma alguma por *consequential* ou *special damages* a menos que estivessem previstas no contrato[28]. Como a dimi-

---

26 Inglaterra e País de Gales. England and Wales High Court (Commercial Court). *Star Polaris LLC v. HHIC-PHIL INC.* Julgado em 17 de novembro de 2016. Por contraste, em Estados Unidos da América. The Court of Appeals of Washington. Division One. *Park Avenue Condominium Owners Ass'n v. Buchan Developments, L.L.C.* Julgado em 30 de junho de 2003, não se consideraram indenizáveis despesas necessárias para a reparação de defeitos em imóvel, pois foram qualificadas como *consequential damages,* os quais eram afastados por Lei do tipo de contrato então analisado. Note-se, porém, que naquele caso a diminuição de valor dos imóveis, outra pretensão indenizatória também discutida, foi indenizada.

27 Inglaterra e País de Gales. England and Wales High Court (Commercial Court). *Star Polaris LLC v. HHIC-PHIL INC.* Julgado em 17 de novembro de 2016.

28 "4. Extent of BUILDER's Liability (a) After delivery of the VESSEL the responsibility of the BUILDER in respect of or in connection with the VESSEL or this CONTRACT shall be limited to the extent expressly provided in the Paragraph 4 of this Article. Except as expressly provided in this Paragraph, in no circumstances and on no ground whatsoever shall the BUILDER have any responsibility or liability whatsoever or howsoever arising in respect of or in connection with the VESSEL or this CONTRACT after the delivery of the VESSEL. Further, but without in any way limiting the generality of the foregoing, the BUILDER shall have no liability or responsibility

nuição do valor não estava especificamente arrolada no contrato, o pedido foi rejeitado, por ser classificado como *consequential damage*[29]. A diminuição de valor do navio parece melhor se qualificar como dano emergente.

À luz do Direito brasileiro, o dano emergente corresponde à perda no patrimônio do lesado. Revela-se pela diminuição de valores atinentes a posições jurídicas existentes, manifestando-se como empobrecimento patrimonial[30]. Tornado o patrimônio "de menor valor do que seria sem o acontecimento, o dano emergiu. Há *damnum emergens*"[31]. Já os lucros cessantes são aquilo que o credor *razoavelmente* deixa de ganhar: trata-se da diminuição *potencial* de seu patrimônio. São os ganhos de que o credor fica privado, porque tinha, ao tempo da lesão, a titularidade de uma situação jurídica que, fosse mantida incólume, dar-lhe-ia direito a esse ganho[32]. Os lucros cessantes são o não

---

whatsoever or howsoever arising for or in connection with any consequential or special losses, damages or expenses unless otherwise stated herein. Any liability to any third party or any fine, compensation, penalty or other payment or sanction incurred by or imposed upon the Buyer or any other party whatsoever in relation to or in connection with this CONTRACT or the VESSEL until the delivery and acceptance of the VESSEL shall be burdened with the BUILDER".

29 Inglaterra e País de Gales. England and Wales High Court (Commercial Court). *Star Polaris LLC v. HHIC-PHIL INC.* Julgado em 17 de novembro de 2016. A concepção de *consequential damages* é amplíssima: todos aqueles que não estivessem especificamente previstos no instrumento contratual, pois este fora celebrado como um "código exclusivo de remédios". Naquele caso, a diminuição do valor do navio construído em virtude de contar com peças repostas foi considerado um *consequential damage*: dada a cláusula de exclusão, não deveria ser indenizado. O caso foi decidido exclusivamente por meio da compreensão do texto escrito pelas partes: tudo o que não estivesse especifica e expressamente referido pelo contrato seria um *consequential damage*, externo ao contrato, não indenizável.

30 MARTINS-COSTA, Judith. *Comentários ao Novo Código Civil.* Do Inadimplemento das Obrigações. 2ª ed. Volume V, Tomo II. Rio de Janeiro: Forense, 2009, p. 477. PEREIRA, Osny Duarte. *Lucros cessantes.* In: CARVALHO SANTOS, José Manuel; AGUIAR DIAS, José de. (Orgs.). *Repertório Enciclopédico do Direito Brasileiro.* Volume XXII. Rio de Janeiro: Borsoi, 1947, p. 204 (ao distinguir a noção econômica da noção jurídica de lucro cessante, acompanha a ideia, referindo a "elemento" ou "direito" que compunha o patrimônio ou que seria adquirido). PERETTI, Luís Alberto Salton. Dano Emergente Futuro por Descumprimento Contratual. Dissertação. Orientador: Professor Cristiano de Sousa Zanetti. Faculdade de Direito, Universidade de São Paulo, 2022, p. 114.

31 PONTES DE MIRANDA, Francisco Cavalcanti. *Tratado de Direito Privado.* Tomo XXII. Rio de Janeiro: Borsoi, 1958, § 2.722, 2.

32 MARTINS-COSTA, Judith. *Comentários ao Novo Código Civil.* Do Inadimplemento das Obrigações Volume V. Tomo II. 2ª ed. Rio de Janeiro: Forense, 2009, p. 479, aludindo a PESSOA JORGE, Fernando Sandy Lopes. *Ensaio sobre os Pressupostos da Responsabilidade Civil.* Coimbra: Almedina, 1999, p. 378. "Com efeito, o autor afirma não interessar, na distinção entre dano emergente e lucro cessante, 'o momento em que se verificam os prejuízos: um dano emergente pode configurar-se como futuro e um lucro cessante dever qualificar-se de dano presente. O lucro cessante pressupõe que o lesado tinha, no momento da lesão, um direito ao ganho que se frustrou, ou melhor, a titularidade de uma situação jurídica que, mantendo-se, dar-lhe-ia direito a esse ganho'".

aumento do patrimônio[33], o não incremento patrimonial. Logo, nem sempre os *consequential damages* são lucros cessantes.

Poderiam os *consequential damages* ser, então, caracterizados pela segunda nota acima referida, pela falta de previsibilidade, ou seja, seriam sempre danos imprevisíveis?

Uma resposta resumida é a de que os *consequential damages* não são sempre imprevisíveis. A relação entre as regras de *Hadley* põe em evidência que, compreendidos os *consequential damages* como aqueles atinentes à segunda regra, podem ser indenizáveis[34]. São os *consequential damages* aqueles alternativos ao curso normal das coisas, ainda dentro do que era previsível pela parte que inadimpliu. Ou seja, os *consequential damages* – nessa acepção equivalendo-se a *special damages* ou *extraordinary damages* – se caracterizam por não estarem no curso normal das coisas, e, assim, se originarem em circunstâncias especiais.

Circunstância especial é, pois, um elemento de identificação de um *consequential damage*, e não o fato de ser previsível pelo inadimplente no momento em que contratou, o critério da sua indenizabilidade. Logicamente, sendo a própria ideia de curso normal das coisas relativa, também os *consequential damages* o serão. Esta acepção de *consequential damages*, ligada às circunstâncias especiais, é relativa e alternativa. Como *special damages* podem, ainda sim, ser previsíveis e, portanto, indenizáveis. Ou seja, a constatação de se caracterizarem por serem especiais não leva a uma automática negativa sobre figurarem na *contemplation of both parties*. Não se pode confundir a alternativa em relação ao curso normal das coisas com a negativa da sua indenizabilidade; não se pode confundir a ausência de indenizabilidade dos danos em *Hadley v. Baxendale* com a impossibilidade de danos ligados a circunstâncias especiais serem indenizados.

Se para ser indenizável o dano deve ser previsto ou ser previsível, é ilógico afirmar que *consequential damages* são danos imprevisíveis. Do contrário, os *consequential damages* jamais seriam indenizáveis, não haveria qualquer sentido em cláusulas ou em leis, mesmo de *common law*, que excluíssem a sua indenizabilidade. Seria totalmente despido de sentido prático que houvesse a pactuação de cláusulas de afastamento do dever de indenizar *consequential damages* se já fossem danos cuja indenizabilidade fosse rechaçada pelo direito de modo induvidoso e automático. Em suma, nem todo o *consequential damage* é imprevisível.

---

33 GUEDES, Gisela Sampaio da Cruz. *Lucros Cessantes*: Do bom-senso ao postulado normativo da razoabilidade. São Paulo: Revista dos Tribunais, 2011, p. 68.

34 Reino Unido. Court of Appeal. King's Bench Division. *Victoria Laundry (Windsor) LD. V. Newman Industries LD.* Julgado em 12 de abril de 1949.

Se essas razões não fossem suficientes, no Direito brasileiro, não há clareza a respeito da previsibilidade como critério identificador do dano indenizável[35]. Essa questão remanesce em aberto[36], cumprindo afirmar: o afastamento de *consequential damages* não é bem compreendido como afastamento de danos imprevisíveis[37], o que, a depender do entendimento, poderia ser superafetado.

Finalmente, embora os *consequential damages* sejam tidos como equivalentes aos *indirect damages,* não podem ser traduzidos como danos indiretos. Essa tradução seria problemática. O primeiro óbice estaria na Lei: à partida, o dano indireto não é indenizável, nos termos do art. 403 do Código Civil, enquanto os *consequential damages,* podem ser. O segundo óbice, estaria na falta de uniformidade a respeito do que se entende por dano indireto no Direito brasileiro. Há, pelo menos, quatro significados: dano por ricochete, dano temporalmente distante, dano extrínseco e dano não necessário. Entre estes quatro critérios, apenas o último cumula a adjetivação com a uma resposta sobre a indenizabilidade. Ou seja, algumas espécies de dano por ricochete, dano temporalmente distante e de danos extrínsecos são indenizáveis. Ademais, considerando as críticas doutrinárias de que a fórmula "dano direto e imediato"

35 Em um apertado resumo, a doutrina brasileira anterior ao Código Civil de 1916 anotava a previsibilidade, entre outros, critérios a servirem de limitação do dano indenizável. É nítida a influência do *Traité des Obligations,* de Robert Joseph Pothier (POTHIER, Robert Joseph. *Traité des Obligations.* Paris/Orleáns: Debure pere/veuve Rouzeau-Montaut, 1777, p. 139-158. Na versão em português: POTHIER, Robert J. *Tratado das Obrigações.* Tradução de Adrian Sotero De Witt Batista e Douglas Dias Ferreira. Campinas: Servanda, 2001, §159-172, p. 139-154) nessas formulações. Curiosamente, o mesmo livro, de autoria doutrinador de *civil law,* é referido como a doutrina que serviu de inspiração pelos julgadores de *Hadley v. Baxendale.* PARGENDLER, Mariana. *Evolução do Direito Societário.* Lições do Brasil. São Paulo: Saraiva-Direito GV, 2013, p. 159, e também na 2ª ed. São Paulo: Almedina, 2021, p. 175; FERRARI, Franco. Comparative Ruminations on the Foreseeability of Damages in Contract Law. *Louisiana Law Review,* v. 53, n. 4, Mar./1993, p. 1264. Ou seja, a discussão ora posta diz respeito a um problema de comparação jurídica entre *common law* e *civil law,* cujo fundamento foi um transplante de *civil law* para *common law.*

36 Em esforço de síntese, esta parece ser regra vigente no Direito brasileiro: a previsibilidade importa, mas desde uma perspectiva objetiva, segundo a possibilidade de eventos futuros poderem ocorrer, não sendo de relevo uma visão retroativa da perspectiva do inadimplente. Não se consegue afirmar haver entendimento consolidado se esta análise objetiva sobre a probabilidade do surgimento da consequência negativa se deve fazer retroativamente à contratação, ou retroativamente ao momento do ilícito, ou, ainda, se deve ser considerada dinamicamente.

37 O Código Civil de 1916 entrou em vigência com o artigo 1.059, o qual estabelecia a previsibilidade como fator de limitação dos lucros cessantes. O mesmo artigo não encontrou reprodução no Código Civil de 2002. Não se pode afirmar que o dano indenizável era o previsível apenas à luz dessas constatações, tampouco que o deixou de ser pela alteração legislativa mais recente. Provavelmente em virtude de alterações durante a tramitação do projeto do Código anterior, a limitação passou a se referir apenas aos lucros cessantes (e não aos danos emergentes), o que não encontrava paralelo na obra de Pothier e não veio a ser questionado com profundidade a seguir.

– sinônimos entre si[38] – não é operativa[39], não se entende precisa a tradução de *consequential damages* como dano indireto.

Em suma, *consequential damages* por vezes são lucros cessantes, porém por vezes não são. Por vezes são imprevisíveis, porém por outras, não. Podem ser danos *indiretos*, porém esse qualificativo carrega ao menos quatro significados no Direito brasileiro.

1.3. Consequential damages são danos extrínsecos ao inadimplemento "em si"

Entende-se que a melhor opção de tradução dos *consequential damages* é a de *danos extrínsecos*. Três virtudes se apresentam nessa opção de tradução.

A primeira, a de expressar uma ideia abrangente da miríade de significados que o termo tem na própria tradição de *common law*. *Consequential damage* não é compreensível apenas a partir da noção de *lost profits*, de *foreseeability* (*contemplation of both parties*), de *causation*: em verdade, cada uma dessas categorias e critérios jurídicos oferece pistas para a compreensão do seu sentido.

Considerando que é nota distintiva dos *consequential damages* originar-se de circunstâncias especiais, pode-se arrolar ao menos quatro tipos de circunstâncias especiais que os ensejam. Em alguns casos releva (*i*) característica da parte lesada, como no caso do *Hotel-Cassino*, ou em *Victoria Laundry (Reino Unido, 1949)*[40], uma lavanderia. Em outros, (*ii*) a finalidade que a parte lesada buscava com o contrato, como em *The Heron II (Reino Unido, 1967)*[41], a venda da mercadoria em porto de destino; ou, ainda, (*iii*) característica física do próprio bem objeto da contratação, como a escavadeira transportada em pedaços em *Hector Martinez v. Pacific Transport (EUA, 1979)*[42].

Em todos esses casos, há uma nota digna de destaque: a parte lesada tem ou uma característica de sua constituição ou um objetivo pressuposto

---

38 ALVIM, Agostinho. *Da Inexecução das Obrigações e suas Conseqüências*. 5ª ed. São Paulo: Saraiva, 1980, §222, p. 356-360.

39 FERREIRA DA SILVA, Jorge Cesa. *Inadimplemento das obrigações*. São Paulo: Revista dos Tribunais, 2006, p. 180; NORONHA, Fernando. *Direito das obrigações*. 4ª ed. São Paulo: Saraiva, 2013, p. 621. Essa mesma linha é criticada também em outros países de tradição civilista. *E.g.* sobre o Código Italiano FERRARI, Mariangela. *La compensatio lucri cum damno come utile strumento di équa reparazione del danno*. Milano: Giuffrè, 2008, p. 57-76.

40 Reino Unido. Court of Appeal. King's Bench Division. *Victoria Laundry (Windsor) LD. V. Newman Industries LD.* Julgado em 12 de abril de 1949.

41 Reino Unido. House of Lords. *Koufos v. C. Czarnikow, Ltd. The Heron II.* Julgado em 1967.

42 Estados Unidos da América. United States Court of Appeals. Fifth Circuit. Hector Martinez Co. v. Southern Pacific Transport. Julgado em 20 de dezembro de 1979.

ao contratar que tornará idiossincrático o inadimplemento do contrato concretamente considerado. Em *Victoria Laundry* não se tratava da venda de um aquecedor a alguém que faria uso doméstico, mas de uma lavanderia que viria a atender os seus clientes. Em *The Heron II*, não se tratava de um comprador de açúcar que consumiria toneladas de açúcar em um porto longínquo, mas que as revenderia tão logo o contrato de transporte fosse cumprido. Em *Hector Martinez v. Pacific Transport*, a escavadeira transportada seria imediatamente empregada em processos produtivos. Nesses casos, a destinação dada à prestação, pelo lesado, caso tivesse sido cumprida a prestação, importa.

À previsibilidade razoável dos prejuízos se soma a necessidade da análise das condutas concretas no momento do descumprimento, e não no momento da contratação. Mesmo que os danos sejam prováveis e previsíveis, pode haver danos produzidos em virtude da consideração a respeito de uma circunstância que se soma ao inadimplemento e ao dano. No plano analítico, há ainda um espaço para que condutas – de terceiros, da parte inadimplente ou do próprio lesado – possam influenciar o fluxo causal fático de acontecimentos entre o descumprimento e o resultado danoso. É dizer, uma conduta que se interpõe entre o inadimplemento e o dano. A depender do prisma de análise, essa conduta – ou a falta de – poderia ainda ser também considerada como um (*iv*) quarto tipo de circunstância especial: o dano não deriva do inadimplemento em si, contudo nele tem o seu início, sendo mediado pela circunstância especial.

O dano extrínseco, originado na circunstância especial, pode ser lucro cessante ou dano emergente; pode ser previsível ou imprevisível, e pode, ainda, ser direto ou indireto – seja por atingir vítima não destinatária do objeto da prestação (dano por ricochete), seja por ser temporalmente distante, seja, ainda, por não ser decorrente necessário do inadimplemento, pois outro fluxo causal que o gerou.

A segunda virtude nessa tradução, reproduzindo o que se verifica na *common law*, é a de envolver critério de classificação das consequências negativas do inadimplemento que não se confunde com a sua indenizabilidade. Classificar um dano como extrínseco refere-se a uma consequência negativa no patrimônio do credor cuja nota está em ser externa ao objeto da prestação. Não revela, *per se*, um critério para definir se o dano será ou não indenizável. Admite-se que o dano intrínseco é indenizável, de regra, mas se o dano for extrínseco, ainda assim poderá ser indenizável. Esse aspecto torna especialmente problemático o exame de cláusulas de afastamento, como se verá a seguir.

Por fim, a terceira virtude na tradução de *consequential damages* como dano extrínseco é a de retomar uma distinção já mencionada em doutrina[43] e jurisprudência[44]. Não é imprescindível que se reconheça a inserção de uma nova categoria de danos.

PARTE II. A EFICÁCIA DO AFASTAMENTO DE *CONSEQUENTIAL DAMAGES*

A tradução de *consequential damages* como danos extrínsecos não tem o condão de resolver os problemas práticos das cláusulas de afastamento. Essas afastam danos que não tenham relação com o objeto da prestação pelo inadimplente. A sua eficácia normativa dependerá, porém, da interpretação do contrato como um todo. O exame que se segue é ilustrativo de casos concretos, julgados em jurisdições de *common law*, que já versaram sobre o alcance da cláusula.

Primeiro, duas abordagens diferentes são contrastadas para se demonstrar os limites de se adotar um sentido normativo abstrato de *consequential damages* (*2.1*). Segundo, são apresentados casos nos quais pedidos indenizatórios de lucros cessantes foram indenizados, por serem qualificados como *direct lost profits*, não se configurando como *consequential damages* (*2.2*). A seguir, joga-se luzes em vicissitude causada pelas cláusulas de afastamento de *consequential damages*, que é a de misturar a indenizabilidade dos danos à definição de um *damage* como *consequential (2.3)*.

---

43 ALVIM, Agostinho. *Da Inexecução das Obrigações e suas Conseqüências*. 5ª ed. São Paulo: Saraiva, 1980, §143–167, p. 180-240; CARVALHO SANTOS, José Manuel de. *Código Civil Brasileiro Interpretado*. Principalmente do ponto de vista prático. Volume XIV. 7ª ed. Rio de Janeiro: Livraria Freitas Bastos, 1958, 266-267; LACERDA DE ALMEIDA, Francisco de Paula. *Dos Effeitos das Obrigações*. Rio de Janeiro: Livraria Freitas Bastos, 1934, p. 351-352; SERPA LOPES, Miguel Maria. *Curso de Direito Civil*. Das Obrigações em Geral. Volume II. 2ª ed. Rio de Janeiro, Freitas Bastos, 1957 § 351, p. 478; PEREIRA, Osny Duarte. *Lucros cessantes*. In: CARVALHO SANTOS, José Manuel; AGUIAR DIAS, José de. (Orgs.). *Repertório Enciclopédico do Direito Brasileiro*. Volume XXII. Rio de Janeiro: Borsoi, 1947, p. 207-212; NEVES Iêdo Batista. *Vocabulário Prático de Tecnologia Jurídica e de Brocardos Latinos*. 4ª. ed. Rio de Janeiro: Fase, 1991, s.n.

44 STJ. REsp 1420711/SP. Terceira Turma. Relator Min. Moura Ribeiro. Julgado em 24 de novembro de 2015; STF. RE 9346/BA. Segunda Turma. Relator Min. Lafayette de Andrada. Julgado em 27 de dezembro de 1946. Voto de Orozimbo Nonato. Ao menos até 2 de setembro de 2022, o caso não estava disponível na base de julgados do Supremo Tribunal Federal. É referido em DE CASTRO, Eryx. *Repertório de Jurisprudência do Código Civil*. Direito das Obrigações. Vol. I. Arts. 865 a 1.078. São Paulo: Max Limonad, 1957, §394, p. 430, e o respectivo inteiro teor em: *Revista Forense*, Set. 1947, p. 92-98.

2.1. Sentido normativo ou interpretação do negócio em concreto

Dois casos decididos na Austrália servem de ilustração a respeito de problemas eficaciais atinentes às cláusulas de afastamento. Por um lado, aproximam-se, por rechaçar a visão de *Hadley v. Baxendale* a partir de duas regras. Por outro, distinguem-se pelo método de abordagem sugerido.

Por um lado, no caso *Environmental v. Peerless (Austrália, 2008)*[45], a cláusula de afastamento[46] foi considerada eficaz para afastar um dos prejuízos concretamente pleiteados. Há uma crítica a perspectivar os *consequential damages* como aqueles que se enquadram na segunda parte da regra de *Hadley v. Baxendale:* seria antinômico confinar os *consequential damages* à segunda regra. É contraditório admitir que uma parte contratante deva comunicar as circunstâncias especiais à outra, para, com essa comunicação, atribuí-la a responsabilidade por perdas que, de outro modo, não seriam atribuíveis ao parceiro contratual, e, ao mesmo tempo, aceite o afastamento de responsabilidade a respeito daquela exata perda por meio da cláusula. Dito de outra maneira, seria incoerente que uma parte comunique as circunstâncias especiais à outra para, com isso, transferir o risco, e, ao mesmo tempo, aceite que não será indenizada se o risco se concretizar.

A solução encontrada foi uma tentativa de restaurar o sentido natural de *consequential damages*, o qual teria sido furtado pelo emprego comercial e jurídico das cláusulas de afastamento. A rigor, defende-se, outro método para enfrentar a limitação dos danos contratuais, a partir de outra dicotomia:

---

45 Austrália. Supreme Court of Victoria. Court of Appeal. *Environmental Systems Pty Ltd v Peerless Holdings Pty Ltd.* Julgado em 26 de fevereiro de 2008. Em síntese, o caso envolveu contrato para o desenvolvimento e construção de "regenerador térmico de ar", utilizado no tratamento de resíduos da produção industrial, chamado RTO. *Peerless Holdings*, a contratante, era empresa de reciclagem orgânica, produção e processamento de gordura. *Environmental Systems* era provedora de serviços de engenharia para a indústria de óleo, gás e petroquímica, especializada no fornecimento de sistemas de controle de poluição do ar. O preço do RTO, mais moderno e sustentável, que substituiria o equipamento antigo de *Peerless*, foi ajustado em US$ 675 mil. O contrato excluía a indenização de *liquidated* e de *consequential damages.* O regenerador térmico de ar foi entregue por *Environmental*, mas o sistema não servia aos propósitos prometidos, pois não eliminava o odor da produção industrial. Entre as rubricas indenizatórias pleiteadas por *Peerless*, figuraram custos com trabalho empregado na tentativa de fazer o equipamento funcionar e custos para desmontagem e descarte do regenerador incorridos quando houve a desistência na sua operação.

46 *In verbis:* "8.9 LIQUIDATED DAMAGES AND/OR CONSEQUENTIAL LOSS As a matter of policy, Environmental Systems does not accept liquidated damages or consequential loss. Environmental Systems is motivated to achieving agreed milestones through respect for the client's needs and the obvious financial advantage gained from completion of projects in the shortest possible period". Austrália. Supreme Court of Victoria. Court of Appeal. *Environmental Systems Pty Ltd v Peerless Holdings Pty Ltd.* Julgado em 26 de fevereiro de 2008.

entre danos normais e danos não-normais. Os primeiros seriam indenizáveis, os segundos, não. Segundo essa lógica, *consequential damages* são aqueles que se colocam fora do normal para o contrato especificamente considerado, não se equiparando a danos baseados na segunda regra de *Hadley v. Baxendale*. O julgado defende uma leitura "ordinária" do que devem significar *consequential damages* em cláusulas de afastamento, basicamente apontando a outros danos para além da medida normal.

Trata-se de interpretação doutrinária proposta no livro *Mc Gregor on Damages*, no qual argumenta-se que: "a verdadeira distinção se dá entre *normal loss*, que é aquela [perda] que qualquer requerente em uma situação semelhante sofreria e entre *consequential loss*, tudo o que estivesse para além da medida normal, como lucros cessantes ou despesas incorridas em virtude do descumprimento"[47]. As perdas normais, medida *prima facie* da indenização, seriam a diferença entre o preço do contrato e o valor de mercado[48]. Esta distinção entre *normal losses* e *consequential losses* não seria a mesma distinção entre as partes de *Hadley v. Baxendale*, afirma-se, pois alguns *consequential*

47 No original: "[...] the true distinction is between 'normal loss', which is loss that every plaintiff in a like situation will suffer, and 'consequential losses', which are anything beyond the normal measure, such as profits lost or expenses incurred through breach". Austrália. Supreme Court of Victoria. Court of Appeal. *Environmental Systems Pty Ltd v Peerless Holdings Pty Ltd*. Julgado em 26 de fevereiro de 2008. Por sua vez, a distinção doutrinária está baseada no *English Sales of Goods Act*, nos artigos que tratam de danos por recusa ou não entrega das mercadorias. *In verbis:* "50. Damages for non-acceptance. (1) Where the buyer wrongfully neglects or refuses to accept and pay for the goods, the seller may maintain an action against him for damages for non-acceptance. (2) The measure of damages is the estimated loss directly and naturally resulting, in the ordinary course of events, from the buyer's breach of contract. (3) Where there is an available market for the goods in question the measure of damages is prima facie to be ascertained by the difference between the contract price and the market or current price at the time or times when the goods ought to have been accepted or (if no time was fixed for acceptance) at the time of the refusal to accept"; "51. Damages for non-delivery. (1) Where the seller wrongfully neglects or refuses to deliver the goods to the buyer, the buyer may maintain an action against the seller for damages for non-delivery. (2) The measure of damages is the estimated loss directly and naturally resulting, in the ordinary course of events, from the seller's breach of contract. (3) Where there is an available market for the goods in question the measure of damages is prima facie to be ascertained by the difference between the contract price and the market or current price of the goods at the time or times when they ought to have been delivered or (if no time was fixed) at the time of the refusal to deliver".

48 A interpretação doutrinária sobre o texto legal inglês, *in verbis*: "The second sub-section of each section states the general measure of damages as the loss directly and naturally resulting in the ordinary course of events from the particular breach: this includes both normal and consequential losses. The third sub-section of each section states the *prima facie* measure of damages to be the difference between contract price and market price: this is the normal loss". Austrália. Supreme Court of Victoria. Court of Appeal. *Environmental Systems Pty Ltd v Peerless Holdings Pty Ltd*. Julgado em 26 de fevereiro de 2008.

losses poderiam recair dentro da primeira regra do célebre caso como perdas naturalmente decorrentes do inadimplemento. Os custos na tentativa de reparar o equipamento e com o seu respectivo descarte foram considerados *consequential damages*, logo a eficácia da cláusula afastou a sua indenizabilidade.

Por outro lado, no caso *Regional Power Corporation ("SECWA") v. Pacific Hydro (Australia, 2013)*[49], os danos discutidos foram indenizados, pois não se configuravam como *consequential damages*. O ponto fundamental da decisão é a resposta a respeito da qualificação dos custos com a contratação substitutiva para que não houvesse solução de continuidade no suprimento de energia. Poderiam ser tais custos qualificados, à luz do contrato em concreto, como *consequential damages*? Se o fossem, não seriam indenizados, pois também havia cláusula de afastamento.

Acompanhando, nesse particular, as conclusões do caso recém analisado[50], a Corte assinalou às dificuldades de se traçar uma linha clara para a distinção entre a primeira parte e a segunda parte de *Hadley v. Baxendale*. Entendeu-se descaber a justificativa sobre indenizabilidade dos danos à luz da distinção dicotômica, por um contraste entre o curso normal das coisas, de um lado, e de outro, o que é previsível em virtude do conhecimento efetivo do lesante sobre circunstâncias especiais. Argumentou-se a necessidade de libertação dos grilhões de que *consequential damages* só dizem respeito à segunda regra de *Hadley*, pois tais grilhões, por vezes, são inconsistentes com o método que demanda do intérprete analisar as palavras do texto em si, entendido à luz

---

49 Austrália. Supreme Court of Western Australia in Civil. *Regional Power Corporation v. Pacific Hydro Group Two Pty Ltd (No 2)*. Julgado em 26 de setembro de 2013. Em síntese, A discussão envolveu contrato de construção de usina hidroelétrica e fornecimento de energia de longa duração. *Regional Power*, também referida como *SECWA*, era a detentora da propriedade, localizada no *Lago Argyle*. *Pacific Hydro* construíra a usina em 1994 e a operava, cabendo à SECWA a compra da energia produzida, a qual era revendida para o suprimento energético da comunidade da região. Ocorre que adveio falha na operação da usina, levando à indisponibilidade do fornecimento de energia durante dois meses, no ano de 2006. *SECWA* foi compelida a contratar gerador de diesel e de combustível para não haver interrupção no fornecimento de energia elétrica à comunidade. Em virtude dos dispêndios, *SECWA* deduziu pedido indenizatório relativo aos gastos que teve com a contratação substitutiva de gerador de diesel – gastos de combustível, mão de obra e adaptações necessárias. Os gastos eram danos atinentes à necessidade de suprimento energético alternativo durante o período. *Pacific Hydro* argumentou que o pedido dizia respeito a *consequential damages*, definíveis pela segunda parte de *Hadley v. Baxendale*, a qual ensejava danos não indenizáveis. Ou seja, como esses custos eram danos que excepcionavam o curso normal das coisas, não deveriam ser indenizados. Era incontroverso entre as partes que o direito vigente na Austrália o abandono à compreensão de que a indenizabilidade dos danos deva ser aferida conforme uma dicotomia em *Hadley v. Baxendale*.

50 E também as do célebre caso Reino Unido. House of Lords. *Koufos v. C. Czarnikow, Ltd. The Heron II*. Julgado em 1967.

do contexto no qual o instrumento contratual está inserido e à luz do significado da cláusula naquele específico contrato[51].

Embora a necessidade de se libertar dos grilhões da dicotomia entre duas regras, este teste não é suficientemente substituído por um "teste de normalidade" dos danos, com o que explicitamente há discordância de fundamentos em relação a *Environmental v. Peeless* (Austrália, 2008). A noção de normalidade sequer teria sido explicada, tendo restado em aberto o que seria a medida normal de indenização. Por isso seria incorreto tratar de um limite rígido, pois os respectivos limites das regras de limitação vão sempre sendo superados e rediscutidos. Tampouco aquele caso explica por que "lucros cessantes ou despesas incorridas pelo descumprimento" deveriam invariavelmente ser classificadas como fora do escopo da medida normal de indenização[52].

Os danos pleiteados pela parte lesada eram custos incorridos em virtude do cumprimento de função especial de *SECWA* na comunidade: a fornecedora de um bem essencial. O fornecimento de energia naquele contrato era, portanto, vital, justificando que estivessem os custos abrangidos na esfera de riscos atribuíveis à construtora e operadora da usina.

Ou seja, tanto a compreensão dicotômica de *Hadley v. Baxendale*, quanto a distinção entre danos normais e anormais estavam incorretas porque analisam a expressão *consequential loss* a partir de perspectivas jurídicas em vez de uma perspectiva comercial variável de caso a caso. Não seria suficiente, portanto, tentar superar a suposta dicotomia de *Hadley v. Baxendale* com a substituição por um critério rígido que automaticamente eliminaria sempre lucros cessantes ou despesas incorridas. A verificação do que são *direct* ou *consequential*

---

51 No caso concreto, como *SECWA* era fornecedora de um bem público, seria inaceitável que não tivesse tomado providências para garantir a continuidade do fornecimento de energia. A posição de *SECWA* não pode ser equiparada a de um *trader* do mercado de *commodities* que simplesmente compra uma mercadoria para revendê-la no mercado com um lucro: as perdas que sofreria não são simples lucros cessantes. *SECWA* estava numa posição mais elevada, mas também mais vulnerável do que o *trader* em abstrato. Essas providências levaram aos gastos com a contratação do gerador e do combustível diesel. Ao interpretar-se o contrato objetivamente, verifica-se que o fornecimento de energia era um componente vital. Logo, os danos alegados eram diretos. Não eram danos indiretos quando compreendido o contexto específico da relação de longo prazo de fornecimento de energia. Austrália. Supreme Court of Western Australia in Civil. *Regional Power Corporation v. Pacific Hydro Group Two Pty Ltd (No 2)*. Julgado em 26 de setembro de 2013.

52 *In verbis:* "Moreover, the observations at [93] do not explicitly identify what is a 'normal measure of damages'. Nor would they explain why, as the sentence at the end of [93] seems to suggest, 'profits lost or expenses incurred through breach' must invariably fall outside the scope of a 'normal measure of damages'". Austrália. Supreme Court of Western Australia in Civil. *Regional Power Corporation v. Pacific Hydro Group Two Pty Ltd (No 2)*. Julgado em 26 de setembro de 2013.

damages deve ser feita a partir da interpretação de cada contrato: noções rígidas e inflexíveis decorrentes de princípios gerais não são adequadas para a resolução de todos os casos[53].

A comparação entre os dois julgados australianos põe em destaque o problema lógico de se admitir um sentido normativo de *consequential damages*. Embora ambos rechacem a leitura de que em *Hadley v. Baxendale* haja duas regras, distinguem-se quanto à abordagem: enquanto em *Environmental* v. *Peerless* a solução seria identificar os danos a partir de um teste de normalidade (os normais, que frequentemente acontecem, são indenizáveis, e os anormais, não), em *Regional Power Corporation ("SECWA") v. Pacific Hydro*, defende-se que a interpretação do contrato não deve ser feita a partir de dogmas rígidos e inflexíveis, mas a partir da perspectiva comercial do que as partes, em concreto, visaram.

2.2. Direct lost profits (e não consequential damages)

A concepção de um sentido relativo de *consequential damages* viceja também em casos nos quais os *lost profits* foram considerados indenizáveis, a despeito de cláusulas de afastamento. Nesses exemplos, a cláusula de afastamento não leva à negativa de indenizabilidade de *lost profits*.

Os *lost profits* podem ser *consequential damages* ou podem ser *direct damages*. Considerando *direct* os danos que derivam das circunstâncias que conformam o objeto das prestações e *consequential* os demais, a questão se torna particularmente problemática nas discussões atinentes a lucros cessantes. Normalmente, o proveito frustrado que teria sido obtido não fosse o inadimplemento envolve outro contato (ou outros contratos) do credor lesado com terceiros. Esse envolvimento de terceiros é trazido como argumento de defesa por parte do inadimplente, como se interrompesse a sua responsabilidade, que deve estar, segundo argumenta, adstrita aos específicos deveres de prestar que assumiu na relação contratual primária. O inadimplente busca afastar os prejuízos da sua esfera de responsabilidade, argumentando que a relação do lesado com terceiro é circunstância alheia, a tornar o prejuízo apenas indiretamente relacionado com a prestação que lhe cabe. Esse argumento é rechaçado em uma série de casos nos quais fora pactuada cláusula de afastamento de *consequential damages*, mas os lucros cessantes foram indenizados.

53 Austrália. Supreme Court of Western Australia in Civil. *Regional Power Corporation v. Pacific Hydro Group Two Pty Ltd (No 2)*. Julgado em 26 de setembro de 2013.

No caso *Viastar Energy, v. Motorola (EUA, 2006)*[54], a equiparação entre *consequential damages* e *lost profits* é expressamente rechaçada. Os *lost profits* tanto podem ser *direct* quanto *consequential damages* [55]. No julgamento, a Corte Distrital de Indiana concluiu que a cláusula não levou à exclusão do dever de indenizar os *lost profits*. Foi fundamental, como questão de método, centrar o foco nas expressões objetivas, com destaque à letra do contrato, como significativas da intenção das partes, ao contrário de simplesmente se basear em *standards* gerais[56]. Ao proceder deste modo, verificou-se que as perdas nas vendas, que ensejavam os prejuízos pleiteados, compunham o conteúdo do negócio, assim se concluindo por interpretação sistemática do contrato. Tendo figurado na cláusula também para servir como limite indenizatório, as projeções de vendas compunham o ajuste e, consequentemente, pleitos indenizatórios poderiam tê-las como base. Aduziu-se que o mecanismo exigente de acordo no curso da execução do contrato reduzia o risco moral de pretensões indenizatórias que

---

54 *In verbis:* "EXCEPT FOR THE PARTIES' OBLIGATIONS IN SECTION 17.2, AND UNLESS SPECIFICALLY SET FORTH HEREIN, IN NO EVENT SHALL EITHER VIASTAR OR MOTOROLA, WHETHER AS A RESULT OF BREACH OF CONTRACT, TORT (INCLUDING NEGLIGENCE) OR OTHERWISE, HAVE ANY LIABILITY TO THE OTHER OR TO ANY THIRD PARTY FOR ANY SPECIAL, INDIRECT, INCIDENTAL, CONSEQUENTIAL OR PUNITIVE DAMAGES". Estados Unidos da América. United States District Court, SD. Indiana, Indianapolis Division. *Viastar Energy, LLC v. Motorola, Inc.* Julgado em 26 de outubro de 2006. A caixa alta consta do original.

55 O contrato tinha como objeto o desenvolvimento e o fornecimento de um equipamento medidor de consumo de água ("AMR") para revenda ao mercado. *Motorola* elaboraria o design, bem como desenvolveria, produziria e venderia o produto a *ViaStar*, que faria a comercialização junto a terceiros. As partes acordaram que as projeções de vendas seriam determinadas mediante acordos subsequentes a celebrarem entre si, servindo as futuras avenças como limite dos danos a serem eventualmente indenizados no caso de inadimplemento de parte à parte. Em outras palavras, havia cláusula relativa ao máximo da indenização, a qual tinha como fator do cálculo uma previsão de vendas a ser futuramente convencionada. As respectivas cláusulas, *in verbis*: "Section 3.5 provides: The parties, in good faith and in a commercially reasonable fashion, will mutually agree upon appropriate forecast procedures and sales forecasts, which shall be updated at least quarterly. All forecasts are for planning purposes only and are non-binding, except as such sales forecasts apply to Section 17"; "Section 17.4 'In no event shall a party's liability to the other exceed the value of: ViaStar's development costs plus (ii) Products purchased by ViaStar plus (iii) pending Release Orders plus (iv) the parties' most current sales forecast determined in accordance with Section 3.5'". Na execução do vínculo, múltiplos descumprimentos teriam sido cometidos por *Motorola*, entre os quais se destacou a falha no desenvolvimento de itens importantes a compor o AMR. O contrato restou inexecutado. Então, *ViaStar* pleiteou lucros cessantes com base nas vendas que deixou de realizar em função dos descumprimentos por parte de *Motorola*. Para rechaçar a ideia, *Motorola* argumentou que os *lost profits* não seriam indenizáveis pela existência da cláusula de afastamento.

56 *In verbis:* "The question is governed not by a black-letter law standard but by the objective expressions of the parties' intentions in their contract." Estados Unidos da América. United States District Court, SD. Indiana, Indianapolis Division. *Viastar Energy, LLC v. Motorola, Inc.* Julgado em 26 de outubro de 2006.

se baseassem em expectativas de vendas infladas: estando as partes obrigadas a frequentemente concordar a respeito de projeções futuras, reduzia-se o risco de pedidos especulativos[57]. A cláusula de afastamento foi entendida como ineficaz em face desse específico prejuízo.

Entendimento muito semelhante foi expresso no *caso Penncro (EUA, 2007)*[58]. O texto rechaçava o dever de indenizar por *consequential damages*, mas era também seguido da dicção "*including but not limited to lost profits, loss of opportunities (etc)*". Textualmente, os *consequential damages* estavam afastados, assim como os *lost profits*. Porém, os *lost profits* só tiveram a sua indenizabilidade negada como exemplos de *consequential damages*, cabendo ainda a indenização pelos *direct lost profits*.

Em primeiro lugar, quanto à interpretação filológica, entendeu-se que a cláusula de afastamento com a locução "*including but not limited to*" deve ser interpretada no sentido de o que sucede ser um exemplo do que precede, mas o inverso não é verdadeiro. Os lucros cessantes são parte, ou componentes de um grupo mais amplo a formar os *consequential damages*, mas nem todos os *lost profits* são *consequential damages*. Um exemplo trivial diz respeito à prescrição médica: "o paciente não deve comer comidas fritas e isso inclui, mas não se limita a carnes e batatas". Conforme se anotou no julgado, os usos ordinários e a experiência comum não indicam que o paciente deve deixar de comer carne ou batatas assadas, mas evitar aqueles que sejam componentes do grupo mais amplo de comidas fritas (por exemplo, galinha frita e batatas fritas)[59].

---

57 Estados Unidos da América. United States District Court, SD. Indiana, Indianapolis Division. *Viastar Energy, LLC v. Motorola, Inc.* Julgado em 26 de outubro de 2006.

58 Estados Unidos da América. United States Court of Appeals, Tenth Circuit. *Penncro Associates, Inc. v. Sprint Spectrum L.P.* Julgado em 24 de agosto de 2007. Em síntese, o contrato fora celebrado para que *Penncro* executasse os serviços de cobrança das contas de consumidores de telefone celular de *Sprint Spectrum*, uma empresa de telecomunicação de alcance nacional nos Estados Unidos. *Penncro* deveria disponibilizar funcionários suficientes para atender a 80 mil horas produtivas por mês, sendo remunerada à razão de 22 dólares por hora. Durante a execução, *Penncro* cumpria defeituosamente o contrato, mas não a ponto de justificar a sua extinção de acordo nos termos da cláusula resolutiva expressa. Em meio a renegociações e contratações paralelas, *Sprint* resolveu o contrato, mas não atendeu aos requisitos da cláusula extintiva. Diante da resolução injustificada, *Penncro* ajuizou ação buscando o pagamento dos *lost profits* que deixou de auferir, em montante equivalente às 80 mil horas produtivas por mês até o término do prazo contratualmente estipulado. *Sprint Spectrum* alegou que a cláusula de limitação faria com que o pleito devesse ser negado de plano.

59 Estados Unidos da América. United States Court of Appeals, Tenth Circuit. *Penncro Associates, Inc. v. Sprint Spectrum L.P.* Julgado em 24 de agosto de 2007. Semelhante, acrescentando que o tipo de construção frasal é equivalente a "por exemplo": Estados Unidos da América. Appellate Court of Illinois Second District. *Westlake Fin. Grp., Inc. v. CDH-Delnor Health Sys.* Julgado em 06 de janeiro de 2015. O respectivo texto da cláusula está transcrito na Introdução deste artigo.

Em segundo lugar, os *consequential damages* são todos prejuízos econômicos que se verificam além do escopo imediato do contrato[60]. Sendo os lucros cessantes atinentes justamente aos valores que seriam auferidos com o cumprimento da obrigação principal, enquadram-se dentro do escopo imediato do contrato. Configurar-se-iam *consequential damages* se dissessem respeito, por exemplo, ao fato de a empresa ter ido à bancarrota ou a ter deixado de atender a outros contratos nos quais teria lucros. Na hipótese de lucros cessantes a se formar em cadeia, haveria *lost profits* que se configurariam como *consequential damages* e, estes sim, estariam afastados pela cláusula[61].

Terceiro caso ilustrativo da distinção entre *direct* e *consequential lost profits* à luz de uma cláusula de afastamento de *consequential damages* é *DaimlerChrysler v. Manuel (EUA, 2012)*[62]. Os danos foram considerados indenizáveis, pois tais lucros cessantes não se consideraram *consequential damages.* O julgado entendeu ser incorreta a aproximação mecânica entre *consequential damages* e *lost profits*, sendo sempre imprescindível um exame das circunstâncias concretas[63]. Para serem *consequential damages*, os lucros cessantes requereriam outro fato para além da relação das partes. A base do pedido de

60 *In verbis:* "(...) consequential damages refer to economic harm beyond the immediate scope of the contract", interpretação com arrimo no *Restatament (Second) of Contracts, §347*, definição do *Black's Law Dictionary* e em WILLISTON, Samuel. A Treatise on the Law of Contracts. Volume V. New York: Baker, Voorhis & Co., 1937. Estados Unidos da América. United States Court of Appeals, Tenth Circuit. *Penncro Associates, Inc. v. Sprint Spectrum L.P.* Julgado em 24 de agosto de 2007.

61 *In verbis:* "If that same breach had the knock-on effect of causing the plaintiff to close its doors, precluding it from performing other work for which it had contracted and from which it expected to make a profit, those lost profits might be recovered as "consequential" to the breach". Estados Unidos da América. United States Court of Appeals, Tenth Circuit. *Penncro Associates, Inc. v. Sprint Spectrum L.P.* Julgado em 24 de agosto de 2007.

62 Estados Unidos da América. Court of Appeals of Texas, Fort Worth. *DaimlerChrysler Motors Co. v. Manuel.* Julgado em 24 de fevereiro de 2012. A discussão se deu a respeito de contrato de concessão de veículos automotores. *DaimlerChrysler* era a fabricante de carros *Chrysler, Dodge, Dodge Truck* e *Jeep. Manuel* era um dos titulares de nove concessionárias de vendas de veículos, com longeva e especial atuação na região de *Dallas* e *Forth Worth* – daí porque a referência a *Manuel* deve ser entendida como a uma pluralidade de concessionários. Em virtude do inadimplemento do contrato, *Manuel* pediu indenização atinente aos *lost profits* durante o atraso na implementação da nova concessionária em *South Arlington*, destacando que o período foi especialmente lucrativo para o mercado de carros. Tentando afastar o pedido indenizatório de lucros cessantes, *DaimlerChrysler* aludiu que os *lost profits* eram *consequential damages*, estando, portanto, excluídos contratualmente da indenização cabível.

63 *In verbis:* "Thus, depending on the unique circumstances of each case, including the specific language of the contract, lost profits may be direct or consequential damages". Estados Unidos da América. Court of Appeals of Texas, Fort Worth. *DaimlerChrysler Motors Co. v. Manuel.* Julgado em 24 de fevereiro de 2012.

lucros cessantes vinculada a vendas a terceiros não implicava que tivessem a sua indenizabilidade negada[64].

Sem exame aprofundado, o entendimento poderia parecer oposto em relação à conclusão do caso *Penncro*, recém referido, pois naquele caso foi registrado serem *consequential damages* aqueles danos atinentes a negócios com terceiros. Contudo, no caso *DaimlerChrysler v. Manuel*, os lucros cessantes esperados pelas partes lesadas representavam exatamente o cerne da expectativa que tinham ao firmar os acordos. Inclusive, talvez fossem o único tipo de danos que sofreriam. Tendo esse risco sido expressamente previsto no contrato, qualificava-se como *direct lost profit* e não *consequential lost profit*. A eliminar dúvidas sobre a aparente contradição na interpretação desses dois casos o caso *Biotronik (EUA, 2014)*[65] também envolveu cláusula de afastamento ineficaz.

---

64 "But as discussed above, lost profits are not per se consequential damages solely because sales to third parties are involved" Estados Unidos da América. Court of Appeals of Texas, Fort Worth. *DaimlerChrysler Motors Co. v. Manuel*. Julgado em 24 de fevereiro de 2012. A disputa surgiu em contexto no qual *DaimlerChrysler* desenvolvia um projeto de reorganização e realocação das suas franquias para enfrentar a concorrência do mercado automotivo, chamado *Projeto 2000*. Para a implementação do *Projeto 2000*, *DaimlerChrysler* precisaria contornar a legislação protetiva aos concessionários, mediante negociações com cada um, nas quais renunciariam a direitos oriundos da concorrência entre concessionários das mesmas marcas. *DaimlerChrysler* logrou êxito na renegociação junto a *Manuel*, atribuindo-lhes um valor em dinheiro e conferindo-lhes mais uma concessionária na região de *South Arlington*, distinta em relação àquelas nas quais *Manuel* tradicionalmente desenvolviam os seus negócios. No ajuste foi estabelecido que se algum protesto de outro concessionário surgisse, *DaimlerChrysler* deveria empregar os seus melhores esforços para litigar, ou obter um acordo, de modo a permitir a criação da nova concessionária por *Manuel*. Neste contrato foi também convencionada a cláusula de afastamento de indenização por *consequential damages*. No curso da execução do ajuste, *DaimlerChrysler* levou nove meses para alcançar um acordo junto a um terceiro que protestou em relação à nova concessionária que estava sendo desenvolvida por *Manuel* em *South Arlington*, causando atraso na abertura da nova concessionária. O judiciário chegou à conclusão de que *DaimlerChrysler* inadimpliu a obrigação de melhores esforços.

65 Estados Unidos da América. Court of Appeals of New York. *Biotronik A.G. v. Conor Medsystems Ireland, Ltd*. Julgado em 27 de março de 2014. Em síntese, o contrato tinha como objeto a distribuição de *stents*. *Biotronik* era a distribuidora em vários países, excluídos os Estados Unidos, enquanto *Conor* era a fabricante do equipamento médico. O acordo foi celebrado em 2004, com prazo até dezembro de 2007. Não se tratava de contrato de revenda pura e simples, mas uma espécie de *joint venture* – nos termos do julgado – na qual o preço pago por *Biotronik* era estabelecido conforme o modo das vendas finais a terceiros. Se as vendas fossem diretas, o preço a ser pago por *Biotronik* era de 61% do preço final; se as vendas fossem a outro subdistribuidor, o preço pago era de 75%. As partes discutiam as estimativas de vendas dos próximos 12 meses, mensalmente. O distribuidor tinha que realizar uma compra em quantidades mínimas todos os meses, em maio de 2007, ainda faltando alguns meses para o término do prazo, *Conor* extinguiu o contrato Ao mesmo tempo, realizou *recall* global dos *stents*, porque o produto não foi aprovado pela agência de saúde federal norte-americana. *Conor* reembolsou custos no montante de 8,3 milhões de euros a *Biotronik*, além de uma taxa de 20% para as despesas com *recall*. Biotronik ajuizou ação também pleiteando indenização por *lost profits* relativos às revendas com os *stents* até o término do prazo. Em defesa, *Conor* brandiu a cláusula de exclusão de *consequential damages*.

Em decisão majoritária, os *lost profits* foram indenizados. A maioria entendeu que os danos deveriam ser analisados dentro do contexto específico do contrato em pauta, com especial atenção a saber se a parte lesada negociou tais lucros e se seriam frutos diretos e imediatos do contrato. Se, por outro lado, se referem a contrato colateral, somente seriam indenizáveis quando (*i*) demonstrado, com certeza, que decorreram do inadimplemento; (*ii*) a extensão dos danos for provada com razoável certeza; e, (*iii*) restar demonstrado que os danos estavam dentro da contemplação das partes[66]. Ou seja, se houvesse prova da causalidade, da probabilidade e da previsibilidade.

Ao interpretar o contrato à luz destes princípios, os lucros que a parte lesada pelo inadimplemento teria com negócios junto a terceiros foram compreendidos como da essência do vínculo[67]. Concretamente, as partes haviam negociado uma fórmula do preço e um volume de metas baseado na revenda: esse acordo é significativamente diferente de situações nas quais o distribuidor compra para revender a terceiros independentemente do acordo anterior. A abrangência do contrato a estabelecer o envolvimento dos negócios junto a terceiros como parte de seu conteúdo deve ser avaliada à luz das circunstâncias concretas[68]. Quando o dano envolve terceiro, não há automática classificação como *consequential damage*, pois o envolvimento com terceiros pode, também, compor o conteúdo da relação.

---

66 *In verbis*: "Lost profits may be either general or consequential damages, depending on whether the non-breaching party bargained for such profits and they are "the direct and immediate fruits of the contract", "Otherwise, where the damages reflect a "loss of profits on collateral business arrangements," they are only recoverable when "(1) it is demonstrated with certainty that the damages have been caused by the breach, (2) the extent of the loss is capable of proof with reasonable certainty, and (3) it is established that the damages were fairly within the contemplation of the parties" Estados Unidos da América. Court of Appeals of New York. *Biotronik A.G. v. Conor Medsystems Ireland, Ltd.* Julgado em 27 de março de 2014. Os trechos entre aspas aludem a outros casos cuja menção foi suprimida.

67 *In verbis*: "Here, the agreement used plaintiff's resale price as a benchmark for the transfer price. The contract clearly contemplated that plaintiff would resell defendant's stents. That was the very essence of the contract. Any lost profits resulting from a breach would be the "natural and probable consequence" of that breach". Estados Unidos da América. Court of Appeals of New York. *Biotronik A.G. v. Conor Medsystems Ireland, Ltd.* Julgado em 27 de março de 2014. Como o preço de revenda a terceiros era utilizado como referencial para o preço a ser pago na relação de distribuição, claramente o envolvimento de negócios com terceiros estaria dentro do escopo do contrato.

68 Merece ressalva o entendimento minoritário, que entendeu pela aplicação do U.C.C americano, segundo o qual as revendas se enquadram no conceito de *consequential damages*. Como nessa situação estariam excluídos pelo diploma legal, não caberia a sua indenização. No voto minoritário, há forte crítica ao entendimento majoritário que teria sido excessivamente inovador em um contexto comercial. Estados Unidos da América. Court of Appeals of New York. *Biotronik A.G. v. Conor Medsystems Ireland, Ltd.* Julgado em 27 de março de 2014.

Em síntese, o grupo analisado toma em consideração casos nos quais a cláusula de afastamento de *consequential damages* mostrou-se ineficaz para afastar os lucros cessantes. Embora os *lost profits* tenham sido negados em *Hadley v. Baxendale*, não significa que quando há afastamento de *consequential damages* há automaticamente exclusão de *lost profits*. Os casos demonstram que para traçar a linha entre os *direct* e os *consequential damages* é necessário perquirir o conteúdo de cada contrato concreto. Trata-se de tarefa que cumpre à hermenêutica contratual. Ao desincumbi-la, o intérprete deve considerar que o envolvimento de terceiros é um indício de que os danos poderão ser *consequential*, cabendo, contudo, analisar se o envolvimento do terceiro compõe o conteúdo da relação jurídica, como nos casos *Daimler Chrysler v. Manuel* e *Biotronik*.

Avaliadas as soluções conforme o Direito brasileiro, quando os casos diferenciam os *direct lost profits* dos *consequential lost profits*, embaralham, o objeto da prestação com o conteúdo do negócio. Admitindo-se que os danos extrínsecos podem ser indenizáveis ou não – assim como os *consequential damages* – naqueles mesmos casos o lucro cessante seria extrínseco ao objeto da prestação, mas não deixa de figurar no conteúdo do negócio. A cláusula de afastamento de *consequential damages* não teria o condão de afastar os lucros cessantes quando estes compuserem a matriz de riscos atribuíveis ao inadimplente.

2.3. A mistura entre indenizabilidade e a definição de consequential damages

Sem a cláusula de afastamento de *consequential damages*, a classificação de dano como tal deixa em aberto a sua indenizabilidade. As cláusulas de afastamento de *consequential damages* misturam a indenizabilidade e a classificação do dano. A mescla cria uma dificuldade hermenêutica: além de não haver uniformidade sobre o que significam os *consequential damages*, a adoção da cláusula de afastamento acaba atribuindo caráter normativo. Relembre-se: *Hadley v. Baxendale* não criou uma distinção entre danos indenizáveis e não indenizáveis a partir dessa categoria.

No limite, as cláusulas de afastamento podem levar a crer que tudo o que for externo ao contrato não é indenizável. A questão se mostra problemática quando são considerados os lucros cessantes atinentes a negócios que seriam obtidos com terceiros: sendo outros negócios jurídicos, a contestação é frequente a respeito de estarem fora do escopo contratual. O extremo desse raciocínio está em *Star Polaris LLC v. HHIC-PHIL Inc*[69], em que o "código exclusivo" de remédios tornava todo o tipo de dano que não estivesse explicitamente referido no texto do contrato como um *consequential damage* não indenizável. O que não foi expressamente previsto pelas partes como solução ao inadimplemento não seria indenizável, auxiliando a cláusula de *consequential damages* a esse papel hermético do texto contratual.

Os casos de *common law* até então relatados chancelam que a resposta sobre a indenizabilidade de um determinado prejuízo partirá da interpretação contratual. Não se nega que a vontade das partes, genérica, é afastar a indenizabilidade de algum tipo de dano. Se da interpretação contratual como um todo, não apenas da cláusula de limitação, considerar-se que o surgimento do prejuízo se dá com base em circunstância que compunha a esfera de riscos do inadimplente, apesar da existência de cláusula de afastamento do dever de indenizar *consequential damages*, os prejuízos são considerados *direct* e, portanto, são indenizados.

O exercício hermenêutico para a avaliação se um dano é *consequential* ou *direct* tem certa uniformidade. O critério que os unifica é o cotejo individualizado de cada rubrica indenizatória com a matriz de riscos contratuais. A pergunta central é busca entender se os danos ligados a circunstâncias especiais são atribuíveis ao inadimplente por estarem inseridos na finalidade do contrato, ainda que a sua produção tenha sido mediada por uma circunstância especial. A presença de uma circunstância especial no espaço lógico entre o inadimplemento e o dano traz dúvidas se o dano decorre apenas da conduta do devedor ou se decorre da circunstância especial. Soa contraditório, de um lado, que a circunstância seja extrínseca à prestação, e, de outro, possa estar no escopo do contrato.

Visto sob o Direito brasileiro, a hermenêutica contratual abre portas à possibilidade de se verificar a vinculação de uma circunstância especial, ainda que não expressamente explicitada, ao escopo do contrato. A diferença entre objeto da prestação, objeto do contrato e conteúdo do contrato[70] auxilia nessa identificação: os danos podem ser extrínsecos ao objeto da prestação principal; podem ser extrínsecos ao objeto do contrato, mas comporem o seu conteúdo.

Classificar um dano como intrínseco ou extrínseco não define *per se* se o dano é ou não indenizável: apenas mira o que foi atingido pelo ilícito e dizia respeito ao objeto da prestação, de um lado, e o que não tinha fonte no objeto da

---

69 Inglaterra e País de Gales. England and Wales High Court (Commercial Court). *Star Polaris LLC v. HHIC-PHIL INC.* Julgado em 17 de novembro de 2016

70 NITSCHKE, Guilherme Carneiro Monteiro. *Lacunas Contratuais e Interpretação.* História, Conceito e Método. São Paulo: Quartier Latin, 2018, p. 231-254.

prestação, de outro, embora possa também estar no escopo do contrato. É conquista dogmática consolidada a visão de que a relação obrigacional, vista como um processo, não se encerra no objeto contratual (na soma das prestações principais de lado a lado), mas é composta de uma série de outras posições jurídicas[71].

Na interpretação dos negócios jurídicos, embora o objeto da contratação normalmente seja identificável mediante a compreensão do texto escrito, esse exame não se cinge àquilo que está enformado no texto contratual. Tampouco o conteúdo do negócio jurídico encerra-se na manifestação de vontade das partes, que é ponto de partida do processo hermenêutico[72]. A escolha de determinado tipo – ou seja, de determinado objeto contratual – implica uma escolha a respeito da distribuição dos riscos[73]. Igualmente, a escolha de determinada estrutura contratual está complementada por normas supletivas[74], e poderá estar sujeita ao escrutínio indicado por normas cogentes.

Acresça-se que os deveres de proteção, por definição, não se confundem com os deveres de prestação[75]. Ademais, o mesmo princípio que faculta às partes pactuarem sobre os deveres de prestação, também lhes franqueia a possibilidade de combinarem regras sobre a responsabilidade, atinentes a deveres de prestação secundários com prestação autônoma[76]. Ou seja, o mesmo poder

---

71 COUTO E SILVA, Clóvis. *A obrigação como processo.* Rio de Janeiro: FGV, 2006, p. 19. (*In verbis:* "*Lato sensu,* [a relação obrigacional] abrange todos os direitos, inclusive os formativos, pretensões e ações, deveres (principais e secundários, dependentes e independentes), obrigações, exceções e, ainda, posições jurídicas").

72 MARINO, Francisco Paulo De Crescenzo. *Interpretação do Negócio Jurídico.* São Paulo: Saraiva, 2011, p. 163-175.

73 ZANETTI, Cristiano de Sousa. O risco contratual. In: LOPEZ, Teresa Ancona; LEMOS, Patrícia Fraga Iglecias; RODRIGUES JÚNIOR, Otavio Luiz. (Org.). *Sociedade de Risco e Direito Privado*: desafios normativos, consumeristas e ambientais. São Paulo: Atlas, 2013, p. 462.

74 PARGENDLER, Mariana. Desenho contratual em perspectiva comparada: reflexões sobre a relação entre tipificação legal e inovação contratual. *Revista da Faculdade de Direito – UFPR*, Curitiba, vol. 61, n. 1, p. 219-245, jan./abr., 2016, p. 224; 233-237. Da mesma autora: O direito contratual comparado em nova perspectiva: revisitando as diferenças entre os sistemas romano-germânico e de *common law. Revista Direito* GV, vol. 13, n. 3, p. 796-826, set-dez 2017, p. 802-804, e, ainda, em versão em inglês deste último, mais aprofundada The Role of the State in Contract Law. The Common-Civil Law Divide. *The Yale Journal of International Law.* Vol. 43, p. 143-189, 2018, p. 153-160; (alerta nesses textos, ainda, para o papel das *normas dispositivas* que, a despeito de sua aplicação estar aparentemente restrita à ausência da manifestação de vontade das partes, vem a ser aplicadas por serem "aderentes" – *sticky*).

75 HAICAL, Gustavo. O inadimplemento pelo descumprimento exclusivo de dever lateral advindo da boa-fé objetiva. *Revista dos Tribunais.* Volume 900, p. 45-84, out./ 2010, p. 64-81; MARTINS-COSTA, Judith. *A Boa-Fé no Direito Privado.* Critérios para a sua aplicação. São Paulo: Saraiva, 2019, §64, p. 598-606

76 MARTINS-COSTA, Judith. *A Boa-fé no Direito Privado*: critérios para a sua aplicação. 2ª ed. São Paulo: Saraiva, 2018, §20, 2, 3, p. 239-240 (a respeito da classificação dos deveres que compõem a relação obrigacional).

que permite aos contratantes pactuarem sobre o dever principal de cada uma, também lhes franqueia a possibilidade de combinarem regras sobre o dever de indenizar. São "coisas distintas" excluir a obrigação contratual e afastar a responsabilidade dela resultante[77].

E assim também existem regras supletivas e cogentes que conformam o conteúdo do contrato: podem ser extrínsecas à prestação, e, mesmo assim, comporem a esfera de riscos do inadimplente no caso de descumprimento. Uma exclusão genérica de *consequential damages* pode simplesmente não fazer sentido em vista de uma obrigação que figura no núcleo do vínculo.

Como cláusula limitativa do dever de indenizar, a cláusula de afastamento de *consequential damages* está sujeita a controle de validade (e de eficácia, portanto). Como assentou Junqueira de Azevedo, "[s]ão nulas as cláusulas de não-indenizar que: a) exonerem o agente, em caso de dolo; b) vão diretamente contra norma cogente, às vezes dita de ordem pública; c) isentem de indenização o contratante, em caso de inadimplemento da obrigação principal; e d) interessem diretamente à vida e à integridade física das pessoas naturais"[78].

À luz do Direito brasileiro, o afastamento de *consequential damages,* tidos como perdas e danos extrínsecos ao objeto da prestação, não têm a eficácia de afastar a indenizabilidade de danos que a despeito de serem extrínsecos à prestação, estejam no escopo do contrato. Para traçar os danos indenizáveis, será preciso avaliar *in concreto* quais eram os riscos a recair sobre a parte inadimplente, seja (*i*) por expressamente ter havido referência a um risco, seja *(ii)* porque esse risco normalmente é imputável ao inadimplente em situações análogas, tendo em vista a incidência de regras supletivas, como aquelas constantes do tipo contratual contratado, das práticas, dos usos e dos costumes, seja, ainda, (*iii*) porque há circunstâncias concretas a justificar a imputação desse risco àquela parte, caso viesse, futuramente, a inadimplir, posto que fosse um risco ligado a circunstância especial cuja materialização fosse muito improvável se mirado apenas o *id quod plerumque accidit.* A cláusula, ainda, (*iv*) estará sujeita ao controle de validade.

Nessa análise, não é a mera comunicação da circunstância especial (ou a sua falta) que torna o dano indenizável. Individuado o prejuízo, para se chegar à conclusão de o dano compor ou não o conteúdo do contrato, não basta que sejam consequências negativas posteriores ao inadimplemento, verificadas no patrimônio do credor. Em virtude da existência do contrato e da sua

77 AGUIAR DIAS, José de. *Da Responsabilidade Civil.* 11ª ed. Rio de Janeiro: Renovar, 2006, §91, p. 217.

78 AZEVEDO, Junqueira. Cláusula cruzada de não-indenizar (*cross-waiver of liability*), ou cláusula de não-indenizar com eficácia para ambos os contratantes. Renúncia ao direito de indenização. Promessa de fato de terceiro. Estipulação em favor de terceiro. In: *Estudos e Pareceres de Direito Privado.* São Paulo: Saraiva, 2004, p. 201.

inexecução, nos termos do art. 403 do Código Civil, devem estar na zona de riscos atribuíveis ao inadimplente.

CONCLUSÕES

A distinção entre danos extrínsecos e intrínsecos pode ser funcionalmente aproximada à dicotomia entre um dano como *consequential* ou *direct*. Essa dicotomia não resolve, por si, a indenizabilidade do prejuízo. Em casos de *common law*, a indenizabilidade de *consequential damages* não é afastada como regra supletiva – o que as pode afastar é a falta de previsibilidade do prejuízo, ou eventual cláusula de afastamento de *consequential damages*. Mesmo presente a cláusula, não se afasta a necessidade de interpretar o contrato para definir quais riscos haviam sido atribuídos ao inadimplente.

Nos casos em que há cláusulas de afastamento de *consequential damages*, seria contraditório que a parte lesada anuísse a essas cláusulas, mas, simultaneamente, fornecesse informações sobre circunstâncias especiais com a finalidade de atribuir à contraparte a responsabilidade por danos que derivam destas circunstâncias. Para ilustrar essa potencial contradição: pense-se que se *Hadley* tivessem comunicado sobre o fechamento do moinho, mas tivesse concordado com uma cláusula de afastamento de *consequential damages*, os lucros cessantes não seriam indenizáveis. Ou, ainda, que o *Hotel-Cassino (no exemplo que inaugura este ensaio)* tivesse comunicado sobre a sua expectativa de faturamento, mas tivesse aceitado uma cláusula de afastamento de *consequential damages*, os lucros cessantes tampouco o seriam.

A análise necessariamente deverá ser feita em concreto, individualizando-se o prejuízo, para se avaliar se tem origem em risco atribuível ao inadimplente. O afastamento de *consequential damages* não indica o afastamento de responsabilidade por riscos alheios ao objeto da prestação, mas que componham o conteúdo do negócio, conclusão alcançada pela hermenêutica do negócio como um todo. Por exemplo, quanto a lucros cessantes em negócios com terceiros, se da interpretação contratual, não restrita à cláusula de afastamento, considerar-se que o surgimento dos prejuízos se dá com base em circunstância que compunha a matriz de riscos do inadimplente, a cláusula de afastamento lhes será ineficaz.

Trata-se de matéria sujeita à interpretação contratual e à causalidade. Antes de enfrentar a relação direta entre inexecução do contrato e dano, expressiva da cadeia de causalidade, no Direito brasileiro, faz-se metodologicamente imprescindível entender o contrato e o seu conteúdo como ponto de relevo para a atribuição da responsabilidade.

81. A CLÁUSULA DE DENÚNCIA OU RESILIÇÃO UNILATERAL

Rafael Setoguti Julio Pereira

INTRODUÇÃO

Contratos são, por definição, projeções de comportamentos futuros feitas com base em informações disponíveis no presente. Daí a afirmação frequente na doutrina de que eles são naturalmente incompletos: a limitada capacidade de suposição dos agentes econômicos a respeito do futuro os leva a recorrer a previsões, cálculos e probabilidades. Mas isso nem sempre é suficiente para se evitarem conflitos ou desentendimentos no futuro.

Diante dessa incerteza, os contraentes recorrem a mecanismos que permitem adaptar o conteúdo do programa contratual à mudança de circunstâncias. Convencionam instrumentos de adaptação *automática*, pelos quais determinam *ex ante* o conteúdo da modificação das prestações sem a necessidade de formação de uma nova vontade negocial. É o caso da cláusula de atualização do valor monetário por um índice oficial, da cláusula de reajuste de preço com base em critérios objetivos e pré-determinados ou da cláusula com conteúdo de direito potestativo, de que é exemplo a cláusula de denúncia.[1]

---

1 Judith Martins-Costa; e Paula Costa e Silva, *Crise e perturbações no cumprimento da prestação: estudo de direito comparado luso-brasileiro*, São Paulo: Quartier Latin, 2020, p. 71 e 72. Ainda segundo a autora, existem também as cláusulas de adaptação do contrato *não automáticas*, pelas quais não se convenciona, de antemão, um critério fixo e determinado para a modificação, mas se deixa à liberdade das partes decidirem como adequar o contrato diante da mudança de circunstâncias.

A cláusula de denúncia é praticamente onipresente nos contratos de duração, em suas modalidades vazia ou cheia, dada sua utilidade no tráfego jurídico como mecanismo de alocação de riscos. Mas apesar da sua importância para a prática contratual, observa-se, surpreendentemente, um desconhecimento generalizado a respeito do conceito e do funcionamento da denúncia. Não raro, ela é confundida com outras causas extintivas da relação obrigacional, como a cláusula resolutiva expressa e a cláusula da condição. Outras vezes, os contratantes, calcados na autonomia da vontade, alteram suas caraterísticas essenciais, levando a um completo desfiguramento do instituto.

Com este estudo pretendemos tornar mais claro o conceito da denúncia no direito brasileiro, sistematizá-la com as demais regras de direito civil e enfrentar questões problemáticas surgidas da realidade contratual. O presente trabalho está dividido em quatro partes. Na primeira, estudaremos o conceito, a natureza jurídica, o fundamento e as funções da cláusula de denúncia. Na segunda, será conduzida uma tão necessária distinção entre a cláusula de denúncia, de um lado, e figuras afins, de outro. Na terceira parte, abordaremos os pressupostos da cláusula de denúncia. E a quarta parte será destinada a tratar da eficácia da cláusula.

1. CONCEITO, NATUREZA JURÍDICA, FUNDAMENTO E FUNÇÕES

A cláusula de denúncia define-se como o direito de se colocar um *ponto final* na relação jurídica dali para o futuro, sem que isto implique na desconstituição dos fatos até então materializados no plano jurídico.[2] Ou seja, mantém-se intacto e apaga-se o futuro. Representa a denúncia exceção ao princípio da força obrigatória dos contratos (*pacta sunt servanda*).

A natureza jurídica da denúncia é de *resilição*, a mesma do distrato. Resilição, em nossa realidade legislativa, assume o significado de causa de extinção da relação contratual motivada pela simples declaração de vontade de um ou mais contratantes.[3] A etimologia ensina que *resilição* deriva do latim, da palavra *resilire*, que significa "voltar atrás".

A adoção do uso da terminologia *resilição* pelo legislador do Código Civil, que esteve fortemente influenciado pelo direito francês e pelas lições de Orlando Gomes à época, é objeto de censuras por parte da doutrina.

---

2 Pontes de Miranda, *Tratado de Direito Privado*, t. XXV, 3ª ed., Rio de Janeiro: Borsoi, 1971, p. 294.

3 Ruy Rosado de Aguiar Júnior, *Comentários ao novo código civil: da extinção do contrato*, v. VI, t. II, Rio de Janeiro: Forense, 2011, p. 239.

Argumentam seus críticos que resilição é, em realidade, uma espécie de resolução por inadimplemento com efeitos *ex nunc*, voltada para as relações contratuais de natureza duradoura. E essa espécie de resolução não deveria ser confundida com as figuras autônomas do *distrato* e da *denúncia*, essas sim, ainda segundo tais doutrinadores, as corretas terminologias a serem utilizadas para se referir ao que ora se chama de resilição.[4] Aprofundar o estudo no tema, porém, ultrapassaria os apertados limites deste trabalho, bastando, por ora, sustentar que a corrente majoritária se perfila à escolha feita pelo legislador – utilizaremos resilição como gênero, do qual distrato e denúncia representam espécies.[5]

A resilição se divide em duas espécies, conforme a declaração de vontade das partes. Ocorre distrato ou resilição *bilateral* quando a declaração emana de todas as partes do contrato, isto é, quando há consenso, e denúncia ou resilição *unilateral* quando o contratante manifesta unilateralmente seu desejo de se desligar da relação contratual. Trataremos neste estudo da denúncia, apenas.

Além do termo "resilição" ser alvo de disputa, a própria abrangência da categoria resilição unilateral não é unívoca. O legislador, ao a ela referir, se vale de termos como *suspensão* (art. 581[6] do Código Civil) e *resolução* (art. 599[7] do Código Civil). Na doutrina, o baralhamento de conceitos é igual e divide opiniões. Ruy Rosado de Aguiar Júnior argumenta que a revogação, a denúncia, a renúncia, o arrependimento, o cancelamento, a retirada, o recesso e a contraordem são todos atos unilaterais de natureza extintiva e, portanto, acham-se

---

4 Araken de Assis, *Comentários ao Código Civil brasileiro: do direito das obrigações*, Arruda Alvim e Thereza Alvim (coords.) v. 5, Rio de Janeiro: Forense, 2007, p. 561-565; e Pontes de Miranda, *Tratado...*, t. XXV, p. 305.

5 Caio Mário da Silva Pereira, *Instituições de Direito Civil*, v. 3 (Contratos), 16ª ed., Rio de Janeiro: Forense, 2012, p. 176; p. 129; Daniel M. Boulos, "Breves comentários ao art. 473 do CC brasileiro", in *Direito Civil e Processo: estudos em homenagem ao Professor Arruda Alvim*, Araken de Assis [*et al.*] (coords.), São Paulo: Revista dos Tribunais, 2007; Orlando Gomes, *Contratos*, 18ª ed., Rio de Janeiro: Forense, 1999, p. 183 e ss.; Silvio de Salvo Venosa, *Direito Civil: teoria geral das obrigações e teoria geral dos contratos*, v. 2, 9ª ed., São Paulo: Atlas, 2009, p. 489 e ss.; Ruy Rosado de Aguiar Júnior, *Comentários...*, p. 239; e Waldirio Bulgarelli, *Contratos mercantis*, 11ª ed., São Paulo: Atlas, 1999, p. 157 e 158.

6 "Art. 581. Se o comodato não tiver prazo convencional, presumir-se-lhe-á o necessário para o uso concedido; não podendo o comodante, salvo necessidade imprevista e urgente, reconhecida pelo juiz, suspender o uso e gozo da coisa emprestada, antes de findo o prazo convencional, ou o que se determine pelo uso outorgado".

7 "Art. 599. Não havendo prazo estipulado, nem se podendo inferir da natureza do contrato, ou do costume do lugar, qualquer das partes, a seu arbítrio, mediante prévio aviso, pode resolver o contrato".

congregados sob o conceito de resilição unilateral.[8] Em sentido semelhante, Concepción Rodrigues Marin, que conduziu amplo estudo no tema no direito comparado, assevera que denúncia é gênero representativo da faculdade unilateral de extinguir as obrigações ou relações contratuais.[9] Em sentido contrário, encontram-se Pontes de Miranda[10] e Araken de Assis[11], para quem renúncia e revogação são institutos próprios e inconfundíveis com a denúncia. O direito português, em que inexiste previsão legal a respeito da resilição unilateral, ressente-se da mesma imprecisão terminológica: fala-se ora em denúncia[12], ora em revogação ou resgate[13].

Filiamo-nos à corrente que trata da denúncia como sinônimo de resilição unilateral, mas sem abranger os demais institutos de extinção unilateral. Primeiro, porque cada um desses termos encarnam institutos jurídicos distintos, com pressupostos, efeitos e função próprios. Em segundo lugar, convém notar que resilição foi a opção legislativa adotada pelo legislador, não cabendo ao intérprete, *de lege ferenda*, andar na direção contrária.

Superadas as discussões dogmáticas que envolvem a resilição, convém adentrar no estudo da denúncia em si.

A denúncia pode ser classificada em *genérica* ou *específica*. Genérica é a denúncia prevista no art. 473[14] do Código Civil e que se aplica indistintamente a todos os tipos de negócios jurídicos. Já a denúncia específica é aquela que se aplica a determinadas espécies de contratos, previstas pontualmente pelo legislador, como é o caso da prestação de serviços (art. 599 do Código Civil), do

8 Ruy Rosado de Aguiar Júnior, *Comentários...*, p. 240.

9 "De este modo, la DENUNCIA, considerada como facultad unilateral de extinguir obligaciones o relaciones contractuales, va a ser la noción en la que se incluirán las demás, las cuales, significando lo mismo, tienen otros elementos que las completan o individualizan, como tales nociones diferenciadas que son" (*El desistimiento unilateral como causa de extinción del contrato*, tese de doutorado, Granada: Faculdade de Direito de Granada, 1989, p. 153).

10 Pontes de Miranda, *Tratado...*, t. XXV, p. 269 e 270; e 296-300.

11 *Comentários...*, p. 564 e 565.

12 Mário Júlio de Almeida Costa, *Direito das obrigações*, 12ª ed., Coimbra: Almedina, 2016, p. 322.

13 Inocêncio Galvão Telles, *Manual dos contratos em geral*, 3ª ed., Lisboa: Coimbra Ed., 1964, p. 349.

14 "Art. 473. A resilição unilateral, nos casos em que a lei expressa ou implicitamente o permita, opera mediante denúncia notificada à outra parte.
Parágrafo único. Se, porém, dada a natureza do contrato, uma das partes houver feito investimentos consideráveis para a sua execução, a denúncia unilateral só produzirá efeito depois de transcorrido prazo compatível com a natureza e o vulto dos investimentos".

comodato (art. 581 do Código Civil), da locação (arts. 6º[15], 7º[16], 8º[17] e §2º[18] do art. 46, todos da Lei nº 8.245/94) e da compra e venda com pacto de retrovenda[19] (art. 505[20] do Código Civil).

Existem duas modalidades de denúncia: a *vazia* ou *imotivada* e a *cheia* ou *motivada*.

A denúncia *vazia* está calcada na mera vontade da parte interessada, não exigindo (como o faz a denúncia cheia) que a parte interessada apresente justo motivo para exigir o encerramento do negócio. Basta, portanto, a declaração de vontade do credor para que a denúncia venha a produzir seus efeitos legais. A legitimidade jurídica dessa vontade pode ser reconhecida por lei, como é o caso do direito de arrependimento nas relações consumeristas (art. 49[21] do Código do Consumidor), ou pelos termos do contrato.

---

15 "Art. 6º O locatário poderá denunciar a locação por prazo indeterminado mediante aviso por escrito ao locador, com antecedência mínima de trinta dias".

16 "Art. 7º Nos casos de extinção de usufruto ou de fideicomisso, a locação celebrada pelo usufrutuário ou fiduciário poderá ser denunciada, com o prazo de trinta dias para a desocupação, salvo se tiver havido aquiescência escrita do nuproprietário ou do fideicomissário, ou se a propriedade estiver consolidada em mãos do usufrutuário ou do fiduciário.
Parágrafo único. A denúncia deverá ser exercitada no prazo de noventa dias contados da extinção do fideicomisso ou da averbação da extinção do usufruto, presumindo - se, após esse prazo, a concordância na manutenção da locação".

17 "Art. 8º Se o imóvel for alienado durante a locação, o adquirente poderá denunciar o contrato, com o prazo de noventa dias para a desocupação, salvo se a locação for por tempo determinado e o contrato contiver cláusula de vigência em caso de alienação e estiver averbado junto à matrícula do imóvel.
§1º Idêntico direito terá o promissário comprador e o promissário cessionário, em caráter irrevogável, com imissão na posse do imóvel e título registrado junto à matrícula do mesmo.
§2º A denúncia deverá ser exercitada no prazo de noventa dias contados do registro da venda ou do compromisso, presumindo - se, após esse prazo, a concordância na manutenção da locação".

18 "[art. 46] §2º Ocorrendo a prorrogação, o locador poderá denunciar o contrato a qualquer tempo, concedido o prazo de trinta dias para desocupação".

19 Entendendo ser a retrovenda uma condição resolutiva, estão Caio Mário da Silva Pereira, *Instituições...*, v. 3 (Contratos), p. 176; e Orlando Gomes, *Contratos*, p. 256 e 257. Tal entendimento não parece prosperar, uma vez que basta para a retrovenda a declaração de vontade do vendedor. Seria caso de condição se o art. 505 do Código Civil exigisse que a retrovenda estivesse atrelada a algum evento futuro e incerto, porém o dispositivo nada diz a respeito disso.

20 "Art. 505. O vendedor de coisa imóvel pode reservar-se o direito de recobrá-la no prazo máximo de decadência de três anos, restituindo o preço recebido e reembolsando as despesas do comprador, inclusive as que, durante o período de resgate, se efetuaram com a sua autorização escrita, ou para a realização de benfeitorias necessárias".

21 "Art. 49. O consumidor pode desistir do contrato, no prazo de 7 dias a contar de sua assinatura ou do ato de recebimento do produto ou serviço, sempre que a contratação de fornecimento de produtos e serviços ocorrer fora do estabelecimento comercial, especialmente por telefone ou a domicílio.

Na denúncia *cheia* ou *motivada*, ao contrário, é necessário um fato superveniente à formação do contrato para que ela possa ocorrer. Referida hipótese deve estar especificada na lei (denúncia legal) ou prevista em contrato (denúncia convencional). Exemplo de denúncia legal cheia ocorre quando o proprietário de um imóvel requer sua desocupação para que o referido imóvel possa ser usado por ele mesmo ou por cônjuge, companheiro, ascendente ou descendente, conforme previsto no art. 47, "ii"[22] da Lei nº 8.245/91. A denúncia convencional cheia se encontra, por exemplo, quando se estipula em instrumento que a falência de uma das partes autoriza à outra a interrupção do programa contratual.

Este artigo tratará da denúncia derivada do contrato, seja vazia, seja cheia. Os exemplos são os seguintes:

Cláusula de denúncia vazia

> "Qualquer uma das partes poderá resilir unilateralmente o presente contrato, sem justo motivo, desde que mediante aviso à outra com 30 dias de antecedência."

Cláusula de denúncia cheia

> "Este contrato poderá ser resilido unilateralmente desde que constatada a ocorrência de qualquer uma das seguintes hipóteses:

(i) Por qualquer uma das partes:
  a. decretação da falência ou deferimento do pedido de recuperação judicial da outra parte;

(ii) Por Alfa:
  a. declaração por instituição financeira do vencimento antecipado de dívida financeira ou bancária de Beta que, individualmente ou no agregado, represente um valor igual ou superior a R$ 100.000,00 reais;
  b. alteração do controle societário de Beta; ou
  c. caso a Dívida Líquida supere em 2x o EBITDA de Beta."

Parágrafo único. Se o consumidor exercitar o direito de arrependimento previsto neste artigo, os valores eventualmente pagos, a qualquer título, durante o prazo de reflexão, serão devolvidos, de imediato, monetariamente atualizados".

22 "Art. 47. Quando ajustada verbalmente ou por escrito e como prazo inferior a trinta meses, findo o prazo estabelecido, a locação prorroga-se automaticamente, por prazo indeterminado, somente podendo ser retomado o imóvel:

III – se for pedido para uso próprio, de seu cônjuge ou companheiro, ou para uso residencial de ascendente ou descendente que não disponha, assim como seu cônjuge ou companheiro, de imóvel residencial próprio;"

A cláusula de denúncia ostenta alguns fundamentos jurídicos. Em sua origem, o instituto se fundava na ideia de que a ninguém é dado permanecer aprisionado a um contrato por tempo indeterminado; é o repúdio do direito aos vínculos contratuais perpétuos.[23] Uma segunda justificativa da denúncia reside no desaparecimento do *elemento fiduciário* nas relações jurídicas em que a confiança é elemento essencial ou relevante para seu nascimento ou manutenção.[24]

Pode-se apontar, ainda, um terceiro fundamento para a cláusula de denúncia, não mencionado pela doutrina clássica. Frente ao dinamismo das relações econômicas e ao passo acelerado das mudanças no mundo moderno, os contratantes passaram a definir, *ex ante*, hipóteses ensejadoras do direito de denúncia baseadas na perda de interesse, pelo credor, em dar continuidade ao contrato. O suporte fático desta modalidade de denúncia lastreia-se em fatos supervenientes que nada têm com o inadimplemento contratual; antes, se referem à alteração de algum elemento significativo do contrato, o que situa as partes (ou uma parte) em um vínculo contratual que, por algum aspecto, mostra-se diverso daquele originalmente assumido ou pressuposto.[25]

Como visto, a cláusula de denúncia não apresenta apenas uma função, mas diversas, a depender do tipo do negócio jurídico, do interesse das partes e das circunstâncias. A doutrina italiana atribui à cláusula de denúncia três funções: (i) coloca fim a um contrato de duração desprovido de termo final (função determinativa); (ii) autoriza a parte a impugnar o contrato por um vício originário ou superveniente (função impugnativa); e (iii) faculta à parte, nos contratos de duração perpétuos ou de longo prazo, de se retirar da relação contratual, diante da perda de interesse no contrato, à semelhança de um direito de arrependimento (função de *ius poenitendi*).[26]

A prática contratual, porém, demonstra existir uma quarta função, talhada pelos agentes econômicos para satisfazer a sua inesgotável criatividade e aos seus interesses mutáveis. Assim, é admitido sustentar que a cláusula de denúncia não raro serve de instrumento de *autotutela*, na medida em que autoriza que um (ou ambos) dos contratantes reaja contra um evento superveniente que mina os seus interesses contratuais e unilateralmente se libere da relação contratual.[27]

---

23 Francesco Galgano, *Trattato di Diritto Civile e Commerciale – Il negozio giuridico*, v. III, t. 1, Milão: Giuffrè, 1988, p. 133

24 Orlando Gomes, *Contratos*, p. 188; e Pontes de Miranda, *Tratado...*, t. XXV, p. 208.

25 Vincenzo Roppo, *Il contratto*, Milão: Giuffrè, 2001, p. 551.

26 V. Giorgio de Nova (em coautoria com Rodolfo Sacco), *Tratatto di Diritto Civile – Il contratto*, t. II, 3° ed., 2004, p. 734.

27 Vincenzo Roppo, *Il contratto*, p. 551.

Feitas essas considerações gerais que permitem situar a cláusula de denúncia no direito brasileiro e pavimentar o caminho para construção do seu regime jurídico, cabe em seguida vermos os requisitos e os efeitos do dispositivo. Antes, porém, cuidar-se-á da tarefa de diferenciar a cláusula de denúncia de institutos afins, confusão frequente na prática contratual e que traz consequências relevantes ao direito civil como ramo ordenador dos negócios jurídicos privados.

2. DISTINÇÃO ENTRE FIGURAS AFINS

Ante a timidez do direito positivo no tratamento conferido à resilição unilateral, as características do instituto não se encontram bem definidas na lei. Deixa-se, com isso, vácuo que é preenchido pelo emprego irrefletido do instituto da denúncia, sobretudo quando a confundem com outras causas extintivas do vínculo contratual. Impõe, portanto, distinguir a cláusula de resilição unilateral de certas figuras afins.

a. Cláusula resolutiva expressa

A denúncia é espécie da resilição e, como tal, se funda na ideia de eventos ordinários e externos ao contrato que motivam a perda no interesse de um dos contratantes em seguir com a execução do programa contratual. Tais eventos são ocorrências que não se relacionam a um dever legal ou contratual descumprido, mas próprias do curso natural da vida de uma pessoa natural ou da atividade da pessoa jurídica, e objetivamente verificáveis. Em se tratando da denúncia, em princípio se mostra dispensável a condução de complexo labor interpretativo e probatório suscitado normalmente pela cláusula resolutiva expressa. A decretação da falência de uma sociedade ou a perda de emprego de uma pessoa natural (art. 47, "ii"[28] da Lei nº 8.245/91) são exemplos de eventos ordinários e externos ao contrato e facilmente comprováveis.

Já a cláusula resolutiva expressa ou resolução convencional está alicerçada, ao contrário, em eventos relacionados ao descumprimento de deveres oriundos da relação jurídica, descumprimento este que rompe o equilíbrio sinalagmático do contrato. Nestas circunstâncias temos, então, a ocorrência da cláusula resolutiva expressa ou resolução convencional, espécie da resolução

28 "Art. 47. Quando ajustada verbalmente ou por escrito e como prazo inferior a trinta meses, findo o prazo estabelecido, a locação prorroga-se automaticamente, por prazo indeterminado, somente podendo ser retomado o imóvel: [...] II – em decorrência de extinção do contrato de trabalho, se a ocupação do imóvel pelo locatário relacionada com o seu emprego".

calcada no inadimplemento, prevista nos arts. 474 e 475[29] do Código Civil. Portanto, quando há inadimplemento, a solução passa pela possível (pode-se recorrer a outros remédios, naturalmente) aplicação do instituto da resolução e não pela aplicação do instituto da resilição.[30]

Existem, portanto, diferenças jurídicas marcantes entre a cláusula de denúncia e a cláusula resolutiva expressa, e elas não podem ser ignoradas, pois são institutos com regimes jurídicos próprios e inconfundíveis entre si. Essa distinção se faz necessária não apenas em nome da boa técnica, mas também se pensando nas implicações práticas da aplicação dos referidos institutos jurídicos e nos seus impactos sobre o tráfego jurídico.

Além da diferença de pressupostos narrada acima, o controle de legitimidade que a cláusula resolutiva expressa sofre é mais intenso que aquele imposto à cláusula de denúncia.[31] Por estar calcada na perda de utilidade ou na impossibilidade de execução da prestação, fato a que a autonomia da vontade atribuiu efeitos liberatórios, restitutórios e ressarcitórios[32], a cláusula resolutiva expressa é suscetível de intervenção mediante um exame de *suficiência* da violação. Isso quer dizer que o juiz ou árbitro poderá, em benefício do devedor, desconsiderar o efeito resolutivo de um inadimplemento explicitamente inserido na redação da cláusula resolutiva, se entender que o descumprimento não é suficiente para impedir a consecução do resultado útil do contrato.[33] A cláusula de denúncia, a rigor, não deveria dar lugar à semelhante discussão.

É o que aponta Massimo Bianca para o direito italiano: "Tanto o contrato como a lei podem conferir à parte o poder de se retirar como remédio contra o

29 "Art. 474. A cláusula resolutiva expressa opera de pleno direito; a tácita depende de interpelação judicial.

Art. 475. A parte lesada pelo inadimplemento pode pedir a resolução do contrato, se não preferir exigir-lhe o cumprimento, cabendo, em qualquer dos casos, indenização por perdas e danos."

30 Mário Júlio de Almeida Costa, *Direito...*, p. 321 e 322; Orlando Gomes, *Contratos*, p. 188; e Ruy Rosado de Aguiar Júnior, *Comentários...*, p. 250.

31 "A justa causa ou causa relevante, pressuposto da resilição unilateral, é conceito mais amplo e de menor rigor do que o de inexecução do contrato, requisito da resolução (art. 478). A ideia de 'causa relevante' prescinde do incumprimento do devedor e da culpa da outra parte" (Ruy Rosado de Aguiar Júnior, *Comentários...*, p. 241, n.r. 127).

32 "A resolução ostenta, dessa forma, eficácia liberatória das obrigações não executadas, dispensando as partes de prestá-las; eficácia recuperatória, a permitir que os contratantes recuperem tudo o que eventualmente houverem prestado; e eficácia ressarcitória, conferindo ao credor a possibilidade de pleitear as perdas e danos cabíveis. Há, a um só tempo, a extinção das obrigações prestacionais e o nascimento de outras obrigações – de restituir e de ressarcir –, sem prejuízo da incidência de deveres de conduta impostos pela boa-fé objetiva, imperativos durante todo o desenvolvimento da relação contratual e, não raro, inclusive após a sua extinção" (Aline de Miranda Valverde Terra, *Cláusula resolutiva expressa*, 1ª ed., Rio de Janeiro: Fórum, 2018, p. 179).

33 Aline de Miranda Valverde Terra, *Cláusula...*, p. 80.

inadimplemento ou como remédio para a onerosidade ou intolerância na continuidade da relação jurídica. Nesses casos, todavia, a retirada constitui um poder de autotutela e o seu exercício está sujeito ao controle de adequação do instrumento [utilizado] com a sua [respectiva] função. O direito de resilição unilateral, ao invés, tutela o interesse objetivo da parte na interrupção do vínculo contratual, e o exercício do direito é submetido exclusivamente à autônoma decisão do titular, salvo o limite geral do princípio da boa-fé".[34]

É certo que se revela tênue o limite que separa um evento típico de cláusula de denúncia de um evento de cláusula resolutiva expressa. Apesar disso, talvez seja possível ensaiar um critério distintivo, por exclusão.

Aline de Miranda Valverde Terra, ao defender a ampliação do suporte fático da cláusula resolutiva expressa, assevera que referida cláusula é capaz de acolher não apenas obrigações essenciais ao programa contratual, mas também riscos que levam à disfuncionalização da obrigação ou coloquem em xeque a função econômico-individual do contrato. Nesse sentido, a autora admite a atração, para o campo de atuação da cláusula resolutiva expressa, de institutos abrigados sob a teoria do risco, como a impossibilidade prestacional decorrente de caso fortuito e o vício redibitório.[35]

Pode-se, portanto, extrair da lição acima que se deve classificar como cláusula resolutiva expressa todo arranjo que preveja a possibilidade de rompimento do vínculo contratual em razão de evento representativo de um inadimplemento absoluto ou que repercute diretamente na consecução do programa contratual, inviabilizando-o.[36] De modo contrário, impõe-se a classificação como cláusula de denúncia sempre que as partes concordarem com a extinção da relação contratual causada por um acontecimento ordinário, com efeitos indiretos ou externos à relação jurídica, provocados ou não pelo devedor. Pode-se ilustrar a diferença de conceitos com o seguinte exemplo: "Caso o endividamento supere em 2x o EBITDA de Beta, Alpha poderá *resilir* este contrato unilateralmente"; e "Beta deverá manter o endividamento inferior a 2x o EBITDA; caso contrário, Alpha poderá *resolver* este contrato". É claro que na realidade dos negócios jurídicos frequentemente as hipóteses ligadas a um ou outro instituto estarão concentradas em um único dispositivo contratual que dispõe sobre a extinção do contrato, cabendo ao intérprete fazer a necessária separação para aplicar os regimes jurídicos adequados.

Além da diferença de suportes fáticos, outras características também devem ser levadas em consideração pelo hermeneuta no processo de

34 *Il contratto*, 2ª ed., Milão: Giuffrè, 2000, p. 740.

35 *Cláusula...*, p. 86-95.

36 Aline de Miranda Valverde Terra, *Cláusula...*, p. 54.

interpretação e aplicação dos respectivos regimes jurídicos à cláusula de denúncia ou à cláusula resolutiva. O fundamento e a extensão do dever de indenização surgido por conta do rompimento prematuro do vínculo contratual também fornecem pistas de com qual instituto se está lidando.

Na cláusula de denúncia, a indenização é balizada por eventual necessidade de assegurar à contraparte um retorno mínimo diante dos investimentos que ela realizou especificamente para dar cumprimento àquele contrato (parágrafo único do art. 473 do Código Civil). Já na cláusula resolutiva expressa, o efeito ressarcitório mostra-se pautado pelo interesse negativo (situação em que a contraparte estaria se não tivesse celebrado aquele contrato) ou positivo (situação em que a contraparte estaria caso o devedor tivesse cumprido perfeitamente sua obrigação).[37]

b. Condição

A cláusula de resilição unilateral também não deve ser confundida com a condição, seja ela resolutiva ou suspensiva.

Estruturalmente, a denúncia e a condição são parecidas, porque ambas supõem a extinção do vínculo contratual em razão de fato futuro. Mas divergem sob a perspectiva *funcional*. Em relação à condição suspensiva, sua função está em diferir os efeitos do contrato. A resilição, a seu turno, é meio extintivo do vínculo contratual e exerce o papel de viabilizar a desvinculação dos contratantes, redundando na extinção da eficácia contratual[38].

Também impõe separar a resilição unilateral da condição resolutiva. É compreensível confundir os institutos, pois resultam eles, em última análise, no desfazimento do vínculo jurídico. Porém, o suporte fático da condição resolutiva consiste em um evento futuro e incerto e sua concretização não depende da vontade dos contraentes; a resilição unilateral, por outro lado, ocorre quando a uma das partes se atribui a faculdade de desfazer o contrato com base na livre declaração de vontade.[39]

c. Revogação

Revogar significa retirar de um ato jurídico a manifestação de vontade anteriormente emitida (a *vox*). Trata-se de uma faculdade presente em negócios cuja execução está em curso, como no contrato a favor de terceiro, antes de o beneficiário manifestar sua adesão, ou durante a vida do promissário, quando

---

37 Para discussão a respeito da polêmica envolvendo o cabimento do interesse positivo no cálculo do efeito ressarcitório da cláusula resolutiva expressa, v. Aline de Miranda Valverde Terra, *Cláusula...*, p. 200 e ss.

38 Judith Martins-Costa; e Paula Costa e Silva, *Crise...*, p. 135.

39 Este foi o critério desenvolvido pela jurisprudência italiana: Cassazione, nº 3626, GC 1990, I, 1850, d.j. 07/09/1989.

a promessa deva ser cumprida após a morte dele. Pode a revogação existir também para negócios já consumados, desde que respeitados os efeitos pretéritos, como é o caso da revogação da doação por ingratidão do donatário.[40]

A revogação se aparta da resilição em relação aos efeitos. Ao se retirar a *vox* na revogação, se retorna ao *status quo ante*. É efeito *ex tunc*, que, via de regra, inexiste na resilição. Também inexiste indenizibilidade na revogação, porque somente revoga quem pode fazê-lo (e se o faz sem poder, a revogação é ineficaz).[41] Já a resilição ostenta eventual efeito indenizatório, conforme parágrafo único do art. 473 do Código Civil.

3. PRESSUPOSTOS

O art. 473 do Código Civil afirma que "a resilição unilateral, nos casos em que a lei expressa ou implicitamente o permita, opera mediante denúncia notificada à outra parte".

A *permissão legal expressa* se refere àqueles casos em que a lei, para determinados tipos de contrato, estabelece uma autorização explícita para uma das partes, sozinha, encerrar antecipadamente o vínculo contratual, com ou sem motivo. É o que ocorre com a locação (art. 47, "ii" da Lei nº 8.245/91) e a prestação de serviços (art. 599 do Código Civil). A permissão *implícita* se aplica aos contratos por tempo indeterminado, por uma questão principiológica de o direito não permitir vínculos eternos.[42]

Mas a *fattispecie* do art. 473, no que diz respeito à autorização implícita, não deve ficar restrita aos contratos por tempo indeterminado. Com base na autonomia da vontade, princípio também caro ao direito contratual, tendo havido declaração de vontade das partes nesse sentido, é perfeitamente aceitável (e usual na prática) que a denúncia opere mesmo nos contratos de prazo determinado.[43] Este posicionamento teórico está em linha com a mais moderna doutrina, que enxerga na resilição unilateral *um instrumento normal e fisiológico de sistematização dos interesses contratuais*.[44]

Discute-se na doutrina, outrossim, se a cláusula de denúncia pode figurar nos contratos de execução instantânea, na medida que os contratos de duração

40 Mário Júlio de Almeida Costa, *Direito...*, p. 321.

41 Pontes de Miranda, *Tratado...*, t. XXV, p. 270.

42 Ruy Rosado de Aguiar Júnior, *Comentários...*, p. 242 e 243.

43 Carlos Ferreira de Almeida, *Contratos VI – Ineficácia*, Coimbra: Almedina, 2019, p. 75; e Giorgio de Nova, *Tratatto...*, t. II, p. 732.

44 Vincenzo Roppo, *Il contratto*, p. 541.

(execução periódica ou diferida) são o terreno por excelência da denúncia.[45] Como se verá a seguir, nada obsta que as partes, por obra do encontro de vontades, pactuem de modo diverso. Prevalece, na regulação da denúncia, a autonomia da vontade das partes e a natureza dispositiva do art. 473, tal como ocorre no direito italiano (art. 1373[46] do *Codice Civile*).

Embora à primeira vista surja o ímpeto de colocar a pecha de econômico no tratamento dado pelo Código Civil ao instituto da denúncia, a postura do legislador brasileiro caminhou em linha com outros países de orientação romano-germânica. Portugal não dispõe de norma de alcance geral sobre a denúncia, e sim para contratos específicos. Além do Brasil, Itália (art. 1373 do *Codice Civile*), França (art. 1211[47] do *Code Civil*) e Peru (art. 1365[48] do Código Civil peruano) conferem tratamento explícito ao tema, embora o façam em bases genéricas.

A análise acima leva à conclusão de que a sutileza do legislador brasileiro ao regular a denúncia parece indicar se tratar mais de um caso de escolha deliberada do que de atecnia jurídica. Com efeito, o estudo do direito comparado revela a tendência das ordens jurídicas de prestigiar a autonomia da vontade das partes, de modo a lhes conferir ampla liberdade na definição do conteúdo e da forma da cláusula de denúncia. Mas há limites.

a. Conteúdo

Em relação ao conteúdo da denúncia, os contratantes são, em regra, livres para determiná-lo, salvo situações específicas.

Para alguns tipos contratuais positivados, a autonomia da vontade é reduzida. É o caso do contrato de locação de imóvel urbano por prazo determinado,

---

45 Mário Júlio de Almeida Costa, *Direito das obrigações*, p. 322.

46 "Art. 1373. Recesso unilaterale. Se a una delle parti è attribuita la facoltà di recedere dal contratto, tale facoltà può essere esercitata finché il contratto non abbia avuto un principio di esecuzione.
Nei contratti a esecuzione continuata o periodica, tale facoltà può essere esercitata anche successivamente, ma il recesso non ha effetto per le prestazioni già eseguite o in corso di esecuzione.
Qualora sia stata stipulata la prestazione di un corrispettivo per il recesso, questo ha effetto quando la prestazione è eseguita.
E' salvo in ogni caso il patto contrario".

47 "Article 1211. Lorsque le contrat est conclu pour une durée indéterminée, chaque partie peut y mettre fin à tout moment, sous réserve de respecter le délai de préavis contractuellement prévu ou, à défaut, un délai raisonnable".

48 "Fin de contratos continuados. Artículo 1365°.- En los contratos de ejecución continuada que no tengan plazo convencional o legal determinado, cualquiera de las partes puede ponerle fin mediante aviso previo remitido por la vía notarial con una anticipación no menor de treinta días. Transcurrido el plazo correspondiente el contrato queda resuelto de pleno derecho".

que admite que apenas o inquilino denuncie o contrato (art. 4º[49] da Lei nº 8.245/91); ou da vedação à denúncia fora das situações estipuladas envolvendo acordo de acionistas com prazo fixado em função de termo ou condição resolutiva (art. 118, §6º[50] da Lei nº 6.404/76).

Também não se admite que os eventos deflagradores do direito extintivo desnaturem o instituto da denúncia. A resilição unilateral baseia-se em eventos ordinários e com efeitos indiretos e externos à relação contratual. Assim, se o suporte fático da cláusula contiver fatos que representem um inadimplemento absoluto ou risco à continuidade do programa contratual, será situação de cláusula resolutiva expressa, e não de cláusula de denúncia.

O suporte fático da cláusula da resilição convencional deve ser inteligível e de fácil e objetiva comprovação. Na Itália, a Corte de Cassação decidiu que a cláusula de denúncia há de estar vinculada a uma hipótese precisa ou, quando menos, seguramente determinável, em ausência da qual a eficácia do contrato restaria indefinitivamente subordinada ao arbítrio da parte titular do direito, com a consequente inviabilidade da finalidade perseguida com o próprio contrato.[51]

b. Forma

O art. 473 do Código Civil dispõe que a denúncia se faz mediante *notificação* à outra parte, sem esclarecer, porém, se a notificação deve ser escrita ou se pode ser verbal, bem como se há de ocorrer judicialmente ou se admite o caminho extrajudicial.

Em relação à forma escrita ou verbal, para os contratos solenes há quem sustente na doutrina[52] e na jurisprudência[53] que o negócio jurídico há de ser denunciado pela mesma forma que a lei exige para sua celebração. Trata-se da regra que existe para o distrato, prevista no art. 472 do Código Civil. Outros, por

49 "Art. 4º Durante o prazo estipulado para a duração do contrato, não poderá o locador reaver o imóvel alugado. Com exceção ao que estipula o §2º do art. 54-A, o locatário, todavia, poderá devolvê-lo, pagando a multa pactuada, proporcional ao período de cumprimento do contrato, ou, na sua falta, a que for judicialmente estipulada".

50 "§6º O acordo de acionistas cujo prazo for fixado em função de termo ou condição resolutiva somente pode ser denunciado segundo suas estipulações".

51 Cassazione, nº 7599, d.j. 22/12/1983.

52 Massimo Bianca, *Il contratto*, p. 740; e Vincenzo Roppo, *Il contratto*, p. 472.

53 "Nos dizeres do Código Civil, art. 472, dá-se o distrato através da mesma forma exigida para o contrato. Assim, ante a informalidade da relação desenvolvida pelas partes, para a extinção da avença, basta a simples declaração de vontade. Todavia, tratando-se de ato unilateral, a resilição opera-se tão-somente mediante denúncia, sem a qual permanece o vínculo existente entre as partes" (TJDFT, Ap. Cív. nº 20060410102377, Des. Rel. Carmelita Brasil, d.j. 28/05/2008).

sua vez, colocam-se contra a aplicação analógica do art. 472 para a denúncia e defendem que ela se operacionaliza de forma livre.[54]

Pensamos que está com a razão a primeira corrente. Dado que a regra do art. 472 prestigia o princípio da simetria das formas para o distrato, que conta com o mútuo acordo para se aperfeiçoar, tanto mais razão que se a observe na denúncia, que é unilateral e, consequentemente, justifica um maior rigor em sua comprovação, de modo a afastar dúvidas e comportamentos abusivos em seu exercício.

Para os contratos não solenes, a forma de atuação da denúncia é livre, isto é, segue-se o que vai disposto no contrato, e, no seu silêncio, acolhe-se ou a forma verbal ou escrita.[55] É exigido apenas que haja comprovação do recebimento (e não da ciência)[56] pela parte contra quem é exercida a denúncia.

Nos negócios em geral, ante a inexistência de regra pactuada pelos contratantes, não é necessário que a notificação ocorra pelas vias judiciais; pode-se remetê-la extrajudicialmente.[57]

Na hipótese de haver múltiplos contratantes, não há um entendimento pacífico a respeito de como deve a denúncia operar. A doutrina defende, por prudência, que a denúncia seja dirigida contra todos para ser eficaz.[58]

4. EFEITOS

De até onde se tem notícia, os doutrinadores são unânimes em classificar a denúncia como *negócio jurídico unilateral receptício*.[59] Na lição de Pontes de Miranda, *unilateral* é o negócio jurídico "quando a manifestação de vontade de alguém entra no mundo jurídico e se faz negócio jurídico sem que precise ou venha a precisar de qualquer manifestação de vontade de outrem para o

---

54 Araken de Assis, *Comentários...*, p. 574; e Ruy Rosado de Aguiar Júnior, *Comentários...*, p. 245. Na jurisprudência, v. STJ, REsp 230.257-SP, Rel. Min. Gilson Dipp, d.j. 08.02.2000.

55 Massimo Bianca, *Il contratto*, p. 740; e Ruy Rosado de Aguiar Júnior, *Comentários...*, p. 244.

56 "Não se exige que o notificado tome efetivo conhecimento da manifestação do proponente, pois pode acontecer que ele se recuse a ter ciência do conteúdo da notificação; basta que o notificante faça o comunicado chegar ao outro, colocando a mensagem à sua disposição" (Ruy Rosado de Aguiar Júnior, *Comentários...*, p. 245).

57 Araken de Assis, *Comentários...*, p. 574; e Massimo Bianca, *Il contratto*, p. 737.

58 Araken de Assis, *Comentários...*, p. 579; e Pontes de Miranda, *Tratado...*, t. XXV, p. 295.

59 Araken de Assis, *Comentários...*, p. 564; Luis Manuel Teles de Menezes Leitão, *Direito das obrigações*, v. II, Coimbra: Almedina, 2008, p. 105; Massimo Bianca, *Il contratto*, p. 737; Pontes de Miranda, *Tratado...*, t. XXV, p. 293; Ruy Rosado de Aguiar Júnior, *Comentários...*, p. 239; e Vincenzo Roppo, *Il contratto*, p. 542.

completar".[60] E *receptício* é o negócio que depende da comunicação à outra parte para ganhar eficácia.

A denúncia ostenta efeitos *ex nunc*: ela não atinge o passado da relação contratual, apenas o seu presente e o seu futuro.[61] Não obstante, segundo autorizada doutrina, é permitido às partes, valendo-se da autonomia privada, convencionar efeitos de retroação à denúncia, mesmo para os contratos de execução diferida ou periódica.[62]

É firme e amplamente difundida a posição doutrinária segundo a qual a denúncia dispõe de efeito pessoal apenas, e nunca real. Não é admitido que ela modifique, extinga ou crie obrigações para aqueles sujeitos de direito que não fazem parte da relação contratual. Ou seja, ela não pode ostentar eficácia perante terceiros e afetar-lhes o patrimônio.[63] Não podemos deixar de apontar que o entendimento revela inconsistência com a legislação posta, na medida em que o Código Civil autoriza o pacto de retrovenda na compra e venda, disposição essa que goza de eficácia real.[64]

A questão central que aparece nos estudos do instituto da denúncia são os eventuais abusos que podem decorrer de seu exercício. Direito potestativo que é,[65] a denúncia se traduz no poder do credor de extinguir unilateralmente a relação jurídica. É, pois, nítida a vulnerabilidade das partes perante o denunciante, e é por isso que o legislador, na tentativa de coibir abusos, impôs certos limites legais ao exercício da denúncia, com esteio nos deveres de boa-fé e de lealdade.[66]

Um dos limites consiste em assegurar, à parte a quem a denúncia é endereçada, a oportunidade de se preparar para a extinção da relação comunicada pelo denunciante. Atende-se aqui a um critério de razoabilidade. É o chamado

60 *Tratado...*, t. XXXI, p. 57.

61 Pontes de Miranda, *Tratado...*, t. XXXI, p. 82.

62 Araken de Assis, *Comentários...*, p. 560; e Giorgio de Nova, *Tratatto...*, p. 732.

63 Pontes de Miranda, *Tratado...*, t. XXXI, p. 58; e Giorgio de Nova, *Tratatto...*, p. 732.

64 Orlando Gomes, *Contratos*, p. 256 e 257. Contra: Caio Mário da Silva Pereira, *Instituições...*, v. III, p. 176.

65 Não há que se confundir *direito* potestativo com *condição* potestativa. É o que esclarece Darcy Bessone: "A *condição* potestativa, sujeitando o ato ao arbítrio de uma das partes, é ilícita (art. 115 do CC). A potestatividade, com efeito, não é compatível com a *obrigação*, que conceitualmente não pode sujeitar-se ao arbítrio do devedor. Mas essa objeção não atinge o direito, que é *facultas agendi*. No direito de *opção*, cuja validade todos admitem, a potestatividade é nota característica" (*Do contrato: teoria geral*, 4ª ed., São Paulo: Saraiva, 1997, p. 250).

66 "Tanto quanto os direitos em geral, os direitos potestativos também sofrem um controle por parte do legislador. Enquanto poderes jurídicos, eles estão juridicamente limitados e devem ser exercidos segundo as regras impostas pelo mesmo ordenamento jurídico que os garante, dentro dos limites estabelecidos pelo legislador, dentre os quais figuram a boa-fé, os bons costumes e o fim econômico e social dos respectivos direitos" (Daniel M. Boulos, "Breves comentários...", p. 28).

aviso-prévio, ou *pré-aviso*, que, escorado no princípio da boa-fé, evita o rompimento abrupto da relação e permite ao receptor da denúncia adotar ações para minimizar seu impacto, como, por exemplo, buscar um novo parceiro contratante para suprir a ausência do negócio que se finda.

Araken de Assis sustenta que o aviso prévio geralmente se aplica somente à denúncia vazia; já na denúncia cheia, por ser fruto da vontade das partes, supõe-se que elas a quiseram automática, tão logo ocorresse o motivo estipulado, sem a necessidade de aviso prévio.[67] Tal raciocínio precisa ser encarado com um grão de sal. Primeiro porque, em uma interpretação lógica, não há nada que permita semelhante suposição: o fato de os contraentes terem previsto expressamente determinado suporte fático para a cláusula de denúncia diz apenas sobre a vontade manifestada em relação a um pressuposto da cláusula da denúncia (i.e., evento que autorizará a extinção antecipada do vínculo), mas nada revela sobre os efeitos desejados. Segundo porque uma análise sistemático-teleológica das regras que existem na legislação sobre o pré-aviso permite inferir que o bem jurídico a ser tutelado nessas situações consiste no interesse do devedor em dispor de tempo razoável para se planejar e realocar recursos, ante o contrato que está na iminência de se findar. E tal interesse, a rigor, não deixa de existir na situação de denúncia convencional cheia.

Alguns contratos tipificados no Código Civil têm regras específicas com relação ao assunto, como, por exemplo, o contrato de agência (90 dias - art. 720[68] do Código Civil) e o de locação residencial (30 dias - art. 46, §2º[69] da Lei nº 8.245/91). Nos contratos em que a lei nada dispõe, os prazos são fixados pela jurisprudência conforme o caso, em um esforço interpretativo que leva em consideração critérios como o comportamento das partes, as circunstâncias da celebração, a função econômica, os usos e costumes etc.[70] Naturalmente, nada obsta que as próprias partes - havendo o acordo daquela contra a qual a

67 *Comentários...*, p. 568.

68 "Art. 720. Se o contrato for por tempo indeterminado, qualquer das partes poderá resolvê-lo, mediante aviso prévio de noventa dias, desde que transcorrido prazo compatível com a natureza e o vulto do investimento exigido do agente.

Parágrafo único. No caso de divergência entre as partes, o juiz decidirá da razoabilidade do prazo e do valor devido."

69 "§2º Ocorrendo a prorrogação, o locador poderá denunciar o contrato a qualquer tempo, concedido o prazo de trinta dias para desocupação".

70 Assim se manifestou o Superior Tribunal de Justiça: "[...] a verificação do prazo razoável deve ser feita segundo o prudente arbítrio do magistrado diante da prova colhida nos autos, consoante entendimento acolhido pela novel legislação civil". Ademais, a decisão considerou lícito o prazo de 120 dias para o aviso prévio (REsp nº 654408/RJ, Min. Rel. Fernando Gonçalves, d.j. 09/02/2010). V. também REsp nº 1555202/SP, Min. Rel. Luis Felipe Salomão, d.j. 13/12/2016.

denúncia é dirigida – convencionem de modo diverso, em prestígio ao princípio da boa-fé objetiva.[71]

Determinados contratos, porque alicerçados sobre uma relação de confiança, não impedem a denúncia instantânea, como o contrato de representação (art. 115[72] do Código Civil). No caso, resta ao prejudicado a obtenção de indenização por eventuais danos, não podendo forçar o denunciante a permanecer com ele contratado.[73]

Ainda que respeitado o pré-aviso, há situações em que se entende ser a denúncia abusiva. Diferentemente da preocupação que está por trás do aviso prévio, o que aqui se censura não é o *modo* pelo qual a resilição ocorre (abruptamente ou não), mas a *pertinência* de seu exercício, que, se autorizado, frustrará a *legítima expectativa* das partes em relação aos benefícios esperados para determinado contrato. A ameaça à legítima expectativa das partes, assim, leva o ordenamento jurídico a *suspender* os efeitos extintivos do direito potestativo da denúncia, até que as partes obtenham o retorno originalmente esperado, e, para que isso ocorra, ele ordena a manutenção da vigência do contrato por um período determinado.

Daí o propósito do parágrafo único do art. 473 do Código Civil, que, calcado no dever de probidade e de correção derivado da boa-fé objetiva,[74] assegura uma autêntica suspensão temporária (ou paralisação temporária) da eficácia típica da denúncia.

Afinal, é habitual que as partes se preparem em momento anterior à fase de execução do contrato para atender ao escopo do negócio por elas visado. Isso é tão mais comum nos contratos chamados de *relacionais* ou de *colaboração*, contratos esses cujo prolongado tempo de duração e a presença de um intenso espírito colaborativo fazem com que as partes, muitas vezes, tenham que se preparar, de antemão, para garantir o satisfatório cumprimento do negócio pactuado, incorrendo em despesas e custos, bem como contratando pessoal, adquirindo máquinas e equipamentos, enfim, despendendo esforços e recursos em vista do negócio que têm em mira.

Assim, para uma avaliação do cabimento ou não do pré-aviso e da própria pertinência da denúncia e, em caso positivo, da extensão dessa obrigação, Ruy Rosado de Aguiar Júnior sugere seja feito um exame de *razoabilidade*: "À falta de estipulação do prazo, seja na lei ou no contrato, deve-se dar atenção ao que seria razoável nas circunstâncias. Pondera-se: a) o tempo para a adoção das

71 Araken de Assis, *Comentários...*, p. 572 e 573.

72 "Art. 115. Os poderes de representação conferem-se por lei ou pelo interessado".

73 Caio Mário da Silva Pereira, *Instituições...*, v. 3 (Contratos), p. 131.

74 Araken de Assis, *Comentários...*, p. 577.

medidas necessárias a que se cumpra o rompimento do contrato, com a terminação dos negócios que se desenvolviam em razão do contrato, liquidação do estoque, pagamento de pessoal, avisos a terceiros, etc.; b) o tempo razoável para que o contratado tenha condições de encontrar nova oportunidade de negócio, redirecionando sua atividade; c) a amortização das inversões e gastos efetuados em razão do contrato. A duração variará em função da complexidade do negócio, do tempo de execução do contrato e do valor dos investimentos".[75]

É possível também que a eficácia do direito à resilição unilateral esteja condicionada ao pagamento de uma multa pelo credor em desfavor do devedor. Trata-se de multa de natureza penitencial que configura uma compensação paga ao devedor pelo desfazimento prematuro do vínculo contratual. É uma *contraprestação* ao direito de recesso.[76]

CONCLUSÃO

A cláusula de denúncia ou resilição unilateral é instituto amplamente difundido na prática contratual. Surpreendentemente, o laconismo do legislador ao regrar o instituto e os poucos estudos dogmáticos no tema fazem com que a denúncia seja empregada e compreendida sem aderência à boa técnica jurídica. O problema não é exclusivo do direito brasileiro; no direito comparado, como visto, a situação é parecida.

A denúncia não deve ser confundida com outras causas extintivas da relação contratual, como a cláusula resolutiva expressa e a condição. São institutos diversos, com pressupostos, conteúdo e funções distintos. O controle jurisdicional a que estão sujeitos cada um desses institutos também é diverso. Ignorar essa realidade gera inconsistências e assimetrias na sistemática criada pelo legislador do Código Civil, o que não pode se admitir em prestígio ao princípio da segurança jurídica.

Além da necessária distinção que se deve fazer entre a denúncia e outras figuras afins, importante também que doutrina e jurisprudência aprofundem o estudo da cláusula de denúncia, com vistas a construir uma disciplina uniforme e consistente do instituto. Com isso se assegura maior clareza aos agentes econômicos na prática contratual, reduzindo-se desalinhamentos de expectativas e litígios decorrentes da interpretação das cláusulas de extinção nos contratos.

Espera-se que o presente artigo contribua, ainda que de maneira modesta, para o enfrentamento das questões apontadas acima no âmbito da dogmática

75 *Comentários...*, p. 246.

76 Vincenzo Roppo, *Il contratto*, p. 548 e 549.

dos contratos. Afinal, a cláusula de denúncia é mecanismo jurídico de extrema utilidade na economia dos contratos e um servo fiel dos interesses e da criatividade dos agentes econômicos, o que torna imperiosa a sua devida aclimatação à ordem jurídica.

82. CLÁUSULA DE INDENIZAÇÃO EM CONTRATOS DE M&A: LIMITAÇÕES DE ESCOPO, VALOR E PRAZO

Ricardo Busana Galvão Bueno

1. INTRODUÇÃO E DELIMITAÇÃO DO TEMA

A expressão "fusões e aquisições", tradução do inglês "*mergers and acquisitions*" ("*M&A*"), compreende uma variedade heterogênea de diferentes operações jurídico-societárias que têm em comum a aquisição de participação societária em uma sociedade, usualmente referida como a "sociedade-alvo", nomenclatura que adotaremos neste artigo para distinguir a sociedade cujas quotas ou ações são objeto de um negócio jurídico entabulado por outras pessoas (usualmente, o comprador e o vendedor)[1].

Essa aquisição pode ocorrer por meio da subscrição de novas ações ou quotas da sociedade-alvo, o que é conhecido como 'operações primárias', ou pode ser realizada por meio de compra e venda, permuta, doação ou qualquer

---

1 Sociedade-alvo é tradução literal da expressão "*target company*", bastante popular na prática norte-americana, que acabou por conquistar ampla aceitação no Brasil. Como explica DePamphilis, "*a firm that attempts to acquire or merge with another company is called an acquiring company, acquirer, or bidder. The target company is the firm being solicited by the acquiring company*". DEPAMPHILIS, Donald M. *Mergers, Acquisitions and other Restructuring Activities*: an integrated approach to process, tools, cases, and solutions. 10a edição. Londres: Elsevier, 2019, p. 5. O termo é difundido também na doutrina brasileira. Assim, por exemplo, CAMARGO, André Antunes Soares de. *As Quatro Grandes Perguntas das Combinações de Negócios*. In: ADAMEK, Marcelo Vieira von. PEREIRA, Rafael Setoguti J. (Coord.) *Fusões e Aquisições (M&A)*. São Paulo: Quartier Latin, 2022, p. 30 a 44.

outra forma de aquisição de ações ou quotas já existentes emitidas pela sociedade-alvo. Nesses casos, o comprador usualmente desembolsa um valor, em dinheiro ou em bens, em favor do vendedor. Essas transações são geralmente agrupadas sob o termo 'operações secundárias'.

Neste ensaio, os contratos que envolvem operações de fusões e aquisições serão simplesmente referidos como "contratos de M&A". Essencial ter em mente que, embora as partes costumem denominá-los como contratos típicos, como os contratos de 'compra e venda' de ações ou quotas, esses contratos de M&A possuem numerosas disposições legalmente atípicas que não permitem sua recondução automática (ou, se preferirem, acrítica) aos tipos legais estabelecidos[2]. Algumas dessas disposições, como as que serão objeto de estudo neste artigo, estão gradualmente adquirindo certo grau de tipicidade social devido à sua recorrência na prática dos agentes do mercado envolvidos em tais operações, mas, a nosso ver, ainda não adquiriram o grau de reconhecimento de cogência necessário para que a digamos "socialmente típicas"[3]. Por

---

2 Esta também parece ser a opinião de Rafael Setoguti J. Pereira, em seu "A Responsabilidade Pós-Contratual na Compra e Venda de Participação Societária", no qual o autor explica que *"[s]em nenhum exagero, pode-se dizer que poucos temas do direito comercial brasileiro foram tão estudados, nos últimos anos, como o negócio da compra e venda da participação societária. O interesse dos estudiosos por esse tema se explica, antes de qualquer coisa, pelas características a ele associadas. Afinal, essas operações econômicas normalmente se desenvolvem sob estruturas jurídicas dinâmicas e complexas, são regidas por uma multiplicidade de ramos do direito e abrigam um influxo de práticas importadas do sistema jurídico anglo-saxão. Mas não é só por isso que o tema tem recebido a atenção da dogmática jurídica. Ele atrai a atenção, também, porque há uma certa dificuldade na adequação do negócio de compra e venda de participação societária aos institutos tradicionais do direito civil, o que faz com que seus contornos dogmáticos sejam pouco desenvolvidos pela doutrina e pela jurisprudência."* (grifos nossos). PEREIRA, Rafael Setoguti J. *A Responsabilidade Pós-Contratual na Compra e Venda de Participação Societária*. In: ADAMEK, Marcelo Vieira von. PEREIRA, Rafael Setoguti J. (Coord.) *Fusões e Aquisições (M&A)*. São Paulo: Quartier Latin, 2022, p. 773.

3 Como explica Pedro Pais de Vasconcelos, *"os tipos contratuais podem ser legais ou extralegais. Legais são os que constam tipificados na lei; extralegais são os que estão tipificados na prática. Os tipos legais de contratos não esgotam os tipos contratuais. Para além dos que constam tipificados na lei, outros tipos contratuais existem na prática da vida e da contratação. Na sua generalidade, os tipos contratuais legais foram construídos sobre os correspondentes tipos extralegais, sobre práticas contratuais que já eram típicas na sociedade."* VASCONCELOS, Pedro Pais de. *Contratos Atípicos – (Teses de doutoramento)*. Coimbra: Edições Almedina S.A., 2009, p. 61. Naturalmente, os tipos sociais tendem a ser mais numerosos do que os tipos legais, uma vez que nem todos os tipos sociais foram também previstos na lei. *"Tal sucede, ou porque se trata de tipos de configuração recente que o legislador ainda não recebeu, ou porque se trata de tipos que o legislador não considerou necessário ou útil receber"* (VASCONCELOS, *op. cit.*, 2009, p. 61). Importante ressaltar que *"não existem, nem pode ser construídos, critérios firmes e exactos para o juízo sobre se uma certa prática contratual constitui já um tipo social, até porque a tipicidade social é graduável. Para que de um tipo social se possa falar é preciso, em primeiro lugar, que se verifique uma pluralidade de casos: a tipicidade não é compatível com a individualidade. Em segundo lugar, é necessário que essa*

esta razão, referências neste artigo ao que se entende como 'usual' ou 'comum' devem ser lidas como refletindo as experiências profissionais do seu autor e não como uma declaração a respeito da tipicidade da disposição.

A cláusula de indenização ou de indenidade[4] é uma disposição comumente incluída nos contratos de M&A, pela qual uma das partes assume a obrigação de compensar a outra por determinadas perdas que esta última possa incorrer. Essas perdas podem estar relacionadas à participação societária adquirida, à sociedade-alvo em si ou até mesmo a outras empresas controladas pela parte beneficiária da indenização. Neste sentido:

> "*the purpose of the indemnification section is to set forth the circumstances under which either party can claim damages or take other remedial action in the event the other party to the agreement has breached a representation or warranty or failed to abide by its covenants. This section usually includes provisions concerning the procedural aspects of indemnity claims and the rights of the parties to take part in any legal proceedings that could give rise to an indemnity claim.*"[5]

---

pluralidade se traduza numa prática, quer dizer, que entre os casos que constituem a pluralidade haja uma relação ou ligação tal que eles se reconheçam como aparentados ou do mesmo tipo e que essa prática seja socialmente reconhecível, quer dizer, que seja, no meio social em que é praticada, reconhecida como uma prática e não apenas como uma ou mais coincidências fortuitas. Em terceiro lugar, é preciso que exista, no meio social em que é praticada, uma consciência assumida, em termos tendencialmente gerais e pacíficos, da vigência e da existência dessa prática como algo de vinculativo, como modelo de referência e padrão de comparação, e como norma de comportamento, isto é, é preciso que exista o reconhecimento do caráter vinculativo dessa prática e desse modelo" (VASCONCELOS, *op. cit.*, 2009, p. 62 e 63). Da descrição feita pelo autor, podemos notar que muitos dos modelos de contratos que revestem operações de M&A, como os contratos de compra e venda de ações ou quotas e os contratos de investimento, passam sem dificuldades nos dois primeiros testes, mas não no terceiro. Dado o caráter bastante próprio e, por vezes, peculiar de cada operação de M&A a imposição de um 'tipo' de contrato que fosse considerado vinculativo pelas partes – no todo ou em parte – ainda não encontra respaldo na prática. E por que isso é importante? Porque "*os tipos sociais de contratos desempenham um papel importante na descoberta do Direito. A recondução de contratos concretos aos tipos extralegais correspondentes permite recolher neles, como modelos regulativos, critérios para a interpretação e para a integração do regulamento estipulado*" (VASCONCELOS, *op. cit.*, 2009, p. 64). Uma vez que ainda não temos tipos sociais para os contratos de M&A – embora já tenhamos um volume importante de operações e muitos clausulados se repitam em vários deles – as referências a disposições específicas de contratos de M&A neste artigo é feita com base na experiência própria do autor.

4 Nomenclatura preferida por ROBERT, Bruno. BARROS, Lucas C. Corgulho M. *Cláusula de Indenidade em Contratos de M&A: A Inclusão de Lucros Cessantes como Perdas Indenizáveis.* In: ADAMEK, Marcelo Vieira von. PEREIRA, Rafael Setoguti J. (Coord.) *Fusões e Aquisições (M&A).* São Paulo: Quartier Latin, 2022, p. 93.

5 LAJOUX, Alexandra Reed. *The Art of M&A.* A merger, acquisition, and buyout guide. 5a edição. Nova Iorque: McGraw Hill Education, 2019, p. 593.

A cláusula de indenização estabelece as regras para a distribuição dos riscos associados não apenas à própria operação de M&A (como, por exemplo, a evicção das ações ou quotas adquiridas ou a possível anulação ou nulidade resultante da incapacidade do agente), mas também aos negócios em curso da sociedade-alvo[6]. Isso inclui responsabilidades tributárias, ambientais, trabalhistas, previdenciárias ou cíveis que possam surgir ou estar relacionadas às atividades da sociedade cujas ações ou quotas estão sendo adquiridas.

Como se explora abaixo, existe um espaço relativamente amplo de liberdade para que as partes pactuem diferentes configurações de conteúdo para as cláusulas de indenização em contratos de M&A, que pode variar inclusive considerando algumas características específicas da própria sociedade-alvo ou dos seus vendedores[7].

Assim, é usual nos Estados Unidos, mas também no Brasil, que contratos de M&A envolvendo sociedades-alvo de capital fechado incluam cláusulas relativamente completas de indenização, dado que tais sociedades-alvo não divulgam publicamente informações sobre os riscos inerentes a elas e a suas atividades, enquanto contratos de M&A envolvendo sociedades-alvo de capital aberto, que têm obrigações de divulgação periódica e razoavelmente detalhada de tais riscos impostas pela regulamentação a elas aplicáveis, tendem a não contar com

---

6 Neste sentido também Robert e Barros, (*op. cit.*, 2022, p. 94 e 95), que explicam que "[e]la distingue o campo dos valores e riscos previsíveis pelas partes, e por consequência, teoricamente refletidos no preço, do campo dos valores e riscos relativamente menos mensuráveis e cujo custo de projeção no preço costuma ser alto o suficiente a ponto de incentivas as partes a não o fazer, deixando para disciplinar o assunto por meio de direitos e obrigações futuras de indenização. A cláusula de indenidade é, nessa perspectiva, exemplo paradigmático de regra de gerenciamento da incompletude contratual e da alocação de riscos no contrato – o que é especialmente relevante, dado que a alocação acordada livremente entre as partes e refletida no contrato deve ser observada quando de sua interpretação e aplicação (cf. artigo 421-A, inciso II, do Código Civil)".

7 *"Em termos de cláusula de indenização, não há certo ou errado sobre o que deve ou não ser indenizado. A indenização deve refletir o que as partes comercialmente ajustarem. Se determinada contingência já foi considerada quando da determinação do preço pelas partes, ela não deve ser indenizável pelo vendedor. Por outro lado, se determinada contingência não foi considerada nas tratativas comerciais quando da definição do preço de venda, ela deve então ser indenizada pelo vendedor. Estas tratativas devem ser expressas e detalhadamente tratadas no contrato de compra e venda. Trata-se de uma cláusula regida pelo princípio da autonomia da vontade das partes. O que as partes vierem a acordar deverá constituir a regra a ser seguida para decidir se uma contingência é indenizável ou não. (...) Como dito, não existe certo ou errado sobre o que deve ser incluído na cláusula de indenização, devendo ser considerado o que foi negocialmente acordado pelas partes. Desta forma, é comum por exemplo, que a cláusula de indenização traga restrições, como por exemplo prazo e valor limite para danos indenizáveis".* BUHATEM, Fernanda Bastos. NASCIMENTO, Tatiana. Contratos de M&A: *Declarações e Garantias, Cláusulas de Sandbagging e os Efeitos sobre as Indenizações Contratuais.* In: SUSSEKIND, Carolina S. FREITAS, Fernanda. CAVALCANTI, Flávia. (Org.). *Fusões e Aquisições em Foco.* Uma abordagem multidisciplinar. Volume II. Rio de Janeiro: Editora Lumen Juris, 2022, p. 337 a 352, p. 341 e 342.

cláusulas de indenizar tão amplas ou detalhadas.[8] Por outro lado, alguns vendedores, como fundos de *private equity*, têm a obrigação de devolver os recursos investidos por seus investidores e procuram limitar ou mesmo excluir obrigações de indenização quando estão no lado vendedor de um contrato de M&A.[9]

É importante ressaltar que a legislação brasileira estabelece diversas regras que protegem o adquirente de um bem, como no caso das ações ou quotas adquiridas em uma operação de M&A.

Assim, existem normas sobre evicção, que garantem ao evicto – ou seja, àquele que perdeu, em favor de outra pessoa, o bem adquirido onerosamente – não apenas a restituição integral do preço pago, mas também indenização pelos frutos que foi obrigado a devolver, pelas despesas em que incorreu, incluindo custas judiciais e honorários advocatícios, e pelos prejuízos que sofreu em razão da evicção (art. 450 do Código Civil).

Da mesma forma, existem regras relativas a vícios redibitórios, que permitem ao adquirente rejeitar a coisa, obtendo a restituição integral do preço, ou aceitá-la com um abatimento do preço devido a algum vício ou defeito oculto (art. 441 e 442 do Código Civil). Há também a previsão de indenização por inadimplemento contratual, conforme estabelecido no art. 389 do Código Civil e, finalmente, as regras aplicáveis aos contratos de compra e venda[10] estabelecem que o vendedor responde pelos débitos que gravem a coisa até o momento de sua tradição ao comprador (art. 502 do Código Civil).

No entanto, a doutrina brasileira esclarece que essas regras se aplicam apenas em relação às quotas ou ações adquiridas, que são o objeto desses contratos, e não às atividades (e aos riscos associados) da própria sociedade-alvo.[11]

---

8 LAJOUX, *op. cit.*, 2019, p. 593.

9 LAJOUX, *op. cit.*, 2019, p. 593.

10 Como dito acima, muitas operações secundárias de M&A se revestem como contratos de compra e venda, aos quais se somam inúmeras disposições legalmente atípicas, o que, por si só, não tem o condão de afastar automaticamente todo o regramento do tipo contratual estabelecido na lei.

11 Para uma análise didática sobre o tema, escudada em precedentes da jurisprudência brasileira, vide GREZZANA, Giacomo. *A Cláusula de Declarações e Garantias em Alienação de Participação Societária.* São Paulo: Quartier Latin, 2019 p. 97 a 116. Sobre o papel das cláusulas de indenização à luz da prática estadunidense e da sua importância à luz das regras legais lá aplicáveis, vide: LAJOUX, *op. cit.*, 2019, p. 593 e 594. A respeito do silêncio da legislação brasileira sobre o tema, vale reproduzir a nota de Paula Forgioni: "*Quando se trata da compra e venda de controle de sociedades comerciais, o assunto é ainda mais intricado. Primeiro, porque a disciplina legal é rarefeita. Em nosso sistema jurídico, há mais regras sobre o trespasse de estabelecimento comercial do que sobre a aquisição de empresas*". FORGIONI, Paula. *Apontamentos sobre a natureza jurídica e a função econômica das cláusulas de declarações e garantias.* In: *Fusões e Aquisições.* Pareceres. GOUVÊA, Carlos Portugal. PARGLENDER, Mariana. LEVI-MINZI, Maurizio. São Paulo: Almedina, 2022, p. 333 a 344. P. 335.

Portanto, aquele que adquire ações emitidas por uma sociedade anônima não pode alegar vício oculto caso a empresa perca parte de seu valor intrínseco devido a um escândalo trabalhista ou tributário. Da mesma forma, aquele que adquire quotas de uma sociedade limitada, proprietária de um terreno valioso, não estará protegido pela evicção caso a sociedade perca a propriedade desse terreno devido a uma ação de terceiros. Esses eventos não afetam o bem adquirido, ou seja, as quotas ou as ações, que mantêm todos os direitos inerentes a elas, independentemente desses eventos prejudiciais ocorridos para a sociedade. Para se proteger dos riscos inerentes à atividade empresarial da sociedade-alvo, a parte adquirente de tais quotas ou ações tende a exigir da parte alienante das respectivas quotas ou ações diferentes graus de proteção[12]. São tais cláusulas de indenização, e as limitações que a elas são impostas pelas partes, para melhor moldá-las à alocação de riscos que consideram pertinente a sua operação, que se passa a analisar. Antes, no entanto, desta análise mais detida, entendemos que vale uma rápida consideração sobre a natureza jurídica destas cláusulas.

2. A CLÁUSULA DE INDENIZAÇÃO COMO GARANTIA

A cláusula de indenização incluída em contratos de M&A constitui, na maioria das vezes, uma garantia[13], pela qual uma das partes assume determi-

---

12 Como nota FORGIONI, *op. cit.*, 2022, p. 340: "*No Direito brasileiro, inexiste norma cogente que impeça as partes de alocarem os riscos nas compras e vendas de empresas como bem lhes aprouver, muito ao contrário. Nesta seara, impera a autonomia da vontade e as partes devem suportar as consequências das declarações que fizeram*".

13 ***Não se utiliza neste artigo a noção de garantia como reforço ao adimplemento de obrigações previamente assumidas pelo garantidor ou por quem ele vise garantir.*** Com bem explicam Miragem e Petersen, *"[e]m sentido amplo, usa-se denominar garantia das obrigações, ou garantia geral, como expressão sinônima de responsabilidade patrimonial do devedor, ou seja, constitui garantia geral das obrigações o patrimônio do devedor que possa ser alcançado pelo credor, mediante procedimentos executivos, para o fim de obter a satisfação indireta do crédito. Assim dispõe o art. 391 do CC: (...). Por outro lado, em sentido estrito, associa-se a modalidades de garantias especiais, decorrentes da vinculação de determinado patrimônio, o qual deverá ser utilizado para a satisfação da obrigação, geralmente em caráter acessório, na hipótese de inadimplemento do devedor principal (ou originário). (...). A noção de garantia na teoria obrigacional não se esgota, porém, na sua compreensão como proteção ou reforço de um direito de crédito. É fenômeno relevante, também, como relação jurídica de garantia per se, constituída simplesmente para a proteção ou segurança de uma posição jurídica, assim, quando desvinculada de um direito de crédito originário. Daí a utilidade de estabelecer a distinção entre as garantias puras e as garantias prestacionais, conforme propõe Adalberto Pasqualotto, a partir do 'critério de sua vinculação com uma relação jurídica base"* MIRAGEM, Bruno. PETERSEN, Luiza. *Direito dos Seguros*. Rio de Janeiro: Forense, 2022, p. 119. A tese de Pasqualotto, "*Garantias no direito das obrigações: um ensaio de*

nados riscos em benefício da outra[14, 15]. A garantia antecede logicamente à indenização, que é apenas sua manifestação mais palpável, eventual e condicionada (à materialização do risco que se garantiu). Assim, quando uma parte que vende determinadas ações para outra assume a obrigação de indenizar perdas que a sociedade-alvo possa sofrer (ou seja, perdas apenas indiretamente suportadas pela parte compradora de tais ações), a parte vendedora está assumindo, em benefício da parte compradora, uma obrigação de garantir tais riscos.

Há diversas razões pelas quais as partes costumem prever tais regras em contratos de M&A[16]. Em primeiro lugar, o vendedor tende a conhecer melhor do que o comprador as práticas da sociedade-alvo e, por esta razão, consegue ter uma visão mais realista e fundamentada acerca dos riscos que efetivamente cercam aquela atividade e sociedade-alvo, pois conhece – e muitas vezes determinou – as práticas que ampliaram ou mitigaram tais riscos. Desta forma, o vendedor está em melhores condições do que o comprador para assumir tais riscos[17].

---

sistematização", pode ser acessada pelo depositório eletrônico da Universidade Federal do Rio Grande do Sul (https://lume.ufrgs.br/handle/10183/13179, acesso em 20.5.2023, às 15h37min), e estabelece uma classificação das garantias por sua vinculação ou não a uma relação jurídica de base. Assim, as garantias poderiam ser "prestacionais", quando originadas de uma relação jurídica de base, dividindo-se estas em acessórias (como a fiança, a hipoteca, o penhor, a anticrese) e autônomas, quando não podem mais ser consideradas acessórias da relação jurídica de base (como o aval), ou "independentes", quando não são originadas de uma relação jurídica de base (p. 66 e seguintes). As garantias independentes têm como função assegurar um interesse da parte garantida e não um dever de prestar ou sua prestação.

14 Na conhecida tese de Fábio Konder Comparato, as obrigações de garantia se distinguiriam das obrigações de meio e de resultado – distinção usual no direito brasileiro que diferencia, a partir de proposições da doutrina francesa, como explica Bianca (BIANCA. C. Massimo. *Diritto Civile IV*. L'obbligazione. Milão: Dott. A. Giuffrè Editore, 1993, p. 72), as obrigações a depender da assunção pelo devedor da obrigação de entregar ou determinado resultado ou apenas assumir a obrigação de empregar os meios tendentes a produzi-lo, de maneira diligente – pelo fato de que nelas o adimplemento se daria pela assunção ("eliminação") do risco que corre a outra parte. COMPARATO, Fábio Konder. *Obrigações de meio, de resultado e de garantia*. In: *Ensaios e pareceres de direito empresarial*. Rio de Janeiro: Forense, 1978, p. 521 a 539, p. 537 e 538.

15 Defende o caráter de obrigação de garantia como uma das funções da cláusula de declaração e garantia – função "assecuratória" – GREZZANA, *op. cit.*, 2019, p. 174 e seguintes.

16 Vide também ROBERT e BARROS, *op. cit.*, 2022, p. 93 a 96.

17 Neste sentido, enfocando sobretudo as indenizações com base na violação de declarações e garantias, FORGIONI, *op. cit.*, 2022, p. 334 e 335: "*Não bastasse, no momento da compra, existe acentuada diferença entre as informações conhecidas pelos vendedores e pelos compradores. É o que os economistas chamam de "assimetria informacional". Para quem vende uma empresa, os passivos ocultos não são tão ocultos assim. Os alienantes estão na gestão do negócio, sabem onde há fraquezas e pontos vulneráveis. Os compradores, não. Como tomar a decisão de comprar? Como precificar o bem [objeto da transação] nesse cenário de forte assimetria informacional, em que o vendedor possui conhecimento infinitamente maior do que o comprador e em que não há propriamente um valor de mercado em que as negociações possam se embasar? (...) À avaliação da*

Além disso, ao assumir determinados riscos, o vendedor incentiva o comprador a pagar um valor mais alto pela participação societária adquirida. Embora seja difícil avaliar o impacto dessas garantias na precificação da sociedade-alvo – geralmente realizada por meio de fluxos de caixa descontados ou múltiplos de EBITDA[18] –, é razoável supor que o comprador, ao contar com proteção contra certos riscos, não precise se proteger dos efeitos de sua eventual materialização descontando-os do preço de compra.

Adicionalmente, em certos casos, os riscos associados à atividade da sociedade-alvo podem tornar a assunção desses riscos pelo vendedor a única forma de viabilizar a operação de M&A. Caso contrário, a falta de segurança da parte compradora impediria que a transação fosse concluída de forma satisfatória[19].

É comum também que cada parte assuma a obrigação de indenizar a outra parte caso perdas se materializem devido ao reconhecimento de sucessão, responsabilidade solidária ou responsabilidade subsidiária entre elas ou entre sociedades controladas por elas e a sociedade-alvo. Nesse caso, muitas vezes estamos diante de um direito de regresso contratual, que acrescenta significativa amplitude de escopo e certeza acerca das regras aplicáveis às disposições legais existentes (sobretudo a do art. 934 do Código Civil). Nessa hipótese, embora a lei já contenha regras que permitam a indenização em algumas hipóteses, as partes desejam complementar e/ou especificar a regra legal, mitigando dúvidas sobre sua aplicação e abrangência.

Antes de passarmos à análise específica das limitações usualmente impostas à cláusula de indenização, é importante ressaltar, como o fazem bem ROBERT e BARROS[20], que a definição de "perda" em contratos de M&A não precisa corresponder perfeitamente à noção de "danos indenizáveis" utilizada para fins das regras de responsabilidade civil brasileiras (tais como definidos no art. 402 a 405 do Código Civil). É facultado às partes, que frequentemente o fazem, estabelecer sua própria definição de perda ou dano indenizável, por vezes excluindo hipóteses que seriam tratadas pelo direito brasileiro como dano indenizável (por exemplo, os lucros cessantes) e outras vezes especificando ou esclarecendo requisitos de tais danos indenizáveis (por exemplo, a exigência de desembolso de caixa para configuração da perda indenizável).

---

empresa, alia-se mecanismo auxiliar comum, contratualmente empregado visando a diminuir a insegurança do comprador, alocar riscos entre as partes e viabilizar uma tomada de decisão de investimento/compra mais segura: as famosas declarações e garantias, representations and warranties ou, ainda, reps and warranties".

18 Para uma explicação compreensiva e acessível dos principais métodos de avaliação de empresas, vide DEPAMPHILIS, *op. cit.*, 2019, p. 178 a 203. Também LAJOUX, *op. cit.*, 2019, p. 113 a 199.

19 Neste sentido, FORGIONI, *op. cit.*, 2022, p. 334 e 335.

20 ROBERT e BARROS, *op. cit.*, 2022, p. 98 a 101.

Finalmente, uma última ressalva a respeito do conteúdo deste trabalho: dado que os interesses que a cláusula de indenização procura equilibrar e proteger são diversos, é importante reconhecer que as características e limitações destas cláusulas deverão ser adequadas pelas partes, no uso de sua autonomia, para cada caso concreto. Neste ensaio, apenas para fins de demonstração, procurou-se trazer algumas das configurações e limitações usualmente encontradas em operações desta natureza, sem qualquer pretensão de intencionalmente excluir outras modulações possíveis. Pretende-se, desta forma, apenas contribuir com exemplos concretos para o debate do assunto, de nenhuma forma limitando-o aos exemplos dados.

3. A LIMITAÇÃO DE ESCOPO DA CLÁUSULA DE INDENIZAÇÃO

Em primeiro lugar, as cláusulas de indenização incluídas em contratos de M&A apresentam limites a respeito do seu escopo, isto é, de quais matérias devem ou não ser consideradas como garantidas por uma parte à outra.

Como veremos abaixo, é possível que as partes optem por transferir o risco de determinadas contingências e prejuízos de maneira ampla e genérica, delimitando-o apenas pelo período em que seus 'fatos geradores' tenham ocorrido – como em esquemas "*my watch, your watch*" (em que o vendedor assume tais riscos para todo o período anterior à data da efetiva transferência das participações societárias, como em esquemas "porteira fechada" (em que o comprador efetivamente os assume).

Também é possível que as partes optem por transferir o risco de maneira ampla, mas não tão ampla quanto no esquema "*my watch, your watch*" e acrescentem ao período de ocorrência do fato gerador também a necessidade de se mostrar contrariedade a uma declaração dada por uma das partes.

3.1. A assunção ampla de riscos relacionados ao passado da sociedade – "my watch, your watch"

Na prática brasileira, considerando o elevado grau de incerteza e riscos em que se insere a atividade empresarial em geral, é usual que as partes pactuem cláusulas estabelecendo uma proteção ampla em relação a qualquer contingência que diga respeito a ou se origine de um ato, fato ou omissão da sociedade anterior à data da efetiva transferência de tais ações ou quotas (alocação de riscos relacionados à atividade empresarial usualmente conhecida como "*my watch, your watch*"), que costumam ter redações como a seguinte:

> "***Indenização pelo Vendedor.*** *O Vendedor obriga-se a defender, indenizar e isentar o Comprador e suas Afiliadas (incluindo a Companhia após o Fechamento), conforme o caso ("Partes Indenizáveis do Comprador"), de e contra quaisquer Perdas sofridas ou incorridas por uma Parte Indenizável do Comprador (inclusive a Companhia), na medida em que tais Perdas sejam resultado de: (i) todo e qualquer ato, fato, omissão, evento, circunstância e/ou passivo, de qualquer natureza, incluindo, sem limitação, trabalhista, previdenciária, fiscal, cível, securitária, tributária, financeira, ambiental, regulatória ou qualquer outra, em cada caso relacionado a fatos ocorridos, atos praticados ou omissões havidas até a Data de Fechamento, inclusive, ainda que seus efeitos somente se materializem no futuro, independente se conhecidos ou não, divulgados ou não neste Contrato e em seus Anexos;*
> *(...)*"

Sob esta cláusula, quaisquer litígios com terceiros que reclamassem violações legais ou contratuais realizadas pela sociedade-alvo em data anterior à transferência das ações ou quotas da sociedade-alvo ao comprador poderiam gerar perdas indenizáveis pelo vendedor. Para termos um exemplo comparativo de como cada hipótese descrita neste artigo funcionaria, consideremos uma ação trabalhista movida por um ex-empregado da sociedade-alvo, que reclame não ter recebido horas-extra na forma estabelecida na convenção coletiva aplicável. As perdas sofridas pela sociedade-alvo neste processo seriam, pela cláusula acima, indenizáveis.

A lógica por trás deste mecanismo é basicamente refletir uma alocação de riscos que seja aderente aos períodos de gestão, ou efetiva influência do vendedor e do comprador na gestão, da sociedade-alvo, clivados por um marco lógico e cronológico representado pela transferência das ações ou quotas e dos direitos políticos a elas relacionados.

Desta forma, este esquema costuma ser exigido por compradores de vendedores que controlavam (na forma do art. 156 da Lei nº 6.404/1976) ou significativamente influenciavam (por meio de acordos de acionistas ou exercício efetivo de direitos políticos) os rumos das atividades da sociedade-alvo. Faz menos sentido lógico exigir tal garantia, por exemplo, do acionista que detinha a minoria do capital social ou apenas ações preferenciais.

Importante lembrar que, mesmo esquemas "*my watch, your watch*" podem sofrer restrições em virtude da definição de perda indenizável adotada pelo respectivo contrato de M&A ou ainda de recortes específicos feitos pelas partes. O espaço para a autonomia das partes deve ser amplo para ajustar a alocação básica acima referida às preocupações e aos interesses concretos de seu caso.

3.2. A assunção ampla, mas qualificada, de riscos relacionados ao passado da sociedade – violação a declarações e garantias

Ademais, as partes podem pactuar regras de indenização por violação a declarações e garantias outorgadas por uma à outra[21].

A cláusula de declarações e garantias nos contratos de M&A brasileiros é, em parte, resultado da influência da prática norte-americana[22] no setor e constitui, basicamente, um conjunto de inúmeras declarações feitas por uma parte à outra a respeito de diversos atos, fatos ou situações relevantes à operação formalizada pelo contrato de M&A.[23]

Assim, tanto temas ligados diretamente à participação societária sendo transacionada, como a sua titularidade mansa e pacífica, a inexistência de direitos ou expectativa de direitos de terceiros sobre ela, a inexistência de gravames ou de restrições a sua transferência ou ao exercício de quaisquer dos direitos legalmente relacionados a ela (como o direito de voto ou direitos econômicos, quando aplicável), para os quais, como vimos, a legislação brasileira propôs alguns remédios (ao menos sob o aspecto da indenização, foco deste artigo), quanto temas ligados à própria sociedade e sua atividade, como a sua regularidade perante autoridades e órgãos públicos, o cumprimento da legislação tributária, trabalhista, ambiental, anticorrupção, cível, comercial, administrativa etc., status dos litígios existentes ou ameaçados contra ela, a

---

21 Dando efetividade, como explicou GREZZANA, *op. cit.*, 2019, p. 174 e seguintes, à função assecuratória desta cláusula de declarações e garantias. Neste mesmo sentido, MIRANDA, Manoela Darcy de Oliveira. BRITO, Nina Souza Costa de. *Funções, Desdobramentos e Cautelas Quanto às Cláusulas de Declarações e Garantias*. In: SUSSEKIND, Carolina S. FREITAS, Fernanda. CAVALCANTI, Flávia. (Org.). *Fusões e Aquisições em Foco*. Uma abordagem multidisciplinar. Volume II. Rio de Janeiro: Editora Lumen Juris, 2022, p. 323 a 336. P. 326.

22 Interessante reconstrução do tema na experiência norte-americana é feita por GREZZANA, na "Introdução" de seu "*A Cláusula de Declarações e Garantias em Alienação de Participação Societária*" (*op. cit.*, 2019), p. 21 a 63.

23 Como explica GREZZANA, a cláusula de declarações e garantias pode cumprir até quatro funções distintas em um contrato de M&A. Partindo das lições de Mariana Mendes-Medeiros e Arnoldo Wald, o autor defende que "*[à] cláusula de declarações e garantias Mariana Mendes-Medeiros atribui, em monografia dedicada ao assunto, três funções, a saber: informativa, probatória e protetora. Já Arnoldo Wald classifica as funções da cláusula de declarações e garantias em informativa, protetora e responsabilizadora. Entendemos mais correto, porém, afirmar que as declarações e garantias desempenham quatro funções distintas. Para além de configurar fornecimento de uma informação e documentá-la (funções informativa e probatória), as declarações e garantias ainda podem conformar a obrigação do declaração ao especifica as qualidade da participação societária objeto de alienação (função conformativa), ou instigar assunção de obrigação de garantia pelo declarante (função assecuratória). (...). A cláusula pode desempenhar apenas uma dessas quatro funções ou mais de uma delas concomitantemente, em maior ou menor grau.*" (GREZZANA, *op. cit.*, 2019, p. 69 e 70).

existência, a validade e a eficácia das relações contratuais da sociedade, bem como o cumprimento pela sociedade de suas obrigações sob tais relações, a propriedade e a posse mansa e pacífica de ativos, imóveis e estoques, a titularidade incontestada e incontestável de bens e direitos, incluindo direitos de propriedade intelectual etc. O conteúdo das cláusulas de declarações e garantias tende a ser longo e complexo[24], a depender da complexidade e sofisticação das partes envolvidas e da operação empresarial da sociedade-alvo, mas a cláusula de indenização a elas referente tende ser simples e ler como segue:

> *"**Indenização pelo Vendedor.** O Vendedor obriga-se a defender, indenizar e isentar o Comprador e suas Afiliadas (incluindo a Companhia após o Fechamento), conforme o caso ("Partes Indenizáveis do Comprador"), de e contra quaisquer Perdas sofridas ou incorridas por uma Parte Indenizável do Comprador (inclusive a Companhia), na medida em que tais Perdas sejam resultado de: (i) qualquer falsidade, insuficiência, omissão, erro ou inexatidão de qualquer declaração ou garantia prestada pelo Vendedor;*
> *(...)"*

Apesar da aparente simplicidade da cláusula de indenização por violação das declarações e garantias, o regramento das limitações de prazo e valor aplicáveis a tal hipótese tende a ser mais complexo, como se verá abaixo, a depender do conteúdo da declaração violada.

Sob esta cláusula, quaisquer litígios com terceiros que reclamassem violações legais ou contratuais realizadas pela sociedade-alvo em data anterior à transferência das ações ou quotas da sociedade-alvo ao comprador poderiam gerar perdas indenizáveis pelo vendedor, desde que o vendedor tivesse dado ao comprador uma declaração de que tal violação não ocorreu. Aplicando nosso exemplo comparativo descrito no item 3.1 acima, as perdas sofridas pela sociedade-alvo na ação trabalhista movida por um ex-empregado da sociedade-alvo, que reclama não ter recebido horas-extra na forma estabelecida na convenção coletiva aplicável, são indenizáveis apenas se o comprador puder demonstrar que o vendedor deu uma declaração de que a sociedade-alvo cumpria com as regras aplicáveis às horas-extra contidas na convenção coletiva mencionada.

Declarações e garantias podem ser usadas tanto na venda de participações de controle da sociedade-alvo, hipótese em que seu conteúdo tende a ser amplo e orientado às atividades da sociedade-alvo e sua lógica se assemelha à do esquema "*my watch, your watch*" acima descrito, mas também podem ser

24 Para uma análise mais detalhada dos diversos temas usualmente cobertos em uma cláusula de declarações e garantias, vide GREZZANA, *op. cit.*, 2019, p. 63 e 64.

utilizadas para vendas de participações minoritárias, hipótese em que seu conteúdo tende a ser mais restrito (focado sobretudo nas próprias ações ou quotas vendidas).

Assim como esquemas "*my watch, your watch*", a indenização com base na violação de declarações e garantias também pode sofrer restrições em virtude da definição de perda indenizável adotada pelo respectivo contrato de M&A ou ainda de recortes específicos que interessem às partes. Novamente insistimos que a autonomia das partes deve contar com espaço amplo para ajustar as regras acima às preocupações e aos interesses concretos das partes.

3.3. A transferência total de riscos relacionados ao passado da sociedade – 'porteira fechada'

Além dos dois arranjos acima referidos, que muitas vezes são cumulados no mesmo contrato, há contratos de M&A que não preveem ou excluem expressamente qualquer indenização relacionada às atividades da sociedade-alvo, em um esquema usualmente conhecido como "*as is*" ou "porteira fechada"[25]. Um exemplo de um destes arranjos pode ser lido abaixo:

> "***Inexistência de Indenização.*** *As Partes concordam que, exceto pelas hipóteses de indenização expressa e especificamente descritas nas Cláusulas X e Y, a operação objeto deste Contrato está sendo realizada sob a condição e status em que as sociedades-alvo se encontram ("as is"), sem direito a qualquer reclamação ou reinvindicação posterior, em razão de qualquer circunstância, inclusive em caso de Perdas (conforme definido abaixo), sejam relativas a fatos, atos ou eventos anteriores à Data de Fechamento e/ou ocultos ou divulgados ou de outra forma. Assim, nenhuma Perda decorrente de eventual violação de qualquer declaração e garantia do Vendedor em relação à sociedade-alvo será indenizável de Parte a Parte*".

Como fica evidente da leitura do exemplo acima, inexistir direito de indenização relacionado à sociedade-alvo e sua atividade empresarial é diferente de não haver proteção com relação ao objeto imediato do contrato, qual seja, as quotas ou ações negociadas (o que não é excluído pela redação, que inicia justamente fazendo a ressalva de que existem fatos que serão objeto de indenização sob o contrato). Tampouco implica dizer que não existe a cláusula de declarações e garantias em tal contrato, que cumpre inúmeras outras funções

25 No mesmo sentido, ROBERT e BARROS, *op. cit.* 2022, p. 98, nota 14.

além da assecuratória[26]. Na experiência prática, considerando os riscos que envolvem qualquer aquisição de coisas sem a proteção a respeito da titularidade do bem transacionado, são excepcionais os contratos que excluem proteções em relação às quotas ou às ações em si (por exemplo, excluindo a previsão de proteção pela evicção ou por qualquer outra forma de problema com a titularidade das quotas ou das ações).

Prosseguindo com o exemplo da reclamação trabalhista por horas-extra acima mencionada, neste esquema nenhuma indenização seria devida do vendedor ao comprador em razão das perdas sofridas pela sociedade-alvo como consequência de tal reclamação trabalhista.

3.4. Garantia por riscos específicos

Também é razoavelmente comum que, durante os trabalhos de diligência preparatórios para uma operação de M&A, as partes se deparem com um risco específico da sociedade-alvo que, dada a sua relevância, deva ser garantido pelo vendedor independentemente do método de alocação de risco escolhido para os demais riscos da sociedade-alvo. Neste caso pactua-se uma garantia específica a este respeito, que pode ter suas regras próprias a depender dos interesses e preocupações das próprias partes. Aplicando o exemplo da reclamação trabalhista por horas-extra acima referido, as perdas decorrentes deste processo apenas seriam indenizáveis neste caso se as partes houvessem especificamente incluído tais perdas como objeto de indenização pelo vendedor ao comprador.

3.5. Garantia pelos riscos da contraparte

Além disso, os contratos de M&A podem incluir cláusulas que prevejam proteção para uma parte a respeito de potenciais riscos relacionados à outra parte, seja em razão de regras legais (por exemplo, a responsabilidade solidária na esfera trabalhista entre as empresas do mesmo grupo econômico, na forma do art. 2º da CLT) seja em razão da interpretação por vezes extensiva de autoridades judiciais ou administrativas a respeito da responsabilidade por determinados passivos. Este tema acaba sendo, muitas vezes, incluído no mesmo clausulado previsto acima, com a seguinte redação:

> "***Indenização pelo Vendedor.*** *O Vendedor obriga-se a defender, indenizar e isentar o Comprador e suas Afiliadas (incluindo a Companhia após o*

26 Vide GREZZANA, *op. cit.*, 2019, p. 71 a 79.

Fechamento), conforme o caso ("Partes Indenizáveis do Comprador"), de e contra quaisquer Perdas sofridas ou incorridas por uma Parte Indenizável do Comprador (inclusive a Companhia), na medida em que tais Perdas sejam resultado de:

(i) demandas de qualquer natureza, relacionadas ao Vendedor ou a quaisquer Afiliadas e/ou Pessoas atual, futura ou anteriormente detidas direta ou indiretamente pelos Vendedores;

(...)"

Finalmente, os contratos de M&A também tendem a prever claramente indenizações em caso de descumprimento de obrigações previstas no próprio contrato, em reforço ao que a própria legislação já prevê (art. 389 e seguintes do Código Civil). Esta hipótese, no entanto, não trata de uma obrigação de garantia assumida por uma parte em benefício da outra, mas da própria consequência pela violação de uma obrigação assumida por uma das partes. Em razão da diferente natureza jurídica desta hipótese, nem todas as considerações acerca das limitações abaixo descritas aplicar-se-ão automaticamente também a este caso e, quando houver diferenças materiais importantes, estas serão pontuadas.

O que fica implícito da leitura dos diferentes modelos acima é o fato de todos tratarem do escopo (ou amplitude) da obrigação de indenizar no contexto de um contrato de M&A, mas não de sua profundidade (isto é, do valor que deveria ser pago caso uma perda indenizável efetivamente se materializasse ou do prazo pelo qual uma parte deveria indenizar a outra nestas circunstâncias).

4. A LIMITAÇÃO DE VALOR DA CLÁUSULA DE INDENIZAÇÃO

Como se viu acima, uma vez que a cláusula de indenização contida em contratos de M&A constitui uma obrigação de garantia contratualmente estabelecida, é permitido às partes pactuarem diversas limitações a tal garantia prestada por uma parte à outra, seja, como se viu acima, em termos de escopo (amplitude), seja em termos de valores a serem indenizados.

Mais usualmente encontramos dois principais grupos de limitação de valor de tais obrigações (i) limitações de valor mínimo, ou seja, abaixo do qual a perda não é considerada indenizável ou ainda não é indenizável; e (ii) limitações de valor máximo, ou seja, acima do qual uma perda – ou o conjunto de perdas – não é considerado indenizável.

4.1. Limitações de valor mínimo

Limitações de valor mínimo são cláusulas que estabelecem um valor mínimo abaixo do qual as partes não consideram ser conveniente que uma indenização seja cobrada ou mesmo devida, considerando, sobretudo, os custos e transtornos envolvidos nestas cobranças (via de regra, envio de notificações e documentos, possíveis discussões técnicas acerca da matéria, potencial contratação de advogados externos para negociação ou discussão da matéria perante um juiz ou árbitro)[27].

São limitações desta natureza as cláusulas conhecidas como "*de minimis*", que estabelecem um valor mínimo que a perda sofrida pela sociedade-alvo ou pelo comprador deva ter para que seja considerada passível de ser indenizada, para evitar que o vendedor seja acionado a todo tempo por pedidos de valor abaixo de tal valor mínimo[28]. Abaixo do valor do "*de minimis*", nada é devido. O valor do "*de minimis*" dependerá de inúmeras considerações negociais (o valor médio das ações em que a sociedade-alvo já está envolvida, a complexidade e o tamanho de suas operações, o valor do preço de aquisição etc.), mas uma cláusula destas pode ser redigida da seguinte forma:

> "*De Minimis. O Vendedor não será obrigado a indenizar as Partes Indenizáveis do Comprador em relação às Perdas indenizáveis cujo valor, individualmente ou em conjunto com matérias de natureza similar e relacionadas ao mesmo evento ou causa, seja inferior a R$ (...)*".

Além do "*de minimis*", é usual que as partes pactuem a inclusão de cláusulas que visam a 'represar' o valor de perdas indenizáveis até o atingimento de determinados valores mais representativos, que devem então ser pagos pela parte indenizadora à parte indenizável.

O objetivo destas disposições é evitar que uma parte tenha que fazer desembolsos constantes à outra, o que pode atrapalhar seu planejamento financeiro. Quando o propósito das partes é apenas evitar desembolsos constantes, a cláusula costuma ser nomeada de "*Basket*", pois funciona como uma "cesta" em que vão se acumulando perdas indenizáveis até o limite previsto no contrato. Uma vez atingido o limite, o valor integral é pago ao beneficiário da indenização.[29]

---

27 Neste sentido, LAJOUX, *op. cit.*, 2019, p. 595.

28 Vide LAJOUX, *op. cit.*, 2019, p. 597.

29 *"The seller usually does not want to deal with a handful of small-ticket claims post-closing; rather, it is easier if the buyer aggregates any purported losses until they reach a minimum amount. Thus, the parties will usually agree to an indemnification basket, which it the dollar amount set forth*

"Basket. O Vendedor somente será obrigado a indenizar as Partes Indenizáveis do Comprador quando o valor total de quaisquer Perdas indenizáveis exceder o valor de R$ (...) ("Basket"). Uma vez atingido o valor do Basket, o Vendedor deverá pagar às Partes Indenizáveis do Comprador o valor total do Basket, desde o primeiro Real."

É possível acoplar a este objetivo também o propósito de diminuir o desembolso a ser realizado pelo vendedor das ações ou quotas, quando, por qualquer razão, este vendedor aceita uma menor quantidade de risco após a venda. Nesta hipótese, a cláusula usualmente é conhecida como "dedutível" ("*deductible*") ou "franquia" (pois funciona como a franquia usualmente utilizada em contratos de seguro, diminuindo efetivamente o valor a ser pago ao beneficiário da apólice – no contrato de M&A, ao titular do direito de ser indenizado)[30].

"Deductible. O Vendedor somente será obrigado a indenizar as Partes Indenizáveis do Comprador quando o valor total de quaisquer Perdas indenizáveis exceder o valor de R$ (...) ("Deductible"). Uma vez atingido o valor do Deductible, apenas as Perdas Indenizáveis do Comprador que excederem o Deductible serão indenizáveis."

4.2. Limitações de valor máximo

Além da inclusão de valores mínimos para o dever de indenizar referidos acima, é bastante usual a inclusão de valores máximos para o dever de indenizar assumido por qualquer das partes em um contrato de M&A. Este limite, muitas vezes conhecido como "*Cap*" ou "Limite Máximo", visa sobretudo a evitar que o vendedor das ações ou quotas assuma um risco a partir do qual ele já não considere mais vantajoso vender suas ações ou quotas.

Assim, por exemplo, alguém pode entender não ser vantajoso realizar o negócio se puder vir a ter de pagar ao comprador das ações ou quotas uma indenização equivalente a metade do preço que recebeu pelas ações ou quotas (o que levaria a um resultado bastante desvantajoso ao vendedor).

---

in the indemnification provision as the loss that must be suffered by the buyer before it can recover damages under the indemnity provisions. (...) The dollar amount of the Basket and the exact mechanics of its operation are often the subject of a great deal of negotiation between the buyer and the seller." In: LAJOUX, *op. cit.*, 2019, p. 595 e 596.

30 LAJOUX, *op. cit.*, 2019, p. 597.

Este "limite" é bastante subjetivo e depende de considerações acerca do risco do próprio negócio, do mercado em que se insere a sociedade-alvo, do apetite para o risco de ambas as partes, da destinação que o vendedor pretenda dar ao recurso da venda etc. Por esta razão, esta cláusulas tendem a ser longamente discutidas e negociadas. Um modelo segue abaixo:

> *"Cap. Exceto para as situações descritas na Cláusula X acima, o valor máximo agregado a ser indenizado pelo Vendedor às Partes Indenizáveis do Comprador de acordo com este Contrato será R$ (...) ("Cap"). Para fins de esclarecimento, uma vez atingido o Cap, nenhuma outra indenização será devida pelo Vendedor às Partes Indenizáveis do Comprador, exceto no que diz respeito a Cláusula X abaixo."*

4.3. Exceções às limitações de valor

Dada a heterogeneidade de escopo das obrigações de indenizar incluídas em operações de M&A, que abrangem interesses e expectativas bastante diversos, é usual que as partes também procurem incluir exceções às limitações de valor acima descritas, sobretudo à limitação de valor máximo (*cap*).

A limitação ao valor da indenização traz consigo uma restrição ao próprio risco assumido pela parte 'garantidora' e a transferência desse risco, em um certo ponto, para a outra parte (que procura obter alguma proteção da outra parte a respeito de tal risco). Existem matérias e temas que apresentam diferentes perfis de risco, tanto em termos de probabilidade de ocorrência quanto em relação à gravidade das consequências caso ocorram.

Matérias com consequências extremamente graves tendem a não se adequar bem a limites de indenização. Por exemplo, a perda das ações ou quotas adquiridas (ou de parte dos direitos sobre elas ou delas derivados) em virtude de direitos de terceiros sobre elas é uma situação extremamente prejudicial para o comprador.

Temas relacionados à capacidade das partes de celebrar o contrato de M&A, à titularidade das ações negociadas, à inexistência de ônus e gravames que possam levar à anulação da operação, são agrupadas em declarações conhecidas como "fundamentais", enquanto temas relacionados à atividade empresarial desenvolvida pela sociedade-alvo tendem a ser agrupadas sob a nomenclatura de "operacionais"[31]. É comum que as partes de um contrato

31 Sobre a distinção, vide MIRANDA e BRITO, *op. cit.*, 2022, p. 329 e 330.

de M&A pactuem por excluir quaisquer limites de valor para perdas relacionadas à violação de declarações fundamentais, mas os aceitem para perdas relacionadas à quebra de declarações operacionais.

Por outro lado, o vendedor deve estar em posição de compreender profundamente o risco de tal situação ocorrer ou não e, portanto, está em melhores condições para assumir esse risco. O mesmo vale para riscos que decorram de atos que tenham sido tomados em benefício exclusivo de uma das partes. Assim, por exemplo, reorganizações societárias havidas no contexto de uma operação de M&A para segregar ativos não-operacionais da sociedade-alvo e transferi-los exclusivamente para os vendedores, ou reorganizações societárias feitas para gerar uma melhor eficiência tributária em benefício dos vendedores.

Nesse sentido, as partes procuram estabelecer distinções entre questões consideradas tão importantes que não devam estar sujeitas a essa limitação, como as declarações fundamentais (p. ex., a titularidade das ações ou quotas vendidas, a capacidade das partes de assumir e cumprir suas obrigações e a ausência de violação de direitos de terceiros no momento da celebração do contrato de M&A). Recentemente, a prática tem adicionado ao rol de questões consideradas de extrema importância aquelas relacionadas ao descumprimento da legislação anticorrupção, que devem ser excluídas do limite máximo de valor das perdas. Além disso, as partes buscam excluir danos causados maliciosamente ("dolo") de qualquer limitação de valor, ampliando para a cláusula de indenização do contrato de M&A (que tem natureza de obrigação de garantia, como se viu) as limitações que existem, a este respeito, para as cláusulas de exoneração de responsabilidade civil[32].

5. A LIMITAÇÃO DE TEMPO DA CLÁUSULA DE INDENIZAÇÃO

Finalmente, as partes podem pactuar um ou mais prazos máximos dentro dos quais cada uma delas responde por determinados riscos que houver assumido em face da outra. Dado que se trata de obrigações de garantia, as partes têm ampla liberdade para esta pactuação, não estando sujeitas, via de regra, à restrição do art. 192 do Código Civil (salvo, como veremos, em determinadas situações).

---

32 Como explica Wanderley Fernandes: "***É verdadeiro truísmo a assertiva de que as cláusulas de limitação ou exoneração de responsabilidade não podem ser consideradas válidas quando o inadimplemento ou cumprimento imperfeito da*** *prestação se dá por dolo ou culpa grave. O Código Civil italiano é explícito ao declarar nulos os pactos que excluam ou limitem, preventivamente, a responsabilidade do devedor nesses casos*". FERNANDES, Wanderley. *Cláusulas de exoneração e de limitação de responsabilidade*. São Paulo: Saraiva, 2013, p. 209.

A negociação destes prazos limites tende a levar em consideração diversos fatores, como a natureza das principais potenciais contingências que podem atingir uma parte (por exemplo, riscos ambientais devem ser tratados de maneira diferente de riscos trabalhistas, considerando o tempo que danos ambientais podem levar para serem detectados e os prazos a que estão sujeitas as respectivas ações de reparação *versus* os mais curtos prazos previstos para reclamações trabalhistas), a natureza das próprias partes (por exemplo, vendedores pessoas físicas ou fundos de investimento, que têm prazo para retornar o capital investido e o respectivo rendimento a seus cotistas, podem ter uma menor tolerância a prazos longos, ainda que isso signifique conviver com menores preços por suas ações ou quotas), os prazos prescricionais e decadenciais previstos na própria lei aplicável, que tendem a servir de parâmetro para as partes e o ambiente em que estão inseridas as partes.

De qualquer forma, como regra geral, de um lado, a parte garantida pela obrigação de indenizar assumida pela outra parte tem o interesse de aumentar o máximo possível o prazo pelo qual a outra parte deve indenizar. Por outro lado, a parte que assumiu o risco em favor da outra parte tem o interesse em minimizar ao máximo a sua exposição, limitando, o quanto possível, este período ao mínimo possível.

Há, por outro lado, riscos que não costumam estar sujeitos a uma limitação temporal, basicamente pelas mesmas razões pelas quais não podem estar sujeitos a limitações de valor. Assim, riscos cujos efeitos possam ser extremamente gravosos para uma das partes, mas que estejam em razoável controle pela outra parte (por exemplo, o risco de terceiros pleitearem as ações vendidas ou determinados direitos sobre elas) não costumam estar sujeitos a limites temporais para serem feitos (salvo o próprio prazo prescricional para reclamar o pagamento da respectiva indenização, se não feito tempestivamente por quem de direito).

Finalmente, é importante destacar que há questões que não podem estar sujeitos a uma limitação temporal diferente da já prevista em lei (prazo prescricional). Este é o caso do dever de indenizar relativo ao descumprimento de obrigações contratuais, que estará sempre sujeito ao prazo previsto na lei para tanto, não estando sujeito a qualquer ajuste pelas partes (art. 192 do Código Civil). Como explicamos acima, ainda que a cláusula de indenização costume incluir esta hipótese ao lado das demais discutidas neste artigo, sua natureza é distinta e não constitui obrigação de garantia, mas simples corolário do inadimplemento de obrigações contratuais assumidas pela parte (art. 389 do

Código Civil). Desta forma, a indenização dos danos decorrentes de sua violação não pode ter seu prazo alterado nem previamente renunciado[33].

CONCLUSÕES

Como vimos ao longo deste ensaio, a cláusula de indenização em contratos de M&A pode atender, do ponto de vista econômico, diferentes interesses e preocupações das partes, tendo como uma de suas funções primordiais diminuir os riscos, para o comprador, da assimetria de informações sobre a sociedade-alvo, muitas vezes viabilizando que o negócio possa ser celebrado, além de oferecer um mitigador para outros riscos criados pela própria operação de M&A, como riscos de sucessão ou de reconhecimento de grupo econômico entre as partes do contrato de M&A ou com a sociedade-alvo (este último risco pode ser menos relevante em outras jurisdições, mas tende a ser importante para a tomada de decisão no Brasil, em razão da grande profusão de regras legais ou decisões judiciais que ampliam as hipóteses de reconhecimento de tais situações).

Ao longo deste artigo, procurou-se trazer alguns exemplos mais típicos na prática negocial brasileira das configurações e limitações adotadas pelas partes de um contrato de M&A para as cláusulas de indenização. É importante notar que o assunto recebeu e recebe grande influência da prática estrangeira, sobretudo a estadunidense, mas nem por isso as soluções construídas estão desconectadas do ordenamento jurídico brasileiro ou da prática negocial local. Há que se reconhecer o trabalho prestado tanto pela doutrina nacional quanto por advogados, árbitros e juízes na construção do adequado suporte jurídico (no ordenamento brasileiro) para soluções originalmente, por assim dizer, "importadas". Espera-se que este ensaio possa contribuir, ainda que modestamente, para este esforço.

---

33 Como explica Francisco Amaral: "*[s]endo instituto de ordem pública, as partes não podem convencionar, por exemplo, renúncia à prescrição antes de decorrido o prazo legal. Não fosse assim, jamais se consumaria a prescrição, visto que, se admissível renúncia antecipada, uma cláusula inserta nos contratos sempre impediria que a prescrição se verificasse. Também inadmissível convenção sobre aumento ou encurtamento dos prazos prescricionais*". AMARAL, Francisco. *Direito Civil: Introdução.* 7ª edição revista, modificada e aumentada. Rio de Janeiro: Renovar, 2008, p. 602,

83. CLÁUSULAS DE *CROSS-DEFAULT* E DE *CROSS-ACCELERATION*

Rodrigo da Guia Silva

1. INTRODUÇÃO: A INCESSANTE BUSCA POR MECANISMOS DE REFORÇO DA POSIÇÃO CREDITÍCIA

Imaginemos[1] que a sociedade empresária A e o banco B estejam em tratativas com vistas à celebração de um contrato de mútuo oneroso X, a envolver o pagamento das obrigações a cargo do mutuário A mediante prestações mensais sucessivas, no decorrer de 5 (cinco) anos. São conhecidas pelas partes as circunstâncias de que (i) a mesma sociedade empresária A tem débitos perante o banco B no âmbito de outras operações de crédito (contratos K e W); (ii) a sociedade empresária C (controlada pela sociedade A) tem débitos perante o mesmo banco B no âmbito de outras operações de crédito (contratos Y e Z); e (iii) a sociedade empresária A tem débitos perante outras instituições financeiras, não vinculadas ao banco B, no âmbito de variadas operações de crédito.

Diante desse contexto fático, o banco B apresenta à sociedade empresária A uma minuta do instrumento contratual de mútuo, que vem a ser aceita e firmada sem ressalvas, contendo, nas seções dedicadas à disciplina do vencimento antecipado, as previsões hipotéticas abaixo transcritas:

---

1 Agradeço ao Prof. Dr. Eduardo Nunes de Souza, companheiro inafastável de jornada civilista, pela revisão crítica do original, bem como pelos debates imprescindíveis ao desenvolvimento de mais esse estudo.

Vencimento antecipado.

O Banco terá o direito de considerar todas as prestações em aberto vencidas antecipadamente e exigir do Cliente, independentemente de aviso ou notificação de qualquer espécie, o pagamento integral e de uma só vez de todo o saldo devedor decorrente do presente Contrato, nas hipóteses previstas em lei e, ainda, nas seguintes hipóteses:

a) se o Cliente não pagar, no todo ou em parte, qualquer prestação prevista neste Contrato até a exata data do seu respectivo vencimento;

b) se o Cliente e/ou quaisquer sociedades direta ou indiretamente ligadas, coligadas, controladoras ou controladas pelo Cliente, não liquidarem, no respectivo vencimento, débito de sua responsabilidade ou de qualquer modo inadimplirem suas obrigações decorrentes de outros contratos, empréstimos ou descontos celebrados com o próprio Banco e/ou quaisquer sociedades direta ou indiretamente ligadas, coligadas, controladoras ou controladas pelo Banco, e/ou se ocorrer resolução dos respectivos contratos, por culpa do Cliente e/ou quaisquer sociedades direta ou indiretamente ligadas, coligadas, controladoras ou controladas pelo Cliente;

c) se o Cliente e/ou quaisquer sociedades direta ou indiretamente ligadas, coligadas, controladoras ou controladas pelo Cliente, não liquidarem, no respectivo vencimento, débito de sua responsabilidade decorrente de outros contratos, empréstimos ou descontos celebrados com terceiros, e/ou se ocorrer rescisão dos respectivos documentos, por culpa do Cliente e/ou quaisquer sociedades direta ou indiretamente ligadas, coligadas, controladoras ou controladas pelo Cliente; (...)[2]

---

2 Exemplo similar (no que diz respeito à remissão a eventuais hipóteses de inadimplemento por parte do devedor ou afins em face de terceiros) é fornecido por Stephen R. Kruft, optando-se pela transcrição sem tradução, para melhor visualização do clausulado original: "*A typical cross-default provision, constituting an Event of Default under a credit document, is set forth below. The effect of the occurrence of such a cross-default is to permit the Lender to declare the debt due and payable in full, or to terminate any remaining obligation to lend. Similar language will be used throughout the article to demonstrate different cross-default provisions: 'Default or any other similar condition or event (however defined) shall occur under any Indebtedness of the Company or any Restricted Subsidiary or the Company or any Restricted Subsidiary shall default in the performance of or compliance with any term of any agreement under which any bonds, notes, or other evidences of Indebtedness of the Company or any Restricted Subsidiary may be issued, or of any mortgage or other agreement relating thereto, and such default shall continue for more than the period of grace, if any, therein specified or 30 days, whichever is less*" (KRUFT, Stephen R. Cross-Default

É precisamente para previsões contratuais similares às das alíneas "b" e "c" do exemplo hipotético acima que se atribui a designação "cláusulas de *cross-default*".[3] Sem embargo da análise mais pormenorizada a ser desenvolvida nos itens subsequentes, pode-se antecipar, a título introdutório, uma noção geral (e assumidamente não exaustiva) sobre o tema: no mais das vezes, as cláusulas de *cross-default* consistem em disposições contratuais segundo as quais o devedor A reputar-se-á inadimplente (ou, ao menos, sujeitar-se-á à possibilidade de vencimento antecipado das suas prestações)[4] perante o credor B no âmbito do contrato X em decorrência do inadimplemento contratual do mesmo devedor A (ou, ainda, de outros sujeitos a ele vinculados) no âmbito de outros contratos mantidos com o mesmo credor B (ou com outros credores, vinculados ou não a B).[5]

As cláusulas de *cross-default*, cuja origem costuma ser associada aos sistemas do *Common Law*,[6] têm se difundido vastamente na práxis brasileira, sem que uma proporcional atenção tenha sido dispensada pela doutrina nacional

---

Provisions in Financing and Derivatives Transactions. *Banking Law Journal*, vol. 113, n. 3, p. 216-240, mar./1996, p. 219-220).

3 Registro, desde logo, duas iniciais advertências de índole terminológica. Em primeiro lugar, optei pelo uso da expressão "cláusulas de *cross-default*" no plural, em razão da pluralidade estrutural e funcional ínsita ao expediente contratual em questão, conforme demonstrado no decorrer do presente estudo. Ademais, optei pelo uso da expressão "*cross-default*" em inglês, em razão de ser esse o uso amplamente consagrado pela práxis.

4 A menção à *possibilidade* de deflagração do vencimento antecipado se justifica em razão da percepção de que, a rigor, tal expediente é pactuado, no mais das vezes, no interesse do credor, ao qual se há de conferir, portanto, o *direito de escolha* entre a deflagração ou não do vencimento antecipado, com as repercussões decorrentes de tal escolha, inclusive em matéria de prescrição. A partir de similar ordem de preocupação, afirma-se: "O artigo 333 do Código Civil menciona as hipóteses nas quais se verifica, para o credor, o direito de exigir antecipadamente o pagamento, ou seja, quando o credor possa cobrar a dívida antes do prazo inicialmente convencionado. (...) Não se trata propriamente de um vencimento antecipado, porém há apenas a faculdade de o credor requerer o adimplemento do devedor, antes do momento inicialmente ajustado para o cumprimento da obrigação" (NEVES, José Roberto de Castro. *Direito das obrigações*. 7ª ed. Rio de Janeiro: GZ, 2018, p. 214).

5 Ainda a título introdutório, veja-se a definição fornecida por Ebo Coleman: "*The idea of the cross-default clause is simplicity itself. The clause provides that if A and B have entered into a contract (the AB contract) and B defaults under a separate contract with C (the BC contract), A can call an event of default against B under the AB contract. In effect, therefore, the cross-default clause imports into the AB contract all of the BC contract's events of default, as they apply to B*" (COLEMAN, Ebo. Cross-Default Confusion. *International Financial Law Review*, vol. 16, n. 4, p. 49-52, abr./1997, p. 49).

6 A propósito, v., por todos, SBRISSIA, Henrique. A cláusula *cross default* na perspectiva da análise econômica do direito. *Revista Jurídica Luso-Brasileira*, a. 6, n. 3, p. 897-941, 2020, p. 897; MELLO, Fábio Roberto Barros. *Cláusula de proibição de concessão de garantias (*negative pledge clause*)*: instrumento complementar ao regime contratual de proteção do crédito. Dissertação (Mestrado) – Escola de Direito de São Paulo da Fundação Getúlio Vargas. São Paulo, 2017, p. 35.

ao tema – por certo, com honrosas exceções, tais como aquelas mencionadas no decorrer deste estudo. Trata-se de expediente particularmente frequente nos contratos envolvendo instituições financeiras, sobretudo no âmbito das operações de concessão de crédito[7] – contexto no qual é verdadeiramente improvável que uma instituição bem assessorada não faça constar do instrumento contratual uma cláusula de *cross-default*,[8] haja vista o seu potencial de propiciar uma mais eficiente recuperação do crédito.[9]

A ampla difusão das cláusulas de *cross-default* na práxis nacional – muito além do contexto dos contratos bancários, vale frisar –[10] se associa diretamente ao potencial de tais mecanismos contratuais para o reforço da posição do credor em determinado contrato.[11] O referido reforço manifesta-se justamente na possibilidade de o credor B cobrar desde logo a integralidade da dívida ora vencida antecipadamente (ou mesmo manejar desde logo os remédios ao inadimplemento, caso já configurado autêntico inadimplemento cruzado – v. item 3, *infra*) sem que precise aguardar o *desfecho trágico* prenunciado

---

7 Assim relatam GIFFONI, Adriana de Oliveira. As cláusulas "cross default" em contratos financeiros. *Revista de Direito Mercantil, Industrial e Econômico*, a. XL, n. 121, p. 148-149, jan.-mar./2001, p. 148; KATAOKA, Eduardo Takemi. *A coligação contratual*. Rio de Janeiro: Lumen Juris, 2008, p. 111; MELLO, Fábio Roberto Barros. *Cláusula de proibição de concessão de garantias (*negative pledge clause*)*, cit., p. 37-38.

8 Não por acaso, relata-se que a cláusula de *cross-default* "(...) se alastrou mundialmente, sendo de presença quase que obrigatória em mútuos internacionais (e mesmo nos de direito interno que envolvam disponibilização de elevadas cifras)" (SBRISSIA, Henrique. A cláusula *cross default* na perspectiva da análise econômica do direito, cit., p. 897-898).

9 Circunstância que a doutrina chega a associar à probabilidade de tal expediente contratual ensejar a obtenção, por parte dos devedores que concordam com a celebração de contratos contendo cláusulas de *cross-default*, de taxas de juros mais reduzidas: "(...) a cláusula de *cross default* pode significar a obtenção de taxas de juros mais reduzidas para o financiamento quando se apõe esta cláusula no bojo do contrato. Isso porque, a vantagem dessa cláusula, insista-se, é permitir uma ação prematura para recuperação do crédito, com evidentes vantagens para o polo credor, nomeadamente no que torna à redução do risco" (KATAOKA, Eduardo Takemi. *A coligação contratual*, cit., p. 109).

10 "Originada de contratos bancários internacionais, reconhece-se entre nós a aptidão para figurar também em outros negócios. Com efeito, é comum hoje em dia encontrar a figura em contratos internos, sem qualquer elemento de internacionalidade, e mesmo fora de atividade financeira, como se vem identificando em contratos de franquia e de distribuição" (KONDER, Carlos Nelson. Controle de validade da cláusula *cross default* no ordenamento jurídico brasileiro. *Scientia Iuris*, vol. 26, n. 3, p. 109-121, nov./2022, p. 110).

11 "A cláusula *cross default* reside no âmbito do que a doutrina classifica como cláusulas de garantia e segurança. Estes clausulados visam, basicamente, reforçar a tutela da garantia comum dos credores, que é o patrimônio do devedor (...). E tais mecanismos de reforço da posição do credor, ao contrário das garantias especiais típicas, pessoais ou reais, que ampliam a massa de bens sujeitos a dívida, é obtido por meio da assunção de específicas obrigações entre as próprias partes, em um âmbito de auto regulação" (SBRISSIA, Henrique. A cláusula *cross default* na perspectiva da análise econômica do direito, cit., p. 898-899).

pelo inadimplemento, por parte do devedor A (ou de sujeitos a ele vinculados), de obrigações assumidas perante o mesmo credor B (ou perante outros credores, vinculados ou não a B) no âmbito de variadas relações contratuais.

Tamanha é a importância atribuída a esse escopo de reforço da posição creditícia que a doutrina chega a propor a identificação de uma função de "garantia"[12] desempenhada pelas cláusulas de *cross-default*,[13] uma vez que elas buscariam deixar o credor a salvo do risco de uma reação em cadeia (*efeito dominó*) desencadeada pela inadimplência do devedor.[14] A partir dessa linha de construção, associam-se as cláusulas de *cross-default* até mesmo à proteção do *par conditio creditorum*.[15] Nada obstante o valor didático de tal sorte de construção, deve-se ter em mente que as cláusulas de *cross-default* não

---

12 Na doutrina portuguesa, por exemplo, cogita-se da correspondência a uma "garantia especial atípica": "A cláusula *cross default* corresponde igualmente a uma garantia especial atípica, nos termos da qual se determina que qualquer eventual incumprimento ou outra falta contratual praticada pelo devedor (*event of default*) se repercutirá não apenas sobre o credor em relação ao qual essa falta se verificou, mas também se estenderá a relações com outros credores. A cláusula *cross default* determina consequentemente que o incumprimento da obrigação perante um dos credores desencadeie um efeito dominó, permitindo a reação imediata de todos os outros credores" (LEITÃO, Luís Manuel Teles de Menezes. *Garantias das obrigações*. 6. ed. Coimbra: Almedina, 2019, p. 315).

13 À semelhança do que não raramente se fala também a respeito de outras cláusulas *de segurança e garantia*, das quais as cláusulas de *cross-default* se diferenciariam, entre outros aspectos, pela circunstância de ultrapassarem "as fronteiras do princípio da relatividade dos efeitos do contrato": "A marca distintiva da cláusula de *cross default* frente às demais cláusulas que desempenham essa função de garantia parece residir em prever que se considera violado o contrato em questão também por meio do descumprimento de deveres constantes de outros contratos, isto é, ultrapassando as fronteiras do princípio da relatividade dos efeitos do contrato" (KONDER, Carlos Nelson. Controle de validade da cláusula *cross default* no ordenamento jurídico brasileiro, cit., p. 111). A destacar que as cláusulas de *cross-default* impõem um "um regime que ultrapassa as fronteiras da relatividade contratual", v. SBRISSIA, Henrique. A cláusula *cross default* na perspectiva da análise econômica do direito, cit., p. 905.

14 "Tendo em vista os exemplos acima, deve-se ter em mente que uma situação de falha (*event of default*) em um contrato financeiro abre caminho para que outras ocorram, sucessivamente, como reação em cadeia. É o que se denomina *domino effect* na língua inglesa. É importante relembrar que tais cláusulas constituem uma garantia ao credor. Considerando que a constante mutação das modalidades de captação de crédito leva à criação de novas formas de garantias a serem exigidas pelos bancos e investidores, tem-se como uma consequência deste fato a ampliação dos eventos a serem considerados *cross default* nos contratos financeiros" (GIFFONI, Adriana de Oliveira. As cláusulas "cross default" em contratos financeiros, cit., p. 148).

15 "Esta cláusula [*cross-default*] funciona assim como um meio compulsório para o devedor efetuar o cumprimento pontual da sua obrigação, face ao receio das consequências de qualquer incumprimento nas relações com outros credores. Mas para além disso, representa uma garantia da *par conditio creditorum*, evitando que a estipulação de prazos de vencimento das obrigações impeça os outros credores de exigir atempadamente o cumprimento" (LEITÃO, Luís Manuel Teles de Menezes. *Garantias das obrigações*, cit., p. 315).

correspondem tecnicamente ao conceito restrito de garantia no direito brasileiro, uma vez que não oferecem ao credor "meio de extinção satisfativa do crédito, a despeito da ausência de cooperação do devedor e da sua incapacidade patrimonial para solver o débito", como seria exigido para a configuração de garantia em sentido técnico.[16]

Diante disso, afigura-se mais adequado compreender que, "[e]mbora desempenhem uma função de garantia, não se subsumem adequadamente aos modelos legais típicos de garantias especiais".[17] Por tais razões, no intuito de se evitar confusão de índole conceitual em torno da noção de garantia, melhor que se associe às cláusulas de *cross-default* a promoção de uma "finalidade de segurança".[18]

Assume particular destaque, para a compreensão do escopo de reforço da posição creditícia, a comparação da posição do credor B no âmbito do contrato X com a posição de outros credores no âmbito de seus respectivos contratos. Com efeito, considerando que as cláusulas de *cross-default* não propiciam propriamente mecanismos de garantia em sentido técnico, não parece exagerada a afirmação de que "[a] principal finalidade das cláusulas de *cross default* é a proteção do credor contra terceiros potencialmente na sua mesma condição".[19] Aliás, não por acaso, a doutrina atentamente já adverte acerca da possibilidade de que, a pretexto de evitar o preterimento de certo credor, a

16 "(...) a garantia, em sentido restrito, compreende as situações subjetivas acessórias da obrigação que tenham por finalidade proporcionar segurança ao credor, oferecendo-lhe meio de extinção satisfativa do crédito, a despeito da ausência de cooperação do devedor e da sua incapacidade patrimonial para solver o débito" (RENTERIA, Pablo. *Penhor e autonomia privada*. São Paulo: Atlas, 2016, p. 148). No mesmo sentido, v. TEPEDINO, Gustavo; MONTEIRO FILHO, Carlos Edison do Rêgo; RENTERIA, Pablo. *Fundamentos do direito civil*. Volume 5. Rio de Janeiro: Forense, 2020, p. 392-393; e PEÇANHA, Danielle Tavares. *Qualificação funcional, contornos e limites das garantias autônomas no direito brasileiro*. Dissertação (Mestrado) – Universidade do Estado do Rio de Janeiro. Rio de Janeiro, 2023, p. 27-28.

17 KONDER, Carlos Nelson. Controle de validade da cláusula *cross default* no ordenamento jurídico brasileiro, cit., p. 111.

18 "As cláusulas de garantia e de segurança representam adaptação do direito contratual às dificuldades e às novas demandas dos tempos atuais. São espécie de *covenants* que desempenham finalidade de segurança. Têm origem nos países pertencentes ao sistema da *common law* e se mostram presentes em relações negociais de países e companhias constituídas e estabelecidas sob o regramento da *civil law*. Resultam da sofisticação e da complexidade próprias das operações de *Project Finance*, dos negócios econômicos e financeiros, assim como da difusão das práticas mercantis no mercado internacional. Materializam-se em diversas formas, sendo mais comuns e importantes a *negative pledge*, a *pari passu* e a *cross default*" (MELLO, Fábio Roberto Barros. *Cláusula de proibição de concessão de garantias (*negative pledge clause*)*, cit., p. 35).

19 GIFFONI, Adriana de Oliveira. As cláusulas "cross default" em contratos financeiros, cit., p. 148.

cláusula de *cross-default* finde por produzir efeito inverso, no sentido de preterimento dos demais credores do mesmo devedor.[20]

A larga disseminação das cláusulas de *cross-default* na práxis nacional não desaconselha (ao revés, reclama) uma cuidadosa análise sobre a legitimidade de tal figura à luz do direito brasileiro – na esteira da advertência geral sobre a necessidade de cautela diante da frequente importação de expedientes utilizados em contratos internacionais. Nesse contexto, pode-se dizer, em síntese breve, que o presente estudo se move justamente pelo objetivo de examinar alguns aspectos pertinentes à aferição da (in)compatibilidade das cláusulas de *cross-default* com o direito brasileiro.

Para tanto, inicialmente buscarei analisar a pluralidade ínsita à expressão cláusulas de *cross-default* (item 2, *infra*), o que propiciará a identificação de relevantes distinções estruturais e funcionais entre variadas manifestações do expediente em questão, com a expressiva consequência (usualmente não destacada pela doutrina) de impor o tratamento apartado das principais modalidades de cláusulas de *cross-default* – entre as quais se situam as cláusulas de *cross-acceleration*.[21] A fixação dessas premissas teóricas possibilitará, na sequência do estudo, a investigação dos fundamentos para a admissibilidade das cláusulas de *cross-default* conforme os seus respectivos efeitos fundamentais (item 3, *infra*) – ora a deflagração do vencimento antecipado, ora a configuração de autêntico inadimplemento contratual. Por fim, concluirei o estudo com a indicação de algumas questões que, conquanto não comportem desenvolvimento nesta sede, revelam-se de grande importância para a necessária realização do controle funcional de validade das cláusulas de *cross-default* (item 4, *infra*).

---

20 "Em virtude do cruzamento entre negócios que gera, a cláusula funcionaria, acima de tudo, como garantia da *par conditio creditorum*, para evitar que aquele credor ficasse para trás perante outros credores contra quem o devedor comum já tivesse sinalizado sua iminente insolvência. Entretanto, pode gerar o efeito inverso, já que o credor que não contar com ela em seu benefício ficará preterido injustamente perante os que, sem terem qualquer privilégio ou preferência, contam com a *cross default* em seu benefício" (KONDER, Carlos Nelson. Controle de validade da cláusula *cross default* no ordenamento jurídico brasileiro, cit., p. 112-113). Assim também adverte SBRISSIA, Henrique. A cláusula *cross default* na perspectiva da análise econômica do direito, cit., p. 915-916.

21 A rigor, conforme destacarei no desenvolvimento do estudo, poder-se-ia até mesmo reconhecer a autonomização conceitual das cláusulas de *cross-acceleration* em relação às cláusulas de *cross-default*, em razão dos distintos efeitos produzidos por cada uma delas (vencimento antecipado cruzado e inadimplemento cruzado, respectivamente). Apesar disso, optei por tratar das cláusulas de *cross-acceleration* como modalidades de cláusulas de *cross-default* em deferência ao uso amplamente consagrado na práxis nacional (que, no mais das vezes, lança mão apenas da denominação *cross-default*). De todo modo, seja qual for a opção terminológica, a atenção central do intérprete há de se direcionar à adequada identificação dos efeitos essenciais de cada disposição contratual pactuada pelas partes (v. item 2, *infra*), inclusive para que se possa individualizar a busca pelos respectivos fundamentos de legitimidade (v. item 3, *infra*).

2. ESTRUTURA E FUNÇÃO(ÕES) DAS CLÁUSULAS DE *CROSS-DEFAULT* E DE *CROSS-ACCELERATION*

No intuito de compreender os perfis estruturais e funcionais das cláusulas de *cross-default*, vale começarmos a análise pelas definições fornecidas pela doutrina especializada. A propósito desse esforço conceitual, parece prevalecer a linha de entendimento segundo a qual a cláusula de *cross-default* desencadearia a configuração de *inadimplemento* (tradução literal mais próxima do original inglês "*default*")[22] no contrato em que se insere a previsão, em decorrência da prévia configuração de inadimplemento no contrato de referência. Nesse sentido, afirma-se que a expressão *cross-default* "refere-se àquelas cláusulas presentes em contratos que determinam que o devedor estará em situação de falha *(default)* no contrato em questão toda vez que deixar de cumprir quaisquer outras obrigações em outros contratos",[23] bem como que as cláusulas de *cross-default* são previsões "segundo as quais o inadimplemento da parte em um contrato por ela integrado, constituirá inadimplemento em outros contratos".[24]

---

22 Por oportuno, vale ressalvar a possibilidade (verificada não raramente na práxis) de adoção do termo *default* em sentido mais lato de *incumprimento* ou *não cumprimento*, categoria genérica da qual seria espécie o inadimplemento – ora compreendido como *descumprimento imputável ao devedor* (para o desenvolvimento do ponto, seja consentido remeter a SILVA, Rodrigo da Guia. A força centrípeta do conceito de inadimplemento contratual. *Civilistica.com*, a. 11, n. 3, p. 1-30, 2022, item 3). A ilustrar o referido uso de *default* em sentido mais lato (ou seja, sem correspondência necessária com o sentido estrito de inadimplemento ora propugnado), veja-se a seguinte análise de Paulo Mota Pinto acerca o *Master Agreement* da ISDA: "Começa com regras sobre a sua própria interpretação (definições, prevalência do anexo sobre o Master Agreement, prevalência da 'confirmação' sobre ambas). (...) A cláusula 5.ª, por sua vez, contém a qualificação de determinados atos como eventos que dão origem a um não cumprimento (*Events of default*, tais como falta de entrega ou pagamento, violação do contrato, declarações falsas, falta ou termo de garantias, insolvência, fusão sem transmissão das obrigações etc.) (...)" (PINTO, Paulo Mota. Contrato de *swap* de taxas de juro, jogo e aposta e alteração das circunstâncias que fundaram a decisão de contratar. *Revista de Direito Civil Contemporâneo*, vol. 5, p. 161-257, out.-dez./ 2015, item I.6). Como se nota, tal passagem evidencia a utilização de *default*, na prática contratual, para abranger tanto hipóteses passíveis de vinculação ao sentido técnico de inadimplemento (e.g., "falta de entrega ou pagamento, violação do contrato") quanto hipóteses que aparentemente não comportariam tal vinculação (e.g., "insolvência, fusão sem transmissão das obrigações").

23 GIFFONI, Adriana de Oliveira. As cláusulas "cross default" em contratos financeiros, cit., p. 148.

24 BIANCHI, Beatriz Homem de Mello. Os contratos coligados: suas consequências e a peculiaridade da cláusula arbitral. *Revista de Arbitragem e Mediação*, vol. 60, p. 151-182, jan.-mar./2019, item 2.1. A autora prossegue: "O mesmo raciocínio é admissível na coligação bilateral, uma vez que, em regra, o inadimplemento de um contrato determina também a dissolução dos demais com ele conexos. Um exemplo são as cláusulas de *cross default*, como já mencionado anteriormente, em que se estabelece contratualmente estar o devedor em falha (*default*) toda vez que descumprir outras obrigações em outros contratos. A cláusula *cross default* determina

Assume particular destaque, nessa ordem de raciocínio, a vinculação da expressão *cross-default* à noção de *inadimplemento cruzado*[25] (e não exatamente simples *vencimento antecipado cruzado*) do contrato em que inserida tal cláusula, decorrendo tal inadimplemento do prévio descumprimento do contrato tomado por referência.[26] A análise dessa encontradiça linha de conceituação das cláusulas de *cross-default* nos permite notar uma peculiaridade que não costuma ser devidamente explicitada: a definição das cláusulas de *cross--default* fornecida pela doutrina não coincide, a rigor, com as mais recorrentes manifestações concretas de tal expediente contratual.

Afinal, como visto, as definições doutrinárias usualmente tratam do *cross-default* (suporte fático de incidência das cláusulas homônimas) como *inadimplemento (cruzado)*, ao passo que os clausulados verificados na práxis se referem, frequentemente (embora, por certo, não necessariamente), a hipóteses de *vencimento antecipado*[27] (ou mesmo *vencimento antecipado cruzado*, muitas das vezes) – como no exemplo indicado no início deste estudo. A

---

consequentemente que o incumprimento da obrigação perante um dos credores desencadeie um efeito dominó, permitindo a reação imediata de todos os outros credores. Assim, as partes estabelecem um inadimplemento cruzado, permitindo a repercussão de um dos contratos nos demais coligados" (Ibid., item 2.2).

25 A ilustrar a ocorrência em comento, veja-se o ensinamento que, no contexto do estudo da coligação contratual, alude à possibilidade da existência de coligação a partir de "(...) cláusula estabelecendo que o inadimplemento das obrigações assumidas em um contrato implicará o inadimplemento de outro contrato, ligado ao primeiro (inadimplemento cruzado ou *cross-default*) (...)" (MARINO, Francisco Paulo De Crescenzo. *Contratos coligados no direito brasileiro*. São Paulo: Saraiva, 2009, p. 108).

26 "As cláusulas de *cross default* podem ser definidas como 'cláusulas presentes em contratos que determinam que o devedor estará em situação de falha (*default*) no contrato em questão toda vez que deixar de cumprir quaisquer outras obrigações em outros contratos'. A definição em questão já indica sua origem nos sistemas da *Common Law*, onde é praxe estabelecer no contrato lista minuciosa de situações que configuram descumprimento no tocante àquele contrato (*events of default*): a peculiaridade da *cross default* é incluir nessa lista o descumprimento de obrigações fixadas em outros contratos" (KONDER, Carlos Nelson. Controle de validade da cláusula *cross default* no ordenamento jurídico brasileiro, cit., p. 110).

27 Ilustrativamente, veja-se: "Ora, tendo em vista essa estrutura bipolar da operação, é perfeitamente lógico (...) (iv) que o inadimplemento de obrigações previstas no contrato de PPE possa configurar hipótese de vencimento antecipado dos Contratos de *Swap* e das suas respectivas garantias (cláusula de *cross default*)" (LEÃES, Luiz Gastão Paes de Barros. Parecer – swaps como negócio jurídico *per relationem* e a regra de *suitability*. *Revista de Arbitragem e Mediação*, vol. 49, p. 397-419, abr.-jun./2016, item 3); "Ora, na prática bancária é absolutamente padrão a cláusula de vencimento antecipado automático caso o devedor se torne inadimplente em contratos (financeiros e/ou comerciais) com terceiros, denominada tal cláusula no mercado de crédito bancário como *cross default*, tendo em vista a influência cada vez maior do direito contratual inglês e norte-americano em nosso sistema jurídico" (MOURÃO, Mario. Prevalência do princípio da autonomia privada nas operações bancárias estruturadas. *Revista de Direito Bancário e do Mercado de Capitais*, vol. 59, p. 43-63, jan.-mar./2013, item 2).

distinção pode ser sintetizada nos seguintes termos: há *inadimplemento cruzado* nas hipóteses em que o inadimplemento do contrato de referência (K, W, Y ou Z) acarreta a configuração de inadimplemento do contrato (X) em que inserida a cláusula de *cross-default*. Por outro lado, há *vencimento antecipado* nas hipóteses em que o inadimplemento (ou o vencimento antecipado) do contrato de referência (K, W, Y ou Z) acarreta a configuração de vencimento antecipado (e não já de inadimplemento) do contrato (X) em que inserida a cláusula de *cross-default*; caso o suporte fático a desencadear o vencimento antecipado do contrato X seja o vencimento antecipado (e não exatamente o inadimplemento) do contrato de referência (K, W, Y ou Z), estaremos diante do que se poderia referir por *vencimento antecipado cruzado*.

O objetivo que norteia tais observações não é necessariamente sustentar uma inadequação abstrata do uso da expressão "cláusulas de *cross-default*" em algum ou alguns dos casos indicados, mas sobretudo revelar que a aparente simplicidade da referida expressão não deve afastar a atenção do intérprete para a rica pluralidade de manifestações possíveis das cláusulas de *cross-default*. Tal pluralidade se manifesta, de início, na tendencialmente ilimitada[28] diversidade de hipóteses fáticas previstas pelas cláusulas em questão.[29] Basta pensar, a propósito, nas distintas hipóteses que podem ser extraídas do clausulado hipotético transcrito no início deste estudo, envolvendo, por exemplo:[30] (i) débitos variados do devedor A perante o banco B; (ii) débitos da sociedade empresária C (controlada pela sociedade A) perante o mesmo banco B no âmbito de outras operações de crédito (contratos Y e Z); (iii) débitos do devedor A perante sociedades controladas pelo banco B; (iv) débitos da sociedade empresária C (controlada pela sociedade A) perante sociedades controladas pelo banco B; (v) débitos do devedor A perante terceiros (ou seja, terceiros que

---

28 Semelhante percepção parece inspirar a observação de Eduardo Takemi Kataoka no contexto do estudo dos efeitos da coligação contratual (fenômeno intimamente relacionado ao tema das cláusulas de *cross-default*, como demonstrado no item 4, *infra*): "Podem acontecer, do mesmo modo, variantes da cláusula de *cross default* em relação aos seus efeitos jurídicos. Imaginemos, por exemplo, que em caso de inadimplemento de um dos garantidores a taxa de juros praticada no contrato se modifica. Afirmar isso vem, justamente, ao encontro de algo que já insistimos: não é possível determinar integralmente os efeitos jurídicos da coligação contratual, pois isso é objeto da autonomia privada das partes, com infinitas possibilidades" (KATAOKA, Eduardo Takemi. *A coligação contratual*, cit., p. 112).

29 Para o desenvolvimento do ponto acerca da pluralidade de possíveis modalidades das cláusulas de *cross-default*, v., por todos, SBRISSIA, Henrique. A cláusula *cross default* na perspectiva da análise econômica do direito, cit., p. 908 e ss.; e GRUBER, Joachim. Cross-Default Clauses in Finance Contracts. *International Business Law Journal*, vol. 1997, n. 5, p. 591-603, 1997, *passim*.

30 A rigor, as hipóteses ora enunciadas pelos itens "i", "ii", "iii" e "iv" correspondem à alínea "b" do clausulado transcrito no item 1 deste estudo, ao passo que as hipóteses ora enunciadas pelos itens "v" e "vi" correspondem à alínea "c" do referido clausulado.

não o banco B nem suas coligadas); (vi) débitos da sociedade empresária C (controlada pela sociedade A) perante terceiros.

Em que pese essa rica diversidade (estrutural) de hipóteses fáticas, a manifestação mais marcante – e relevante – da pluralidade ínsita à categoria das cláusulas de *cross-default* diz respeito à diversidade (funcional) quanto aos efeitos promovidos por tais cláusulas. Como adiantado acima, os contratantes podem, por meio da inserção de cláusulas de *cross-default*, estipular que o inadimplemento (ou o vencimento antecipado) do contrato de referência desencadeará distintos efeitos sobre o contrato em que inseria a cláusula de *cross-default*.

De uma parte, é possível que as partes se valham do expediente em comento para estipular que, diante da configuração do inadimplemento (ou da deflagração do vencimento antecipado) no âmbito do contrato de referência (K, W, Y ou Z), também no âmbito do contrato em que se encontra inserida a cláusula de *cross-default* (X) restará configurado inadimplemento (*default*).[31] Na específica hipótese em que tal efeito (a configuração do inadimplemento no âmbito do contrato X) esteja atrelado ao inadimplemento (e não ao mero vencimento antecipado) no âmbito do contrato de referência, parecerá mais precisa a menção à ocorrência de *inadimplemento cruzado* – mais próximo ao sentido da tradução literal de *cross-default*.[32]

De outra parte, também é possível que as partes se valham de uma cláusula de *cross-default* para estipular que, diante da deflagração do vencimento antecipado (ou da configuração do inadimplemento)[33] no âmbito do contrato de

31 "Dessa forma, a marca distintiva da cláusula de *cross default* parece residir em prever que se considera violado o contrato em questão também por meio do descumprimento de deveres constantes de outros contratos, isto é, ultrapassando as fronteiras do princípio da relatividade dos efeitos do contrato" (KONDER, Carlos Nelson. Questões atuais da conexão entre contratos. In: COELHO, Fábio Ulhoa; TEPEDINO, Gustavo; LEMES, Selma Ferreira (Coord.). *A evolução do direito no século XXI.* Seus princípios e valores – ESG, liberdade, regulação, igualdade e segurança jurídica. Homenagem ao Professor Arnoldo Wald. Volume 2. São Paulo: Editora IASP, 2022, p. 120). Ainda nesse sentido, v., na doutrina estrangeira, HAHN, David. The Roles of Acceleration. *DePaul Business & Commercial Law Journal*, vol. 8, n. 3, p. 229-250, 2010, p. 235; COLEMAN, Ebo. Cross-Default Confusion, cit., p. 49.

32 A ilustrar a tradução de "*cross-default*" como "inadimplemento cruzado", veja-se: "Seria, por exemplo, a recorrente prática em contratos empresariais de estabelecer o chamado *cross default*, ou inadimplemento cruzado (...)" (KONDER, Carlos Nelson. *Contratos conexos*: grupos de contratos, redes contratuais e contratos coligados. Rio de Janeiro: Renovar, 2006, p. 184). V., ainda, SALOMÃO NETO, Eduardo. Financiamento de projetos com recursos internacionais (*project finance*). *Revista de Direito Bancário e do Mercado de Capitais*, vol. 23, p. 53-92, jan.-mar./2004, item 2; FREIRE, J. Renato C. Penalidades nos contratos internacionais de mútuo. *Revista dos Tribunais*, vol. 643, p. 43-50, maio/1989, item 2.1.

33 Vale destacar que as partes dispõem de ampla autonomia para a definição das hipóteses de vencimento antecipado ou de inadimplemento do contrato de referência (K, W, Y ou Z) aptas a ensejar a incidência do vencimento antecipado no âmbito do contrato (X) em que se encontra

referência (K, W, Y ou Z), também no âmbito do contrato (X) em que se encontra inserida a cláusula de *cross-default* operar-se-á o vencimento antecipado das prestações pendentes.[34] Na específica hipótese em que tal efeito (a deflagração do vencimento antecipado no âmbito do contrato X) esteja atrelado ao vencimento antecipado (e não já ao inadimplemento) no âmbito do contrato de referência, parecerá mais precisa a menção à ocorrência de *vencimento antecipado cruzado* – mais próximo ao sentido da tradução de *cross acceleration*,[35] não já ao de *cross-default*.

---

inserida a cláusula de *cross-default*. Assim, a título puramente ilustrativo, é possível que o suporte fático de incidência da cláusula de *cross-default* tanto envolva o inadimplemento das obrigações pecuniárias quanto o descumprimento de compromissos financeiros (*covenants*) assumidos no contrato de referência.

34 "Outra modalidade de cláusula de *cross default* amplamente usada na prática comercial permite que o credor cobre antecipadamente a sua dívida se o devedor, ou uma de suas filiais ou controladas, assim como um de seus garantidores inadimplirem uma obrigação pecuniária causando o vencimento antecipado da mesma. Note-se que nesse caso a condição envolve o inadimplemento de pessoa distinta do devedor, e que isso reduz ainda mais o risco do credor em ver, na prática, insatisfeito o seu crédito. Esse tipo de cláusula pode ser usado nos casos em que a insolvência de uma filial ou controlada do devedor possa levar a colocar em causa a própria solidez financeira do devedor" (KATAOKA, Eduardo Takemi. *A coligação contratual*, cit., p. 110). Ainda a destacar a possibilidade de a cláusula de *cross-default* estipular a deflagração do vencimento antecipado, afirma-se: "A prática prova que é muito comum em contratos financeiros, por exemplo, a cláusula que estabelece que uma moratória no Brasil gera o vencimento antecipado das obrigações do devedor. É um caso típico de *cross default* onde o devedor, embora não tendo qualquer participação neste evento, sofre uma penalidade em decorrência dele" (GIFFONI, Adriana de Oliveira. As cláusulas "cross default" em contratos financeiros, cit., p. 149). Em sentido similar, v., na doutrina estrangeira, KRUFT, Stephen R. Cross-Default Provisions in Financing and Derivatives Transactions, cit., p. 216.

35 Colhem-se da doutrina nacional lições aptas a ilustrar a modalidade de cláusula em comento (que tem como efeito a deflagração do vencimento antecipado), bem como a utilização da expressão "vencimento antecipado" para tradução do termo inglês "*acceleration*": "No tocante ao seu efeito, a cláusula [de *cross-default*] costuma determinar que o descumprimento dos demais contratos somente acarreta a antecipação do vencimento das obrigações daquele contrato, comumente referida pelo anglicismo 'aceleração'" (KONDER, Carlos Nelson. Controle de validade da cláusula *cross default* no ordenamento jurídico brasileiro, cit., p. 111); "O vencimento antecipado funciona, portanto, como uma garantia. Repare-se que o dito nesta sede não se afasta em larga medida da cláusula resolutiva expressa, que é aquela prevendo certas situações em que o contrato se resolverá. Nos contratos internacionais, esse tipo de cláusula se denomina, quando expressa prevendo que em caso de inadimplemento certos remédios podem ser adotados pelo credor de *acceleration*" (KATAOKA, Eduardo Takemi. *A coligação contratual*, cit., p. 108). Ainda a ilustrar a utilização da expressão "vencimento antecipado" para tradução do termo inglês "*acceleration*", v., entre outros, SBRISSIA, Henrique. A cláusula *cross default* na perspectiva da análise econômica do direito, cit., p. 912, nota de rodapé nº 55; CATAPANI, Márcio Ferro. A cláusula de *close-out netting* e sua admissão no direito brasileiro. *Revista de Direito Bancário e do Mercado de Capitais*, vol. 72, p. 115-132, abr.-jun./2016, item 2; FREIRE, J. Renato C. Penalidades nos contratos internacionais de mútuo, cit., item 2.

Não por acaso, já se destacou que "a tradução [da cláusula de *cross-default*] como 'cláusula de inadimplemento cruzado' não é a mais adequada a abranger toda essa variedade de pressupostos para sua aplicação".[36] Com efeito, face a toda a pluralidade ínsita à categoria em comento, parece-me mais prudente o uso das expressões em inglês – cláusulas de *cross-default* e de *cross-acceleration* –, o que, a par de revelar benfazeja deferência ao uso consagrado na práxis, minimiza o risco da confusão conceitual subjacente à utilização da expressão "inadimplemento cruzado" para fazer menção a hipóteses que não necessariamente envolvem a configuração de inadimplemento no contrato em que inserida a cláusula.[37]

Por fim, vale resgatar uma observação terminológica que adiantei no início deste estudo. Tão relevante é a distinção funcional comentada acima que seria pertinente assumirmos uma verdadeira diferenciação conceitual entre as cláusulas que estipulam a configuração de inadimplemento cruzado e as cláusulas que estipulam a deflagração do vencimento antecipado cruzado. Pode-se sintetizar essa proposição em torno da distinção, respectivamente, entre cláusulas de *cross-default* (em sentido estrito) e cláusulas de *cross acceleration.*[38]

De todo modo, o que releva acima de tudo é não perder de vista a circunstância de que as cláusulas em comento (às quais por vezes seguirei me referindo genericamente por cláusulas de *cross-default*, em deferência ao uso consagrado na práxis no Brasil e alhures)[39] podem estipular a ocorrência de efeitos jurídicos nitidamente distintos – inadimplemento contratual ou

---

36 KONDER, Carlos Nelson. Controle de validade da cláusula *cross default* no ordenamento jurídico brasileiro, cit., p. 111.

37 Como sucede, por exemplo, justamente com a cláusula de *cross-acceleration*: "*A cross-acceleration is a provision creating an Event of Default if the Other Obligations are accelerated, either automatically or as a result of action by the Other Lenders*" (KRUFT, Stephen R. Cross-Default Provisions in Financing and Derivatives Transactions, cit., p. 237). V., ainda, HAHN, David. The Roles of Acceleration, cit., p. 236.

38 Nota-se na doutrina estrangeira, ainda que com eventual diversidade nas definições, a diferenciação entre cláusulas de *cross-default* e cláusulas de *cross-acceleration.* Nesse sentido, v., por todos, BUCHHEIT, Lee C. How to Negotiate Cross-Default Clauses. *International Financial Law Review*, vol. 12, n. 8, p. 27-29, ago./1993, p. 27; HAHN, David. The Roles of Acceleration, cit., p. 236; COLEMAN, Ebo. Cross-Default Confusion, cit., p. 49; MARTSEKIS, Georgios. Arbitration in International Project Finance Transactions: The Path to Financial Arbitration. *Arbitration*: The International Journal of Arbitration, Mediation and Dispute Management, vol. 84, n. 2, p. 142-158, 2018, item 5.

39 "*Just to add a degree of confusing mystery to the whole matter, however, both cross-default and cross-acceleration provisions are referred to generically as cross-default clauses*" (BUCHHEIT, Lee C. How to Negotiate Cross-Default Clauses, cit., p. 27). Em tradução livre: "Apenas para adicionar um grau de mistério confuso a todo o assunto, no entanto, tanto as cláusulas de *cross-default* quanto as cláusulas de *cross-acceleration* são referidas genericamente como cláusulas de *cross-default*".

vencimento antecipado, que não se confundem,[40] embora muitas vezes estejam muito próximos em termos cronológicos.[41] Por conseguinte, tal distinção de efeitos há necessariamente de repercutir na delimitação dos respectivos regimes jurídicos, em especial (e aqui está o ponto nevrálgico ao qual se ocupa o presente estudo) na identificação dos fundamentos para a (in)compatibilidade *prima facie* das cláusulas de *cross-default*, em suas variadas modalidades, com o direito brasileiro. Eis o escopo do item subsequente.

3. PERSPECTIVAS PARA A ADMISSIBILIDADE *PRIMA FACIE* DAS CLÁUSULAS DE *CROSS-DEFAULT* E DE *CROSS-ACCELERATION* NO DIREITO BRASILEIRO

Conforme destacado no item 2, *supra*, a investigação da compatibilidade das cláusulas de *cross-default* e de *cross-acceleration* com o direito brasileiro – tarefa ainda carente de maior enfrentamento em sedes tanto acadêmica quanto

---

40 A partir de similar preocupação, Aline Terra ressalta a distinção entre inadimplemento antecipado (hipótese particular de inadimplemento) e vencimento antecipado: "O inadimplemento antecipado não se confunde com o vencimento antecipado da dívida previsto no art. 333 do Código Civil. De fato, enquanto no primeiro a prestação é irremediavelmente violada, o que torna o termo ineficaz e permite a configuração do inadimplemento absoluto desde já com a incidência do correspondente regime consequencial, no segundo há a mera modificação objetiva da situação do devedor, que não configura pronto incumprimento, mas apenas reduz a possibilidade de recebimento da prestação caso o credor seja obrigado a aguardar até o termo final. Por isso mesmo, o legislador criou o artifício jurídico do vencimento antecipado diante das situações específicas do art. 333 para afastar a inexigibilidade da dívida na pendência do termo e autorizar sua cobrança imediata. De todo modo, vencida antecipadamente a dívida, apenas se o crédito não for satisfeito é que se deflagrará o regime consequencial, que poderá ser aquele da mora ou do inadimplemento absoluto, conforme a prestação ainda seja, ou não, possível para o devedor e útil para o credor" (TERRA, Aline. O que o credor pode fazer diante do chamado inadimplemento antecipado? *AGIRE*, 5/6/2023. Disponível em: https://agiredireitoprivado.substack.com. Acesso em 12/6/2023).

41 Afinal, uma vez deflagrado o vencimento antecipado, caso as prestações ora vencidas antecipadamente não sejam pagas imediatamente (supondo-se não haver previsão consensual ou legal de prazo que permita afastar a regra geral da exigibilidade imediata, *ex vi* do art. 331 do Código Civil), tendencialmente ato contínuo configurar-se-á o inadimplemento contratual. Apesar dessa possível proximidade temporal, tecnicamente o vencimento antecipado não necessariamente será seguido da configuração de inadimplemento contratual, razão pela qual se devem tomar com cautela afirmações que levem que a crer qa deflagração do vencimento antecipado necessariamente sempre conduzirá à configuração do inadimplemento. A ilustrar a importância dessa cautela para se evitarem imprecisões conceituais, veja-se a seguinte passagem, situada no contexto de apresentação dos "casos mais comuns" das cláusulas de *cross-default*: "São os casos mais comuns: – o devedor, em outro contrato, *tem sua dívida vencida antecipadamente e, por consequência, configura-se a situação de falha contratual para o contrato em questão, antecipando-se também o seu vencimento*; – uma empresa controlada pelo devedor, ou até mesmo a ele coligada, entra em *default* em um contrato, causando o vencimento antecipado da dívida do próprio devedor" (GIFFONI, Adriana de Oliveira. As cláusulas "cross default" em contratos financeiros, cit., p. 148. Grifou-se).

judicial –[42] pressupõe uma distinção fundamental entre aquelas que estipulem a deflagração do vencimento antecipado e aquelas que estipulem a configuração do inadimplemento contratual. É verdade que ambas as modalidades de cláusulas de *cross-default* tendem a encontrar fundamento de legitimidade no princípio da autonomia privada (mais especificamente, na sua manifestação como princípio da liberdade contratual) –[43] ou, de modo ainda mais amplo, no princípio da legalidade em sua acepção privatista.[44] Nada obstante, cumpre investigar, de modo mais detido, a compatibilidade das principais modalidades de cláusulas de *cross-default* com o direito brasileiro, inclusive com a identificação de pontos de convergência com expedientes já consagrados, o que tendencialmente corroborará a identificação da legitimidade das cláusulas sob exame.

Iniciando, então, a análise pela primeira modalidade referida, parece-me que a investigação acerca da compatibilidade dessa específica cláusula de *cross-default* (usualmente passível de associação, com maior precisão, à noção de *cross-acceleration*, como já destacado) com o direito brasileiro se resume, essencialmente, à indagação sobre a (im)possibilidade de as partes estipularem consensualmente hipóteses de vencimento antecipado diversas daquelas previstas em lei. Como é cediço, as obrigações ordinariamente devem ser cumpridas pelo devedor nos seus respectivos *vencimentos* (i.e., nos marcos temporais em que fixado o início da sua exigibilidade),[45] não se facultando ao credor,

---

42 Para um relato a respeito do caráter ainda incipiente dos debates em sede judicial a respeito da legitimidade das cláusulas de *cross-default*, v. KONDER, Carlos Nelson. Controle de validade da cláusula *cross default* no ordenamento jurídico brasileiro, cit., p. 114.

43 "A liberdade contratual é uma manifestação do princípio da autonomia privada. O conteúdo deste princípio é a configuração autodeterminada das relações jurídicas de acordo com a vontade das partes" (WOLF, Manfred. *Rechtsgeschäftliche Entscheidungsfreiheit und vertraglicher Interessenausgleich.* Tübingen: J. C. B. Mohr (Paul Siebeck), 1970, p. 19. Tradução livre do original). No mesmo sentido, v. LARENZ, Karl; WOLF, Manfred. *Allgemeiner Teil des bürgerlichen Rechts.* München: C. H. Beck, 1997, p. 26.

44 Para o desenvolvimento da análise do escopo do princípio da legalidade no direito privado, em oposição ao verificado no direito público, remete-se a SOUZA, Eduardo Nunes de. Merecimento de tutela: a nova fronteira da legalidade no direito civil. *Revista de Direito Privado*, a. 15, vol. 58, p. 75-107, abr.-jun./2014, item 4.

45 "A determinação do momento em que a obrigação deve ser cumprida é de fundamental importância, atenta à circunstância de a dívida só se tornar exigível quando se vence. A esse momento chama-se vencimento. De regra, o vencimento de uma dívida é estipulado pelos contratantes., derivando, pois, de sua vontade, mas nem sempre isso sucede. (...) Quando o vencimento não é voluntariamente estipulado, ou não decorre da natureza da prestação, ou ainda, de disposição legal, o credor pode exigir o cumprimento imediato da obrigação. Por outras palavras, faltando o termo, vigora o princípio da satisfação imediata" (GOMES, Orlando. *Obrigações.* 16ª ed. Atual. Edvaldo Brito. Rio de Janeiro: Forense: 2006, p. 118-119). Com efeito, na esteira do entendimento tradicional, vigora hodiernamente a regra geral (e supletiva) de exigibilidade

via de regra, que exija do devedor o pagamento de uma obrigação antes do seu regular vencimento.[46]

Em determinadas hipóteses, contudo, o direito positivo preceitua que certas obrigações vencerão antes da data originalmente prevista para tanto – o que justifica o uso da expressão *vencimento antecipado* para se aludir a tais hipóteses em que prestações futuras passam a ser desde logo exigíveis pelo credor.[47] Precisamente nesse sentido, o art. 333 do Código Civil – dispositivo legal mais comumente associado ao fenômeno do vencimento antecipado – prevê hipóteses nas quais "[a]o credor assistirá o direito de cobrar a dívida antes de vencido o prazo estipulado no contrato ou marcado neste Código".[48]

Considerando que a específica modalidade de cláusula de *cross-default* em questão promove precipuamente o mesmo efeito (vencimento antecipado) do art. 333 do Código Civil, porém para hipóteses fáticas não previstas pelo referido dispositivo legal, talvez se cogitasse de uma dúvida quanto à possibilidade ou não de expansão, por via consensual, das hipóteses de vencimento antecipado. Sem maiores delongas, parece possível afirmar que não se vislumbram óbices *prima facie* à atuação da autonomia privada para a estipulação de hipóteses de vencimento antecipado diversas daquelas previstas em lei.[49]

---

imediata das obrigações, conforme art. 331 do CC: "Art. 331. Salvo disposição legal em contrário, não tendo sido ajustada época para o pagamento, pode o credor exigi-lo imediatamente".

46 "Havendo condição ou prazo assinalado para o vencimento da dívida, ao credor não é lícito antecipar-se, pedindo a satisfação da dívida antes do vencimento" (BEVILAQUA, Clovis. *Direito das obrigações*. 5ª ed. Rio de Janeiro: Freitas Bastos, 1940, p. 108). Ressalvam-se, por certo, hipóteses – por assim dizer "excepcionais" – como a de termo estipulado em benefício do credor (cfe. art. 133, *in fine*, do Código Civil), ou de configuração de inadimplemento anterior ao termo (a propósito, v., por todos, TERRA, Aline de Miranda Valverde. *Inadimplemento anterior ao termos*. Rio de Janeiro: Renovar, 2009, *passim*).

47 "Como já dito nos comentários ao art. 331 [do Código Civil], nos contratos o termo existe em favor do devedor, que não pode ser cobrado antes do vencimento (v. art. 133 do CC). Contudo, em situações específicas, a lei faz com que o devedor perca o prazo que teria para pagamento fazendo com que a dívida vença antecipadamente. Note-se que o vencimento antecipado não é efeito natural da obrigação. Só ocorrerá por força de vontade (contrato ou testamento) ou de lei)" (SIMÃO, José Fernando. Art. 333 [verbete]. In: SCHREIBER, Anderson; TARTUCE, Flávio; SIMÃO, José Fernando; MELO, Marco Aurélio Bezerra de; DELGADO, Mário Luiz. *Código Civil comentado*: doutrina e jurisprudência. Rio de Janeiro: Forense, 2019, p. 189).

48 *In verbis*: "Art. 333. Ao credor assistirá o direito de cobrar a dívida antes de vencido o prazo estipulado no contrato ou marcado neste Código: I – no caso de falência do devedor, ou de concurso de credores; II – se os bens, hipotecados ou empenhados, forem penhorados em execução por outro credor; III – se cessarem, ou se se tornarem insuficientes, as garantias do débito, fidejussórias, ou reais, e o devedor, intimado, se negar a reforçá-las. Parágrafo único. Nos casos deste artigo, se houver, no débito, solidariedade passiva, não se reputará vencido quanto aos outros devedores solventes".

49 Assim também conclui Anderson Schreiber, no contexto da análise do art. 333 do Código Civil: "Registre-se que as partes podem estipular outras causas adicionais de vencimento

Em primeiro lugar, porque, como já oportunamente ressaltado pela doutrina civilista, o rol legal de hipóteses de vencimento antecipado não representa qualquer tipo de impedimento a que as partes consensualmente estabeleçam outras hipóteses de vencimento antecipado.[50] Trata-se, a rigor, da mesma manifestação da liberdade contratual de que as partes dispõem para a definição do momento do pagamento das obrigações, como evidenciado pelo já referido art. 331 do Código Civil.[51] Afinal, se as partes podem estipular livremente a data original de vencimento, por que não haveriam de poder pactuar hipóteses de antecipação (ou, mesmo, de postergação) do vencimento? Ainda nesse sentido: se os demais credores de um mesmo devedor não podem reclamar pelo simples fato de esse último ter conferido a um outro credor certa data de vencimento mais favorável (a não ser que isso reduza o devedor à insolvência), então por que o devedor em questão não poderia estipular, *ab initio*, a ocorrência de vencimento antecipado para além das hipóteses já previstas em lei?

Também uma perspectiva funcional, atenta aos interesses em jogo, permite observar que a *ratio* inspiradora da modalidade de cláusula de *cross-default* em comento tende a ser idêntica à *ratio* inspiradora das previsões legais de vencimento antecipado.[52] Tal similitude igualmente corrobora a compreensão da ausência de impedimento a que as partes convencionem hipóteses de vencimento antecipado para além das previsões legais.

Em suma, deve-se repelir eventual interpretação que findasse por atribuir ao art. 333 do Código Civil um caráter de enunciação taxativa de todas

antecipado. Como o termo de vencimento é fixado em benefício das partes, em regra do devedor, não há razão para se vedar a renúncia a tal termo diante da verificação de certas circunstâncias objetivas previamente estabelecidas" (SCHREIBER, Anderson. *Manual de direito civil contemporâneo.* 5ª ed. São Paulo: Saraiva, 2022, p. 357). Similar conclusão já foi sustentada à luz do direito português, em estudo específico sobre as cláusulas de *cross-default*, por SBRISSIA, Henrique. A cláusula *cross default* na perspectiva da análise econômica do direito, cit., p. 903-905.

50 "Além dos casos legais de vencimento antecipado da dívida, é lícito estipular outros, em cuja ocorrência tem direito o credor a exigir o seu pagamento antes do termo" (PEREIRA, Caio Mário da Silva. *Instituições de direito civil.* Volume II. 24ª ed. Atual. Guilherme Calmon Nogueira da Gama. Rio de Janeiro: Forense, 2011, p. 193).

51 Ainda a ilustrar o reconhecimento da possibilidade de vencimento antecipado por previsão contratual, v. NEVES, José Roberto de Castro. *Direito das obrigações*, cit., p. 217.

52 "O objetivo de tal cláusula [de *cross-default*], nesse caso, é o de evitar prejuízos em caso de dúvida quanto à solvabilidade do devedor causada pela impontualidade. De resto, isso não é novo na Ciência jurídica, e está mesmo incorporado em certos pontos do Direito Civil tradicional. Por exemplo, o art. 1.425, II e III, do CC são hipóteses de vencimento antecipado da dívida garantida por um direito real, com a precípua finalidade de proteção aos interesses creditórios. O mesmo se diga em relação ao art. 333 do CC, que se liga a idêntico princípio no campo obrigacional" (KATAOKA, Eduardo Takemi. *A coligação contratual*, cit., p. 110).

as possíveis hipóteses de vencimento antecipado.[53] A propósito, é oportuno destacar que, ao me referir à ausência de caráter taxativo, pretendo enfatizar que a previsão legal em comento (a par de evidentemente não impedir outras previsões sobre o tema esparsas na legislação, igualmente) não impede que as partes consensualmente pactuem outras hipóteses de vencimento antecipado. Isso não se confunde, por evidente, com eventual pretensão do credor de, unilateralmente (e arbitrariamente), criar hipóteses de vencimento antecipado que não encontrem fundamento na lei nem no acordo de vontades.

Em outras palavras, não se trata de propugnar uma ampliação, por via hermenêutica (mediante interpretação ampliativa ou analógica, por exemplo), das hipóteses legais de vencimento antecipado previstas pelo legislador, mas tão somente de reconhecer que a autonomia privada pode legitimamente estipular hipóteses convencionais de vencimento antecipado para além daquelas já previstas em lei.[54] A partir de tais considerações, seria possível afirmar que é taxativo o rol legal (levando-se em consideração não apenas o art. 333 do Código Civil, mas também outros dispositivos legais que prevejam hipóteses de vencimento antecipado), embora a matéria em si não se submeta a um regime de legalidade estrita e, portanto, comporte plenamente a atuação da autonomia privada para a estipulação de novas hipóteses de vencimento antecipado.

Ainda a corroborar a identificação da compatibilidade, *a priori*, da modalidade de cláusula de *cross-default* em comento com o direito brasileiro, vale fazer um breve paralelo com a figura da exceção de inseguridade,[55] prevista

---

53 "No nosso ordenamento, o artigo 333 do Código Civil elenca situações – como a decretação de falência do devedor, a penhora por terceiros de bens dados em garantia real e a ausência de reforço de garantia que cessou ou se tornou insuficiente – que, por força de lei acarretam a antecipação do vencimento, isto é, permitem a cobrança imediata da dívida. Reconhece-se, contudo, que o rol legal não afasta o espaço da autonomia negocial para a previsão de outras hipóteses de antecipação do vencimento, permitindo ao credor se precaver frente a outros cenários que lhe possam parecer sinalizadores de grande risco em aguardar o vencimento" (KONDER, Carlos Nelson. Controle de validade da cláusula *cross default* no ordenamento jurídico brasileiro, cit., p. 111-112).

54 "Além dessas situações [objeto do art. 333 do Código Civil], o vencimento antecipado também pode ocorrer, para as obrigações em geral, por convenção entre as partes, nos casos envolvendo inadimplemento. A conclusão é de que o rol do vencimento antecipado é exemplificativo (*numerus apertus*) e não taxativo (*numerus clausus*). (...) A título de exemplo, é válido e comum às partes convencionarem em instrumento particular de confissão de dívida que o não pagamento de uma ou algumas das parcelas gera o vencimento antecipado de toda a dívida, com a incidência de correção monetária, juros e multa, e sem prejuízo de eventuais perdas e danos decorrentes do descumprimento da obrigação" (TARTUCE, Flávio. *Manual de direito civil*: volume único. 9ª ed. Rio e Janeiro: Forense; São Paulo: Método, 2019. p. 359).

55 Como também sustenta Carlos Nelson Konder, embora apenas para a específica hipótese de a cláusula de *cross default* não envolver autêntica coligação funcional: "Assim, a cláusula se voltaria, de forma genérica, a assegurar a capacidade financeira do devedor. Desempenharia, função similar à chamada exceção de inseguridade, prevista no artigo 477 do Código Civil, figura que autoriza ao

pelo art. 477 do Código Civil.[56] Como elucida a civilística, trata-se de expediente que busca proteger "o contratante ameaçado pelo fundado risco de descumprimento da prestação pela contraparte".[57]

A pertinência do paralelo se justifica pela circunstância de que, no mais das vezes, as hipóteses de vencimento antecipado contidas na cláusula de *cross-default* buscam propiciar mais segurança ao credor quanto à regular satisfação do seu crédito,[58] mitigando-se os riscos do credor diante do "indício da falta de solvência do devedor".[59] Evidencia-se, assim, a semelhança de tal propósito

---

credor, diante de diminuição do patrimônio do devedor que comprometa ou torne duvidosa sua capacidade de adimplir, reter a contraprestação até que ele cumpra ou dê garantia nesse sentido. Entretanto, enquanto a previsão legal remete a *ius exceptionis*, a cláusula de *cross default* costuma caracterizar a antecipação do vencimento, figuras que a doutrina distingue em sua estrutura" (KONDER, Carlos Nelson. Controle de validade da cláusula *cross default* no ordenamento jurídico brasileiro, cit., p. 112). A propósito da distinção entre a natureza jurídica dos expedientes em comento (exceção de inseguridade *versus* vencimento antecipado), veja-se também a lição de Pontes de Miranda: "Nem o nascimento da exceção de inseguridade nem o seu exercício faz vencer-se, antecipadamente, a dívida. Trata-se de regra jurídica sobre exceção (*ius exceptionis*), e não de regra jurídica sobre vencimento antecipado" (PONTES DE MIRANDA, Francisco Cavalcanti. *Tratado de direito privado*. Tomo XXVI. 3ª ed. São Paulo: Editora Revista dos Tribunais, 1984, p. 112).

56 *In verbis*: "Art. 477. Se, depois de concluído o contrato, sobrevier a uma das partes contratantes diminuição em seu patrimônio capaz de comprometer ou tornar duvidosa a prestação pela qual se obrigou, pode a outra recusar-se à prestação que lhe incumbe, até que aquela satisfaça a que lhe compete ou dê garantia bastante de satisfazê-la".

57 "As exceções de suspensão dos efeitos do contrato não se restringem às hipóteses de inadimplemento configurado, beneficiando também o contratante ameaçado pelo fundado risco de descumprimento da prestação pela contraparte. Nessa direção, diante da significativa redução do patrimônio do devedor, o credor poderá reter a prestação até que aquele cumpra ou lhe dê garantia idônea de fazê-lo. Trata-se da chamada exceção de inseguridade, prevista pelo art. 477 do Código Civil, que pode ser invocada mesmo quando ao excipiente incumbia cumprir primeiro, se presente a redução patrimonial suficiente a tornar duvidoso o adimplemento da contraprestação" (TEPEDINO, Gustavo; KONDER, Carlos Nelson. In: TEPEDINO, Gustavo; KONDER, Carlos Nelson; BANDEIRA, Paula Greco. *Fundamentos do direito civil*. Volume 3: contratos. 3ª ed. Rio de Janeiro: Forense, 2022, p. 168)

58 Em concretização de uma das possíveis funções das cláusulas de coligação voluntária, em geral: "Uma primeira função destas cláusulas é reforçar a situação do credor diante do inadimplemento do devedor. Ou seja, reduzir o risco a que está exposto o credor de um devedor" (KATAOKA, Eduardo Takemi. *A coligação contratual*, cit., p. 100).

59 "O objetivo da cláusula de *cross default* é o de evitar ou minimizar os prejuízos ao credor na medida em que a impontualidade pode ser um indício da falta de solvência do devedor. Adiantando-se a eventual insolvência do devedor, o credor coloca-se em melhor situação para cobrar seu crédito" (VEIGA, Edna Teixeira. Contratos coligados e a repercussão de suas vicissitudes perante as partes e terceiros. Dissertação (Mestrado em Direito) – Pontifícia Universidade Católica de São Paulo. São Paulo, 2020, p. 83). Em sentido similar, v., ainda, KRUFT, Stephen R. Cross-Default Provisions in Financing and Derivatives Transactions, cit., p. 217 e ss.; SESTER, Peter Christian, Take-or-Pay Contracts in Project Finance: Focus on Gas-Supply Contracts in Brazil. In: ALVAREZ, Gloria Maria; PICHÉ, Melanie Riofrio (Coord.). *International Arbitration in Latin America*: Energy and Natural Resources Disputes. Kluwer Law International, 2021, item 2.

com a *ratio* norteadora da exceção de inseguridade – em apertada síntese, a proteção do credor diante do risco de inadimplemento em razão de insolvência (ou diminuição da capacidade financeira) do devedor.[60] A propósito, vale mencionar que, a partir do racional subjacente à exceção de inseguridade, foi aprovado o Enunciado nº 438 na V Jornada de Direito Civil do Conselho da Justiça Federal (CJF), pugnando por uma ampliação do espectro de incidência da figura positivada pelo art. 477 do Código Civil não só para os devedores em dificuldade financeira, mas também para a generalidade dos devedores "cuja conduta põe, manifestamente em risco, a execução do programa contratual".[61]

Em todo esse contexto, não surpreende que a práxis contratual evidencie a absorção, pela modalidade de cláusula de *cross-default* em comento, da *ratio* de proteção do credor diante do risco de inadimplemento em razão da insolvência (ou diminuição da capacidade financeira) do devedor. Tal *ratio* está refletida de modo enfático, por exemplo, em previsões constantes da "minuta padrão de contrato para operações de derivativos", disponibilizada pela Associação Brasileira das Entidades dos Mercados Financeiro e de Capitais (ANBIMA), que vinculam a operatividade da cláusula ora ao "decréscimo considerável na capacidade financeira da Parte B de honrar com suas obrigações neste Contrato", ora à configuração da exigibilidade de débitos "em montante agregado não inferior a R$ ________ (________)".[62] Em ambas as previsões, evidencia-se

60 "Consequência, ainda, do mesmo princípio da interligação orgânica das prestações é a concessão feita pelo Código (art. 477), ao contratante que tiver de fazer a sua prestação em primeiro lugar, outorgando-lhe o direito de recusá-la se, depois de concluído o contrato, sobrevier ao outro contratante alteração nas condições econômicas, capaz de comprometer ou tornar duvidosa a prestação a que se obrigou. É claro que a medida é excepcional, pois que, ajustadas prestações combinadas, não justifica a recusa de um o fato de não haver ainda prestado o outro. É o próprio contrato que o estabelece, mas não quer a ordem jurídica que aquele dos contratantes que tem de pagar primeiro fique exposto a risco anormal. Desde que saiba, ou tenha razões plausíveis de presumir (protesto de título, pedido de moratória ou de concordata etc.), que a diminuição patrimonial do outro faça duvidar da contraprestação esperada, cessará o pagamento ou reterá a execução, até que se lhe dê a solução devida, ou garantia suficiente de que será efetivada no momento oportuno" (PEREIRA, Caio Mário da Silva. *Instituições de direito civil*. Volume III. 16ª ed. Atual. Regis Fichtner. Rio de Janeiro: Forense, 2012, p. 137). V., ainda, por todos, SIMÃO, José Fernando. Art. 477 [verbete]. In: SCHREIBER, Anderson; TARTUCE, Flávio; SIMÃO, José Fernando; MELO, Marco Aurélio Bezerra de; DELGADO, Mário Luiz. *Código Civil comentado*: doutrina e jurisprudência. Rio de Janeiro: Forense, 2019, p. 280-281.

61 *In verbis*: "Enunciado nº 438. A exceção de inseguridade, prevista no art. 477, também pode ser oposta à parte cuja conduta põe, manifestamente em risco, a execução do programa contratual".

62 "5.2. A Parte B expressamente concorda que a Parte A poderá, além das hipóteses previstas na Cláusula 5.1 acima, considerar as seguintes hipóteses como Casos de Inadimplemento da Parte B e/ou do Garantidor, conforme o caso: (...) (b) Inadimplemento de Outras Obrigações. A ocorrência ou existência de um inadimplemento, evento de inadimplemento, ou outra condição ou evento semelhante (de qualquer forma descritos) em relação à Parte B, qualquer pessoa

o escopo de proteção do credor diante de hipóteses fáticas que denotem razões objetivas para o incremento do risco de inadimplência por parte do devedor.[63]

Por fim, cumpre registrar que o próprio direito positivo fornece exemplos do reconhecimento expresso – ainda que nem sempre com a maior clareza possível – da possibilidade de as partes estipularem hipóteses especiais de vencimento antecipado. Nesse sentido, destaco inicialmente o art. 1.475 do Código Civil,[64] situado na disciplina da hipoteca, que, a par de proscrever cláusula que proíba a alienação do imóvel hipotecado, permite que as partes estipulem o vencimento antecipado da dívida.[65] Vale destacar também o art. 1.425, III, do

---

jurídica de seu respectivo Grupo Econômico ou qualquer Garantidor da Parte B, com relação a um ou mais pagamentos devidos à (1) Parte A ou a qualquer pessoa de seu respectivo Grupo Econômico *que ocasione um decréscimo considerável na capacidade financeira da Parte B de honrar com suas obrigações neste Contrato*; ou (2) *qualquer terceiro interessado, em montante agregado não inferior a R$_________ (________)*; (c) Vencimento Antecipado de Outras Obrigações. A declaração, por qualquer terceiro interessado, do vencimento antecipado de quaisquer contratos ou instrumentos celebrados pela Parte B, qualquer pessoa de seu respectivo Grupo Econômico ou qualquer Garantidor da Parte B, *em montante agregado não inferior a _________ (________)*;" (disponível em: https://www.anbima.com.br/data/files. Acesso em 9/7/2023. Grifou-se).

63 A preocupação em questão também é bem ilustrada pelas seguintes previsões extraídas do "2002 ISDA Master Agreement", disponibilizado pela *International Swaps and Derivatives Association* (ISDA, na abreviação do original em inglês): "5. Events of Default and Termination Events. (a) Events of Default. The occurrence at any time with respect to a party or, if applicable, any Credit Support Provider of such partyor any Specified Entity of such party of any of the following events constitutes (subject to Sections 5(c) and 6(e)(iv)) an event of default (an 'Event of Default') with respect to such party: (...) (vi) Cross-Default. If 'Cross-Default' is specified in the Schedule as applying to the party, the occurrence or existence of: (1) a default, event of default or other similar condition or event (however described) in respect of such party, any Credit Support Provider of such party or any applicable Specified Entity of such party under one or more agreements or instruments relating to Specified Indebtedness of any of them (individually or collectively) *where the aggregate principal amount of such agreements or instruments, either alone or together with the amount, if any, referred to in clause (2) below, is not less than the applicable Threshold Amount (as specified in the Schedule) which has resulted in such Specified Indebtedness becoming, or becoming capable at such time of being declared, due and payable under such agreements or instruments before it would otherwise have been due and payable*; or (2) a default by such party, such Credit Support Provider or such Specified Entity (individually or collectively) in making one or more payments under such agreements or instruments on the due date for payment (after giving effect to any applicable notice requirement or grace period) *in an aggregate amount, either alone or together with the amount, if any, referred to in clause (1) above, of not less than the applicable Threshold Amount*; (...)" (disponível em: https://www.sec.gov/Archives/edgar/data/1065696/000119312511118050/dex101.htm . Acesso em 9/7/2023. Grifou-se). A importância decisiva das sucessivas versões do ISDA Master Agreement para a ampla disseminação das cláusulas de *cross-default* nas operações de derivativos é destacada por COLEMAN, Ebo. Cross-Default Confusion, cit., p. 49.

64 *In verbis*: "Art. 1.475. É nula a cláusula que proíbe ao proprietário alienar imóvel hipotecado. Parágrafo único. Pode convencionar-se que vencerá o crédito hipotecário, se o imóvel for alienado".

65 "O art. 1.475 do CC diz que é nula a cláusula que proíbe a alienação do imóvel hipotecado, mas permite que, por contrato, as partes avencem que, nessa hipótese, há vencimento antecipado da dívida" (SIMÃO, José Fernando. Art. 333 [verbete], cit., p. 189).

Código Civil, situado no âmbito das disposições gerais do penhor, da hipoteca e da anticrese, que admite o vencimento antecipado da dívida, na hipótese de as prestações não serem pontualmente pagas, "toda vez que deste modo se achar estipulado o pagamento"[66] – previsão que pode ser lida no sentido da necessidade de estipulação das partes para a deflagração do vencimento antecipado em decorrência do inadimplemento de qualquer das prestações.[67]

Ainda mais explícita é a previsão constante do art. 28, § 1º, III, da Lei nº 10.931/2004, no âmbito da disciplina específica da cédula de crédito bancário (um dos instrumentos contratuais nos quais a práxis revela ser quase impensável a ausência de cláusulas de *cross-default*), que reconhece expressamente a possibilidade em comento, ao estabelecer que, "[n]a Cédula de Crédito Bancário poderão ser pactuados", entre outros, "as hipóteses de vencimento antecipado da dívida".[68] Na ausência da identificação de um fundamento valorativo que justifique tomarem-se tais espécies de previsões legais como manifestações de uma suposta exigência de autorização legal expressa para a legitimidade da pactuação de cláusulas de *cross-default*, não parece adequado

---

66 "Art. 1.425. A dívida considera-se vencida: (...) III – se as prestações não forem pontualmente pagas, toda vez que deste modo se achar estipulado o pagamento. Neste caso, o recebimento posterior da prestação atrasada importa renúncia do credor ao seu direito de execução imediata; (...)".

67 "Nem sempre o inadimplemento do devedor acarretará o vencimento antecipado das dívidas vincendas. Para que isso aconteça, necessário que haja uma cláusula contratual nesse sentido (art. 1.425, III, do CC) e, nesse caso, perderá o devedor a possibilidade de pagar a sua dívida em prestações" (MELO, Marco Aurélio Bezerra de. Art. 1.425 [verbete]. In: SCHREIBER, Anderson; TARTUCE, Flávio; SIMÃO, José Fernando; MELO, Marco Aurélio Bezerra de; DELGADO, Mário Luiz. *Código Civil comentado*: doutrina e jurisprudência. Rio de Janeiro: Forense, 2019, p. 1.073). No mesmo sentido, v. OLIVEIRA, Carlos E. Elias de; COSTA-NETO, João. *Direito civil.* Rio de Janeiro: Forense, 2022, p. 1.082. Não se trata, contudo, de interpretação inconteste. De fato, encontra-se em doutrina entendimento contrário (quiçá majoritário), no sentido de que a hipótese em questão envolveria vencimento antecipado por força de lei, sem necessidade de previsão legal para tanto, com a ressalva da afirmação de ser tal norma "(...) de natureza dispositiva", de modo que "(...) as partes podem inserir cláusula contratual, derrogando-a" (ROSENVALD, Nelson; BRAGA NETTO, Felipe. *Código Civil comentado.* Salvador: JusPodivm, 2020, p. 1.459). Em sentido similar, afirma-se: "Independentemente de estipulação, dar-se-á ainda o vencimento (Código Civil, art. 1.425) nos casos legais ora examinados" (PEREIRA, Caio Mário da Silva. *Instituições de direito civil.* Volume IV. 22ª ed. Atual. Carlos Edison do Rêgo Monteiro Filho. Rio de Janeiro: Forense, 2014, p. 284). De todo modo, ainda que se acolha essa segunda exegese, o art. 1.425, III, do Código Civil seguirá constituindo mais uma demonstração da consagração de hipóteses de vencimento antecipado (*in casu*, deflagrado pelo inadimplemento) para além do rol do art. 333 do Código Civil.

68 *In verbis*: "Art. 28. A Cédula de Crédito Bancário é título executivo extrajudicial e representa dívida em dinheiro, certa, líquida e exigível, seja pela soma nela indicada, seja pelo saldo devedor demonstrado em planilha de cálculo, ou nos extratos da conta corrente, elaborados conforme previsto no § 2º. § 1º Na Cédula de Crédito Bancário poderão ser pactuados: (...) III – os casos de ocorrência de mora e de incidência das multas e penalidades contratuais, bem como as hipóteses de vencimento antecipado da dívida; (...)".

cogitar-se de uma interpretação (irrazoavelmente atentatória à autonomia privada) no sentido de que apenas seria admitida a previsão de cláusulas de *cross-default* quando a lei assim expressamente permitisse.

Tais razões parecem-me suficientes para o reconhecimento *prima facie* da admissibilidade, à luz do direito brasileiro, das cláusulas de *cross-default* que estipulem a deflagração do vencimento antecipado.[69] Passo, então, a perquirir se a mesma conclusão pode ser alcançada no que diz respeito às cláusulas de *cross-default* que estipulem a configuração do inadimplemento contratual, ou, ainda, que estabeleçam hipóteses de deflagração da resolução contratual.

O fundamento usualmente mais invocado pela doutrina[70] para justificar a legitimidade das cláusulas em questão remonta ao fenômeno da coligação contratual por estipulação expressa das partes.[71] Nesse sentido, afirma-se que a cláusula de *cross-default* constitui "um caso típico de coligação contratual, já que uma circunstância de um contrato produz efeitos em outro",[72] sustentando-se que seria justificada "a utilização dessa espécie de cláusula em regimes contratuais que envolvam grupos de empresas ou em contratos coligados".[73]

Sem embargo do vasto leque de controvérsias atinentes ao estudo do fenômeno da coligação ou conexão contratual (a envolver até mesmo a terminologia a ser adotada),[74] pode-se assumir preliminarmente o ensinamento segundo o qual os "[c]ontratos coligados podem ser conceituados como contratos que, por força de disposição legal, da natureza acessória de um deles ou

---

69 Como já reconheceu o Tribunal de Justiça do Estado de São Paulo: "Cláusula de cross default (vencimento antecipado de todas as avenças se uma delas restar inadimplida) que não é ilegal ou abusiva, considerando que criada nos moldes dos artigos 333 e 1425 do Código Civil , refletindo mesmo o espirito do legislador – Artigo 28 , § 1º , inciso III , da Lei nº 10.931 /2004, que regula a cédula de crédito bancário, que também prevê hipóteses de vencimento antecipado do débito e também a alberga" (TJSP, Ap.Cív. nº 1040756-06.2015.8.26.0100, 12ª C.D.Priv., Rel. Des. Jacob Valente, julg. 18/11/2015). No mesmo sentido, v. TJSP, Ap.Cív. nº 1022900-29.2015.8.26.0100, 17ª C.D.Priv., Rel. Des. Paulo Pastore Filho, julg. 18/04/2017.

70 Pertinente, a propósito, o relato fornecido por Carlos Nelson Konder: "A cláusula de *cross default*, nos poucos trabalhos nacionais sobre o tema, vem sendo comumente abordada no âmbito da coligação contratual. Nessa linha, foi identificada como hipótese em que a vontade expressa das partes (*animus* de coligar) atua como 'índice de conexão contratual' e como hipótese de coligação voluntária por meio de condição resolutiva" (KONDER, Carlos Nelson. Controle de validade da cláusula *cross default* no ordenamento jurídico brasileiro, cit., p. 112).

71 V., por todos, VEIGA, Edna Teixeira. Contratos coligados e a repercussão de suas vicissitudes perante as partes e terceiros, cit., p. 82.

72 KATAOKA, Eduardo Takemi. *A coligação contratual*, cit., p. 112.

73 MELLO, Fábio Roberto Barros. *Cláusula de proibição de concessão de garantias (*negative pledge clause*)*, cit., p. 39.

74 Pertinente síntese do estado da arte, em perspectiva crítica, é fornecida por BERGSTEIN, Laís. Conexidade contratual, redes de contratos e contratos coligados. *Revista de Direito do Consumidor*, vol. 109, p. 159-183, jan.-fev./2017, *passim*.

do conteúdo contratual (expresso ou implícito), encontram-se em relação de dependência unilateral ou recíproca".[75] Essa especial relação verificada entre os contratos conexos pode ser compreendida como uma autêntica vinculação funcional,[76] no sentido de que, "para além da função individual desempenhada por cada um dos negócios, é possível visualizar uma função ulterior, alcançável apenas por meio dos diversos contratos".[77] A análise funcional propicia, assim, a adequada identificação da "unicidade econômica da operação" subjacente aos contratos coligados.[78]

Entre as diversas possíveis fontes da coligação contratual,[79] destaca-se para os fins do presente estudo a coligação por expressa estipulação das partes[80] (por vezes

---

75 MARINO, Francisco Paulo De Crescenzo. *Contratos coligados no direito brasileiro*, cit., p. 99. O autor prossegue: "Da noção apresentada podem-se deduzir os dois 'elementos essenciais' da coligação contratual juridicamente relevante: (i) pluralidade de contratos, não necessariamente celebrados entre as mesmas partes; (ii) vínculo de dependência unilateral ou recíproca" (Ibid., p. 99).

76 "Pense-se no negócio coligado. Mediante a utilização de mais negócios, cada qual com uma função típica ou atípica que seja, se persegue não a realização dos efeitos atinentes a eles individualmente, mas um escopo único, e isso em virtude da sequência lógica e cronológica com a qual se vêm a produzir esses atos coligados entre si: resultado final não realizável de outro modo em caso de ausência de um só deles" (PERLINGIERI, Pietro. In tema di tipicità e atipicità nei contratti. In: *Il diritto dei contratti fra persona e mercato*: problemi del diritto civile. Napoli: Edizioni Scientifiche Italiane, 2003, p. 408. Tradução livre do original).

77 KONDER, Carlos Nelson. *Contratos conexos*, cit., p. 181. O autor prossegue: "Esta função ulterior, esta finalidade global, é que impõe ao aplicador não se restringir ao exame singularizado dos contratos, mas ser capaz de enxergar o todo, perceber o regulamento de interesses em sua totalidade plurinegocial" (Ibid., p. 181). V., ainda, TEPEDINO, Gustavo; KONDER, Carlos Nelson. In: TEPEDINO, Gustavo; KONDER, Carlos Nelson; BANDEIRA, Paula Greco. *Fundamentos do direito civil*. Volume 3, cit., p. 85 e ss.

78 "A presença de contratos coligados traduz a unicidade econômica da operação, daí decorrendo, nos termos da legislação brasileira, que a disciplina jurídica aplicável às partes e à interpretação dos seus atos não pode se dissociar dos objetivos por elas perseguidos com a rede de contratos globalmente considerada" (TEPEDINO, Gustavo. Controvérsias sobre contratos coligados e a aplicação da teoria do grupo econômico. In: *Soluções práticas de direito*. Volume III. São Paulo: Editora Revista dos Tribunais, 2012, p. 269).

79 "O vínculo existente entre os contratos coligados pode ser instaurado por força de disposição legal, da natureza acessória de um dos contratos ou, o que é mais frequente, por meio de cláusula contratual expressa ou implícita. No primeiro caso, tem-se coligação *ex lege*. No segundo, é lícito falar em coligação natural. No terceiro, trata-se da coligação 'voluntária', que pode ser expressa ou implícita" (MARINO, Francisco Paulo De Crescenzo. *Contratos coligados no direito brasileiro*, cit., p. 100). Sobre a pluralidade de fontes da coligação, v. ainda, por todos, KATAOKA, Eduardo Takemi. *A coligação contratual*, cit., p. 96.

80 "Por fim, a coligação contratual pode decorrer da vontade das partes por meio de cláusula contratual expressa ou implícita" (BIANCHI, Beatriz Homem de Mello. Os contratos coligados, cit., item 1.1).

sinteticamente referida por coligação voluntária),[81] hipótese na qual as próprias partes, em legítimo exercício da autonomia privada, promovem a conexão entre os contratos, "suprindo a busca do aplicador por indícios por meio da vontade livremente manifestada pelas partes".[82] Assim, tal como podem promover a desvinculação entre certos contratos,[83] as partes podem promover a conexão entre eles.[84]

A conexão ou coligação por estipulação expressa das partes é precisamente a categoria à qual comumente podem ser associadas as cláusulas de *cross-default*.[85] A compreensão de tal categoria de coligação contratual propicia, com isso, o reconhecimento da legitimidade das cláusulas sob exame, uma vez que a sua pactuação traduziria legítimo exercício da autonomia privada para a configuração da conexão contratual.

A doutrina não tardou, contudo, para advertir que as cláusulas de *cross-default*, analisadas em toda a sua pluralidade, não necessariamente envolvem a configuração de autêntico vínculo funcional entre os contratos referidos pela cláusula.[86] Por conseguinte, como pode não haver em certas ocasiões o vín-

---

81 "As cláusulas de coligação voluntária podem desempenhar variadas funções. Aliás, o número de cláusulas de coligação voluntária é ilimitado, pois são incontáveis os efeitos jurídicos que a autonomia privada pode prender às situações acontecidas em outros contratos" (KATAOKA, Eduardo Takemi. *A coligação contratual*, cit., p. 100).

82 "Atendendo aos preceitos fundamentais do ordenamento, nada impede que o exercício da autonomia privada produza hipótese de conexão contratual, como em um exemplo óbvio, a existência de cláusula contratual expressa em cada contrato vinculando-o a outro. Em tais hipóteses, o exercício da autonomia privada realiza a conexão, suprindo a busca do aplicador por indícios por meio da vontade livremente manifestada pelas partes" (KONDER, Carlos Nelson. *Contratos conexos*, cit., p. 184).

83 "Em sentido contrário, a manifestação de vontade das partes pode atuar também como índice de desconexão entre os contratos, quando impuser a total independência entre os dois negócios. (...) Nesta categoria podemos exemplificar com as chamadas garantias autônomas, cuja validade, efetividade e funcionamento não se sujeitam às vicissitudes da relação principal" (KONDER, Carlos Nelson. *Contratos conexos*, cit., p. 185).

84 "Nos contratos coligados por cláusula expressamente prevista pelas partes, os contratantes, em dois ou mais contratos, estabelecem cláusulas que, em maior ou menor medida, vinculam uma relação contratual a outra" (LEONARDO, Rodrigo Xavier. Os contratos coligados. In: BRANDELLI, Leonardo. Estudos em homenagem à Professora Véra Maria Jacob de Fradera. Porto Alegre: Lejus, 2013, item IV.II).

85 Conforme afirma Carlos Nelson Konder ao tratar do fenômeno da coligação contratual por estipulação expressa das partes: "Seria, por exemplo, a recorrente prática em contratos empresariais de estabelecer o chamado *cross default*, ou inadimplemento cruzado (...)" (KONDER, Carlos Nelson. *Contratos conexos*, cit., p. 184).

86 "Com efeito, é possível que a cláusula seja redigida para abarcar obrigações de outros negócios que sejam funcionalmente interligadas àquele de que consta, justamente como forma de indicar que os negócios visam juntos a perseguir uma função comum, que restaria inviabilizada sem o adimplemento de certos deveres dos distintos negócios. A função da cláusula, nesses casos, é assegurar a viabilidade da operação plurinegocial. Entretanto, no mais das vezes a cláusula vincula-se ao descumprimento de obrigações oriundas de negócios que não guardam

culo funcional, seria de rigor a percepção de que as cláusulas de *cross-default* nem sempre constituirão índice de uma coligação contratual.

Nas específicas situações em que a cláusula de *cross-default* que estipule a deflagração de resolução contratual não envolver um vínculo funcional apto a caracterizar a coligação contratual, deveremos buscar no sistema jurídico outra resposta capaz de justificar a legitimidade (e o adequado enquadramento dogmático) de tal cláusula. Em tal espécie de situação, talvez se pudesse cogitar de que a específica modalidade de cláusula de *cross-default* em comento traduzisse a manifestação da atuação da autonomia privada não já na criação de autêntica coligação contratual, mas sim na definição das hipóteses fáticas deflagradoras da cláusula resolutiva expressa.[87]

Afinal, não se vislumbra óbice a que o expediente da cláusula resolutiva expressa promova a vinculação da resolução de um certo contrato não apenas a hipóteses fáticas pertinentes àquele mesmo contrato, mas também a hipóteses fáticas pertinentes a contratos distintos daquele de cuja resolução se cogita. Eis exatamente o que poderia suceder a partir da conjugação da cláusula resolutiva expressa com a lógica subjacente às denominadas cláusulas de *cross-default*.[88]

O recurso à categoria da cláusula resolutiva expressa, contudo, não fornece propriamente uma resposta plenamente satisfatória ao enfrentamento do tema. Registro essa advertência porque, como é cediço, a cláusula resolutiva expressa consiste em expediente mediante o qual as partes pré-estipulam as hipóteses de inadimplemento por elas consideradas graves o suficiente a ponto de, uma vez verificadas, ensejarem a incidência do remédio da resolução contratual.[89] O foco da estipulação está, portanto, na definição das hipóteses de inadimplemento que se afiguram aptas a legitimar a resolução contratual,

---

qualquer relação funcional com aquele em que ela está prevista. Trata-se, apenas, de inadimplementos que seriam eventos que possam ser indicativos de risco de ele não ter condições econômicas de adimplir as obrigações daquele contrato" (KONDER, Carlos Nelson. Controle de validade da cláusula *cross default* no ordenamento jurídico brasileiro, cit., p. 112).

87 Nesse sentido, v. KONDER, Carlos Nelson. Controle de validade da cláusula *cross default* no ordenamento jurídico brasileiro, cit., p. 112.

88 Assim se pôde sustentar em SILVA, Rodrigo da Guia. *Remédios ao inadimplemento dos contratos*: princípio do equilíbrio e tutela do programa contratual. São Paulo: Thomson Reuters Brasil, 2023, p. 249-250, nota de rodapé nº 5 do capítulo 3.

89 "A elaboração da cláusula resolutiva expressa pressupõe a avaliação das partes sobre a relevância das obrigações assumidas no contexto do escopo econômico do contrato; a inclusão da obrigação no suporte fático indicará que o seu cumprimento é indispensável para a consecução do resultado útil programado e, por conseguinte, para a realização do programa negocial. Significa, em definitivo, que os contratantes, de comum acordo, reconhecem que a sua inexecução fere, irremediavelmente, o interesse do credor na prestação" (TERRA, Aline de Miranda Valverde. *Cláusula resolutiva expressa*. Belo Horizonte: Fórum, 2017, p. 74-75).

dispensando a necessidade de demonstração da perda do interesse útil do credor – o que se exige em sede de resolução fundada na cláusula resolutiva tácita a que alude o art. 474 do Código Civil.[90]

Se é verdade, como se extrai do secular ensinamento, que a cláusula resolutiva expressa se destina à predefinição das hipóteses de inadimplemento aptas a desencadear a resolução contratual, não parece possível sustentar acriticamente que as partes podem legitimamente definir hipóteses de incidência da cláusula resolutiva expressa que não guardem qualquer relação com a configuração do inadimplemento contratual.

Tal reflexão há de repercutir diretamente no estudo das cláusulas de *cross-default* que estipulem a resolução contratual. Assim, tendo a crer que, no contexto dessa específica modalidade de cláusula de *cross-default*, deve haver uma coligação funcional entre os contratos (ainda que com fonte na coligação por estipulação expressa das partes – a denominada coligação voluntária) para que se possa admitir a atuação da cláusula de *cross-default* como uma autêntica cláusula resolutiva expressa. Com efeito, seria justamente o vínculo funcional entre os contratos coligados que justificaria que o inadimplemento de um contrato pudesse acarretar o inadimplemento do outro – com a vantagem, *in casu*, de que a cláusula de *cross-default*, ao atuar como autêntica cláusula resolutiva expressa, tornaria prescindível a demonstração, pelo credor, da frustração do seu interesse útil em decorrência do inadimplemento por parte do devedor.

Em suma, quando o contrato inadimplido tiver relação com o contrato em que está inserida a cláusula de *cross-default*, poderá fazer sentido falar em inadimplemento contratual. Nesse caso, a cláusula de *cross-default* atuaria, a rigor, como uma cláusula resolutiva expressa, prevendo mais uma hipótese de inadimplemento apto a ensejar a resolução contratual – com a "peculiaridade" de essa hipótese envolver o inadimplemento no contexto da coligação contratual.

De outra parte, quando o contrato inadimplido não guardar nenhuma relação funcional com o contrato em que inserida a cláusula de *cross-default*, parece-me que não será tecnicamente adequado o recurso à figura da cláusula resolutiva expressa. Afinal, não restando configurada autêntica hipótese de inadimplemento, a cláusula pactuada pelas partes não poderá propriamente ser qualificada como uma cláusula resolutiva expressa – ou, ainda que assim se a qualifique, a validade de tal disposição tenderia a estar sujeita a uma ordem de rejeição similar àquela que a doutrina tem aventado contra as cláusulas resolutivas excessivamente genéricas, justamente por faltar-lhes a adequada

90 A propósito da diferenciação em comento, v., por todos, NANNI, Giovanni Ettore. *Inadimplemento absoluto e resolução contratual*: requisitos e efeitos. São Paulo: Thomson Reuters Brasil, 2021, p. 479 e ss.

previsão de uma hipótese de inadimplemento contratual reputada pelas partes grave o suficiente para ensejar a resolução contratual.[91]

Nesses casos, proponho cogitarmos de uma espécie de "requalificação" – a rigor, autêntica conversão do negócio jurídico (no caso, conversão de uma das disposições negociais), em manifestação do mais amplo princípio da conservação do negócio jurídico.[92] Assim, eventual previsão pactuada pelas partes que alegadamente pretendesse consistir em uma cláusula de *cross-default* deflagradora da resolução contratual (como sucederia com uma cláusula resolutiva expressa validamente constituída) poderia vir a ser requalificada como cláusula de *cross-default* deflagradora do vencimento antecipado da dívida (não já, portanto, diretamente do seu inadimplemento) ou mesmo, em hipótese quiçá mais distante, uma condição resolutiva (caso se repute mais adequada a preservação da consequência originalmente declarada – a resolução do contrato em que inserida a cláusula). Em qualquer caso, a cogitada requalificação,

---

91 Justamente em razão da relevante eficácia atribuída à cláusula resolutiva expressa, rejeita-se a resolução com base nesse expediente diante de cláusulas excessivamente genéricas, como adverte Pietro Perlingieri: "As partes devem, em todo caso, indicar especificamente as obrigações e as modalidades de adimplemento a que atribuem caráter de essencialidade, pois a indicação genérica é considerada de mero estilo e, portanto, desprovida de valor vinculativo" (PERLINGIERI, Pietro. *Manuale di diritto civile.* 7ª ed. Napoli: Edizioni Scientifiche Italiane, 2014, p. 638. Tradução livre do original). Similar advertência é destacada por Pietro Trimarchi: "A cláusula resolutiva expressa deve referir-se a obrigações e a modalidades de adimplemento determinadas, às quais as partes atribuem caráter de essencialidade. A jurisprudência nega qualquer eficácia às cláusulas que preveem genericamente a resolução por qualquer descumprimento com fórmulas como 'em caso de violação de qualquer obrigação decorrente do presente contrato, ele será resolvido': cláusulas semelhantes são consideradas como uma mera remissão às regras legais gerais em tema de resolução, às quais nada acrescentam (cláusulas de estilo)" (TRIMARCHI, Pietro. *Il contratto*: inadempimento e rimedi. Milano: Giuffrè, 2010, p. 69. Tradução livre do original).

92 "Embora se cogite da aplicação do princípio [da conservação do negócio jurídico] de forma autônoma, isto é, pela simples manutenção de alguns ou de todos os efeitos do negócio em decorrência da ponderação dos interesses em jogo no caso concreto, a conservação do negócio jurídico é mais frequentemente invocada na forma de aplicações especificamente previstas em lei, particularmente no que tange a dois subprincípios, a saber, o da *conversão* do negócio jurídico e o da *redução* do negócio jurídico. (...) Conversão e redução do negócio jurídico apenas diferem na perspectiva estrutural que procura inserir cada ato analisado em determinado tipo, dotado de elementos essenciais. Nessa lógica, a conversão ocorrerá quando o negócio, não apresentando todos os elementos (e requisitos) que caracterizam certo tipo, puder ser validamente requalificado em outra espécie negocial (*conversão material*) ou, simplesmente, na mesma espécie, adotando-se, porém, forma diversa, para a qual estejam presentes os elementos suficientes (*conversão formal*). Faz-se distinção, ainda, entre a conversão do negócio jurídico promovida judicialmente e a chamada conversão legal, prevista em alguns casos específicos pelo próprio legislador. Trata-se, em qualquer caso, de procedimento de requalificação: do tipo ou, ao menos, da forma do negócio" (SOUZA, Eduardo Nunes de. *Teoria geral das invalidades do negócio*: nulidade e anulabilidade no direito civil contemporâneo. São Paulo: Almedina, 2017, p. 299-300. Grifos no original).

justamente por constituir uma conversão, apenas será possível "quando o fim a que visavam as partes permitir supor que o teriam querido, se houvessem previsto a nulidade" (segundo a literalidade do art. 170 do Código Civil) – o que, em perspectiva funcional, traduz uma exigência de compatibilidade com a causa do contrato.[93]

4. BREVE EPÍLOGO (IN)CONCLUSIVO: CONTROLE FUNCIONAL DE VALIDADE DAS CLÁUSULAS DE *CROSS-DEFAULT* E DE *CROSS-ACCELERATION*

Os objetivos centrais do presente estudo consistiram na delimitação das estruturas e funções das cláusulas de *cross-default* e de *cross-acceleration*, bem como na correlata investigação da compatibilidade *prima facie* de tais cláusulas com o direito brasileiro. Concluído o itinerário metodológico proposto para tal empreitada, espero ter logrado demonstrar, em primeiro lugar, que as cláusulas de *cross-default* apresentam uma vasta pluralidade de modalidades, com distintos matizes em termos estruturais e funcionais. Quanto a esse último ponto, foi possível destacar as duas principais funções verificadas nas cláusulas em comento – deflagração do vencimento antecipado (o que, a depender do suporte fático de incidência da cláusula, pode ensejar o uso da expressão *cross-acceleration*) e configuração do inadimplemento contratual (o que, a depender do suporte fático de incidência da cláusula, pode efetivamente justificar a adequação do uso da expressão *cross-default* em seu sentido mais restrito e literal).

No que diz respeito ao segundo objetivo central norteador deste estudo, espero ter logrado demonstrar que não há óbices *prima facie* à admissibilidade das cláusulas de *cross-default* no direito brasileiro. Concorrem para essa conclusão variados fundamentos que, somados ao valor da autonomia privada e ao correlato princípio da liberdade contratual, confirmam a já identificada "tipicidade social"[94] das cláusulas em questão, ao evidenciarem que as partes

---

93 "Nesse sentido, no negócio jurídico, a vontade hipotética das partes a que parece aludir o legislador, correspondente ao que elas teriam pretendido se pudessem prever a invalidade, deve ser entendida, na verdade, como um aspecto muito menos subjetivo: a causa negocial. Não se trata aqui, portanto, da impossível reconstrução de uma vontade psicológica das partes, mas da síntese de interesses e efeitos objetivamente depreensível dos termos negociais e das circunstâncias de formação do ato" (SOUZA, Eduardo Nunes de. *Teoria geral das invalidades do negócio*, cit., p. 303).

94 "A prática é a matriz de existência das cláusula de garantia e segurança. Enquanto instrumentos de direito, inserem-se na categoria dos contratos atípicos. Regulam-se pelos princípios gerais e gozam da ausência de regras específicas, pois não se inserem em nenhum dos institutos previstos e regulados pela legislação material civil. A *negative pledge clause*, a *pari pasu* e a *cross default* têm tipicidade social" (MELLO, Fábio Roberto Barros. *Cláusula de proibição de concessão*

podem legitimamente, de um lado, pré-estipular as hipóteses de vencimento antecipado das prestações por elas pactuadas, e, de outro lado, constituir a coligação contratual por estipulação expressa (a denominada coligação voluntária) e predefinir as hipóteses de incidência da cláusula resolutiva. Tais manifestações de legítimo exercício da autonomia privada se associam, como visto, às duas principais modalidades de cláusulas de *cross-default*, apartadas conforme suas respectivas funções primordiais – ora a deflagração do vencimento antecipado, ora a configuração do inadimplemento contratual (ou, de modo mais direto, a deflagração da resolução contratual).

Nesse ponto do raciocínio, o leitor mais atento possivelmente estará no aguardo de uma resposta à seguinte indagação: o que justifica o uso – deliberadamente repetido no decorrer do texto – da expressão "*prima facie*", no âmbito da investigação sobre a compatibilidade das cláusulas de *cross-default* com o direito brasileiro? Tal opção se justifica pela compreensão preliminar sobre a necessidade de diferenciação entre aspectos de índole geral atinentes ao controle de (in)validade das cláusulas de *cross-default* e aspectos de índole particular (ou, mesmo, casuística) atinentes ao mesmo controle de (in)validade.

Se é verdade, por um lado (e aqui está o ângulo explorado neste estudo), que não há óbices de índole geral no direito brasileiro que imponham uma proscrição absoluta à pactuação de cláusulas de *cross-default*, é igualmente verdade, por outro lado, que a efetiva operatividade de tais expedientes contratuais em cada caso concreto não prescinde de um rigoroso controle funcional de validade.[95] Registre-se, por oportuno, que a adequada promoção de tal controle envolverá, no mais das vezes, um ônus do devedor quanto à demonstração de razões que alegadamente contaminem a legitimidade da previsão (ou da incidência em certa ocasião) da cláusula de *cross-default*. Afinal, não seria razoável exigir que o credor precisasse provar preliminarmente a ausência de todo e qualquer óbice casuístico de que a imaginação pudesse cogitar.

De todo modo, a título puramente ilustrativo de critérios relevantes para esse imprescindível controle funcional de validade das cláusulas de *cross-default*

---

*de garantias (*negative pledge clause*)*, cit., p. 37). Em sentido similar, referindo-se às denominadas cláusulas de garantia e segurança em geral (entre as quais se situam, segundo o autor, as cláusulas de *cross default*), v. SBRISSIA, Henrique. A cláusula *cross default* na perspectiva da análise econômica do direito, cit., p. 899-900.

95 "A grande variedade da cláusula, que pode atender a composições de interesses bastante heterogêneas, impõe o que vem sendo referido como um controle funcional da sua validade, isto é, um juízo valorativo à luz do caso concreto, tendo em vista os interesses que a cláusula tangencia. Isso importa levar em conta eventual disparidade entre as partes do negócio, especialmente a partir das categorias dos contratos paritários, de adesão e de consumo, bem como a sua proporcionalidade ao fim por ela perseguido, como se passa a analisar" (KONDER, Carlos Nelson. Controle de validade da cláusula *cross default* no ordenamento jurídico brasileiro, cit., p. 114).

diante de possíveis vicissitudes de cada caso concreto, colhem-se da doutrina valiosos exemplos, os quais podem ser subdivididos, para fins didáticos, entre parâmetros "subjetivos" (pertinentes mais diretamente às partes envolvidas) e "objetivos" (pertinentes mais diretamente às cláusulas em si consideradas). Constituem exemplos do primeiro grupo o grau de assimetria existente entre as partes,[96] a configuração ou não de relação de consumo (e, em caso positivo, a configuração ou não de obrigações concretamente reputadas iníquas ou que gerem desvantagem exagerada ou violarem o princípio da boa-fé).[97] Já do segundo grupo constitui exemplo a exigência de especificidade,[98] na esteira da

---

96 "Tendo em vista que as razões para se cogitar de invalidade da cláusula de *cross default* se relacionam à desproporcionalidade entre sua infração e suas consequências, bem como à eventual disparidade de poder para negociá-la em termos equilibrados, o seu controle deve ser sensível ao grau de assimetria existente entre as partes" (KONDER, Carlos Nelson. Controle de validade da cláusula *cross default* no ordenamento jurídico brasileiro, cit., p. 115). O autor indica que a configuração de contrato de adesão pode suscitar maior cautela, embora conclua pela ausência de óbice *prima facie* à admissibilidade de cláusulas de *cross-default* mesmo no contexto dos contratos de adesão: "Naturalmente, essa avaliação será sensível também à disparidade ou assimetria entre os contratantes. Como exemplo, podem ser tomados contratos de adesão que não geram relações de consumo, ilustrados frequentemente pelos contratos de franquia e distribuição. (...) Além da interpretação mais favorável ao aderente, preconizada pelo artigo 423 do Código Civil, é especialmente relevante para o caso em exame o artigo 424 do mesmo diploma, que impõe controle de validade específico para os contratos de adesão (...). Sob essa perspectiva, parece que, novamente, não é possível afirmar em abstrato, que toda cláusula de *cross default* seria, *prima facie*, inválida por caracterizar renúncia a direito resultante da natureza do negócio. Não se identifica propriamente uma renúncia a direito natural de qualquer negócio na previsão de causas de antecipação do vencimento ou de resolução que extravasem o âmbito daquele contrato específico" (Ibid., p. 116).

97 "Nesse equilíbrio entre a autonomia do consumidor e sua proteção se coloca o controle de validade da cláusula de *cross default*, comumente confrontada de forma específica com o disposto no inciso IV do citado dispositivo legal, que invalida cláusulas que 'estabeleçam obrigações consideradas iníquas, abusivas, que coloquem o consumidor em desvantagem exagerada, ou sejam incompatíveis com a boa-fé ou a equidade'. (...) Abre-se, portanto, a possibilidade de, mesmo nas relações de consumo, não se partir de um pressuposto insuperável de que as cláusulas *cross default* serão sempre, *prima facie*, inválidas, mas sim, a depender de aferição, em concreto, de se revelarem iníquas, gerem desvantagem exagerada ou violarem o princípio da boa-fé. Diante da já exposta diversidade de estruturas e funções dessa cláusula, essa aferição parece depender de avaliação em cada caso" (KONDER, Carlos Nelson. Controle de validade da cláusula *cross default* no ordenamento jurídico brasileiro, cit., p. 115).

98 "Outra tática importante é evitar a utilização de termos vagos e abrangentes na descrição dos eventos que serão considerados como falha no contrato, do tipo 'qualquer', 'todo', 'a qualquer tempo', optando-se pelo seu detalhamento minucioso" (GIFFONI, Adriana de Oliveira. As cláusulas "cross default" em contratos financeiros, cit., p. 149). A propósito, assevera Carlos Nelson Konder: "Cláusulas redigidas desta forma ficam prejudicadas em sua eficácia, tendo em vista que, de plano, pode-se presumir que não é possível que todo inadimplemento, de qualquer obrigação, será relevante o suficiente para prejudicar a função perseguida pelos negócios ou colocar em risco a capacidade do devedor para cumprir com aquele contrato. Seria possível,

exigência (referida no item antecedente) já há mais tempo proclamada pela doutrina no contexto da cláusula resolutiva expressa.

Como podemos perceber, a promoção do controle funcional de validade das cláusulas de *cross-default* é tão necessária quanto desafiadora. Trata-se, a bem da verdade, de um desafio inerente a praticamente qualquer estudo dedicado ao exame da (in)validade de disposições contratuais, já que, mesmo diante da ausência de óbices gerais à admissibilidade de certa disposição, é possível que as vicissitudes do caso concreto evidenciem a necessidade de tutela – também pela via do controle (funcional e dinâmico) de validade – de determinados interesses tangenciados pelo ato de autonomia privada.[99] Assim se resume, enfim, o desafio à doutrina no que diz respeito às cláusulas de *cross-default*, com vistas à consolidação do reconhecimento da compatibilidade de tal expediente com o direito brasileiro, sem perder de vista a necessidade de tutela porventura suscitada pelas vicissitudes de cada caso concreto.

assim, indicar que, além da proporcionalidade, outro critério de aferição da validade da cláusula de *cross default* será sua especificidade. Com efeito, tratando da cláusula resolutiva expressa, já se destacou que 'cláusulas genéricas e imprecisas, que não observam o requisito da especificidade, equivalem a mera cláusula de estilo, sem valor resolutório, a que se atribui igual efeito da cláusula resolutiva tácita'. Assim, pela mesma razão, pode-se ampliar o raciocínio para as cláusulas de *cross default* que tenham por efeito apenas a 'aceleração': sem a devida especificidade, a cláusula será inapta a produzir seu efeito sem o debate acerca do efetivo prejuízo à função do negócio ou à capacidade econômica do devedor" (KONDER, Carlos Nelson. Controle de validade da cláusula *cross default* no ordenamento jurídico brasileiro, cit., p. 118).

99 A propósito, imperiosa a remissão à lição de Eduardo Nunes de Souza: "(...) a noção de validade traduz, em última análise, um juízo valorativo (portanto, funcional e dinâmico) realizado sobre os efeitos do ato, muito embora tal juízo apenas seja deflagrado por causas, textuais ou implícitas, previstas pela lei e manifestadas na estrutura (estática) do ato" (SOUZA, Eduardo Nunes. *Teoria geral das invalidades do negócio jurídico*, cit., p. 277).

84. DA CLÁUSULA DE FIANÇA CONTRATUAL

Rodrigo Fernandes Rebouças

INTRODUÇÃO

A fiança consensual está prevista entre um dos vinte contratos típicos do Código Civil, substituindo e integrando o antigo sistema de fiança mercantil e da fiança civil, para unificar esta forma de garantia contratual, a qual passou a ter uma única estrutura contratual, bem como, a unificação quanto aos seus elementos de validade e eficácia. Trata-se de contrato típico, unilateral, gratuito, *intuitu personae* e acessório.[1] "A finalidade mesma da fiança é a de maior segurança para o credor. Se um devedor deixa de adimplir, o outro tem de adimplir."[2]

No presente estudo trataremos da fiança em geral, com exclusão das formas de garantia regidas por leis, regulamentos e usos e costumes específicos, tais como, entre outras, a penal, a bancária e a judicial.

Como forma de garantia que é, o profissional do direito deve se atentar quanto a sua formação, requisitos e estrutura, especialmente por ser um contrato solene, deve ter extrema cautela e um olhar crítico e reflexivo quanto a textos usualmente praticados em contratos massificados, por adesão e/ou sem o devido cuidado e prudência, sob penas de ter um efeito reverso, ou

---

1 PEREIRA, Caio Mário da Silva. Instituições de Direito Civil. v. III, Contratos. (Atualizador: FICHTNER, Regis), 12 ed., Rio de Janeiro: Forense, 2007, p. 493-498

2 PONTES DE MIRANDA, Francisco Cavalcanti. Tratado de Direito Privado. t. XLIV, Direito das obrigações: representação, fiança, edição, empreitada. (Atualizadores: MARQUES, Claudia Lima. MIRAGEM, Bruno). São Paulo: Editora Revista dos Tribunais, 2013, p. 202

seja, ao invés de ampliar a segurança jurídico de determinado negócio contratual, corre-se o risco de invalidade, ou, até mesmo, anular um negócio jurídico de garantia.

No mesmo sentido, é a situação em que se requer um excesso de garantia, chegando-se a infringir a lei, como na hipótese de dupla garantia que é vedada pela lei de locações (Lei 8.245/91), como também, por violar a estrutura do negócio jurídico contratual, correndo o risco de sua invalidação.

> A fiança é uma espécie de garantia.
>
> A ideia de garantia existe em função de dois conceitos logicamente antecedentes, os de interesse e de risco. Uma garantia impõe-se na medida em que um interesse legítimo seja passível de diminuição, perda ou qualquer prejuízo.[3]

Pela nossa experiência profissional e prática, a cláusula da garantia pessoal, por meio da fiança, não tem sido prudentemente redigida, nem tão pouco, tem-se tido a devida cautela na análise do sistema legal, nas consequências práticas de determinadas obrigações e nos requisitos subjetivos de tal tipo contratual. Vale dizer, em nosso entender, tais práticas profissionais merecem alguns ajustes e cuidados pelo profissional do direito. É muito comum verificar a repetição e aplicando conceitos e estruturas de redação da cláusula de forma repetitiva e sem um maior cuidado técnico e prático-formal.

Para a maior segurança jurídica e consequente redução do risco, deve-se escolher o fiador de forma prudente e cautelosa, verificando a sua solvabilidade e anuência ao contrato principal, do qual, ele(a) será o garantidor como seu patrimônio pessoal.

> O fiador, que é terceiro em relação ao contrato do qual surge uma prestação a vencer, assume o dever de pagar a dívida, caso o devedor (afiançado) não a satisfaça no tempo e modo convencionado.[4]

No entanto, muito embora seja um contrato com o objetivo de elevar o nível de segurança jurídica, conforme se verificar do exemplo abaixo de uma cláusula de fiança usualmente identificada em minutas contratuais, tal cautela não tem sido tomada.

---

3 PASQUALOTTO, Adalberto. Contratos Nominados III. Biblioteca de Direito Civil – Estudos em Homenagem ao Professor Miguel Reale. v. 9, São Paulo: Editora Revista dos Tribunais, 2008, p. 221

4 ZULIANI, Ênio Santarelli. Coord. NANNI, Giovanni Ettore. Comentários ao Código Civil: direito privado contemporâneo. 1 ed., São Paulo: Saraiva, 2019, p. 1185

A redação abaixo, embora tenha sido extraída de minutas reais, não recomendamos a sua adoção, sendo transcrita apenas a título de exemplo para a análise crítica conforme fundamentos que serão expostos no presente capítulo.

> XX.1. Os FIADORES e principais pagadores do LOCATÁRIO, e com este solidariamente responsável por todas as obrigações decorrentes deste Contrato, devendo sua responsabilidade abranger, além de eventuais majorações do aluguel no decorrer da locação, impostos, taxas e outros encargos da locação, até a entrega definitiva das chaves e estas serem aceitas pela LOCADORA ou seu representante legal, mediante recibo.
> XX.2. Declara, outrossim, os FIADORES que, desistem das faculdades previstas nos Artigos 835 e seguintes do Código Civil Brasileiro e que, não lhe assiste, em execução, por força de solidariedade que assumiram, os benefícios de ordem e que, não é obrigatório para a LOCADORA ou seu procurador dar prévio conhecimento aos FIADORES para propositura da ação de despejo por falta de pagamento ou infração contratual, sendo obrigação dos FIADORES, verificar pessoalmente a pontualidade de seu afiançado.

Entendemos que a redação acima, além de não ser clara e possuir alguns erros técnicos, falha ao prever a solidariedade e especialmente por não tratar da qualificação do fiador quanto ao seu estado civil, ou seja, se é casado(a) e sob qual regime de união.

O regime da solidariedade no contrato de fiança tem sido repetido há décadas. Nosso posicionamento prático-profissional e doutrinário é no sentido de que mereça uma série análise técnica e com viés às consequências práticas de tal previsão.

Mas antes de analisarmos nossa visão crítica à solidariedade no contrato de fiança, sugerimos na sequência um exemplo de melhor redação à cláusula do contrato da fiança. Vejamos.

1. DA PROPOSIÇÃO CONFORME SISTEMÁTICA ESTRUTURAL DO DIREITO DAS OBRIGAÇÕES E DO CONTRATO TÍPICO DE FIANÇA.

Abaixo, transcrevemos a sugestão de uma cláusula do contrato de fiança., a qual poderá prever a designação de algum bem específico do(s) fiadores, ou ainda, a devida prudência em relação ao estado civil do(s) fiadores. Por ser uma modalidade de garantia pessoal, não há necessidade de designação de um bem específico para incidir sobre a garantia, criando um ônus sobre o referido bem.

No entanto, a depender do nível de maior ou menor risco do respectivo negócio jurídico contratual, bem como, da maior ou menor necessidade de segurança jurídica, sempre em consonância com a estrutura econômico-financeira de cada negócio jurídico em concreto, poderá ser pertinente a designação de um bem específico para a maior segurança jurídica e a respectiva garantia contratual.

A individualização de um bem em específico (quando aplicável ao caso prático), facultará as partes em realizar o respectivo registro público, inclusive por meio de averbação em matrículas imobiliárias, registros de embarcações, aeronaves e outros bens suscetíveis a prestarem a garantia pela fiança.

> XX.1. O(A) FIADOR(A) assume a obrigação de honrar eventuais débitos do LOCATÁRIO originário, conforme qualificação constante do preâmbulo do presente Contrato. Renuncia expressamente ao benefício de ordem previsto no artigo 827 do Código Civil; assumindo a presente obrigação de fiança contratual na qualidade de principal pagador(a) sobre a obrigação principal e todos os seus acessórios (Art. 822, Código Civil), até a entrega definitiva da posse direta do Imóvel.
>
> XX.2. Além de seus bens e direitos pessoais, o(a) FIADOR(A) declara e concorda com a constituição de ônus sobre o bem imóvel que passa a figurar como garantia da presente fiança, qual seja, [descrição completa do imóvel], regularmente registrado na Matrícula nº [0000], junto ao Cartório de Registro de Imóveis [identificação completa do cartório de imóveis], declara ainda concordar com o registro e averbação do presente contrato à margem da respectiva matrícula para conhecimento de terceiros e publicidade da obrigação.
>
> XX.3. Em conjunto com o(a) FIADOR(A), assina o presente contrato na qualidade de interveniente anuente, o(a) Sr.(a) [qualificação completa], casado(a) como o(a) FIADO(A), sob o regime de comunhão parcial de bens.
>
> XX.3. **(texto alternativo em caso do(a) fiador(a) se declarar solteiro)** O(A) FIADOR(A) declara expressamente ser solteiro(a), não coabitando com outras pessoas de forma que possa ser caracterizada qualquer união estável e/ou outra forma de união afetiva que obrigue a anuência e autorização da presente garantia contratual.
>
> XX.X. **(texto alternativo para a hipótese de fiança à pessoa jurídica diversa das sociedade de capitais)** Sendo a fiança um contrato personalíssimo, e considerando que o afiançado é uma sociedade empresária de responsabilidade limitada, consistente em uma sociedade de pessoas, atualmente formada pelos seguintes sócios [qualificação completa dos sócios ou designação em anexo com o respectivo contrato social], as Partes

declaram e reconhecem que qualquer alteração ao quadro societário e/ou mudança do poder de controle da respectiva sociedade empresária, resultará na automática extinção da fiança ao tempo da mudança e/ou transformação societária.

A redação acima proposta, entre outras questões, deixa de caracterizar a solidariedade da obrigação contratual (conforme motivos que serão abaixo explorados) sem que isso altere a garantia sobre a prestação. Ou seja, uma vez que o fiador está renunciando ao benefício de ordem e assumindo como principal pagador, a prestação do contrato originário poderá ser cobrada diretamente em face do fiador e/ou em conjunto com o devedor afiançado. Nesta modalidade, fica preservada a natureza jurídica do contrato de fiança, em especial quanto a sua acessoriedade, bem como, a garantia pelo pagamento de eventuais débitos.

Outro ponto que se buscou tomar cuidado com a redação proposta, trata da pessoalidade da garantia, especialmente nas situações envolvendo uma pessoa jurídica (sociedade de pessoas), bem como, a devida cautela quanto a autorização e anuência de eventual cônjuge ou companheiro(a), em qualquer das formas e modalidades de união conhecidas e admitidas pela sociedade e pelos usos e costumes de uma sociedade em constante transformação. Tal cautela é exigência expressa do comando do artigo 1.647, III, do Código Civil. Vejamos:

> A autorização do cônjuge. Espécie de contrato que é, a fiança se sujeita aos requisitos de validade do negócio jurídico, como a capacidade das partes, a licitude, possibilidade e determinabilidade do objeto e a forma prescrita ou não defesa em lei (v. CC, art. 104).
>
> Quanto ao requisito subjetivo, mister se faz determinar quais são as partes em tal contrato. A fiança é estabelecida entre o fiador e o credor, sendo que o afiançado, devedor principal da obrigação, não sendo parte nela, não precisa nem saber nem concordar com sua existência (v. art. 820). [...]
>
> Ainda no tocante ao requisito subjetivo, há que se ressaltar a necessidade da outorga do cônjuge para a contratação da fiança, segundo o disposto no art. 1.647, III do CC. [...]
>
> A falta desse consentimento, segundo entendimento predominante no STJ, acarreta a nulidade da garantia por inteiro, não se limitando à meação do cônjuge que não consentiu [...][5]

5 TEPEDINO, Gustavo. BARBOZA, Heloisa Helena. MORAES, Maria Celina Bodin de. Código Civil Interpretado: conforme a constituição da república. v II. Rio de Janeiro: Renovar, 2006, p. 631-632

Vale destacar que, na proposta de redação da cláusula, não foram aplicados os elementos de *visual law*, os quais não fazem parte da proposta do presente estudo, mas nada impede que sejam devidamente aplicados, aliás, são até recomendados. Na aplicação de elementos de *visual law*, não se deve renunciar a técnica jurídica, além de se tomar a devida cautela para a adequada identificação do fiador, da obrigação assumida e de seus anuentes na forma da lei. Estamos tratando de um contrato solene e, como tal, devem ser tomadas cautelas especiais.

A renúncia ao benefício de ordem acima proposta, é exceção à regra, de forma que, em contratos por adesão, tal condição é passível de questionamento judicial frente a eventual abusividade por um contrato imposto por uma das partes.

Sendo a aplicação do contrato por adesão uma realidade cada vez mais frequente na sociedade da informação, deve-se ter prudência e até mesmo, obter a anuência específica em relação a fiança. "O afastamento do benefício de ordem nos contratos de adesão foge da excepcionalidade, passando a ser imposto, como regra, em contrato formulado por apenas uma das partes, e a cláusula pode vir a ser considerada abusiva."[6]

Na sequência, passamos a enfrentar as questões doutrinárias e práticas que fundamentam a proposta apresentada, bem como a sua reflexão sobre essa importante ferramenta.

2. CONCEITO E NATUREZA JURÍDICA PARA A ANÁLISE CRÍTICA E PROPOSITIVA

A doutrina é uníssona ao prever que a fiança é um contrato acessório e autônomo, embora coligado, gratuito e para a garantia de um terceiro, o devedor afiançado. Sua finalidade econômico-social e jurídica é de garantia contratual para viabilizar operações econômicas, sejam obrigações empresariais, locatícias ou de outros fatos geradores da obrigação principal que será garantida pela fiança. Ou seja, quando o credor identifica que o patrimônio do devedor (garantia em geral) não é suficiente para a solvabilidade da operação econômica, surge a necessidade da prestação de uma garantia especial, no caso, a garantia pessoal da fiança. Nesse sentido:

> A fiança é contrato de garantia e acessório, por excelência, que tem a função jurídico-econômica de ensejar que terceiro suporte subsidiariamente

6 NERY JUNIOR, Nelson. NERY, Rosa Maria de Andrade. Código Civil Comentado. 14 ed., São Paulo: Editora Revista dos Tribunais, 2022, p., 1.243-1.244

> a obrigação assumida por outrem, garantindo e reforçando o vínculo originário. [...]
> Pelo contrato de fiança, o fiador garante, com seu patrimônio pessoal e penhorável, o direito de excussão do credor, de ressarcir-se do dano experimentado por decorrência do inadimplemento do afiançado no contrato principal.[7]

O artigo 818 do Código Civil define o contrato de fiança quando "uma pessoa garante satisfazer ao credor uma obrigação assumida pelo devedor, caso este não a cumpra."

A fiança pressupõe a garantia de uma obrigação contratual contraída por terceiro, no caso, o devedor. A sua estrutura é caracterizada por dois contratos, sendo o primeiro da obrigação principal e o segundo da obrigação acessória de garantia firmada pelo fiador com o credor do devedor afiançado. "Trata-se, pois, de um negócio jurídico estabelecido apenas entre credor e fiador, no qual não intervém nem participa o afiançado (devedor), que, por isso mesmo, não é parte na relação jurídica da fiança."[8]

Graficamente, a estrutura contratual pode ser assim representada:

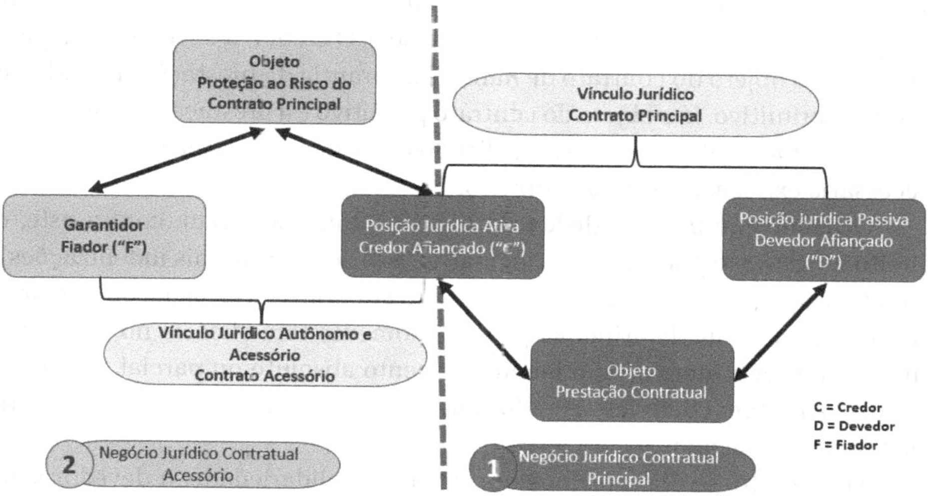

Na figura acima, fica claro identificar a existência de dois negócios jurídicos contratuais, interligados e coligados por uma dependência obrigacional e

---

7 NERY JUNIOR, Nelson. NERY, Rosa Maria de Andrade. Instituições de Direito Civil. v. III, Contratos. 1 ed., São Paulo: Editora Revista dos Tribunais, 2016, p., 469

8 SANTOS, Gildo dos. Fiança. 1 ed., São Paulo: Editora Revista dos Tribunais, 2006, p. 59

econômica entre o contrato base (primeiro negócio jurídico) e o segundo contrato de garantia, a fiança.

> Quando o devedor vincula um bem ao pagamento da dívida, concedendo ao credor o direito de obtê-lo com o valor daquele, há garantia real, mas se a obrigação originária é reforçada por outra, assumida por terceiro, diz-se que há garantia pessoal. Oferecida esta garantia, haverá duas obrigações: a principal e a fidejussória. Deriva, a última da lei, de uma declaração de vontade, ou de um contrato. Quando este á sua fonte, a obrigação fidejussória representa garantia convencional. [...]
>
> Há contrato de fiança quando uma pessoa assume, para com o credor, a obrigação de pagar a dívida, se o devedor não o fizer. É (RA) garantia de satisfazer uma obrigação assumida pelo devedor, caso este não a cumpra. (RA). [...]
>
> O contrato de fiança trava-se entre o fiador e o credor do afiançado. Sua natureza é a de um contrato subsidiário, por ter a execução condicionada à inexecução do contrato principal. [9]

Assim, a natureza jurídica do contrato de fiança pressupõe, no mínimo, dois fatores, um contrato primitivo que será objeto da garantia, e uma dívida de terceiro (devedor afiançado) que será garantida pelo fiador. Há no mínimo, três partes (ou polos de interesses econômicos). O credor, o devedor afiançado e o fiador. O objeto do contrato de fiança é a garantia da prestação definida no contrato primitivo. Já o objeto do contrato primitivo é a prestação a que o devedor se obrigou. Embora conexos e coligados, eles mantêm a sua autonomia e a necessária existência de dois contratos.

O fiador que pagar a dívida do devedor afiançado, têm, contra este, o direito de regresso por inteiro (principal, acessórios e eventuais indenizações). O fiador é um garantidor subsidiário, mesmo que conste a cláusula de principal pagador. A cláusula de principal pagador somente terá eficácia no momento em que houver a mora e/ou o inadimplemento absoluto ou parcial. A obrigação do fiador tem como fato gerador (ou causa) o inadimplemento e/ou mora do devedor afiançado.

No entanto, se observarmos o instituo da solidariedade, o devedor solidário possui um direito de crédito contrato os demais devedores, limitados a sua quota parte. Limitada a divisão equitativa da dívida que será repartida em parte iguais entre os diversos devedores, ou, na forma que constar de expressa previsão contratual na relação jurídica interna (relação entre os devedores). Na

9 GOMES, Orlando. Contratos. (Atualizadores: AZEVEDO, Antonio Junqueira de. MARINO, Francisco Paulo De Crescenzo), 26 ed., Rio de Janeiro: Forense, 2007, p. 536

ausência de estipulação em contrário, o devedor solidário somente terá direito de regresso contra a parcela da dívida dos demais devedores, devendo arcar com o seu quinhão.

É justamente quanto a este ponto que reside nossa análise crítica. A indevida previsão de solidariedade, em nosso entender, desvirtua o contrato de fiança. Unifica as obrigações, prestações e os contratos. Elimina a acessoriedade das obrigações e limita a garantia ao credor, ao passo que ele deixará de ter um fiador como garantidor da operação, e passará a ter um devedor solidário. Pensar em sentido contrário, significa uma dupla garantia (fiança e solidariedade), a qual, em determinados sistemas legais, é vedada, tal como ocorre com a lei de locações (Lei 8.245/91).

Passamos a analisar a figura da solidariedade e, em nosso entender, o seu uso inapropriado para o instituto da fiança.

3. EFEITOS AO CONTRATO ACESSÓRIA FRENTE A CLÁUSULA DE "SOLIDARIEDADE" PASSIVA

A solidariedade não se presume e deriva da lei ou da vontade das partes (Art. 265, CC). Pelo instituto da solidariedade, duas ou mais pessoas irão concorrer na mesma obrigação, de forma ilimitada ou limitada nos termos negociais. A regra geral, resulta no fato de que pela solidariedade, os devedores solidários respondem pela dívida por inteiro.

> A fiança distingue-se da solidariedade passiva em que os direitos do credor contra o devedor principal e contra o fiador não estiem simultaneamente. Falta a simultaneidade que caracteriza a solidariedade passiva. No mesmo momento, existem, nessa, os direitos contra todos os devedores. Na outra, a *obligatio principalis* nasce antes: a existência da obrigação do fiador pende, enquanto aquela existe. [...]. Daí falar-se da acessoriedade, da *accessio*.[10]

Ainda sob a vigência do Código Comercial de 1850, havia a previsão do instituto da fiança mercantil[11], que, por força de lei, resultava em uma figura de solidariedade *sui generis*, que, em conjunto com o Código Civil de 1916, definia

10 PONTES DE MIRANDA, Francisco Cavalcanti. Tratado de Direito Privado. t. XLIV, Direito das obrigações: representação, fiança, edição, empreitada. (Atualizadores: MARQUES, Claudia Lima. MIRAGEM, Bruno). São Paulo: Editora Revista dos Tribunais, 2013, p. 202

11 Código Comercial de 1850 "Art. 258 – **Toda a fiança comercial é solidária**; nas que se prestam judicialmente, as testemunhas de abonação ficam todas solidariamente obrigadas na falta do fiador principal."(g.n.)

o contrato de fiança com uma sensível diferença[12]. Na sistemática do Código Civil de 1916 a fiança se caracterizava "quando uma pessoa se obriga por outra, para com o seu credor". Já no Código Civil de 2002, a fiança se caracteriza quando "uma pessoa garante satisfazer ao credor uma obrigação assumida pelo devedor".

O sistema anterior, fruto de grande parte da doutrina nacional, em especial do escólio de Pontes de Miranda, tinha como pressuposto a obrigação de "pagar em lugar de outra". Já o sistema do Código Civil de 2002 é do instituto da garantia. Entendemos que possuem natureza jurídica distinta e consequências distintas, onde no primeiro (Código Civil de 1916 e Código Comercial de 1850, admitia-se a solidariedade, já que a obrigação é de pagar em lugar e/ou em conjunto com o devedor); já no segundo, é uma garantia, fruto de um contrato acessório e que deve preservar a sua independência.

Daí a origem de respeitabilíssima doutrina no sentido de existir uma solidariedade *sui generis*, ou, como ensina Pontes de Miranda, a figura da solidariedade, na fiança, é uma figura atípica.

> A solidariedade fidejussória somente ocorre se foi preestabelecida. [...] Nas dívidas solidárias, o vínculo de cada devedor é independente; na fiança, depende do vínculo da dívida garantida.
>
> Mesmo quando o fiador se faz devedor principal, a sua principalização não o torna sujeito passivo na relação entre o credor e o devedor. Não há, na cláusula de devedor principal, a assunção de dívida alheia. Por isso, é preciso ter-se todo o cuidado e toda a atenção na invocação de regras jurídicas sobre solidariedade das dívidas quando se cogita de fiador solidário. A solidariedade, na fiança, é atípica.[13]

Essa figura atípica encontrava respaldo na estrutura legislativa anterior. Mas, em nosso entender, não encontra mais tal respaldo, tendo sido mantida a expressão "solidariedade" no contrato de fiança por descuido do legislador. O instituto da solidariedade não encontra harmonia com o instituto da fiança. São espécies distintas e com consequências legais, igualmente distintas.

Ambos, possuem, por força de lei, interpretação restritiva. Não se admitindo qualquer tipo de interpretação extensiva ou ampliativa. Nesse sentido é

12 Código Civil de 1916. "Art. 1.481. Dá-se o contrato de fiança, **quando uma pessoa se obriga por outra, para com o seu credor**, a satisfazer a obrigação, caso o devedor não a compra." (g.n.)

13 PONTES DE MIRANDA, Francisco Cavalcanti. Tratado de Direito Privado. t. XLIV, Direito das obrigações: representação, fiança, edição, empreitada. (Atualizadores: MARQUES, Claudia Lima. MIRAGEM, Bruno). São Paulo: Editora Revista dos Tribunais, 2013, p. 202-203

o comando do Artigo 114 (Código Civil) onde os negócios jurídicos benéficos e a renúncia interpretam-se estritamente.

Por força do Art. 264, CC, "Há solidariedade, quando na mesma obrigação concorre mais de um credor, ou mais de um devedor, cada um com direito, ou obrigado, à dívida toda." O texto legal prevê expressamente que a solidariedade terá incidência quando "na mesma obrigação" concorrer mais de um credor ou devedor (ou ambos = solidariedade mista). Não há previsão da solidariedade por meio de dois contratos, mesmo que interdependentes, conexos e coligados. Somente ocorrerá no concurso de uma mesma obrigação.

> A solidariedade se dá quando há pluralidade de credores (solidariedade ativa) ou pluralidade de devedores (solidariedade passiva), ou, ainda, pluralidade de credores e de devedores (solidariedade mista), relativamente ao objeto de uma obrigação.
> A característica marcante da solidariedade, segundo o sistema brasileiro, representado pela norma do CC 264, é a unidade da prestação.
> Há pluralidade de relações subjetivas, mas unidade objetiva da prestação.
> A obrigação solidária é uma espécie de obrigação conjunta cuja unidade de prestação se justifica pela unidade de causa geradora. [...]
> A obrigação solidária consiste em especial modalidade de reforço de garantia propiciado ao credor e reflete um determinado solidarismo entre os devedores. [14]

No mesmo sentido é o escólio de falecido Min. José Augusto Delgado, ao comentar o artigo 828 do Código Civil que prevê a hipótese de solidariedade como forma de exclusão do benefício de ordem. O saudoso Ministro assim pontuou:

> As obrigações solidárias estão disciplinadas nos artigos 264 a 285 do Código Civil de 2002.
> O artigo 264 considera existente solidariedade obrigacional quando na mesma obrigação concorre mais de um credor, ou mais de um devedor, cada um com direito, ou obrigado à dívida toda.
> As obrigações solidárias não podem ser presumidas. Devem resultar da lei ou da vontade das partes (art. 265). A solidariedade ora examinada só existe se o fiador a ela aderir por via de vontade expressa presente no contrato. [...]

---

14 NERY JUNIOR, Nelson. NERY, Rosa Maria de Andrade. Instituições de Direito Civil. v. II, Direito das obrigações. 1 ed., São Paulo: Editora Revista dos Tribunais, 2015, p., 193-194

> Tratando-se de obrigações solidárias há regramento especial quando um dos devedores é demandado. Ele poderá opor ao credor todas as exceções que lhe forem pessoais e as comuns a todos. Não pode, contudo, alegar exceções pessoais de outro codevedor. [...]
> Ocorrer o pagamento da dívida por devedores, surge, de conformidade com o artigo 283, para o pagante o direito de exigir dos demais codevedores a sua quota de responsabilidade. Essa quota será apurada mediante divisão equitativa do débito por todos, contribuindo, também os que foram exonerados da solidariedade pelo credor.[15]

Ao admitirmos a hipótese de solidariedade do fiador com o devedor afiançado, há a necessária aplicação do sistema próprio, do regramento específico, da solidariedade, de forma que, na "mesma obrigação", se responsabilizam mais de um devedor.

A consequência prática é, em nosso entender, radical ao eliminar a existência de dois contratos. Haverá a confusão de estruturas obrigacionais de forma que o fiador figurará ao lado do devedor afiançado na obrigação originária, ou seja, na obrigação em que ele passa a ser devedor solidário.

Graficamente, podemos representar o instituto da solidariedade passivada, nos seguintes termos:

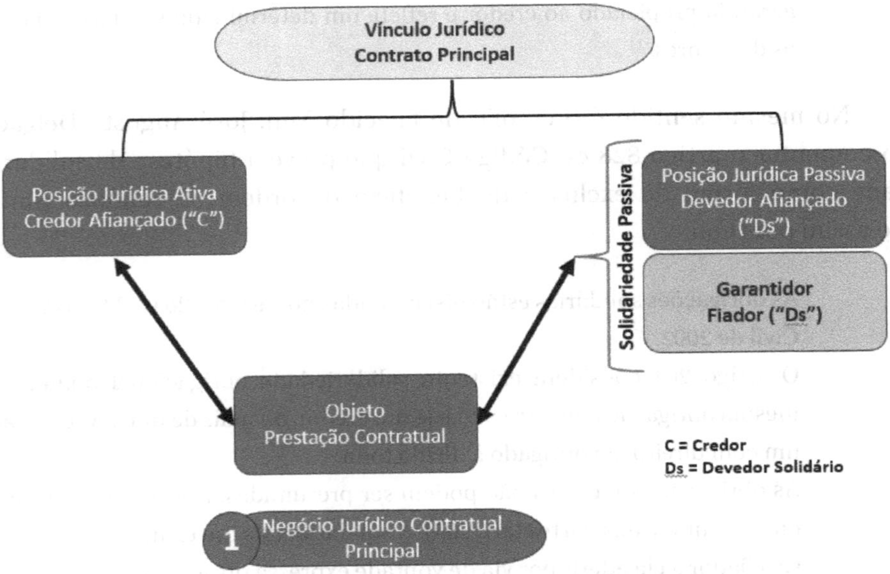

15 DELGADO. José Augusto. Coord. TEIXEIRA, Sálvio de Figueiredo. Comentários ao Novo Código Civil. v. XI, t. II, Rio de Janeiro: Forense, 2006, p. 221-222

Com a solidariedade passiva, além de unificação da obrigação, e, portanto, ausência de um contrato acessório, o fiador passará a figurar na posição jurídica passiva da obrigação principal. Nesta hipótese, estará rompida a natureza básica do contrato de fiança. Deixará de existir dois contratos, sendo um principal e um acessório, passando a ter uma única estrutura contratual.

E mais, sendo o fiador devedor solidário, terá direito de regresso apenas quanto a parte da dívida, salvo eventual ajuste entre os devedores solidários (contrato interno). Como regra, cada qual arcará com parte do quinhão da dívida, e, qualquer um dos devedores, com a dívida por inteiro em face do credor. Essa é a regra geral e que não admite interpretação extensiva ou ampliativa. Eventual tratativa em sentido contrário, deverá ser tratada por meio de acordo entre as partes.

O sistema do Código Civil Português, corretamente previu a figura do "principal pagador" e não estabelece a condição de solidariedade na lei. A interpretação doutrinária é no sentido de que, para efeitos de pagamento ao credor, a figura do "principal pagador" terá um efeito semelhante, ou equiparado, a figura de um devedor solidário, porém, sem assumir todas as consequências do devedor solidário. Vejamos:

> Há, todavia, situações em que o fiador não goza do benefício da excussão. O art.640º indica dois casos: a) o primeiro verifica-se quando ele haja renunciado a esse benefício, o que acontecerá, especialmente, se assumiu a obrigação de principal pagador; [...] Na primeira, o fiador equipara-se, do ponto de vista do credor, a um verdadeiro devedor solidário; só que, não o sendo realmente, poderá depois exigir do afiançado, se cumpre a obrigação, a totalidade do que pagou.[16]

O sistema português foi mais prudente e cauteloso ao não transfigurar o contrato de fiança, tal como ocorre com a prática contratual nacional ao prever expressamente a solidariedade.

A pergunta que devemos fazer é: por qual motivo o credor teria interesse em caracterizar o devedor como "solidário"? A resposta é única, trata-se de uma busca por uma aparente elevação na segurança jurídica. Dizemos aparente, pois na verdade, em nosso entender, o resultado final é prejudicial ao próprio credor.

Na prática, o que estamos sustentando, é o fato de que, com a renúncia ao benefício de ordem por meio de garantir ao credor que, uma vez constituída

---

16 ALMEIDA COSTA. Mário Júlio de. Direito das Obrigações. 12 ed. Coimbra: Almedina, 2009, p. 896

a mora e/ou o inadimplemento (absoluto ou parcial), o efeito de garantia está devidamente coberto pela fiança.

Não há nenhuma necessidade de que o fiador seja confundido com a figura do devedor solidário.

Ao estabelecer o fiador como devedor solidário, haverá a unificação dos contratos (contrato acessório da fiança e contrato principal) conforme figura acima.

Nesta condição, fiança não há. Para que ela exista, devemos ter dois contratos, duas obrigações, sendo uma principal e outra acessória. Ademais, se o fiador figura como devedor solidário, haverá o impeditivo subjetivo.

Ou seja, o fiador não poderá ser garantidor de uma dívida sua, de uma dívida própria. A dívida (obrigação) tem que ser de terceiros, sob pena de se assim não for, estar desnaturalizado o instituto da fiança. Contrato pelo qual o fiador garante a obrigação assumida por um terceiro, fruto de outra relação jurídico contratual. "Pelo contrato de fiança, uma pessoa garante satisfazer ao credor uma obrigação assumida pelo devedor, caso este não a cumpra".

Com a descaracterização do contrato de fiança, o credor perde a garantia pessoal e especial da fiança, com a substituição de uma garantia em geral de um devedor solidário. E mais, a previsão da Lei do Bem de Família (Lei 8.009/90), a qual garante ao credor o direito de penhora e excussão do imóvel do fiador, deixa de ser aplicada, já que fiador ele(a) não é mais, tratando-se de um devedor solidário. Como devedor solidário, haverá a proteção ao bem de família.

Além destes fatos, sendo o fiador incluído na posição jurídica passiva em solidariedade com o devedor originário, ele(a) irá participar da obrigação principal, ou seja, do contrato principal, e como tal, poderá debater todos os elementos e requisitos de existência, validade e eficácia da obrigação original. Em última análise, em nosso entender, a previsão de solidariedade passiva na cláusula do contrato de fiança, além de ser imprópria e incorreta.

Por estas razões acima expostas, entendemos que o instituto da solidariedade, vinculada a fiança, deva ser revisto na sistemática do Código Civil de 2002, e, em especial, na prática profissional daqueles que lidam com os contratos.

85. CLÁUSULA DE *SANDBAGGING* EM CONTRATOS DE COMPRA E VENDA DE PARTICIPAÇÃO SOCIETÁRIA: TRÊS POSSÍVEIS INTERPRETAÇÕES À LUZ DA BOA-FÉ OBJETIVA

Rodrigo Fialho Borges

1. INTRODUÇÃO[1]

O objetivo deste artigo[2] é, primordialmente, analisar se, quando transplantada de sistemas jurídicos de *common law* para o sistema jurídico brasileiro, a prática e as cláusulas de *sandbagging* são ou não limitadas de forma especial por princípios e regras já consolidados em nosso sistema jurídico, como o princípio da boa-fé objetiva. A hipótese a ser testada é a de que tal limitação ocorre, o que resultaria em três principais respostas interpretativas do nosso sistema jurídico, a depender de como a prática de *sandbagging*

1 Agradeço a Pedro Paulo de Tarso Augusto Rohrer pelo auxílio no desenvolvimento da pesquisa. Eventuais erros são de minha exclusiva responsabilidade.

2 Este trabalho constitui um aprofundamento de conceitos e debates apresentados resumidamente no seguinte trabalho prévio, realizado e publicado em coautoria com Analy Leal e Manoela Naquis: BORGES, Rodrigo F.; LEAL, Analy; NAQUIS, Manoela, **Sandbagging: A autonomia da vontade permite a criação de uma "carta na manga" contratual?**, CM&A Insights, disponível em: <https://www.cmnausp.com/post/sandbagging-a-autonomia-da-vontade-permite-a-cria%C3%A7%C3%A3o-de-uma-carta-na-manga-contratual>.

está ou não regrada nos contratos de compra e venda de participação societária ("CCVPs"). Para cumprir com tais finalidades, o texto será estruturado da maneira descrita a seguir.

Inicialmente, no tópico 2, a fim de se delimitar o objeto central da análise a ser desenvolvida, serão apresentados exemplos de possíveis redações das cláusulas de *sandbagging*, tanto aquelas chamadas especificamente de cláusulas *pro-sandbagging* quanto as chamadas de cláusulas *anti-sandbagging*.

Em seguida, no tópico 3, identificando-se desde a origem da terminologia utilizada e o contexto de utilização até a construção da jurisprudência aplicável nos Estados Unidos. Com isso, pretende-se demonstrar sinteticamente o caminho percorrido previamente ao início da discussão sobre a adoção de cláusulas de *sandbagging* em CCVPs assinados no Brasil, sob regência do sistema jurídico brasileiro de *civil law*.

Adiante, no tópico 4, será analisada a eventual admissibilidade da prática de *sandbagging* sob a perspectiva do sistema jurídico brasileiro. Serão então apresentadas três possíveis respostas do sistema jurídico brasileiro a três situações distintas que podem surgir em CCVPs, as quais seriam balizadas especialmente pelo princípio da boa-fé objetiva.

Ao final, será apresentada conclusão, evidenciando-se a conexão entre todo o caminho percorrido ao longo da análise empreendida até as propostas interpretativas apresentadas.

2. EXEMPLOS DE REDAÇÃO

A prática de *sandbagging* pode ser regulada de duas formas principais nos CCVPs: (i) por meio de uma cláusula *pro-sandbagging*; ou (ii) por meio de uma cláusula *anti-sandbagging*. Cada um dos subtópicos a seguir será destinado a contextualizar de forma prática essas duas possibilidades, trazendo exemplos reais de redação de tais cláusulas encontrados em contratos-modelo oficialmente publicados, literatura e jurisprudência.

2.1. Cláusula *pro-sandbagging*

Por meio das cláusulas *pro-sandbagging*, objetiva-se que o vendedor possa ser responsabilizado pelo não cumprimento de declarações e garantias prestadas por ele independentemente de o comprador ter tido a chance de estar previamente ciente sobre alguma inveracidade ou imprecisão em tais declarações e garantias.

Dito de outra forma, o principal objetivo desse tipo de disposição em CCVPs é garantir que o comprador não perca a possibilidade de exercer seus remédios jurídicos, como a possibilidade de exigir do vendedor uma indenização, nos casos em que o próprio comprador já tinha ou podia ter tido conhecimento sobre a inveracidade ou imprecisão das declarações e garantias prestadas pelo vendedor antes da assinatura do CCVP ou da data de fechamento da operação – por exemplo, por meio da realização de adequada auditoria jurídica (*due diligence*) dos documentos e informações disponibilizados pelo vendedor.

Conforme contrato-modelo da *American Bar Association*, esta seria uma possível redação de uma cláusula *pro-sandbagging*:

> "O direito a indenização, pagamento, reembolso, ou outro remédio baseado em qualquer declaração, garantia, compromisso ou obrigação não será afetado por qualquer investigação (incluindo qualquer investigação ou avaliação ambiental) conduzida ou qualquer Conhecimento adquirido a qualquer momento, seja antes ou depois da assinatura deste Contrato ou da Data do Fechamento, com relação à precisão ou imprecisão de, ou à conformidade com, tal declaração, garantia, compromisso ou obrigação."[3]

Na literatura estadunidense, encontram-se também diversos exemplos de redação de cláusulas *pro-sandbagging*, como o seguinte:

> "Os direitos do Comprador a indenização ou qualquer outro remédio previsto neste Contrato não deverão ser impactados ou limitados por qualquer conhecimento que o Comprador possa ter adquirido, ou pudesse ter adquirido, seja antes ou depois da data de fechamento, nem por qualquer investigação ou *due diligence* realizada pelo Comprador. O Vendedor, neste ato, reconhece que, independentemente de qualquer investigação realizada

3 No original: "The right to indemnification, payment, reimbursement, or other remedy based upon any such representation, warranty, covenant, or obligation will not be affected by any investigation (including any environmental investigation or assessment) conducted or any Knowledge acquired at any time, whether before or after the execution and delivery of this Agreement or the Closing Date, with respect to the accuracy or inaccuracy of, or compliance with, such representation, warranty, covenant, or obligation." Cf. AMERICAN BAR ASSOCIATION, **Model stock purchase agreement with commentary**, 2. ed. Chicago: American Bar Association, 2010, p. 299. Cláusula citada também em: OLIVEIRA, Caio Raphael Marotti de, **A Cláusula Pro-Sandbagging (Conhecimento Prévio) em Contratos de Alienação de Participação Acionária**, Dissertação de Mestrado em Direito Comercial, Universidade de São Paulo, São Paulo, 2020, na qual o autor igualmente realizou esforço de exemplificação de cláusulas *pro-sandbagging* e *anti-sandbagging*.

(ou não realizada) pelo, ou em nome do, Comprador, e independentemente dos resultados de tal investigação, o Comprador celebrou esta transação em expressa confiança nas declarações e garantias do Vendedor prestadas neste Contrato."[4]

Por fim, conforme apontado em trabalhos anteriores[5], CCVPs celebrados no Brasil dos quais decorreram disputas judiciais também são fontes de exemplos públicos de cláusulas *pro-sandbagging*, como esta:

> "Os direitos da Compradora de indenização relativos às declarações, garantias, compromissos e obrigações dos Vendedores nos termos deste Contrato não deverão ser afetados por qualquer investigação ou auditoria levada a cabo pela Compradora, pelos Vendedores ou por seus respectivos assessores, assim como qualquer conhecimento adquirido (ou passível de aquisição) a qualquer tempo pela Compradora ou assessores, seja antes ou após a assinatura deste Contrato, com respeito à precisão ou imprecisão ou à conformidade com quaisquer declarações, garantias, compromissos ou obrigações."[6]

2.2. Cláusula *anti-sandbagging*

Diferentemente, as cláusulas *anti-sandbagging* preceituam, basicamente, que o vendedor não será responsabilizado por eventuais declarações e garantias inverídicas ou imprecisas nos casos em que o comprador tinha ciência prévia sobre a respectiva inveracidade ou imprecisão e, mesmo assim, decidiu seguir com o negócio sem alertar o vendedor sobre a desconformidade existente.

Conforme contrato-modelo da *American Bar Association*, esta seria uma possível redação de uma cláusula *anti-sandbagging*:

---

4 No original: "The rights of the Purchaser to indemnification or any other remedy under this Agreement shall not be impacted or limited by any knowledge that the Purchaser may have acquired, or could have acquired, whether before or after the closing date, nor by any investigation or diligence by the Purchaser. The Seller hereby acknowledges that, regardless of any investigation made (or not made) by or on behalf of the Purchaser, and regardless of the results of any such investigation, the Purchaser has entered into this transaction in express reliance upon the representations and warranties of the Seller made in this Agreement." Cf. AVERY, Daniel; WEINTRAUB, Daniel H., Trends in M&A provisions: "Sandbagging" and "Anti-sandbagging" provisions, **Bloomberg Law Reports**, v. 5, n. 6, 2011, p. 1.

5 Cf. OLIVEIRA, **A Cláusula Pro-Sandbagging (Conhecimento Prévio) em Contratos de Alienação de Participação Acionária**.

6 TJSP, Processo n. 2005632-17.2016.8.26.0000, 2ª Câmara Reservada de Direito Empresarial, fl. 191.

> "O Comprador não tem conhecimento de quaisquer fatos ou circunstâncias que serviriam de base para uma ação do Comprador contra os Vendedores fundamentada na violação de qualquer uma das declarações e garantias dos Vendedores contidas neste Contrato (ou violação de quaisquer compromissos ou acordos dos Vendedores a serem realizados por qualquer um deles no, ou antes do, Fechamento). Considera-se que o Comprador renunciou totalmente a qualquer violação de qualquer uma das representações e garantias dos Vendedores (e de quaisquer compromissos e acordos) da qual o Comprador tenha conhecimento no Fechamento."[7]

Na literatura estadunidense, encontram-se também diversos exemplos de redação de cláusulas *anti-sandbagging*, como a seguinte:

> "O Comprador reconhece que teve a oportunidade de realizar a *due diligence* e investigação com relação à Empresa e, em nenhum caso, o Vendedor terá qualquer responsabilidade perante o Comprador com relação a uma violação de declaração, garantia ou compromisso sob este Contrato na medida em que o Comprador sabia de tal violação na Data de Fechamento."[8]

Por fim, conforme apontado em trabalhos anteriores[9], CCVPs celebrados no Brasil dos quais decorreram disputas judiciais também são fontes de exemplos públicos de cláusulas *anti-sandbagging*, como esta:

> "A compradora analisou de forma exaustiva todos os documentos e informações disponibilizados pela Sociedade e suas controladas durante a Due

---

7 No original: "Buyer has no knowledge of any facts or circumstances that would serve as the basis for a claim by Buyer against Sellers based upon a breach of any of the representations and warranties of Sellers contained in this Agreement (or breach of any Sellers' covenants or agreements to be performed by any of them at or prior to Closing). Buyer shall be deemed to have waived in full any breach of any of Sellers' representations and warranties (and any such covenants and agreements) of which Buyer has knowledge at the Closing." Cf. AMERICAN BAR ASSOCIATION, **Model stock purchase agreement with commentary**, p. 301. Cláusula citada também em: OLIVEIRA, **A Cláusula Pro-Sandbagging (Conhecimento Prévio) em Contratos de Alienação de Participação Acionária**, na qual o autor igualmente realizou esforço de exemplificação de cláusulas *pro-sandbagging* e *anti-sandbagging*.

8 No original: "The Purchaser acknowledges that it has had the opportunity to conduct due diligence and investigation with respect to the Company, and in no event shall the Seller have any liability to the Purchaser with respect to a breach of representation, warranty or covenant under this Agreement to the extent that the Purchaser knew of such breach as of the Closing Date." Cf. AVERY; WEINTRAUB, Trends in M&A provisions: "Sandbagging" and "Anti-sandbagging" provisions, p. 1.

9 Cf. OLIVEIRA, **A Cláusula Pro-Sandbagging (Conhecimento Prévio) em Contratos de Alienação de Participação Acionária.**

Diligence, não se caracterizando o descumprimento de nenhum dos itens acima quando já conhecidos através dos documentos então disponibilizados. Ressalte-se, aqui, que as eventuais consequências advindas dos fatos apresentados em Due Diligence ('Passivos') estão referenciadas no item [...] deste Contrato e são de responsabilidade dos Vendedores."[10]

3. DISCIPLINA JURÍDICA APLICÁVEL E EMBATES DECORRENTES

Uma vez realizada a exemplificação dos dois principais tipos de cláusula que, em geral, regulam a prática de *sandbagging* nos CCVPs, a seguir será discutida a construção da disciplina jurídica relacionada a tal prática, identificando-se desde a origem da terminologia utilizada e o contexto de utilização até a formação da jurisprudência aplicável nos Estados Unidos.

3.1. Origem

As controvérsias acerca da prática de *sandbagging* começam na própria origem da terminologia. Sustenta-se que a expressão é derivada da utilização, por gangues do século XIX, de meias cheias de areia como armas[11]. Tais artefatos, por parecerem inofensivos à primeira vista, permitiam que ataques-surpresa fossem realizados, machucando as vítimas de forma efetiva e, em alguns casos, facilitando roubos subsequentes ao ataque[12].

Com o tempo, o verbo "*to sandbag*" teria absorvido o significado geral de inicialmente ocultar ou minimizar a própria posição, de forma a obter uma vantagem subsequente sobre outra pessoa com tal atitude[13]. A incorporação de sua utilização em jogos de pôquer e golfe teria contribuído para a fixação desse significado geral.

O termo teria se tornado mais popular ao ser utilizado no justamente contexto de partidas de pôquer, referindo-se ao jogador que aparentava possuir

---

10 TJSP, Processo n. 2150696-58.2016.8.26.0000, 2ª Câmara Reservada de Direito Empresarial, fl. 206.

11 Cf. WEST, Glenn D.; SHAH, Kim M., Debunking the Myth of the Sandbagging Buyer: When Sellers Ask Buyers to Agree to Anti-Sandbagging Clauses, Who Is Sandbagging Whom?, **The M&A Lawyer**, v. 11, n. 1, p. 1–9, 2007, p. 1.

12 Cf. Sandbag, *in*: **Merriam-Webster**, [s.l.]: Merriam-Webster, [s.d.]; WEST; SHAH, Debunking the Myth of the Sandbagging Buyer: When Sellers Ask Buyers to Agree to Anti-Sandbagging Clauses, Who Is Sandbagging Whom?, p. 1.

13 Cf. Sandbag; WEST; SHAH, Debunking the Myth of the Sandbagging Buyer: When Sellers Ask Buyers to Agree to Anti-Sandbagging Clauses, Who Is Sandbagging Whom?, p. 1.

cartas ruins, quando, na verdade, eram boas. Por meio dessa estratégia, o jogador visava a induzir seus oponentes a realizarem apostas maiores do que fariam caso detivessem conhecimento sobre o real cenário da partida.[14]

Do pôquer ao golfe, a expressão, hoje, é reconhecidamente utilizada para se referir ao jogador de golfe que finge ser pior do que realmente é, escondendo suas habilidades inicialmente, a fim de obter vantagem posterior em torneios ou apostas.[15]

No entanto, há quem sustente que o caminho da expressão até o contexto da negociação de CCVPs teria advindo diretamente da popularidade de sua utilização no pôquer para o M&A, sem contar com a passagem pelo golfe. Anos depois de utilizar a expressão em seus jogos de pôquer enquanto estudante, o advogado Richard Climan, atualmente sócio no Hogan Lovells, afirma que teria passado a utilizá-la em treinamentos internos de escritórios de advocacia para se referir ao comprador que, sabendo da existência de uma violação a cláusula de declaração e garantia por parte do vendedor, omite tal informação, esperando apenas momento posterior ao fechamento da operação para pleitear indenização.[16]

Independentemente da versão que se adote, fato é que, atualmente, a expressão é utilizada na negociação de CCVPs para se referir justamente à prática mencionada por Richard Climan.

Como visto acima, no contexto de uma operação de compra e venda de participação societária, entende-se que a prática de *sandbagging* caracteriza-se pela conduta de um comprador que, embora tome conhecimento de que uma garantia contratual concedida expressamente pelo vendedor está sendo violada, segue com o fechamento da operação sem comunicar o vendedor sobre tal violação – sendo que poderia tentar uma redução do preço ou até mesmo desistir da operação –, a fim de posteriormente iniciar demanda indenizatória com base na violação[17].

Por meio de tal definição, percebe-se a conexão direta e óbvia da prática de *sandbagging* com a cláusula de indenização dos CCVPs, bem como com as

---

14 Cf. WHITEHEAD, Charles K., Sandbagging: default rules and acquisition agreements, **Delaware Journal of Corporate Law**, v. 36, p. 1081–1115, 2011; KELLEY, Brent, How did "Sandbagger" become a Golf Term?, **Liveabout**, 2018; Sandbag, *in*: **Online Etymology Dictionary**, [s.l.]: Online Etymology Dictionary, [s.d.]; Sandbag.

15 Cf. KELLEY, How did "Sandbagger" become a Golf Term?; WEST; SHAH, Debunking the Myth of the Sandbagging Buyer: When Sellers Ask Buyers to Agree to Anti-Sandbagging Clauses, Who Is Sandbagging Whom?

16 Cf. WHITEHEAD, Sandbagging, n. 4.

17 Cf. *Ibid.*, p. 1081; PORTUGAL GOUVÊA, Carlos; PARGENDLER, Mariana, As Diferenças entre Declarações e Garantias e os Efeitos do Conhecimento, *in*: **Fusões e Aquisições: pareceres**, São Paulo: Almedina, 2022, p. 299.

cláusulas de declarações e garantias, que tomam boa parte da maioria das rodadas de negociação de CCVPs. É tal contexto que será abordado no subtópico 3.2 abaixo.

3.2. Contexto Contratual

É sabido que as cláusulas de declarações e garantias, recorrentemente encontradas nos CCVPs celebrados no Brasil, são originadas das "*representations and warranties*" estadunidenses[18]. Tanto lá quanto aqui, há debate acadêmico menor do que desejado sobre a natureza jurídica de tais disposições e sobre eventual efeito prático da diferença entre declarações (*representations*) e garantias (*warranties*)[19], sendo que muitos as consideram como sinônimos.[20-21]

Usualmente, o comprador se propõe a realizar um processo de investigação para compreender melhor o negócio a ser adquirido, demandando diversas informações que considera relevantes. Contudo, é evidente que o vendedor apresenta maiores facilidades não apenas para ter acesso às informações, como também para conhecer os pontos falhos de seu próprio negócio.

Por isso, é pacífico que as cláusulas de declarações e garantias exercem importantes funções de redução de assimetria informacional[22] e de alocação

---

18 "É fato conhecido que as cláusulas de declarações e garantias foram incorporadas à prática doméstica com a expansão das operações societárias no [p]aís a partir do processo de liberalização econômica, iniciado após a transição para o regime democrático. A estrutura de contrato de compra e venda de participações societárias hoje adotada internacionalmente, em que essas cláusulas são centrais, teve origem em países anglo-saxões, sobretudo nos Estados Unidos da América, onde tal contrato passou a ser conhecido como *stock purchase agreement* ou *share purchase agreement*. Com a integração econômica global e o avanço das macroempresas transnacionais, esses modelos contratuais, conhecidos no mercado pela sua sigla, 'SPA', passaram a ser utilizados para aquisições em múltiplas jurisdições, muitas vezes de forma simultânea." Cf. PORTUGAL GOUVÊA; PARGENDLER, As Diferenças entre Declarações e Garantias e os Efeitos do Conhecimento, p. 285. No mesmo sentido, v. TRINDADE, Marcelo, Sandbagging e as Falsas Declarações em Alienações Empresariais, *in*: **Direito Societário, Mercado de Capitais, Arbitragem e Outros Temas: homenagem a Nelson Eizirik**, São Paulo: Quartier Latin, 2020, v. III, p. 91.

19 Cf. PORTUGAL GOUVÊA; PARGENDLER, As Diferenças entre Declarações e Garantias e os Efeitos do Conhecimento, p. 284–287.

20 Cf. WEST, Glenn D.; LEWIS JR., W. Benton, Contracting to Avoid Extra-Contractual Liability – can your contractual deal ever really be the "entire" deal?, **The Business Lawyer**, v. 64, p. 998–1038, 2009, p. 1008.

21 Para um aprofundado estudo sobre as cláusulas de declarações e garantias, v. GREZZANA, Giacomo, **A Cláusula de Declarações e Garantias em Alienação de Participação Societária**, São Paulo: Quartier Latin, 2019; PONTES, Evandro F. de, **Representations and Warranties no Direito Brasileiro**, São Paulo: Almedina, 2014.

22 Como demonstrado por Akerlof, o processo de seleção adversa decorrente da assimetria informacional pode levar, em última análise, ao desaparecimento de determinados mercados. O exemplo mais paradigmático usado pelo autor é o do mercado de carros usados, no qual existem

de riscos entre as partes, sendo importante recurso para o alinhamento de expectativas entre comprador e vendedor em CCVPs. No entanto, quando se discutem a admissibilidade e os efeitos das cláusulas de *sandbagging*, uma cuidadosa definição que permita a diferenciação entre os conceitos é necessária.[23]

Nesse sentido, nos Estados Unidos, reconhece-se que cláusulas de declarações (*representations*) cumprem a finalidade de "definir as premissas fáticas que servem de fundamento à vontade das partes na formação do contrato"[24], tornando expressos os pressupostos fáticos passados ou presentes com base nos quais a participação societária é negociada.

Por outro lado, garantias (*warranties*) são recorrentemente definidas de acordo com o que foi sustentado pelo Juiz Learned Hand no caso *Metropolitan Coal Co. v. Howard*:

> "[u]ma garantia é uma certeza sobre a existência de um fato, dada por uma parte em um contrato, na qual a outra parte possa confiar. Destina-se precisamente a retirar da parte destinatária o ônus de determinar o fato por si própria; isso equivale a uma promessa de indenizá-la por qualquer perda caso o fato garantido se prove falso, pois, por óbvio, aquele que fez a promessa não pode mais controlar o que já está no passado."[25]

Ou seja, no caso das cláusulas de garantia, o aspecto de definição de premissas fáticas fundamentadoras da vontade das partes dá lugar a uma verdadeira e expressa obrigação de indenizar caso o fato garantido venha a se provar falso ou incorreto.

---

carros de qualidade boa e ruim ("*lemons*"). Nesse mercado, como em muitos outros, os vendedores têm mais informação sobre a qualidade dos produtos vendidos do que os potenciais compradores, de modo que os vendedores de *lemons* tentam fazê-los passar por carros bons. Sabendo da possibilidade de serem enganados, os compradores tendem a precificar todos os carros num patamar médio entre o que estariam dispostos a pagar pelos carros bons e o que estariam dispostos a pagar pelos carros ruins. Diante de tal precificação média, os vendedores de carros bons decidem sair do mercado, pois não estão dispostos a venderem seus carros por tal preço, o que faz com que nele restem apenas os *lemons*, caracterizando-se uma seleção adversa. Cf. AKERLOF, George A., The Market for "Lemons": Quality Uncertainty and the Market Mechanism, **The Quarterly Journal of Economics**, v. 84, n. 3, p. 488, 1970.

23 Para maiores aprofundamentos sobre as diferenças entre declarações e garantias tanto nos sistemas de tradição anglo-saxã quanto nos de tradição romano-germânica, v. PORTUGAL GOUVÊA; PARGENDLER, As Diferenças entre Declarações e Garantias e os Efeitos do Conhecimento.

24 Cf. *Ibid.*, p. 290.

25 No original: "[a] warranty is an assurance by one party to a contract of the existence of a fact upon which the other party may rely. It is intended precisely to relieve the promisee of any duty to ascertain the fact for himself; it amounts to a promise to indemnify the promisee for any loss if the fact warranted proves untrue, for obviously the promisor cannot control what is already in the past." Cf. Metropolitan Coal Co. v. Howard, 155 F.2d 780 (2d Cir. 1946).

Adotando-se tais definições para declarações e garantias, algumas diferenças entre elas tornam-se muito evidentes. É o caso, por exemplo, da sua relação com a cláusulas de indenização também presentes nos CCVPs. Em geral, a ideia é que uma violação a uma disposição presente na cláusula de declarações e garantias de um CCVP gere à contraparte o direito à reparação.

Ainda que existam consequências legais para o descumprimento de qualquer prestação contratual, as partes, em geral, definem nos CCVPs quais serão os remédios aplicáveis a tais casos, cuja aplicação naturalmente extrapola as cláusulas de declarações e garantias, atingindo também as demais obrigações contratuais. No entanto, quando partimos da diferenciação cuidadosa entre as declarações e as garantias, os efeitos dessa distinção sobre eventual demanda indenizatória se tornam patentes.

Nesse sentido, em qualquer discussão acerca da indenização por violação de uma *declaração*, é necessário demonstrar que (i) o declarante mentiu, pois sabia da falsidade quando declarou (ou, pelo menos, deveria saber), e que (ii) o destinatário confiou na informação falsa. Diversamente, no caso de uma garantia, em virtude de sua natureza objetiva, não é necessário perquirir sobre o elemento subjetivo, o real intento ou o estado psíquico do declarante.[26]

Em virtude disso, o que se verifica é que a prática de *sandbagging* no contexto de CCVPs está ligada essencialmente às garantias (*warranties*)[27]. Isso, porque, no caso das declarações, um dos requisitos a serem demonstrados em caso de demanda indenizatória é o de confiança, por parte do destinatário, na veracidade da informação. Ou seja, se é necessário comprovar que o destinatário confiou na informação falsa, não há que se falar em *sandbagging*, pois é da natureza de tal prática que o destinatário tenha conhecimento sobre a violação da garantia – de modo que não poderia nela confiar – e deliberadamente decida não a revelar previamente ao garantidor, a fim de demandar indenização posteriormente.

Configura-se aqui, portanto, uma primeira limitação – de natureza conceitual – à prática de *sandbagging*: ela, diferentemente do que se poderia pensar, não está originalmente atrelada às cláusulas de declarações e garantias genericamente consideradas, mas apenas às cláusulas de garantia. Mas essa

26 Aqui, percebe-se que os interesses tutelados são também diversos. No caso da declaração, tutela-se o chamado "interesse negativo": a quantificação da indenização deve objetivar o restabelecimento da parte lesada à posição que estaria caso a declaração falsa não tivesse existido. Por outro lado, quando há garantia, tutela-se o "interesse positivo": a quantificação da indenização deve objetivar colocar a parte lesada na situação em que estaria se o fato garantido se revelasse realmente verdadeiro. Cf. PORTUGAL GOUVÊA; PARGENDLER, As Diferenças entre Declarações e Garantias e os Efeitos do Conhecimento, p. 292–293.

27 Cf. *Ibid.*, p. 302.

não é a única limitação. A admissibilidade das cláusulas de *sandbagging* é bastante debatida[28] tanto nos sistemas de *common law* quanto nos de *civil law*, conforme se verificará abaixo.

3.3. Jurisprudência dos Estados Unidos

Como mencionado anteriormente, as bases das operações de compra e venda de participações societárias brasileiras originaram-se a partir de práticas internacionais, especialmente aquelas adotadas nos Estados Unidos[29]. É indispensável, portanto, verificar como as cortes estadunidenses avaliam as cláusulas de *sandbagging*.

Lá, é recorrente na literatura a divisão dos Estados entre aqueles com tendência jurisprudencial favorável à prática de *sandbagging* e aqueles que apresentam posicionamento contrário à prática de *sandbagging* no contexto dos CCVPs.[30] No entanto, mesmo nas jurisdições tradicionalmente referidas como mais favoráveis à prática de *sandbagging*[31], a resistência existe ou, pelo menos, já se mostrou presente, como é o caso de Nova Iorque e Delaware.[32]

Em Nova Iorque, a fonte da informação obtida pelo comprador é tida como relevante para a decisão dos casos. No caso *Galli v. Metz*[33], reconheceu-se que, ao prosseguir com o negócio tendo plena ciência e aceitação de fatos divulgados pelo vendedor que constituíam violação às garantias prestadas, o comprador teria renunciado ao direito de buscar reparação, exceto se tivesse expressamente preservado esse direito. No caso *Rogath v. Siebenmann*[34], entendeu-se que se a fonte da informação que deu conhecimento ao comprador sobre a violação for um terceiro, e não o vendedor, ou então se a informação for de conhecimento comum, então o comprador teria direito à reparação.[35]

Já em Delaware, uma decisão de 2018 também veio a abrir espaço ao questionamento do entendimento *pro-sandbagging* que se acreditava ser a tendência do estado. No caso *Eagle Force Holdings, LLC v. Campbell*[36], embora

---

28 Cf. WHITEHEAD, Sandbagging, p. 1081.

29 V. nota 18 acima.

30 Nesse sentido, v. WHITEHEAD, Sandbagging.

31 JASTRZEBSKI, Jacek, "Sandbagging" and the Distinction between Warranty Clauses and Contractual Indemnities, **UC Davis Business Law Journal**, v. 19, p. 207–251, 2019, p. 215; WHITEHEAD, Sandbagging, p. 1087.

32 Cf. WHITEHEAD, Sandbagging, n. 22.

33 Cf. Galli v. Metz, 973 F.2d 145 (2d Cir. 1992).

34 Cf. Rogath v. Siebenmann, 129 F.3d 261 (2d Cir. 1997).

35 Ainda nesse sentido, v. Gusmao v. GMT Group, Inc., 06 Civ. 5113 (GEL) (S.D.N.Y. Aug. 1, 2008).

36 Cf. Eagle Force Holdings, LLC v. Campbell, 187 A.3d 1209 (Del. 2018).

a questão não tenha sido enfrentada diretamente por se tratar de um tema lateral ao caso, tanto o voto condutor da decisão por maioria quanto o voto vencido fizeram menção à controvérsia sobre a admissibilidade da prática de *sandbagging* quando o comprador tem conhecimento da violação antes da assinatura (*signing*) do CCVP. Tal simples nota, mesmo que irrelevante para o julgamento em questão, foi suficiente para colocar em dúvida a manutenção da tendência *pro-sandbagging* nas cortes de Delaware[37]. No entanto, em decisão ainda mais recente, de 2022, no caso *Arwood v. AW Site Services LLC*, reafirmou-se a tendência interpretativa no sentido *pro-sandbagging* para contratos que não contenham regra dispondo o contrário (cláusula *anti-sandbagging*)[38].

Assim, ainda que o vendedor não tenha um direito expresso de ser informado pelo comprador e este não possua um respectivo dever de fornecer informações, nota-se que a admissibilidade da prática de *sandbagging* é controvertida até mesmo nos Estados com mais tendência *pro-sandbagging* dos Estados Unidos, onde, com base num regime de tradição anglo-saxã, originaram-se as principais práticas que pautaram e até hoje influenciam as operações de compra e venda de participação societária em todo o mundo.

O que resta saber é se nos sistemas jurídicos de tradição romano-germânica, como o brasileiro, a resistência à prática de *sandbagging* é maior ou menor e por quais motivos. No Brasil, haveria mais ou menos etapas e requisitos a cumprir para se admitir a eventual licitude da prática de *sandbagging*? É esse questionamento que será enfrentado, especialmente sob a ótica do princípio da boa-fé objetiva, ao longo do tópico 4 abaixo.

4. APLICAÇÃO NO BRASIL E POSSÍVEIS EMBATES DECORRENTES

Os sistemas jurídicos de *civil law*, em geral, apresentam mais fatores de resistência à licitude e exequibilidade da cláusula *sandbagging* do que os de *common law*. Isso se dá, principalmente, em virtude de duas características naturais dos sistemas de tradição romano-germânica: (i) a maior relevância dada ao princípio da boa-fé objetiva, limitando a amplitude da autonomia da vontade; e (ii) a presença da culpa como fundamento da responsabilidade contratual.[39]

37 Cf. DURAN, Sarah G.; JAMAL, Sacha, Possible Shift in Delaware Law: buyer's silence on sandbagging is not golden, **Business Law Today**, 2018; WOLF, Daniel E., Sandbagging in Delaware.

38 Cf. Arwood v. AW Site Services LLC, C.A. No. 2019-0904-JRS (Del. Ch. Mar. 31, 2022).

39 Cf. PORTUGAL GOUVÊA; PARGENDLER, As Diferenças entre Declarações e Garantias e os Efeitos do Conhecimento, p. 301–302; KRAIEM, Rúben, Leaving Money on the Table: contract practice in a low-trust environment, **Columbia Journal of Transactional Law**, v. 42, n. 3, p. 715–751, 2003, p. 748.

Especificamente quanto ao ordenamento jurídico brasileiro, a prática de *sandbagging* (fundamentada ou não em cláusula presente no CCVP) levanta extensas controvérsias interpretativas, sobretudo quando analisada pelas lentes do direito civil.

Nesse sentido, surgem discussões interessantes e absolutamente relevantes sobre, dentre outros tópicos, a validade e eficácia das cláusulas *pro-sandbagging* ou *anti-sandbagging*; a aplicabilidade das disciplinas do vício redibitório, da evicção e do abuso de direito; a aplicabilidade das disciplinas do erro, dolo e da simulação; a relevância dos deveres anexos decorrentes do princípio da boa-fé objetiva, como o dever de informar, para o regramento da prática; e a limitação da autonomia da vontade das partes em relações contratuais.

De todas essas discussões, o simples embate entre os princípios da boa-fé objetiva e da autonomia da vontade parece suficiente para revelar três respostas possíveis para três situações diferentes que podem surgir quando se está a discutir a prática de *sandbagging* em CCVPs. É a esse embate que os tópicos a seguir se dedicarão.

4.1. Boa-fé objetiva vs. autonomia da vontade

É muito instigante o questionamento sobre a possibilidade de a prática de *sandbagging* ser utilizada como uma "carta na manga" contratual ocultada do vendedor. Aqui, o tradicional embate entre o princípio da autonomia da vontade das partes e o princípio da boa-fé objetiva[40] é muito elucidativo.

De um lado, o ambiente em que acontecem as operações de compra e venda de participação societária é bastante específico, caracterizado, em geral, pela presença de partes experientes e muito habituadas à prática mercantil de alto risco, as quais contam, ainda, com assessoria jurídica e financeira bastante sofisticada e qualificada, muito bem remunerada para estar acostumada com transações de alta complexidade. Tal contexto afasta, à primeira vista, algumas tutelas específicas pautadas em hipossuficiência, desconhecimento ou ingenuidade, resultando, portanto, em maior espaço à prevalência da autonomia da vontade das partes.

---

40 "Também aqui autonomia privada e boa-fé se encontram em relação de dialética tensão, porque essas relações são marcadas normativamente pelos vetores da igualdade e da liberdade e estão polarizadas pela noção de empresa, que, por definição, implica a finalidade de obtenção de lucro e de assunção de riscos, bem como a de mercado, não mais um lugar de troca de uma produção determinada, mas o mecanismo regulador de toda a vida econômica." Cf. MARTINS-COSTA, Judith, **A Boa-fé no Direito Privado: critérios para a sua aplicação**, 2a. ed. São Paulo: Saraiva, 2018, p. 301.

De outro lado, sabe-se que o princípio da boa-fé objetiva representa um padrão comportamental esperado das partes contratantes, atuando, em determinados casos, como um limitador do princípio da autonomia da vontade. Com base nele, espera-se que as partes ajam com lealdade e probidade. Dentre as suas funções, destaca-se, para a análise aqui empreendida, aquela integrativa, dentro da qual se revelam os deveres informativos, que, dentre outras possibilidades, podem ser entendidos como deveres anexos à obrigação principal[41], os quais podem acompanhar o contrato antes da, durante a e após a sua vigência[42], conforme o caso.

Assim, em se tratando de contexto no qual a assimetria informacional entre as partes é particularmente presente[43], é possível entender o dever informativo como um dos principais deveres anexos às obrigações principais entabuladas nos CCVPs, o que faz com que ele, em específico, e o princípio da boa-fé objetiva, de forma geral, revelem-se muito importantes à análise da prática de *sandbagging*. Trata-se de um dever que consubstancia uma justa expectativa das partes quanto ao mútuo e recíproco fornecimento de informações sobre todos os aspectos relevantes ao vínculo contratual. Nesse sentido, Martins-Costa aponta:

> "o tema dos deveres informativos é exemplarmente ilustrativo do caráter eminentemente relacional da boa-fé. O conteúdo e a extensão da informação devida são determináveis apenas em vista de um compósito de elementos contextualmente enquadrados. Por essa razão, no exame do caso concreto, devem ser averiguados e entrecruzados (i) elementos fáticos subjetivos

---

41 "Trata-se de grupo extremamente polimorfo, pois a informação pode ser caracterizada, conforme as circunstâncias, como a própria obrigação principal (e.g, um contrato cujo objeto reside na prestação de informações sobre aplicações financeiras); um dever anexo ao dever principal (por exemplo, informar, via 'manual de instruções', sobre o correto uso da máquina adquirida); um dever lateral de proteção (v.g., informar sobre riscos de queda no chão do supermercado que está a ser lavado); um dever legal (por exemplo, a informação devida pelos administradores à assembleia de acionistas) e mesmo um ônus ou encargo material, como, por exemplo, o chamado 'dever de se informar' atribuído aos profissionais sobre o estado da arte de sua profissão, ou, ainda, de um comprador de determinado bem para que se informe sobre as suas utilidades e/ou potencialidades, pois mesmo no domínio das relações de consumo, em que a informação é dever legal do fornecedor, não se excluiu totalmente o princípio da autorresponsabilidade, sendo esse o correlato necessário à autonomia: quem abre conta em banco deve, no mínimo, se informar, a cada cheque a emitir, sobre o estado de seu saldo bancário." Cf. *Ibid.*, p. 578–579.

42 Cf. AZEVEDO, Antônio Junqueira de, Insuficiências, Deficiências e Desatualização do Projeto de Código Civil na Questão da Boa-fé Objetiva nos Contratos, **Revista Trimestral de Direito Civil**, v. 1, n. 1, p. 3–12, 2000, p. 4; AZEVEDO, Álvaro Villaça, Contratos: disposições gerais, princípios e extinção, *in*: AZEVEDO, Álvaro Villaça; TÔRRES, Heleno Taveira; CARBONE, Paolo (Orgs.), **Princípios no Novo Código Civil Brasileiro e Outros Temas: homenagem a Tullio Ascarelli**, 2a. ed. São Paulo: Quartier Latin, 2010, p. 53; MARTINS-COSTA, **A Boa-fé no Direito Privado**, p. 590.

43 V. subtópico 3.2 acima.

(ligados à pessoa dos envolvidos, tais como a sua possibilidade de acesso à informação; bem como à presunção, ou não, de assimetria informacional entre as partes); (ii) elementos normativos (tais como os usos do tráfico jurídico, a presença, ou não, de um dever legal e/ou contratual de informar) e elementos fáticos objetivos (*v.g.*, a aceitabilidade, conforme a relação, de assumir-se o risco de 'jogadas equivocadas', como é próprio das relações interempresariais, o cuidado prévio revelado pela realização de *due diligence*, ou a sua negligência, etc.). Em qualquer caso, o *quantum* informativo é questão de grau: não há dever jurídico de dação de informação *ilimitada*."[44]

Sob esse aspecto, embora se reconheça claramente que o dever de informar decorrente da boa-fé objetiva não deva ser ilimitado, ele, em si, parece limitar a autonomia da vontade das partes que celebram um contrato escondendo informações relevantes ao negócio entabulado e à possibilidade de cumprimento do contrato sem desconto de preço. A expectativa de concessão de tal tipo de informação não parece exceder o *quantum* razoavelmente esperado de contraentes em boa-fé. Sobre o assunto, Menezes Cordeiro esclarece:

> "[o]s deveres de informação adstringem as partes à prestação de todos os esclarecimentos necessários à conclusão honesta do contrato. Tanto podem ser violados por acção, portanto com indicações inexactas, como por omissão, ou seja, pelo silêncio face a elementos que a contraparte tinha interesse objectivo em conhecer."[45]

Dado que o princípio da boa-fé objetiva deve ser respeitado em todas as etapas do negócio jurídico, da sua formação à sua conclusão[46], também é esperado que o dever de informar incida igualmente, com os devidos contornos, em todas as fases do negócio jurídico, inclusive, no caso de um CCVP, no momento de sua negociação e no período entre a sua assinatura e o fechamento da operação.

Contudo, como visto, o dever de informar não deve ser absoluto (ou ilimitado), o que implica que sua extensão deve ser considerada no caso concreto, mas a omissão intencional de informações relevantes durante a formação ou celebração do CCVP, caracterizando a prática de *sandbagging*, tende a apresentar resistências no ordenamento brasileiro, conforme se verá no subtópico 4.2 abaixo.

---

44 Cf. MARTINS-COSTA, **A Boa-fé no Direito Privado**, p. 587.

45 Cf. MENEZES CORDEIRO, António Manuel da Rocha e, **Da Boa Fé no Direito Civil**, Coimbra: Almedina, 2020, p. 583.

46 V. nota 42 acima.

De todo modo, não se pode esquecer que a incidência do princípio da boa-fé objetiva em transações comerciais tem contornos específicos[47], decorrentes principalmente do ambiente e contexto em que são realizadas e da qualificação das partes. A esse respeito, Martins-Costa esclarece o seguinte:

> "a incidência do princípio da boa-fé é, neste campo, peculiarizada por alguns traços que vale a pena destacar, na medida em que infletirão nas tonalidades que o revestirão. Sinteticamente, são eles: (i) a noção de mercado; (ii) o dinamismo coerente à noção de atividade empresarial (art. 966) que está no núcleo da *fattispecie empresário*; (iii) o forte impacto que a *praxis* tem nesse campo, coligando imediatamente boa-fé, usos do setor e as práticas das partes; (iv) a informalidade e a atipicidade; e (v) a dinâmica circulação/apropriação de modelos provindos da praxe internacional ou da experiência comparatista."[48]

Nesse sentido, Forgioni explica que *"para o direito comercial, agir de acordo com a boa-fé significa adotar o comportamento jurídica e normalmente esperado dos 'comerciantes cordatos', dos agentes econômicos ativos e probos em determinado mercado"* [49]. Adiciona, ainda, que *"[a] boa-fé no direito comercial não acompanha padrões que a apontariam como reflexo de altruísmo exacerbado ou de algo semelhante"*[50].

É dessa tensão entre a autonomia da vontade e a boa-fé objetiva no direito comercial que parecem decorrer, pelo menos, três possíveis interpretações

---

47 "O que há de peculiar ao Direito Empresarial é a maior imantação pela prática, que condiciona o sentido da boa-fé, apresentando-a em conformidade com o *standard* da *probidade específica* – 'pelo mesmo modo e sentido por que os negociantes se costumam explicar, posto que entendidas de outra sorte possam significar coisa diversa', como estava no art. 30 do Código Comercial de 1850. Assim, devendo ser concretizada em imediata ligação com os usos do tráfico e com o ambiente do mercado, nesse campo adquire o princípio da boa-fé tons e cores modulados por uma paleta de significações advindas do viés *confiança* em seus matizes: a confiança como *confiabilidade ou credibilidade* (valorizando-se a posição do agente, isto é, o investimento de confiança daquele que recebe determinada ação ou declaração bem como, por exemplo, a posição de autoridade do emissor da declaração); e a confiança como *previsibilidade* necessária para o cálculo do investidor, sócio, ou empresário para poder mensurar o risco, apresentando-se especialmente, então, como elemento da *segurança jurídica*." Cf. MARTINS-COSTA, **A Boa-fé no Direito Privado**, p. 309.

48 Cf. *Ibid.*, p. 301–302.

49 Cf. FORGIONI, Paula A., **Contratos Empresariais: teoria geral e aplicação**, [s.l.] Revista dos Tribunais, 2015, p. 123.

50 Cf. *Ibid.*, p. 124. A autora ainda ressalta que "[n]o direito comercial, o respeito ao princípio da boa-fé não pode levar, em hipótese alguma, a uma excessiva proteção de uma das partes, sob pena de desestabilização do sistema. O 'erro de cálculo' do agente é um instrumento que premia a eficiência do outro. No processo de interpretação dos contratos mercantis, a boa-fé não pode ser confundida com equidade ou com 'consumerismo', erro em que incidem vários autores não habituados à dinâmica de mercado." Cf. *Ibid.*, p. 126.

para a prática de *sandbagging*, as quais são ligadas, por sua vez, a três contextos diversos entre si e bastante específicos. É a elas que, finalmente, o subtópico 4.2. abaixo se dedicará.

4.2. Três possíveis interpretações

Os três principais cenários nos quais o embate entre a autonomia da vontade e a boa-fé objetiva pode resultar em três interpretações distintas para a prática de *sandbagging* são os seguintes: (i) CCVPs nos quais há cláusula *pro-sandbagging*; (ii) CCVPs nos quais há cláusula *anti-sandbagging*; e (iii) CCVPs nos quais não há regulação sobre a prática de *sandbagging*. A seguir, serão apresentadas as propostas interpretativas a cada um desses cenários.

4.2.1. CCVPs com cláusula *pro-sandbagging*

Nos CCVPs em que as partes decidiram voluntariamente negociar e incluir uma cláusula *pro-sandbagging*, a autonomia da vontade parece prevalecer sobre eventual possibilidade de invalidação da cláusula com base no princípio da boa-fé objetiva, desde que presentes alguns requisitos que afastariam o entendimento da cláusula como uma "carta na manga".

Pargendler e Portugal Gouvêa são enfáticos ao dizer que "*a utilização da cláusula de* sandbagging *como 'carta na manga' atenta contra a boa-fé objetiva.*"[51] Tal interpretação, no entanto, foi apresentada em um contexto específico no qual se discutia a aplicabilidade de cláusula *pro-sandbagging* a uma situação de possível violação de mera declaração de uma das partes, prestada mediante a qualificadora "no melhor conhecimento".

Diferentemente, quando se parte do princípio de que a cláusula *pro-sandbagging* está atrelada essencialmente às garantias (*warranties*), e não às declarações (*representations*), conforme discutido no subtópico 3.2 acima, sua fixação em CCVPs e posterior aplicação não parecem violar a boa-fé objetiva, de forma geral, ou os deveres informativos, de forma específica, mas apenas preencher o espaço de negociação livre aberto às partes pela autonomia da vontade.

Ou seja, quando se trata de evento em que as partes absolutamente diligentes, qualificadas e bem assessoradas (i) entabularam obrigação de garantia em CCVP, (ii) atrelaram à prestação de tal garantia uma cláusula *pro-sandbagging*, e, posteriormente, (iii) encontram-se em situação de violação da garantia

51 Cf. PORTUGAL GOUVÊA; PARGENDLER, As Diferenças entre Declarações e Garantias e os Efeitos do Conhecimento, p. 316.

prestada, a aplicação da irrelevância da ciência prévia do comprador sobre a referida violação (*sandbagging*) não poderá ser entendida como "carta na manga", salvo especificidades do caso concreto.

Nesses casos, é preciso reconhecer o contexto de alta sofisticação contratual em que ambas as partes, habituadas à prática mercantil e assessoradas por profissionais altamente qualificados em direito e finanças, decidiram voluntariamente negociar obrigação de garantia e atrelar a ela a irrelevância da ciência prévia pelo comprador, precificando os riscos e as consequências de tal decisão.

Entender o contrário seria, eventualmente, ignorar os contornos específicos do princípio da boa-fé objetiva no direito comercial, exprimindo indesejados "*altruísmo exacerbado*"[52] ou "*excessiva proteção de uma das partes*"[53], conforme desenvolvido no subtópico 4.1. acima.

4.2.2. CCVPs com cláusula *anti-sandbagging*

Da mesma forma como a autonomia da vontade abre às partes a possibilidade de incluírem em CCVPs cláusulas *pro-sandbagging* sem violarem a boa-fé objetiva aplicável às transações comerciais, a inclusão de cláusulas *anti-sandbagging* também parece ter respaldo em tal espaço aberto à livre negociação entre as partes.[54]

Se a interpretação acima proposta é que as partes não violam o princípio de boa-fé objetiva (particularizado por traços próprios do direito comercial[55]) ao negociar cláusula *pro-sandbagging* em CCVP, da qual decorre a possibilidade de, diante de obrigação de garantia, a parte compradora poder se valer de conhecimento prévio sobre violação da referida garantia para exercer seus remédios contratuais, parece muito menos gravoso ou polêmico admitir a proibição expressa de tal possibilidade, consubstanciada na cláusula *anti-sandbagging*.

Em verdade, no ordenamento brasileiro, a inclusão da cláusula *anti-sandbagging* serve para trazer ao CCVP, agora de forma expressa e com maior segurança jurídica, interpretação bastante semelhante àquela que a ele já seria atribuída pela aplicação do princípio da boa-fé objetiva quando silente sobre

---

52 FORGIONI, **Contratos Empresariais: teoria geral e aplicação**, p. 124.

53 *Ibid.*, p. 126.

54 Trindade, ao analisar a questão sob o ponto de vista de outros tópicos de direito privado para além do princípio da boa-fé objetiva, encaminha entendimento que vai em sentido semelhante: "[a]mbas as cláusulas, *pro* e *anti-sandbagging*, são, a nosso ver, válidas, de maneira geral, à luz do direito brasileiro, lidando apenas com direitos disponíveis." Cf. TRINDADE, Sandbagging e as Falsas Declarações em Alienações Empresariais, p. 97.

55 V. nota 48 acima.

a prática de *sandbagging*[56], conforme será abordado em maiores detalhes no subtópico 4.2.3 a seguir.

4.2.3. CCVPs sem cláusula regulando *sandbagging*

Enfim, nos CCVPs em que não há cláusula regulando a prática de *sandbagging*, ou seja, em que não há cláusula *pro-sandbagging* ou *anti-sandbagging*, a boa-fé objetiva parece, de fato, atuar impedindo a prática, salvo especificidades do caso concreto. Em consonância com o que sustentam Portugal Gouvêa e Pargendler, nesse caso, a eventual admissão da prática de *sandbagging* em contexto de CCVP regido pelo direito brasileiro *atentaria contra a boa-fé objetiva*[57].

Embora sob outros fundamentos, Trindade também chega a uma conclusão prática semelhante: "*na omissão de disciplina pelas partes, o devedor do preço, credor da coisa, aceitando a execução do contrato, mesmo ciente da falsidade da declaração do alienante devedor, não poderá voltar atrás, seja para pedir a anulação, seja para pleitear indenização*"[58].

Ou seja, nesse tipo de situação, a concessão, pela parte compradora, da informação de que tem conhecimento sobre fato que resultaria em violação de determinada declaração ou garantia prestada (ou prestes a ser prestada, nos casos em que o CCVP ainda não foi celebrado) pela parte vendedora não excederia o *quantum*[59] do dever informativo razoavelmente esperado de contraentes em boa-fé. Caso contrário, realmente seria reconhecido o direito a uma "carta na manga" ao comprador.

Aqui, portanto, em ausência de disposição contratual sobre a temática, o princípio da boa-fé objetiva, particularizado pelos traços dos negócios regidos pelo direito comercial[60], tem importante e decisiva incidência por meio de sua função integrativa, dentro da qual se encontram os deveres informativos como deveres anexos[61] às obrigações principais entabuladas no CCVP. Há, em decor-

---

56 "É igualmente o que se depreende, *a contrario sensu*, da seguinte conclusão de Trindade: "as cláusulas *pro-sandbagging* constituem na única forma abrangente pela qual o adquirente, ciente da falsa declaração do alienante, preservará, no direito brasileiro, a faculdade de dar imediato cumprimento ao contrato, sem qualquer ressalva, conservando a possibilidade de demandar [...] posteriormente indenização pelos danos decorrentes da falsa declaração do alienante, esteja ou não pré-fixada em cláusula penal." Cf. *Ibid.*, p. 104.

57 Cf. PORTUGAL GOUVÊA; PARGENDLER, As Diferenças entre Declarações e Garantias e os Efeitos do Conhecimento, p. 316.

58 Cf. TRINDADE, Sandbagging e as Falsas Declarações em Alienações Empresariais, p. 103.

59 V. notas 44 e 45 acima.

60 V. nota 48 acima.

61 V. nota 41 acima.

rência de tal incidência, uma limitação à autonomia da vontade das partes, que, caso contrário, teriam tido a possibilidade de negociar e executar declaração ou garantia sabidamente inverídica ou imprecisa.[62]

CONCLUSÕES

O objetivo do artigo foi analisar se, quando transplantada de sistemas jurídicos de *common law* para o sistema jurídico brasileiro, a prática e as cláusulas de *sandbagging* são ou não limitadas de forma especial por princípios e regras já consolidados em nosso sistema jurídico, como o princípio da boa-fé objetiva. Dentro de tal objetivo, perseguiu-se o teste da hipótese de que tal limitação ocorre, resultando em três principais respostas interpretativas do nosso sistema jurídico.

Com tal intuito, desenvolveu-se metodologia analítico-descritiva a partir da qual tanto a contextualização prática (exemplificação) desenvolvida no tópico 2 quanto a análise das origens da prática de *sandbagging* nos Estados Unidos e da jurisprudência lá decorrente revelaram elementos posteriormente utilizados para a construção das possibilidades interpretativas desenvolvidas no tópico 4.

No tópico 4, a partir do embate entre a autonomia da vontade e a boa-fé objetiva particularizada no direito comercial, foram desenvolvidas as três sugestões interpretativas apresentadas, que, embora aqui tenham decorrido exclusivamente da análise de tal complexo embate, podem decorrer também da aplicação de outros regramentos de direito privado[63].

Foram sugeridos, enfim, os seguintes caminhos interpretativos aplicáveis, salvo especificidades de casos concretos, a partir da análise da tensão entre a boa-fé objetiva e a autonomia da vontade: (i) nos CCVPs em que as partes decidiram voluntariamente negociar e incluir uma cláusula *pro-sandbagging* (atrelada a real *garantia*, e não a mera *declaração*), a autonomia da vontade parece prevalecer sobre eventual possibilidade de invalidação da cláusula com base no princípio da boa-fé objetiva; (ii) nos CCVPs em que as partes decidiram voluntariamente negociar e incluir uma cláusula *anti-sandbagging*, a autonomia da vontade parece igualmente admitir tal caminho; e (iii) nos CCVPs em que não há cláusula regulando a prática de *sandbagging*, a boa-fé objetiva parece, de fato, atuar impedindo a prática, limitando a extensão da autonomia da vontade das partes.

62 Como visto, a interpretação aqui sugerida é possível pelo simples embate entre o princípio da boa-fé objetiva e a autonomia da vontade, mas, para além da análise aqui empreendida, outros regramentos de direito privado também indicariam para a mesma conclusão (os quais intencionalmente foram desconsiderados no presente estudo), como em TRINDADE, Sandbagging e as Falsas Declarações em Alienações Empresariais.

63 V. nota 63 acima.

86. CLÁUSULA DE NÃO-MODIFICAÇÃO DO CONTRATO

Ruy Pereira Camilo Junior

1. O CONTEÚDO DA CLÁUSULA

A cláusula de não-modificação do contrato é disposição negocial socialmente típica (*boilerplate*), pela qual as partes estipulam que qualquer alteração do conteúdo contratual exigirá a celebração de novo instrumento aditivo, firmado por representantes autorizados de cada uma delas. A alteração pode ter por objetivo a supressão, inclusão ou substituição de deveres ou prestações.

A cláusula veicula requisitos para a novação das obrigações contraídas e para a modificação do clausulado contratual: a) a exigência de forma, prevendo-se não apenas documento escrito, mas, de modo específico, a celebração necessária de instrumento que incorpore a vontade comum dos contratantes de aditar, novar ou extinguir o anteriormente pactuado; b) a determinação de que essa vontade comum seja manifestada por representantes dotados dos poderes jurídicos para vincular, respectivamente, seus representados; c) por vezes, a previsão de que a celebração do instrumento seja precedido por outros atos, como a apresentação de orçamentos ou planilhas, ou a assinatura de atas de reunião.

Interpretado de modo literal, o primeiro requisito mencionado choca-se com o princípio da liberdade de forma e com o regime jurídico de formação dos contratos, segundo o esquema oferta-aceitação, em conformidade com os artigos 427 e seguintes do Código Civil; o segundo parece pecar por sua ociosidade e redundância, já que seria desnecessário estipular que as partes se expressem por seus mandatários ou órgãos sociais.

O objetivo deste estudo é investigar a função da cláusula de não-modificação, entendendo-a como um mecanismo de governança contratual, segundo o qual as partes de relações complexas e de longo prazo buscam zelar pela integridade das cláusulas contratuais, impedindo que as interações dinâmicas estabelecidas entre os vários níveis de cada uma das empresas, durante o cumprimento das prestações, flexibilizem ou descaracterizem o que fora formalmente pactuado. Busca-se igualmente afastar a aplicação da teoria da aparência nas suas interações futuras.

Defende-se a compatibilidade dessa cláusula com o regime jurídico contratual brasileiro, desde que a sua interpretação se faça *secundum legem.*

Esta cláusula deve ser considerada uma estipulação das partes a respeito da interpretação de suas manifestações de vontade, tal como autorizado pelo artigo 421 A, I, do Código Civil, estabelecendo uma presunção relativa de que novas comunicações entre elas não constituam novas ofertas e aceitações. A celebração dessa cláusula não implica e nem gera a invalidade de novas ofertas e aceitações feitas pelas partes, por outra forma que aquela previamente prevista, pois não podem elas suprimir a vigência dos dispositivos do Código Civil sobre a formação dos contratos. No entanto, essa cláusula deverá considerada pelo juízo judicial ou arbitral como geradora de uma presunção relativa da inexistência de eficácia obrigacional sobre atos posteriores, que só serão vinculantes se evidenciarem, estreme de dúvidas, o ânimo manifesto das partes, devidamente representadas, de alterarem ou novarem suas estipulações anteriores (*animus modificandi*).

2. VARIANTES REDACIONAIS DA CLÁUSULA

O uso de cláusulas socialmente típicas permite às partes contratantes se aproveitarem de externalidades de rede e de aprendizado, que alimentam e reforçam a difusão e a padronização da redação estipulada.[1] Obtém-se igualmente redução de custos de transação, pois as partes não precisam se debruçar longamente sobre aquelas disposições, uma vez que já conhecem e entendem seu sentido, e estão acostumadas a uma incorporação quase automática e acrítica desses elementos em seus pactos.

No entanto, mantendo-se o mesmo núcleo semântico, é natural que haja pequenas variações quanto às palavras utilizadas, revestindo-se essas cláusulas

1 A esse respeito, v. o texto pioneiro de Michael Klausner and Marcel Kahan, Standardization and Innovation in Corporate Contracting (or the 'Economics of Boilerplate'), 83 *Virginia Law Review* 713-70 1997.

de formas ligeiramente diferentes, consoante os ajustes que as partes concretamente combinem para adequar a disposição ao objeto ou à estrutura de seu contrato. De igual modo, os modelos de cláusula variam conforme o tipo contratual em que se insiram (sendo um pouco diferentes, por exemplo, quando se cotejam contratos de natureza societária de contratos de construção). As variações também se explicam pela rigidez de algumas grandes bancas de advocacia, que insistem no prevalecimento de seus próprios modelos, contribuindo para algum nível de diversidade redacional, sem distinção de significado.

Um breve levantamento empírico revela algumas dessas variações, extraídas de diferentes instrumentos negociais:

1) Este Contrato e seus anexos somente poderão ser alterados ou aditados por meio de instrumento escrito assinado pelas Partes, por seus representantes legais (Cláusula em contrato de venda de participação societária).
2) Nenhum aditamento, mudança, renúncia ou quitação de qualquer disposição deste Contrato será válida sem a assinatura dos representantes legais de cada uma das Partes (cláusula em contrato de venda de participação societária).
3) Caso haja necessidade de modificação do objeto do contrato, com a inclusão ou exclusão de serviços ou a contratação de serviços ou fornecimentos extraordinários, a **CONTRATADA** elaborará proposta detalhada, com quantitativos e preços, a qual, após aceitação por escrito da **CONTRATANTE**, passará a fazer parte integrante do objeto deste Contrato, mediante a assinatura de aditamento contratual, pelos representantes legais das partes (cláusula em contrato de construção)
4) Em razão do dinamismo dos trabalhos, os prazos e respectivos custos também poderão ser reduzidos, majorados ou prorrogados por intermédio de atas de reunião, desde que se se faça a celebração do respectivo Aditamento a este Contrato, assinado pelos representantes das partes (cláusula em contrato de construção).
5) Tanto a modificação quanto a exclusão de serviço do objeto deste contrato deverão ser formalizadas entre as partes por meio de aditivo contratual a ser celebrado no prazo de até 15 (quinze) dias corridos contatos da aprovação por escrito pela contratante (cláusula de contrato de prestação de serviços)

Considerando-se que esta cláusula socialmente típica, como outras, surge e desenvolve-se em países do *Common Law*, mostra-se oportuno o registro também de variantes redacionais da cláusula em contratos em língua inglesa, onde é denominada como cláusulas de *no modification* ou *no amendment*.

1. This agreement may not be released, discharged, supplemented, interpreted, amended, varied or modified except by an instrument in writing signed by the authorized representatives of all the parties to this agreement.
2. No amendment, modification, deletion, addition or other change in this Agreement or any provision hereof, or waiver of any right or remedy herein provided, shall be effective for any purpose unless specifically set forth in a writing signed by the party to be bound thereby.
3. No amendment to this Agreement shall be effective unless it is made in writing and signed by the Parties hereto.
4. No amendment, change or modification to this Agreement shall be effective or enforceable unless it is in writing and executed by an officer or director of each party to this Agreement.
5. No modification, amendment, or waiver of any provision of this Agreement shall be effective unless in writing and either signed or accepted electronically by an authorized representative of both Parties.
6. Unless otherwise specified, any amendment, supplement or modification of or to any provision to this agreement and any consent to departure by the parties to the terms of this agreement shall be effective only if it is made or given in writing and signed by authorized signatories from both parties.

A doutrina aponta que as *boilerplates clauses* tendem a crescer em complexidade e detalhamento em seu processo de difusão nas comunidades jurídicas mundiais, aumentando o número de palavras usadas, com a incrustração de formas de estilo. Essa repetição automática vai esvaziando o sentido das estipulações, gerando ¨buracos negros¨ semânticos, para se referir à metáfora astrônomica de de Stephen J. Choi, Mitu Gulati e Robert Scott, relativa aos objetos cósmicos dos quais nenhuma informação escapa:

> At the limit, a boilerplate term that is reused for decades and without reflection merely because it is part of a standard form package of terms, can be emptied of any recoverable meaning: this creates a contractual black hole. [2]

Para se evitar essa erosão semântica, deve-se ter sempre presente a função socioeconômica da cláusula de não-modificação, compreendendo sua eficácia específica. É o que se passa a analisar.

2 Stephen J. Choi, G. Mitu Gulati & Robert E. Scott, *The Black Hole Problem in Commercial Boilerplate*, 67 DUKE L. J. 1 (2017), pág. 1.

3. FUNÇÃO SOCIOECONÔMICA DA CLÁUSULA

A cláusula de não-modificação é um mecanismo de governança contratual que tem por propósito impedir que a dinâmica e a práxis contratual alterem o clausulado de modo aleatório e imprevisto, por força da interação contínua entre os vários níveis hierárquicos das organizações contratantes.

Segundo Oliver Williamson, governança contratual é "a matriz institucional dentro da qual transações são negociadas e cumpridas[3]". Mecanismos de governança contratual são essenciais quando há risco de oportunismo de uma partes, sobretudo em contratos relacionais.[4] Na hipótese ora em análise, as partes buscaram regrar suas interações futuras, comprometendo-se à formalização de aditivos caso pretendam modificar suas estipulações.

Serve-se assim ao objetivo de preservação da integridade do clausulado, impondo-se requisitos para sua alteração. Essa estipulação é inspirada pela preocupação com a segurança jurídica, que se pode turvar na miríade de comunicações reiteradas entre as partes.

Atente-se para a advertência de Paul Swegle:

> "Any modification, often captioned in writing as an amendment or addendum, should be handled with the same care as the original contract. When handled by non-lawyers, modifications are often made orally or by other informal means. In larger organizations, employees should be cautioned to avoid saying or doing things without proper authorization that could be interpreted by other outside of the organization as modifying important contractual requirements negotiated by other in the organization.
> Waiver and modification issues can result in costly "he-said, she-said" battles. This is an area of contract law where dispute avoidance requires attention during both contract drafting and implementation.".[5]

Os requisitos previstos na clausula de não-modificação são de duas distintas naturezas.

Primeiramente, exige-se forma especifica para o aditamento contratual: a celebração de instrumento firmado por ambas as partes. Essa celebração pode

---

3 WILLIAMSON, Oliver. "Transaction Cost Economics: the Governance of Contractual Relations". Journal of Law and Economics n. 22, 1979, pág. 239.

4 Sobre o tema, ver GRUNDMANN, Stefan, MÖSLEIN, Florian, RIESENHUBER, Karl, Contract Governance: Dimensions in Law & Interdisciplinary Research. Oxford: Oxford University Press, 2015.

5 SWEGLE, Paul. Contract Drafting and Negotiation. Seattle: Business Law Seminar Group, 2018, pág. 17.

ser antecedida de procedimentos ou atos preparatórios, como a realização de reuniões com a lavratura de atas.

A exigência de maior solenidade de forma pretende chamar a atenção das partes para o alcance e os efeitos de suas novas avenças, além de permitir uma maior organização da documentação contratual (já que os aditivos tendem a ser numerados), preservando igualmente um paralelismo de forma em relação ao instrumento originário.

Em segundo lugar, há a explicitação da necessidade da assinatura dos representantes legais, que objetiva exatamente reforçar que atos ou palavras de outros prepostos ou empregados das partes, expressas de modo informal, não tenham o condão de alterar as estipulações contratuais. Neste ponto, a cláusula almeja excluir, ou ao menos dificultar, a aplicação da teoria da aparência, pois as partes externam reciprocamente a vontade de só se obrigarem por atos daqueles formalmente legitimados para isso.

Richard Christou enfatiza o duplo objetivo da cláusula de não-modificação:

> "*Variation of a contract after its signature has two aspects, a procedural and a substantive one. As regards procedure it is important that any such changes are made in a disciplined way, that proper consideration as to whether they should be made is given by duly authorised persons and that a proper record of all variations is kept. Variations should not be made informally, or as it were by accident.*".[6]

A mesma função de tutela da integridade do conteúdo contratual é desempenhada por outras cláusulas socialmente típicas: as chamadas cláusulas de inexistência de renúncia (*no forebearance*) e de não aditamento do contrato por via oral (*no oral amendment*). Elas se distinguem das cláusulas de não-modificação, embora por vezes seus conteúdos sejam integrados em uma única disposição com múltiplos comandos.

A cláusula de inexistência de renúncia tem por objetivo afirmar que a tolerância com a mora alheia não implica nem renúncia e nem novação. Na referida estipulação, preserva-se o contrato contra a postura omissiva da parte, enquanto a cláusula de não-modificação pretende obstar que atos de comunicação – condutas ativas – tenham efeito novatório. Já a cláusula de não aditamento por via oral é mais restrita em seu alcance do que a cláusula de não modificação, pois esta não se limita a exigir documento escrito, indo além para impor a forma instrumentária.

---

6 Christou, Richard ; Boilerplate: Practical Clauses, 4th edition. Londres: Thomson, Sweet & Maxwell Limited, 2005. Pg. 234-235.

4. DA EFICÁCIA ESPECÍFICA DA CLÁUSULA

4.1. Da Inocorrência de Invalidade da Modificação sem Instrumento Aditivo

Nos países do *Common Law*, a jurisprudência recente tem fulminado como inválidas as alterações de contrato que não obedeçam aos requisitos postos nas cláusulas de não-modificação.

A Corte de Apelação de Nova York repeliu a eficácia de modificação oral de contrato por implicar infringência dessa cláusula, no caso *Nassau Beekman, LLC v. Ann/Nassau Realty, LLC*, em 2013[7]. Nesse caso, invocou-se como razão de decidir a existência de norma legal expressa, do Estado de Nova York, que proíbe a modificação oral de contrato com cláusula que preveja aditamento por escrito[8].

No Reino Unido, a Suprema Corte reformou decisão de instância inferior que afirmara que cláusulas contratuais que exigissem aditamentos por escrito não impediriam subsequentes alterações orais. Trata-se do caso Rock Advertising Ltd. v. MWB Business Exchange Centre Ltd., UKSC 24, julgado em 2018. No voto de Lord Sumption, que foi o prevalecente por maioria, afirma-se que "*there is no conceptual inconsistency between a general rule allowing contracts to be made informally and a specific rule that effect will be given to a contract requiring writing for a variation*".

O direito comparado é manancial inesgotável de perguntas e indagações, mas não necessariamente de respostas e soluções, que refletem as peculiaridades e normas positivas de outros jurisdições.

Diferentemente dos precedentes anglo-americanos, no Brasil há de ser considerada válida a alteração contratual que se faça mesmo que em desconformidade com a cláusula de não-modificação, desde que fique evidente o *animus modificandi* das partes.

Em primeiro lugar, inexistem cláusulas pétreas nos contratos, que não possam ser alteradas se as próprias partes estiverem de acordo, respeitada a ordem pública. Ora, quando ambas modificam o pacto por forma distinta da

---

7 *Nassau Beekman, LLC v. Ann/Nassau Realty, LLC*, em 2013 WL 362816, at *1 (N.Y. App. Div. Jan. 31, 2013).

8 Trata-se do § 15-301 da Lei Geral de Obrigações de Nova York, que dispõe que "a written agreement or other written instrument which contains a provision to the effect that it cannot be changed orally, cannot be changed by an executory agreement unless such executory agreement is in writing and signed by the party against whom enforcement of the change is sought or by his agent.".

originalmente avençada, há uma dupla modificação: a primeira, quanto ao dispositivo contratual que excluíram, incluíram ou substituíram; a segunda, pelo abandono voluntário do rigorismo que exigia o instrumento de aditivo. Querendo ambas aditar o pacto por outro modo – como, por exemplo, por email ou ata -, e sendo evidente a vontade de contratar, não há razão para que sua nova vontade comum tenha se sucumbir ou ceder à vontade comum anteriormente manifestada.

Nesse sentido são expressivas as palavras do Juiz Benjamin Cardozo, em 1919, quando integrava a Corte de Apelações de Nova York:

> "Those who make a contract, may unmake it. The clause which forbids a change, may be changed like any other. The prohibition of oral waiver, may itself be waived. 'Every such agreement is ended by the new one which contradicts it' (Westchester F Ins Co v Earle 33 Mich 143, 153). What is excluded by one act, is restored by another. You may put it out by the door; it is back through the window. Whenever two men contract, no limitation self-imposed can destroy their power to contract again ..."[9]

Em segundo lugar, embora se possa dizer, em linha com o Código Napoleônico, que o contrato faz lei entre as partes, nenhum negócio jurídico pode suprimir o regime de formação dos contratos no Código Civil, segundo o esquema oferta – aceitação. Sempre que houver proposta e aceite feitos por agentes capazes, tendo objeto lícito, eles restarão vinculados. Tampouco pode ser ignorado o princípio do informalismo no direito contratual, a restringir a exigência de forma solene para os casos definidos em lei.

Essas circunstâncias levam-nos à conclusão da subsistência da liberdade de forma das partes, se quiserem alterar o pactuado por outros meios. Atente-se à lição de Agnese Alamanni:

> ¨Ove non sia richiesta una particolare forma, il contrato modificativo, al pari di ogni contratto, può concludersi secondo la disciplina prevista per il contratto in generale e dunque, ove ne ricorrano i pressuposti, anche secondo una modalità di conclusione alternativa allo schema proposta – accetazione¨.[10]

A aceitação de oferta, seja formulada verbalmente, seja por e-mail, ata, ou outro modo informal, há de resultar em um novo negócio jurídico, apto a

9 Beatty v Guggenheim Exploration Co (1919) 225 NY 380, 387-388.

10 ALAMANNI, Agnese. La Modifica del Contratto. L`Identidà e gli Effetti. Turim: G. Giappichelli Editore, 2018, página 254,

alterar cláusulas ou prestações da relação jurídica preexistente. Nas palavras de PONTES DE MIRANDA, "*o novo negócio jurídico insere a cláusula, mas ele, em si, é negócio jurídico a parte. A alteração inserta não é adição ou subtração ao negócio jurídico anterior, mas eficácia de negócio jurídico concluído depois. Há dois negócios jurídicos, um dos quais, posterior, é de eficácia injectiva. A cláusula do contrato existente muda, altera-se, por eficácia de negócio jurídico posterior*".[11]

Há de se ter presente que, no dinamismo da vida empresarial, as propostas são veiculadas amplamente pela via eletrônica, devendo os juristas acatar essa praxe, sob pena de criarem disfuncionais. A função da doutrina e da jurisprudência é atualizarem a lei às demandas e à realidade da vida comercial, e não fazê-la regredir. A propósito, ao comentar o projeto do Código Civil no ano de 2000, Ruy Rosado de Aguiar Júnior lamentava que o texto não fizesse referência "à documentação gerada pelo uso do *computador e transmitida por e-mail*", pois "*trata-se de caminho por onde a maioria dos negócios será celebrada em breve futuro*".[12]

Em terceiro lugar, deve ser reputada como uma violação da boa-fé objetiva a posterior recusa de uma parte que aceitou a modificação do contrato por meio distinto, sob pretexto de respeito à cláusula de não-modificação.

Para Judith Martins Costa, este seria um clássico exemplo de comportamento contraditório:

> "(...) quem autoriza verbalmente o parceiro contratual a adotar determinado procedimento que, segundo o contrato, haveria de ser dado por escrito e vem, depois, alegar violação ao contrato, incorreria em venire contra factum proprium, pois a segunda ação vem contra a primeira, da qual nascera a confiança do parceiro de que a autorização estava adequadamente dada.".[13]

No plano do direito comparado, mesmo regras que validem e exijam acatamento das cláusulas de não-modificação afastam-na quando a alteração informal implicou um investimento de confiança da outra parte.

Nesse sentido, atente-se para o disposto na Convenção de Viena, que estabelece que, nos contratos que tenham disposição de alteração somente por meio formal, tal regra não poderá ser invocada por uma parte, em razão

---

11 PONTES DE MIRANDA, Francisco. Tratado de Direito Privado, vol. 23, Rio de Janeiro: Borsoi, 1970, pág. 69/70.

12 AGUIAR JUNIOR, Ruy Rosado de. Projeto de Código Civil. As obrigações e os Contratos. Revista dos Tribunais, n. 775, maio de 2000, pág, 29.

13 COSTA, Judtith Martins. A Boa-Fé no Direito Privado. Critérios para a sua Aplicação. São Paulo: Saraiva, 2018. 2ª Edição. p. 677.

do comportamento contraditório, para tutela da expectativa legítima da outra parte. Veja-se a previsão:

> Artigo 29 (...) O contrato escrito que contenha disposição prevendo que qualquer modificação ou resilição somente se possa fazer por escrito não poderá ser modificado ou resilido por outra forma. Todavia, uma parte poderá ser impedida por sua própria conduta de invocar esta disposição, na medida em que a outra parte tiver confiado nessa conduta.".

Similar dispositivo encontra-se nos *"Princípios de Contratos Comerciais Internacionais*" (UNIDROIT):

> "Article 2.1. A contract may be concluded either by the acceptance of an offer or by conduct of the parties that is sufficient to show agreement.".

> "Article 2.18. Written modification clauses. A contract in writing which contains a clause requiring any modification or termination by agreement to be in writing may not be otherwise modified or terminated. However, a party may be precluded by its conduct from asserting such a clause to the extent that the other party has acted in reliance of that conduct.".

Os *Principles of European Contract Law*, elaborados pela Comissão Lando, dão outro tratamento e eficácia à cláusula de não-modificação, como se explicará *infra*. Mas tal quadro normativo também contém dispositivo de aplicação subsidiária determinando a preclusão da invocação da cláusula de não modificação por uma parte se a outra, por sua vez, tiver feito investimentos de confiança, a partir da legítima expectativa de que a modificação contratual por outro forma fosse eficaz:

> "Article 2:106: Written Modification Only".

> "(2) A party may by its statements or conduct be precluded from asserting such a clause to the extent that the other party has reasonably relied on them

Devem ser considerados os comentários ao referido dispositivo:

> "Reliance in spite of a Merger or "No oral modification" Clause

> If the parties by their conduct – for instance by oral agreement – have agreed to modify a contract containing a merger clause or a "no oral modification" clause and one party has reasonably acted in reliance on this conduct, the other party will be precluded from invoking the clause.

“Ilustration: A construction contract contains a clause providing that “this contract may only be modified in writing signed by both parties”. Subsequently the parties orally agree to some changes in favour of the owner which are performed. When later the contractor invokes another oral modification made in its favour the owner invokes the “no oral modification” clause.”.[14]

“The contractor may invoke the performance of the first oral agreement to show that the second oral agreement, in favour of the contractor, is binding on the owner. The contractor has in fact relied on the abrogation of the “no oral modification” clause.”[15]

4.2. Da Eficácia da Cláusula: Da Presunção Relativa de Inexistência de *Animus Modificandi*

No direito brasileiro, serão válidas as modificações de contratos que se façam sem os requisitos formais da cláusula de não-modificação. Há de se admitir, portanto, modificações de pactos formais por via oral, ou por escrita informal (como se dá em atas de reunião, e-mails ou mensagens eletrônicas), sempre que evidenciada a vontade modificativa das partes, desde que feitas por quem detiver poderes gerenciais ou mandato, ou sendo elas posteriormente ratificadas, explícita ou tácita, pelos representantes das partes.

Nesse contexto, qual a utilidade e a eficácia da cláusula de não-modificação, de tão disseminado uso nos contratos empresariais?

A cláusula de não modificação deve ser reputada como uma estipulação, pelas próprias partes, de critérios de interpretação de seu relacionamento, na forma permitida pelo artigo 421, I, do Código Civil, com a redação acrescentada pela Lei 13,874, de 2019 – Estatuto da Liberdade Econômica: ¨as partes negociantes poderão estabelecer parâmetros objetivos para a interpretação das cláusulas negociais e de seus pressupostos de revisão ou de resolução¨.

Em outras palavras, a cláusula estabelece uma presunção relativa de que as partes só desejarão alterar o pactuado mediante a formalização de aditivo escrito e firmado por seus representantes. Aquele que pretender que houve de fato uma mudança no avençado terá de comprovar, de modo cabal, o *animus*

14 LANDO, Ole, BEALE, Hugh. Principles of European Contract Law, Parts I and II, Haia: Kluwer Law, 2000, Pág. 154-5.
15 LANDO, Ole, BEALE, Hugh. Principles of European Contract Law, Parts I and II, Haia: Kluwer Law, 2000, Pág. 154-5.

modificandi de ambas as partes, ou seja, sua vontade comum de empreenderem "*una oggetiva modificazione della realtà giuridica*".[16]

Richard Christou nega que a violação da cláusula de não-modificação implique a invalidade da novel estipulação, destacando seu valor probatório:

> "It is not certain that a procedural clause can render invalid any variation which is not made in compliance with it, since in theory the parties could when making such a variation agree implicitly or even expressly to vary or ignore the variation procedure cause itself. Nevertheless, such a clause should always be inserted for its evidentiary value. Its presence makes it difficult for one party to claim that an informal variation (particularly an oral one) is valid, since he knows the proper procedure for instituting variations and therefore cannot easily rely on any doctrine of ostensible authority (on the part of the person representing the other party) in order to bind the other party to honour the informal variation.[17]

A posição doutrinária ora preconizada – no sentido de que a cláusula de não-modificação estabelece mera presunção relativa de que não havia intenção de alterar o pacto – coincide com a regra posta pela Comissão Lando, no bojo dos Principles of European Contract Law:

> *Article 2:106: Written Modification Only"*
>
> *"(1) A clause in a written contract requiring any modification or ending by agreement to be made in writing establishes only a presumption that an agreement to modify or end the contract is not intended to be legally binding unless it is in writing".*

Nos comentários ao dispositivo, Lando e Beale enfatizam a natureza relativa da mencionada presunção:

> "No oral modifications" Clauses in General Clauses in written contracts which provide that modification or termination (ending) by agreement must be in writing often occur, especially in long-term contracts. Under Article 2:106(1) such clauses will only establish a rebuttable presumption that later oral agreements or agreements made by conduct to end or to modify the written contract were not intended to be legally binding. It would be

16 ALAMANNI, Agnese, La Modifica del Contratto, pág. 274.

17 CHRISTOU, Richard; Boilerplate: Practical Clauses, 4th edition, Londres: Sweet & Maxwell Limited, 2005. Pg. 234-5.

contrary to good faith to let the parties' agreement to use writing bind them to that form when later they have clearly made up their minds to use another form. If, therefore, it can be shown that both parties agreed to modify or end the contract, but did not use writing, effect must be given to their agreement. This applies even if in an individually negotiated clause in their contract they provided that they would not give effect to an oral agreement to disregard the „non oral modification" clause."[18]

Por derradeiro, alerta-se que interpretação diversa da cláusula de não-modificação – como, por exemplo, uma leitura de que ela gerasse a invalidade de alterações que não atendessem a seus requisitos – traria para o coração do direito contratual uma arcaico formalismo, que tiraria todo o conteúdo jurídico e toda eficácia obrigacional da práxis contratual.

Recorde-se a sempre oportuna lição de José Alexandre Tavares Guerreiro, no sentido de que "a interpretação do contrato se subordina à realidade do negócio, e não à sua forma." É o entendimento expressado também pela doutrina estrangeira, como se infere dos ensinamentos de FABRIZIO PIRAINO:

> *"Qui il tema della giustizia del contratto è legata al superamento del metodo formalistico e un ruolo decisivo viene assegnato alla buona fede.(...)*
> *Anche alla buona fede integrativa viene riconosciuto, però, um ruolo del superamento del formalismo verso la considerazione diretta degli interessi materiali, i quali puntano ad atribuie rilevanza a profili della persona o più genericamente della sfera giuridica dei soggetti del rapporto obbligatorio non inclusi nela formalizzazione cui dà luogo la prestazione".*[19]

O direito dos contratos empresariais é o direito da práxis, do dinamismo e da realidade econômica. Repudia dogmas e formalismos. A cláusula de não-modificação, lida de modo compatível com o direito brasileiro – ou seja, como mera regra de interpretação, estabelecedora de presunção relativa de inexistência de *animus modificandi* -, permite dar estabilidade ao pactuado, sem no, entanto, privar as partes da prerrogativa de alterar o adredemente contratado pela forma e pelos meios que lhes convier. Ao formularem tal estipulação, não quiseram elas abdicar de nenhuma parcela de sua liberdade contratual. Cabe aos juristas continuamente zelar por essa liberdade.

---

18 Ibidem.

19 PIRAINO, Fabrizio, *La Buona Fede in Senso Oggettivo. Turim: G. Giappichelli Editore* – Torino. p. 521

87. A EXEQUIBILIDADE DE CLÁUSULAS CONTRATUAIS ENVOLVENDO CONVERSÃO DE DÍVIDA EM PARTICIPAÇÃO SOCIETÁRIA NO BRASIL: UMA ANÁLISE DO DIREITO DE PREFERÊNCIA

Sarah M. Matos Marinho

INTRODUÇÃO

Análises jurídicas de modelos contratuais para viabilizar financiamentos que envolvem conversão de dívida em participação societária normalmente estão associadas ao investimento de risco. Esse modelo de financiamento corporativo, normalmente trabalhado na forma do *venture capital* ou do *private equity*, vem crescendo nas últimas duas décadas e se profissionalizando no Brasil. Dados recentes sobre o mercado de *venture capital* e *private equity* no Brasil analisados em parceria pela Associação Brasileira de Private Equity e Venture Capital (ABVCAP), a Spectra Investments e o Insper mostram que o investimento de risco no País não apenas cresce do lado da sua oferta por investidores institucionais.[1] Observações de 2022 do momento do desinvestimento mostram que, entre 2019 e 2021, as ações de companhias que realizaram ofertas públicas iniciais após serem objeto de *private equity* tiveram *performance*

1 MINARDI, Andrea Maria Accioly Fonseca *et al*, Performance of Brazilian private equity and venture capital deals from 1984 to 2022, São Paulo, 2022.

acima do índice Ibovespa após um ano em negociação. Seus resultados foram superiores não só em relação ao Ibovespa, mas também diante do retorno das ações de companhias que fizeram ofertas iniciais de ações no mesmo período, mas nunca foram objeto de *private equity*.

Para lidar com o crescimento da demanda por serviços jurídicos nesse campo, a literatura jurídica tem excelentes trabalhos com a proposta de sumarizar os principais temas que demandam cláusulas contratuais específicas para proteger investidores e empreendedores em contratos de investimento de risco.[2] Contudo, a literatura ainda se mostra carente de uma análise mais aprofundada sobre como trabalhar o direito de preferência em minutas contratuais que regulam o financiamento por dívida conversível em participação societária. Essa reflexão é relevante na medida em que minutas-padrão de outros países muitas vezes servem de base para contratos de investimento de risco.

Na principal jurisdição de origem dessas minutas, os Estados Unidos, o investimento de risco é tradicionalmente viabilizado por meio da emissão de ações preferenciais a serem subscritas pelo investidor, que serão convertidas em ações ordinárias conforme a empresa-alvo avance no seu ciclo de crescimento.[3] A conversão é relevante para maximizar a extração de valor pelo investidor em futura oferta de ações no mercado de capitais. Já no Brasil, o investimento de risco segue ciclo similar, mas comporta mais comumente uma viabilização inicial via instrumentos de dívida, e não necessariamente participação societária. Quando é esse o caso, no âmbito do direito brasileiro, cabe uma tutela especial do direito de preferência dos sócios ou acionistas preexistentes no contrato de investimento de risco, de modo a torná-lo plenamente exequível no momento da conversão de dívida em participação societária.

Portanto, o presente artigo se propõe a enfrentar o tema do direito de preferência em contratos privados que servem especialmente o investimento de risco e propor melhorias nas práticas contratuais a ele pertinentes. As reflexões consideram o tratamento legal do direito de preferência em sociedades limitadas e sociedades por ações, embora, no momento de uma conversão de dívida em participação societária, dificilmente seja o caso de a empresa-alvo ter a forma de sociedade limitada. Da mesma forma, as reflexões a seguir podem ser úteis para garantir a exequibilidade de modelos de financiamento

2 CRAVEIRO, Mariana Conti, Alguns aspectos jurídicos do desinvestimento nas operações de private equity, *in*: SOUZA JUNIOR, Francisco Satiro (Org.), **Mercado de capitais: direito, gestão e prática**, São Paulo: Saraiva, 2017, p. 91–113; REBELO, Nikolai Sosa, Os investimentos e a captação de recursos por contratos de private equity e venture capital, **Revista de Direito Mercantil, Industrial, Econômico e Financeiro**, n. 159–160, p. 142–166, 2012.

3 ARMOUR, John, **Law, Innovation and Finance: A Review**, Centre for Business Research, University of Cambridge, 2002.

com conversão de dívida próprios de empresas nascentes, como normalmente tratado na literatura existente, ou mesmo acordos de investimento envolvendo empresas maduras.

1. O CICLO DE FINANCIAMENTO CORPORATIVO E OS INSTRUMENTOS JURÍDICOS PERTINENTES

A literatura econômica aborda o financiamento de forma mais holística e sugere que a prevalência de alternativas de financiamento por dívida, ou seja com capital de terceiros na perspectiva da empresa, e por participação societária, que significa na mesma perspectiva capital próprio, varia ao longo do ciclo de financiamento corporativo de um empreendimento.[4] Na perspectiva financeira, os economistas e gestores financeiros vão normalmente classificar empreendimentos entre iniciantes, de pequeno porte, de médio porte e de grande porte. Um empreendimento iniciante muitas vezes ainda nem sequer foi objeto da criação de uma estrutura de sociedade empresária para segregar os ativos da empresa dos ativos dos seus empreendedores, mesmo porque, nesse estágio, o empreendimento pode ser ainda a execução de uma ideia, sem que haja ativos tangíveis a ele associados. Nesse estágio muito inicial, os empreendimentos muitas vezes captam alguma forma de investimento-anjo, normalmente oferecido por pessoas físicas próximas ao empreendedor, e não necessariamente intermediado por um instrumento contratual robusto.[5]

Empresas de pequeno porte que já demonstraram algum resultado tendem a conseguir captar financiamento no modelo conhecido como *venture capital*, que pode ser viabilizado por instrumento de dívida ou participação societária. Nos instrumentos de dívida, o financiamento normalmente será conversível em participação societária a critério do investidor. Se ocorrer diretamente via participação societária, o *venture capital* normalmente envolve a subscrição de unidades do capital social que não conferem poderes de voto e controle, embora seja recomendado que o investidor de risco tenha prerrogativas de monitoramento e possa vetar decisões em certas matérias se entender que estas podem prejudicar seu investimento. Quando envolve um financiamento direto via participação societária, um investimento em *venture capital* não terá grandes diferenças do chamado *private equity*, que nada mais é que

4 N. BERGER, Allen; F. UDELL, Gregory, The economics of small business finance: The roles of private equity and debt markets in the financial growth cycle, **Journal of Banking & Finance**, v. 22, n. 6, p. 613–673, 1998.

5 ANJOS DO BRASIL, Guia de investimento & documentos legais.

uma subscrição privada de participação societária, dessa vez em sociedade empresária mais próxima do médio porte, que já se mostre ao menos promissora para adotar a forma de sociedade por ações e ser negociada no mercado de capitais no futuro.[6]

A literatura aponta que a prevalência do investimento de risco em contratos que envolvem inicialmente dívida ou participação societária pode variar conforme as características do regime jurídico de um país. Um influente estudo de Lerner e Schoar sobre os modelos contratuais de investimento de risco prevalentes em diferentes países aponta que financiamentos por dívida conversível em participação societária seriam mais recorrentes em países de origem no *civil law* e em países em desenvolvimento.[7] Isso seria, ao menos em parte, na visão dos autores, uma reação dos investidores institucionais que impulsionam o mercado global de investimento de risco a incertezas sobre o reconhecimento judicial de participações societárias mais definidas por regras contratuais do que pela lei local, principalmente em países em desenvolvimento. Estudos como o de Lerner e Schoar, que seguem a linha da literatura de direito e finanças, são objeto de críticas e existe ceticismo sobre seus resultados em relação ao potencial do direito como fator que pode influenciar o comportamento de atores no campo do financiamento corporativo.[8] Todavia,

6 Documentos direcionados para gestores financeiros nem sequer definem cada categoria de investimento de risco, como o guia da ABVCAP com boas práticas para investidores institucionais na área: ABVCAP, Guia de Venture Capital e Private Equity.

7 LERNER, Josh; SCHOAR, Antoinette, Does Legal Enforcement Affect Financial Transactions? The Contractual Channel in Private Equity, **The Quarterly Journal of Economics**, v. 120, n. 1, p. 223–246, 2005.

8 A literatura de direito e finanças tem como principal expoente o estudo seminal de La Porta, Lopez-de-Silanes, Schleifer e Vishny comparando a qualidade da proteção de acionistas e credores em diversos países, divididos, simplificadamente, entre jurisdições mais próximas do *common law* inglês e jurisdições mais próximas de variações do *civil law*. Os autores concluíram que o *common law* era melhor para investidores e, portanto, para impulsionar o mercado de financiamento corporativo. LA PORTA, Rafael *et al*, Law and Finance, **Journal of Political Economy**, v. 106, n. 6, p. 1113–1155, 1998. Entre as principais criticas, estão a apreciação metodológica do direito, que seria mais que um fator exógeno nos mercados, mas propriamente um mecanismo de coordenação de interesses e comportamentos intrínseco aos mercados, assim como a má qualidade da catalogação de direitos nos regimes jurídicos investigados. Para críticas, ver MILHAUPT, Curtis J.; PISTOR, Katharina, **Law & Capitalism: What Corporate Crises Reveal about Legal Systems and Economic Development around the World**, Illustrated edition. Chicago, Ill.: University of Chicago Press, 2010; MATTOS FILHO, Ary Oswaldo; PRADO, Viviane Muller, Tentativas de desenvolvimento do mercado acionário brasileiro desde 1964, *in*: MATTOS FILHO, Ary Oswaldo *et al* (Orgs.), **As crise, o mercado e os investidores: e outros ensaios sobre o mercado de capitais brasileiro**, Rio de Janeiro: Lumen Juris, 2022, p. 13–52.

estudos na área sobre o contexto brasileiro apontam que, realmente, o financiamento de pequenas e médias no Brasil tende a ocorrer via dívida.[9]

Com isso, o trabalho dos advogados que apoiam empresas do perfil e investidores de risco no Brasil tende a se concentrar, ao menos nas rodadas iniciais, em instrumentos de financiamento por dívida conversível em participação societária. Apesar de essa ser a realidade dos profissionais do direito que atuam na área, por um lado, a literatura jurídica nacional se concentra em reflexões sobre as cláusulas de contratos no campo do *private equity*.[10] Tal literatura é relevante, pois as empresas-alvo de investimentos de risco devem chegar cada vez mais na fase de *private equity* nos seus ciclos de financiamento corporativo. As cláusulas contratuais exploradas nessa literatura normalmente envolvem os aspectos do *private equity* indicados na Tabela 1. No direito brasileiro privilegia-se o uso de acordos de acionistas e, portanto, a forma das sociedades por ações, regidos pela Lei 6.404/1976, para viabilizar o *private equity*.

Tabela 1. Cláusulas contratuais mais comuns para tutelar a relação de investimento em *private equity*

Instrumento contratual preferível	Tema	Conteúdo da cláusula
Acordo de acionistas	Administração	Confere direitos ao investidor de risco para nomear membros do conselho de administração e/ou diretoria
Acordo de acionistas	Voto	Os conselheiros indicados normalmente têm seu voto vinculado ao resultado de reunião prévia de acionistas, conforme o acordo de acionistas
Acordo de acionistas	Voto	Poderes de veto para os investidores de risco sobre decisões estratégicas que possam prejudicar a viabilidade de longo prazo da companhia e o investimento
Acordo de acionistas	Registro e listagem	Estabelece-se um prazo estimado para que os acionistas deliberem o registro da companhia no mercado de capitais, a listagem em bolsa e a realização de oferta pública inicial de ações

9 GÓES, Gabriela Andrade, Obstáculos ao financiamento de pequenas e médias empresas por meio do mercado de ações no Brasil, 2018.

10 CRAVEIRO, Alguns aspectos jurídicos do desinvestimento nas operações de private equity; REBELO, Os investimentos e a captação de recursos por contratos de private equity e venture capital.

Instrumento contratual preferível	Tema	Conteúdo da cláusula
Acordo de acionistas	Opções e direitos de compra e venda	Viabilizam medidas entre: • Tag along: direito de venda conjunta para as ações dos investidores de risco nas mesmas condições das ações de controle • Drag along: direito dos acionistas controladores ou dos investidores de risco de obrigarem a contraparte a vender as ações em conjunto • Uso de ações preferenciais resgatáveis • Put option: opção de venda para investidores de risco, que obriga os acionistas controladores ou a própria companhia • Call option: opção de compra, que pode beneficiar o investidor ou acionistas controladores

Elaboração própria.

Mesmo do ponto de vista funcional, as principais cláusulas articuladas nos contratos de *private equity* são, no momento em que o investimento ainda é dívida, de pouca valia para contratos de mútuo conversível em participação societária. Esses instrumentos jurídicos no Brasil são regidos autonomamente pelas regras do Código Civil, mesmo que viabilizem dívida conversível em participações em sociedades por ações. Em seu âmbito, as partes até podem estabelecer direitos de monitoramento, poderes de veto, a indicação de administradores e regular o resgate do financiamento. Contudo, um contrato de mútuo não será oponível a terceiros com a mesma facilidade que um acordo de acionistas seria conforme definido no artigo 118 da Lei 6.404/1976. E o *status* de acordo de acionistas só poderá ser alcançado no ajuste entre as partes uma vez que seja operada a conversão, no momento em que o investidor passa de credor a acionista quando do uso da sociedade por ações e pode, então, pactuar um acordo de acionistas.

2. O DIREITO DE PREFERÊNCIA NO CONTEXTO DO INVESTIMENTO DE RISCO

Questão relevante e pouco discutida, quando é o caso de viabilizar um investimento de risco via mútuo conversível, é qual seria exatamente o momento da conversão da dívida em participação societária. Apesar de os contratos de mútuo refletirem uma relação de dívida, as minutas utilizadas no mercado de investimento de risco normalmente replicam minutas-modelo da prática internacional, especialmente advindas da National Venture Capital Association (NVCA). Organização estadunidense formada por grandes investidores de risco, a NVCA oferece diversos modelos de minuta para diferentes momentos, desde a negociação até o desinvestimento em um contrato de investimento de risco.[11] Embora estudos apontem que as práticas contratuais nessa área não são rigorosas nos Estados Unidos e observem os advogados que apoiam a estruturação de investimentos de risco em ambientes como o Vale do Silício como figuras mais abertas a resolver problemas ex-post,[12] as minutas-modelo da NVCA regem hoje os contratos nesse mercado no mundo inteiro.[13]

A partir da prática internacional, a tutela do direito de preferência fica muito restrita às necessidades de alocação de opções de compra e venda para empreendedores, investidores e a companhia. Em minuta-modelo da NVCA exclusivamente sobre a opção de venda conjunta para investidores, propõe-se inicialmente o direito de preferência para a própria companhia-alvo do investimento caso os controladores (denominados *Key Holders*) resolvessem vender sua participação. Veja-se a cláusula a seguir:

> Right of First Refusal.
> Grant. Subject to the terms of Section 3 below, each Key Holder hereby unconditionally and irrevocably grants to the Company a Right of First Refusal to purchase all or any portion of Transfer Stock that such Key Holder may propose to transfer in a Proposed Key Holder Transfer, at the same price and on the same terms and conditions as those offered to the Prospective Transferee.[14]

Apenas se esse direito de preferência não for exercido pela companhia-alvo passa a caber o direito de venda conjunta para os investidores se os controladores resolverem seguir com a venda da sua participação a terceiros. Veja-se a cláusula a seguir:

> Right of Co-Sale.
> Exercise of Right. If any Transfer Stock subject to a Proposed Key Holder Transfer is not purchased pursuant to Section 2.1 above and thereafter is

11 Disponível em: <https://nvca.org/model-legal-documents/>. Acesso em: 3 abr. 2023.
12 ARMOUR, **Law, Innovation and Finance.**
13 REID, Michael; PEJOVIC, Christopher, CVCA model documents: Use freely and with caution.
14 Minuta-modelo "RIGHT OF FIRST REFUSAL AND CO-SALE AGREEMENT (updated September 2020)," cláusula 2.1. Disponível em: <https://nvca.org/model-legal-documents/>. Acesso em: 3 abr. 2023.

> to be sold to a Prospective Transferee, each respective Investor may elect to exercise its Right of Co-Sale and participate on a pro rata basis in the Proposed Key Holder Transfer as set forth in Section 2.2(b) below and, subject to Section 2.2(d), otherwise on the same terms and conditions specified in the Proposed Transfer Notice. Each Investor who desires to exercise its Right of Co-Sale (each, a "Participating Investor") must give the selling Key Holder written notice to that effect within fifteen (15) days after the deadline for delivery of the Secondary Notice described above, and upon giving such notice such Participating Investor shall be deemed to have effectively exercised the Right of Co-Sale.[15]

Na minuta-modelo mais recentemente proposta pela NVCA para reger de forma geral os direitos de investidores de risco nos Estados Unidos consta um modelo de direito de preferência com efeito anti-diluição para os investidores de risco em casos de aumento de capital. Veja a seguinte cláusula:

> Rights to Future Stock Issuances
> Right of First Offer. Subject to the terms and conditions of this Section 4.1 and applicable securities laws, if the Company proposes to offer or sell any New Securities, the Company shall first offer such New Securities to each [Major Investor]. A Major Investor shall be entitled to apportion the right of first offer hereby granted to it in such proportions as it deems appropriate, among (i) itself, (ii) its Affiliates [and (iii) its beneficial interest holders, such as limited partners, members or any other Person having "beneficial ownership," as such term is defined in Rule 13d-3 promulgated under the Exchange Act, of such Major Investor ("Investor Beneficial Owners"); provided that each such Affiliate or Investor Beneficial Owner (x) is not a Competitor or FOIA Party, unless such party's purchase of New Securities is otherwise consented to by the Board of Directors, (y) agrees to enter into this Agreement and each of the [Amended and Restated] Voting Agreement of even date herewith among the Company, the Investors and the other parties named therein, as an "Investor" under each such agreement (provided that any Competitor or FOIA Party shall not be entitled to any rights as a Major Investor under Sections 3.1, 3.2 and 4.1 hereof), and (z) agrees to purchase at least such number of New Securities as are allocable hereunder to the Major

15 Minuta-modelo "RIGHT OF FIRST REFUSAL AND CO-SALE AGREEMENT (updated September 2020)," cláusula 2.2. Disponível em: <https://nvca.org/model-legal-documents/>. Acesso em: 3 abr. 2023.

Investor holding the fewest number of [Series A] Preferred Stock and any other Derivative Securities].[16]

Esse último modelo de cláusula busca conferir um direito de não diluição para investidores de risco no contexto do direito estadunidense, pois os atos constitutivos das companhias-alvo e as leis que as regem não vão necessariamente conferir tal direito de preservação patrimonial para todos os sócios ou acionistas.[17] Esse não é o caso do direito brasileiro. Para as sociedades limitadas, o Código Civil determina no seu artigo 1.081, §1º que, "ressalvado o disposto em lei especial, integralizadas as quotas, pode ser o capital aumentado, com a correspondente modificação do contrato," e "até trinta dias após a deliberação, terão os sócios preferência para participar do aumento, na proporção das quotas de que sejam titulares." Já a Lei 6.404/1976 vai determinar para as sociedades por ações, no seu artigo 171, que "na proporção do número de ações que possuírem, os acionistas terão preferência para a subscrição do aumento de capital." Esse direito, nas sociedades por ações, vai ser exercido conforme o acionista seja titular de ações preferenciais ou ordinárias e de acordo com a classe de ações que o aumento de capital envolver.

No âmbito do direito brasileiro, portanto, uma cláusula sobre direito de preferência em caso de aumento de capital em tese seria desnecessária, a não ser em casos específicos, como de um investidor de risco com ações preferenciais que queira direitos anti-diluição diante de aumentos de capital em ações ordinárias em sociedade por ações no Brasil. Além disso, tal investidor precisaria saber que os demais acionistas na mesma classe, ou os demais sócios na sociedade limitada, terão o mesmo direito por lei e, se desejar, negociar sua renúncia.

A questão do direito de preferência, contudo, é ainda mais relevante no contexto de contratos de mútuo conversíveis em participação no Brasil. Esse é o caso pois, no momento pré-conversão, o investidor é apenas um credor com a opção de ver seu crédito adimplido pela subscrição de quotas ou ações do capital social da sociedade empresária-alvo nos termos estabelecidos no contrato. Contudo, a sociedade limitada ou a sociedade por ações em questão vai ter sócios ou acionistas preexistentes, os quais terão o direito de preferência no aumento de capital deliberado para a conversão. Na sua experiência na advocacia, a autora já se deparou com o seguinte modelo de cláusula em investimento de risco envolvendo fundo estrangeiro e sociedade por ações brasileira:

---

16 Minuta-modelo "ENHANCED INVESTOR'S RIGHTS AGREEMENT, (last updated June 2022)" – cláusula 4.1. Disponível em: <https://nvca.org/model-legal-documents/>. Acesso em: 3 abr. 2023.

17 GRUBER, Alexander, What is Anti-Dilution? What Startup Founders Need to Know.

> Right of first refusal. The Borrower guarantees that its shareholders waive their rights of first refusal (direito de preferência).

Embora essa estratégia de cláusula contratual ao menos reconheça a questão em debate, e tenha sido apontada pelos proponentes como decorrente de minuta-modelo, ela não lida com o problema da melhor forma, por alocar no âmbito da companhia uma obrigação de obter uma renúncia de direito que apenas cabe aos seus acionistas. A conversão nesse caso concreto se daria por meio da subscrição de ações preferenciais, e havia outros acionistas titulares de classe igual. A solução encontrada foi incluir todos os acionistas existentes como intervenientes na relação contratual, de forma a já renunciarem ao direito de preferência naquele momento. A cláusula final ficou com a seguinte redação:

> Rights of first refusal. The Borrower's shareholders intervening in this Agreement waive their rights of first refusal (termed "direito de preferência" in the Brazilian law) in the event of new stock issuances related to the Lender's option of receiving the Base Case Shares as repayment.

A redação final utilizada no caso concreto não necessariamente resolve todos os problemas. O quadro de acionistas da companhia-alvo pode vir a mudar. É razoável interpretar a renúncia oferecida pelo acionista como interveniente em contrato de mútuo conversível como um ato jurídico que se transfere para eventual adquirente das mesmas ações. Contudo, não existem regras de ordem pública, como as sobre o acordo de acionistas no artigo 118 da Lei 6.404/1976, que levem o conteúdo de um contrato privado de mútuo a ser oponível de pleno direito a terceiros, que podem alegar estar de boa-fé.

Existem, ainda, outras formas de viabilizar um investimento de risco com dívida conversível que deixem o investidor em situação mais confortável diante do risco do direito de preferência. No caso das sociedades por ações, é possível a emissão de debêntures conversíveis em ações, sobre as quais os acionistas existentes, dentro dos direitos conferidos por sua classe de ações, terão preferência na subscrição. Essa regra, que consta no artigo 57, §1º, da Lei 6.404/1976, faz com que o direito de preferência seja exercido ou não no momento da criação do instrumento de dívida, o qual não será rediscutido no momento da conversão em ações.

Contudo, a emissão de debêntures não é comum para o investimento de risco em estágios mais iniciais do empreendimento. Na realidade, o uso de instrumentos de mútuo conversível em participação é muitas vezes firmado por sociedades limitadas, que prometem em contrato transformar-se em sociedades por ações antes da conversão ou, em momento posterior, visando ao ingresso no mercado de capitais. Assim, a tutela do direito de preferência em aumentos de capital no contexto de conversão de dívida em contratos de investimento de risco deve seguir em discussão.

CONCLUSÕES

O presente artigo buscou elucidar especificidades do direito de preferência no direito societário brasileiro que são deixadas de lado em análises sobre modelos contratuais para investimentos de risco, mas são relevantes para o exercício de direitos por investidores que se utilizam de dívida conversível em participações societárias no País. As minutas-modelo desse segmento de financiamento corporativo normalmente são importadas e, por isso, direcionadas pelo modelo estadunidense, que normalmente envolve já inicialmente o uso de ações preferenciais. Além disso, as minutas-modelo são pensadas originalmente para empresas-alvo de outros países, por meio de tipos societários nos quais o direito de preferência não é necessariamente tutelado da mesma forma que no Brasil. Com essa breve reflexão, espera-se chamar atenção de outros operadores do direito para ampliar as reflexões sobre os instrumentos contratuais de mútuo conversível em participação societária, uma estratégia típica e pouco estudada do investimento de risco brasileiro.

88. CLÁUSULA PENAL

Sergio Mittlaender
Lucas Víspico

1. NOÇÃO, ÂMBITO E UTILIDADE PRÁTICA DA CLÁUSULA PENAL

Contratos são feitos para serem cumpridos. Após a celebração de um negócio jurídico, as partes contratantes esperam que o conteúdo acordado seja devidamente respeitado. Consumidores esperam receber o produto adquirido no prazo e na forma combinada; locatários aguardam o depósito do valor do aluguel em sua conta no final de cada mês; empresas confiam que seus parceiros comerciais irão distribuir as suas peças publicitárias nas datas acordadas. E por aí em diante.

Em um cenário ideal, cada uma das partes cumpriria o pactuado de modo a encerrar o vínculo contratual estabelecido. Quitadas as obrigações, nenhuma delas teria do que reclamar. Contudo, nem sempre é assim. Entre a formação e a extinção do contrato, diversos fatores podem fazer com que a mora ou o inadimplemento definitivo venham a se tornar uma realidade. Esse perigo de não ver satisfeito aquilo que fora negociado gera receios e preocupações nos contraentes, de forma que, em muitos casos, a discussão que antecede a formação de um contrato gira em torno de quais previsões podem ser estabelecidas para disciplinar o que ocorrerá no caso do eventual inadimplemento.

Nesse contexto, é comum que advogadas(os) desenhem cláusulas que busquem lidar com a questão de maneira efetiva. Do contrário, caberia às partes recorrer ao Poder Judiciário, algo que envolve tempo, recursos e o risco de eventual desprovimento daquilo pleiteado. Como forma de contornar tal inconveniente, diversos mecanismos contratuais são frequentemente implementados para mitigar o risco de descumprimento do objeto contratual. Dentre eles, uma das figuras mais conhecidas e empregadas é a cláusula penal.

Segundo a doutrina corrente, a cláusula penal é disposição acessória por meio da qual se estipula pena ou multa, geralmente em dinheiro, com o intuito de liquidar antecipadamente o dano esperado na hipótese de descumprimento parcial ou total de certa obrigação, ou de constranger o devedor ao seu cumprimento.[1] Seja como forma de prefixação dos danos, seja como meio de impelir determinada parte contratual a respeitar as disposições contratuais, trata-se de uma figura extremamente relevante para os negócios comerciais e que vem ganhando particular atenção da doutrina e da jurisprudência nacional nas últimas décadas.[2]

2. A NATUREZA E AS MODALIDADES DA CLÁUSULA PENAL: DISCUSSÃO HISTÓRICA E CONTROVÉRSIAS

Conforme pontuado, a cláusula penal pode assumir traços distintos em determinado contexto contratual. Muito por conta disso, há divergências sobre qual seria a natureza do instituto. Essa discussão, ainda que eminentemente teórica, também gera repercussões práticas, uma vez que é ponto de partida para a compreensão do regime jurídico aplicável, para a interpretação da intenção das partes em sua pactuação e para a solução de litígios que eventualmente venham a ser ajuizados sobre a matéria.[3] Nesse debate, duas correntes historicamente se destacam.[4]

A primeira, chamada de visão monista, entende que a cláusula penal teria uma natureza unitária, exercendo, ao mesmo tempo, uma função indenizatória

---

1 GONÇALVES, Carlos Roberto. Direito civil brasileiro: teoria geral das obrigações. São Paulo: Saraiva, 2011, vol. 2, p. 411. MARTINS-COSTA, Judith. Comentários ao Novo Código Civil: do inadimplemento das obrigações. Tomo II. Rio de Janeiro: Forense, 2003, vol. V, p. 410.

2 RODRIGUES JR., Otavio Luiz; LEONARDO, Rodrigo Xavier. O Novo 'Despertar' Da Cláusula Penal No Direito Civil Brasileiro: A Crise Da Função Indenizatória e a Necessidade De Reforma Legislativa. In: SALOMÃO, Luis Felipe; TARTUCE, Flávio. (Org). Direito Civil: Diálogos Entre a Doutrina e a Jurisprudência. São Paulo: Atlas, 2021, vol. 2, p. 290.

3 MARTINS-COSTA, Judith. Comentários ao Novo Código Civil: do inadimplemento das obrigações. Tomo II. Rio de Janeiro: Forense, 2003, vol. V, p. 410.

4 SILVEIRA, Marcelo Matos Amaro da. Cláusula penal e sinal: as penas privadas convencionais na perspectiva do direito português e brasileiro. Dissertação de Mestrado (Mestrado em Ciências Jurídicas). Universidade de Lisboa, 2018, p. 20-24. Disponível em: https://repositorio.ul.pt/handle/10451/37196. Acesso em 26 de março de 2023; MARTINS-COSTA, Judith. Comentários ao Novo Código Civil: do inadimplemento das obrigações. Tomo II. Rio de Janeiro: Forense, 2009, 2 ed., vol. V, p. 611-614.

e uma função coercitiva.[5] Segundo essa corrente, a cláusula penal seria um meio de pré-avaliação do dano que sempre agrega uma função sancionatória, ainda que eventual.[6] Apesar de existir forte debate sobre o seu cabimento nos tempos atuais, tal divisão foi a recebida pelo Código Civil brasileiro.[7] Segundo a visão monista, enquanto a cláusula penal compensatória funcionaria substituindo a obrigação principal, sendo a única prestação devida em caso de inadimplemento, a cláusula penal moratória se adicionaria, cumulativamente, ao cumprimento específico da obrigação ou à indenização devida pelo inadimplemento.[8] De acordo com tal linha, os artigos 408 a 416 do Código Civil se aplicariam de maneira indistinta a toda e qualquer cláusula penal.[9]

Contudo, atualmente essa noção vem sendo superada pela doutrina. Muito pela influência do trabalho do Professor António Pinto Monteiro,[10] grande parte da literatura hoje inclina-se para uma visão funcional sobre a cláusula penal, enxergando nela duas espécies distintas, cada uma com o seu regime jurídico próprio.[11] Seriam elas a cláusula penal de fixação de perdas

---

5 SILVEIRA, Marcelo Matos Amaro da. Cláusula penal e sinal: as penas privadas convencionais na perspectiva do direito português e brasileiro. Dissertação de Mestrado (Mestrado em Ciências Jurídicas). Universidade de Lisboa, 2018, p. 24-26. Disponível em: https://repositorio.ul.pt/handle/10451/37196. Acesso em 26 de março de 2023; MARTINS-COSTA, Judith. Comentários ao Novo Código Civil: do inadimplemento das obrigações. Tomo II. Rio de Janeiro: Forense, 2009, 2 ed., vol. V, p. 611-612.

6 *Id.*

7 Segundo Marcelo Matos Amaro da Silveira: "A referida divisão consta dos códigos civis de Portugal e do Brasil, que estabelecem diferentes dinâmicas de funcionamento para cada uma das supostas "espécies" de cláusula penal, compensatória ou moratória". SILVEIRA, Marcelo Matos Amaro da. Cláusula penal e sinal: as penas privadas convencionais na perspectiva do direito português e brasileiro. Dissertação de Mestrado (Mestrado em Ciências Jurídicas). Universidade de Lisboa, 2018, p. 24. Disponível em: https://repositorio.ul.pt/handle/10451/37196. Acesso em 26 de março de 2023.

8 SILVEIRA, Marcelo Matos Amaro da. Cláusula penal e sinal: as penas privadas convencionais na perspectiva do direito português e brasileiro. Dissertação de Mestrado (Mestrado em Ciências Jurídicas). Universidade de Lisboa, 2018, p. 24 e 25. Disponível em: https://repositorio.ul.pt/handle/10451/37196. Acesso em 26 de março de 2023.

9 MARTINS-COSTA, Judith. Comentários ao Novo Código Civil: do inadimplemento das obrigações. Tomo II. Rio de Janeiro: Forense, 2009, 2 ed., vol. V, p. 613.

10 PINTO MONTEIRO, António. Cláusula penal e indemnização. Coimbra: Almedina, 1990.

11 O professor António Pinto Monteiro, na verdade, defende a existência de três espécies. Mas a doutrina atualmente a doutrina costuma abordar a figura a partir de duas espécies, sendo que uma se subdivide em duas formas. SILVEIRA, Marcelo Matos Amaro da. Cláusula penal e sinal: as penas privadas convencionais na perspectiva do direito português e brasileiro. Dissertação de Mestrado (Mestrado em Ciências Jurídicas). Universidade de Lisboa, 2018, p. 24 e 25. Disponível em: https://repositorio.ul.pt/handle/10451/37196. Acesso em 26 de março de 2023; MARTINS-COSTA, Judith. Comentários ao Novo Código Civil: do inadimplemento das obrigações. Tomo II. Rio de Janeiro: Forense, 2009, 2 ed., vol. V, p. 613-621.

e danos e a cláusula penal coercitiva; esta última se subdividiria em cláusula penal em sentido estrito e cláusula penal puramente coercitiva.[12]

A cláusula penal de fixação de perdas e danos é convencionada com o objetivo de se determinar antecipadamente o valor da indenização que deverá ser paga pelo devedor em caso de descumprimento da obrigação.[13] Como a sua função primordial é garantir para o credor uma quantia que poderá ser cobrada de forma mais rápida e sem a necessidade de discussão judicial, o seu valor deverá ser sempre correspondente ao valor da obrigação assegurada.[14] Tal cláusula traz vantagens mútuas: enquanto o credor não necessita provar a extensão do prejuízo efetivo, o devedor de antemão já conhece o montante indenizatório, evitando surpresas futuras.[15]

A cláusula penal coercitiva, por sua vez, é aquela estipulada para fins de coagir o devedor ao cumprimento da obrigação.[16] Ou seja, a sua previsão no contrato serve como um meio de pressão.[17] Caso o devedor não respeite o acordado, deverá pagar uma quantia alta e que não corresponde à prestação assegurada – caso da cláusula penal em sentido estrito – ou um valor que se acrescentará à obrigação, como uma espécie de *plus* – caso da cláusula penal puramente coercitiva.[18]

Conforme destacado, a cláusula penal em sentido estrito prevê um montante que não corresponde ao valor da obrigação assegurada ou com os danos

12 SILVEIRA, Marcelo Matos Amaro da. Cláusula penal e sinal: as penas privadas convencionais na perspectiva do direito português e brasileiro. Dissertação de Mestrado (Mestrado em Ciências Jurídicas). Universidade de Lisboa, 2018, p. 27-41. Disponível em: https://repositorio.ul.pt/handle/10451/37196. Acesso em 26 de março de 2023; MARTINS-COSTA, Judith. Comentários ao Novo Código Civil: do inadimplemento das obrigações. Tomo II. Rio de Janeiro: Forense, 2009, 2 ed., vol. V, p. 613-621.

13 SILVEIRA, Marcelo Matos Amaro da. Cláusula penal e sinal: as penas privadas convencionais na perspectiva do direito português e brasileiro. Dissertação de Mestrado (Mestrado em Ciências Jurídicas). Universidade de Lisboa, 2018, p. 27. Disponível em: https://repositorio.ul.pt/handle/10451/37196. Acesso em 26 de março de 2023.

14 SILVEIRA, Marcelo Matos Amaro da. Cláusula penal e sinal: as penas privadas convencionais na perspectiva do direito português e brasileiro. Dissertação de Mestrado (Mestrado em Ciências Jurídicas). Universidade de Lisboa, 2018, p. 28. Disponível em: https://repositorio.ul.pt/handle/10451/37196. Acesso em 26 de março de 2023.

15 PINTO MONTEIRO, António. Cláusula Penal e Comportamento Abusivo do Credor. Revista Brasileira de Direito Comparado. Rio de Janeiro: Instituto de Direito Comparado Luso-Brasileiro, nº 25, 2004, p. 122.

16 SILVEIRA, Marcelo Matos Amaro da. Cláusula penal e sinal: as penas privadas convencionais na perspectiva do direito português e brasileiro. Dissertação de Mestrado (Mestrado em Ciências Jurídicas). Universidade de Lisboa, 2018, p. 30-41. Disponível em: https://repositorio.ul.pt/handle/10451/37196. Acesso em 26 de março de 2023; MARTINS-COSTA, Judith. Comentários ao Novo Código Civil: do inadimplemento das obrigações. Tomo II. Rio de Janeiro: Forense, 2009, 2 ed., vol. V, p. 618-621.

17 *Id.*

18 *Id.*

esperados, geralmente sendo-lhe superior.[19] Uma vez sendo pactuada e o devedor não cumprindo culposamente a obrigação, ao credor caberá exigir, a título sancionatório, a cláusula penal, que substituirá a prestação principal.[20] Trata-se de figura não prevista no Código Civil brasileiro e cuja validade não é bem aceita pela doutrina nacional, tendo-se em vista principalmente o art. 412 do Código Civil, que limita o valor da cláusula penal àquele da obrigação assegurada.[21]

A cláusula penal ainda pode ter um caráter puramente coercitivo ou compulsório.[22] Nesse caso, ela é acordada como um *plus*, sendo acrescida à execução específica da obrigação ou à indenização pelo não cumprimento.[23] Diferentemente da cláusula penal em sentido estrito, nesse caso a pena se acresce – mas não substitui – o cumprimento ou a indenização por descumprimento. Ainda que ressalvas da doutrina brasileira também se apliquem a essa figura, decisões recentes da Justiça brasileira já reconheceram o seu conteúdo predominantemente coercitivo e punitivo.[24]

---

19 Explica Marcelo Matos Amaro da Silveira: "Em razão da natureza e da função desta espécie, o valor da prestação alternativa devida pelo devedor em caso de não cumprimento ou cumprimento defeituoso não guarda relação com o valor da obrigação assegurada ou mesmo com o valor dos danos esperados no caso do inadimplemento, sendo, em verdade, superior. Importante ressaltar que tal espécie não se encontra regulamentada nos ordenamentos jurídicos de Portugal e do Brasil, sendo uma espécie atípica de cláusula penal". SILVEIRA, Marcelo Matos Amaro da. Cláusula penal e sinal: as penas privadas convencionais na perspectiva do direito português e brasileiro. Dissertação de Mestrado (Mestrado em Ciências Jurídicas). Universidade de Lisboa, 2018, p. 30. Disponível em: https://repositorio.ul.pt/handle/10451/37196. Acesso em 26 de março de 2023

20 SILVEIRA, Marcelo Matos Amaro da. Cláusula penal e sinal: as penas privadas convencionais na perspectiva do direito português e brasileiro. Dissertação de Mestrado (Mestrado em Ciências Jurídicas). Universidade de Lisboa, 2018, p. 31. Disponível em: https://repositorio.ul.pt/handle/10451/37196. Acesso em 26 de março de 2023

21 SILVEIRA, Marcelo Matos Amaro da. Cláusula penal e sinal: as penas privadas convencionais na perspectiva do direito português e brasileiro. Dissertação de Mestrado (Mestrado em Ciências Jurídicas). Universidade de Lisboa, 2018, p. 32-34. Disponível em: https://repositorio.ul.pt/handle/10451/37196. Acesso em 26 de março de 2023

22 SILVEIRA, Marcelo Matos Amaro da. Cláusula penal e sinal: as penas privadas convencionais na perspectiva do direito português e brasileiro. Dissertação de Mestrado (Mestrado em Ciências Jurídicas). Universidade de Lisboa, 2018, p. 36-41. Disponível em: https://repositorio.ul.pt/handle/10451/37196. Acesso em 26 de março de 2023; MARTINS-COSTA, Judith. Comentários ao Novo Código Civil: do inadimplemento das obrigações. Tomo II. Rio de Janeiro: Forense, 2009, 2 ed., vol. V, p. 620 e 621.

23 *Id.*

24 Por exemplo: "A controvérsia principal versa sobre a licitude ou não da cláusula permitindo a cobrança da integralidade da multa por fidelidade, por parte da prestadora de serviço de TV a cabo, quando o consumidor opta pela rescisão do contrato no curso do prazo de carência (...) Inicialmente, consigna-se que a multa convencional, no caso de resilição unilateral imotivada, tem por escopo principal o necessário ressarcimento dos investimentos financeiros realizados por uma das partes para a celebração ou execução do contrato (parágrafo único do artigo 473

A tabela 1 apresenta um resumo sintético das espécies da cláusula penal e de suas funções:

Tabela 1 – Resumo sintético das espécies de cláusula penal[25]

Espécies	Função
Cláusula de Liquidação Prévia do Dano	Liquidar a indenização de forma antecipada
Cláusula Penal em Sentido Estrito	Compelir o devedor ao cumprimento, prevendo geralmente um valor maior do que o montante previsível para o dano, com caráter substitutivo à prestação
Cláusula Penal Puramente Coercitiva	Compelir o devedor ao cumprimento, sendo acordada como um *plus* que é acrescido à execução específica da obrigação ou à indenização pelo não cumprimento

Exemplos comuns de redação para os três tipos de cláusula são reproduzidos abaixo:

Tabela 2 – Exemplos de Redação para Cláusulas Penais[26]

Tipo da Cláusula	Contexto	Exemplo de Redação
Cláusula de Liquidação Prévia do Dano	Contrato de aquisição de veículo avaliado no valor de R$ 20.000,00 (vinte mil reais). Inadimplemento da obrigação estabelecendo a entrega do bem.	*Em caso de inadimplemento da obrigação disposta na cláusula acima, a CONTRATADA deverá pagar à CONTRATANTE o valor de R$20.000,00 (vinte mil reais) a título de compensação dos prejuízos oriundos do descumprimento do Contrato.*

do Código Civil). De outro lado, sobressai seu **caráter coercitivo, objetivando constranger o devedor a cumprir o prazo estipulado** no contrato e, consequentemente, viabilizar o retorno financeiro calculado com o pagamento das mensalidades a serem vertidas durante a continuidade da relação jurídica programada." (grifos nossos). REsp 1.362.084-RJ, Rel. Min. Luis Felipe Salomão, por maioria, julgado em 16/5/2017. Disponível em: https://scon.stj.jus.br/SCON/jurisprudencia/toc.jsp?livre=%27201300057921%27.REG. Acesso em 26 de Março de 2023.

25 Elaboração dos autores com base em: SILVEIRA, Marcelo Matos Amaro da. Cláusula penal e sinal: as penas privadas convencionais na perspectiva do direito português e brasileiro. Dissertação de Mestrado (Mestrado em Ciências Jurídicas). Universidade de Lisboa, 2018, p. 24-41. Disponível em: https://repositorio.ul.pt/handle/10451/37196. Acesso em 26 de março de 2023; MARTINS-COSTA, Judith. Comentários ao Novo Código Civil: do inadimplemento das obrigações. Tomo II. Rio de Janeiro: Forense, 2009, 2 ed., vol. V, p. 620 e 621.

26 Elaboração dos autores com base em: SILVEIRA, Marcelo Matos Amaro da. Cláusula penal e sinal: as penas privadas convencionais na perspectiva do direito português e brasileiro. Dissertação de Mestrado (Mestrado em Ciências Jurídicas). Universidade de Lisboa, 2018, p. 29-37.

Tipo da Cláusula	Contexto	Exemplo de Redação
Cláusula Penal em Sentido Estrito	Contrato de aquisição de maquinário avaliado no valor de R$ 40.000,00 (quarenta mil reais). Inadimplemento da obrigação estabelecendo a entrega do bem.	*Em caso de inadimplemento da obrigação disposta na cláusula acima, a CONTRATADA A deverá pagar ao CONTRATANTE o valor de R$80.000,00 (cento e sessenta mil reais).*
Cláusula Penal Puramente Coercitiva	Contrato de aluguel. Atraso no pagamento mensal.	*Em caso de atraso no pagamento do aluguel estabelecido na cláusula acima, a LOCATÁRIA deverá pagar à LOCADORA o valor estabelecido na referida cláusula acrescida de multa de 10% sobre aluguéis em atraso com juros de 1% ao mês.*

Por fim, a doutrina nacional destaca que às espécies de cláusula penal se conectam duas modalidades.[27] A primeira consiste na modalidade moratória, aplicável em virtude da mora do devedor e sem prejuízo da exigência da prestação principal.[28] Nesse caso, o emprego da cláusula penal serve para coagir o devedor ao cumprimento.[29] Trata-se de categoria, então, que geralmente se relaciona com a espécie da cláusula penal puramente coercitiva.[30] Já a segunda modalidade, por sua vez, é a da cláusula penal compensatória, que tem por objetivo substituir a obrigação principal e liquidar, de maneira prévia, as perdas e danos.[31] Está, portanto, geralmente relacionada com a cláusula penal de espécie de liquidação prévia do dano.[32]

Visualmente, as modalidades de cláusula penal podem ser apresentadas da seguinte forma:

27 MARTINS-COSTA, Judith. Comentários ao Novo Código Civil: do inadimplemento das obrigações. Tomo II. Rio de Janeiro: Forense, 2009, 2 ed., vol. V, p. 613 e 621.

28 *Id.*

29 *Id.*

30 *Id.*

31 *Id.*

32 *Id.*

Tabela 3 – Resumo Sintético das Modalidades de Cláusula Penal[33]

Modalidade	Síntese
Moratória	Aplicada em virtude do não cumprimento da prestação no tempo, lugar ou forma estabelecidos no contrato (mora). Almeja induzir o devedor ao cumprimento da obrigação.
Compensatória	Aplicada para substituir a obrigação principal e liquidar as perdas e os danos previamente.

3. REGIME JURÍDICO APLICÁVEL: REGRAMENTO NO CÓDIGO CIVIL

O Código Civil de 2002 regula a figura da cláusula penal em seus artigos 408 a 416. O ordenamento pátrio adotou a visão monista sobre o instituto, privilegiando particularmente o seu aspecto indenizatório com um caráter de prefixação de perdas e danos.[34] A noção de uma cláusula penal puramente punitiva é rechaçada pela corrente majoritária da doutrina, que entende que o nosso sistema não recepcionou a ideia da pena privada.[35]

a. Pressupostos e escopo da cláusula penal

Na forma do art. 408 do Código Civil, a existência de culpa é condição para que a cláusula penal possa operar.[36] Esse é um fator que diferencia a cláusula penal das cláusulas de garantia, que operam independentemente de sua ocorrência.[37] Tendo sido verificada a culpa no caso concreto, a cláusula penal pode

33 Elaboração própria dos autores com base em: MARTINS-COSTA, Judith. Comentários ao Novo Código Civil: do inadimplemento das obrigações. Tomo II. Rio de Janeiro: Forense, 2009, 2 ed., vol. V, p. 623 e 624.

34 Segundo Otavio Luiz Rodrigues Jr. e Rodrigo Xavier Leonardo " (...) a cláusula penal no Código de 2002 tem uma função puramente indenizatória, com caráter de prefixação de perdas e danos e sob o anacrônico limitador do art. 412, de sabor medieval." RODRIGUES JR., Otavio Luiz; LEONARDO, Rodrigo Xavier. O Novo 'Despertar' Da Cláusula Penal No Direito Civil Brasileiro: A Crise Da Função Indenizatória e a Necessidade De Reforma Legislativa. In: SALOMÃO, Luis Felipe; TARTUCE, Flávio. (Org). Direito Civil: Diálogos Entre a Doutrina e a Jurisprudência. São Paulo: Atlas, 2021, vol. 2, p. 301.

35 Conforme explica Judith Martins-Costa: "O caráter punitivo desta espécie de cláusula penal tem sido obscurecido, não só em face da regra do art. 412, **como em razão de antigos preconceitos contra o acolhimento de qualquer coisa que se assemelhe a uma 'pena privada' no Direito Privado**". (grifos nossos). MARTINS-COSTA, Judith. Comentários ao Novo Código Civil: do inadimplemento das obrigações. Tomo II. Rio de Janeiro: Forense, 2009, 2 ed., vol. V, p. 620 e 621.

36 "Art. 408. Incorre de pleno direito o devedor na cláusula penal, desde que, culposamente, deixe de cumprir a obrigação ou se constitua em mora". BRASIL. Código Civil de 2002. Lei n. 10.406, de 10 de janeiro de 2002. Disponível em: https://www.planalto.gov.br/ccivil_03/leis/2002/l10406compilada.htm. Acesso em 26 de Março de 2023.

37 PINTO MONTEIRO, António. Responsabilidade Contratual: Cláusula Penal e Comportamento Abusivo do Credor. Revista da EMERJ, v. 7, n. 26, 2004, p. 168.

referir-se à inexecução completa da obrigação (cláusula penal compensatória), à inexecução de alguma cláusula especial, cuja violação o credor queira evitar (podendo ser compensatória ou moratória, a depender do contexto), ou à mora (cláusula penal moratória).[38] É o que estabelece o artigo 409 do Código Civil.[39]

Na hipótese de inadimplemento total da obrigação, a cláusula penal será compensatória, substituindo a indenização por inadimplemento.[40] Caberá à credora ou ao credor escolher entre exigir a prestação original ou a pena, não podendo haver cumulação, na forma artigo 410 do Código Civil.[41] Perdas e danos suplementares podem ser demandados, desde que haja cláusula contratual prevendo essa possibilidade, como pode-se concluir da leitura do parágrafo único do art. 416, *a contrario*.[42]

As partes poderão ainda estipular cláusula penal para caso de descumprimento de alguma obrigação especial do contrato. Nesta hipótese, a sua modalidade poderá ser compensatória ou moratória.[43] Caso no contrato seja estabelecido que o descumprimento de certa cláusula gera à credora ou ao credor o direito de exigi-la juntamente com a multa, a cláusula penal será moratória.[44] Por outro lado, se for pactuado que com o inadimplemento a credora ou o credor pode optar entre a prestação ou a cláusula penal, esta será compensatória.[45]

---

38 MARTINS-COSTA, Judith. Comentários ao Novo Código Civil: do inadimplemento das obrigações. Tomo II. Rio de Janeiro: Forense, 2003, vol. V, p. 426.

39 Estabelece o dispositivo que: "Art. 409. A cláusula penal estipulada conjuntamente com a obrigação, ou em ato posterior, pode referir-se à inexecução completa da obrigação, à de alguma cláusula especial ou simplesmente à mora." BRASIL. Código Civil de 2002. Lei n. 10.406, de 10 de janeiro de 2002. Disponível em: https://www.planalto.gov.br/ccivil_03/leis/2002/l10406compilada.htm. Acesso em 26 de Março de 2023.

40 MARTINS-COSTA, Judith. Comentários ao Novo Código Civil: do inadimplemento das obrigações. Tomo II. Rio de Janeiro: Forense, 2003, vol. V, p. 427.

41 Segundo tal dispositivo: "Art. 410. Quando se estipular a cláusula penal para o caso de total inadimplemento da obrigação, esta converter-se-á em alternativa a benefício do credor". BRASIL. Código Civil de 2002. Lei n. 10.406, de 10 de janeiro de 2002. Disponível em: https://www.planalto.gov.br/ccivil_03/leis/2002/l10406compilada.htm. Acesso em 26 de Março de 2023.

42 MARTINS-COSTA, Judith. Comentários ao Novo Código Civil: do inadimplemento das obrigações. Tomo II. Rio de Janeiro: Forense, 2003, vol. V, p. 445.

43 Conforme explica José Fernando Simão: "A cumulatividade ou não é uma pista que o contrato dará para saber a diferença. A real distinção entre elas pode depender do próprio texto do contrato e seus efeitos. Se o contrato determinar que o descumprimento de certa cláusula gera ao credor o direito de exigi-la cumulada com a multa, há claramente uma cláusula penal moratória. Se o contrato mencionar que, com o inadimplemento, o credor pode optar entre a prestação ou a cláusula penal, esta será compensatória". SIMÃO, José Fernando. Livro I. Do Direito das Obrigações. Título IV. Do Inadimplemento das Obrigações. Capítulo V. Da Cláusula Penal – Arts. 408 a 416. In: SCHREIBER, Anderson [et al.]. (Org). Código Civil comentado – doutrina e jurisprudência. – Rio de Janeiro: Forense, 3 ed., 2021, p. 273.

44 *Id.*

45 *Id.*

Por fim, há ainda a possibilidade de a cláusula penal ser convencionada para o caso de mora do(a) devedor(a), isto é, do não cumprimento da prestação no tempo, lugar ou forma estabelecidos no contrato[46]. Nessa hipótese, vigora a regra da cumulatividade, sendo a cláusula penal um *plus* que se agrega à prestação principal, na forma do art. 411 do Código Civil.[47]

b. Valor: limitação pelo Código Civil e por legislação especial

O valor da cláusula penal é limitado tanto pelo Código Civil quanto por legislação especial. Segundo o art. 412 do referido diploma, o seu montante não pode exceder o da obrigação principal.[48] Tal dispositivo deve ser interpretado como regra geral que pode ser afastada por legislação especial, já que há diversos casos em que leis específicas preveem limitações expressas para as cláusulas penais.[49] Exemplo claro é aquele previsto no Código de Defesa do Consumidor, cujo artigo 52, §1º, dispõe que multas de mora decorrentes do inadimplemento de obrigações decorrentes de contratos de financiamento com consumidoras(es) não poderão ser superior a dois por cento do valor da prestação.[50]

Não estando a limitação prevista por legislação específica, então a regra do art. 412 será aplicável. Parte da doutrina ressalta a dificuldade prática em aplicar a norma em certos contratos e cláusulas, sobretudo aqueles desprovidos de valor patrimonial.[51] Se pensarmos, por exemplo, em obrigações de confidencialidade

---

46 MARTINS-COSTA, Judith. Comentários ao Novo Código Civil: do inadimplemento das obrigações. Tomo II. Rio de Janeiro: Forense, 2003, vol. V, p. 446.

47 Segundo o art. 411 do Código Civil: "Art. 411. Quando se estipular a cláusula penal para o caso de mora, ou em segurança especial de outra cláusula determinada, terá o credor o arbítrio de exigir a satisfação da pena cominada, juntamente com o desempenho da obrigação principal." BRASIL. Código Civil de 2002. Lei n. 10.406, de 10 de janeiro de 2002. Disponível em: https://www.planalto.gov.br/ccivil_03/leis/2002/l10406compilada.htm. Acesso em 26 de Março de 2023.

48 O dispositivo estabelece que: "Art. 412. O valor da cominação imposta na cláusula penal não pode exceder o da obrigação principal." BRASIL. Código Civil de 2002. Lei n. 10.406, de 10 de janeiro de 2002. Disponível em: https://www.planalto.gov.br/ccivil_03/leis/2002/l10406compilada.htm. Acesso em 26 de Março de 2023.

49 MARTINS-COSTA, Judith. Comentários ao Novo Código Civil: do inadimplemento das obrigações. Tomo II. Rio de Janeiro: Forense, 2003, vol. V, p. 454-456.

50 Segundo o referido dispositivo: "Art. 52. No fornecimento de produtos ou serviços que envolva outorga de crédito ou concessão de financiamento ao consumidor, o fornecedor deverá, entre outros requisitos, informá-lo prévia e adequadamente sobre: (...) § 1º As multas de mora decorrentes do inadimplemento de obrigações no seu termo não poderão ser superiores a dois por cento do valor da prestação". BRASIL. Código de Defesa do Consumidor. Lei n. 8.078, de 11 de setembro de 1990. Disponível em: https://www.planalto.gov.br/ccivil_03/leis/l8078compilado.htm. Acesso em 26 de Março de 2023.

51 SILVEIRA, Marcelo Matos Amaro da. Cláusula penal e sinal: as penas privadas convencionais na perspectiva do direito português e brasileiro. Dissertação de Mestrado (Mestrado em Ciências Jurídicas). Universidade de Lisboa, 2018, p. 35. Disponível em: https://repositorio.ul.pt/handle/10451/37196. Acesso em 26 de março de 2023.

insuficiente, havendo, assim, uma oportunidade de se desenvolver *standards* mais concretos para a sua revisão.[66]

d. Prova do dano: distinção a partir da natureza da cláusula penal

Como já tratado anteriormente, uma das funções mais importantes da cláusula penal é a de prefixação, ou liquidação antecipada, do dano. Em caso de descumprimento contratual culposo, o valor previsto poderá ser exigido. Tal faceta do instituto faz com que a demora do procedimento judicial e o ônus de provar o montante do prejuízo sejam contornados. Nesse sentido, o art. 416, *caput*, estabelece que a exigibilidade da cláusula penal independe da alegação de dano por parte do credor.[67] Em outras palavras, não só o(a) credor(a) não precisa provar o prejuízo, como não é necessário sequer alegá-lo.[68]

Contudo, e se o(a) devedor(a) ajuizar uma ação para a revisão da cláusula penal e provar que não houve prejuízo? Para António Pinto Monteiro, tal exemplo demonstra a relevância da identificação da natureza da cláusula penal para a solução de um problema prático.[69] Segundo ele, caso a cláusula penal em questão tenha caráter coercitivo, ela deverá ser mantida, na medida em que se trata de figura que independe da existência de prejuízo.[70] Se, contudo, estivermos diante de uma cláusula meramente indenizatória e que, portanto, tem por finalidade liquidar antecipadamente as perdas e danos, o Tribunal deverá declará-la como inexigível, tendo-se em vista que o seu fundamento último – o dano – revelou-se inexistente.[71]

4. EXEMPLOS COMENTADOS EM DIFERENTES CONTRATOS E CONTEXTOS

66 *Id.*

67 Segundo tal disposição: "Art. 416. Para exigir a pena convencional, não é necessário que o credor alegue prejuízo". BRASIL. Código Civil de 2002. Lei n. 10.406, de 10 de janeiro de 2002. Disponível em: https://www.planalto.gov.br/ccivil_03/leis/2002/l10406compilada.htm. Acesso em 26 de Março de 2023.

68 MARTINS-COSTA, Judith. Comentários ao Novo Código Civil: do inadimplemento das obrigações. Tomo II. Rio de Janeiro: Forense, 2003, vol. V, p. 479-480.

69 PINTO MONTEIRO, António. Responsabilidade Contratual: Cláusula Penal e Comportamento Abusivo do Credor. Revista da EMERJ, v. 7, n. 26, 2004, p. 170.

70 *Id.*

71 Segundo o autor: "(...) o sentido desta distinção entre uma cláusula penal propriamente dita, e uma cláusula meramente indenizatória, ou se quiserem, de acordo com os passos que eu tenho dado nesse campo, entre uma cláusula penal em sentido estrito, e uma mera cláusula de fixação antecipada da indenização, o sentido prático fundamental dessa distinção de regime é o seguinte: a cláusula penal é devida independentemente do dano, enquanto que, no caso de uma cláusula meramente indenizatória, provando o devedor que não há dano, deixa de incorrer na pena". PINTO MONTEIRO, António. Responsabilidade Contratual: Cláusula Penal e Comportamento Abusivo do Credor. Revista da EMERJ, v. 7, n. 26, 2004, p. 170.

a. Contrato de prestação de serviços educacionais: cláusula penal e abono de pontualidade – Recurso Especial n. 1424814/SP

Em contratos de prestação de serviços educacionais, é comum a previsão do chamado "abono de pontualidade", uma estipulação que concede descontos a quem pagar a mensalidade escolar antecipadamente. Um exemplo fictício de tal cláusula seria o seguinte:

> O valor da mensalidade escolar é de R$ 1000,00 (mil reais). Em sendo feito o pagamento 15 (quinze) antes da data de vencimento, haverá desconto de R$150 (cento e cinquenta reais). Caso o pagamento seja feito 10 (dez) dias) da data de vencimento, o desconto concedido será de R$ 100,00 (cem reais). Feito o pagamento posteriormente à data do vencimento, incidirão juros e encargos moratórios.[72]

Muito se fala que, na verdade, tal tipo de previsão é uma espécie de "camuflagem" para a cláusula penal.[73] No exemplo acima, o valor base da mensalidade seria de R$ 850 (oitocentos e cinquenta reais), de modo que cresceria para R$ 900 (novecentos reais), R$ 1.000,00 (mil reais) e por aí em diante, com a incidência de diversas cláusulas penais.

Motivado por esse entendimento, o Ministério Público do Estado de São Paulo (MPSP) ajuizou ação civil pública contra instituição educacional, alegando a abusividade do abono de pontualidade.[74] Segundo o MPSP, o real valor da mensalidade seria o valor cobrado subtraído do "desconto por pontualidade", pois, do contrário, a pena ultrapassaria o patamar de 2% (dois por cento) previsto no art. 52, § 1º, do Código de Defesa do Consumidor.[75] No Tribunal de Justiça de São Paulo, a prática foi considerada como abusiva e ilegal.[76]

A instituição de ensino interpôs recurso especial. O Superior Tribunal de Justiça (STJ) reputou o desconto de pontualidade como prática legítima e que

---

72 Elaboração própria dos autores.

73 Segundo José Fernando Simão: "O abono de pontualidade é forma de se cobrar multa sobre multa mascarando o valor da prestação e a data real de vencimento. Ele exerce a exata função da cláusula penal: estimular o devedor a cumprir a prestação e já prever o valor das perdas e danos caso haja inadimplemento". SIMÃO, José Fernando. Livro I. Do Direito das Obrigações. Título IV. Do Inadimplemento das Obrigações. Capítulo V. Da Cláusula Penal – Arts. 408 a 416. In: SCHREIBER, Anderson [et al.]. (Org). Código Civil comentado – doutrina e jurisprudência. – Rio de Janeiro: Forense, 3 ed., 2021, p. 274.

74 BRASIL. Superior Tribunal de Justiça. Recurso Especial n. 1424814/SP (2013/0405555-9). Min. Relator: Marco Aurélio Bellizze. Julgado em 04 de Outubro de 2016. Disponível em: https://processo.stj.jus.br/processo/pesquisa/?aplicacao=processos.ea&tipoPesquisa=tipoPesquisaGenerica&termo=REsp%201424814. Acesso em 27 de março de 2023.

75 *Id.*

76 *Id.*

serve como forma de incentivar o cumprimento das obrigações, algo de interesse das partes contratantes[77]. Ainda que tenham por traço comum o fato de serem um meio de estimular a outra parte a cumprir com as suas obrigações contratuais, a Corte ressaltou que os institutos da multa contratual e do abono de pontualidade não podem ser confundidos.[78] Enquanto a multa contratual, no caso uma cláusula penal moratória, é dotada de viés coercitivo, o desconto de pontualidade seria o seu "lado reverso da moeda", e premiando um comportamento socialmente positivo.[79]

No caso em questão, não foi vislumbrado qualquer tipo de ilegalidade.[80] Os serviços educacionais foram pactuados tendo um valor anual diluído em cobranças mensais.[81] Não havendo qualquer discussão quanto à existência de defeito ou vício na celebração do negócio jurídico, o abono de pontualidade foi considerado como cláusula inquestionavelmente mais favorável ao consumidor.[82] O acórdão foi reformado e a ação civil pública foi julgada improcedente.[83]

O julgado chama a atenção por distinguir duas figuras que muitas vezes são utilizadas conjuntamente nos contratos e negócios comerciais. Enquanto a cláusula penal, no caso moratória, é dotada de um caráter primordialmente punitivo, induzindo o(a) devedor(a) a cumprir a obrigação por meio do acréscimo de um *plus* ao valor devido, o abono de pontualidade busca premiar um comportamento reputado como positivo por meio de uma dedução do montante da dívida.

b. Contrato de patrocínio: cláusula penal, função punitiva e a sua redução – Recurso Especial n. 1803803/RJ

A Confederação Brasileira de Futebol (CBF), entidade responsável por administrar a seleção brasileira, celebrou contrato de patrocínio com a Marfrig Global Foods S.A (Marfrig), uma das maiores empresas de proteína animal no mundo.[84] O contrato, com vigência de 2011 a 2026, estabelecia que a Marfrig deveria pagar 64 parcelas trimestrais, até alcançar o montante de US$

77 *Id.*
78 *Id.*
79 *Id.*
80 *Id.*
81 *Id.*
82 *Id.*
83 *Id.*
84 BRASIL. Superior Tribunal de Justiça. Recurso Especial n. 1.803.803-RJ (2019/0074913-1). Min. Relator: Min. Ricardo Villas Bôas Cueva. Julgado em 09 de Novembro 2021. Disponível em: https://scon.stj.jus.br/SCON/jurisprudencia/toc.jsp?livre=%27201900749131%27.REG. Acesso em 27 de Março de 2023.

136.000.000, além do valor de US$ 24.000.000 destinados à aquisição de duas aeronaves.[85] Como contrapartida, a sua marca Sadia estamparia os uniformes das Seleções Brasileiras de Futebol de diversas categorias.[86]

As partes pactuaram cláusula penal com a seguinte redação:

> "5.1. A parte que infringir qualquer cláusula deste Acordo estará sujeita ao pagamento à parte inocente de multa no valor de 20% (vinte por cento) do valor do PATROCÍNIO corrigido monetariamente à época da infração, independentemente de outros valores pleiteados a título de danos morais e materiais."[87]

Logo em junho de 2012, a Marfrig deixou de realizar os pagamentos pactuados.[88] Em virtude disso, a CBF enviou sucessivas notificações à empresa, mas, diante da sua inércia, considerou rescindido o contrato a partir de maio de 2013. Ingressou, então, com uma ação monitória para a cobrança das parcelas e da cláusula penal devida.[89] As instâncias ordinárias reduziram o valor da cláusula penal para a quantia fixa de US$ 2.000.000, sob o fundamento de que a CBF, em menos de um mês após a rescisão do contrato, conseguiu celebrar outro acordo de patrocínio com outra grande empresa, algo que teria reduzido os seus prejuízos.[90]

O caso chegou ao STJ, que teve que debruçar-se sobre a cláusula penal pactuada.[91] O Ministro Relator do caso destacou que o entendimento prevalecente na Corte é aquele que enxerga que a figura, a um só tempo, desempenha as funções de estimular o(a) devedor(a) ao cumprimento e de liquidar antecipadamente o dano.[92] Contudo, notou que no caso em questão a cláusula penal fora pactuada com um caráter primordialmente coercitivo, pois tinha o intuito de coagir as partes a cumprirem o contrato, de longo prazo, cuja ruptura inesperada poderia causar severos prejuízos à CBF.[93]

Deste modo, a redução da cláusula penal deveria ser feita sem desvirtuar a sua finalidade coercitiva.[94] Considerando que o inadimplemento fora parcial, mas substancial, já que a Marfrig deixara de fazer pagamentos ainda no início

---

85 *Id.*
86 *Id.*
87 *Id.*
88 *Id.*
89 *Id.*
90 *Id.*
91 *Id.*
92 *Id.*
93 *Id.*
94 *Id.*

da vigência do contrato, o Ministro Relator revisou a cláusula penal para que os 20% de seu montante incidissem somente sobre as parcelas com vencimento posterior à data da rescisão do contrato.[95] Chegou-se, então, ao valor de US$ 23,2 milhões, posição essa que foi acompanhada pela maioria dos Ministros.[96] Tal decisão é interessante na medida em que ressalta que as cláusulas penais podem desempenhar funções distintas a depender do contexto contratual que são inseridas. No caso, a sua revisão foi operada de maneira a melhor conservar o seu caráter primordialmente coercitivo.

c. Contrato de promessa de compra e venda: cumulação da cláusula penal com taxa de ocupação do imóvel – Recurso Especial n. 2024829/SC

Diante do inadimplemento do consumidor em contrato de promessa de compra e venda, foi ajuizada ação de reintegração de posse cumulada com pedido de rescisão contratual e indenização por danos materiais.[97] As partes haviam pactuado cláusula penal compensatória em caso de rescisão contratual que previa multa no valor de 50% das prestações adimplidas pela locatária.[98] Na primeira instância, a sentença foi improcedente.[99] Interposto o recurso de apelação, a autora conseguiu a rescisão contratual com a sua consequente reintegração na posse do imóvel.[100] Contudo, o Tribunal considerou a cláusula penal pactuada abusiva e reduziu o seu montante para 10% dos valores efetivamente pagos.[101] Foi ainda reputada como ilegal a cumulação do percentual de retenção por rescisão contratual com a taxa de ocupação do imóvel, indenização devida pelo tempo de residência do consumidor no imóvel.[102]

Com a interposição de recurso especial, o caso chegou ao STJ, que teve que analisar se tal cumulação seria lícita.[103] Primeiro, a Ministra Relatora do caso atestou que, na situação em questão, a cláusula penal era compensatória, já que pactuada na hipótese de inadimplemento absoluto.[104] Consequentemente, o Tema 970/STJ, que definiu que as cláusulas penais moratórias deve guardar relação com o valor do locativo, não podendo haver a sua cumulação

---

95 *Id.*

96 *Id.*

97 BRASIL. Superior Tribunal de Justiça. Recurso Especial n. 2.024.829 – SC (2022/0280737-0). Minª Relatora: Nancy Andrighi. Julgado em 07 de Março de 2023. Disponível em: https://scon.stj.jus.br/SCON/jurisprudencia/toc.jsp?livre=%27202202807370%27.REG. Acesso em 27 de Março de 2023.

98 *Id.*

99 *Id.*

100 *Id.*

101 *Id.*

102 *Id.*

103 *Id.*

104 *Id.*

com lucros cessantes, não seria aplicável ao caso em tela, tendo-se em vista a diferente natureza das cláusulas penais.[105]

Recorrendo à jurisprudência do STJ, a Ministra Relatora entendeu que "[o] tempo de uso deve ser indenizado tendo por base o valor locatício de imóvel semelhante multiplicado pelo número de meses em que durou a ocupação" e que, uma vez sendo a multa insuficiente à reparação integral do dano sofrido, poderia caber indenização suplementar.[106]

Assim, o pagamento da taxa de ocupação seria devido "(...) por consubstanciar uma retribuição pela utilização de bem alheio durante determinado período temporal", de maneira a evitar que o comprador se favorecesse em situação de rompimento contratual em prejuízo do devedor.[107] O STJ considerou que a indenização pelo tempo de utilização do imóvel teria natureza jurídica de aluguéis, tendo como o seu fundamento jurídico a vedação ao enriquecimento sem causa.[108]

Tal taxa, portanto, seria figura com natureza e finalidades distintas da cláusula penal, algo ainda mais evidenciado pelo fato de que a cláusula penal pactuada consistia em uma multa única, e não mensal.[109] Desta forma, reputou o STJ que a cumulatividade entre os dois instrumentos seria possível, dando provimento ao recurso especial.[110] De maneira interessante, a decisão distingue figuras que têm fatos geradores próprios. Uma vez que o objetivo maior da taxa de ocupação é indenizar o vendedor pelo tempo de ocupação do imóvel pelo comprador inadimplente, a sua função se distingue do papel desempenhado pela cláusula penal, o que permite que os dois instrumentos sejam estipulados em um mesmo contrato.

105 *Id.*
106 *Id.*
107 *Id.*
108 *Id.*
109 *Id.*
110 *Id.*

89. CLÁUSULA DE FIXAÇÃO DE JUROS

Sergio Tuthill Stanicia

1. INTRODUÇÃO

Juros são "frutos civis, constituídos por coisas fungíveis, que representam o rendimento de uma obrigação de capital"[1]. A obrigação de juros é uma obrigação acessória, que pressupõe uma obrigação de capital (dinheiro ou outros bens fungíveis) à qual necessariamente se vincula. Os juros podem ser convencionais ou legais, conforme sua fixação decorra, respectivamente, do acordo entre as partes contratantes, ou de determinação legal. Esta também assume caráter supletivo, aplicável aos casos em que as partes não tenham estipulado contratualmente a taxa de juros[2].

Podem ser convencionais ou legais tanto os juros remuneratórios (ou compensatórios) quanto os moratórios. Os juros remuneratórios são uma "compensação que o obrigado deve pela utilização temporária de certo capital, sendo o seu montante em regra previamente determinado como uma fracção do capital correspondente ao tempo da sua utilização"[3]. Os juros moratórios destinam-se a compensar o prejuízo presumivelmente sofrido pelo credor em razão da privação do capital decorrente do descumprimento

1 VARELA, João de Matos Antunes. *Das obrigações em geral*. v. 1. 10. ed. Coimbra: Almedina, 2000, p. 870.

2 GOMES, Orlando. *Obrigações*. 16. ed. atual. Edvaldo Brito. Rio de Janeiro: Forense, 2005, p. 65-66.

3 VARELA, João de Matos Antunes. *Das obrigações em geral*. v. 1. 10. ed. Coimbra: Almedina, 2000, p. 870.

da obrigação[4]. Apesar do nome, não devidos apenas em razão da mora, mas também pelo inadimplemento absoluto de obrigações pecuniárias ou cujo valor haja sido fixado em dinheiro[5].

A fixação convencional das taxas de juros (ou cláusula de fixação de juros) acarreta grande discussão doutrinária e jurisprudencial. São centrais dois grandes temas inter-relacionados, que serão tratados ao longo deste capítulo. Primeiro, discutem-se as hipóteses nas quais os juros fixados contratualmente devam ser limitados, seja no que se refere ao percentual contratado, seja quanto à admissibilidade (ou não) da capitalização de juros. Segundo, a disciplina jurídica aplicável à limitação das taxas de juros difere substancialmente caso se trate de contrato celebrado com instituição financeira, ou de contrato celebrado entre outros sujeitos.

Para tratar desses dois grandes temas, este capítulo segue a seguinte estrutura. No tópico 2, trago um panorama da disciplina jurídica dos juros, centrado em cinco momentos (e normas) essenciais: o Código Civil de 1916, a Lei da Usura, a Lei do Sistema Financeiro Nacional, a Constituição de 1988, e o Código Civil de 2002. No tópico 3, enfatizo dois aspectos controversos, bastante discutidos pela doutrina e pela jurisprudência: a possibilidade de limitação das taxas de juros fixadas contratualmente, e a legalidade da capitalização de juros. No tópico 4, apresento o regramento de duas cláusulas que frequentemente constam dos instrumentos de contratos celebrados com instituições financeiras: o custo efetivo total, e a comissão de permanência.

2. DISCIPLINA JURÍDICA

O Código Civil de 1916, ao tratar dos juros remuneratórios no contrato de mútuo, estabelecia ser possível, "por cláusula expressa, fixar juros ao empréstimo de dinheiro ou de outras coisas fungíveis". Concedia liberdade às partes para a fixação da taxa de juros, determinando que pudesse ser fixada abaixo ou

4 GOMES, Orlando. *Obrigações*. 16. ed. atual. Edvaldo Brito. Rio de Janeiro: Forense, 2005, p. 203.

5 Já decidiu o Superior Tribunal de Justiça (STJ), por exemplo, que "Os juros moratórios, após convertida a obrigação de entrega de coisa incerta em dinheiro, tornando líquida a dívida pecuniária, devem ser contados a partir da citação (...)." (Superior Tribunal de Justiça, REsp 1.122.500, relatora Maria Isabel Gallotti, Quarta Turma, julgado em 18.10.2016).

acima da taxa legal, com ou sem capitalização[6]. A taxa legal era de 6% ao ano, nos termos dos artigos 1.062[7] e 1.063[8].

Essa disciplina foi alterada consideravelmente com a edição, durante o governo de Getúlio Vargas, do Decreto nº 22.626/1933, conhecido como "Lei da Usura". Os considerandos do decreto ilustram bem a visão que inspirou o chefe de governo a editá-lo, mencionando que "todas as legislações modernas adotam normas severas para regular, impedir e reprimir os excessos praticados pela usura", e que o "é de interesse superior da economia do país não tenha o capital remuneração exagerada impedindo o desenvolvimento das classes produtoras"[9].

O primeiro dispositivo da Lei da Usura estabelece que é vedado, e será punido nos termos da lei, "estipular em quaisquer contratos taxas de juros superiores ao dobro da taxa legal"[10]. Tendo em vista que a taxa legal, segundo o CC/1916, era de 6% ao ano, conclui-se que era proibida a estipulação de juros superiores a 12% ao ano. Os contratos que infringissem a Lei da Usura seriam nulos de pleno direito, "ficando assegurado ao devedor a repetição do que houver pago a mais"[11]. Na seara criminal, o decreto tipificava o crime de usura[12], o qual, no segundo governo Vargas, passaria a constar também da Lei nº 1.521/1951, que trata dos "crimes contra a economia popular"[13].

---

6 "Art. 1.262. É permitido, mas só por cláusula expressa, fixar juros ao empréstimo de dinheiro ou de outras coisas fungíveis. ¶ Esses juros podem fixar-se abaixo ou acima da taxa legal (art. 1.062) com ou sem capitalização."

7 "Art. 1.062. A taxa dos juros moratórios, quando não convencionada (art. 1.262), será de seis por cento ao ano."

8 "Art. 1.063. Serão também de seis por cento ao ano os juros devidos por força de lei, ou quando as partes os convencionarem sem taxa estipulada."

9 "Decreto nº 22.626, de 7 de abril de 1933. ¶ Dispõe sobre os juros nos contratos e dá outras providências. ¶ O Chefe do Governo Provisório da República dos Estados Unidos do Brasil: ¶ Considerando que todas as legislações modernas adotam normas severas para regular, impedir e reprimir os excessos praticados pela usura; ¶ Considerando que é de interesse superior da economia do país não tenha o capital remuneração exagerada impedindo o desenvolvimento das classes produtoras: ¶ Decreta: (...)."

10 "Art. 1º. É vedado, e será punido nos termos desta lei, estipular em quaisquer contratos taxas de juros superiores ao dobro da taxa legal (Código Civil, art. 1062). (...)."

11 "Art. 11. O contrato celebrado com infração desta lei é nulo de pleno direito, ficando assegurado ao devedor a repetição do que houver pago a mais."

12 "Art. 13. É considerado delito de usura, toda a simulação ou prática tendente a ocultar a verdadeira taxa do juro ou a fraudar os dispositivos desta lei, para o fim de sujeitar o devedor a maiores prestações ou encargos, além dos estabelecidos no respectivo título ou instrumento. (...)"

13 "Art. 4º. Constitui crime da mesma natureza a usura pecuniária ou real, assim se considerando: ¶ a) cobrar juros, comissões ou descontos percentuais, sobre dívidas em dinheiro superiores à taxa permitida por lei (...)."

Após a promulgação da Lei nº 4.595/1964, que estrutura e regula o Sistema Financeiro Nacional (SFN), passou a haver questionamentos no Judiciário sobre sua compatibilidade com a Lei da Usura. Em pesquisa realizada na plataforma do Supremo Tribunal Federal (STF)[14], pude verificar que os julgamentos sobre o tema se iniciaram no ano de 1974[15], e se avolumaram sobretudo a partir de 1975, chegando a mais de 150 julgados até o final dos anos setenta. O Tribunal Pleno manifestou-se, em julgamento datado de 05.03.1975, no sentido de que o art. 1º da Lei da Usura teria sido "revogado" pela Lei nº 4.595/1964 no que se refere às operações com as instituições de crédito, públicas e privadas, que funcionam sob o controle do Conselho Monetário Nacional[16]. Na Sessão Plenária de 15.12.1976, o entendimento do STF foi fixado na Súmula nº 596, segundo a qual: "As disposições do Decreto 22.626/33 não se aplicam às taxas de juros e aos outros encargos cobrados nas operações realizadas por instituições públicas ou privadas, que integram o sistema financeiro nacional".

A possibilidade de as instituições financeiras cobrarem juros acima de 12% ao ano parece ter sido pacificada ao longo dos anos oitenta, até a promulgação da Constituição de 1988. Em sua redação original, porém, o art. 192 da Constituição, que trata do SFN, previa em seu § 3º que as taxas de juros reais

---

14 A pesquisa foi realizada em 02.04.2023, na base de jurisprudência do Supremo Tribunal Federal (STF) (<https://jurisprudencia.stf.jus.br/pages/search>), utilizando a palavra-chave "lei 4595", e ordenando os 411 resultados pelos mais antigos.

15 Curiosamente, o precedente mais antigo que encontrei, discutindo a possível "revogação" da Lei da Usura pela Lei nº 4.595/1964, julgado em 29.04.1974, não diz respeito a matéria cível. Trata-se de habeas corpus que não foi conhecido por força do Ato Institucional nº 5/1968, outorgado pelo ditador militar Artur da Costa e Silva, cujo art. 10 suspendia a garantia de habeas corpus no caso de crimes políticos, contra a segurança nacional, a ordem econômica social e a economia popular. A partir da ementa, verifica-se que se tratava de imputação por crime de usura (art. 13, Decreto nº 22.626/1933, e art. 4º, a, Lei nº 1.525/1951). A Segunda Turma do STF entendeu nos seguintes termos: "Bem se conclui que a usura é criminável. Não é certo que a Lei n. 4.595/64 tenha revogado os diplomas acima referidos." (Supremo Tribunal Federal, HC 52.115, relator Antonio Neder, Segunda Turma, julgado em 29.04.1974).

16 Supremo Tribunal Federal, RE 78.953, relator Oswaldo Trigueiro, relator para acórdão Cordeiro Guerra, Tribunal Pleno, julgado em 05.03.1975.

O voto do relator, com cuja argumentação concordou o relator para o acórdão, fundamentou a prevalência da Lei nº 4.595/1964 com base nos seus artigos 2º, 3º, incisos II e IV, e 4º, incisos VI, IX, XVII e XXII. É interessante mencionar, na íntegra, seus argumentos conclusivos:

"Que o Conselho Monetário e seu agente executivo, o Banco Central, estejam desempenhando essa tarefa com a amplitude prevista na Lei 4.595, é fato que dispensa qualquer esforço de demonstração. Que, na época inflacionária em que vivemos, aquela tarefa estaria de todo frustrada se condicionada à remota proibição da lei da usura, é inferência que, a meu ver, paira acima de qualquer dúvida razoável. ¶ Penso que o art. 1º do Decreto 22.626 está revogado, não pelo desuso ou pela inflação, mas pela Lei 4.595, pelo menos no pertinente às operações com as instituições de crédito, públicos ou provados, que funcionam sob o estreito controle do Conselho Monetário Nacional."

não poderiam ser superiores a doze por cento ao ano. Previa também que a cobrança de juros acima desse limite fosse conceituada como crime de usura, e punida nos termos da lei[17]. Entretanto, o dispositivo nunca chegou a ser aplicado, pois, no dia seguinte à promulgação da Constituição, o Presidente da República aprovou o Parecer nº SR/70, da Consultoria-Geral da República, o qual concluiu que a aplicação da taxa de juros prevista no art. 192, § 3º, estava condicionada a edição de lei complementar[18]. O parecer foi corroborado, na mesma data, pela Circular BCB nº 1.365[19].

O STF, em 1994, julgou improcedente uma ação direta de inconstitucionalidade ajuizada pelo Partido Democrático Trabalhista (PDT), entendendo não serem inconstitucionais os atos normativos infralegais editados, e ressaltando que "não é de se admitir a eficácia imediata e isolada do disposto (no) parágrafo 3º (da Constituição), sobre a taxa de juros reais", pois "(s)ó o tratamento global do Sistema Financeiro Nacional, na futura lei complementar, com a observância de todas as normas do 'caput', dos incisos e parágrafos do art. 192, é que permitirá a incidência da referida norma sobre juros reais e desde que estes também sejam conceituados em tal diploma"[20]. O § 3º do art. 192, por fim, foi revogado pela Emenda Constitucional nº 40, de 2003 e, para evitar quaisquer dúvidas, o STF aprovou a Súmula Vinculante nº 7, confirmando a

---

17 "Art. 192. O sistema financeiro nacional, estruturado de forma a promover o desenvolvimento equilibrado do País e a servir aos interesses da coletividade, será regulado em lei complementar (...). § 3º As taxas de juros reais, nelas incluídas comissões e quaisquer outras remunerações direta ou indiretamente referidas à concessão de crédito, não poderão ser superiores a doze por cento ao ano; a cobrança acima deste limite será conceituada como crime de usura, punido, em todas as suas modalidades, nos termos que a lei determinar."

18 O Parecer nº SR/70, da Consultoria-Geral da República, de 6 de outubro de 1988, pode ser consultado em: <http://biblioteca.in.gov.br/web/dou>. Data de acesso: 02.04.2023.

19 "A Diretoria do Banco Central do Brasil, em sessão realizada em 06.10.88, (...) e considerando: (...) ¶ VIII – Que, nos termos do artigo 22 do Decreto nº 92.889, de 07.07.86, os pareceres do Consultor Geral da República, aprovados pelo Presidente da República, adquirem caráter normativo para a Administração Federal, cujos órgãos e entes ficam obrigados a lhes dar fiel cumprimento; ¶ IX – Que Excelentíssimo Senhor Presidente da República, na forma da lei, aprovou o Parecer nº SR/70, do Consultor Geral da República, o qual conclui que a eficácia dos preceitos contidos na Constituição, em seu artigo 192, está condicionada à edição de Lei Complementar e que, enquanto não promulgada esta, permanece em vigor o sistema de leis e regulamentos, em especial os decorrentes da Lei nº 4.595, de 31.12.64, aplicável ao Sistema Financeiro Nacional; ¶ decidiu esclarecer que: ¶ Enquanto não for editada a Lei Complementar reguladora do Sistema Financeiro Nacional, prevista no artigo 192 da Constituição da República Federativa do Brasil, as operações ativas, passivas e acessórias das instituições financeiras e demais entidades sujeitas à autorização de funcionamento e fiscalização por parte do Banco Central do Brasil permanecerão sujeitas ao regime das Leis nºs 4.595, de 31.12.64, 4.728, de 14.07.65, 6.385, de 07.12.76 e demais disposições legais e regulamentares vigentes aplicáveis ao Sistema Financeiro Nacional."

20 Supremo Tribunal Federal, ADI 4, relator Sydney Sanches, Tribunal Pleno, julgado em 07.03.1991.

inaplicabilidade da limitação das taxas de juros a 12% ao ano, durante o período em que esteve em vigência[21].

Com a entrada em vigência do Código Civil de 2002 (CC/2002), nova limitação legal surgiu para a fixação das taxas de juros no contrato de mútuo. Enquanto o CC/1916 dava liberdade às partes para fixar a taxa "abaixo ou acima da taxa legal", "com ou sem capitalização", desde que "por cláusula expressa"[22], o CC/2002 estabelecia regras diferentes para os juros no contrato de mútuo. Primeiro, estabeleceu a desnecessidade de "cláusula expressa", presumindo-se devidos os juros sempre que o mútuo se destinasse a "fins econômicos". Segundo, estabeleceu que os juros nos contratos de mútuo firmados entre particulares, "sob pena de redução", não poderiam exceder a taxa legal, sob pena de redução, "permitida a capitalização anual"[23].

Ocorre que a taxa legal, antes de 6% ao ano (art. 1.063, CC/1916), passou a ser determinada pelo polêmico art. 406 do CC/2002, segundo o qual os juros "serão fixados segundo a taxa que estiver em vigor para a mora do pagamento de impostos devidos à Fazenda Nacional"[24]. Não havendo percentual expresso, como os 6% que constavam do CC/1916, o dispositivo ensejou dúvidas sobre qual seria a taxa legal. Durante certo tempo, prevaleceu o entendimento de que se aplicava a taxa de 1% ao mês do art. 161, § 1º, do Código Tributário Nacional (CTN)[25], embora tenha havido desde cedo divergência entre as turmas do Superior Tribunal de Justiça (STJ)[26]. Em 2008, a Corte Especial, julgando Embargos de Divergência em Recurso Especial, resolveu pela aplicação da taxa referencial

---

21 Súmula Vinculante nº 7: "A norma do § 3º do artigo 192 da Constituição, revogada pela Emenda Constitucional 40/2003, que limitava a taxa de juros reais a 12% ao ano, tinha sua aplicação condicionada à edição de lei complementar." Trata-se da conversão da Súmula nº 648, aprovada em 24.09.2003, de idêntica redação.

22 "Art. 1.262. É permitido, mas só por cláusula expressa, fixar juros ao empréstimo de dinheiro ou de outras coisas fungíveis. ¶ Esses juros podem fixar-se abaixo ou acima da taxa legal (art. 1.062) com ou sem capitalização."

23 "Art. 591. Destinando-se o mútuo a fins econômicos, presumem-se devidos juros, os quais, sob pena de redução, não poderão exceder a taxa a que se refere o art. 406, permitida a capitalização anual."

24 "Art. 406. Quando os juros moratórios não forem convencionados, ou o forem sem taxa estipulada, ou quando provierem de determinação da lei, serão fixados segundo a taxa que estiver em vigor para a mora do pagamento de impostos devidos à Fazenda Nacional."

25 "Art. 161. (...). § 1º Se a lei não dispuser de modo diverso, os juros de mora são calculados à taxa de um por cento ao mês."

26 Um histórico sobre o tema pode ser encontrado em MEDEIROS NETO, Elias Marques de; ROCHA, Elzeane da; TRADE, André Perasoli. Aspectos de Direito Material e de Direito Processual na interpretação e na aplicação do artigo 406 do Código Civil. *Revista Eletrônica de Direito Processual – REDP*. Rio de Janeiro, a. 16, v. 23, n. 1, p. 416-433, jan.-abr. 2022.

do Sistema Especial de Liquidação e de Custódia (Selic)[27], entendimento que prevalece no STJ, ao menos em relação aos juros remuneratórios[28].

3. ASPECTOS CONTROVERSOS

3.1. Limitação das taxas de juros

A questão da inaplicabilidade dos limites das taxas de juros às instituições financeiras vincula-se a outro problema, que é o da definição legal de instituição financeira. Há ao menos três diplomas legais que trazem definições de instituições financeiras e entes equiparados: a Lei nº 4.595/1964[29], que estrutura e regula o SFN, a Lei nº 7.492/1986[30], que define os crimes contra o SFN, e

---

27 Superior Tribunal de Justiça, EREsp 727.842, relator Teori Albino Zavascki, Corte Especial, julgado em 08.09.2008.

28 Em relação aos juros de mora, destaco o REsp 1.795.982, em trâmite perante a Corte Especial do STJ, relator Luis Felipe Salomão, que discute a possibilidade de aplicação para as dívidas civis, em detrimento da utilização da Taxa Selic, de juros moratórios de 1%, conforme o art. 161, § 1º, do CTN. A tramitação do processo pode ser consultada em: <https://processo.stj.jus.br/processo/pesquisa/>. Acesso em 09.04.2023.

29 "Art. 17. Consideram-se instituições financeiras, para os efeitos da legislação em vigor, as pessoas jurídicas públicas ou privadas, que tenham como atividade principal ou acessória a coleta, intermediação ou aplicação de recursos financeiros próprios ou de terceiros, em moeda nacional ou estrangeira, e a custódia de valor de propriedade de terceiros. Parágrafo único. Para os efeitos desta lei e da legislação em vigor, equiparam-se às instituições financeiras as pessoas físicas que exerçam qualquer das atividades referidas neste artigo, de forma permanente ou eventual."
"Art. 18. (...) § 1º Além dos estabelecimentos bancários oficiais ou privados, das sociedades de crédito, financiamento e investimentos, das caixas econômicas e das cooperativas de crédito ou a seção de crédito das cooperativas que a tenham, também se subordinam às disposições e disciplina desta lei no que for aplicável, as bolsas de valores, companhias de seguros e de capitalização, as sociedades que efetuam distribuição de prêmios em imóveis, mercadorias ou dinheiro, mediante sorteio de títulos de sua emissão ou por qualquer forma, e as pessoas físicas ou jurídicas que exerçam, por conta própria ou de terceiros, atividade relacionada com a compra e venda de ações e outros quaisquer títulos, realizando nos mercados financeiros e de capitais operações ou serviços de natureza dos executados pelas instituições financeiras."

30 "Art. 1º Considera-se instituição financeira, para efeito desta lei, a pessoa jurídica de direito público ou privado, que tenha como atividade principal ou acessória, cumulativamente ou não, a captação, intermediação ou aplicação de recursos financeiros (Vetado) de terceiros, em moeda nacional ou estrangeira, ou a custódia, emissão, distribuição, negociação, intermediação ou administração de valores mobiliários. Parágrafo único. Equipara-se à instituição financeira: I – a pessoa jurídica que capte ou administre seguros, câmbio, consórcio, capitalização ou qualquer tipo de poupança, ou recursos de terceiros; II – a pessoa natural que exerça quaisquer das atividades referidas neste artigo, ainda que de forma eventual."

a Lei Complementar nº 105/2001[31], que trata do sigilo das operações de instituições financeiras. De acordo com Rafael Bianchini Abreu Paiva, "(a) imprecisão das leis mencionadas enseja confusão entre intermediários (gênero) e instituições financeiras (espécie)"[32]. O STJ, consequentemente, já foi invocado a dirimir sobre a aplicação (ou não) das limitações às taxas de juros a determinados tipos de entidades. A título de exemplo, recentemente, manteve as limitações do art. 591 do CC/2002 e da Lei da Usura às sociedades empresárias de fomento mercantil (*factoring*)[33]. Por outro lado, entendeu pela ausência de limitação legal aos fundos de investimento em direitos creditórios (FIDC)[34], e, em entendimento sumulado desde 2004, às empresas administradoras de cartão de crédito[35].

Nos contratos celebrados com instituição financeira sujeitos à legislação consumerista, admite-se que o Judiciário determine a adequação da taxa de juros, caso seja verificada abusividade no caso concreto[36]. Conforme o art. 51, IV, do Código de Defesa do Consumidor (CDC), são nulas de pleno direito

---

31 "Art. 1º (...) § 1º São consideradas instituições financeiras, para os efeitos desta Lei Complementar: I – os bancos de qualquer espécie; II – distribuidoras de valores mobiliários; III – corretoras de câmbio e de valores mobiliários; IV – sociedades de crédito, financiamento e investimentos; V – sociedades de crédito imobiliário; VI – administradoras de cartões de crédito; VII – sociedades de arrendamento mercantil; VIII – administradoras de mercado de balcão organizado; IX – cooperativas de crédito; X – associações de poupança e empréstimo; XI – bolsas de valores e de mercadorias e futuros; XII – entidades de liquidação e compensação; XIII – outras sociedades que, em razão da natureza de suas operações, assim venham a ser consideradas pelo Conselho Monetário Nacional. § 2º As empresas de fomento comercial ou factoring, para os efeitos desta Lei Complementar, obedecerão às normas aplicáveis às instituições financeiras previstas no § 1º."

32 PAIVA, Rafael Bianchini Abreu. *Deveres de informação e adequação*: responsabilidade civil dos intermediários financeiros. Tese (Doutorado em Direito). São Paulo: Universidade de São Paulo, 2020, p. 61.

33 Superior Tribunal de Justiça, REsp 1.987.016, relatora Nancy Andrighi, Terceira Turma, julgado em 06.09.2022: "Assim, embora não constitua instituição financeira, não é vedado à sociedade empresária de factoring celebrar contrato de mútuo feneratício, devendo apenas serem respeitadas as regras dessa espécie contratual aplicáveis aos particulares".

34 Superior Tribunal de Justiça, REsp 1.634.958, relator Luis Felipe Salomão, Quarta Turma, julgado em 06.08.2019: "O mercado financeiro abrange o de capitais, e a operação dos FIDCs, por envolver a captação de poupança popular mediante a emissão e a subscrição de cotas (valor mobiliário) para concessão de crédito, é inequivocamente de instituição financeira, bastante assemelhada ao desconto ou redesconto bancário (...)".

35 Súmula nº 283: "As empresas administradoras de cartão de crédito são instituições financeiras e, por isso, os juros remuneratórios por elas cobrados não sofrem as limitações da Lei de Usura."

36 Superior Tribunal de Justiça, REsp 1.061.530, relatora Nancy Andrighi, Segunda Seção, julgado em 22.10.2008. Tema Repetitivo nº 27: "É admitida a revisão das taxas de juros remuneratórios em situações excepcionais, desde que caracterizada a relação de consumo e que a abusividade (capaz de colocar o consumidor em desvantagem exagerada (art. 51, §1º, do CDC) fique cabalmente demonstrada, ante às peculiaridades do julgamento em concreto."

as cláusulas contratuais que "estabeleçam obrigações consideradas iníquas, abusivas, que coloquem o consumidor em desvantagem exagerada, ou sejam incompatíveis com a boa-fé ou a equidade". Segundo o art. 51, § 1º, III, do CDC, presume-se exagerada a vantagem que se mostre "excessivamente onerosa para o consumidor, considerando-se a natureza e conteúdo do contrato, o interesse das partes e outras circunstâncias peculiares ao caso".

Cabe destacar também que, em regra, a nulidade da cláusula abusiva não invalida o contrato, procedendo o Judiciário à sua readequação. No caso dos contratos bancários, o STJ possui entendimento sumulado de que, na impossibilidade de ser comprovada a taxa de juros contratado, seja pela ausência de pactuação, seja pela ausência do instrumento contratual nos autos do processo, deve ser aplicada a taxa média de mercado divulgada pelo Banco Central do Brasil (BCB)[37]. Já em casos nos quais haja a comprovação da taxa contratada, tanto Terceira Turma[38] quanto a Quarta Turma[39] ressaltam, em julgados recentes, que a taxa média divulgada pelo BCB não serve como parâmetro apriorístico para se aferir a abusividade dos juros no caso concreto, embora seja um referencial útil.

3.2. Capitalização de juros

Já foi mencionado que o CC/1916 autorizava a livre fixação dos juros pelas partes "com ou sem capitalização"[40]. A Lei da Usura estabeleceu a proibição de "contar juros dos juros", vedação que não compreendia a "acumulação de juros vencidos aos saldos líquidos em conta corrente de ano a ano"[41]. A regra era

---

37 Súmula nº 530: "Nos contratos bancários, na impossibilidade de comprovar a taxa de juros efetivamente contratada – por ausência de pactuação ou pela falta de juntada do instrumento aos autos –, aplica-se a taxa média de mercado, divulgada pelo Bacen, praticada nas operações da mesma espécie, salvo se a taxa cobrada for mais vantajosa para o devedor.

38 Superior Tribunal de Justiça, AgInt no REsp 2.016 485, relator Paulo de Tarso Sanseverino, Terceira Turma, julgado em 09.11.2022: "(...) a circunstância de a taxa de juros remuneratórios praticada pela instituição financeira exceder a taxa média do mercado não induz, por si só, a conclusão de abusividade, consistindo a referida taxa em um referencial e não em um limite que deva ser necessariamente observado pelas instituições financeiras."

39 Superior Tribunal de Justiça, REsp 1.821.182, relatora Maria Isabel Gallotti, Quarta Turma, julgado em 23.06.2022: "(...) a taxa média de mercado apurada pelo Banco Central para cada segmento de crédito é referencial útil para o controle da abusividade, mas o simples fato de a taxa efetiva cobrada no contrato estar acima da taxa média de mercado não significa, por si só, abuso."

40 "Art. 1.262. (...) Esses juros podem fixar-se abaixo ou acima da taxa legal (art. 1.062) com ou sem capitalização."

41 "Art. 4º. E proibido contar juros dos juros: esta proibição não compreende a acumulação de juros vencidos aos saldos líquidos em conta corrente de ano a ano."

semelhante à contida no Código Comercial de 1850 para o mútuo mercantil[42]. O STF, na sessão plenária de 13.12.1963, aprovou a Súmula nº 121, ratificando o entendimento de que seria "vedada a capitalização de juros"[43]. Ocorre que, conforme observa Luciano Oliveira de Moraes, o tribunal se reportou ao teor do art. 4º da Lei da Usura "não fazendo nenhuma distinção entre as expressões capitalização de juros, anatocismo e juros dos juros"[44]. Segundo este autor, cujo trabalho se preocupa em diferenciar os conceitos do ponto de vista da matemática financeira, a confusão conceitual perdurou ao longo das décadas posteriores na jurisprudência brasileira, na qual ainda se vê a utilização "(d)os termos capitalização de juros, anatocismo, juros de juros e juros compostos como sinônimos"[45].

Atualmente, aplica-se a regra do CC/2002, que admite "a capitalização anual", ao mútuo que não tenha sido celebrado por instituição integrante do SFN[46]. Às operações realizadas por instituições integrantes do SFN aplica-se o art. 5º da Medida Provisória nº 2.170-36/2001, que autoriza "a capitalização de juros com periodicidade inferior a um ano"[47]. O STJ possui entendimento sumulado de que, desde que expressamente pactuada, "(é) permitida a capitalização de juros com periodicidade inferior à anual em contratos celebrados com instituições integrantes do Sistema Financeiro Nacional a partir de 31/3/2000"[48], data de vigência da primeira medida provisória sobre o assunto[49].

---

42 Art. 253. "É proibido contar juros de juros; esta proibição não compreende a acumulação de juros vencidos aos saldos liquidados em conta corrente de ano a ano. Depois que em juízo se intenta ação contra o devedor, não pode ter lugar a acumulação de capital e juros."

43 Súmula nº 121: "É vedada a capitalização de juros, ainda que expressamente convencionada."

44 MORAES, Luciano Oliveira de. *Capitalização de juros*: impactos na adoção da Tabela Price na amortização de empréstimos e da Taxa Selic na correção de valores. Dissertação (Mestrado Profissional em Direito, Regulação e Políticas Públicas). Brasília: Universidade de Brasília, 2022, p. 89.

45 MORAES, Luciano Oliveira de. *Capitalização de juros*: impactos na adoção da Tabela Price na amortização de empréstimos e da Taxa Selic na correção de valores. Dissertação (Mestrado Profissional em Direito, Regulação e Políticas Públicas). Brasília: Universidade de Brasília, 2022, p. 105.

46 "Art. 591. Destinando-se o mútuo a fins econômicos, presumem-se devidos juros, os quais, sob pena de redução, não poderão exceder a taxa a que se refere o art. 406, permitida a capitalização anual."

47 "Art. 5º Nas operações realizadas pelas instituições integrantes do Sistema Financeiro Nacional, é admissível a capitalização de juros com periodicidade inferior a um ano."

48 Súmula nº 539: "É permitida a capitalização de juros com periodicidade inferior à anual em contratos celebrados com instituições integrantes do Sistema Financeiro Nacional a partir de 31/3/2000 (MP n. 1.963-17/2000, reeditada como MP n. 2.170-36/2001), desde que expressamente pactuada."

49 Inicialmente, a regra estava contida na Medida Provisória nº 1.963-17/2000, que sofreu diversas reedições. A Medida Provisória nº 2.170-36/2001 continua vigente por força do art. 2º da Emenda Constitucional nº 32/2001.

Apesar disso, a legalidade da capitalização dos juros, com diversas nuances, ainda é amplamente discutida em ações judiciais nos tribunais brasileiros. Não cabe, neste espaço, aprofundar a questão, mas recomendo a consulta ao trabalho de Moraes[50], que oferece amplo panorama sobre o tema, precisando os conceitos de capitalização, juros compostos, juros sobre juros e anatocismo, o que é necessário para se avaliar a possível abusividade em casos concretos envolvendo cláusula de fixação dos juros.

4. EXEMPLOS DE CLÁUSULAS

4.1. Custo efetivo total

Os contratos de empréstimo e financiamentos celebrados com instituições financeiras devem obedecer às normas estabelecidas pelo Conselho Monetário Nacional (CMN). Em relação aos juros remuneratórios, são fixadas as taxas mensal e anual para a operação contratada. Além das taxas de juros remuneratórios propriamente ditas, deve ser explicitado o custo efetivo total (CET) da operação.

O CET é regulado pela Resolução CMN n° 4.881/2020[51], que o define como "uma taxa que representa, na data de seu cálculo, de forma consolidada, os encargos e as despesas"[52] das operações "de crédito e de arrendamento mercantil financeiro com pessoas naturais, inclusive empresários individuais, ou com pessoas jurídicas classificadas como microempresas e empresas de pequeno porte"[53]. A Resolução CMN n° 4.881/2020 determina também que o

---

50 MORAES, Luciano Oliveira de. *Capitalização de juros*: impactos na adoção da Tabela Price na amortização de empréstimos e da Taxa Selic na correção de valores. Dissertação (Mestrado Profissional em Direito, Regulação e Políticas Públicas). Brasília: Universidade de Brasília, 2022, p. 105-109.

51 A Resolução CMN n° 4.881/2020 revogou a Resolução CMN nº 3.517/2007, que anteriormente disciplinava o tema.

52 "Art. 1º Esta Resolução dispõe sobre o cálculo e a informação do Custo Efetivo Total (CET) pelas instituições financeiras e pelas sociedades de arrendamento mercantil na oferta ou na contratação de operação de crédito e de arrendamento mercantil financeiro com pessoas naturais, inclusive empresários individuais, ou com pessoas jurídicas classificadas como microempresas e empresas de pequeno porte, nos termos da Lei Complementar nº 123, de 14 de dezembro de 2006."

53 "Art. 2º O CET é uma taxa que representa, na data de seu cálculo, de forma consolidada, os encargos e as despesas das operações de que trata o art. 1º."

CET deva ser expresso "na forma de taxa percentual anual"[54], e que seu cálculo "deve abranger o valor do crédito a ser concedido e os valores a serem cobrados do interessado na operação, considerando amortizações, juros, tarifas, tributos, seguros e outras despesas vinculadas à operação, conforme as condições pactuadas, inclusive as relativas ao pagamento de serviços de terceiros contratados pela instituição de responsabilidade do tomador, mesmo quando essas despesas não forem inseridas no valor do crédito concedido"[55].

Busca-se, com isso, garantir que o contratante seja informado precisamente sobre o valor que pagará, o que é fundamental sobretudo no caso de tomada de crédito por consumidor. Conforme a quase vintenária Súmula nº 297, do STJ, "(o) Código de Defesa do Consumidor é aplicável às instituições financeiras". Além disso, embora o CDC defina consumidor como "toda pessoa física ou jurídica que adquire ou utiliza produto ou serviço como destinatário final"[56], adotando a chamada teoria finalista[57], já decidiu o STJ, em caso envolvendo instituição financeira, que "a teoria finalista deve ser mitigada nos casos em que a pessoa física ou jurídica, embora não se enquadre nas categorias de

---

54 "Art. 4º (...) Parágrafo único. O CET deve ser: I – expresso na forma de taxa percentual anual; e II – divulgado com duas casas decimais, utilizando-se as Regras de Arredondamento na Numeração Decimal (NBR 5891), estabelecidas pela Associação Brasileira de Normas Técnicas (ABNT)."

55 "Art. 3º O cálculo do CET deve abranger o valor do crédito a ser concedido e os valores a serem cobrados do interessado na operação, considerando amortizações, juros, tarifas, tributos, seguros e outras despesas vinculadas à operação, conforme as condições pactuadas, inclusive as relativas ao pagamento de serviços de terceiros contratados pela instituição de responsabilidade do tomador, mesmo quando essas despesas não forem inseridas no valor do crédito concedido."

56 "Art. 2º Consumidor é toda pessoa física ou jurídica que adquire ou utiliza produto ou serviço como destinatário final. (...)".

Deve-se destacar que a incidência do CDC é ampliada pelo reconhecimento dos consumidores equiparados: (i) "a coletividade de pessoas, ainda que indetermináveis, que haja intervindo nas relações de consumo" (art. 2º, parágrafo único), (ii) as "vítimas do evento" (art. 17), e (iii) "as pessoas determináveis ou não, expostas às práticas nele previstas" (art. 29).

57 A vulnerabilidade técnica configura-se "a partir do reconhecimento do grau elevado de expertise e de profissionalidade do fornecedor, o qual determinará o desequilíbrio na relação de consumo". (MARQUES, Claudia Lima; MUCELIN, Guilherme. Vulnerabilidade na era digital: um estudo sobre os fatores de vulnerabilidade da pessoa natural nas plataformas, a partir da dogmática do Direito do Consumidor. *Civilistica.com.* Rio de Janeiro, a. 11, n. 3, p. 1-29, 2022. Disponível em: <http://civilistica.com/vulnerabilidade-na-era-digital/>. Acesso em: 01.04.2022, p. 8).

Segundo Claudia Lima Marques, a teoria finalista propõe que se interprete o "destinatário final" do art. 2º do CDC de maneira restritiva. Assim, "restringe a figura do consumidor àquele que adquire (utiliza) um produto para uso próprio e de sua família". Consequentemente, o "consumidor seria o não profissional, pois o fim do CDC é tutelar de maneira especial um grupo da sociedade que é mais vulnerável". (MARQUES, Claudia Lima. Campo de aplicação do CDC. In: BENJAMIN, Antônio Herman V.; MARQUES, Claudia Lima; BESSA, Leonardo Roscoe. *Manual de direito do consumidor.* 2. ed. São Paulo: Revista dos Tribunais, 2009, p. 71).

fornecedor ou destinatário final do produto, apresenta-se em estado de vulnerabilidade ou hipossuficiência técnica"[58].

O CDC, em sua redação original, já estabelecia o dever de informação prévia e adequada no fornecimento de produtos ou serviços que envolvessem a "outorga de crédito ou concessão de financiamento ao consumidor", o que inclui "o montante dos juros de mora e da taxa efetiva anual de juros", e "a soma total a pagar, com e sem financiamento" (art. 52, II e V, CDC)[59]. A Lei nº 14.181/2021 ("Lei do Superendividamento"), acrescentou dispositivos ao CDC visando a "aperfeiçoar a disciplina do crédito ao consumidor e dispor sobre a prevenção e o tratamento do superendividamento".

O superendividamento foi definido como "a impossibilidade manifesta de o consumidor pessoa natural, de boa-fé, pagar a totalidade de suas dívidas de consumo, exigíveis e vincendas, sem comprometer seu mínimo existencial" (art. 54-A, §1º, CDC)[60]. Às exigências de informação prévia e adequada, que já constavam no art. 52 do CDC, acrescentaram-se outras, como a de informar o consumidor sobre "o custo efetivo total e a descrição dos elementos que o compõem" e sobre "a taxa efetiva mensal de juros, bem como a taxa dos juros de mora e o total de encargos, de qualquer natureza, previstos para o atraso no pagamento" (art. 54-B, I e II, CDC)[61].

Com a Lei do Superendividamento, o CDC passou a definir o CET como uma "taxa percentual anual" que compreenda "todos os valores cobrados do consumidor, sem prejuízo do cálculo padronizado pela autoridade reguladora do sistema financeiro" (art. 54-B, §2º, CDC). Além disso, passou a prever, de maneira expressa, a possibilidade de redução judicial "dos juros, dos encargos ou de qualquer acréscimo ao principal e a dilação do prazo de pagamento previsto no contrato original, conforme a gravidade da conduta do fornecedor e as

---

58 Superior Tribunal de Justiça, AgInt no AREsp 1.856.105, relator Ricardo Villas Bôas Cueva, Terceira Turma, julgado em 02.05.2022.

59 "Art. 52. No fornecimento de produtos ou serviços que envolva outorga de crédito ou concessão de financiamento ao consumidor, o fornecedor deverá, entre outros requisitos, informá-lo prévia e adequadamente sobre: (...) II – montante dos juros de mora e da taxa efetiva anual de juros; V – soma total a pagar, com e sem financiamento. (...)."

60 "Art. 54-A. (...) § 1º Entende-se por superendividamento a impossibilidade manifesta de o consumidor pessoa natural, de boa-fé, pagar a totalidade de suas dívidas de consumo, exigíveis e vincendas, sem comprometer seu mínimo existencial, nos termos da regulamentação. (...)."

61 "Art. 54-B. No fornecimento de crédito e na venda a prazo, além das informações obrigatórias previstas no art. 52 deste Código e na legislação aplicável à matéria, o fornecedor ou o intermediário deverá informar o consumidor, prévia e adequadamente, no momento da oferta, sobre: I – o custo efetivo total e a descrição dos elementos que o compõem; II – a taxa efetiva mensal de juros, bem como a taxa dos juros de mora e o total de encargos, de qualquer natureza, previstos para o atraso no pagamento; (...)."

possibilidades financeiras do consumidor" (art. 54-D, parágrafo único, CDC)[62]. Entre as condutas que podem acarretar a revisão estão, por exemplo, informação inadequada sobre a natureza e a modalidade de crédito, sobre todos os custos incidentes, e sobre as consequências genéricas e específicas do inadimplemento, bem como a avaliação irresponsável das condições de crédito ao consumidor (art. 54-D, I e II, CDC)[63].

4.2. Comissão de permanência

Além das taxas de juros, mensal e anual, e do CET, devem figurar expressamente no instrumento negocial os encargos moratórios. Em caso de relação de consumo, o CDC limita expressamente a cláusula penal a 2% (dois por cento) do valor da prestação devida (art. 52, §1º)[64]. Discussões frequentemente levadas ao Judiciário abrangem a possibilidade de cumulação de encargos (multa, juros moratórios e juros remuneratórios), assim como a cobrança da chamada comissão de permanência.

A comissão de permanência é um encargo contratual de "natureza instrumental dúplice", com escopo tanto de atualizar monetariamente o débito, quanto de remunerar o valor econômico da operação[65]. A Resolução CMN nº 1.129/1986 facultava aos bancos e a outras instituições a cobrança, além de juros de mora, da comissão de permanência, "calculada às mesmas taxas pactuadas no contrato original ou à taxa de mercado do dia do pagamento". A

---

62 "Art. 54-D. (...) Parágrafo único. O descumprimento de qualquer dos deveres previstos no caput deste artigo e nos arts. 52 e 54-C deste Código poderá acarretar judicialmente a redução dos juros, dos encargos ou de qualquer acréscimo ao principal e a dilação do prazo de pagamento previsto no contrato original, conforme a gravidade da conduta do fornecedor e as possibilidades financeiras do consumidor, sem prejuízo de outras sanções e de indenização por perdas e danos, patrimoniais e morais, ao consumidor."

63 "Art. 54-D. Na oferta de crédito, previamente à contratação, o fornecedor ou o intermediário deverá, entre outras condutas: I – informar e esclarecer adequadamente o consumidor, considerada sua idade, sobre a natureza e a modalidade do crédito oferecido, sobre todos os custos incidentes, observado o disposto nos arts. 52 e 54-B deste Código, e sobre as consequências genéricas e específicas do inadimplemento; II – avaliar, de forma responsável, as condições de crédito do consumidor, mediante análise das informações disponíveis em bancos de dados de proteção ao crédito, observado o disposto neste Código e na legislação sobre proteção de dados; (...)."

64 "Art. 52. (...) § 1° As multas de mora decorrentes do inadimplemento de obrigações no seu termo não poderão ser superiores a dois por cento do valor da prestação. (...)."

65 WAISBERG, Ivo; GORNATI, Gilberto. *Direito bancário*: contratos e operações bancárias. 2. ed. São Paulo, Saraiva: 2016 (Kindle Edition), 5.2.1.

cobrança do devedor se daria "por dia de atraso no pagamento ou na liquidação de seus débitos"[66].

A resolução foi revogada pela Resolução CMN nº 4.558/2017, que não continha mais menção à comissão de permanência. Atualmente, é a Resolução CMN nº 4.882/2020 que regula a "cobrança de encargos em decorrência de atraso no pagamento ou na liquidação de obrigações relativas a operações de crédito, a arrendamento mercantil financeiro e a faturas de cartão de crédito e de demais instrumentos de pagamento pós-pagos". A comissão de permanência não é mais mencionada, estabelecendo-se, quanto aos encargos moratórios, que poderão ser cobrados apenas a multa, os juros de mora, e os juros remuneratórios por dia de atraso, incidentes sobre a parcela vencida ou o saldo devedor não liquidado[67].

A Resolução CMN nº 4.882/2020 veda "a cobrança de quaisquer outros encargos remuneratórios ou moratórios pelo atraso no pagamento ou na liquidação de obrigações vencidas"[68], e estabelece que a taxa de juros remuneratórios em caso de mora deva ser, "no caso de operações de crédito e de arrendamento mercantil financeiro, a mesma taxa pactuada no contrato para o período de adimplência da operação"[69]. Essa regra não se aplica às obrigações decorrentes de faturas de cartão de crédito e de outros instrumentos de pagamento pós-pagos, aos quais se aplica "a taxa de juros pactuada para a modalidade de crédito rotativo"[70].

---

66 A Resolução CMN nº 1.129/1986 autorizava: "I – Facultar aos bancos comerciais, bancos de desenvolvimento, bancos de investimento, caixas econômicas, cooperativas de crédito, sociedades de crédito, financiamento e investimento e sociedades de arrendamento mercantil cobrar de seus devedores por dia de atraso no pagamento ou na liquidação de seus débitos, além de juros de mora na forma da legislação em vigor 'comissão de permanência', que será calculada às mesmas taxas pactuadas no contrato original ou à taxa de mercado do dia do pagamento. (...)."

67 "Art. 2º No caso de atraso no pagamento ou na liquidação de obrigações relativas a operações de crédito, a arrendamento mercantil financeiro e a faturas de cartão de crédito e de demais instrumentos de pagamento pós-pagos, podem ser cobrados de seus clientes, exclusivamente, os seguintes encargos: I – juros remuneratórios, por dia de atraso, sobre a parcela vencida ou sobre o saldo devedor não liquidado, conforme o caso; II – multa, nos termos da legislação em vigor; e III – juros de mora, nos termos da legislação em vigor."

68 "Art. 4º É vedada a cobrança de quaisquer outros encargos remuneratórios ou moratórios pelo atraso no pagamento ou na liquidação de obrigações vencidas relativas a operações de crédito, a arrendamento mercantil financeiro e a faturas de cartão de crédito e de demais instrumentos de pagamento pós-pagos além dos previstos nesta Resolução, sem prejuízo do disposto no art. 395 da Lei nº 10.406, de 10 de janeiro de 2002 (Código Civil)."

69 "Art. 3º Para fins do disposto no inciso I do art. 2º, a taxa de juros aplicável deve ser: I – no caso de operações de crédito e de arrendamento mercantil financeiro, a mesma taxa pactuada no contrato para o período de adimplência da operação; (...)".

70 "Art. 3º Para fins do disposto no inciso I do art. 2º, a taxa de juros aplicável deve ser: (...) II – no caso de obrigações relacionadas a faturas de cartão de crédito e de demais instrumentos de

Embora a comissão de permanência não seja mais mencionada expressamente pelas resoluções do CMN aqui citadas, a legalidade da sua cobrança ensejou (e ainda enseja) discussões levadas ao Judiciário. Em 1991, o STJ editou uma súmula que estabelece a vedação da cumulação de comissão de permanência com correção monetária[71]. Em 2004, foram editadas outras duas súmulas sobre a comissão de permanência. A primeira dispõe que não é potestativa a cláusula que a preveja, desde que seja calculada pela taxa média de mercado apurada pelo BCB, e limitada à taxa do contrato[72]. A segunda súmula estabelece a impossibilidade de cumulação da comissão de permanência com os juros remuneratórios[73].

No caso dos contratos bancários sujeitos ao CDC, o STJ estabeleceu, sob a sistemática de julgamento dos recursos repetitivos, parâmetros para a cobrança da comissão de permanência, a qual "não poderá ultrapassar a soma dos encargos remuneratórios e moratórios previstos no contrato, ou seja: a) juros remuneratórios à taxa média de mercado, não podendo ultrapassar o percentual contratado para o período de normalidade da operação; b) juros moratórios até o limite de 12% ao ano; e c) multa contratual limitada a 2% do valor da prestação, nos termos do art. 52, § 1º, do CDC"[74]. Esse entendimento deu origem a outra súmula, editada em 2012, segundo a qual a cobrança da comissão

---

pagamento pós-pagos, a taxa de juros pactuada para a modalidade de crédito rotativo, exceto na situação mencionada no parágrafo único. Parágrafo único. No caso de parcelas vencidas de operação de crédito contratada para pagamento parcelado do saldo devedor do crédito rotativo remanescente após o vencimento da fatura de cartão de crédito ou de demais instrumentos de pagamento pós-pagos, a taxa de juros que trata o caput deve ser a mesma pactuada para o período de adimplência dessa operação."

A partir da Resolução CMN nº 4.549/2017, o saldo devedor da fatura pode ser financiado mediante crédito rotativo apenas até o vencimento da fatura subsequente (art. 1º), sendo vedado o financiamento por meio do rotativo de valores já parcelados (art. 2º, § 2º), nos seguintes termos:

"Art. 1º O saldo devedor da fatura de cartão de crédito e de demais instrumentos de pagamento pós-pagos, quando não liquidado integralmente no vencimento, somente pode ser objeto de financiamento na modalidade de crédito rotativo até o vencimento da fatura subsequente."

"Art. 2º (...) § 2º É vedado o financiamento do saldo devedor da fatura de cartão de crédito e de demais instrumentos de pagamento pós-pagos na modalidade de crédito rotativo de valores já parcelados na forma descrita no caput [do art. 1º]."

71 Súmula nº 30: "A comissão de permanência e a correção monetária são inacumuláveis."

72 Súmula nº 294: "Não é potestativa a cláusula contratual que prevê a comissão de permanência, calculada pela taxa média de mercado apurada pelo Banco Central do Brasil, limitada à taxa do contrato."

73 Súmula nº 296: "Os juros remuneratórios, não cumuláveis com a comissão de permanência, são devidos no período de inadimplência, à taxa média de mercado estipulada pelo Banco Central do Brasil, limitada ao percentual contratado."

74 Superior Tribunal de Justiça, REsp 1.058.114, relatora Nancy Andrighi, relator para acórdão João Otávio de Noronha, Segunda Seção, julgado em 12.08.2009. Tema Repetitivo nº 52.

de permanência exclui a exigibilidade dos juros remuneratórios, moratórios e da multa contratual, e seu valor não pode ultrapassar a soma dos encargos (remuneratórios e moratórios) previstos no instrumento contratual[75].

CONCLUSÕES

Como se pode extrair da leitura deste capítulo, o tema da cláusula de fixação de juros articula um emaranhado de normas de diferentes graus de especialidade (*e.g.* Código Civil, normas consumeristas, normas aplicáveis ao SFN) e hierarquia (*e.g.* leis ordinárias, resoluções do CMN), cogentes e dispositivas. Pode-se dizer que o tema enseja controvérsias robustas em dogmática analítica, no sentido empregado por Tercio Sampaio Ferraz Junior[76]. Ao mesmo tempo, trata-se de tema dinâmico, com farta jurisprudência e em constante atualização, que merece ser objeto de estudos empíricos rigorosos[77].

Ademais, o estudo sobre os juros não pode perder de vista o contexto histórico, econômico e cultural no qual se insere. Não seria excessivo dizer que discussão sobre a justiça na cobrança de juros é milenar. Conforme observa António Menezes Cordeiro, trata-se "da área jurídica patrimonial que mais implicações religiosas conheceu, ao longo da História, com interações entre as várias religiões". O mesmo autor destaca que "(a) injustiça, para os pobres, de juros elevados motivou as três grandes religiões do Ocidente: a judaica, a cristã e a islâmica"[78].

75 Súmula nº 472: "A cobrança de comissão de permanência – cujo valor não pode ultrapassar a soma dos encargos remuneratórios e moratórios previstos no contrato – exclui a exigibilidade dos juros remuneratórios, moratórios e da multa contratual."
Cabe destacar também a Súmula nº 379, do STJ, que firmou entendimento pela impossibilidade de estipulação de juros moratórios superiores a 1% ao mês nos contatos bancários não regidos por legislação específica:
Súmula nº 379: "Nos contratos bancários não regidos por legislação específica, os juros moratórios poderão ser convencionados até o limite de 1% ao mês."

76 FERRAZ JUNIOR, Tercio Sampaio, *Introdução ao estudo do direito*: técnica, decisão, dominação. 4. ed. São Paulo: Atlas, 2003, p. 91-98.

77 Em outro texto, tive a oportunidade de tratar da distinção entre a pesquisa doutrinária e a pesquisa empírica em direito. (STANICIA, Sergio Tuthill. Como avaliar a pesquisa doutrinária em direito. *Revista Jurídica Luso-Brasileira – RJLB*. Lisboa, a. 8, n. 6, p. 2109-2141, 2022).
Recomendo também a obra de Osny da Silva Filho, que enfatiza três diferentes maneiras diferentes de estudar o direito (especialmente o direito contratual): a doutrina, a teoria e a empiria. (SILVA FILHO, Osny da. *Fundamentos do direito contratual*: doutrina, teoria e empiria. São Paulo: Almedina, 2022).

78 CORDEIRO, António Menezes. Vulnerabilidades e Direito civil. *Revista da Faculdade de Direito da Universidade de Lisboa*. Lisboa, v. 62, n. 1 (Número Temático: Vulnerabilidade(s) e Direito), t. 1, p. 21-58, 2021, p. 34.

E isso tem implicações até os dias atuais, por exemplo, com a crescente adoção no mundo de operações financeiras nos moldes islâmicos[79].

Também é imprescindível reconhecer as implicações sociais das altas taxas de juros cobradas em nosso país, especialmente no que concerne ao problema do superendividamento. Conforme já observava José Reinaldo de Lima Lopes, em trabalho pioneiro, a questão frequentemente "é tratada como um problema pessoal (moral, muitas vezes) cuja solução passa apenas pela execução pura e simples do devedor. Esquece-se que o endividamento depende de que o consumidor tenha tido acesso ao crédito (responsabilidade do credor), que tenha sido estimulado e incentivado a consumir e a consumir a crédito, que tenha sido vítima, em certos casos, de uma força maior social, qual seja, uma recessão, uma onda de desemprego (...)"[80].

Note-se, por fim, que a dinâmica do tema impõe constantes atualizações. Em recente entrevista concedida ao jornal *Folha de S. Paulo*, o Secretário de Reformas Econômicas do Ministério da Fazenda menciona a possibilidade de se revisar o limite para taxas de juros que consta do Código Civil, a fim de estimular o crédito fora do sistema financeiro. Segundo o Secretário, "(q)uando você tem limite de juros, tem um outro sistema inteiro que não tem – que é o sistema financeiro. Então você acaba forçando toda a poupança popular (a ir) para o sistema financeiro"[81]. Um receio genuíno, portanto, é o de que este texto já se encontre desatualizado quando chegar às mãos da leitora ou do leitor. O receio se dissipa, contudo, quando se considera que a discussão sobre a fixação contratual dos juros não prescinde da sólida experiência acumulada, cujos pontos mais relevantes procurei abordar, ainda que de maneira breve.

---

79 Segundo informações divulgadas no *site* do Fundo Monetário Internacional, "*Islamic Finance refers to the provision of financial services in accordance with Shari'ah Islamic law, principles and rules. Shari'ah does not permit receipt and payment of 'riba' (interest), 'gharar' (excessive uncertainty), 'maysir' (gambling), short sales or financing activities that it considers harmful to society.*" (INTERNATIONAL MONETARY FUND. "Islamic Finance and the Role of the IMF". fev. 2017. Disponível em: <https://www.imf.org/external/themes/islamicfinance/>. Acesso em: 11.04.2023.)

80 LOPES, José Reinaldo de Lima. Crédito ao consumidor e superendividamento: uma problemática geral. *Revista de Informação Legislativa (Senado Federal)*. Brasília, a. 33, n. 129, p. 109-115, jan.-mar. 1996.

81 PINTO, Marcos Barbosa. "Governo vai lançar pacote para destravar mercado de crédito". Entrevista concedida a Fábio Pupo e Nathalia Garcia. *Folha de S. Paulo*, 22 mar. 2023, p. A17.

90. CLÁUSULAS ARBITRAIS PATOLÓGICAS E A ESCOLHA INEQUÍVOCA DA ARBITRAGEM COMO MECANISMO DE SOLUÇÃO DE CONTROVÉRSIAS: EXEMPLOS DA JURISPRUDÊNCIA

Thais Schiavoni Guarnieri Silva Reynol

INTRODUÇÃO

A previsão da arbitragem como mecanismo de solução de controvérsias já é prática consolidada nos contratos empresariais brasileiros, em especial naqueles de maior relevância estratégica ou econômica e que envolvam complexidades que exijam conhecimentos especializados para o seu entendimento ou execução.

Ainda assim, e mesmo considerando a importância da redação da cláusula compromissória para o bom andamento da arbitragem, não é incomum que os operadores do direito e empresários acabem deixando de dar a devida atenção ao tema quando da negociação e da elaboração do contrato, introduzindo, com isso, ambiguidades, contradições e incompletudes às cláusulas que dificultam ou até mesmo impedem a instauração e o regular desenvolvimento da arbitragem.

O primeiro e principal cuidado que as partes devem ter na redação de uma cláusula compromissória é a manifestação inequívoca de que escolhem e aceitam a arbitragem para a solução de seus conflitos. Isso porque, por implicar renúncia à jurisdição estatal, garantida pelo artigo 5º, inciso XXXV, da Constituição Federal, a indicação da arbitragem como mecanismo de solução de disputas deve estar indene de dúvidas.

Nesse sentido, o presente artigo tem como objetivo primordial oferecer aos operadores do direito, com intuito prático, subsídios que permitam às partes e aos advogados observar cuidados ao elaborar cláusulas compromissórias que contenham, inequivocamente, a escolha das partes pela arbitragem.

Para tanto, inicialmente, serão abordadas brevemente as cláusulas arbitrais patológicas, seu conceito e as principais patologias que podem ser encontradas nas cláusulas compromissórias, considerando-se as funções que delas se esperam – em especial, a de obrigar as partes a submeterem seus litígios à via arbitral, afastando a jurisdição estatal.

Em seguida, será apresentado o princípio da *kompetenz-kompetenz*, em que tratar-se-á da competência do árbitro para decidir acerca da existência, da validade e da eficácia da cláusula compromissória, abordando-se, ainda, as circunstâncias em que se admite ao juiz togado apreciar tais questões.

Além disso, estudar-se-ão os princípios de interpretação da cláusula compromissória aplicáveis – seja pelo árbitro seja pelo Poder Judiciário – para identificar se as partes escolheram inequivocamente a arbitragem como mecanismo de solução de controvérsias.

Por fim, com o intuito prático acima referido, abordar-se-ão diversos exemplos, coletados da jurisprudência do Superior Tribunal de Justiça e dos Tribunais de Justiça dos Estados de São Paulo, Rio de Janeiro, Minas Gerais, Paraná, Rio Grande do Sul e Santa Catarina, de cláusulas compromissórias consideradas patológicas a ponto de não ser possível sequer identificar a escolha inequívoca pela arbitragem como mecanismo de solução de litígios.

1. A CLÁUSULA COMPROMISSÓRIA E A ESCOLHA INEQUÍVOCA DA ARBITRAGEM COMO MECANISMO DE SOLUÇÃO DE CONFLITOS

A convenção arbitral – da qual é espécie a cláusula compromissória – constitui a peça-chave da arbitragem, uma vez que é a partir dela que as partes manifestarão sua renúncia à jurisdição estatal e, por consequência, sua escolha por tal mecanismo extrajudicial de solução de controvérsias.

Tratando-se o recurso ao Poder Judiciário de garantia constitucional prevista no artigo 5º, inciso XXXV, a manifestação de vontade das partes elegendo a arbitragem como mecanismo exclusivo e obrigatório de solução de conflitos deve ser inequívoca. Por essa razão, deve-se dar a devida atenção à redação da cláusula compromissória, evitando-se sua discussão e negociação já no "apagar das luzes", quando o contrato está prestes a ser assinado[1].

Até mesmo porque, como bem recorda Nunes Pinto, "a opção pela arbitragem é um dos elementos que integram a equação de equilíbrio econômico da relação contratual", o que significa dizer que, se o mecanismo de solução de conflitos ajustado pelas partes não for adequadamente adotado no momento em que surgido o litígio por falha na redação da cláusula e consequente recalcitrância de uma das partes, a estabilidade econômica do contrato poderá restar gravemente afetada[2].

É nesse contexto que se inserem as cláusulas arbitrais patológicas, tratadas pela primeira vez por Frédéric Eisemann, então Secretário-Geral da Corte de Arbitragem da International Chamber of Commerce (ICC), em estudo publicado em 1974[3]. Para Eisemann, as cláusulas compromissórias são consideradas patológicas quando não cumprem uma ou mais de suas funções essenciais, quais sejam:

1) a primeira, comum a todas as convenções, é a de produzir efeitos obrigatórios para as partes,
2) a segunda é afastar a intervenção dos tribunais estatais do julgamento das controvérsias, ao menos até ser proferida a sentença,
3) a terceira é atribuir aos árbitros poder para resolver os litígios que possam surgir entre as partes,
4) a quarta é permitir o estabelecimento de um procedimento que conduza às condições mais eficientes e céleres para a prolação de uma sentença suscetível de execução forçada.[4]

---

1 Daí resultam as chamadas *midnight clauses*, expressão bem esclarecida por Nanni: "as partes se preocupam com aspectos negociais da avença e usualmente já se desgastaram discutindo as cláusulas principais do negócio (objeto, preço, garantias etc.), pelo que tendem a não dedicar a atenção necessária à fase final da elaboração do contrato, justamente no momento em que se debate a cláusula compromissória" (NANNI, Giovanni Ettore. *Direito Civil e arbitragem*, São Paulo: Atlas, 2014, p. 80).

2 NUNES PINTO, José Emílio. A cláusula compromissória à luz do Código Civil. *Revista de Arbitragem e Mediação*. São Paulo, v. 4, Jan-Mar/2005, pp. 34-47 (p. 4 na versão *online*), convertido eletronicamente por Revista dos Tribunais Online, pp. 1-10. Base de dados de acesso restrito. Disponível em <http://www.revistadostribunais.com.br/maf/app/delivery/document>. Último acesso em 20.06.2023.

3 EISEMANN, Frédéric. La clause d'arbitrage pathologique. In: MINOLI, Eugenio (col.). *Commercial Arbitration – Essays* in memoriam *Eugenio Minoli*. Turim: Unione Tipografico-Editrice Torinese, 1974, pp. 129-161.

4 Tradução constante da dissertação de Mestrado de Reynol (REYNOL, Thais Schiavoni Guarnieri Silva. *Cláusulas arbitrais patológicas e cuidados na redação de cláusulas compromissórias*. 2017. 146 f. Dissertação (Mestrado em Direito dos Negócios) – Escola de Direito de São Paulo da Fundação Getulio Vargas, São Paulo, 2017. [*online*] Disponível em: <https://bibliotecadigital.

Dentre as patologias mais comuns identificadas nas cláusulas compromissórias, que dificultam ou impedem sua execução, verificam-se contradições e ambiguidades[5] que, muitas vezes, não permitem que as cláusulas cumpram sequer a primeira e primordial função identificada por Eisemann, i.e., a de obrigar as partes a resolverem os litígios eventualmente surgidos por meio de arbitragem.

Neste artigo, tratar-se-á das cláusulas arbitrais como a mais grave das patologias – a que não permite identificar em sua redação nem mesmo a escolha inequívoca da arbitragem como mecanismo de solução de controvérsias, afastando por completo a jurisdição dos árbitros.

Em casos como tais, nenhuma das funções essenciais da cláusula compromissória preconizadas por Eisemann poderá ser cumprida, haja vista que: a via arbitral não será obrigatória; o recurso ao Poder Judiciário será inevitável, à medida em que a cláusula não conterá elementos suficientes nem para possibilitar a instauração da arbitragem nem para afastar a jurisdição estatal; não se reconhecerão poderes aos árbitros para solucionar os litígios que venham a surgir entre as partes; e a cláusula não conterá condições mínimas nem mesmo para a instauração da arbitragem, quanto mais para propiciar solução célere e eficaz.

2. O PRINCÍPIO DA *KOMPETENZ-KOMPETENZ*

O parágrafo único do artigo 8º da Lei nº 9.307, de 23.09.1996, estabelece que "caberá ao árbitro decidir de ofício, ou por provocação das partes, as

fgv.br/dspace/bitstream/handle/10438/19097/TC_vfinal_para%20dep%C3%B3sito_final.pdf?-sequence=1 >. Último acesso em 20.06.2023), do seguinte trecho da versão original da obra de Eisemann: *"1) la première, commune à toutes les conventions est de produire des effets obligatoires pour les parties, 2) la seconde est d'écarter l'intervention des tribunaux étatiques dans le règlement d'un différend, tout au moins avant le prononcé d'une sentence, 3)la troisième est de donner pouvoir à des arbitres de régler les litiges susceptibles d'opposer les parties, 4) la quatrième est de permettre la mise en place d'une procédure conduisant dans le meilleures conditions d'efficacité au prononcé d'une sentence susceptible d'exécution forceé"* (EISEMANN, Frédéric. La clause..., p. 130).

5 Além das cláusulas ambíguas e contraditórias, há as cláusulas vazias ou brancas que, embora declarem que eventuais litígios futuros serão resolvidos por arbitragem, não indicam o método ou o critério para a nomeação de árbitros ou deixam na dependência da colaboração mútua das partes, quando surgido o litígio, a escolha dos árbitros. Nesses casos, a escolha da arbitragem como mecanismo de solução de controvérsias é inequívoca, mas o recurso ao Poder Judiciário para permitir a efetiva instauração da arbitragem será inevitável. No Brasil, o procedimento cabível nessa hipótese está previsto nos artigos 6º e 7º da Lei nº 9.307, de 23.09.1996, que não será tratado neste artigo em razão de seu escopo restrito.

questões acerca da existência, validade e eficácia da convenção de arbitragem e do contrato que contenha a cláusula compromissória".

Trata-se da positivação, no direito brasileiro, do princípio da *kompetenz-kompetenz*, em matéria arbitral, que atribui ao árbitro, como consequência da autonomia da cláusula compromissória prevista no *caput* do mesmo dispositivo legal, a competência para decidir sobre sua capacidade de julgar, sobre a extensão dos poderes que lhe foram atribuídos pelas partes, sobre a arbitrabilidade do litígio, dentre outros tantos questionamentos que podem vir a surgir acerca da existência, validade ou eficácia da cláusula compromissória[6].

Todavia, como ressalta Carmona, haverá hipóteses em que caberá ao juiz decidir sobre tais matérias, sem que isso caracterize violação ao princípio da *kompetenz-kompetenz*. Isso ocorre quando do julgamento da **ação** para a instauração do procedimento arbitral, prevista no artigo 7º da Lei nº 9.307, de 23.09.1996, cabível nas hipóteses de cláusula vazia, e da arguição da exceção da convenção arbitral pelo réu, em eventual demanda judicial[7].

De toda forma, mesmo nesses casos, o juiz somente poderá declarar a invalidade da cláusula arbitral se o vício for reconhecível *prima facie*, sem necessidade de dilação probatória. Se assim não fosse, estar-se-ia permitindo o que Bertrand Ancel chama de "desenvolvimento anárquico de contenciosos", de maneira a impactar a celeridade da arbitragem e até mesmo esvaziar tal via[8].

Nesse sentido, inclusive, firmou-se a jurisprudência do Superior Tribunal de Justiça ao estabelecer as Teses 3 e 4 da Edição n. 122, de 5.4.2019, da publicação Jurisprudência em Teses, segundo as quais:

1) A previsão contratual de convenção de arbitragem enseja o reconhecimento da competência do Juízo arbitral para decidir com primazia sobre Poder Judiciário, de ofício ou por provocação das partes, as questões relativas à existência, à validade e à eficácia da convenção de arbitragem e do contrato que contenha a cláusula compromissória.[9]

---

6 Nesse sentido, CARMONA, Carlos A. *Arbitragem e processo: um comentário à Lei nº 9.307/96*, 3ª ed. São Paulo: Atlas, 2009. p. 175.

7 CARMONA, Carlos A. *Arbitragem...*, p. 177. No mesmo sentido, adotando a posição de que a competência para reconhecer a existência, a validade e a eficácia da cláusula compromissória é prioritária do árbitro, mas não exclusiva, v. MARTINS, Pedro A. Batista. *Apontamentos sobre a lei de arbitragem.* Rio de Janeiro: Forense, 2008, p. 137; LADEIRA, Ana Clara Viola. Conflito de competência em matéria de arbitragem. *Revista Brasileira de Arbitragem.* São Paulo, n. 41, Jan--Mar/2014, p. 51.

8 BERTRAND, Ancel. O controle de validade da convenção de arbitragem: o efeito negativo da "competência-competência". *Revista Brasileira de Arbitragem.* São Paulo, n. 6, 2005, p. 60, apud LADEIRA, Ana Clara Viola. Conflito..., p. 52.

9 SUPERIOR TRIBUNAL DE JUSTIÇA, *Jurisprudência em Teses.* Edição n. 122, 05.04.2019, p. 2. [*online*] Disponível em < https://www.stj.jus.br/internet_docs/jurisprudencia/

2) O Poder Judiciário pode, em situações excepcionais, declarar a nulidade de cláusula compromissória arbitral, independentemente do estado em que se encontre o procedimento arbitral, quando aposta em compromisso claramente ilegal.[10]

De acordo com o correto posicionamento do Superior Tribunal de Justiça, nos casos em que são identificadas, *prima facie*, ilegalidade ou patologia patentes na convenção arbitral, pode o Poder Judiciário declarar sua inexistência, nulidade ou ineficácia, afastando-se a competência exclusiva do árbitro para tanto.

É o caso, por exemplo, em que a parte alega a ineficácia da cláusula compromissória por descumprimento das formalidades do artigo 4º, § 2º, da Lei n. 9.307, de 23.09.1996, segundo as quais, em contrato de adesão, o aderente deve concordar expressamente com a instituição da arbitragem, por escrito em documento anexo ou em negrito, com assinatura ou visto especialmente para tal cláusula[11]. Outras inúmeras hipóteses em que o Poder Judiciário reconheceu sua própria competência para declarar a inexistência, invalidade ou ineficácia da cláusula compromissória serão tratadas no item 4.

3. OS PRINCÍPIOS DE INTERPRETAÇÃO DA CLÁUSULA COMPROMISSÓRIA

Independentemente de quem seja o intérprete – o juiz ou o árbitro –, a doutrina e a jurisprudência elencam determinados princípios que devem ser observados ao se julgar se há verdadeira cláusula compromissória no negócio jurídico celebrado, i.e., se as partes escolheram efetiva e inequivocamente a arbitragem como mecanismo de solução de controvérsias, renunciando à jurisdição do Poder Judiciário.

Conforme ressaltam Tiburcio e Barroso,

> a cláusula compromissória gozará de execução específica, na linha do que dispõe a Lei nº 9.307/96, quando inequívoca a renúncia das partes à jurisdição estatal. Não por outra razão, a solução de qualquer dúvida deve partir necessariamente da interpretação do contrato celebrado, a fim de se aferir

jurisprudenciaemteses/Jurisprud%C3%AAncia%20em%20Teses%20122%20-%20Arbitragem.pdf>. Último acesso em 24.06.2023.

10 Ibidem, loc. cit.

11 BRASIL. SUPERIOR TRIBUNAL DE JUSTIÇA, REsp nº 1.602.076/SP. 3ª Turma. Relatora: Ministra Nancy Andrighi. Julgado em 15.09.2016, publicado no Diário da Justiça Eletrônico em 30.09.2016.

se, no caso, as partes optaram, ou não, pela arbitragem como o único mecanismo possível para a solução dos eventuais conflitos.[12]

O primeiro princípio que pode ser destacado é o da interpretação de acordo com a boa-fé, segundo o qual, identificada eventual divergência, deve-se buscar a real intenção das partes no momento da celebração do negócio, em detrimento da vontade declarada. Trata-se de princípio já consagrado no artigo 112 do Código Civil brasileiro, no que se refere às declarações de vontade em geral[13].

Com bem ressalta Lemes, em aplicação do princípio da interpretação segundo a boa-fé, impede-se que as partes ajam de maneira contraditória, o que ocorre, por exemplo, nas hipóteses de alegações tardias de nulidade da cláusula arbitral após decisão desfavorável à parte, em procedimento arbitral no qual teve participação ativa[14].

Ainda no tocante à interpretação segundo a boa-fé, Gaillard e Savage ressaltam a necessidade de se interpretar o contrato como um todo a fim de se verificar a real intenção das partes ao celebrarem a cláusula compromissória, especialmente nos casos em que as referidas cláusulas estão previstas em contratos conexos ou coligados[15].

O segundo princípio a ser utilizado pelo intérprete da cláusula compromissória em caso de divergência é o do efeito útil ou da efetividade. De acordo com tal princípio, em caso de dúvida, deve-se preferir a versão que confere efetividade à cláusula, em detrimento daquela que não lhe empresta nenhum efeito útil ou que lhe confere sentido absurdo. Com a aplicação do princípio do efeito útil, busca-se a conservação da convenção arbitral, o que já é consagrado no Código Civil, em seu artigo 184, como princípio interpretativo dos negócios jurídicos em geral no direito brasileiro[16].

---

12 TIBURCIO, Carmen; BARROSO, Luiz Roberto. Cláusula compromissória: interpretação, efeitos e a questão intertemporal. FERRAZ, Rafaella; MUNIZ, Joaquim de Paiva (coords.). *Arbitragem doméstica e internacional: estudos em homenagem ao prof. Theóphilo de Azeredo Santos.* Rio de Janeiro: Forense, 2008, p. 110.

13 GUERRERO, Luis Fernando. *Convenção de arbitragem e processo arbitral (Coleção Ibmec São Paulo – Série Direito e Resolução de Disputas)*, 4ª edição revista e atualizada. São Paulo: Almedina, 2022, p. 55. *E-book.* ISBN 9786556274744. Disponível em: https://app.minhabiblioteca.com.br/#/books/9786556274744. Último acesso em 21.06.2023.

14 LEMES, Selma M. Ferreira. Cláusulas arbitrais ambíguas ou contraditórias e a interpretação da vontade das partes. In: MARTINS, Pedro B; GARCEZ, José Maria R. (orgs.). *Reflexões sobre Arbitragem,* in memoriam *do Desembargador Cláudio Vianna de Lima.* São Paulo: LTr, 2002, p. 198.

15 GAILLARD, Emmanuel; SAVAGE, John (eds.). *Fouchard, Gaillard, Goldman on International Commercial Arbitration.* Nova Iorque: Kluwer Law International, 1999, p. 256.

16 GUERRERO, Luis Fernando. Op. cit., p. 55.

Relacionado ao princípio da interpretação segundo a boa-fé e ao princípio do efeito útil ou da efetividade, ressalta-se o princípio da rejeição à interpretação restritiva ou estrita. Para Lemes, "a interpretação é estrita quando é rigorosa e exata, atenta ao teor literal, não comportando extensão ou analogia; por sua vez a interpretação é restritiva quando se mantém dentro de certos limites; é reduzida"[17].

Para Gaillard e Savage, a ideia de que a cláusula compromissória constitui exceção à jurisdição estatal e, por isso, deve ser interpretada estrita ou restritivamente não pode mais ser aceita, à medida que, atualmente, a arbitragem é reconhecida ampla e internacionalmente como mecanismo regular de resolução de conflitos, tal qual a via judicial[18].

Acessório aos demais é o princípio da interpretação *pro validate*, segundo o qual se deve privilegiar a validade da cláusula compromissória, quando sua exegese, em conjunto com os demais princípios, assim determina. Trata-se de princípio que não deve ser aplicado isoladamente, uma vez que, como bem ponderam Gaillard e Savage, assim como não se deve interpretar a cláusula de forma restritiva ou estrita, também não se deve interpretá-la extensivamente, atribuindo-lhe validade quando essa não seria a real intenção das partes[19].

Por fim, há o princípio da interpretação *contra proferentem*, segundo a qual a cláusula compromissória deve ser interpretada contra a parte que elaborou a cláusula obscura, contraditória ou ambígua, impedindo-se que esta seja favorecida pelo vício por ela própria criado[20]. Trata-se, também, de princípio positivado no artigo 423 do Código Civil, aplicável aos negócios jurídicos em geral, e no artigo 4º, § 2º, da Lei n. 9.307, de 26.09.1996, que estabelece regras e formalidades para a elaboração e a validade das cláusulas compromissórias em contrato de adesão.

4. A ESCOLHA INEQUÍVOCA DA ARBITRAGEM COMO MECANISMO DE SOLUÇÃO DE CONTROVÉRSIAS: EXEMPLOS DA JURISPRUDÊNCIA

Como visto anteriormente, cláusulas compromissórias patológicas devem ser evitadas a fim de que as partes não se vejam diante da necessidade de, antes de discutir o mérito da demanda, perquirir sobre a existência, a validade e a eficácia da avença, especialmente quando se faz imprescindível a instauração de

17 LEMES, Selma M. Ferreira. Cláusulas arbitrais..., p. 200.
18 GAILLARD, Emmanuel; SAVAGE, John. *Fouchard...*, p. 259.
19 Ibidem, p. 260.
20 GAILLARD, Emmanuel; SAVAGE, John. *Fouchard...*, pp. 258-259.

um contencioso parasita perante o Poder Judiciário, ao qual caberá interpretar a real intenção das partes ao celebrar o contrato.

Conforme se pôde observar em pesquisa jurisprudencial realizada em tribunais brasileiros[21], em muitos casos, a análise feita pelo Poder Judiciário sobre se as partes escolheram a arbitragem como mecanismo de solução de controvérsias não se assenta em regras de interpretação, como as indicadas no item 3, mas em avaliação superficial da literalidade da cláusula e dos argumentos das partes na demanda judicial.

Note-se que, embora ampla, tal pesquisa não se pretendeu exaustiva ou sistematizada, à medida em que não se buscou, no presente estudo, realizar a revisão da jurisprudência dos referidos tribunais no tocante ao tema, mas coletar exemplos de cláusulas compromissórias consideradas patológicas e subsídios que, com intuito prático, permitam às partes e aos advogados adotarem determinados cuidados na elaboração de cláusulas que contemplem, de forma inequívoca, a escolha das partes pela via arbitral.

Dessa forma, no presente item, serão apresentados os julgados identificados na pesquisa, subdivididos, quando possível, pelos principais vícios verificados nos casos concretos, a fim de que se analise a abordagem realizada pelo respectivo tribunal e os principais cuidados que os operadores do direito devem observar ao elaborar cláusulas compromissórias que permitam identificar, de forma inequívoca, a vontade das partes de submeterem seus litígios à via arbitral.

4.1. O uso da expressão "poderá"

Exemplo clássico de cláusula compromissória considerada patológica por não permitir verificar a manifestação inequívoca das partes quanto à escolha da arbitragem é aquele que prevê expressões que derivam do verbo "poder",

---

21 Pesquisa realizada nos tribunais estaduais de São Paulo, Rio de Janeiro, Minas Gerais, Paraná, Rio Grande do Sul e Santa Catarina, além do Superior Tribunal de Justiça, entre os dias 10.05.2023 e 20.06.2023, por meio da qual foram selecionados e analisados 46 acórdãos relevantes, sendo 4 do Superior Tribunal de Justiça, 23 do Tribunal de Justiça do Estado de São Paulo, 4 do Tribunal de Justiça do Estado do Rio de Janeiro, 3 do Tribunal de Justiça do Estado de Minas Gerais, 6 do Tribunal de Justiça do Estado do Paraná, 2 do Tribunal de Justiça do Estado do Rio Grande do Sul e 4 do Tribunal de Justiça do Estado de Santa Catarina. A escolha por tais tribunais deve-se ao fato de se tratar dos estados que possuíam, nessa ordem, os seis maiores produtos internos brutos do País em 2020, segundo o Instituto Brasileiro de Geografia e Estatística – IBGE e que, portanto, espera-se tenham o maior volume de demandas envolvendo arbitragem e contratos empresariais de maior expressividade econômica (INSTITUTO BRASILEIRO DE GEOGRAFIA E ESTATÍSTICA – IBGE. Produto Interno Bruto – PIB. [*online*] Disponível em < https://www.ibge.gov.br/explica/pib.php>. Último acesso em 10.05.2023).

em vez de "dever" ou "ser", quando se refere à via a ser adotada quando do surgimento do conflito.

O uso de redações como "as controvérsias *poderão* ser resolvidas por arbitragem" traz o sério risco de se entender como facultativo ou opcional o recurso à arbitragem, exigindo-se, assim, a concordância da parte contrária para que o procedimento arbitral seja efetivamente instaurado.

Foi o que decidiu o Tribunal de Justiça do Estado de Minas Gerais, ao entender pela inexistência de escolha inequívoca pela via arbitral em contrato cuja cláusula assim previa[22]:

> CLÁUSULA 44ª Caso haja qualquer disputa ou questão relativa ao CONTRATO, as PARTES, desde já, se comprometem a envidar esforços para resolver a questão, em 15 (quinze) dias, a partir da comunicação da PARTE prejudicada, de maneira amigável, mantendo, para tanto, negociações para atingirem uma solução justa e satisfatória para ambas, podendo nesta fase, acordarem formalmente o procedimento arbitral conforme o disposto na Lei nº. 9.307, de 23 de setembro de 1996 e/ou o regramento contido na Convenção de Comercialização e arbitragem da CCEE, esta, nos termos da Resolução referida no Parágrafo 2º, caso uma das PARTES não opte por ajuizar de antemão eventual demanda judicial.
>
> (...)
>
> Parágrafo 4º As PARTES elegem o foro de Belo Horizonte, Estado de Minas Gerais, com exclusão a qualquer outro, por mais privilegiado que seja, para dirimir eventuais dúvidas deste contrato, na hipótese de as partes não convencionarem o procedimento arbitral mencionado no Caput e, em qualquer hipótese, para a finalidade de conhecer das ações que garantam a completa realização do procedimento arbitral, obrigatório referido no Parágrafo 2º.

O Tribunal de Justiça do Estado de São Paulo, em sentido semelhante[23], entendeu que a cláusula arbitral abaixo transcrita seria de observância meramente facultativa, por depender de concordância de ambas as partes, "sem

22 BRASIL. TRIBUNAL DE JUSTIÇA DO ESTADO DE MINAS GERAIS. Apelação Cível nº 1.0000.20.516458-5/002. 1ª Câmara Cível. Relator: Desembargador Geraldo Augusto. Julgado em 03.05.2022, publicado no Diário da Justiça Eletrônico em 03.05.2022. No mesmo sentido, BRASIL. TRIBUNAL DE JUSTIÇA DO ESTADO DO PARANÁ. Apelação Cível nº 1560614-3. 8ª Câmara Cível. Relator: Juiz Substituto Ademir Ribeiro Richter. Julgado em 01.09.2016, publicado no Diário Oficial em 19.09.2016.

23 BRASIL. TRIBUNAL DE JUSTIÇA DO ESTADO DE SÃO PAULO. Apelação Cível nº 1000757-43.2018.8.26.0358. 3ª Câmara de Direito Público. Relatora: Desembargadora Paola Lorena. Julgado em 25.06.2019, publicado no Diário Oficial em 26.08.2019.

exclusão, à evidência, do direito/garantia fundamental de acesso ao Poder Judiciário, que independe de previsão contratual":

> As controvérsias que vierem a surgir entre as partes durante a execução deste CONTRATO, a qualquer tempo, e que não possam ser solucionadas mediante acordo, poderão, caso assim concordem as partes, ser submetidas à arbitragem, conforme o procedimento adiante especificado: (...)

Em julgado do Tribunal de Justiça do Estado do Rio de Janeiro, também se entendeu ser facultativa cláusula que estabelece que eventuais controvérsias "poderão ser resolvidas por meio de negociação consensual ou, extrajudicialmente, por meio de arbitragem" e que "não sendo possível a solução por tal forma, elegem os sócios o foro central da Comarca do Rio de Janeiro, Estado do Rio de Janeiro, para a solução de quaisquer controvérsias"[24].

Como contraponto, há que se destacar decisão monocrática da lavra do Ministro Moura Ribeiro, do Superior Tribunal de Justiça, que reformou acórdão do Tribunal de Justiça do Distrito Federal e dos Territórios, que havia entendido que "a cláusula contratual que prevê que os contratantes 'poderão' submeter os litígios à arbitragem manifesta mera intenção e faculdade e não tem força obrigatória a afastar a atuação do Poder Judiciário"[25].

Embora a decisão do Ministro tenha se pautado no princípio da *kompetenz-kompetenz* e, portanto, na primazia do árbitro para decidir sobre sua própria competência, e não propriamente na validade da cláusula compromissória, a manutenção de cláusula com tal redação contrariaria o entendimento de que a vontade de as partes se submeterem ao juízo arbitral deve estar clara para que a jurisdição estatal seja afastada. Por isso, fez bem o Ministro ao, no julgamento de pedido de reconsideração em agravo interno, rever seu posicionamento e determinar a reautuação do agravo como recurso especial, ora pendente de julgamento[26].

Também o Tribunal de Justiça do Estado do Paraná, em decisão que parece equivocada, reconheceu válida cláusula compromissória que previa que "a critério de uma das partes, qualquer litígio originado do presente contrato poderá

---

24 BRASIL. TRIBUNAL DE JUSTIÇA DO ESTADO DO RIO DE JANEIRO. Apelação Cível nº 0028197-93.2019.8.19.0001. 17ª Câmara Cível. Relator: Desembargador Elton M. C. Leme. Julgado em 28.04.2021, publicado no Diário Oficial em 03.05.2021.

25 BRASIL. SUPERIOR TRIBUNAL DE JUSTIÇA. Agravo em Recurso Especial nº 1.326.954 – DF. Decisão monocrática. Relator: Ministro Moura Ribeiro. Julgado em 04.10.2019, publicado no Diário Oficial em 17.10.2019.

26 BRASIL. SUPERIOR TRIBUNAL DE JUSTIÇA. Agravo Interno no Agravo em Recurso Especial nº 1.326.954 – DF. Decisão monocrática. Relator: Ministro Moura Ribeiro. Julgado em 17.04.2020, publicado no Diário da Justiça Eletrônico em 22.04.2020.

ser definitivamente resolvido por arbitragem, de acordo com a Lei 9.307/96"[27]. Além disso, previa o contrato em cláusula imediatamente anterior que "fica eleito o Foro da Comarca de Curitiba, Estado do Paraná, para dirimir as eventuais dúvidas oriundas deste instrumento".

No entendimento do Tribunal de Justiça do Estado do Paraná, as cláusulas contratuais acima referidas não indicariam que a utilização da via arbitral seria facultativa no caso, pois "somente é facultado às partes contratantes a inserção ou não no contrato de cláusula estabelecendo de conflito pela arbitragem", mas "uma vez prevista no contrato cláusula compromissória arbitral, ocorre a renúncia das partes à jurisdição estatal para as questões objeto da convenção de arbitragem". Quanto à eleição do foro de Curitiba, o acórdão apenas reconheceu que uma cláusula não excluiria a outra, de modo que a cláusula compromissória continuaria valendo para a solução "de qualquer litígio originado do presente contrato".

Parece-nos desacertado o entendimento da Corte paranaense, à medida em que o referido contrato prevê, a um só tempo, três expressões e disposições conflitantes com a escolha inequívoca das partes pela via arbitral e com o caráter cogente que deve conter a cláusula compromissória (quais sejam, "a critério de uma das partes", "*poderá* ser definitivamente resolvido por arbitragem" e eleição de foro judicial para "dirimir as eventuais dúvidas oriundas deste instrumento", e não apenas para as eventuais demandas que não possam ser objeto de arbitragem).

Além disso, há que se reconhecer que, diferentemente do alegado no acórdão do Tribunal de Justiça do Estado do Paraná, e embora não seja aconselhável, o contrato pode prever arbitragem como mecanismo opcional de solução de controvérsias, tal como ressaltam Girsberger e Ruch. Nessas hipóteses, porém, deve-se definir claramente em qual momento, por quem e de qual forma a escolha entre os diferentes métodos de solução de conflitos pode ou deve ser feita[28].

O Tribunal de Justiça do Estado de São Paulo também entendeu válida cláusula compromissória em contrato social que previa que as deliberações sociais seriam tomadas de comum acordo "e em caso de divergência poderá

---

27 BRASIL. TRIBUNAL DE JUSTIÇA DO ESTADO DO PARANÁ. Apelação Cível nº 1682908-6. 11ª Câmara Cível. Relator: Desembargador Sigurd Roberto Bengtsson. Julgado em 29.11.2017, publicado no Diário Oficial em 30.01.2018.

28 GIRSBERGER, Daniel; RUCH, Pascal J. Part I: International Commercial Arbitration, Chapter 6: Pathological Arbitration Clauses: Another Lawyers' Nightmare Comes True. In: KRÖLL, Stefan Michael; MISTELIS, Loukas A.; et al. (coords.). International Arbitration and International Commercial Law: Synergy, Convergence and Evolution. Nova Iorque: Kluwer Law International, 2011, p. 134.

ser suprida mediante juízo arbitral". Para o referido tribunal, o termo "poderá" constante do contrato "refere-se a uma alternativa, uma vez que as partes inclusive poderiam evitar a divergência caso a composição acontecesse". Em nosso entendimento, a decisão mostra-se até mesmo contraditória, uma vez que a alternatividade é contrária à obrigatoriedade que se espera da cláusula compromissória[29].

4.2. Outras cláusulas facultativas

A facultatividade da escolha da arbitragem também foi reconhecida pelos tribunais na redação de outras cláusulas compromissórias, a seguir tratadas.

O Tribunal de Justiça do Estado de Minas Gerais, por exemplo, entendeu ser facultativa a adoção da arbitragem em cláusula que assim previa[30]:

> Cláusula sexta – Todo e qualquer problema que surgir da execução ou interpretação deste contrato ou que com ele se relacionar será resolvido pela arbitragem por 01 ou 03 árbitros a serem nomeados conforme o disposto pelo regulamento da Câmara de Arbitragem Empresarial – Brasil (Camarb). O procedimento será realizado em Belo Horizonte. Podendo também as partes optarem pelo foro da Comarca de Belo Horizonte/MG.

No entendimento do acórdão, que nos parece acertado, ao incluírem a frase derradeira à cláusula, as partes deixaram consignada a possibilidade de, no momento do surgimento do litígio, optarem entre a arbitragem e a via judicial.

Outra patologia prevista em cláusula bastante simplória foi adequadamente reconhecida pelo Tribunal de Justiça do Estado do Paraná, para quem "a previsão contratual da utilização da via arbitral, no caso concreto, se revelou facultativa e não exclusiva"[31]. Confira-se o teor da cláusula:

---

29 BRASIL. TRIBUNAL DE JUSTIÇA DO ESTADO DE SÃO PAULO. Apelação Cível nº 1000157-76.2021.8.26.0597. 2ª Câmara Reservada de Direito Empresarial. Relator: Desembargador Natan Zelinschi de Arruda. Julgado em 26.04.2022, publicado no Diário Oficial em 03.05.2022.

30 BRASIL. TRIBUNAL DE JUSTIÇA DO ESTADO DE MINAS GERAIS. Apelação Cível nº 1.0024.12.246378-9/003. 18ª Câmara Cível. Relator: Desembargador Arnaldo Maciel. Julgado em 10.11.2015, publicado no Diário Oficial em 17.11.2015.

31 BRASIL. TRIBUNAL DE JUSTIÇA DO ESTADO DO PARANÁ. Agravo de Instrumento nº 0059576-68.2021.8.16.0000. 9ª Câmara Cível. Relator: Desembargador Domingos José Perfetto. Julgado em 18.02.2022, com intimação eletrônica sem data.

> CLÁUSULA 7ª – DA ARBITRAGEM E DO FORO DE COMPETÊNCIA
> Das controvérsias oriundas do presente contrato, elegem as partes:
> a) Como juízo arbitral, a assessoria jurídica da ANUNENTE *[sic]*;
> b) Como foro judicial, a comarca de Curitiba (PR).

Comuns são também as cláusulas que, embora pareçam conter mera previsão de eleição de foro judicial para demandas que não possam ser solucionadas via arbitragem, acabam por gerar dúvidas quanto à real intenção das partes em tornar a arbitragem obrigatória.

Nesse sentido, o Tribunal de Justiça do Estado do Paraná decidiu, em interpretação dita teleológica, que a previsão da via arbitral no *caput* da cláusula e, em seu parágrafo único, do foro judicial "para as causas advindas deste contrato, bem como para execução de títulos judiciais ou extrajudiciais", tornaria a arbitragem meramente facultativa[32]:

> Ora, o contrato não contem *[sic]* disposições inúteis. *Prima facie* poder-se-ia argumentar que trata de estabelecimento apenas de foro de eleição, não obstante que estaria inserida em local inadequado, posto que se há cláusula para fixar o compromisso arbitral, não poder-se-ia admitir que viesse outra a permitir o processo de conhecimento no Poder Judiciário.
> Mas o parágrafo único da cláusula contém disposição que vai além de inserir o foro de eleição, de fato, estabelece o foro de eleição e com redação permite que os processos de conhecimento sejam julgados perante o Poder Judiciário na comarca de Castro *para as causa* [sic] *advindas deste contrato.*

Cláusulas que dependem do acordo entre as partes para que a arbitragem seja instaurada quando do surgimento da controvérsia também são entendidas como facultativas por não imprimirem obrigatoriedade ao seu comando. Basta que uma das partes não concorde para que a arbitragem não possa ser iniciada. São exemplos de cláusulas nesse sentido, coletadas da jurisprudência[33]:

---

32 BRASIL. TRIBUNAL DE JUSTIÇA DO ESTADO DO PARANÁ. Apelação Cível nº 430.543-7. 8ª Câmara Cível. Relator: Juiz Designado J. S. Fagundes Cunha. Julgado em 11.03.2010, publicado no Diário Oficial em 12.04.2010. Em sentido diverso, o Tribunal de Justiça do Estado de São Paulo entendeu que o fato de um parágrafo inserido na cláusula compromissória prever que *"o foro de Campinas deveria dirimir as ações oriundas do contrato"* não seria suficiente para afastar a cláusula compromissória na hipótese (BRASIL. TRIBUNAL DE JUSTIÇA DO ESTADO DE SÃO PAULO. Apelação Cível nº 1038088-44.2020.8.26.0114. 35ª Câmara de Direito Privado. Relator: Desembargador Rodolfo Cesar Milano. Julgado em 04.05.2022, publicado no publicado no Diário Oficial em 09.05.2022).

33 Também nesse sentido: BRASIL. TRIBUNAL DE JUSTIÇA DO ESTADO DE SÃO PAULO. Agravo de Instrumento nº 2057814-48.2014.8.26.0000. 2ª Câmara de Direito Privado. Relator: Desembargador Alvaro Passos. Julgado em 17.03.2015, publicado no Diário Oficial em 08.04.2015;

As partes elegem o foro da Comarca de Rio Claro, Estado de São Paulo, com exclusão de qualquer outro, por mais privilegiado que seja, como competente para dirimir quaisquer pendências oriundas deste contrato, caso recusem ao arbitramento como forma de composição de seus interesses.[34]

RESOLUÇÃO DE LITÍGIOS. Qualquer litígio oriundo do presente contrato será dirimido pelas partes nele intervenientes por meio de arbitragem, na forma da cláusula compromissória elaborada em documento em separado, mas integrante do presente clausulado. Não havendo acordo expresso sobre a utilização da arbitragem como forma de solução de controvérsias, todas as disputas oriundas desta Apólice serão dirimidas pelo foro da comarca do Segurado.[35]

A aderência à cláusula de arbitragem é facultativa ao Tomador/Segurado. Uma vez acordado pelas partes, expressamente, a arbitragem, todas as controvérsias, disputas ou litígios oriundos desta APÓLICE serão necessariamente submetidos à arbitragem, na forma estabelecida na Lei nº 9.307, de 23 de outubro de 1996, cujas sentenças têm o mesmo efeito que as sentenças proferidas pelo Poder Judiciário.
Uma vez acordado pelas partes, caso surja qualquer controvérsia ou divergência quanto à interpretação dos ermos e condições da presente apólice, assim como na evolução, ajuste e/ou liquidação de qualquer sinistro, estas poderão ser submetidas à decisão de um "Árbitro Comum" que o Tomador/Segurado e a Seguradora nomearão conjuntamente.[36]

---

e BRASIL. TRIBUNAL DE JUSTIÇA DO ESTADO DE SÃO PAULO. Apelação Cível nº 1020269-37.2018.8.26.0576. 2ª Câmara Reservada de Direito Empresarial. Relator: Desembargador Grava Brasil. Julgado em 22.08.2020, publicado no Diário Oficial em 26.08.2020. No primeiro caso, a Corte paulista ainda foi além, para, em posicionamento absolutamente dissonante da jurisprudência e da doutrina consolidadas sobre arbitragem, entender que "[r]espeitado entendimento divergente, é possível a propositura de demanda na Justiça Comum, ainda que existente cláusula compromissória, já que não há concorrência entre esta e o Tribunal Arbitral". Já no segundo julgado (Apelação Cível nº 1020269-37.2018.8.26.0576), a cláusula compromissória também restou superada em razão dos efeitos de distrato do contrato que a previa.

34 BRASIL. TRIBUNAL DE JUSTIÇA DO ESTADO DE SÃO PAULO. Agravo de Instrumento nº 2101361-94.2021.8.26.0000. 22ª Câmara de Direito Privado. Relator: Desembargador Edgard Rosa. Julgado em 16.06.2021, publicado no Diário Oficial em 18.06.2021.

35 BRASIL. TRIBUNAL DE JUSTIÇA DO ESTADO DE SÃO PAULO. Apelação Cível nº 0162172-31.2010.8.26.0100. 5ª Câmara de Direito Privado. Relator: Desembargador A.C. Mathias Coltro. Julgado em 03.08.2011, publicado no Diário Oficial em 10.08.2021.

36 BRASIL. TRIBUNAL DE JUSTIÇA DO ESTADO DE SÃO PAULO. Apelação Cível nº 1011986-32.2017.8.26.0100. 1ª Câmara Reservada de Direito Empresarial. Relator: Desembargador Hamid Bdine. Julgado em 01.08.2018, publicado no Diário Oficial em 08.08.2018.

O uso da expressão "ou" (arbitragem ou foro de eleição) também é reconhecida pela jurisprudência como elemento que torna opcional a arbitragem. Como exemplos, podem ser citados acórdãos do Tribunal de Justiça do Estado de Santa Catarina[37], do Tribunal de Justiça de São Paulo[38] e do Tribunal de Justiça do Estado do Paraná[39].

Por outro lado, em decisão monocrática da lavra do Ministro Paulo de Tarso Sanseverino[40], que reformou acórdão do Tribunal de Justiça do Rio Grande do Sul atribuindo facultatividade a cláusula compromissória[41], reconheceu-se válida e eficaz cláusula com o seguinte teor:

> Qualquer conflito decorrente deste contrato, inclusive no que tange a sua execução ou interpretação, serão resolvidos pela ARBITRAGEM, conforme a Lei 9.307 de 23/09/96, elegendo, as partes contratantes, a Associação dos Mediadores e Árbitros do Tribunal de Mediação e Arbitragem de Novo Hamburgo – RS e/ou o Foro de Novo Hamburgo – RS.

De acordo com a decisão, com base nos princípios interpretativos da boa-fé e do efeito prático ou útil, o desejo das partes seria submeterem-se à jurisdição privada "e, para isso, previu-se uma cláusula arbitral no contrato com destaque para o termo essencial: 'arbitragem', elemento a comandar a sua instauração em lugar da jurisdição estatal". Além disso, entendeu o Ministro Paulo de Tarso Sanseverino que a interpretação mais consentânea com a vontade das partes seria a de que a eleição do Foro de Novo Hamburgo – RS aplicar-se-ia apenas aos atos processuais de monopólio da jurisdição estatal, como eventuais medidas urgentes executivas.

---

37 BRASIL. TRIBUNAL DE JUSTIÇA DO ESTADO DE SANTA CATARINA. Apelação Cível nº 2008.036218-6. 2ª Câmara de Direito Civil. Relator: Desembargador Luiz Carlos Freyesleben. Julgado em 19.01.2009, publicado no Diário Oficial em 10.03.2009.

38 BRASIL. TRIBUNAL DE JUSTIÇA DO ESTADO DE SÃO PAULO. Apelação Cível nº 1000336-46.2016.8.26.0577. 36ª Câmara de Direito Privado. Relator: Desembargador Walter Cesar Exner. Julgado em 12.12.2016, publicado no Diário Oficial em 16.12.2016.

39 BRASIL. TRIBUNAL DE JUSTIÇA DO ESTADO DO PARANÁ. Agravo de Instrumento nº 0026604-11.2022.8.16.0000. 11ª Câmara Cível. Relatora: Juíza Substituta Luciane Ludovico. Julgado em 07.10.2022, com intimação eletrônica sem data.

40 BRASIL. SUPERIOR TRIBUNAL DE JUSTIÇA. Recurso Especial nº 1.778.196/RS. Decisão monocrática. Ministro Paulo de Tarso Sanseverino. Julgado em 19.05.2021, publicado no Diário da Justiça Eletrônico em 26.05.2021. Note-se que, ao estabelecer a viabilidade de prosseguimento da arbitragem com base na referida cláusula, a decisão fez expressa ressalva à competência do tribunal para posteriormente apreciar a existência, a validade e a eficácia da cláusula compromissória, com fundamento no princípio da *kompetenz-kompetenz*.

41 BRASIL. TRIBUNAL DE JUSTIÇA DO ESTADO DO RIO GRANDE DO SUL. Apelação Cível nº 0022044-76.2018.8.21.7000. 16ª Câmara Cível. Relator: Desembargador Érgio Roque Menine. Julgado em 24.05.2018, publicado no Diário Oficial em 05.06.2018.

Em decisão que nos parece equivocada, o Tribunal de Justiça do Estado de Santa Catarina julgou existente, válida e eficaz cláusula compromissória prevendo que

> [a]s partes contratantes convencionam livremente entre si, a possibilidade de dirimirem as questões oriundas do presente contrato, preliminarmente na instância de mediação e arbitragem, através de profissional devidamente qualificado para tal, escolhido em comum acordo entre elas; ou, na impossibilidade desta, elegem o Fórum da Comarca de Florianópolis/SC.[42]

Para o referido tribunal, "a análise hermenêutica sistemática permite concluir que o uso do vocábulo "possibilidade" contido na primeira parte quer, tão somente, indicar que poderão *[sic]* haver casos em que não será possível fazer uso da arbitragem", quando então o próprio contrato preveria a possibilidade de acionamento do Poder Judiciário.

4.3. A previsão de instituição arbitral extinta ou suspensa

Em princípio, as cláusulas que indicam um órgão arbitral inexistente ou nomeiam de forma imprecisa a instituição que administrará o feito devem ser vistas como cláusulas vazias, uma vez que não permitem às partes nomear árbitros sem colaboração mútua[43].

Exemplo comum ressaltado pela doutrina é a indicação da Corte de Arbitragem da *International Chamber of Commerce* (ICC) com impropriedade de redação que impede a conclusão imediata de que as partes quiseram se referir à ICC. Davis ilustra a hipótese trazendo cláusula com referência equivocada à Corte de Arbitragem da ICC, na qual a palavra <*International*>, de *International Chamber of Commerce*, foi substituída por <*official*>[44].

Tratando-se de cláusulas vazias, deve-se entender cabível o ajuizamento da ação prevista no artigo 7º da Lei n 9.307, de 23.09.1996, visando a celebração

---

42 BRASIL. TRIBUNAL DE JUSTIÇA DO ESTADO DE SANTA CATARINA. Apelação Cível nº 0301246-04.2016.8.24.0082. 4ª Câmara de Direito Civil. Relator: Desembargador Selso de Oliveira. Julgado em 09.12.2021, com intimação eletrônica sem data.

43 Nesse sentido, LEMES, Selma M. Ferreira. Cláusulas arbitrais..., p. 190.

44 DAVIS, Benjamin G. Pathological Clauses: Frédéric Eisemann's Still Vital Criteria. *Arbitration International.* Londres, v. 7, n., 1991, pp. 365-388, convertido eletronicamente (versão *online* sem paginação). Base de dados de acesso restrito. Disponível em <https://academic.oup.com/arbitration/article-abstract/7/4/365/207802/Pathological-Clauses-Frederic-Eisemann-s-Still>.

de compromisso arbitral que permita a nomeação de árbitros ou a resolução das divergências quanto à instituição arbitral que administrará a arbitragem[45].

Nesse sentido, o Tribunal de Justiça do Estado de São Paulo[46] entendeu que a descontinuidade das atividades da Câmara arbitral eleita pelas partes não invalida ou torna ineficaz a cláusula compromissória, devendo-se aplicar, por analogia, o artigo 16, § 2º, da Lei nº 9.307, de 23.09.1996, segundo o qual:

> Art. 16. Se o árbitro escusar-se antes da aceitação da nomeação, ou, após a aceitação, vier a falecer, tornar-se impossibilitado para o exercício da função, ou for recusado, assumirá seu lugar o substituto indicado no compromisso, se houver.
>
> (...)
>
> § 2º Nada dispondo a convenção de arbitragem e não chegando as partes a um acordo sobre a nomeação do árbitro a ser substituído, procederá a parte interessada da forma prevista no art. 7º desta Lei, a menos que as partes tenham declarado, expressamente, na convenção de arbitragem, não aceitar substituto.

Nesse ponto, considerando que a cláusula compromissória que indique câmara inexistente ou com atividades suspensas dependerá da intervenção

45 Entendendo não se tratar de cláusula vazia, mas de cláusula que tem por patologia a incerteza, o Tribunal de Justiça do Estado de São Paulo não declarou nula a cláusula compromissória, mas remeteu as partes à arbitragem, para que o tribunal arbitral decida sobre os defeitos da cláusula patológica. A passagem pelo Poder Judiciário seria "desnecessária e indesejável" nesses casos. Entretanto, ainda que correto o entendimento quanto à existência, à validade e à eficácia da cláusula compromissória, a questão que se deve colocar nessas hipóteses é de ordem prática: como a parte obterá decisão de tribunal arbitral se a instituição indicada pelas partes é incerta? O acórdão não solucionou tal questão (BRASIL. TRIBUNAL DE JUSTIÇA DO ESTADO DE SÃO PAULO. Apelação Cível nº 1033223-88.2018.8.26.0100. 2ª Câmara Reservada de Direito Empresarial. Relator: Desembargador Araldo Telles. Julgado em 29.04.2020, publicado no Diário Oficial em 07.05.2020).

46 BRASIL. TRIBUNAL DE JUSTIÇA DO ESTADO DE SÃO PAULO. Apelação Cível nº 1022937-46.2020.8.26.0564. 27ª Câmara de Direito Privado. Relator: Desembargador Alfredo Attié. Julgado em 21.09.2021, publicado no Diário Oficial em 24.09.2021. Segundo o acórdão, "em nenhum momento houve consignação expressa no sentido de que as partes não aceitavam juízo arbitral substituto, devendo, em tal hipótese, prevalecer sua intenção de afastamento do Juízo estatal para a solução das controvérsias relativas ao contrato de locação firmado. Nisso consiste a aplicação analógica do art. 16, § 2º, da Lei nº 9.307/96". No mesmo sentido: BRASIL. TRIBUNAL DE JUSTIÇA DO ESTADO DO RIO DE JANEIRO. Apelação Cível nº 0046960-11.2020.8.19.0001. 27ª Câmara Cível. Relatora: Desembargadora Lucia Helena do Passo. Julgado em 14.07.2022, publicado no Diário Oficial em 15.07.2022.; BRASIL. TRIBUNAL DE JUSTIÇA DO ESTADO DE SANTA CATARINA. Apelação Cível nº 0000533-37.2013.8.24.0073. 3ª Câmara de Direito Civil. Relator: Desembargador Gilberto Gomes de Oliveira. Julgado em 30.08.2016, publicado no Diário Oficial em 02.09.2016.

do Poder Judiciário para que permita a instauração da arbitragem, uma recomendação que se faz é que, a depender da solidez da instituição arbitral escolhida, as partes estabeleçam na própria cláusula outra câmara que a substitua ou indiquem, desde já, não aceitar instituição substituta. Com isso, evita-se contencioso meramente parasita perante o Poder Judiciário e pode-se iniciar, desde logo, a discussão do mérito da disputa, perante a nova câmara arbitral já eleita ou perante a jurisdição estatal.

No entanto, há julgados que, em sentido diverso, entendem que, ao elegerem câmaras inexistentes ou inativas, sem indicarem o procedimento a ser adotado para sua substituição, as partes acabam por se liberar da cláusula compromissória, podendo o litígio ser resolvido perante o Poder Judiciário. É o caso de julgado do Tribunal de Justiça do Estado de São Paulo, cuja ementa segue transcrita abaixo[47]:

> Agravo de Instrumento. Locação residencial. Ação de Cobrança. Convenção de Arbitragem. Câmara Arbitral especificamente eleita pelas partes, em recesso por tempo indeterminado. Ausência de estipulação de novo árbitro ou nova Câmara, em caso de encerramento das atividades daquela eleita. Liberação do locador do compromisso arbitral. Decisão mantida. Recurso não provido.

Segundo o referido acórdão, ao mesmo tempo em que não se poderia aguardar o retorno das atividades da câmara então suspensa, não seria cabível "designar outra Câmara para a solução da controvérsia, porque as partes elegeram especificamente a CAMEARBI, sem funcionamento, e não, de forma genérica, qualquer Câmara Arbitral diferente daquela".

---

47 BRASIL. TRIBUNAL DE JUSTIÇA DO ESTADO DE SÃO PAULO. Apelação Cível nº 2044336-65.2017.8.26.0000. 26ª Câmara de Direito Privado. Relator: Desembargador Bonilha Filho. Julgado em 08.06.2017, publicado no Diário Oficial em 22.06.2017. No mesmo sentido: BRASIL. TRIBUNAL DE JUSTIÇA DO ESTADO DE SÃO PAULO. Apelação Cível nº 0052980-56.2011.8.26.0577. 34ª Câmara de Direito Privado. Relator: Desembargador Soares Levada. Julgado em 05.05.2014, publicado no Diário Oficial em 06.06.2014; BRASIL. TRIBUNAL DE JUSTIÇA DO ESTADO DO RIO GRANDE DO SUL. Apelação Cível nº 71005755434. 2ª Turma Recursal Cível. Relatora: Juíza Vivian Spengler. Julgado em 20.04.2016, publicado no Diário Oficial em 26.04.2016. BRASIL. TRIBUNAL DE JUSTIÇA DO ESTADO DE SANTA CATARINA. Apelação Cível nº 0009264-12.2012.8.24.0023. 1ª Câmara de Direito Civil. Relator Desembargador José Luis Costa Beber. Julgado em 29.06.2017, publicado no Diário Oficial em 05.07.2017. Neste último caso, além do alegado vício relativo à câmara inexistente, o acórdão também afastou a cláusula compromissória por entender que a redação de que "*o referido tribunal deve ser prioritário em relação ao judiciário para qualquer demanda*" não seria suficiente para prever exclusividade do juízo arbitral para a apreciação dos litígios decorrentes do contrato.

A nosso ver, tal posicionamento não se afigura correto, uma vez que, para caracterizar a escolha inequívoca das partes pela arbitragem como mecanismo obrigatório de solução de controvérsias, sequer é necessário que se preveja a forma de nomeação de árbitros ou câmara institucionalizada, o que em tudo equivale à cláusula que indica câmara inexistente ou suspensa. Tratando-se de cláusula vazia, o artigo 7º da Lei nº 9.307, de 23.09.2016, dispõe sobre o procedimento a ser adotado pelas partes para que a arbitragem seja instaurada.

4.4. As cláusulas dispostas em contratos coligados

Em contratos coligados ou conexos, há que se ter cuidado em estabelecer a cláusula compromissória no contrato principal (ou em cada uma das avenças a serem celebradas) vinculando todos os demais contratos e partes a ele relacionados, a fim de que, em eventual litígio, não se discuta sobre a aplicação da cláusula arbitral e sua extensão.

Foi o que restou decidido pelo Superior Tribunal de Justiça ao entender que

> [a] coligação contratual pode, eventualmente – e não necessariamente – ensejar a extensão da cláusula compromissória arbitral inserida no contrato principal ao contrato acessório a ele conexo se a indissociabilidade dos ajustes em coligação, evidenciada pela ausência de autonomia das obrigações ajustadas em cada contrato, considerado o elevado grau de interdependência, tornar impositiva a submissão de ambos os contratos à arbitragem, sem descurar, na medida do possível, da preservação da autonomia da vontade das partes contratantes de se submeterem à arbitragem[48].

No mesmo sentido, o Tribunal de Justiça do Estado de Minas Gerais concluiu que a cláusula compromissória "inserida apenas em um dos instrumentos não pode ser aplicada ao outro se não houver previsão, sob pena de violação da autonomia de vontade das partes"[49].

Também o Tribunal de Justiça do Estado do Rio de Janeiro, em hipótese semelhante, decidiu o seguinte[50]:

48 BRASIL. SUPERIOR TRIBUNAL DE JUSTIÇA. Recurso Especial nº 1.834.338/SP. 2ª Turma. Relatora: Ministra Nancy Andrighi. Relator para acórdão: Ministro Marco Aurélio Bellizze. Julgado em 01.09.2020, publicado no Diário da Justiça Eletrônico em 16.10.2020.

49 BRASIL. TRIBUNAL DE JUSTIÇA DO ESTADO DE MINAS GERAIS. Apelação Cível nº 1.0000.22.242536-5/001. 18ª Câmara Cível. Relator: Desembargador Arnaldo Maciel. Julgado em 22.11.2022, publicado no Diário da Justiça Eletrônico em 23.11.2022.

50 BRASIL. TRIBUNAL DE JUSTIÇA DO ESTADO DO RIO DE JANEIRO. Agravo de Instrumento nº 0065602-35.2020.8.19.0000. 27ª Câmara Cível. Relatora: Desembargadora Jacqueline Lima Montenegro. Julgado em 11.11.2021, publicado no Diário Oficial em 16.11.2021.

> Assim, não há como expandir o alcance da cláusula compromissória estabelecida tão somente no contrato principal (promessa de compra e venda) firmado entre a Recorrente e a Cedente para solucionar controvérsia específica de outro instrumento contratual, qual seja, a cessão de direitos de crédito, em especial por se tratar de crédito confesso e incontroverso.

Na mesma linha, em contratos coligados envolvendo seguros e empreitada, o Tribunal de Justiça do Estado de São Paulo entendeu que

> ainda que se cogite serem as apólices coligadas ao contrato principal de empreitada global celebrado entre a Construtora Quebec e a corré agravada SPE Transmissora de Energia Linha Verde I S.A., não há cláusula compromissória a submeter os contratos de seguro à arbitragem, prevalecendo a jurisdição estatal, tendo até havido eleição de foro pelas partes.[51]

Em sentido diverso, o mesmo Tribunal de Justiça do Estado de São Paulo já estendeu cláusula de eleição de foro judicial prevista em contrato de constituição de consórcio (principal), incluída por meio de aditivo contratual, a contrato a ele conexo, mesmo quando tal contrato ainda previa a arbitragem como mecanismo de resolução de controvérsias, referenciando à cláusula alterada do contrato principal[52].

4.5. Outros exemplos de cláusulas contraditórias, ambíguas ou dúbias

Por fim, vale destacar outros diversos exemplos de cláusulas redigidas de tal forma contraditória, ambígua ou dúbia que não permitem identificar a escolha inequívoca da arbitragem como mecanismo de solução de controvérsias.

O Tribunal de Justiça do Estado de São Paulo, ao apreciar a cláusula abaixo transcrita, entendeu não ser possível a instituição de compromisso arbitral, sob o fundamento de que a cláusula seria genérica e contraditória e não exprimiria a vontade clara das partes de renunciarem ao Estado-juiz[53]:

---

51 BRASIL. TRIBUNAL DE JUSTIÇA DO ESTADO DE SÃO PAULO. Agravo de Instrumento nº 2207468-65.2021.8.26.0000. 20ª Câmara de Direito Privado. Relator: Desembargador Álvaro Torres Júnior. Julgado em 08.11.2021, publicado no Diário Oficial em 30.11.2021.

52 BRASIL. TRIBUNAL DE JUSTIÇA DO ESTADO DE SÃO PAULO. Agravo de Instrumento nº 2176432-05.2021.8.26.0000. 2ª Câmara Reservada de Direito Empresarial. Relator: Desembargador Grava Brazil. Julgado em 19.10.2021, publicado no Diário Oficial em 27.10.2021.

53 BRASIL. TRIBUNAL DE JUSTIÇA DO ESTADO DE SÃO PAULO. Apelação Cível nº 1008647-70.2014.8.26.0003. 1ª Câmara Reservada de Direito Empresarial. Relator: Desembargador Fortes Barbosa. Julgado em 08.10.2014, publicado no Diário Oficial em 16.10.2014.

> Este Contrato terá por foro o desta Capital e vigorará a partir da data de sua assinatura, e os casos omissos serão resolvidos por 3 (treis) *[sic]* árbitros, sendo 2 (dois) escolhidos pelos sócios e o terceiro será nomeado pelos já escolhidos.

Em outro interessante julgado, o Tribunal de Justiça do Estado de São Paulo entendeu que não seria possível compreender se as partes efetivamente escolheram a arbitragem, ante a manifesta falta de técnica e dubiedade inseridas na cláusula arbitral. Dessa forma, a decisão deveria ser em favor da parte que não teria qualificação técnica, afastando-se a arbitragem[54]. Confira-se o teor da cláusula:

> O não pagamento dos honorários convencionados na cláusula III dará poderes aos contratados a mover a competente ação contra os contratantes para receber a importância referida em juízo e para tanto elegem o Foro Arbitral, para dirimirem quaisquer dúvidas ou controvérsias inerente *[sic]* a este contrato.

O julgado bem ressalta, com perplexidade, o grau de dubiedade presente na cláusula:

> Da leitura dessa estipulação fica a dúvida se terão mesmo as partes querido firmar cláusula compromissória. Ação em juízo? Elegem o foro arbitral? Não quer isso significar ação de arbitramento de honorários advocatícios, com evidente natureza judicial? Também não há alternatividade entre uma opção e outra como indica a expressão "e para tanto elegem", e se houvesse já deixaria de ser obrigatória, porque não se diz a qual das partes cabe a escolha. Uma poderia querer, a outra não.

Outra cláusula absolutamente imprecisa foi analisada pelo Tribunal de Justiça do Estado de São Paulo, que entendeu não haver o afastamento inequívoco do Poder Judiciário na hipótese[55]. *In verbis:*

> Os casos omissos no presente contrato serão reservados por intermédio de árbitros nomeados pelos sócios ou de acordo com as formalidades legais.

---

54 BRASIL. TRIBUNAL DE JUSTIÇA DO ESTADO DE SÃO PAULO. Apelação Cível nº 1129950-0/1. 28ª Câmara de Direito Privado. Relator: Desembargador Eduardo Sá Pinto Sandeville. Julgado em 24.03.2009, publicado no Diário Oficial em 31.03.2009.

55 BRASIL. TRIBUNAL DE JUSTIÇA DO ESTADO DE SÃO PAULO. Apelação Cível nº 9204736-80.2007.8.26.0000. 14ª Câmara de Direito Privado. Relator: Desembargador Thiago de Siqueira. Julgado em 09.11.2011, publicado no Diário Oficial em 17.11.2011.

Em mais um julgado do Tribunal de Justiça do Estado de São Paulo, afastou-se o cabimento da arbitragem em apólice de seguro que previa cláusula compromissória nas condições gerais, mas que expressamente a vedava em suas condições particulares[56]. Veja-se o teor da cláusula:

> 12. FORO
> Para a resolução de controvérsias relacionadas ao contrato de seguro, o foro onde tramita o processo objeto da apólice, será o eleito, sendo inaplicável a cláusula compromissória de arbitragem.

Também o Tribunal de Justiça do Estado de São Paulo entendeu não caracterizar cláusula compromissória a disposição que prevê mecanismo contratual denominado de "arbitramento", ante a "ausência de menção a arbitragem, à Lei de Arbitragem (Lei n. 9.307/1996), a árbitro, árbitros ou tribunal arbitral, a natureza jurisdicional da decisão dos peritos ou do desempatador, e a renúncia à jurisdição estatal para a resolução de litígios"[57].

Mais uma vez o Tribunal de Justiça do Estado de São Paulo, ao apreciar cláusula compromissória em contrato de seguro, entendeu haver dúvida justificada a afastar o cabimento da arbitragem, haja vista aparente conflito entre a cláusula de eleição de foro e a dita cláusula arbitral e a prevalência, no caso, da cláusula de eleição de foro, por se tratar de contrato de adesão sem cumprimento das formalidades do artigo 4º, § 2º, da Lei nº 9.307, de 23.09.1996[58]. Confira-se o teor da cláusula:

> Lei e Foro – Fica estabelecido que esta Apólice será regida única e exclusivamente pelas leis do Brasil. Qualquer disputa nos termos desta Apólice ficará sujeita à exclusiva jurisdição dos tribunais do Brasil.
> Arbitragem – No caso do Segurado e a Seguradora não entrarem em acordo sobre o montante a ser pago sob esta Apólice através de mediação conforme acima estabelecida, tal Disputa será encaminhada para um processo de arbitragem sob as Regras de Arbitragem de ÁRIAS. O Tribunal de Arbitragem será constituído por três árbitros sendo um a ser nomeado pelo Segurado,

---

56 BRASIL. TRIBUNAL DE JUSTIÇA DO ESTADO DE SÃO PAULO. Apelação Cível nº 2194611-26.2017.8.26.0000. 6ª Câmara de Direito Público. Relatora: Desembargadora Maria Olívia Alves. Julgado em 19.02.2018, publicado no Diário Oficial em 23.02.2018.

57 BRASIL. TRIBUNAL DE JUSTIÇA DO ESTADO DE SÃO PAULO. Apelação Cível nº 1002199-13.2021.8.26.0011. 2ª Câmara Reservada de Direito Empresarial. Relator: Desembargador Grava Brazil. Julgado em 23.05.2023, publicado no Diário Oficial em 29.05.2023.

58 BRASIL. TRIBUNAL DE JUSTIÇA DO ESTADO DE SÃO PAULO. Agravo de Instrumento nº 0304979-49.2011.8.26.0000. 6ª Câmara de Direito Privado. Relator: Desembargador Paulo Alcides. Julgado em 19.04.2012, publicado no Diário Oficial em 26.04.2012.

> outro a ser nomeado pela Seguradora, e o terceiro a ser designado pelos dois árbitros nomeados. O terceiro membro do Tribunal deve ser nomeado assim que for praticável em prazo não superior a 28 dias após a nomeação dos representantes das duas partes. O Tribunal será constituído mediante a nomeação do terceiro árbitro.
> (...)
> A sede da arbitragem ficará em Londres, Inglaterra.

Já em julgado do Tribunal de Justiça do Estado do Rio de Janeiro, entendeu-se que a cláusula que "apenas diz que fica eleita a Lei Federal 9.307/96 para dirimir dúvida ou solucionar problema" não caracteriza convenção arbitral, por não haver previsão de que as partes submeterão os litígios à arbitragem, afastando a jurisdição estatal. Nos termos do acórdão, "não é a lei que deve ser 'eleita', mas deve ser expresso o compromisso de submeter dúvida ou o problema à arbitragem"[59].

Em um último acórdão, dessa vez equivocado, do Tribunal de Justiça do Estado de São Paulo, declarou-se inválida cláusula compromissória claramente vazia, que assim previa[60]:

> Foro. Fica eleita a Comarca da Capital do Estado de São Paulo, com renúncia a qualquer outra, por mais privilegiada que seja, para solucionar qualquer questão que dependa de intervenção judicial, antes, durante ou depois da arbitragem estipulada nos termos da cláusula anterior.

Nos termos do voto, a referida cláusula não apresentaria elementos mínimos que indicassem a real vontade das partes de submeterem seus litígios à arbitragem, o que inviabilizaria por completo a instauração do juízo arbitral e não seria suficiente para afastar a jurisdição do Poder Judiciário. Por certo,

59 BRASIL. TRIBUNAL DE JUSTIÇA DO ESTADO DO RIO DE JANEIRO. Apelação Cível nº 2008.001.23027. 12ª Câmara Cível. Relatora: Desembargadora Nanci Mahfuz. Julgado em 23.09.2008, publicado no Diário Oficial em 19.02.2009.

60 BRASIL. TRIBUNAL DE JUSTIÇA DO ESTADO DE SÃO PAULO. Apelação Cível nº 1006961-67.2019.8.26.0100. 2ª Câmara Reservada de Direito Empresarial. Relator: Desembargador Sérgio Shimura. Julgado em 24.11.2020, publicado no Diário Oficial em 02.12.2020. Tal acórdão foi lamentavelmente mantido em decisão monocrática da lavra do Ministro Marco Aurélio Bellizze, com fundamento na incidência das Súmulas nº 05 e 07, do Superior Tribunal de Justiça (BRASIL. SUPERIOR TRIBUNAL DE JUSTIÇA. Agravo em Recurso Especial nº 2085645 – SP. Decisão Monocrática. Relator: Ministro Marco Aurélio Bellizze. Julgado em 02.03.2023, publicado no Diário Oficial em 08.03.2023). Em sentido contrário, reconhecendo a validade de cláusula com igual teor: BRASIL. TRIBUNAL DE JUSTIÇA DO ESTADO DE SÃO PAULO. Apelação Cível nº 1006904-49.2019.8.26.0100. 2ª Câmara Reservada de Direito Empresarial. Relator: Desembargador Ricardo Negrão. Julgado em 10.11.2020, publicado no Diário Oficial em 18.11.2020.

como visto na nota de rodapé 6, cláusulas desse jaez devem ser consideradas vazias, mas jamais inválidas, uma vez que a própria Lei nº 9.307, de 23.09.1996, em seus artigos 6º e 7º, prevê mecanismo para que as partes instaurem o procedimento arbitral e, assim, façam valer a vontade manifestada inequivocamente de submeterem seus litígios à arbitragem.

CONCLUSÕES

Este artigo teve como objetivo oferecer aos operadores do direito subsídios para que, na prática da negociação e da elaboração de cláusulas compromissórias, sejam observados cuidados, em especial no tocante à manifestação inequívoca da vontade das partes quanto à escolha da arbitragem como mecanismo de solução de controvérsias.

Inicialmente, tratou-se brevemente das cláusulas compromissórias patológicas, assim entendidas aquelas que contêm vícios de ambiguidade, incerteza, contradição ou incompletude, as quais não permitem a imediata instauração da arbitragem sem colaboração mútua das partes ou intervenção do Poder Judiciário.

Em seguida, foi analisado o princípio da *kompetenz-kompetenz* aplicado à arbitragem, previsto no artigo 8º, parágrafo único, da Lei nº. 9.307, de 23.09.1996, segundo o qual compete ao árbitro, com prioridade, decidir acerca da existência, da validade e da eficácia da cláusula compromissória. Viu-se, no entanto, que, em hipóteses excepcionais, nas quais o vício for reconhecível *prima facie*, sem necessidade de dilação probatória, admite-se ao juiz togado apreciar tais questões antes mesmo da análise do árbitro.

Abordaram-se, também, em linhas gerais, os princípios de interpretação da cláusula compromissória aplicáveis, tanto pelo árbitro como pelo Poder Judiciário, para identificar se as partes escolheram inequivocamente a arbitragem como mecanismo de solução de controvérsias. Dentre tais princípios, destacam-se: o princípio da boa-fé; o princípio do efeito útil ou da efetividade; o princípio da rejeição à interpretação restritiva ou estrita; o princípio da interpretação *pro validate*; e o princípio da interpretação *contra proferentem*.

Por fim, a partir de julgados diversos coletados da jurisprudência do Superior Tribunal de Justiça e dos Tribunais de Justiça dos Estados de São Paulo, Rio de Janeiro, Minas Gerais, Paraná, Rio Grande do Sul e Santa Catarina, foram apresentados exemplos de cláusulas compromissórias consideradas patológicas a ponto de não ser possível identificar a escolha inequívoca da arbitragem como mecanismo de solução de disputas. Na referida análise, verificou-se, sempre que possível, o vício contido na cláusula e a abordagem realizada pelo respectivo tribunal.

Diante dos julgados analisados, observou-se, por exemplo, que, dentre os cuidados a serem observados, deve-se evitar redações que tornem a arbitragem facultativa ou opcional. Cláusulas como "as controvérsias *poderão* ser resolvidas por arbitragem" ou "as controvérsias serão resolvidas por arbitragem ou perante o foro judicial", ou, ainda, "*caso entendam cabível*", não permitem verificar a intenção inequívoca das partes de renunciarem à jurisdição estatal e submeterem seus litígios à arbitragem, o que certamente gerará "contencioso parasita" perante o Poder Judiciário e elevado risco de não ser admitida a arbitragem uma vez verificados tais vícios.

91. CLÁUSULA DE CONFIDENCIALIDADE NA FASE PRÉ-CONTRATUAL

Vera Maria Jacob de Fradera
Rodrigo Salton Rotunno Saydelles

INTRODUÇÃO

Desde a publicação da obra "A Obrigação como Processo"[1], de autoria do Professor Clóvis do Couto e Silva, o direito obrigacional brasileiro vivenciou uma verdadeira revolução copernicana. O estudo do direito contratual, outrora centrado no período entre a formação e a extinção do vínculo negocial, passou a atentar também ao momento pré-contratual. O dinamismo inerente ao processo obrigacional – e não mais apenas o "vínculo obrigacional", noção semanticamente mais restrita – deve ser compreendido tomando em consideração o período anterior à formação e conclusão dos contratos[2].

Couto e Silva, inspirado pela teoria do contato social, formulada na Alemanha e desenvolvida substancialmente por Karl Larenz[3], enfatizou a existência de diferentes graus de intensidade dos contatos existentes, ora mais

1 COUTO E SILVA, Clóvis do. *A Obrigação como Processo*. Rio de Janeiro: FGV, 2006.
2 POITEVIN, Claire. *L'avant-contrat en droit des contrats d'auteur*. 470f. Tese (Doutorado em Direito). Agnès Maffre-Baugé (orient.). Université d'Avignon, 2011, p. 71.
3 LARENZ, Karl. O estabelecimento de relações obrigacionais por meio de comportamento social típico. *Revista Direito GV*, São Paulo, v. 2, n. 1, p. 55-64, jan.-jun., 2006.

próximos, ora mais distantes[4]. Há um espectro de relações sociais – que passaram a ser valoradas pelo direito – a meio caminho entre a zona de "não direito" (*non-droit*)[5] e a obrigacional, de fonte contratual[6].

Desta sorte, antes de haver um negócio jurídico, há fatos, posições e atitudes tomadas pelos particulares[7]. As negociações preliminares estão situadas dentro dessa zona intermediária, das quais podem derivar danos injustos, face a um recuo injustificado das negociações, danos imputáveis, provindos de uma ação ou omissão antijurídica[8]. A fase pré-contratual, incluindo as negociações preliminares, é frequentemente marcada por uma intensa troca de informações. A busca por informações, ao mitigar a assimetria informacional entre as partes, visa reduzir a incerteza que permeia toda e qualquer negociação de relação contratual[9].

Como forma de proteger as informações disponibilizadas, sustenta-se a possibilidade de pactuação de cláusula de confidencialidade desde os primórdios do processo contratual. Para tanto, este estudo é dividido em duas partes: (I) a possibilidade de inserção de cláusula de confidencialidade na fase pré-contratual e (II) a negociação do contrato contendo cláusula de confidencialidade, um paradoxo a ser enfrentado pelos negociadores: informar e não revelar.

1ª Parte: Da possibilidade de inserção de cláusula de confidencialidade na fase pré-contratual

a) Fundamento dogmático

Na fase pré-contratual, a troca informacional serve tanto para possibilitar a manifestação de consentimento quanto para tutelar a confiança geradora

4 MARTINS-COSTA, Judith. Um Aspecto da Obrigação de Indenizar: notas para uma sistematização dos deveres pré-negociais de proteção no direito civil brasileiro. *Revista dos Tribunais*, São Paulo, v. 867, p. 11-51, 2008, p. 4.

5 CARBONNIER, Jean. *Fléxible Droit*: pour une sociologie du droit sans rigueur. 10ª ed. Paris: L.G.D.J., 2001, p. 40.

6 FRADERA, Véra Maria Jacob. Dano pré-contratual: uma análise comparativa a partir de três sistemas jurídicos, o continental europeu, o latino-americano e o americano do norte. *Revista de Informação Legislativa*, Brasília, v. 136, p. 169-180, 1997, p. 179.

7 COUTO E SILVA, Clóvis do. Negócios Jurídicos e Negócios Jurídicos de Disposição. *In.*: Véra Maria Jacob de Fradera (org.). *O Direito Privado na Visão de Clóvis do Couto e Silva*. 2ª ed. Porto Alegre: Livraria do Advogado, 2014, p. 71.

8 MARTINS-COSTA, Judith. Um Aspecto da Obrigação de Indenizar: notas para uma sistematização dos deveres pré-negociais de proteção no direito civil brasileiro. *Revista dos Tribunais*, São Paulo, v. 867, p. 11-51, 2008, p. 4.

9 KOSTRITSKY, Juliet P. Uncertainty, Reliance, Preliminary Negotiations and the Holdup Problem. *SMU Law Review*, Texas, v. 61, n. 4, p. 1377-1440, 2008, p. 1378-1379.

de expectativas legítimas, por meio da qual os riscos são avaliados[10]. É o que ocorre, por exemplo, nos contratos de seguro, nos quais uma das partes visa a obter a cobertura contra determinado sinistro e deve informar as circunstâncias relevantes para o cálculo do prêmio, quando da cotação do seguro[11].

Diante da troca informacional anterior à formação do contrato, é fundamental as partes se acautelarem e firmarem cláusulas de confidencialidade no próprio contexto da fase pré-contratual. A pactuação dessa cláusula é necessária para proteger informações sensíveis e resguardar as partes de eventuais riscos decorrentes do vazamento indevido de dados sigilosos transmitidos ao potencial parceiro negocial.

No direito brasileiro, as obrigações só derivam da lei, dos negócios jurídicos ou dos atos ilícitos. A obrigação de confidencialidade, dentro de tal marco legal, forçosamente tem que derivar de uma dessas três fontes. Como não há dispositivo legal estabelecendo a aplicabilidade da confidencialidade no curso da fase pré-contratual, e não há, em princípio, ilícito em compartilhar as informações, a fonte do dever de confidencialidade pré-contratual no direito brasileiro tem origem no contrato e encontra respaldo na autonomia privada das partes. Assim, como forma de viabilizar o surgimento de uma obrigação de confidencialidade desde a fase pré-contratual, é possível concluírem-se contratos autônomos, que darão origem a verdadeiras obrigações[12].

Uma primeira possibilidade é contratar a confidencialidade como uma obrigação principal de prestação. Assumirá essa natureza quando a confidencialidade for pactuada de modo autônomo, como pela assinatura de um NDA (*non disclosure agreement*). Nesse caso, a prestação principal do documento é justamente a restrição da circulação das informações, razão pela qual assumirá a natureza de obrigação principal, mesmo que a função econômica do pacto seja acessória a uma outra relação jurídica – aquela a ser criada, quando da conclusão da fase das tratativas.

Em segundo lugar, a confidencialidade poderá assumir a feição de um dever acessório, quando inserida em cláusula constante em um documento pré-contratual. Nesse caso, a confidencialidade se integrará à estrutura econômica da operação, e auxiliará na satisfação do interesse útil das partes. A obrigação de confidencialidade na perspectiva econômica do contrato passará a apresentar um significado contextual, à luz dos ditames da relação comercial

10 MARTINS-COSTA, Judith. *A Boa-fé no Direito Privado*: Critérios para a sua Aplicação. 2ª ed. São Paulo: Saraiva, 2018, p. 580.

11 BENETTI, Giovana. *Dolo no Direito Civil*: uma análise da omissão de informações. São Paulo: Quartier Latin, 2019, p. 226.

12 GUERREIRO, José Alexandre. A Boa-fé nas Negociações Preliminares. *Revista de Direito Civil*, São Paulo, n. 16, p. 61-66, abr.-jun., 1981, p. 62.

existente entre as partes. Nesse cenário, a confidencialidade pode ser inserida em contratos-satélite, firmados ao longo da fase pré-contratual.

Um exemplo é a figura do contrato preliminar, cujo objeto é o de criar a obrigação de concluir contrato futuro[13], seguindo a disciplina prevista pelos artigos 462 a 466 do Código Civil[14]. No caso, é possível pactuar cláusula de confidencialidade desde já plenamente válida e eficaz em relação aos contratantes. Outra figura contratual frequentemente utilizada no contexto das tratativas é o "memorando de entendimentos" (*memorandum of understanding* - MOU), empregado para disciplinar a condução das negociações com algum grau de complexidade, na fase de tratativas. Nos memorandos de entendimento, é possível inserir um conjunto de obrigações vinculantes para as partes dentro do período pré-contratual - como a de exclusividade na condução das negociações, a cláusula compromissória, e, inclusive, o dever de confidencialidade[15].

Para além, há a possibilidade de se firmarem múltiplos outros pactos pré-contratuais, que irão originar deveres autônomos[16]. Apenas a criatividade das partes e as normas cogentes balizam quais pactos pré-contratuais serão firmados, tendo-se em conta a cláusula geral de atipicidade dos contratos, inserta no artigo 425, CC[17]. É o caso das cartas de intenções (*Letter of Intent* - LoI)[18], dos acordos de confidencialidade (*non disclosure Agreement* - NDA)[19], das cartas laterais (*Side Letter*), dos acordos de cavalheiros (*Gentlemen's Agreements*),[20]

---

13 BUENO, Sérgio de Godoy. Contrato Preliminar. *Doutrinas Essenciais Obrigações e Contratos*, São Paulo, v. 04, p. 283-300, dez., 2011, p. 284.

14 PELA, Juliana Krueger. O Contrato Preliminar. *Revista de Direito Mercantil Industrial, Econômico e Financeiro*, São Paulo, a. XLII, n. 130, p. 230-235, abr.-jun., 2003.

15 COUTINHO, Sérgio Mendes Botrel. *Fusões e Aquisições*. São Paulo: Saraiva, 2016, p. 276.

16 Analisando os diversos instrumentos pré-contratuais normalmente firmados no contexto de uma operação de M&A, ver: DRAETTA, Ugo. Precontractual Documents in Merger or Acquisition Negotiations - An Overview of the International Practice. *International Business Law Journal*, Inglaterra v. 1991, n. 2, 1991, p. 229-260.

17 CC, Art. 425: "É lícito às partes estipular contratos atípicos, observadas as normas gerais fixadas neste Código."

18 MARTINS-COSTA, Judith. As Cartas de Intenção no Processo Formativo da Contratação Internacional: os graus de eficácia dos contratos. *Revista da Faculdade de Direito da Universidade Federal do Rio Grande do Sul*, Porto Alegre, n. 17, p. 207-227, 1990; LAKE, Ralph; DRAETTA, Ugo. Letters of Intent and Precontractual Liability. *International Business Law Journal*, Inglaterra, n. 7, p. 835-868, 1993.

19 EGAN, Byron F. Confidentiality Agreements Are Contracts with Long Teeth. *Texas Journal of Business Law*, Texas, v. 46, n. 1, p. 1-16, 2014; EGAN, Byron F. Drafting Preliminary Agreements, including Confidentiality Agreements and Letters of Intent. *Texas Journal of Business Law*, Texas, v. 48, n. 1, p. 1-16, 2019.

20 KUYVEN, Luiz Fernando. *La Responsabilité précontractuelle dans le commerce internacional*: fondaments et règles aplicables dans une perspective d'harmonisation. 510 p. Tese (Doutorado

dos acordos de exclusividade,[21] dentre outros.[22] Esses pactos são mecanismos de contratualização da fase pré-contratual –todos plenamente compatíveis com a pactuação de cláusula de confidencialidade.

Independentemente de tratar-se de um dever principal ou acessório, a confidencialidade consiste em uma abstenção. Assim, há violação da obrigação de confidencialidade sempre que uma informação, contida pelo escopo objetivo da cláusula, é divulgada por um dos sujeitos que se obrigou a mantê-la sigilosa. Essa modalidade de obrigação é considerada como uma "obrigação negativa", consistindo em um dever de conduta caracterizado por uma abstenção/omissão[23].

Em síntese, percebe-se que a autonomia privada dos contratantes permite o ajuste de obrigação de confidencialidade desde a fase pré-contratual. Diante da ampla liberdade contratual reconhecida pelo direito brasileiro, acentuada pela Lei de Liberdade Econômica (Lei 13.874/19), é perfeitamente lícito e recomendável às partes a pactuação de limitações à circulação de informações sensíveis, desde o momento pré-contratual.Assim, admitida a possibilidade de inserção de cláusula de confidencialidade em um contrato, devemos perquirir sobre seu fundamento moral e econômico, o que será a seguir exposto.

b) Fundamento moral e econômico

A aproximação entre as partes durante as negociações preliminares faz surgir uma série de expectativas decorrentes do contato social existente[24]. Conforme as negociações avançam, forma-se um melhor conhecimento mútuo dos contraentes, surgindo uma situação de confiança, merecedora de tutela pelo direito[25]. O estreitamento do vínculo ao longo das tratativas é o fundamento moral e econômico para a tutela das informações trocadas, o que se dá por meio da pactuação de cláusula de confidencialidade[26].

---

em Direito). Prof. Michel Storck; Profa. Véra Maria Jacob de Fradera (orients.). Université de Strasbourg/Universidade Federal do Rio Grande do Sul, regime de co-tutela, 2010, p. 62-63.

21 MORAES, Mariana Assunção de. Acordos Pré-Contratuais: um estudo sobre seus efeitos jurídicos e sua relevância. 116 p. (Mestrado em Direito). Prof. Elsa Dias de Oliveira (orient.). Universidade de Lisboa, 2016, p. 99-101.

22 TEMKIN, Harvey L. When Does the Fat Lady Sing: An Analysis of Agreements in Principle in Corporate Acquisitions. *Fordham Law Review*, Nova York, v. 55, n. 2, p. 125-172, nov., 1986, p. 127-130.

23 NANNI, Giovanni Ettore. Arts. 233 a 420. *In*.: ______. (coord). *Comentários ao Código Civil*: Direito Privado Contemporâneo. São Paulo: Saraiva, 2018, p. 403.

24 MARTINS-COSTA. Um Aspecto da Obrigação de Indenizar: notas para uma sistematização dos deveres pré-negociais de proteção no direito civil brasileiro. *Revista dos Tribunais*, São Paulo, v. 867, p. 11-51, 2008, p. 5.

25 HAICAL, Gustavo Luís da Cruz. O Inadimplemento pelo Descumprimento Exclusivo do Dever Lateral Advindo da Boa-Fé Objetiva. *Revista dos Tribunais*, São Paulo, v. 900, p. 45-84, 2010, p. 7.

26 FABIAN, Christoph. *O Dever de Informar no Direito Civil*. São Paulo: Revista dos Tribunais, 2002, p. 121.

De um lado, destaca-se a faceta moral da obrigação de confidencialidade. Em relações comerciais, a lógica estritamente positivista, desatenta a elementos metajurídicos, é incapaz de captar a complexidade desse fenômeno como um todo. Trazemos o exemplo de Kelsen, detentor de uma concepção da ordem jurídica apartada da ética[27], diferente do pluralismo, que entende haver uma série de ordens (moral, religiosa, econômica) a influenciar a vida das pessoas.

Há uma crescente interpretação de valores provindos de fora do mundo jurídico, paulatinamente inseridos no seu interior. Esses valores apresentam especial influência dos usos e práticas desenvolvidas no dia a dia das trocas econômicas[28]. A realidade comercial é precisamente uma dessas situações que demanda aliar a ótica jurídica a outras perspectivas, para desenvolver uma compreensão mais abrangente e adequada dessa realidade. Trata-se de outra faceta do já reconhecido caráter sincretista do direito comercial brasileiro[29].

Como apontado por Tullio Ascarelli, o direito comercial é um direito vivo, indutivo e cosmopolita[30]. O comércio demanda a existência de bases de entendimento e de vinculatividade que sejam comuns entre os negociantes. Nesse sentido, a *lex mercatoria* foi desenvolvida originalmente como um direito dos comerciantes, adequado às relações comerciais[31] e condizente com os padrões morais considerados imprescindíveis para o desenvolvimento do tráfego jurídico[32]. Em estudo clássico, Georges Ripert, reconhecendo esse fenômeno, ressalta a centralidade do aspecto moral para o desenvolvimento do mundo dos negócios[33].

A existência de previsibilidade é um dos elementos necessários ao tráfego jurídico e ao desenvolvimento de relações comerciais[34]. As noções de previsibilidade e de segurança estão imbricadas[35]. Há, a partir daí, uma calculabilidade,

---

27 KELSEN, Hans. *Teoria Pura do Direito*. João Baptista Machado (trad.). 8ª ed. São Paulo: WMF Martins Fontes, 2009, p. 1-2.

28 ESTRELLA, Hernani. Economia Dirigida e Direito Comercial. *Revista da Faculdade de Direito de Pôrto Alegre*, Porto Alegre, n. 4, p. 51-66, 1958, p. 55.

29 PARGENDLER, Mariana. Sincretismo Jurídico na Evolução do Direito Societário Brasileiro. *In.*: Judith Martins-Costa (org.). *Modelos de Direito Privado*. São Paulo: Marcial Pons, 2014, p. 546.

30 ASCARELLI, Tullio. *Panorama do Direito Comercial*. Sorocaba: Minelli, 2007, p. 12-13.

31 MARRELLA, Fabrizio. *La Nuova Lex Mercatoria*: Principi Unidroit ed sui dei contratti del commercio Internazionale. Milão: CEDAM, 2003, p. 19-20.

32 OPPETIT, Bruno. *Éthique et vie des affaires. Mélanges offerts à André Colomer*. Paris: Litec, 1993, p. 319-333.

33 RIPERT, Georges. *La règle morale dans les obligations civiles*. Paris: L.G.D.J., 2013.

34 FRADERA, Véra Maria Jacob de. Dano pré-contratual: uma análise comparativa a partir de três sistemas jurídicos, o continental europeu, o latino-americano e o americano do norte. *Revista de Informação Legislativa*, Brasília, v. 136, p. 169-180, 1997, p. 175.

35 FORGIONI, Paula A. *Contratos Empresariais*: teoria geral e aplicação. 2ª ed. São Paulo: Revista dos Tribunais, 2016, p. 131-132.

que propicia a alocação e a distribuição de riscos, o que acaba permitindo um melhor desenvolvimento das relações de troca[36]. A confidencialidade e o sigilo, em certas circunstâncias, podem ter por fundamento jurídico precisamente a relação de confiança existente entre as partes.

Processos de contratação mais complexos – como uma operação de M&A, um contrato de EPC, um contrato de *Build to Suit*, dentre outros – implicam em uma paulatina aproximação entre as partes. Nos primeiros momentos da fase pré-contratual, há uma situação de máxima distância social, com a vigência do dever jurídico de não lesar outrem (*neminem laedere*). Contudo, conforme ocorre um aprofundamento do contato social, a incidência da boa-fé objetiva se intensifica, embasando expectativas legítimas de observância de certos padrões de conduta[37].

Dessa forma, quando se pactua cláusula de confidencialidade é possível perceber a existência de uma expectativa econômica e jurídica de cumprimento dessa norma. Contudo, a necessidade de sua observância não se resume ao aspecto normativo, mas também ao respeito à relação de confiança entre as partes. Violar a obrigação de confidencialidade não tem por consequência jurídica necessariamente apenas o inadimplemento, mas também uma violação de legítimas expectativas decorrentes da relação entre as partes. Por outro lado, pelo prisma econômico, o dever de confidencialidade pretende lidar com o problema da circulação de informações. Como a informação – enquanto um bem jurídico – é valorada economicamente, o estabelecimento de um dever de confidencialidade, cujo propósito essencial é justamente impedir a circulação dessas informações, será dotado de um valor econômico que lhe é próprio.

O problema das assimetrias informacionais está presente em variadas relações sociais, sendo um elemento indispensável ao bom funcionamento de qualquer mercado[38]. George Akerlof, no ensaio "*The Market for Lemons*"[39], destaca como a falta de informações acarreta um problema de precificação, pois

---

36 MOTA PINTO, Paulo. *Declaração Tácita e Comportamento Concludente no Negócio Jurídico*. Coimbra: Almedina, 1995, p. 31.

37 HAICAL, Gustavo Luís da Cruz. O Inadimplemento pelo Descumprimento Exclusivo do Dever Lateral Advindo da Boa-Fé Objetiva. *Revista dos Tribunais*, São Paulo, v. 900, p. 45-84, 2010, p. 7.

38 PITTA, André Grünspun. *O Regime de Informação das Companhias Abertas*. São Paulo: Quartier Latin, 2013, p. 71.

39 "*But the difficulty of distinguishing good quality from bad is inherent in the business world; this may indeed explain many economic institutions and may in fact be one of the more important aspects of uncertainty*" (AKERLOF, George A. The Market for "Lemons": Quality Uncertainty and the Market Mechanism. *The Quarterly Journal of Economics*, Harvard, v. 84, p. 488-500, 1970).

faltarão parâmetros objetivos para distinguir os bons dos maus negócios[40]. A falta de informação adequada prejudica o devido funcionamento do mercado[41].

Nesse sentido, a pactuação de cláusula de confidencialidade deve ser percebida de modo contextual, tomando em consideração as informações a que visa proteger. A preocupação com o tratamento da informação apenas espelha a sua importância econômica[42]. A informação deve ser percebida como um importante ativo na sociedade contemporânea, até mesmo como forma de manifestação de poder. Nesse sentido, argumenta o sociólogo Manuel Castells[43] que as novas formas de poder provêm dos códigos da informação e imagens de representação. São eles a influenciarem o comportamento dos indivíduos e a organização das instituições sociais.

Como é fácil de perceber, as consequências de um vazamento de informações podem ser nefastas para uma empresa. Por certo, há sensibilidades variadas, desde informações inofensivas e altamente secundárias até àquelas suscetíveis de determinar a ruína econômica de uma atividade negocial. Desse modo, é compreensível a preocupação das partes em limitar a circulação de dados por meio de cláusulas de confidencialidade, quando não há uma tutela específica *ex lege*. A necessidade de guardar sigilo visa a preservar o interesse das empresas[44].

A compreensão da existência de um valor econômico subjacente à cláusula de confidencialidade impõe a consideração dos elementos concretos da relação comercial. Trata-se de um modo de proteção contra o perigo de divulgação indesejada, limitando a difusão de informações relativamente às atividades negociais desenvolvidas. A vantagem de pactuar a cláusula de confidencialidade é a de evitar qualquer tipo de discussão acerca do caráter sigiloso das informações trocadas, revelando-se o mecanismo contratual adequado para obter proteção conforme as necessidades concretas dos contratantes[45].

Assim, é imperioso que se tenha uma visão abrangente da informação, não apenas como um fenômeno jurídico, mas igualmente dotado de caráter

---

40 MACKAAY, Ejan; ROUSSEAU, Stéphane. *Análise Econômica do Direito*. 2ª ed. Rachel Sztajn (trad.). São Paulo: Atlas, 2020, p. 409.

41 PITTA, André Grünspun. *O Regime de Informação das Companhias Abertas*. São Paulo: Quartier Latin, 2013, p. 71.

42 ROSTRO, Bruno Montanari. *Aspectos Jurídicos & Econômicos da Fase Pré-Contratual*. Rio de Janeiro: Processo, 2022.

43 CASTELLS, Manuel. *O Poder da identidade*: a era da informação. 9ª ed., v. 2. Klauss Brandini Gerhardt (trad.). São Paulo: Paz e Terra, 2018, p. 497.

44 "A formalização das obrigações de confidencialidade, em casos tais, é fundamental, seja pelo interesse posterior da companhia" (PAS CVM n. 2007/1079, Diretor Eli Loria. J. em: 10.07.2007).

45 FRADERA, Véra Maria Jacob de. Informar ou não informar nos contratos, eis a questão! *In*.:______; MARTINS-COSTA, Judith (org.). *Estudos de Direito Privado e processo civil*: em homenagem a Clóvis do Couto e Silva. São Paulo: Revista dos Tribunais, 2014, p. 244.

econômico, social, cultural e político. O direito positivo, ao estabelecer um regramento próprio para a utilização de determinadas informações, acaba por atestar o seu papel estruturante na sociedade. Dentro de uma realidade empresarial, a informação é um diferencial competitivo e deve ser protegida. A pactuação de cláusulas de confidencialidade se insere dentro desse contexto, refletindo uma manifestação muito peculiar da autonomia privada dos contratantes na busca de regras para a utilização e o tratamento de determinados dados.

A seguir, será apresentado o fundamento jurídico e moral capaz de conciliar dois comportamentos antagônicos, tais o de informar e o de calar, frente a uma relação existente apenas no mundo dos fatos, ou seja, na fase das tratativas de construção de um contrato. No mesmo segmento, serão trazidos alguns exemplos de legislação, em vigor em outros ordenamentos, que positivaram soluções para esse problema.

2ª Parte: A negociação do contrato contendo cláusula de confidencialidade, um paradoxo a ser enfrentado pelos negociadores: informar e não revelar!

Embora a Doutrina não negue o fato de que as negociações para redação e assinatura de contratos nacionais e internacionais estejam cada dia mais demoradas e complexas, resultando frequentemente no seu rompimento e acarretando conflitos, o nosso Código Civil, relativamente recente, não as contemplou. Talvez seja porque em outros tempos, mais recuados, a contratação era realizada de maneira menos complexa, e o objeto dos contratos não era revestido de tantas especificidades.

Contudo, vem sendo unânime o entendimento de que informar[46] constitui um dever a ser adimplido pelos negociadores e, em alguns casos, a informação, transmitida confidencialmente, não pode ser revelada, para evitar prejuízo ao seu detentor. Daí essa situação constituir, em nosso entendimento, um paradoxo, porquanto, de um lado, há um dever de falar (informar), e de outro, o de calar (não revelar).

Por outro lado, parece haver um consenso no Brasil, assim como em outros ordenamentos jurídicos, de que a boa-fé deve presidir o período pré-contratual[47], como será explicitado a seguir. É justamente mediante a aplica-

---

46 Cujo significado é aquilo mediante o qual damos a conhecer alguma coisa a alguém.

47 A Doutrina brasileira vem se ocupando desse assunto, apontando variados motivos para alicerçar a responsabilização pela violação da confidencialidade, tais a *culpa in contrahendo*, o abuso de direito, o *venire contra factum proprium* e outros. Ver, por todos, o excelente estudo de Cristiano de Souza ZANETTI, apresentando um panorama das soluções propostas, *Responsabilidade pela Ruptura das Negociações*, São Paulo: Juarez de Oliveira, 2005.

ção de um dos elementos integrantes do conceito de boa-fé, a lealdade, que as partes logram pôr fim ao paradoxo supramencionado.

a) O princípio da boa-fé, fundamento clássico dos deveres de informar e de não revelar na fase antecedente à assinatura do contrato

Em se tratando de negociação de contratos, fica evidente a proximidade da boa-fé com o campo dos negócios. Ela constitui, desde tempos muito recuados, um princípio geral do comércio, não só nas regiões hoje correspondentes à Alemanha e Países Baixos, como também em França[48] e em outros ordenamentos.

Em que pese o quão interessante seja o tema da análise do princípio da boa-fé, em razão do fato de existirem centenas de estudos a respeito em quase todos os idiomas, não iremos retomar essa análise[49]. Contudo, apenas para situar o ponto que nos interessa abordar para este estudo, ou seja, para embasar os deveres de informar e de não revelar, iremos recordar alguns aspectos essenciais desse importante conceito.

Como princípio, a boa-fé objetiva desempenha três funções: as de interpretação, de concretização e de controle. O Código Civil brasileiro, em seu artigo 113, refere a função interpretativa da boa-fé. Já a concretização do princípio da boa-fé nas relações obrigacionais incumbe ao juiz, que a desempenha ao identificar e fazer incidir na espécie os denominados deveres anexos ou acessórios, sintetizados pela Doutrina alemã nos deveres de cooperação, de informação e de proteção.

No que diz respeito à função de controle da boa-fé, esta consiste em uma espécie de *diretiva do comportamento das partes,* quando do cumprimento do contrato. Nesse sentido, nosso legislador, no art. 422 do CC, impôs aos contratantes *o dever de guardar, assim na conclusão do contrato como em sua execução, os princípios da probidade e boa fé* [50]. A maioria da nossa Doutrina, com

48 Isso se comprova pelos termos do Edito de novembro de 1563, criando as Jurisdições Consulares em França. Assim, em seu preâmbulo, o rei dá aos comerciantes *regulamentos capazes de assegurar entre os negociantes a boa fé contra a fraude, e de prevenir os obstáculos que os desviem de seu emprego, pela extensão do processo, isso para o bem público e a abreviação de todos os processos e divergências entre Comerciantes que devem negociar entre si de boa fé, sem estarem adstritos às sutilezas das Leis e Ordenações.* Cit. por JALUZOT, Béatrice. *La bonne foi dans les contrats.* Paris: Dalloz, 2001, p. 38. Embora a Alemanha tenha se destacado como país cujo Direito é dominado por esse princípio, ele foi positivado pela vez primeira, em França no *Code Civil*, em seu artigo 1.134.

49 V. entre nós, COUTO e SILVA, Clóvis do. *A Obrigação como Processo.* Rio de Janeiro: FGV, 2006; MARTINS-COSTA, *A Boa-fé no Direito Privado,* critérios para a sua aplicação. 2ª ed. São Paulo: Saraiva 2018; TOMASEVICIUS Filho, Eduardo. *O Princípio da Boa-Fé no Direito Civil.* São Paulo: Almedina Brasil, 2020.

50 A boa-fé pode ser recepcionada pelos Códigos ora como princípio ora como *standard* e, em alguns casos, em ambas as acepções. Como *standard*, a boa-fé pode receber distintas acepções,

fulcro nesse artigo do Código Civil, considera a boa-fé objetiva, na sua feição de diretiva de comportamento, como regra a ser observada pelos negociadores de um contrato desde a fase das tratativas. Com efeito, de acordo com os termos do enunciado 24, aprovado na I Jornada de Direito Civil, em 2002, a boa-fé cria deveres que, quando não observados, são considerados como inadimplemento; já os enunciados 25 e 170, aprovados respectivamente nas I e III Jornadas, esta em 2004, reconheceram que a boa-fé atua em todas as fases da relação contratual.

De qualquer forma, recorrendo à utilização ou não de um documento pré-contratual[51], as partes estão sob a égide de um princípio de liberdade, próprio à fase da construção do futuro contrato, e estão sujeitas à observância de boa-fé, no sentido de lealdade e de cumprimento de deveres como os de confidencialidade e informação. Nesse sentido, é válido afirmar que a fase da negociação dos contratos é dominada ou presidida por dois princípios fundamentais, o da liberdade contratual e o da boa-fé. Isso confirma as palavras de J. Cédras, *a negociação responde em parte a uma necessidade lúdica que nos impele ao jogo pré-contratual*[52].

Embora a inserção de cláusulas de confidencialidade em contratos nacionais e internacionais seja hoje algo corriqueiro, as consequências de sua violação não constituem terreno onde reinem concórdia ou harmonia. Trata-se de tema cujo tratamento chama a atenção da Doutrina de todos os quadrantes[53], dada a frequência com que ocorre o descumprimento da cláusula de confidencialidade, recorrendo os prejudicados ao sistema judicial ou o ao arbitral,

---

dependendo da matéria onde é aplicada, porquanto o *standard* expressa a medida média de conduta social, capaz de adaptar-se às particularidades de cada hipótese. Desta sorte, podemos afirmar que a boa-fé, enquanto *standard*, é um conceito de geometria variável, *cuja constância é duvidosa, mas cuja vantagem é a sua flexibilidade*. Um bom exemplo de Código adotante dessa feição da boa-fé, é o *Uniform Commercial Code* Americano. Para esse tema, v. JALUZOT, Béatrice. *La bonne foi dans les contrats*. Paris: Dalloz, 2001, p. 245 e segs.

51 Cf. Marcel FONTAINE, o compromisso assumido pelos signatários de uma carta de intenção não é o de chegar a um acordo, mas o de fazer o possível para concretizá-lo. V. *Droit des Contrats Internationaux, analyse et rédaction de clauses*. Paris: FEC, 1989, p. 02.

52 Cf. J. CÉDRAS. *L'obligatiom de négocier*. Paris: RTDcom, 1985, p. 265.

53 No sistema da *Common Law*, o tratamento dessa questão é distinto, porquanto erigiu-se a *consideration* a contrapartida de um negócio, reputada elemento essencial à existência do contrato. Desta sorte, onde não houver contraprestação, não haverá contrato, logo, na fase das negociações de um contrato não haverá responsabilidade civil. Contudo, se no decorrer das negociações formar-se uma *reliance* (confiança), existe a possibilidade indenização pela não realização do negócio. V. a respeito, DAVID, René; SPINOSI, Camille; GORÉ, Marie. *Les grands systèmes de droit contemporains*. 12ª ed. Paris: Dalloz, 2016. Para a visão de um *common lawyer*, cons. MARKESINIS, Basil S. *La notion de consideration dans la common law, vieux problèmes*: nouvelles théories. Paris: RIDC, n. 04, 1983, p. 735 e segs.

para verem seu prejuízo ressarcido. Tendo em vista esse evento do descumprimento, duas inquietantes perguntas vêm desde logo à mente de quem se debruça sobre esse assunto: qual a possibilidade de responsabilização pelo seu inadimplemento, pois estamos em uma zona considerada fora do direito, situada no mundo dos fatos ou contatos, e qual seria a espécie de responsabilidade aplicável ao caso, a contratual ou a delitual.

b) Como preservar mais eficazmente as informações tidas como confidenciais e qual a espécie de responsabilidade civil resultante da violação da confidencialidade?

Iniciaremos a abordagem desse tópico, por um aspecto muito relevante, mas não poucas vezes descuidado pelos negociadores, qual seja, a redação de cláusulas de confidencialidade no período antecedente à assinatura do contrato.

b.1) A redação das cláusulas de confidencialidade na fase das tratativas contratuais

A Doutrina reconhece ser bastante difícil que as partes redijam um documento onde estariam delineadas tais cláusulas, sobretudo em se tratando de matéria de caráter sigiloso. Nesse passo, devem ser consideradas duas possibilidades: na primeira, as partes apontam a cláusula ou cláusulas qualificadas como confidenciais e firmam um documento, pelo qual se obrigam a não revelá-las – configurando, na espécie, um pré-contrato, ou seja, um autêntico contrato.

Nesse caso, o descumprimento da confidencialidade acordada resultaria em responsabilidade contratual, pois, segundo alguns autores, seria possível considerar a transmissão de uma determinada informação como um valor agregado às prestações trocadas, permitindo qualificar como uma inexecução contratual o fato de ser violada a confidencialidade ajustada. Trata-se de uma omissão, um não fazer convencionado, logo, uma obrigação de resultado[54]. A divulgação da informação protegida faz presumir a culpa, cabendo indenização independentemente da existência de prejuízo.

Mas, pode também ocorrer que não seja firmado qualquer documento com a finalidade de não serem reveladas as informações de natureza confidencial, deixando o negociador, detentor da informação relevante, à discrição e senso de dever da outra parte em mantê-las em sigilo. Se essas informações forem reveladas, esse fato resultará em responsabilidade delitual para o seu

54 A distinção dentre obrigação de meios e de resultado vem sendo hoje deixada um pouco de lado pela Doutrina francesa.

autor. Essa segunda situação dá ensejo a vários litígios, o que resulta, no mais das vezes, em processos judiciais.

Descrito o panorama reinante em nosso sistema de direito relativamente a esse tema, entendemos ser interessante trazer à colação as mais recentes regras jurídicas positivas, tendo em vista a omissão de nosso legislador em relação ao tema aqui desenvolvido. As soluções a serem apresentadas provêm de outros ordenamentos, mas como sabemos, nosso direito, desde os tempos mais recuados, teve e tem abertura para outros sistemas, constituindo a circulação de modelos estrangeiros entre nós uma autêntica tradição, tradição essa elogiada pelos grandes comparatistas europeus, como, por exemplo, René David[55].

Oxalá esses exemplos possam inspirar o legislador de uma futura reforma do nosso Código Civil.

b.2) Como anunciado, passaremos, a seguir, à transcrição das mais recentes soluções legislativas, em vigor no plano internacional, visando regular de forma mais eficiente as questões relativas à sanção da violação das cláusulas de confidencialidade elaboradas na fase das tratativas de um contrato, bem como à responsabilização do negociador infringente de seu dever ou obrigação.

b.2.1 As soluções constantes dos Princípios UNIDROIT:

Art. 2.1.15: Concluído, ou não o contrato, a parte que, no curso das negociações, receber da outra uma informação transmitida como confidencial, tem o dever de não divulgá-la e de não utilizá-la de forma indevida em seu próprio proveito. A reparação devida pelo descumprimento desse dever incluirá, se for o caso, indenização correspondente ao benefício obtido pela parte faltosa.

b.2.2 Princípios de direito europeu dos contratos: PEDC

Art. 2.302: Quando uma informação confidencial é dada por uma parte no curso das negociações, a outra está adstrita a não divulgá-la nem utilizá-la em seu proveito, tenha ou não havido conclusão do contrato. O descumprimento

---

55 «Uma caracteristica do Direito brasileiro foi considerada pelo comparatista René David como positiva: o trabalho de pesquisa de novas doutrinas e soluções jurídicas aplicadas no estrangeiro, empreendidas pelos legisladores e juristas brasileiros, antes da elaboração das leis, como era tradição no Brasil. Isso poderia inspirar juristas franceses e europeus e geral, pois a experiência de outros países, em certos âmbitos poderia se revelar muito útil aos legisladores, evitando a elaboração de leis defeituosas.» No original: «*Une ... caractéristique du droit Brésilien a été estimée par le comparatiste David comme positive: le travail de recherche de nouvelles doctrines et de solutions juridiques appliquées à l'étranger entrepris par les législateurs et juristes Brésiliens, avant l`élaboration des lois, comme il était une tradition au Brésil, pourrait, selon lui, inspirer les juristes français et européens en général, car l`expérience d`autres pays, dans certains domaines, pourrait s`avérer fort utile aux législateurs, en évitant l`élaboration de lois défectueuses.*» V. nosso *René David et le droit brésilien*, Paris: AHC, Dalloz, 2012, p. 43 e 49.

desse dever pode ensejar direito à reparação do prejuízo sofrido e à restituição do proveito que pudesse ter obtido a outra parte.

b.2.3 Já o recente Código Civil Romeno[56], lei n. 287 de 17 de julho de 2009, dispõe:

Art. 1.183: a boa-fé nas negociações

1) As partes têm a liberdade de iniciar, conduzir e romper as negociações e não podem ser consideradas responsáveis pelo seu fracasso;
2) A parte que se compromete em uma negociação está obrigada a respeitar as exigências da boa-fé. As partes não podem nem limitar nem excluir essa obrigação.
3) É contrária às exigências de boa-fé, entre outras, a conduta da parte que inicia ou prossegue as negociações sem ter a intenção de concluir o contrato.
4) A parte que inicia, prossegue ou rompe as negociações de uma maneira contrária à boa-fé, responde pelo prejuízo causado a outra parte. Para avaliar esse prejuízo, serão levadas em conta as despesas efetuadas em razão das negociações, da renúncia, pela outra parte, de outras ofertas e de todas as demais circunstâncias similares.

Art. 1.184: A obrigação de confidencialidade nas negociações pré-contratuais:

Quando uma informação confidencial é comunicada por uma parte durante as negociações, a outra está obrigada a não divulgá-la e a não utilizá-la em seu próprio interesse, seja o contrato concluído ou não. A violação dessa obrigação acarreta a responsabilidade da parte culpada.

b.2.4) A seguir, o texto da Reforma do Direito das Obrigações do *Code Civil*, em 2016:

Art. 1.112-2: Aquele que utiliza ou divulga sem autorização uma informação confidencial obtida por ocasião das negociações incide em responsabilidade nas condições do direito comum.

A Doutrina francesa, ao comentar essa novidade resultante da recente reforma do *Code Napoléon*, relembra que a moldura jurídica das negociações preliminares (*pourparlers*) foi construída pela jurisprudência, permanecendo a questão da confidencialidade essencialmente no plano da liberdade contratual. Como ocorre seguidamente, parte da Doutrina francesa criticou essa reforma pelo fato de ter sido inspirada em projetos internacionais, como os Princípios do Direito Europeu de Contratos ou os Princípios UNIDROIT.

56 *Nouveau Code Civil Roumain, traduction commentée*. Paris: Dalloz, mar., 2013.

Por outro lado, há unanimidade no sentido de considerar que o artigo 1.112-2 *abre caminho para a instituição de um novo dever imposto às partes, qual seja, o da confidencialidade, emanação do dever geral de lealdade que preside a conduta e à ruptura das negociações.*[57] Como se percebe, a lealdade, um dos componentes do conceito de boa-fé, está presente na concepção do que seja o dever de confidencialidade.

CONCLUSÕES

Diante do caráter prático do tema abordado neste artigo e conforme solicitado pelos organizadores desta obra, trazemos abaixo alguns modelos de redação de cláusula de confidencialidade, a ser ajustada dentro do período pré-contratual.

1º exemplo:

Obrigação de confidencialidade. A Parte Receptora das Informações deverá zelar pela manutenção do sigilo e confidencialidade de todas as Informações de que venha a ter ciência ou a que venha a ter acesso; não divulgar as Informações obtidas a ninguém que não tenha subscrito esse instrumento, senão pessoas cuja autorização seja expressa, por escrito e com objetivo delimitado em documento apartado subscrito por todos aqui presentes; não usar as Informações para nenhuma finalidade que não seja a de avaliar ou negociar uma solução para os conflitos citados; e tomar todas as precauções de segurança razoáveis para proteger a integridade e confidencialidade das Informações e evitar a sua divulgação e uso não autorizados, promovendo o mesmo nível de empenho que promoveria para resguardar suas próprias informações confidenciais, tendo em vista o caráter de confidencialidade dos procedimentos judiciais e documentos que, eventualmente, possam ser trocados, de modo que a quebra da confidencialidade destas informações acarretará em dano Societário, Negocial, Patrimonial e moral de difícil reparação para a Parte Reveladora.

1.1. A Parte Receptora das Informações será responsável por qualquer infração aos termos deste Contrato cometida por seus Representantes.

1.2. A Parte Receptora das Informações deverá prontamente notificar a Parte Reveladora das Informações caso venha a tomar conhecimento de qualquer infração deste Acordo por algum de seus Representantes, e a Parte

---

57 Cf. DISSAUX, N.; JAMIN, C. *Projet de réforme du droit des contrats, du régime général et de la preuve des obligations.* Commentaire article par article. Paris: Dalloz, 2015, p.11.

Receptora das Informações se compromete a colaborar com a Parte Reveladora das Informações em relação a eventuais medidas legais que esta venha a tomar, às suas expensas, contra tal Representante. Tais custos deverão ser despendidos ou reembolsados pela Parte Receptora das Informações.

2º exemplo:

1. CONFIDENCIALIDADE

1.1. A Parte que receber (o "Destinatário") qualquer informação sigilosa ou confidencial ("Informações Confidenciais") da outra Parte ("Parte Divulgadora") manterá sigilo e concorda em não comunicar, divulgar ou revelar as Informações Confidenciais a terceiros sem a prévia aprovação por escrito da Parte Divulgadora.

1.2. Serão consideradas como Informações Confidenciais todas e quaisquer informações ou dados, cuja divulgação possa provocar prejuízos de qualquer natureza, abrangendo, mas não se limitando a, pormenores, materiais, metodologias, ferramentas, tecnologia, estratégias de negócios, know how, produtos em desenvolvimento, pesquisas, dados financeiros e estatísticos, informações sobre negociações em andamento, propriedade industrial, direito de autor, informações sobre softwares, informações cadastrais de clientes, fornecedores e parceiros comerciais, informações da presente Proposta, documentos que venha a ter conhecimento ou acesso, ou que venha a receber da Parte Divulgadora, sejam de caráter técnico ou não.

1.3. Tais Informações Confidenciais deverão ser usadas exclusivamente para a condução dos trabalhos, objeto deste Contrato, não podendo, sob nenhuma forma ou pretexto, serem divulgadas, reveladas, reproduzidas, utilizadas ou ser dado conhecimento a terceiros estranhos a esta contratação.

1.4. As Informações Confidenciais, se em forma tangível e legível, deverão ser marcadas ou designadas como tais na época de sua divulgação pela Parte Divulgadora, e, se transmitidas oralmente, deverão ser designadas como confidenciais anteriormente à sua comunicação e confirmadas como tal por escrito, dentro de 5 (cinco) dias contados da revelação. Não obstante o precedente, a Tecnologia da Contratada deverá ser considerada Informação Confidencial.

1.5. A presente obrigação de sigilo não se aplicará às informações que:

a) Sejam ou se tornem publicamente disponíveis por outro modo que não através de violação da presente Proposta, incluindo, sem se limitar, quaisquer informações protocoladas ou arquivadas em agências governamentais e disponíveis ao público;

b) Não sejam designadas de boa-fé e por escrito como confidenciais previamente à divulgação ao Destinatário pela Parte Divulgadora;

c) Sejam do conhecimento ou estejam na posse do Destinatário à época da comunicação;
d) Se tornem conhecidas ou entrem na posse do Destinatário através de terceiro, que o Destinatário razoavelmente julgue não estar sob nenhuma obrigação de confidencialidade para com a Parte Divulgadora, e julgue ser legalmente possuidor de tais informações;
e) Sejam desenvolvidas pelo Destinatário independentemente de quaisquer revelações feitas previamente pela Parte Divulgadora ao Destinatário;
f) Devam ser reveladas em razão de ordem de um tribunal competente, agência administrativa ou órgão governamental, de mandado judicial ou de outros procedimentos legais, de leis, normas ou regulamentos, contanto que o Destinatário, antes da divulgação da Informação Confidencial, notifique a Parte Divulgadora com razoável antecedência sobre a ordem em questão, a fim de garantir à Parte Divulgadora oportunidade de fazer objeção a tal divulgação;
g) Forem divulgadas pelo Destinatário em decorrência de qualquer processo judicial ou qualquer outro procedimento que envolva o Contratante e a Contratada (ou quaisquer sócios, dirigentes ou empregados da Contratada) e que versem sobre esta Proposta ou os Serviços, mesmo que tais processos ou procedimentos envolvam terceiros, contanto que a revelação em questão se limite ao necessário para que as Partes sustentem seus pedidos ou se defendam de alegações feitas contra elas;
h) Sejam divulgadas pelo Destinatário ao seu advogado ou consultor jurídico tendo em vista a obtenção de conselho legal, sendo a informação transmitida amparada por regras de sigilo profissional; e
i) Sejam divulgadas com a anuência, por escrito, da Parte Divulgadora.